사진과 함께 읽는

연대기 성경

신약

사진과 함께 읽는 연대기 성경: 신약

지은이 이원희
펴낸이 김명식
펴낸곳 (주)넥서스

초판 1쇄 발행 2015년 7월 20일
초판 2쇄 발행 2015년 7월 30일

출판신고 1992년 4월 3일 제311-2002-2호
121-893 서울시 마포구 양화로 8길 24
Tel (02)330-5500 Fax (02)330-5555

ISBN 979-11-5752-451-8 03230

가격은 뒤표지에 있습니다.
잘못 만들어진 책은 구입처에서 바꾸어드립니다.

www.nexusbook.com
넥서스CROSS는 (주)넥서스의 기독 브랜드입니다.

사진과 함께 읽는

연대기 성경

Chronological Bible

신약

이원희 편저

넥서스CROSS

프롤로그

하나님, 홀로 영광 받으소서!

세상이 창조되기 전에 이미 말씀이 있었다(요 1:1). 그 말씀에 의해 천지 만물이 창조되었고, 인간은 존재하게 되었다. 하나님은 말씀으로 창조된 땅을 인간에게 삶의 장으로 주었고, 인간은 삶의 최초의 장인 에덴동산에서 하나님과 친교를 나누고 생명의 풍요로움을 누리며 살았다.

그러나 하나님에 대한 불순종은 땅으로 하여금 인간에게 더 이상 생명을 주지 못하고 가시와 엉겅퀴를 내게 했다. 이에 하나님은 말씀이 육신이 되어 이 땅에 예수를 보내심으로 구원의 역사를 베푸셨다. 그러므로 하나님의 말씀은 생명이다.

성경에는 발생된 사건과 그것을 기록한 연대 사이에 시간적인 차이가 있다. 이 때문에 독자들은 성경을 이해하는 데 어려움을 겪는다. 또한 기록 당시의 지리적인 여건과 문화적인 요소는 지금 여기에서의 삶과 다르기 때문에 말씀의 본질에 접근하는 데 어려움을 겪게 만든다.

이런 문제를 해결하기 위해 출간된 이 책에는 다음과 같은 특징이 있다.

첫째, 연대기 순으로 배열하였다. 단, 독자들이 내용을 이해하는 데 도움이 된다고 판단한 경우에는 시대의 흐름과 상관없이 배열하였다.

둘째, 각 권 성경에서 중복된 내용은 가장 구체적으로 기술된 문장으로 정리하였다.

셋째, 독자들이 성경을 전체적이고 종합적으로 이해할 수 있도록 좀 더 쉽게 기술하였다. 여러 주석과 한글 개역판과 개역 개정판, 쉬운 성경, 연대기 성경 등을 참조하여 뜻풀이 형식으로 기술하였다. 본인은 성서학자가 아니다. 따라서 독자들이 이 책을 성경의 전체적인 흐름에서 주어진 자료와 함께 이해하는 것으로 만족하기를 바란다. 혹시 원문에서 크게 벗어나는 부분이 있으면 중판할 때마다 수정할 것을 약속하며 독자들에게 미리 양해를 구한다.

넷째, 사진 설명을 포함해 일곱 가지 중요한 측면에서 해설을 썼다. 이 책을 출간하게 된 가장 큰 목적은 독자들로 하여금 성경을 종합적인 측면에서 이해하도록 만들기 위함이다. 지리와 역사, 풍습과 문화, 성경 상식, 질문과 대답(Q&A), 난제, 사진, 메시지(QT) 등으로 크게 나누어 설명했다. 그러므로 이 책의 해설은 본문에 나오는 단어나 주제를 설명한 것뿐 아니라 본인이 직접 현장에서 얻은 정보와 은혜를 사진, 지도 등과 더불어 담은 것이다.

아무쪼록 독자들이 성경의 연대기적 이해, 현장감 있는 이해, 시각적인 이해를 통해 하나님의 섭리를 더욱 깊이 깨닫고, 예수를 아는 지식이 더욱 풍부해지는 데 이 책이 일조하기를 기원한다.

끝으로 이 책이 나오기까지 성지의 현장을 함께 뛰어주고 격려해주고 협력해주신 모든 분과 기도해주신 분께 감사를 드린다.

하나님, 홀로 영광 받으소서(Soli Deo Gloria)!

이원희 목사

차례

1 예수의 공생애 이전까지

2 예수의 공생애 초기 사역

3 예수의 갈릴리 1차 사역

4 예수의 갈릴리 2차 사역

5 예수의 갈릴리 3차 사역

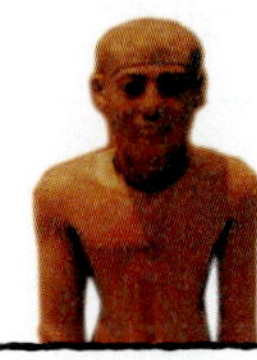

6 예수의 후기 유대와 베레아 사역

7 예수의 마지막 한 주간의 행적

8 예수의 부활과 승천

9 베드로와 사도들의 사역

10 바울의 회심과 베드로의 활동

11 바울의 1차 전도 여행과 갈라디아서

12 바울의 2차 전도 여행과 데살로니가전후서

13 바울의 3차 전도 여행과 고린도전후서와 로마서

14 바울의 로마행과 야고보서

15 요한계시록

일러두기

- 성경의 전체적인 흐름을 이해하도록 시대 순으로 구성하였다. 이야기 흐름상 이해가 더 쉬운 경우에는 시대 순이 아닌 이야기 흐름에 따라 배열하였다.
- 중복된 내용은 가장 구체적으로 기술된 문장으로 정리하였다. 이 경우 용어 차이가 클 때는 괄호로 표기하였다(특히 한글 개역판 성경과 차이가 날 때). 번역상 큰 차이가 날 때는 한글 개역 개정판과 비교하였다.
- 뜻이 크게 벗어나지 않는 객관적인 범위에서 여러 주석과 성경을 참조하여 뜻풀이 형식으로 기술하였다.
- 필요한 경우 본문 외의 내용을 추가하거나 축약하였다. 이해를 돕기 위해 추가하거나 보충 설명한 부분은 고딕체로 표기하였다.
- 역사적인 흐름이나 이야기 흐름과 관련되는 부분은 청색으로 표기하였다.
- 연대기적 단락 구분은 원칙적으로 절 단위로 하였다.
- 반복되는 내용은 해당 구절의 표시로 대신하였다.
- 관주 부분의 성경 출처 외에 인용되거나 본문과 관련된 성경 출처는 괄호 속에 신명조로 표기하였다.
- 한글 개역 개정판 성경의 순서를 확인할 수 있도록 찾아보기를 실었다.
- 더 많은 사진 자료는 www.photobible.co.kr에서 참조하라.

1 예수의 공생애 이전까지

예수의 조상, 이스탄불 코라 교회

성경사

헤롯 대왕 즉위	예수 탄생 (눅 2:1-7)	예루살렘 성전 방문 (눅 2:41-52)	본디오 빌라도 유대총독 부임	예수 공생애 시작 (마 3:13)	3차 갈릴리 전도 (마 14:13-18:35)	십자가 수난 (마 27:35-58)	부활 승천 (마 28:1-20)
BC37	BC4	AD8	26	27	29	30	30

Q 난제 태초는 언제를 말하는가? (요 1:1)

창 1:1의 태초와 요 1:1의 태초는 시제상 차이가 있다. 창 1:1의 태초는 히브리어 '베레쉬트'로 시간이 시작되는 시점의 태초이고, 요 1:1의 태초는 헬라어 '엘 아르케'로 시간 이전의 태초이다. 곧 시간은 천지창조와 함께 창조되었으며(아우구스티누스), 말씀(로고스)은 시간 창조 이전에 이미 있었다. 그래서 "이 말씀은 곧 하나님이시니라(요 1:1)"라는 것은 시간 이전에 이미 하나님이 존재했다는 말씀이요, 하나님은 시간을 초월한 시간의 창조자임을 보여주는 것이다.

† 서언: 복음의 시작 (막 1:1, 요 1:1-18)

막 1:1 하나님의 아들인 예수 그리스도에 대한 좋은 소식(복음)의 시작
이다. 그것은 로고스(말씀)가 육체가 되신 것이다.

요 1:1 시간이 생기기 전인 태초에 로고스(말씀)가 있었다. 이 로고스가 하
나님과 함께 계셨는데 이 로고스(말씀)는 바로 하나님이시다. 2 그분은 세
상이 창조되기 이전, 곧 태초에 하나님과 함께 계셨고 3 모든 만물은 그로 인
해 창조되었다. 4 그분 안에 생명이 있었는데 그 생명은 바로 사람들의 빛
이었다. 5 빛이 어두움을 비췄으나 어두움은 그 빛을 깨닫지 못했다(이기
지 못했다).

요 1:6 하나님께로부터 세상에 보냄을 받은 '요한'이라는 사람이 있었
다. 7 그는 그 빛에 대해 증거(증언)하고 모든 사람들이 자기로 인해 그 빛
을 믿게 하려고 했다. 8 그러나 그는 그 빛이 아니라 단지 그 빛에 대해 증
거하러 온 자였다. 9 세상에 와서 모든 사람에게 비추는 참된 빛이 있었다.
10 참빛 되신 그가 세상에 계셨으며 세상은 그로 인해 창조되었으나 세상
은 그를 알아보지 못했다. 11 뿐만 아니라 그분은 자기가 창조한 땅(자기 소

유)에 왔지만 자기 백성은 그를 받아들이지(영접하지) 않았다. 12 그러나
그의 이름을 믿어 그를 받아들이는 자들에게는 하나님의 자녀가 되는 권
세를 주셨다. 13 이것은 조상의 가문(혈통)이나, 세상적인 욕망(육정)이나,
사람의 계획(뜻)으로 되는 것이 아니다. 오직 하나님 자신이 그들의 아버
지라는 사실로 인해 하나님의 자녀가 되는 것이다.

요 1:14 로고스(말씀)가 사람(육신)이 되어 우리와 함께 사시기 때문에 그
분의 영광을 볼 수 있게 되었다. 그것은 하나님 아버지의 독생자만이 가지
는 영광이요 그에게는 은혜와 진리가 충만했다. 15 요한이 그분에 대해 증
거하여 이렇게 외쳤다. "내가 이전에 내 뒤에 오시는 이가 나보다 앞선 것
은 나보다 먼저 존재했기 때문이라고 말한 것은 바로 이 사람을 가리킨 것
이다. 16 우리 모두는 그의 완전한(충만한) 것에서 넘치는 은혜를 받았다.
17 율법은 모세를 통해 주어졌고, 은혜와 진리는 예수 그리스도로 인해 우
리에게 온 것이다. 18 본래 하나님을 본 사람은 아무도 없었다. 그러나 하나
님인 동시에 아버지 곁에(품속에) 있었던 독생자이신 분이(독생자가) 우리
에게 하나님이 어떤 분인지를 알려주셨다."

† 데오빌로 각하에게 (눅 1:1-4)

눅 1:1 ● 우리에게 일어난 일에 대해 2 모든 일의 시작부터 목격한 사람
과 복음의 전파자(일꾼 된 자)들이 전해준 대로 그 내력을 기록하려고 하
는 사람이 많았습니다. 3 나도 그 모든 일을 처음부터 자세히 조사하여 살
폈으며, 데오빌로 각하에게 순서대로 써 보내는 것이 좋은 줄 알았습니
다. 4 이것은 각하가 알고 있는 사실을 더욱 확실하게 하기 위함입니다.

† 세례자 요한의 출생 예고 (눅 1:5-25)

눅 1:5 ● 헤롯이 유대의 분봉 왕으로 통치할 때에 아비야 계열(반열)에 제
사장 한 사람이 있었다. 그는 '사가랴'라 이름하는 자요, 그의 아내는 아론
의 후손(자손)인 엘리사벳이었다. 6 이 두 사람은 주님의 모든 계명과 법도
(규례)대로 행하는 하나님 앞에 의로운 사람이었다. 7 엘리사벳과 그의 남
편 사가랴는 나이가 많았고 임신을 못해 자식이 없었다.

성경 인물

누가(눅 1:3)

누가복음과 사도행전의 저자인 누가(Luke, 골 4:14, 몬 1:24)는 본래 의사였으나 후에 열두 사도의 한 사람이 되었다. 그는 바울이 로마에서 투옥되었을 때 함께 일했던 동역자였다(몬 4:11).

그는 안드레와 함께 터키 지역의 비두니아나 로마나 베오티아의 테베(Thebes), 혹은 파트라스 중 한 곳에서 십자가 형에 처해졌다고 전해진다. 그러나 누가의 무덤 위치에 대해서는 의견이 갈라져 있으며, 현재 누가의 묘로 전해지는 것이 터키의 에베소에 있다. 전승에 따르면 누가의 죽음은 순교로 인정되고 있다.

누가복음을 기록하는 누가(눅 1:3) 바티칸 사도 박물관

눅1:8 마침 사가랴가 그 계열(반열)의 순서가 되어 하나님 앞에서 제사장의
직무를 행했다. 9 당시에는 성전 봉사에 누가 합당한지를 선출하기 위해 제비를 뽑
았다. 그래서 사가랴는 제비에 뽑혀 주님의 성전에 들어가 분향하고, 10 그가
분향하는 시간에 백성들은 밖에서 기도했다. 11 그때 주님의 사자가 사가랴
에게 나타나 분향하는 단 우편에 서 있었다. 12 이에 사가랴가 보고 놀라 무
서워하자 13 천사가 그에게 말했다. "사가랴야, 무서워하지 말라. 네 기도가
상달되어 네 아내 엘리사벳이 아들을 낳을 것이니 그 이름을 '요한'이라고
지어라. 14 너는 기쁘고 즐거워할 것이요, 많은 사람들도 그의 출생을 인하여
기뻐할 것이다. 15 왜냐하면 그는 주님 앞에 큰 자가 되고, 포도주나 독한 술
을 마시지 않으며, 모태에 있을 때부터 성령의 충만함을 받아 16 수많은 이스
라엘 자손을 그들의 하나님께로 돌아오게 할 것이기 때문이다. 17 뿐만 아니
라 그는 엘리야의 기질과 영향력(심령과 능력)으로 주님(메시아)보다 세상에
먼저 올 것이다. 그래서 아버지의 마음을 자식에게 향하게 하고, 불순종하는
(거스르는) 자를 의인의 지혜(슬기)로 돌이키게 할 것이다. 그래서 백성들이
주님을 맞이하도록 준비하게 할 것이다."

눅1:18 이 말을 듣고 사가랴가 천사에게 말했다. "내가 그같은 사실을 무
엇으로 알 수 있겠습니까? 나는 늙었고 아내도 나이가 많습니다." 19 그러
자 천사가 대답했다. "나는 하나님 앞에 서 있는 가브리엘이다. 이 기쁜 소
식을 너에게 전하려고 보내심을 받았다. 20 그러나 네가 내 말을 믿지 않았
기 때문에 이 일이 이루어지는 날까지 너는 벙어리로 지내게 될 것이다.
그리고 때가 되면 내가 한 말이 이루어질 것이다."

눅1:21 사가랴가 성전 안에서 오랫동안 나오지 않자 밖에 있는 사람들은
이상하게 생각했다. 22 마침내 사가랴가 성전에서 나왔으나 그들 앞에서
말을 못하자 사람들은 그가 성전 안에서 환상을 보았기 때문에 그렇게 된
줄 알았다. 사가랴가 몸짓으로 자신의 뜻을 표시하고 말을 못하는 상태로
그 직무의 날이 끝날 때까지 지내다가 23 직무의 날이 마치자 성전에서
11㎞ 정도 떨어진 자기 집이 있는 아인카렘으로 돌아갔다. 24 이 후에 사가랴
의 아내 엘리사벳이 임신한 후 5개월 동안을 집 밖으로 나오지 않고 몰래
지내면서 말했다. 25 "주님께서 나를 돌보사 아이를 주시므로 사람들 앞에

서 내 부끄러움을 없게 하시려고 이렇게 행하셨도다."

† 예수의 탄생을 예고함(눅 1:26-38)

눅1:26 ● 엘리사벳이 임신한 지 6개월 되던 때에 가브리엘 천사가 하나님의
보내심을 받아 갈릴리 지역에 있는 나사렛이란 동네에 와서 [27] 다윗의 후손
인 '요셉'이라고 하는 사람과 혼인(약혼)한 처녀인 마리아에게 찾아왔다.
[28] 천사가 그에게 들어가 말했다. "은혜를 받은 자여, 너는 평안할지어다.
주님께서는 너와 함께하신다." [29] 그 말을 들은 마리아(처녀)가 놀라 왜 이
런 인사를 하는가 생각했다. [30] 그때 천사가 다시 말했다. "마리아여, 무서
워하지 말라. 너는 하나님께 은혜를 입었다. [31] 이제 네가 임신하여 아들을
낳을 것인데 그 이름을 '예수'라고 지어라. [32] 그는 큰 자가 될 것이고, 지극
히 높으신 자의 아들이라고 일컬음을 받을 것이다. 주님 되신 하나님께서
그 조상 다윗의 왕권(왕위)을 그에게 주실 것이다. [33] 그는 영원토록 야곱
의 집을 왕권(왕)으로 다스릴 것이며, 그의 나라는 영원할 것이다."

눅1:34 이에 마리아가 천사에게 말했다. "나는 남자를 모르는 처녀인데 어
떻게 그런 일이 있을 수 있습니까?" [35] 이에 천사가 대답했다. "성령이 네게
임하게 될 것이며, 지극히 높으신 분의 능력이 너를 감쌀 것이다. 그러므
로 너를 통해 태어날 거룩한 이는 '하나님의 아들'이라고 불릴 것이다.
[36] 보라, 본래 임신하지 못한다고 알려진 네 친척(친족)인 엘리사벳도 늙어
서 아들을 임신하여 벌써 6개월이나 되었다. [37] 이같이 하나님의 모든 말
씀은 이루지 못할 일이 없다." [38] 이에 마리아가 "주님의 여종이오니 말씀
한 그대로 나에게 이루어질 것입니다"라고 말하자 천사가 그를 떠나갔다.

마리아에게 수태를 알리는 천사(눅 1:26-38)
나사렛, 수태고지 교회 밖

수태고지 교회(눅 1:30-31) 나사렛, 천사가 수태를 알린 마리아 집터 위에 세워졌다.

† 마리아와 엘리사벳의 만남(눅 1:39-56)

눅1:39 ● 천사로부터 임신할 것이라는 말을 들을 때에 마리아는 서둘러 나사
렛에 있는 자기 집을 떠나 사가랴가 살고 있는 예루살렘 서남쪽 11㎞에 위치한
유대 산골의 한 동네인 아인카렘으로 갔다. 이는 족히 5일 이상 걸리는 거리였
다. [40] 그곳에서 마리아가 사가랴의 집에 들어가 엘리사벳을 만났다. [41] 엘
리사벳이 마리아의 문안 인사를 받을 때 아이가 배 속에서 뛰놀았고 엘리

마리아와 엘리사벳의 만남(눅 1:39-40)
아인카렘에 있는 마리아 방문 교회

마리아와 엘리사벳의 만남(눅 1:39-40) 예루살렘 남쪽 아인카렘에 있는 마리아 방문 교회 천장화

사벳은 성령의 충만함을 받아 42 큰 소리로 말했다. "너는 여자 중에 복이
있으며, 네 태중에 있는 아이도 복이 있도다. 43 내 주님의 어머니가 나에
게로 왔으니 이것이 어찌 된 일인가! 44 보라, 네 문안하는 소리를 들을 때
에 내 배 속에 있는 아이가 기뻐하며 뛰놀았도다. 45 '주님께서 하신 말씀
이 반드시 이루어질 것이다'라고 믿은 그 여자에게 복이 있도다."

눅 1:46 이에 마리아가 노래했다. "내 영혼이 주님을 찬양하며, 47 내 마음
이 내 구세주 되신 하나님을 기뻐한 것은 48 그가 비천한 계집종(여종)을
돌아보셨기 때문입니다. 보라, 이후로는 모든 세대가 나를 향해 복이 있다
고 말할 것이다. 49 능력이 많으신 이가 나에게 큰일을 행하셨기 때문에 그
의 이름은 거룩하도다. 50 주님의 긍휼하심은 그분을 두려워하는 자에게
자손 대대로 미칠 것이다. 51 그의 능력의 팔을 펴서 마음의 생각이 교만한
자들을 흩으셨으며, 52 권세가 있는 자를 그의 자리에서 끌어내리셨으며,
비천한 자를 높이셨도다. 53 굶주린 자를 좋은 것으로 배부르게 먹이셨으
며, 부요한 자는 빈손으로 돌려 보내셨도다. 54 자기의 종 이스라엘을 긍휼
히 여기시고 도우셨도다. 55 우리 조상에게 말씀하신 대로 아브라함과 그
자손들을 영원히 도우실 것이로다."

눅 1:56 마리아는 3개월 정도 엘리사벳과 함께 머물다가 나사렛에 있는 자
기 집으로 돌아갔다.

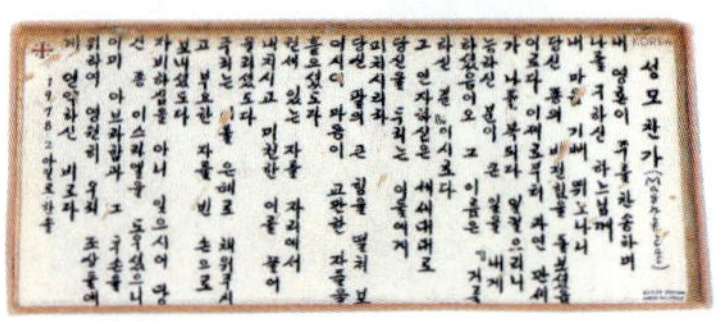

한글로 된 마리아 찬가 (눅 1:46-55)
아인카렘에 있는 마리아 방문 교회

1 마리아가 엘리사벳을 만난 세례자 요한의 출생지 아인카렘(눅 1:39)
2 마리아 찬가(눅 1:46-55) 아인카렘에 있는 마리아 방문 교회

† 세례자 요한의 출생(눅 1:57-66)

눅 1:57 ● 엘리사벳이 출산할 때가 되어 아들을 낳자 58 이웃과 친척들은
주님께서 그에게 큰 긍휼을 베풀었다는 소식을 듣고 함께 즐거워했다.
59 아이가 출생한 지 8일이 지나자 아이에게 할례를 행하기 위해 11㎞ 떨어
진 성전에 왔을 때 그 아버지의 이름을 따라 '사가랴'라고 부르려고 했으나
60 그 어머니가 "아니라 요한이라 할 것이다"라고 대답했다. 61 그러자 그
들이 말하기를 "네 친척(친족) 중에는 그런 이름으로 지은 이가 없다" 하
고 62 아직 말하지 못하는 그의 아버지께 몸짓으로 "무엇으로 이름을 지으려
고 하느냐?"라고 물었다. 63 이에 아버지인 사가랴가 글을 기록할 서판을
달라고 하여 그 판에 이름을 '요한'이라고 쓰자 사람들이 놀랍게 여겼
다. 64 그순간 벙어리 된 그의 입이 열리고 혀가 풀리며 하나님을 찬송했
다. 65 이 일로 인해 근처에 사는 자들이 모두 두려워하고 그 소문이 온 유
대 산골에 두루 퍼져 66 그 소문을 듣는 모든 사람이 그 말을 마음에 두며
말하기를 "이 아이가 장차 어떻게 될까?" 하였다. 이렇게 말한 것은 주님의
보호(손)와 인도하심이 그와 함께하기 때문이었다.

세례자 요한 출생 장소(눅 1:57-60) 아인카렘에 있는 세례자 요한 교회

세례자 요한 교회(눅 1:57-60) 아인카렘, 요한 출생지 위에 세워졌다.

† 사가랴의 예언 (눅 1:67-80)

눅 1:67 ● 세례자 요한의 부친 사가랴가 성령 충만함을 받아 이렇게 예언

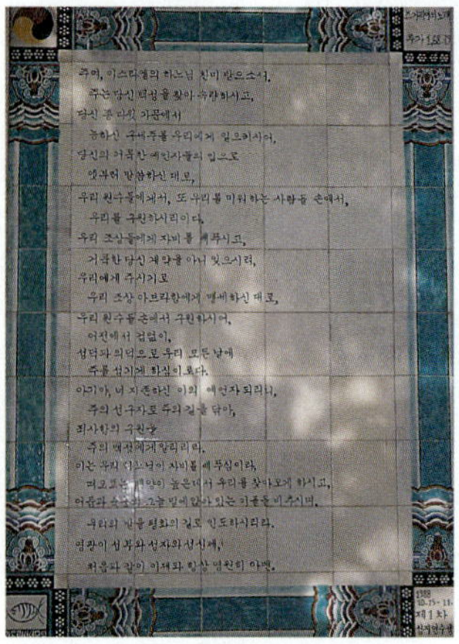

사가랴의 찬양(눅 1:68-79) 아인카렘, 세례 자 요한 교회, 한글로 된 것

했다. 68 "주님 되신 이스라엘의 하나님을 찬양하라. 그분은 자기 백성을
돌보사 구원하셨다. 69 그분은 우리를 위해 그 종 다윗의 집에 구원의 뿔을
일으키셨으니 70 그것은 주님께서 예로부터 거룩한 선지자의 입을 통해
말씀하신 것이다(사 11:1). 71 그것은 우리를 원수와 미워하는 모든 자의 손
에서 구원하신 일이다. 72-73 우리 조상에게 자비(긍휼)를 베푸시며 거룩한
언약, 곧 우리 조상 아브라함에게 하신 맹세를 기억하셨다. 74 우리를 원수
의 손에서 건지시고 75 평생 주님 앞에서 거룩하고 의롭게 두려움이 없이
섬기게 하셨다. 76 아이(세례자 요한)여, 너는 가장 높으신 이의 선지자라고
불리움을 받고 주님보다 앞서 가서 그분이 가는 길을 준비하여 77 주님의
백성에게 그 죄 용서함으로 말미암는 구원을 알게 할 것이다. 78 이것은 우
리 하나님의 자비로 인하여 떠오르는 해가 위로부터 우리에게 임하여 79
어둠과 죽음의 그늘에 사는(앉은) 자에게 비치고 우리 발을 평화(평강)의
길로 인도하실 것이다." 80 아이는 자라가면서 심령이 강해지고 이스라엘
백성들 앞에 나타나는 날까지 광야(빈 들)에서 살았다.

✣ 약혼하고(마 1:18)
이스라엘의 관습상, 1년 동안의 약혼 기간에는 남녀가 따로 살았지만 결혼한 것이나 마찬가지의 구속력을 지니고 있었다. 이에 따라 신 22:24에서는 약혼녀가 간통하면 돌로 쳐 죽이도록 규정하고 있다.

† 예수 그리스도의 탄생 (마 1:18-25a, 눅 2:1-7)

마 1:18 ● 예수 그리스도의 탄생은 이렇게 이루어졌다. 그의 어머니 마리
아가 요셉과 혼인(약혼)하고 동거하기도 전에 성령으로 말미암아 임신
한 사실이 드러났다. 19 그러나 그와 혼인한 남편 요셉은 의로운 사람이기
에 그녀의 임신한 사실을 드러내지 않고 조용히 파혼하고자 했다. 20 요셉
이 이 일을 생각하고 있을 때에 주님의 사자가 꿈속에 나타나 말했다. "다
윗의 자손 요셉아, 너와 혼인한 아내 마리아 맞이하는 것을 두려워하지 말
라. 그에게 임신(잉태, 이하 임신으로)된 자는 성령으로 된 것이다. 21 그녀는
아들을 낳을 것이니 이름을 '예수'라고 지으라. 왜냐하면 그는 자기 백성
을 그들의 죄에서 구원할 자가 되기 때문이다." 22 이렇게 된 것은 주님께
서 선지자를 통해 하신 말씀을 이루기 위함이다. 그 말씀은 곧 이것이다. 23
"보라, 처녀가 임신하여 아들을 낳을 것이니 그의 이름은 '임마누엘'이라
할 것이다(사 7:14)." 임마누엘을 번역하면 "하나님이 우리와 함께 계신다"
라는 뜻이다.

요셉의 꿈(마 1:20-21) 나사렛, 성 요셉 교회 색유리

마1:24 요셉은 잠에서 깨어 주님의 사자가 말한 대로 이행하여 그의 아내
를 데려왔으나 25a 아들을 낳기까지는 잠자리(동침)를 함께하지 않았다.

눅2:1 그때에 로마 황제(가이사) 아구스도가 그의 통치하에 있는 온 나라
에 모두 호적을 하도록 칙령을 내렸다. 2 이 호적 명령은 구레뇨가 수리아
지역의 총독으로 있을 때 처음으로 시행한 것이었다. 3 이에 모든 사람이
호적 등록을 위해 자기 출신지(고향)로 돌아갔다. 4 요셉도 다윗 족속의 집
에 속했기 때문에 지금 살고 있는 갈릴리 지역에 있는 나사렛 동네에서 유대
를 향해 200㎞ 정도 떨어진 '베들레헴'이라 하는 다윗이 출생한 동네로 5 그
혼인한 마리아와 함께 호적을 하기 위해 올라갔는데 이때 마리아는 이미
만삭된(임신한) 상태였다. 6 그가 베들레헴에 도착하여 머무를 때에 출산
(해산)할 날이 되어 7 첫아들을 낳아 강보로 싸서 구유에 뉘었다. 왜냐하면
이때는 묵을 응접실(여관)이 없었기 때문이었다.

† 예수 그리스도의 계보 (마 1:1-17, 눅 3:23b-38)

마1:1 ● 아브라함과 다윗의 자손인 예수 그리스도의 족보(계보)이다.
눅3:38 하나님은 아담을 창조하셨다. 아담은 셋을 낳고, 셋은 에노스를 낳았
다. 눅3:37 에노스는 가이난(창 5:9, 게난)을 낳고, 가이난은 마할랄렐을 낳고,
마할랄렐은 야렛을 낳고, 야렛은 에녹을 낳고, 에녹은 므두셀라를 낳았다.

공중에서 본 예수 탄생 교회(눅 2:3-7) 베들레헴, 중앙의 큰 건물

가이사 아구스도(눅 2:1) 그리스, 고린도 박물관

✣ 가이사 아구스도(눅 2:1)
본래 가이사는 로마 황제인 율리우스(BC 102-44)의 성이었으나 세월이 지나면서 그의 권위와 함께 존칭으로 사용됨에 따라 로마 황제의 일반적인 칭호가 되었다.
따라서 성경에 나오는 가이사로는 아구스도(눅 2:1), 디베료(눅 3:1), 글라우디오(행 11:28), 네로(행 25:11) 등이 있다.
그중에 예수 탄생 때의 황제인 아구스도는 최초로 황제의 칭호를 받은 자로 인구조사를 실시하여 인두세를 거둬들였다.

예수 탄생 자리(눅 2:3-7) 베들레헴, 예수 탄생 교회

성경이야기

예수 족보에 대한 복음서 기록 차이

• 마태복음(1:6-16)에서는 아브라함부터 예수까지를 기록하고 있으나 누가복음(3:23-31)에서는 하나님부터 예수까지 기록하고 있다.

• 마태복음에서는 위(아브라함)에서부터 아래로 기록하고 있으나 누가복음에서는 아래(예수)서부터 위로 기록하고 있다.

• 마태복음에서는 아브라함부터 예수까지 세 시대로 분류하여 42대로 맞추었으나 누가복음에서는 아브라함부터 예수까지 모두 55대(아담까지 합 77대)를 기록하고 있다.

다윗 이후의 족보에 대한 차이

• 마태복음(1:6-12)에서는 디윗-솔로몬-르호보암-아비야-아사-여호사밧-요람-웃시야-요담-아하스-히스기야-므낫세-아몬-요시야-여고냐-스알디엘의 왕통 순서로 나와 있다.

• 누가복음(3:27-31)에서는 다윗-나단-맛다다-멘나-멜레아-엘리아김-요남-요셉-유다-시므온-레위-맛닷-요림-엘리-예수-에르-엘마담-고삼-앗디-멜기-넬리-스알디엘의 순으로 나와 있다.

• 마 1:8-9의 요람-웃시야-요담이 대상 3:11에서는 요람-아하시야-요아스-아마샤-아사랴-요담으로 늘어났다.

• 마 1:13-16에서는 스룹바벨 이후부터 예수까지 12대로 나오나 눅 3:23-27에는 20대로 나온다.

36 므두셀라는 레멕(창 5:25, 라멕)을 낳고, 레멕은 노아를 낳았다. 노아는
셈과 함과 야벳을 낳고, 셈은 아박삿을 낳고, 아박삿(창 10:24, 아르박삭)은
가이난을 낳았다. 35 가이난은 살라(창 10:24, 셀라)를 낳고, 살라는 헤버(창
10:24, 에벨)를 낳고, 헤버는 벨렉과 욕단을 낳았다. 벨렉은 르우를 낳고, 르
우는 스룩을 낳았다. 34 스룩은 나홀을 낳고, 나홀은 데라를 낳고, 데라는
아브라함을 낳았다.

마 1:2-6a, 눅 3:31b-34b 아브라함은 사라를 통해 이삭을 낳고, 이삭은 야곱을 낳
고, 야곱은 유다와 그의 형제들을 낳았다. 유다는 '다말'을 통해 베레스와
세라를 낳고, 베레스는 헤스론을 낳고, 헤스론은 람을 낳고, 람은 아미나
답을 낳고, 아미나답은 나손을 낳고, 나손은 살몬을 낳았다. 살몬은 '라합'
이라는 아내를 통해 보아스를 낳고, 보아스는 '룻'이라는 아내를 통해 오
벳을 낳고, 오벳은 이새를 낳고, 이새는 다윗 왕을 낳았다.

마 1:6b-11, 눅 3:23b-31 다윗은 '우리야'의 아내를 통해 솔로몬을 낳고, 솔로몬
은 르호보암을 낳고, 르호보암은 아비야(왕상 14:31, 아비얌)를 낳고, 아비
야는 아사를 낳았다. 아사는 여호사밧을 낳고, 여호사밧은 요람을 낳고,
요람은 웃시야를 낳았다. 웃시야는 요담을 낳고, 요담은 아하스를 낳고,
아하스는 히스기야를 낳았다. 히스기야는 므낫세를 낳고, 므낫세는 아몬
을 낳고, 아몬은 요시야를 낳았다. 바벨론으로 사로잡혀 갈 때에 요시야는
여고냐와 그의 형제들을 낳았다.

마 1:12 바벨론으로 사로잡혀 간 이후에 여고냐는 스알디엘을 낳고, 스알
디엘은 스룹바벨을 낳았다. 13 스룹바벨은 아비훗을 낳고, 아비훗은 엘리
아김을 낳고, 엘리아김은 아소르를 낳았다. 14 아소르는 사독을 낳고, 사독
은 아킴을 낳고, 아킴은 엘리웃을 낳았다. 15 엘리웃은 엘르아살을 낳고,
엘르아살은 맛단을 낳고, 맛단은 야곱(눅 3:23, 헬리)을 낳았다. 16 야곱은
마리아의 남편인 요셉을 낳았는데 바로 마리아에게서 '그리스도'라 부르
는 예수께서 탄생하셨다. 17 그러므로 아브라함부터 다윗까지 14대요, 다
윗부터 바벨론으로 사로잡혀 갈 때까지 14대이며, 바벨론으로 사로잡혀
간 후부터 그리스도까지 14대였다.

† 목자들의 예수 경배 (눅 2:8-20)

눅 2:8 ● 목자들이 베들레헴 지역에서 밤에 밖에서 자기의 양 떼를 지키고
있었다. 9 그때 주님의 사자가 곁에 서 있었고 주님의 영광이 그들을 두루
비추자 그들이 크게 두려워했다. 10 그러자 천사가 목자들에게 말했다. "두
려워 말라. 보라, 내가 모든 백성들이 크게 기뻐할 만한 좋은 소식을 너희
에게 알린다. 11 오늘날 다윗이 출생한 동네에 너희의 구세주인 그리스도
주님께서 탄생하셨다. 12 너희들은 가서 강보에 싸여 구유에 뉘여 있는 아
기를 볼 것이며 그것이 너희에게 증거(표적)가 될 것이다." 13 그때 갑자기
수많은 하늘의 군사들이 그 천사와 함께 이렇게 하나님을 찬송했다. 14 "가
장 높은 곳에서는 하나님께 영광이요, 땅에서는 하나님께서 기뻐하는 사
람들에게 평화로다."

눅 2:15 천사들이 떠나 하늘로 올라간 후에 목자들이 서로 말했다. "이제
베들레헴으로 가서 주님께서 우리에게 알려준 사실을 확인해보자." 16 이
에 그들이 서둘러 3㎞ 정도를 가서 마리아와 요셉과 구유에 누인 아기를 찾
아갔다. 17 그리고 천사가 자기들에게 아기에 대해 말한 것을 그 부모에게
전해주었다. 18 그러자 목자들이 말한 것을 들은 그곳에 있던 모든 자가 놀
랍게 여겼다. 19 그러나 마리아는 그 모든 말을 마음에 깊이 새겨두었다.
20 목자들은 천사들이 자기들에게 이르던 대로 듣고 본 그 모든 것으로 인
해 하나님께 영광을 돌리고 찬송하며 돌아갔다.

예수 탄생 소식을 듣는 목자들(눅 2:10) 벧사훌, 목자들의 들판 교회

목자들의 들판 교회(눅 2:8-14), 베들레헴 근교 벧사훌, 목자들이 천사들에게 예수 탄생 소식을 들은 장소에 세워졌다.

✣ 아기 예수의 정결 예식에 비둘기 한 쌍을 드린 것은?(눅 2:21-24)

율법에는 하나님께 속죄 제물을 드릴 때 자신의 형편에 따라 양이나 염소 또는 산비둘기 두 마리나 집비둘기 새끼 두 마리를 드렸다. 그것도 드릴 형편이 안 되면 고운 가루 10분의 1에바를 드리도록 했다(레 5:6-11). 따라서 요셉이 율법에 따라 아기 예수의 정결 예식으로 비둘기 한 쌍을 드린 것은 그가 가난했음을 보여준다. 당시 목수는 천하고 가난한 자의 직업이었다.

아기 예수를 안은 시므온(눅 2:28-32) 구브로(키프로스) 라나카, 나사로 기념 교회

† 예수의 할례와 시므온의 찬송 (마 1:25b, 눅 2:21-39a)

마 1:25b, 눅 2:21 ●아기가 출생한 지 8일이 지나 할례할 날이 되자 그 이름을
'예수'라 하니 이는 임신(잉태)하기 전에 천사가 마리아에게 한 말(눅 1:31)
이었다. 눅 2:22 요셉과 마리아는 모세의 규례에 따라(레 12: 2-6) 정결 예식
의 날이 되자 아기를 데리고 10㎞ 떨어진 예루살렘 성전으로 올라갔다.
23 이는 율법에 기록된 대로 첫 태에 출생한 남자는 주님의 거룩한 자라고
한 대로 아기를 하나님(주)께 드리고(출 13:2, 12) 24 율법에 기록된 대로
산비둘기 한 쌍이나 혹은 어린 집비둘기 두 마리로 제사하기 위함이었다
(레 12: 8).

눅 2:25 예루살렘에 '시므온'이라 하는 사람이 있었다. 그는 의롭고 경건하
여 하나님이 이스라엘을 위로해줄 때까지 기다리고 있던 자로 성령이 그
와 함께 계셨다. 26 그는 그리스도를 보기 전에는 죽지 않을 것이라는 성령
의 계시(지시)를 받았다. 27 그가 성령의 감동을 받아 성전에 들어가자 때
마침 요셉과 마리아가 율법의 규례(관례)대로 행하기 위해 아기 예수를 데
리고 왔다. 28 이에 시므온이 아기를 안고 하나님을 찬송했다. 29 "이제는
모든 것을 주관하시는 주님이(주재여) 말씀하신 대로 종으로 평안히 세상
을 떠날 수 있게 하셨다. 30 내 눈이 주님의 구원을 보았으니 31 이것은 모든
백성들 앞에 예비하신 것이요, 32 이방인에게 비추는 계시의 빛이요, 주님
의 백성인 이스라엘에게는 영광이로다." 33 이 말을 들은 예수의 부모가 놀
랍게 여겼다.

눅 2:34 시므온이 예수의 부모에게 축복하고 그의 어머니 마리아에게 말
했다. "보라, 이 아이는 이스라엘 중 많은 사람을 넘어지게 하고(패하게 하
고), 일어나게도(흥하게도) 할 것이다. 또한 그는 사람들에게 비방을 받는
표적이 되기도 할 것이다. 35 이 일로 인해 많은 사람들의 마음에 있는 생
각들이 드러날 것이다. 그리고 마리아 당신의 마음은 칼로 찌르듯 아플 것
이다."

눅 2:36 또 아셀 지파에 바누엘의 딸 '안나'라 하는 나이 많은 선지자가 있
었다. 그녀는 결혼한 후 7년 동안 남편과 함께 살다가 37 과부가 되어 84세
가 되었다. 그는 성전을 떠나지 않고 밤낮으로 금식하는 가운데 기도하며

지내던 중에 아기 예수를 보았다. 그리고 38 하나님께 감사하고 예루살렘의
구원(속량)을 기다리는 모든 사람에게 아기 예수에 대해 말했다. 39a 마리
아는 율법에 따라 아기 예수께 행할 모든 일을 마쳤다.

† 동방 박사들의 경배 (마 2:1-12)

마 2:1 ● 헤롯 왕이 유대 지역의 분봉 왕으로 통치할 때에 예수께서 유대 지역
에 있는 베들레헴에서 탄생하자 박사(점성가)들이 옛 페르시아 지역의 동방
으로부터 예루살렘으로 찾아왔다. 그리고 2 "유대인의 왕으로 나신 이가
어디 있느냐? 우리가 동방에서 그의 별을 보고 따라와 그에게 경배하러 왔
다"라고 물었다. 그러자 3 헤롯 왕과 온 예루살렘 사람들이 그 소리를 듣
고 놀랐다. 4 이에 헤롯 왕이 모든 대제사장과 율법교사(서기관)들을 불러
"그리스도가 어디에서 태어나겠느냐?"라고 물었다. 5 이에 그들이 말했다.
"그곳은 유대 지역에 있는 베들레헴입니다. 그 이유는 선지자가 이렇게 기
록했기 때문입니다." 6 "유대 지역에 속한 베들레헴아, 너는 유대 지역에 있는
마을들 중에서 결코 작지 않다. 너에게서 한 통치자가 나올 것이며, 그가
내 백성 이스라엘을 돌보는 목자가 될 것이다(미 5:2)."

마 2:7 그 말을 들은 헤롯 대왕은 조용히 박사들을 불러 별이 언제 나타났
는지를 자세히 묻고 8 그들을 베들레헴으로 보내며 말했다. "베들레헴으
로 가서 아기에 대해 자세히 알아보고 찾으면 나에게도 알려주어 나도 가
서 그에게 경배하도록 하라." 9 박사들이 헤롯 왕의 말을 듣고 가다가 동방

동방 박사들의 아기 예수 방문길(마 2:1-2) 사세타 작, 뉴욕 메트로폴리탄 미술관
경사진 구도는 아기 예수의 방문 길이 험하고 힘든 여정임을 보여주며, 많은 사람들과 물품들은 긴 여정임을 보여준다.

동방박사교회(마 2:1-3) 이란 오루미예

목자들과(눅 2:15-20) 동방 박사들의 아기 예수 방문(마 2:1-12) 카이로, 동굴 교회 앞

동박 박사들의 바닷길 귀로(마 2:12) 동방 박사들은 꿈속에서 지시를 받은 대로 왔던 길로 돌아가지 않고 바다를 통해 고국으로 돌아갔다고 전한다.

예수 피난 지도(마 2:13-15) 카이로
예수 가족은 헤롯의 유아 학살을 피해 천사의 지시대로 베들레헴에서 애굽으로 피난했다. 전승에 따르면 애굽에서도 한곳에 머무르지 못하고 여러 곳으로 피난 생활을 했다. 피난 장소 중에는 온(오늘날 헬리오폴리스)과 카이로 근교의 나일 강에서 배를 타고 남쪽까지 내려갔다고 전한다.

요셉이 애굽에서 돌아올 때 잠시 머물렀다는 곳(마 2:21-22) 이스라엘 갈멜 산

에서 보았던 그 별이 그들 앞에 가다가 아기가 있는 곳 위에 머물러 서자
10 그들이 별을 보고 크게 기뻐하고, 또 기뻐했다. 11 그리고 그 집에 들어가
아기와 어머니 마리아가 함께 있는 것을 보고 아기께 엎드려 경배했다. 그
러고 난 후 보물 상자(보배합)를 열어 황금과 유향과 몰약을 예물로 드렸
다. 12 이후 그들은 꿈속에서 헤롯을 찾아가지 말라는 말을 듣고 다른 길을
통해 고국으로 돌아갔다.

† 예수 가족의 애굽 피난 (마 2:13-18)

마 2:13 ● 옛 페르시아 지역인 동방에서 온 박사들이 떠난 후에 주님의 사자
가 요셉에게 꿈에서 나타나 말했다. "헤롯이 아기를 찾아 죽이려고 한다.
그러니 너는 일어나 아기와 그 어머니를 데리고 애굽으로 피하여 내가 말
하기까지 그곳에 머물러 있으라." 14 이에 요셉이 꿈에서 깨어 일어나 밤에
아기와 그 어머니를 데리고 애굽으로 피하여 15 헤롯이 죽기까지 그곳에
머물렀다. 이는 주님께서 선지자를 통해 말씀하신 대로 "애굽으로부터 내
아들을 불렀다(호 11:1)"라는 것을 이루기 위함이었다.

마 2:16 한편 헤롯 대왕은 박사들에게 속은 줄 알고 크게 화가 나 사람들을
베들레헴으로 보내 박사들에게 자세히 알아본 그때를 기준으로 하여 베
들레헴 지역 안에 있는 두 살 아래의 사내아이를 모두 죽였다. 17 이것은
예레미야 선지자를 통해 말씀하신 대로 18 "라헬이 베냐민을 낳고 죽은 곳인
(참조, 창 35:16-20) 라마에서 슬퍼하며 크게 통곡하는 소리가 들리니 라
헬이 그 자식을 위해 애곡하는 것이다. 그가 자식이 없어 위로받기를 거절
했다(렘 31:15)"라는 말이 이루어진 것이다.

† 요셉 가족이 애굽 피난에서 돌아옴 (마 2:19-23, 눅 2:39-40)

마 2:19 ● 몇 년(2년)이 흘러 헤롯이 죽은 후에 주님의 사자가 애굽에서
요셉에게 꿈속에서 나타나 말했다. 20 "일어나 아기와 그 어머니를 데리
고 이스라엘 땅으로 돌아가라. 아기를 죽이려고 하던 자들이 죽었다." 21
이에 요셉이 아기와 어머니를 데리고 이스라엘 땅으로 돌아갔다. 22 그
러나 아켈라오가 그의 아버지 헤롯의 뒤를 이어 유대 지역의 분봉 왕(임

마리아 콥틱 교회(마 2:13-15) 카이로 나일 강, 예수께서 배를 타고 남쪽으로 내려간 곳이다.

금)이 되었다는 소식을 듣고 유대 지역으로 가기를 두려워했다. 그러던 중에 꿈속에서 지시함을 받은 대로 갈릴리 지역으로 돌아가 마2:23, 눅2:39b 본래 살았던 동네(본동네)인 나사렛으로 가서 살았다. 이는 선지자가 말씀한 대로 '나사렛 사람'이라 칭함을 받을 것이다(사 11:1)"라고 한 말을 이루기 위함이었다.

눅2:40 아기는 자라면서 점점 강건해지고(강해지고) 지혜가 충만하며 하나님의 은혜가 충만했다.

열두 살 때 예루살렘으로 가는 성 가족(눅 2:41) 나사렛, 요셉 교회 부조

† 열두 살 때의 예수 (눅 2:41-52)

눅 2:41 ● 예수의 부모는 해마다 유월절이 되면 예루살렘으로 올라갔다.
42 예수께서 12살 되었을 때에 그들이 유월절의 관례를 따라 예루살렘으
로 올라갔다가 43 유월절을 마치고 돌아갈 때에 소년(아이) 예수는 예루
살렘에 그대로 머물러 있었다. 그러나 그 부모는 그 사실을 알지 못하고
44 함께 돌아가는 줄로 생각하고 하룻길을 가다가 예수가 없는 것을 알았
다. 이에 친척(친족)과 아는 자에게 물
어 찾았으나 45 만나지 못하고 예수
를 찾으면서 예루살렘까지 올라
갔다. 46 그리고 3일이 지난 후에
야 성전에서 예수를 만났다. 그때

헤롯의 유아 학살과 예수의 피난(마 2:12) 이스라엘 아인카렘, 마리아 방문 교회

예수께서 자라신 나사렛(마 2:23) 예수 당시에는 30-50가구의 작은 동네였다.

풍습 **여행의 하룻길(눅 2:44)**
요셉 가족은 예수께서 열두 살 되던 해 유월절을 지키기 위해 예루살렘에 올라갔다. 그런데 돌아오는 길에 하룻길이나 왔음에도 소년 예수가 없는 것을 몰랐다. 이는 그 당시 여행에서 첫날에는 잊은 것을 가져올 수 있는 약 2㎞ 정도만 갔고 다음 날부터는 보통 하루에 40㎞를 갔기 때문에 예수가 없는 것을 몰랐던 것이다.

소년 예수는 선생들 중에 앉아서 그들의 말을 듣고 묻기도 했는데 [47] 소년 예수의 말을 듣는 자가 모두 그 지혜와 대답하는 것을 보고 놀랐다.

눅 2:48 그의 부모가 예수를 보고 놀라며 어머니가 말했다. "아이야, 왜 우리와 떨어져 여기에 있느냐? 보라, 아버지와 내가 걱정하며 너를 얼마나 찾았는지 아느냐?" [49] 이에 소년인 예수가 대답했다. "왜 나를 찾으셨습니까? 내가 성전에 있어야(내 아버지의 집에, 내 아버지의 일에 관계해야) 할 줄을 알지 못하셨습니까?" [50] 그러나 그 부모는 아직 소년인 예수가 한 그 말의 뜻을 이해하지 못했다. [51] 예수는 부모와 함께 북쪽에 위치한 나사렛으로 내려가 그곳에서 부모에게 순종하며 지냈다. 그 어머니는 소년 예수가 하는 모든 일(말)들을 마음에 간직했다. [52] 예수는 지혜와 키가 자라가며 하나님과 사람들에게 갈수록 사랑을 받았다.

† 세례자 요한의 천국 전파 (눅 3:1-18, 마 3:1-12, 막 1:2-8)

눅 3:1 ●이후 18년이 흘렀다. 디베료 황제가 로마를 통치한 지 15년이 되던 해, 곧 본디오 빌라도가 유대의 총독으로, 헤롯 대왕의 아들 헤롯 안디바(헤롯)가 갈릴리의 분봉 왕으로, 그 동생 빌립이 갈릴리 바다 동북쪽 지역인 이두래와 드라고닛 지방의 분봉 왕으로, 루사니아가 다메섹 서북 지역인 아빌레네의 분봉 왕으로, [2] 안나스와 가야바가 대제사장으로 있을 때에 하

✣ 신약 시대 로마 황제
- 신약시대로마황제
- 아구스도(옥타비안) BC 30 - AD 14
- 디베리우스(디베료) AD 14 - 37
- 갈릴굴라 37 - 41
- 쿨라우디우스 41 - 54
- 네로 54 - 68

나님의 말씀이 광야(빈 들)에서 사가랴의 아들 세례자 요한에게 임했다.
마 3:1, 막 1:4, 눅 3:3 그 무렵 세례자 요한은 유대 광야(눅 3:3에는 요단 강 부근 각
처, 막 1:4에는 광야)에서 죄 용서함을 받게 하는 회개의 세례를 외쳤다.
마 3:2 "회개하라, 하나님 나라(마태복음에는 천국, 이하 하나님 나라로)가 가
까이 왔다" 3a 그는 이사야 선지자를 통해 말씀하신 자였다.
마 3:3b, 막 1:2-3, 눅 3:4 이사야 선지자의 글에는 이렇게 기록되었다. "보라, 내
가 내 사자를 네 앞에 보낼 것이니 그가 네 길을 준비할 것이다(말 3:1). 광
야에서 외치는 자의 소리가 있어 말하기를 너희는 주님의 길을 준비하라.
그가 오시는 길을 평탄하게 하라(사 40:3). 눅 3:5 모든 골짜기가 메워지고,
모든 산이 낮아지고, 굽은 것이 곧게 펴지고, 험한 길이 평탄해질 것이
요, 6 모든 사람(육체)들이 하나님의 구원하심을 볼 것이다."
마 3:4-6, 막 1:5-6 이 세례자 요한은 낙타 털로 만든 옷을 입고, 허리에는 가죽
띠를 띠고, 메뚜기와 야생 꿀(석청)을 먹었다. 이때에 예루살렘과 온 유대
지방의 사람들과 요단 강 사방에서 사람들이 그에게 나아와 자기들의 죄
를 자백하고 요단 강에서 세례자 요한에게 세례(침례)를 받았다.
마 3:7-10, 눅 3:7-9 세례자 요한이 많은 바리새인(눅, 무리)들과 사두개인들이
(눅, 무리들) 자기에게 세례(침례)를 받기 위해 오는 것을 보고 말했다. "독
사의 자식들아, 누가 너희에게 다가올 심판(진노)을 피하라고 알려주었느
냐? 그러므로 회개에 합당한 열매를 맺어라. 그리고 마음속으로 아브라함
이 우리의 조상이라고 생각하지 말라. 내가 너희에게 말한다. 하나님께서
는 이 돌들을 가지고도 능히 아브라함의 자손이 되게 하실 수 있다. 도끼
가 이미 나무 뿌리에 놓였으니 좋은 열매를 맺지 못하는 나무들은 찍혀 불
에 던져질 것이다."
눅 3:10 그러자 무리들이 물었다. "그러면 우리가 무엇을 해야 합니까?"
11 세례자 요한이 대답했다. "옷이 두 벌 있는 자는 옷이 없는 자에게 나눠
주고, 먹을 것이 있는 자도 굶주린 자에게 나눠주어라." 12 세리들도 세례
(침례)를 받기 위해 와서 말했다. "선생이여, 우리는 무엇을 해야 합니까?"
13 세례자 요한이 말했다. "부과된 것 외에는 추가로 세금을 거두지 말라."
14 군인들도 물었다. "우리는 무엇을 해야 합니까?" 세례자 요한이 말했다.

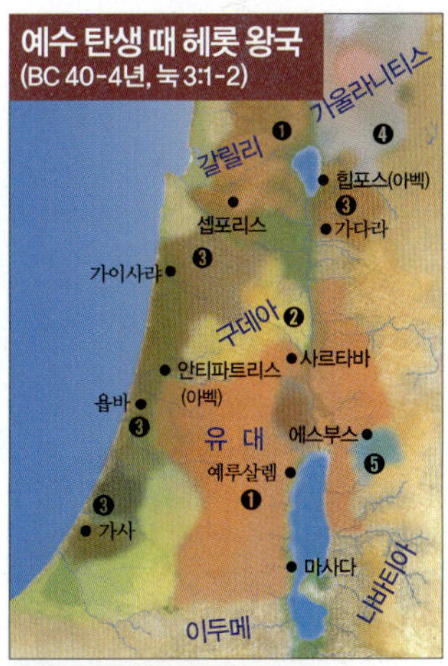

예수 탄생 때 헤롯 왕국 (BC 40-4년, 눅 3:1-2)

❶ 헤롯의 최초 통치 영토
❷ BC 40년경 추가된 영토
❸ BC 23년경 추가된 영토
❹ BC 20년경 추가된 영토
❺ 나바테안에게 빼앗은 영토

1 유대 광야
2 세례 요한 기념 교회(마 3:13-17) 요르단 베다니 지역 요단 강 앞

"사람에게서 억지로 빼앗지 말며, 거짓으로 고발하지 말고, 받는 급료에 만족하라."

눅 3:15 백성들이 그리스도를 기다리고 있었기 때문에 사람들은 세례자 요한이 혹시 그리스도가 아닌가 마음에 생각했다.

마 3:11-12, 막 1:7-8, 눅 3:16-17 이를 안 세례자 요한이 말했다. "내 이후에 오시는 분은 나보다 능력이 많기 때문에 나는 그의 신(눅, 막, 신발끈)을 들기도 감당하지 못할 정도이다. 나는 너희가 회개하도록 물로 세례(침례)를 주지만 그분은 성령과 불로 너희에게 세례(침례)를 줄 것이요, 손에 키를 들고 자기의 타작 마당을 깨끗이 하여 알곡은 모아서 창고(곳간)에 들이고 쭉정이는 꺼지지 않는 불에 태울 것이다." 눅 3:18 또 그 밖에 많은 권면을 하고 백성에게 좋은 소식을 전했다.

성경 상식 **세례**(마 3:1, 11-17)
세례(baptist)는 헬라어 '밥티스마' 또는 '밥티스모스'에서 유래한다. 그 뜻은 물속에 뛰어들다, 물에 담근다, 물을 뿌린다 등 폭넓은 의미가 있다. 세례는 예수 그리스도께서 승천하기 전에 엄히 명한 것이다(마 28:18-20). 성경은 세례를 통해 그리스도와의 영적 연합이 이루어짐을 언급하고 있다.

† 예수께서 세례를 받으심 (마 3:13-17, 막 1:9-11, 눅 3:21-22)

마 3:13-17, 막 1:9-11, 눅 3:21-22 ●세례자 요한에게 나온 사람(백성)들이 다 세례(침례)를 받을 때에 예수께서도 갈릴리 지역의 나사렛에서 요단 강으로 와서 세례자 요한에게 세례를 받으려고 하셨다. 그러자 세례자 요한이 말리며 말했다. "내가 오히려 당신에게 세례를 받아야 할 것인데 어찌 당신이 나에게로 오십니까?" 예수께서 대답하셨다. "지금은 허락하라. 우리가 이같이 하여 모든 선한 뜻(의)을 이루는 것이 좋다." 이에 세례자 요한이 예수께

예수께서 세례받은 곳(눅 3:21-22) 요르단 국경, 지금은 물줄기가 서쪽으로 바뀌었다.

세례를 베풀었다. 예수께서 세례를 받으신 후 물에서 올라와 기도하실 때 하늘이 열리고(어떤 사본에는 자기에게 열리고) 하나님의 성령이 비둘기 같은 형체로 내려 그 위에 임하는 것을 보았다. 그때 하늘로부터 "이는 내 사랑하는 아들이요, 내 기뻐하는 자라"는 소리가 들렸다.

† 예수께서 시험을 받으심 (마 4:1-11, 막 1:12-13, 눅 4:1-13)

마 4:1-2, 막 1:12-13, 눅 4:1-2 ● 예수께서 세례(침례)를 받으신 이후 성령의 충만함을 입어 요단 강에서 돌아와 40일 동안 성령에게 이끌려 마귀에게 시험을 받으러 유대 광야로 가사 들짐승과 함께 있었다. 예수께서는 40일을 밤낮으로 금식하신 때였으므로 주린 상태에 있었다.

마 4:3-4, 눅 4:3-4 그때 시험(temptation)하는 자가 예수께 나아와서 말했다. "네가 만일 하나님의 아들이라면 이 돌들에게 명령하여 빵(떡, 이하 빵으로) 덩이가 되게 하라." 이에 예수께서 대답하셨다. "성경에 기록되기를 '사람이 빵으로만 살 것이 아니라 하나님의 입으로부터 나오는 모든 말씀으로 살 것이다'라고 했다(신 8:3)."

마 4:5-7, 눅 4:9-13 이에 마귀가 예수를 거룩한 성 예루살렘으로 데려다가 성전 꼭대기에 세우고 말했다. "네가 만일 하나님의 아들이라면 이곳에서 뛰어내리라. 성경에 기록되기를 '그가 너를 위해 그의 사자들에게 명령하여 그들이 손으로 너를 받아 발이 돌에 부딛치지 않게 할 것이다'(시 91:11-12)라고 했다." 이에 예수께서 말씀하셨다. "또 성경에 기록되기를 '주 너의 하나님을 시험하지 말라'(신 6:16)라고 하였다."

전승에 의해 마귀가 돌을 빵으로 만들라고 말한 돌(마 4:3) 유대 광야, 시험산 수도원

마 4:8-10, 눅 4:5-8 마귀가 다시 예수를 데리고 매우 높은 산(헬몬 산)으로 가서(눅, 올라가서) 순식간에 천하의 모든 나라와 그 영광을 보여주며[9] 말했다. "이 모든 것은 나에게 넘겨준 것이기 때문에 내가 원하는 자에게 주는 것이다. 그러므로(만일) 나에게 엎드려 경배하기만 하면 이 모든 권위와 영광(눅, 모든 것)을 내가 너에게 줄 것이다." 이에 예수께서 말씀하셨다. "사탄아 물러가라. 성경에 기록되기를 '주 너의 하나님께 경배하고 오직 그분만을 섬기라'고 했다(신 6:13)."

예수 세례와 시험받음(마 3:13 -4:11) 이스탄불, 코라 교회

마 4:11a, 눅 4:13 이에 마귀가 시험(temptation)을 다한 후에 얼마 동안 예수 곁

을 떠나고 마 4:11b 천사들이 나아와서 예수께 수종을 들었다.

† 세례자 요한의 증언 (요 1:19-34, 눅 3:23a)

요 1:19 ●바리새인(유대인)들이 예루살렘에서 제사장들과 레위인들을 세
례자(세례, 이하 세례자로) 요한에게 보내 "네가 누구냐?"라고 물었다. 그때
20 세례자 요한이 숨기지 않고 밝히 드러내어 자기를 찾아온 자들에게 "나
는 그리스도가 아니다"라고 말했다. 21 이에 그들이 또 묻기를 "그러면 네
가 누구냐? 네가 엘리야냐?" 세례자 요한이 대답했다. "나는 아니다." 그러
자 다시 묻기를 "그러면 네가 그 선지자냐?"라고 하자 그가 대답했다. "나
는 선지자가 아니다." 22 그들이 계속해서 물었다. "그러면 네가 누구냐? 우
리를 보낸 자들에게 대답하도록 하라. 너는 네 스스로를 누구라고 생각하
느냐?" 23 세례자 요한이 말했다. "나는 이사야 선지자가 말한 것과 같이 주
님의 길을 평탄하게 하라고 광야에서 외치는 자의 소리이다."

요 1:24 그들은 바리새인(유대인)들이 보낸 자들이었다. 25 그들이 또 물었
다. "네가 만일 그리스도도 아니고, 엘리야나 그 선지자도 아니라면 무엇
때문에 세례를 주느냐?" 26 세례자 요한이 대답하기를 "나는 물로 세례를

시험산 수도원(마 4:3-10) 유대 광야

베다니 지역(요 1:28) 요르단

예수를 소개하는 세례자 요한(요 1:29-34) 러시아 모스크바, 구세주 교회

예수께서 세례를 받음(요 1:32-34) 바티칸 시스티나 예배당, 프레스코화, 예수의 머리 위에는 성령을 상징하는 비둘기가 그려져 있다.

주지만 너희가 알지 못하는 한 사람이 있는데 [27] 그 사람이 바로 내 뒤에 오시는 분이다. 나는 그분의 신발끈을 풀기도 감당하지 못하는 자이다"라고 하였다. [28] 이 일은 세례자 요한이 세례를 베풀던 요단 강 건너편 동쪽의 베다니 지역에서 일어난 일이다.

눅 3:23a 예수께서는 30세쯤 되었을 때 가르치심을 시작하셨다. 요 1:29 하루는(이튿날) 세례자 요한이 예수께서 자기를 향해 오는 것을 보고 말했다. "보라, 세상의 죄를 짊어지고 가는 하나님의 어린 양이다. [30] 내가 이전에 말하기를 '내 이후에 오는 사람이 있는데 그가 나보다 위대한(앞선) 이유는 그는 내가 태어나기 전에 존재했기 때문이다'라고 말한 것은 바로 이 사람을 가리킨 것이다. [31] 나도 그가 누구인지 알지 못했으나 내가 물로 세례를 준 이유는 그분을 이스라엘에게 나타내기 위함이다."

요 1:32 세례자 요한이 계속해서 증거(증언)했다. "나는 성령이 비둘기 같은 형체로 하늘로부터 내려와 그의 위에 머무르는 것을 보았다. [33] 나도 그가 누구인지 알지 못했으나 나를 보내 물로 세례를 주라고 하신 그분이 나에게 말씀하시기를 '누구 위에든지 성령이 그 위에 머무는 것을 보면 그 사람이 바로 성령으로 세례를 주는 자인 줄 알라'고 하셨기 때문이다. 그래서 [34] 내가 그것을 보고 그분이 하나님의 아들임을 증거했다."

성경지리

두 곳의 베다니
(베다니 지역과 베다니 마을)

나사로 고향인 이스라엘 지역의 베다니(막 11:1)는 예루살렘 성 밖 동쪽에 있는 감람 산 줄기 동남쪽 산기슭에 있다. 예루살렘에서 여리고로 갈 때는 베다니를 통해 가는데 예루살렘 성전에서부터 6㎞ 떨어진 거리에 있다. 느 11:32에 나오는 아나냐는 베다니와 동일한 곳으로 여겨진다.

예수께서 세례받은 곳인 베다니(요 1:28)는 세례자 요한이 예수께 세례를 베푼 요단 건너편을 가리킨다. 이곳이 한 마을이었다는 것은 확인되지 않고 있다. 오리게네스는 요 1:28의 베다니는 요단 강 서쪽에 있는 벧아라바로 보고 있는데 후기의 사본들은 대개 이 견해를 따르고 있다.

2 예수의 공생애 초기 사역

예수의 성전 정화, 엘 그레코작

성경사

헤롯대왕 즉위	예수 탄생 (눅 2:1-7)	예루살렘 성전 방문 (눅 2:41-52)	본디오 빌라도 유대 총독 부임	예수 공생애 시작 (마 3:13)	3차 갈릴리 전도 (마 14:13-18:35)	십자가 수난 (마 27:35-58)	부활 승천 (마 28:1-20)
BC37	BC4	AD8	26	27	29	30	30

안드레(요 1:40) 이탈리아 레기온, 바울 기념 교회

나다나엘 기념 교회(요 1:44-51) 이스라엘 갈릴리 가나. 나다나엘은 가나 출신이다.

† 세례자 요한의 두 제자 (요 1:35-42)

요 1:35 ● 이튿날 세례자 요한이 2명의 제자와 함께 서 있을 때 [36] 예수께서
지나가시는 것을 보고 "보라, 하나님의 어린 양이다"라고 말하자 [37] 자기
의 두 명의 제자가 그 말을 듣고 예수를 따랐다. [38] 예수께서 그들이 세례자
요한에게서 떠나 자기를 따르는 것을 보고 그들에게 물었다. "너희가 무엇
을 구하느냐?" 그러자 그들이 대답하기를 "랍비여, 사시는 곳이 어디입니
까?" 하니 랍비는 번역하면 '선생'이다. [39] 예수께서 말씀하시되 "와보라."
그러자 그들이 가서 예수께서 머문 곳을 보고 그날 함께 그곳에서 머무르
니 그때가 10시쯤 되었다.

요 1:40 세례자 요한의 말을 듣고 예수를 따르는 두 명 중 한 명은 시몬 베
드로의 형제인 안드레였다. [41] 그가 먼저 자기의 형제 시몬 베드로를 찾아
가 말했다. "우리가 메시아를 만났다." 메시아는 번역하면 '그리스도'이다.
[42] 그리고 시몬 베드로를 데리고 예수께로 오자 예수께서 그를 보고 말씀하
셨다. "네가 요한의 아들 시몬이니 앞으로는 '게바'라고 부를 것이다." 게
바는 번역하면 '베드로'이다.

† 빌립과 나다나엘을 부르심 (요 1:43-51)

요 1:43 ● 이튿날 예수께서 갈릴리로 향하는 길에서 빌립을 만나 "나를 따르라"고 말씀하셨다. 44 빌립은 안드레와 베드로와 같은 벳새다 마을 사람이었다. 45 또 빌립은 나다나엘을 찾아가 말하되 "모세가 율법에 기록하고 여러 명의 선지자가 기록한 그분을 우리가 만났는데 바로 요셉의 아들 나사렛 예수이다." 46 그 말을 들은 나다나엘이 말했다. "나사렛에서 무슨 좋은(선한) 것이 날 수 있겠느냐?" 빌립이 말하기를 "와보라" 하였다.

요 1:47 예수께서 나다나엘이 자기에게 오는 것을 보고 그에게 말했다. "보라, 이자는 진실로 이스라엘 사람이다. 그 마음속에 간사한 것이 없다." 48 나다나엘이 말하기를 "어떻게 나를 알고 있습니까?" 예수께서 대답하셨다. "빌립이 너를 부르기 전에 네가 무화과나무 아래에 있을 때 이미 내가 보았다." 49 나다나엘이 대답하되 "선생님(랍비), 당신은 하나님의 아들이시고 이스라엘의 왕이십니다." 50 이에 예수께서 말씀하셨다. "내가 너를 무화과나무 아래에 있는 것을 보았다고 말한 것 때문에 나를 믿느냐? 그러나 이보다 더 큰일을 볼 것이다." 51 그리고 계속해서 말씀하셨다. "참(진실)으로 너에게 말하노니 하늘이 열리고 하나님의 천사(사자)들이 인자(내) 위에서 오르락내리락하는 것을 볼 것이다."

빌립의 고향인 벳새다 마을 어부의 집 터 (요 1:44)

예수께서 기적을 베푼 항아리(요 2:6) 가나의 기적 교회

† 가나의 결혼식과 첫 번째 기적 (요 2:1-12)

요 2:1 ● 나다나엘을 만난 지 3일째 되던 날에 갈릴리의 가나 마을에서 결혼식(혼례식)이 있었고 예수의 어머니도 그곳에 있었다. 2 그때 예수와 그의 제자들도 결혼식에 초청을 받았다. 3 결혼식에 포도주가 떨어지자 예수의 어머니가 예수께 말하기를 "저들에게 포도주가 없다"라고 하자 4 예수께서 말씀하셨다. "여자여, 그것이 나와 무슨 상관이 있습니까? 아직은 내가 죽을 때가 오지 않았습니다." 5 이에 예수의 어머니가 하인들에게 말했다. "그분이 너희에게 무슨 말씀을 하든지 그대로 따르라."

요 2:6 그곳에는 유대인의 정결예식을 따라 두세 통의 물이 들어가는 크기의 돌로 된 항아리 여섯 개가 놓여 있었다. 7 예수께서 그들에게 말씀하셨다. "항아리에 물을 채우라." 이에 그들이 항아리 아귀까지 물을 가득 채웠

성경 지리 **가나는 어디에 있는가?**

가나의 위치에 대해서는 세 군데 설이 있다. 하나는 레바논의 가나이고, 나머지 두 곳은 갈릴리 지역에 있는 곳이다. 그중 하나는 나사렛에서 티베리아스로 가는 길의 약 6㎞ 지점에 있는 곳으로 현재 지명은 카프르 카나(Kafr-Kana)이고, 또 하나의 가나설은 나사렛 북쪽 14㎞ 지점에 있는 키르벳 카나(Khirbet Qana)라는 설이 있다. 가나는 헬라어로 '갈대'라는 뜻이다. 레바논 지역에 있는 가나는 두로에서 내륙으로 남동쪽 약 9.6㎞ 떨어져 있다. 오늘날 카나(Qana)로 알려진 곳으로 비잔틴 시대의 교회 터가 약간 남아 있을 뿐이다.

1 키르벳 가나(요 2:11) 이스라엘
2 카프르 가나의 두 기적 교회(요 2:11)
3 레바논 지역의 가나(요 2:11)

풍습 **성경의 혼인(혼례) 제도** (요 2:1-2)

성경에 나타난 혼인의 형태와 형식은 다양하다. 고대 근동의 결혼 제도 중 가장 일반적인 형태는 모가장적 결혼제도와 부가장적 결혼제도이다.

모가장적 결혼에서는 자녀들이 어머니의 권한 아래에 있으며 남편이 아내의 집에 거주하는 경우와 자녀들이 어머니 쪽으로 인정되고 아내는 자신의 친척과 머물러 있으며 남편은 정기적으로 아내를 방문하는 경우이다. 야곱과 모세의 경우가 전자(비나혼)의 경우이고, 삼손이 그의 아내 디나를 찾아간 경우가 후자(모타혼)에 해당된다.

부가장적 결혼 제도에서는 아버지의 권위가 전체 결혼 형태에 미치는 영향과 관련되어 있다. 자식은 아버지 쪽에서 인정되고 아내는 오로지 남편의 권위 안에서 자유와 권리를 지녔다. 그래서 남편은 아내가 하나님께 한 맹세를 취소시킬 수도 있었으며(민 30:10-14), 아내는 하나의 재산과 같이 취급되었다. 이 경우는 계보와 인구조사의 기록에서 볼 수 있다(창 5장, 룻 4:18-22 등). 창세기에 의하면 아내가 남편에게 복종해야 하는 것은 에덴동산에서의 불순종의 결과였다(창 3:16). 대신 남편은 아내 사랑하기를 주님이 교회를 사랑하는 것같이 하라고 바울은 권면한다.

이상 두 가지 외에 성경에는 일부다처제, 일부일처제, 족외혼과 동족혼이 있으며 혈통을 잇기 위해 남편의 동생과 관계를 맺는 수혼제 등이 있었다.

다. 8 그러자 예수께서 "이제는 떠다가 연회장에 갖다주라"고 말씀하였고
그들은 물로 된 포도주를 연회장에게 갖다주었다. 9 연회장은 물로 된 포도주
를 맛보았으나 그것이 어디에서 난 것인지 알지 못했다. 그러나 물을 떠온
하인들은 어떻게 된 것인지 알았다. 이에 연회장이 신랑을 불러 10 말했다.
"사람들은 좋은 포도주를 먼저 내놓고 취한 후에는 질이 낮은 포도주를 내
놓는데 그대는 오히려 지금까지 좋은 포도주를 남겨두었다." 11 예수께서
이 첫 번째 기적(표징)을 갈릴리의 가나 마을에서 행하므로 그 영광을 나
타내자 제자들이 그를 믿었다. 12 그후 예수께서 어머니와 형제들과 제자
들과 함께 가나(키르벳 카나)에서 34㎞ 정도 떨어진 가버나움으로 가셨으나
그곳에서 여러 날 머물지는 않으셨다.

† 첫 번째 성전을 정결케 함 (요 2:13-25)

요 2:13 ●유대인의 유월절이 다가오자 예수께서는 예루살렘으로 올라가
셨다. 14 그때 성전 안에서 소와 양과 비둘기를 파는 사람들과 성전에서 사
용하는 돈으로 바꾸어주는 환전상(돈 바꾸는 사람)들이 앉아 있는 것을 보시
고 15 노끈으로 채찍을 만들어 소와 양을 모두 성전에서 쫓아내고, 환전상
들의 돈과 그 탁상을 엎으셨다. 16 그리고 비둘기 파는 사람들에게는 "이것
을 여기서 가지고 나가라. 내 아버지의 집(성전)을 장사하는 집으로 만들
지 말라"고 하셨다. 17 이것을 본 제자들은 "주님의 성전을 사모하는 열심
이 나를 삼키리라(사 69:9)"라고 한 성경 말씀이 기록된 것을 기억했다.
요 2:18 이에 유대인들이 예수께 말했다. "네가 무슨 권한으로 이런 일을 행
했는지 우리에게 무슨 표적을 보여줄 수 있느냐?" 19 그 말을 들은 예수께

서 대답하셨다. "너희가 이 성전을 헐어보라. 그러면 내가 3일 만에 다시 세울 것이다." [20] 유대인들이 말하기를 "이 성전은 46년 동안이나 걸려 지었는데 네가 무슨 힘으로 3일 동안에 세울 수 있겠느냐"라고 하였다. [21] 그러나 예수께서 그렇게 말한 것은 성전 된 자기의 육체를 가리켜 말씀하신 것이었다. [22] 제자들은 예수께서 죽은 자 가운데서 살아난 후에야 이 말씀을 기억하고 성경과 그분이 하신 말씀을 믿었다.

성전을 정결케 한 장소(요 2:13-16) 예루살렘 통곡의 벽 옆, 분문 앞

요 2:23 유월절에 예수님은 예루살렘에 계셨는데 많은 사람이 예수께서 행하시는 기적(표적)을 보고 그의 이름을 믿었다. [24] 그러나 예수께서는 모든 사람을 알고 있었기 때문에 자신을 그들에게 의지하지 않았다. [25] 또한 예수께서는 어떤 사람의 증언도 받을 필요가 없었다. 왜냐하면 그가 친히 사람의 마음속에 무엇이 들어 있는지를 알고 있었기 때문이었다.

† 니고데모의 예수 방문 (요 3:1-21)

요 3:1 ● 바리새인 중에 유대인의 산헤드린 공회원(지도자)인 '니고데모'라는 사람이 있었다. [2] 그가 밤에 예수께 찾아와 말했다. "선생님(랍비), 우리는 당신이 하나님께로부터 온 선생인 줄 알고 있습니다. 왜냐하면 하나님이 함께하지 않으면 당신이 행하는 이 표적들을 그 누구도 행할 수 없기 때문입니다." [3] 이에 예수께서 대답하셨다. "참으로(진실로) 너에게 말하는데 사람이 다시 태어(거듭)나지 않으면 하나님의 나라를 볼 수 없다." [4] 이에 니고데모가 물었다. "사람이 늙으면 어떻게 다시 태어날 수 있습니까? 어머니 배 속에 다시 들어갔다가 태어날 수 있습니까?" [5] 예수께서 다시 대답하셨다. "참으로 너에게 말한다. 사람이 물과 성령으로 다시 태어(거듭)나지 않으면 하나님의 나라에 들어갈 수 없다. [6] 육체(육)로부터 태어난 것은 육신(육)이요, 영으로 태어난 것은 영이다. [7] 그러므로 내가 너에게 다시 태어나야 한다는 말을 이상하게 생각하지 말라. [8] 바람은 제멋대로 불기 때문에 네가 그 소리는 들어도 어디서 와서 어디로 가는지 알지 못하는 것처럼 성령으로 난 사람도 모두 그와 같다." [9] 그 말을 들은 니고데모가 말했다. "어떻게 그런 일이 있을 수 있겠습니까?"

니고데모와 예수의 대화(요 3:1-15) 파리, 노틀담데블랑망토 교회의 설교단
율법학자였던 니고데모는 새로운 생명으로 다시 태어난다는 뜻의 예수님의 말씀을 이해하지 못했다. 그래서 문자 그대로 어머니 배 속에 들어갔다 다시 태어난다는 것으로 이해했다.

요 3:10 예수께서 그에게 대답했다. "너는 이스라엘의 지도자(선생)로서 그

성경 인물 **니고데모**(요 3:1)
바리새인 출신으로 밤에 예수께 찾아와 영생에 대해 질문한 유대인 공회원이다(요 3:1, 19:38). 그는 예수에 대해 조심스런 동정심을 갖고 있었으며(요 7:50-52), 유대 관원들에게 예수에 대해 은밀한 변호를 하기도 했다. 후에 그는 아리마대 요셉과 함께 예수의 시신 매장을 준비했다.

✣ 세례와 침례(요 3:22)
헬라어 밥티스마(baptisma)의 세례는 '씻는다'란 뜻이고, 침례는 '잠근다'라는 뜻이다.
전자는 죄를 씻는다는 영적인 의미이고, 후자는 몸을 물에 잠근다는 의식적인 의미이다.
우리말로는 '세례'와 '침례'로 번역되었다. 따라서 이 번역은 옳고 그름의 문제가 아니고 전통에 따른 선택의 문제이다. 즉 침례교는 '침례'를 택하고, 개신교의 다른 모든 교파와 가톨릭은 '세례'를 택한 것이다.

살렘(요 3:23) 이스라엘

런 것들을 알지 못하느냐? [11] 참으로 너에게 말한다. 우리는 아는 것을 말
하고 본 것을 증언하지만 너희는 우리의 증언을 받아들이지 않는다. [12] 내
가 땅의 일을 말해도 너희가 믿지 못하는데 하물며 하늘의 일을 말하면 어
떻게 믿을 수 있겠느냐? [13] 하늘에서 내려온 나(인자) 외에는 하늘로 올라
간 자(어떤 사본에는 하늘에 있는 인자)가 없다. [14] 모세가 광야에서 뱀을 높
이 들었던 것처럼(그래서 구원을 얻은 것처럼) 나(인자)도 그렇게 들려야 할
것이다. [15] 그것은 그를 믿는 자마다 영생을 얻게 하기 위함이다."

요 3:16 이와 같이 하나님은 세상을 지극히 사랑하셨기에 독생자를 주셨
다. 이는 그를 믿는 자들은 모두 멸망하지 않고 영생을 얻게 하기 위함이
다. [17] 하나님은 세상을 심판하기 위해 그 아들을 세상에 보내신 것이 아니
다. 그것은 그로 인해 세상이 구원을 얻게 하기 위함이다. [18] 그러므로 그
를 믿는 자는 심판(정죄)을 받지 않을 것이요, 믿지 않는 자는 하나님의 독
생자의 이름을 믿지 않았기 때문에 이미 심판을 받은 것이다. [19] 그 죄(정
죄)는 바로 빛이 세상에 왔지만 사람들이 자기 행위가 악하기 때문에 빛
보다 어둠을 더 사랑한 것이다. [20] 악을 행하는 자들은 모두 빛을 싫어하여
빛으로 나오지 않는다. 그것은 악한 자기의 행위가 빛으로 인해 드러날까
두려워하기 때문이다. [21] 그러나 진리를 행하는 자는 빛으로 나온다. 그것
은 자신의 행위가 하나님 안에서 행한 것임을 나타내기 위함이다.

† 예수의 세례와 세례자 요한 (요 3:22-36)

요 3:22 ● 이 일 후에 예수께서는 제자들과 함께 유대 땅으로 가서 그곳에
머물면서 세례를 주었다. [23] 세례자 요한도 살렘 근처에 있는 애논에서 세
례(침례)를 주었는데 그곳에는 물이 많았으며, 사람들이 계속해서 자기에
게로 왔기 때문이었다. [24] 이때까지는 세례자 요한이 감옥에 갇히지 않았
다. [25] 그때 세례자 요한의 제자가 한 유대인과 더불어 정결 예식에 대해 변
론했다. [26] 그래서 그들이 세례자 요한에게 가서 말했다. "선생님(랍비), 선
생님과 함께 요단 강 동쪽(건너편)에서 선생님이 증거하시던 분이 세례(침
례)를 주자 사람들이 모두 그에게로 몰려가고 있습니다."

요 3:27 세례자 요한이 대답했다. "만일 하늘에서 준 것이 아니면 사람은 아

무것도 받을 수 없다. 28 내가 이미 말한 것처럼 나는 그리스도가 아니라
그분 앞에 보냄을 받은 자라고 말한 것을 증거해줄 사람은 바로 너희들이
다. 29 신부를 취하는 자는 신랑이지만 서서 신랑이 오는 소리를 듣는 친구
들도 크게 기뻐하는 것처럼 나는 그런 기쁨으로 충만해 있다. 30 그는 더욱
더 크게 되어야(흥해야) 하겠고, 나는 작아져야(쇠하여야) 할 것이다." 31 하
늘로부터 온 분은 모든 만물 위에 계시고, 땅에서 난 사람은 땅에 속해 있
기 때문에 땅의 것을 말한다. 하늘로부터 오시는 분은 만물 위에 계시며 32
그는 친히 하늘에서 보고 들은 것을 증거하지만 그의 증거를 받아들이는
자가 없다. 33 그러므로 그의 증거를 받아들이는 자는 하나님이 참되다는
것을 인정한다. 34 하나님이 보낸 자가 하나님의 말씀을 하는 것은 하나님
이 성령을 그에게 한없이 주셨기 때문이다. 35 아버지께서 아들을 사랑하
셨기 때문에 그에게 모든 만물을 주셨다. 36 그러므로 하나님의 아들을 믿
는 자에게는 영원한 생명이 있다. 그러나 그에게 순종하지 않는 자는 영원
한 생명을 보지 못하고 오히려 하나님의 진노가 그에게 임하게 된다.

✣ 세례 요한인가, 세례자 요한인가?
원어(헬라어)에 대한 바른 번역은 '세례자 요한'이다. 세 요한은 마치 '과학 아인슈타인'이라는 표현과 같다. '과학자 아인슈타인'이 바른 표현이듯 '세례자 요한'이 바른 표현이다.

† 생명수와 사마리아 여자 (요 4:1-42)

요 4:1 ● 예수께서 제자를 삼고 세례(침례)를 주는 것이 세례자 요한보다
많다는 말을 바리새인들이 들은 줄을 예수께서 아셨다. 2 그러나 실제로는
예수께서 직접 세례(침례)를 준 것이 아니라 그의 제자들이 준 것이었다.
3 예수께서 유대 지역을 떠나 다시 갈릴리 지역으로 가게 될 때에 4 사마리
아 지역을 지나가야 했다. 당시 유대인들은 사마리아인들을 멸시했기 때문에 요
단 계곡 쪽으로 돌아갔다. 5 그러나 예수께서는 사마리아 지역으로 직접 가셨
고 마침내 그 지역에 있는 '수가'라고 하는 마을에 도착했다. 그곳은 야곱
이 그 아들 요셉에게 준 땅과 가까웠고(창 48:22), 6 야곱의 우물도 있었다.
예수께서는 여행 중에 피곤하여 우물 곁에 앉으셨는데 그때는 정오(제6
시)쯤 되었다.

요 4:7 이때 한 사마리아 여자가 물을 길으러 오자 예수께서는 물을 좀 달라고
하셨다. 8 그 시간 동안 제자들은 먹을 것을 구하기 위해 우물에서 500m 남짓 떨
어진 동네로 들어갔었다. 9 사마리아 여자가 말했다. "당신은 유대인 남자인데

공생애 준비(적색) 초기 사역(군청색)

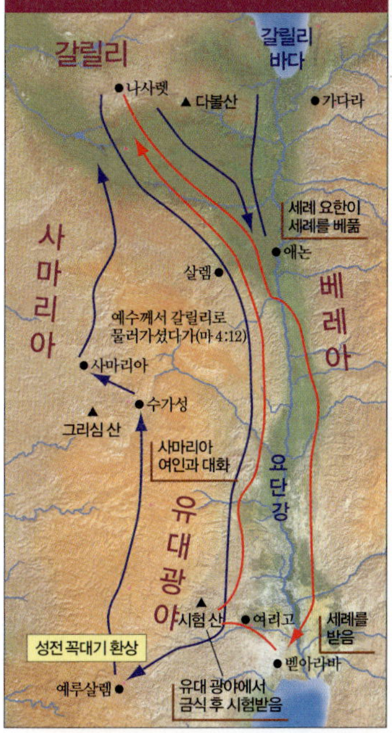

야곱의 우물(요 4:6) 세겜(나블루스)

어찌하여 사마리아 여자인 나에게 물을 달라고 하십니까?" 그녀가 이렇게 말
한 것은 유대인은 사마리아인을 배척하여(상종하지 아니하여) 그들에게는 말
도 건네지 않기 때문이었다. 10 그러자 예수께서 대답하셨다. "네가 만일 하나
님의 선물과 또 너에게 물 좀 달라고 하는 자가 누구인 줄 알았다면 오히려 네
가 그에게 구했을 것이요, 그는 생수를 너에게 주었을 것이다."

요 4:11 그러자 여자가 말했다. "선생이여(주여), 물을 기를 그릇도 없고 이
우물은 깊은데 당신은 어디서 그런 생수를 얻을 수 있다고 하십니까? 12
이 우물은 우리 조상 야곱이 우리에게 주었습니다. 그리고 이곳에서 자기
아들들과 짐승도 모두 마셨는데 당신이 야곱보다 더 큰 분입니까?" 13 예
수께서 대답하셨다. "이 우물 물을 마시는 자는 다시 목이 마르게 되지만 14
내가 주는 물을 마시는 자는 영원히 목마르지 않을 것이다. 왜냐하면 내가
주는 물은 그 속에서 영생하도록 솟아나는 샘물이 되기 때문이다."

요 4:15 이에 여자가 말했다. "선생님(주여), 그런 물이 있다면 나에게도 주
어 목마르지 않고, 이곳으로 물을 길으러 오는 수고도 하지 않게 해주세
요." 16 이에 예수께서 말씀하시되 "가서 네 남편을 데려오라." 17 여자가 대
답했다. "나는 남편이 없습니다." 예수께서 다시 말씀하셨다. "네가 남편이
없다고 하는 말이 맞다. 18 너에게 남편이 다섯 명이나 있었으나 지금 너와
함께 살고 있는 자도 진정한 네 남편이 아니다. 그러니 방금 네가 남편이 없
다고 말한 네 말도 틀린 것은 아니다."

요 4:19 여자가 말하기를 "선생이여(주여), 당신은 선지자가 틀림없습니다.
20 우리 조상들은 그리심 산(이 산)에서 예배했는데 유대인(당신)들은 예배
할 곳이 예루살렘에 있다고 주장하고 있습니다." 21 예수께서 말씀하셨다.
"여자여, 내가 하는 말을 믿으라. 그리심 산(이 산)이나 예루살렘이 아닌 곳
에서 너희가 아버지께 예배할 때가 올 것이다. 22 너희는 알지 못하는 것을
예배하지만 우리는 아는 것을 예배하니 그것은 구원이 유대인에게서 나
기 때문이다. 23 아버지께 진실되게 예배하는 자들은 영과 진리로 예배할
때가 올 것인데 바로 지금이다. 아버지께서는 자기에게 영과 진리로 예배
하는 자들을 찾으신다. 24 하나님은 영이시기 때문에 예배하는 자는 영과
진리로 예배해야 한다."

사마리아 여인과 예수(요 4:7-30) 카이로, 동굴 교회

역사

사마리아인의 역사적인 배경(요 4:9)

이스라엘이 남북으로 분열된 후 북쪽은 BC 721년 앗수르의 살만에셀 5세에게 멸망당했다. 그리고 앗수르의 포로 분산 정책에 의해 백성들은 고산 등 앗수르의 각 지역으로 분산되었다. 반면 남유다를 멸망시킨 바벨론은 백성들을 포로로 잡아가 닙푸르를 중심으로 한 메소포타미아 남쪽 지역에 집중적으로 거주시켰다. 훗날 바사(페르시아)의 해방령으로 고국으로 돌아온 유대인들은 혼혈족이 되어 순수한 유다의 혈통을 잃어버린 북쪽 사람들을 멸시하고 배척했다. 이는 예수 당시까지도 여전하여 남쪽의 유대 사람들은 갈릴리 지역을 가게 될 때에 중간에 있는 사마리아 지역을 피해 갈 정도로 사마리아인들과는 상종하지 않았다.

그리심 산의 제사 터(요 4:6) 이스라엘, 오늘날 사마리아인(사마리탄)은 600-700여 명 정도 살고 있으며 해마다 유월절이 되면 옛날처럼 양을 잡아 유월절을 지키고 있다.

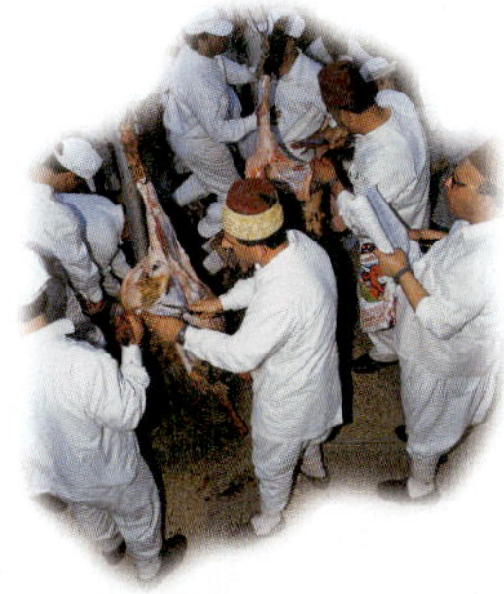

오늘날 사마리아인들의 유월절 양잡이(요 4:19-24) 그리심 산

요 4:25 여자가 말하기를 "메시아인 그리스도라고 하는 이가 오시는 줄을 내
가 알고 있습니다. 그분이 오시게 되면 모든 것을 우리에게 알려주실 것입니
다." 26 예수께서 말씀하셨다. "지금 너에게 말하는 내가 바로 그 사람이다."
27 그때 제자들이 마을에서 음식을 구해 돌아와 예수께서 여자와 말씀하는 것
을 보고 이상히 생각했으나 예수께 무엇을 구하는지, 왜 사마리아 여자와 대
화를 하는지를 감히 묻는 자가 없었다. 28 예수의 말씀을 들은 여자는 물동이를
놓고 마을로 들어가서 사람들에게 말했다. 29 "내가 이전에 행한 모든 일을
나에게 말해준 사람을 와서 보십시오. 그는 바로 그리스도이십니다." 30 이에
그녀의 말을 들은 사람들이 마을에서 나와 예수께로 나왔다.

요 4:31 그사이에 제자들은 예수(랍비)께 음식 잡수시기를 청했다. 32 이에
예수께서 말씀하셨다. "나에게는 너희가 모르는 양식이 있다." 33 그러자
제자들이 서로 말하기를 "누가 잡수실 것을 갖다 드린 것이 아니냐?" 하였
다. 34 이에 예수께서 말씀하셨다. "나의 양식은 세상 음식과는 다른 것이다.
그것은 바로 나를 보내신 분의 뜻과 그분의 일을 온전히 이루는 것이다." 35
너희는 4개월이 지나야 추수할 때가 되었다고 생각하지만 나는 너희에
게 말한다. 눈을 들어 들판(밭)을 바라보라. 벌써 곡식밭에 있는 잡풀들이 희
어져 추수할 때가 되었다. 36 추수하는 자가 이미 품삯을 받고 영원한 생명

사마리아 여인의 전도(요 4:39) 이요한 작

에 이르는 열매(곡식)를 거두는 중이다. 이는 씨를 뿌리는 자와 거두는 자
가 함께 기뻐하게 하려는 것이다. 37 그러므로 '한 사람이 심고 다른 사람
이 거둔다'라고 하는 말이 옳다. 38 내가 너희로 노력하지 않은 것을 거두
러 보냈다. 곧 다른 사람들은 노력했고 너희는 그들이 노력한 수고의 결실
을 얻은 것이다."

요 4:39 한편 여자는 마을에 들어가 자기의 모든 과거를 말해준 분에 대해
사람들에게 증언했다. 그러자 그녀의 말을 들은 마을에 있는 많은 사마리
아인들이 예수를 믿었다. 40 그리고 사마리아인들이 예수께 와서 자기들
과 함께 머물기를 간청하자 예수께서는 그곳에서 2일 동안 더 머물렀다.
41 예수의 말씀으로 인해 믿는 자가 더욱 많아졌다. 42 이에 마을 사람들은
그 여자에게 말했다. "이제 우리가 예수를 믿는 것은 네가 한 말 때문이 아
니라 우리가 친히 그분의 말을 듣고 그가 참으로 세상의 구세주인 줄 알았
기 때문이다."

3 예수의 갈릴리 1차 사역

갈릴리 바다 북쪽

	헤롯 대왕 즉위	예수 탄생 (눅 2:1-7)	예루살렘 성전 방문 (눅 2:41-52)	본디오 빌라도 유대 총독 부임	예수 공생애 시작 (마 3:13)	3차 갈릴리 전도 (마 14:13-18:35)	십자가 수난 (마 27:35-58)	부활 승천 (마 28:1-20)
성경사	BC37	BC4	AD8	26	27	29	30	30

† 왕의 신하의 아들을 고침 (요 4:43-54, 눅 3:19-20)

요 4:43 ● 예수께서 사마리아에서 머문 지 2일이 지난 후 그곳을 떠나 갈
릴리 지역으로 가시면서 44 스스로 증언하시기를 "선지자가 고향에서는 존
경(높임)을 받지 못한다"라고 말씀하셨다. 45 예수께서 갈릴리에 도착하자
갈릴리 사람들이 그를 영접했다. 이는 자기들도 명절에 예루살렘으로 올

왕의 신하의 아들을 고친 갈릴리의 가나(요 4:46-50)

라갔다가 예수께서 명절 중에 그곳에서 하신 모든 일을 보았기 때문이었다. 46 예수께서는 이전에 물로 포도주를 만든 갈릴리의 가나를 다시 방문하셨다. 그곳에는 가버나움에 있던 왕의 신하가 있었는데 그의 아들은 병에 걸려 가버나움에 있었다.

요 4:47 왕의 신하는 예수께서 유대 지역으로부터 갈릴리 지역에 오셨다는 소식을 듣고 그에게 찾아가 가버나움으로 와서 아들의 병을 고쳐달라고 간청했다. 이는 그의 아들이 죽을 지경이었기 때문이었다. 48 이에 예수께서 말씀하셨다. "너희는 기적과 이적(표적과 기사)을 보지 못하면 도무지 믿지 못한다." 49 왕의 신하는 "주님, 내 아들이 죽기 전에 내려오십시오"라고 예수께 간청했다. 50 그러자 예수께서 말씀하셨다. "가라, 네 아들이 살아 있다." 왕의 신하는 그 말을 믿고 예수를 떠나갔다. 51 그가 가나에서 가버나움으로 내려가는 도중에 자기의 종들을 만났고 종들은 주인을 만나 아들이 살아 있다고 알려주었다. 52 그러자 왕의 신하는 자기 아들이 낫기 시작한 때를 물었고 종은 어제 오후 7시(유대식은 오후 1시)에 열기가 떨어졌다고 말했다. 53 왕의 신하는 그때가 예수께서 자기의 아들이 살아 있다고 말씀하신 바로 그때인 줄 알았다. 그로 인해 그의 모든 집안이 예수를 믿었다. 54 이것은 예수께서 유대 지역에서 갈릴리 지역으로 오신 후에 행한 두 번째 기적(표적)이었다.

✣ 예수의 갈릴리 1차 사역
갈릴리의 가나에 도착한 예수는 그곳에 있는 왕의 신하 아들을 말씀으로만 고쳐주었다(요 4:43-46).
이어 갈릴리에서 환영을 받은 예수는 회당을 다니면서 말씀을 가르치시고 나사렛으로 가서 안식일에 회당에서 이사야 61:1 이하의 말씀이 이루어졌음을 선포하였다. 그러나 배척을 받아 낭떠러지에 죽을 고비를 넘기고 그곳을 떠났다(눅 4:16-30).

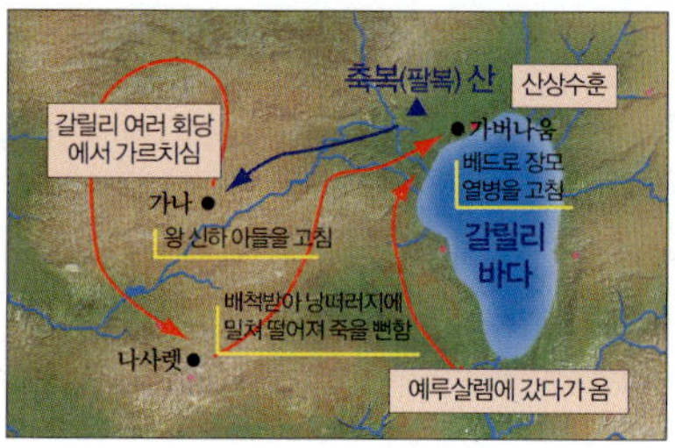

눅 3:19 갈릴리 지역의 통치자 분봉 왕 헤롯 안디바는 그의 동생 빌립의 아내인 헤로디아를 아내로 삼은 일과 자기가 행한 모든 악한 일로 인해 세례자 요한에게 책망을 받았다. 20 뿐만 아니라 세례자 요한을 감옥에 가두는 한 가지 악을 더 행했다.

† 스불론, 납달리 지역 전도 (마 4:12-17, 막 1:14-15, 눅 4:14-15)

마 4:12, 막 1:14 ● 예수께서 세례자 요한이 감옥에 갇혔다는 소식을 듣고 유대 지역에서 갈릴리 지역으로 가셨다.

마 4:13 그리고 갈릴리의 나사렛을 떠나 스불론과 납달리 지역의 갈릴리 바닷가에 있는 가버나움에 가서 사셨다. 14 이는 이사야 선지자를 통해 하신 말씀을 이루기 위함이었다. 그곳에는 이렇게 기록되었다. 15 "스불론과 납

바닷길 이정표(마 4:15) 가버나움

달리의 땅과 요단 강 서쪽(저편) 바닷(해변) 길과 이방 사람들이 살고 있는
갈릴리여, 16 그곳 어둠에 사는 백성들이 큰 빛을 보았고, 사망의 그늘과
같은 곳에 앉아 있는 자들에게 빛이 비추었다(사 9:1-2)."

마 4:17, 막 1:15 이때부터 예수께서 전파하여 외치셨다. "하나님의 나라가 가
까이 왔다. 그러므로 회개하고 복음을 믿으라."

눅 4:14 예수께서 성령의 능력을 힘입어 갈릴리 지역으로 다시 돌아오자 그
소문이 사방으로 퍼져나갔다. 15 예수께서는 친히 갈릴리 지역의 여러 회
당을 다니시며 가르치셨고 많은 사람들로부터 영광(칭송)을 받으셨다.

† 고향에서 배척받음 (눅 4:16-30)

눅 4:16 ● 예수께서 자라신 나사렛으로 오신 후 평상시 하시던 대로 안식
일에 회당에 들어가 성경을 읽기 위해 일어섰다. 17 그리고 이사야 선지자
의 책(글)을 받아 펴서 이렇게 기록된 데를 찾으셨는데, 곧 이런 말씀이었
다. 18 "주님의 성령이 나에게 임했다. 그것은 가난한 자에게 복음을 전하
게 하시기 위해 나에게 기름을 부으시고, 나를 보내 포로 된 자에게는 자
유를 주고, 눈먼 자에게는 다시 보게 하는 것을 전파하며, 억압당한 자를
자유롭게 하고, 19 주님의 은혜의 해인 희년(레25장)을 선포하게 하려고 하
신 것이다(사 61:1 이하)."

눅 4:20 예수께서는 말씀을 읽은 후에 책을 덮어 본래 맡았던 자(사환)에게 주
고 앉자 회당에 있는 자들이 모두 예수를 주목했다. 21 이에 예수께서 그들
에게 말씀하셨다. "이 말씀(글)이 오늘날 너희 귀에 이루어졌다." 22 그러자
그들이 모두 예수를 향해 한마디씩 했다. 그리고 예수의 입으로부터 나오
는 은혜로운 말씀을 놀랍게 여기며 말했다. "이 사람은 요셉의 아들이 아
니냐?"

눅 4:23 그때 예수께서 그들에게 말씀하셨다. "너희는 '의사야, 네 자신을
고치라'는 속담을 인용하여 나에게 말하기를 우리가 들어 알고 있는 대로
가버나움에서 행한 일을 네 고향인 이곳에서도 한 번 행해보라고 할 것을
나는 알고 있다" 24 또 말씀하셨다. "내가 참으로 너희에게 말한다. 선지자
가 고향에서는 존경(환영)을 받은 적이 없다. 25 참으로 너희에게 말하는데

성경 지리 바닷길(path of the sea, 마 4:15, 대하 8:18, 시 8:8)에 대하여

해변길(Via Maris)이라고도 하는 이 대로는 해변(바다)을 따라 났기 때문에 붙은 것이 아니라 바다를 향하는 길이란 의미로 붙여진 명칭이다.

이 길은 북쪽의 다메섹(다마스쿠스)에서 시작하여 하솔과 갈릴리 바다 북쪽에 있는 가버나움 서쪽을 지나 므깃도를 거쳐 지중해의 해안선을 따라 내려가 이집트 국경까지 이른다. 그리고 이스라엘의 아벡에서 이집트 국경까지는 해변에서 약간 내륙으로 들어가 가드를 거치는 또 다른 길도 있다.

이 길은 성서 시대에 요르단 고원 지대를 따라 난 왕의 대로(큰 길)와 함께 성서 시대의 양대 고속도로였다. 특히 바닷길은 앗수르(앗시리아), 바벨론, 페르시아 등 북쪽의 강대국과 남쪽의 이집트가 원정 길로 사용했던 중요한 길이다.

나사렛의 예수 당시의 회당(눅 4:16-20) 순례객들이 이사야의 말씀을 읽고 있다.

엘리야 시대에 하늘이 3년 6개월 동안 닫혀 온 지역에 큰 흉년이 들었을
때 이스라엘에는 많은 과부가 있었다. 그러나 26 엘리야는 이스라엘의 그
누구에게도 보냄을 받지 않고 오직 이방인 지역에 속한 시돈에 있는 사렙다
마을의 한 과부에게만 보냄을 받았다(왕상 17:8-16). 27 또한 엘리사 선지
자 때 이스라엘에는 많은 나병 환자가 있었으나 아무도 치료함(깨끗함)을
얻지 못하고 오직 수리아 사람 나아만 한 사람만 엘리사에 의해 치료함을
받았다(왕하 5:1-14)."

눅 4:28 회당에 있는 자들이 예수의 말을 듣고 모두 크게 화가 나 29 일어나
서 예수를 마을 밖으로 끌고 갔다. 그리고 그 마을에서 2-3㎞ 떨어져 있는
산 낭떠러지까지 끌고 가 떨어뜨려 죽이려고 했다. 30 그러나 예수께서는
그들 가운데로 지나가셨다.

† 예수께서 어부를 부르심 (눅 5:1-11, 마 4:18-22, 막 1:16-20)

눅 5:1 ●많은 무리가 예수께로 몰려와 하나님의 말씀을 들었다. 어느 날
예수는 갈릴리 바닷가(게네사렛 호숫가)에 서 있었다. 2 그리고 바닷가(호숫
가)에 배 두 척이 있는 것을 보셨고, 어부들은 배에서 내려 그물을 손질하
고 있었다. 3 이에 예수께서 베드로(시몬)의 배에 올라 육지에서 조금 떨어
지게 하기를 청하고 배에 앉아 무리를 가르치셨다. 4 말씀을 마친 후 베드
로(시몬)에게 말했다. "깊은 곳으로 가서 그물을 내려 고기를 잡으라." 5 베
드로(시몬)가 대답했다. "선생님, 우리들이 밤이 새도록 수고했지만 한 마
리도 잡지 못했습니다. 그러나 선생님의 말씀을 믿고 내가 그물을 내리겠
습니다." 6 그리고 그물를 내리자 심히 많은 고기가 잡혀 그물이 찢어질 정
도였다. 7 이에 다른 배에 있는 동료들에게 손짓으로 도움을 요청하니 그
들이 와서 잡은 고기를 두 배에 가득 채우자 배가 잠길 정도가 되었다. 8 이
를 본 시몬 베드로가 예수의 무릎 아래에 엎드려 말했다. "주님, 나를 떠나
십시오. 나는 죄인입니다. 9 이렇게 말한 것은 자기와 함께 있는 모든 사람
이 고기 잡힌 것으로 인해 놀라고 10a 세베대의 아들로서 베드로(시몬)의
동업자인 야고보와 요한도 놀랐기 때문이었다.

마 4:18-20, 막 1:16-18, 눅 5:10b-11 얼마 후 예수께서 다시 갈릴리 바닷가를 다니다

Q 난제 무리는 왜 예수를 낭떠러지로 밀치지 못했는가(눅 4:28-30)?

예수께서 고향인 나사렛에서 안식일에 회당에 들어가 이사야 선지자의 글이 자신을 통해 이루어졌다는 말을 하자 무리들은 분노하여 예수를 잡아 낭떠러지에 밀쳐 죽이려고 했다. 그런데 눅 4:29에 보면 밀치려는 순간 예수께서는 무리 가운데로 지나가셨다고 기록하고 있다.

왜 이들은 예수를 죽이려고 낭떠러지까지 끌고 와서는 막상 밀쳐 죽이지는 못했는가?

당시 유대인들은 안식일에는 회당을 갔다오는 거리 정도만(약 2,000보) 걷고 개인적인 일로 걷는 것은 금지되었다. 그러므로 안식일에 예수의 말씀을 듣고 분노한 사람들이 예수를 끌고오다가 낭떠러지에 밀쳐 죽이려고 하는 순간 자신들이 안식일에 규정된 것보다 더 많이 걸은 것을 기억하고 더 이상 움직일 수가 없었던 것이다. 오늘날에도 예루살렘의 종교인 마을에는 철사줄에 2㎞마다 천을 묶어 유대인들이 안식일에 규정된 걸음보다 더 이상 걷는 것을 예방하고 있다.

새벽에 그물을 올리는 갈릴리 바다의 어부 (눅 5:5)

가 베드로와 그 형제 안드레가 그물 던지는 것을 보니 그들은 어부였다. 이에 예수께서 "무서워하지 말고 나를 따라오라. 이후로는 내가 너희를 사람을 취하는 어부가 되게 할 것이다(사로잡은 것이다)"라고 말씀하셨다. 그 말을 들은 그들은 서둘러 배들을 육지에 정박시키고 그물을 버려두고 예수를 따랐다.

마 4:21-22, 막 1:19-20 예수께서 그곳에서 조금 더 가시다가 세베대의 두 아들 야고보와 요한이 아버지 세베대와 함께 배에서 그물을 수선하는 것을 보시고 자기를 따르라고 그들을 부르셨다. 그러자 그들도 즉시 배와 아버지 세배대와 일꾼들을 두고 예수를 따랐다.

베드로와 안드레를 부르심(마 4:18-20) 바티칸 베드로 대성당 외부 모자이크

† 가버나움에서 귀신을 쫓아냄 (마 7:28-29, 막 1:21-28, 눅 4:31-37)

마 7:28-29, 막 1:21-22, 눅 4:31-32 ● 예수께서는 갈릴리의 가버나움 마을에 들어가 안식일에 회당에서 가르치셨고 듣는 사람들은 그의 가르침(교훈)에 놀랐다. 이는 가르치는 것이 서기관들과는 달리 권위 있는 자와 같았기 때문이었다.

막 1:23-28, 눅 4:33-37 그때 회당에 더러운 귀신 들린 사람이 소리를 질렀다. "나사렛 예수여, 우리가 당신과 무슨 상관이 있습니까? 나는 당신이 하나님의 거룩한 자인 것을 알고 있습니다. 우리를 벌써 멸하러 왔습니까?" 그러자 예수께서 귀신을 꾸짖어 말하기를 "잠잠하고 그 사람에게서 나오라" 하자 더러운 귀신이 그 사람에게 경련을 일으켜 무리들 앞에서 넘어지게 하고 큰 소리를 지르며 나왔으나 그 사람은 다치지 않았다. 그 모습을 본 사람들이 모두 놀라 말하기를 "이것이 어떻게 된 일이냐? 이는 권위 있는 새로운 교훈이다. 권위와 능력으로 더러운 귀신들에게 명령하니 귀신도 복종(순종)하여 나가는도다" 하였다. 이에 예수의 소문이 순식간에 갈릴리 지역 사방으로 퍼져나갔다.

고고학 **예수 당시의 배 발견(눅 5:2)**

1986년 1월 갈릴리 지방에 2년간이나 계속된 가뭄으로 인해 키부츠(집단농장)의 한 농부에 의해 예수 당시의 배 한 척이 발견되었다. 배는 8.2m×2.3m의 크기로 이 배는 고기잡이나 주민을 위한 교통수단으로 이용된 것이라고 추정된다.

탄소 실험 분석에 의하면 이 배는 예수 당시에 해당하는 BC 1년으로부터 AD 1년의 것으로 추측된다. 이 고대 배 한 척의 발견으로 인해 예수 당시 제자들이 고기를 잡던 성경의 이야기를 좀 더 실제적으로 이해하게 되었다. 오늘날 이 배는 기노사르 키부츠에서 일반인들에게 공개하고 있다.

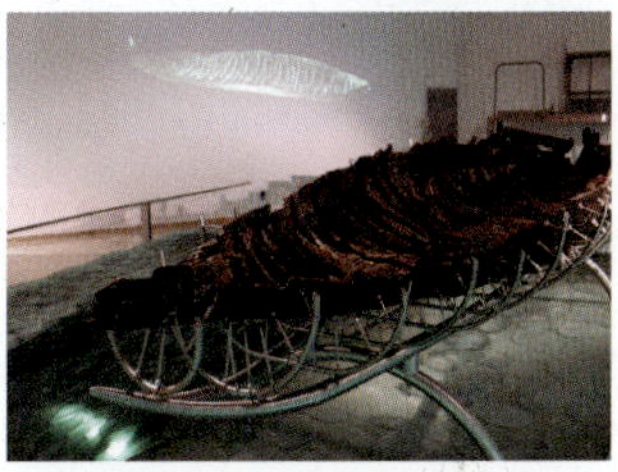
예수 당시의 배(눅 5:2) 이스라엘 기노사르

† 베드로 장모의 열병을 고침 (마 8:14-15, 막 1:29-31, 눅 4:38-39)

마 8:14-15, 막 1:29-31, 눅 4:38-39 ● 예수께서 가버나움 회당에서 나와 야고보와 요한과 함께 베드로(시몬)와 그 형제 안드레의 집에 들어가자 베드로의 장모가 중한 열병으로 누워 있었다. 사람들은 그 여자를 위해 예수께 간구했

고고학 **베드로의 집터 발견**
(마 8:14-15)

가버나움에서는 베드로의 집터로 알려진 팔각형의 터가 발굴되었다. 지금은 이 발굴된 터 위에 팔각형의 베드로 기념관이 세워져 있다.
이곳이 베드로 집터라는 것은 여기서 베드로와 관련된 유물이 발견되었기 때문이다. 가버나움은 예수께서 가장 많은 기적과 교훈을 행한 곳이기도 하다. 당시 팔각형의 건축물은 기념적인 건물을 지을 때 세워졌다. 그러므로 가정 교회로 사용되었을 것이다.

가버나움 지역(눅 4:31) 갈릴리 바다 북쪽 해안 지역, 건물은 희랍 정교회이다.

베드로 장모의 열병을 고침(마 8:14-15) 이스탄불 코라 교회

많은 병자를 고침(마 8:16-17) 이스탄불 코라 교회

다. 이에 예수께서 그녀의 손을 잡아 일으키자(마태복음에는 만지시니, 마가복음에는 열병을 꾸짖자) 열병이 떠나고 여자는 일어나 곧바로 자기 집에 온 사람들을 접대(수종)했다.

† 많은 병자를 고침 (마 8:16-17, 막 1:32-34, 눅 4:40-41)

마 8:16, 막 1:32-34, 눅 4:40-41 ● 날이 저물 때 사람들이 많은 병자와 귀신 들린 자를 데리고 예수께로 왔고 온 동네가 예수께서 머문 집 문 앞에 모였다. 이에 예수께서 여러 종류의 병에 걸린 사람들에게 일일이 손을 얹어 고쳐주셨다. 그리고 말씀으로 많은 귀신들을 쫓아내셨다. 한번은 귀신이 "당신은 하나님의 아들이다"라고 말하는 것을 꾸짖어 귀신이 말하는 것을 허락하지 않으셨다. 이는 자기가 그리스도임을 귀신이 알고 있었기 때문이었다.
마 8:17 이것은 이사야 선지자를 통해 하신 "우리의 연약한 것을 친히 담당하시고 병을 짊어지셨다(사 53:4)"라는 말씀을 이루기 위함이었다.

† 전도 여행을 떠남 (막 1:35-38, 눅 4:42-43)

막 1:35-38, 눅 4:42-43 ● 날이 밝기 전(눅, 날이 밝으매) 새벽에 예수께서 일어나 밖으로 나가 조용한 곳으로 가서 기도하셨다. 이때 베드로(시몬)와 그와 함께 있는 자들이 예수의 뒤를 따라가서 만나 모든 사람이 주님을 찾는다고 말했다(눅 4:42에는 무리가 찾다가 만나서 자기들에게서 떠나시지 못하게 만류하려 하매). 그러자 예수께서 말씀하셨다. "우리가 가까이에 있는 다른 마을들로 가자. 그곳에서도 하나님 나라의 복음을 전해야 할 것이니 내가 이것을 위해 세상에 보냄을 받았다."

† 복음 전파와 병자를 고침 (마 4:23-25, 눅 4:44, 막 1:39)

마 4:23, 막 1:39, 눅 4:44 ● 예수께서 갈릴리(어떤 사본에는 유대) 지역을 두루 다니면서 여러 회당에서 가르치시며, 하나님 나라(그 나라)의 복음을 전파하시고, 백성 중의 모든 병과 약한 것을 고치셨다. 또 귀신들을 쫓아내셨다. 마 4:24 그 소문이 수리아 전지역으로 퍼졌다. 그러자 사람들이 여러 종류의 질병에 걸려서 고통당하는 자, 귀신 들린 자, 간질병이 있는 자, 중풍병자들을 예수께 데려왔고 예수께서는 그들을 고쳐주셨다. 25 갈릴리 지역과 열 개 도시 연맹체로 된 데가볼리(데카폴리스)와 예루살렘과 유대와 요단강 동쪽(건너편)에서 수많은 무리가 예수를 따랐다.

고라신의 회당(마 4:23) 갈릴리

† 참된 복에 대한 가르침 (마 5:1-11, 눅 6:20-26)

마 5:1-3, 눅 6:20 ● 하루는 예수께서 무리를 보시고 산에 올라가 앉으시자 제자들이 나왔다. 이에 입을 열어 말씀하셨다.

"심령(마음)이 가난한 사람은 복이 있다. 왜냐하면 하나님 나라가 그들의 것이기 때문이다.

마 5:4, 눅 6:21b 애통하는(눅, 우는) 사람은 복이 있다. 왜냐하면 그들은 위로를 받을 것이기 때문이다.

마 5:5 마음이 온유한 사람은 복이 있다. 그들은 땅을 기업으로 받을 것이기 때문이다.

마 5:6, 눅 6:21a 의를 갈망하는(주리고 목마른) 사람은 복이 있으니 그들이 배부를 것이기 때문이다.

마 5:7 긍휼히 여기는 사람은 복이 있다. 왜냐하면 그들은 긍휼히 여김을 받을 것이기 때문이다.

마 5:8 마음이 깨끗한 사람은 복이 있다. 왜냐하면 그들은 하나님을 볼 것

산상수훈이란?
예수께서 산 위에 올라가 가르친 마태복음 5-7장의 교훈을 말한다. 그런데 마 5:1에는 "산 위에 올라가 앉으시니"라고 말하고 있으나, 눅 6:17에는 "평지에 서시니"라고 달리 표현하고 있다. 이는 지형에 따라 이해를 달리한 것뿐이다. 곧 마태는 산에 올랐다는 입장에서, 누가는 산중턱 어느 정도 평지에 선 입장에서 말한 것이다.

산상수훈(마 5:1-11) 로셀리 작

팔복 교회가 보이는 팔복 산(마 5-7장) 이스라엘

팔복 교회 외경(마 5:1-11)

팔복 교회 내부(마 5:1-11)

팔복 교회 천장(마 5:1-11)

이기 때문이다.

마 5:9 화평(평화)을 위해 일하는 사람은 복이 있다. 왜냐하면 그들은 '하나
님의 아들'이라고 일컬음을 받을 것이기 때문이다.

마 5:10 믿음을 가지고 의롭게 살다가 박해를 받는 자는 복이 있다. 왜냐하
면 하나님 나라가 그들의 것이기 때문이다.

마 5:11-12, 눅 6:22-23 나(눅, 인자)로 인해 사람들이 너희를 미워하며, 멀리하
고, 욕하고, 거짓으로 너희를 거슬러 "너희 이름이 악하다" 하며, 모든 악한
말을 할 때에는 너희에게 복이 있으니 오히려 기뻐하고 즐거워하라. 왜냐
하면 하늘의 상이 크기 때문이다. 그들의 조상들이 너희 이전에 있었던 선
지자들에게도 이같이 박해를 했다.

눅 6:24 그러나 너희 부요한 자들은 화가 있을 것이다. 왜냐하면 너희는 이
미 위로를 받았기 때문이다. 25 지금 배부른 너희들은 화가 있을 것이다. 왜
냐하면 너희는 주릴 것이기 때문이다. 지금 웃는 너희는 화가 있을 것이
다. 왜냐하면 너희가 애통하며 울 것이기 때문이다. 26 모든 사람이 너희를
칭찬하면 화가 있을 것이다. 그것은 그들의 조상들이 거짓 선지자들에게
도 이같이 했기 때문이다."

사해의 소금(마 5:13) 이스라엘

† 너희는 소금이요, 빛이다 (마 5:13-16, 눅 11:33)

마 5:13 ● "너희는 세상의 소금과 같은 자들이다. 만일 소금이 그 맛을 잃으
면 무엇으로 짜게 할 수 있겠는가? 그것은 어떤 것에도 쓸 데가 없어 다만

밖에 버려져 사람에게 밟힐 뿐이다. [14] 너희는 세상의 빛과 같은 자들이다. 산 위에 있는 마을(동네)이 숨겨지지 못할 것이다.

마 5:15, 눅 11:33 누구든지 등불을 켜서 됫박(마, 말) 아래에 두지 않고 등잔대(등경) 위에 두어 집 안 모든 사람을 비치게 한다. 마 5:16 이와 같이 너희 빛을 사람들 앞에 비추게 하라. 그래서 그들로 하여금 너희가 행한 선한 행실을 보고 하늘에 계신 너희 아버지께 영광을 돌리게 하라."

성서 시대 등잔(마 5:15)

† 예수와 율법과의 관계 (마 5:17-20)

마 5:17 "내가 율법이나 선지자들의 말을 깨뜨리기 위해 세상에 왔다고 생각하지 말라. 깨뜨리기 위해 온 것이 아니라 오히려 완전하게 하기 위해 온 것이다. [18] 참으로(진실로) 너희에게 말한다. 하늘과 땅이 없어지기 전에는 율법의 한 점 한 획(일점 일획)도 결단코 없어지지 않고 모두 이루어질 것이다. [19] 그러므로 누구든지 이 계명 중에 지극히 작은 것 하나라도 버리고, 또 그같이 사람을 가르치는 자는 하나님 나라에서 지극히 작다고 일컬음을 받을 것이다. 반면 누구든지 이를 행하며 가르치는 자는 하나님 나라에서 큰 자라고 일컬음을 받을 것이다. [20] 내가 너희에게 다시 말한다. 너희의 옳음이(의가) 율법교사(서기관)와 바리새인보다 낫지 못하면 결코 하나님 나라(천국)에 들어가지 못할 것이다.

마 5:25-26, 눅 12:58-59 너희는 너를 고소(고발)하는 자와 함께 재판관에게 갈 때에 재판관에게 가기 전에 길에서 화해하기를 힘쓰라. 그가 너를 재판관에게 끌고 가서 재판관이 너를 간수(옥졸)에게 넘겨주어 간수가 감옥에 가둘까 염려하라. 네게 이르노니 한 푼도 남김 없이 모두 갚기 전에는 결코 그곳에서 나오지 못할 것이다."

오늘날 유대인이 사용하는 율법(마 5:17) 이스라엘 예루살렘, 통곡의 벽

가인의 최초 살인(마 5:21) 틴토레토작, 이탈리아 베네치아

성경상식 **살인에 대하여**(마 5:21)
성경에서 살인은 인간에게 직접적인 죽음을 가져오게 하는 모든 의식적인 폭력 행위를 가리킨다. 따라서 그것은 하나님의 형상에 반대하는 죄로 간주되었다. 계명 중 제6계명은 살인하지 말라는 것이다. 사람을 죽인 자는 사형에 처했으나 고의가 아닌 부지중에 살인을 한 경우에는 도피성 제도를 두어 생명을 보존하기도 했다. 그러나 자살하는 것에 대해서는 직접적인 언급을 하고 있지 않다.

† 살인과 화내는 것에 대한 교훈 (마 5:21-24)

마 5:21 "너희는 모세의 율법에서(옛사람에게) 말한 대로 '살인하지 말라(출 20:13, 신 5:17). 누구든지 살인하면 심판을 받게 될 것이다'(출 21:12, 민 35:16)라는 말을 들었다. [22] 그러나 나는 너희에게 말한다. 형제에게 화를 내는 자는 심판을 받게 되고, 형제에게 '쓸모없는 놈'(라가)이라고 욕하는 자는 산헤드린 공의회(공회)에 잡혀가게 되고, '미련한 놈'이라고 하는 자는 지옥 불에 들어가게 될 것이다. 23 그러므로 제물(예물)을 제단에 드리려고 할 때 형제에게 원망 들을 만한 일이 생각나면 24 제물(예물)을 제단 앞에 두고 먼저 가서 형제와 화해하고 그 후에 와서 제물을 드리라."

† 간음에 대한 교훈 (마 5:27-32)

마 5:27 ● "또 너희가 모세의 율법에서 간음하지 말라(출 20:14)는 말을 들었다. 28 그러나 나는 너희에게 말한다. 여자를 보고 음란한 생각을 가진 자마다 마음에 이미 여자와 간음한 것이다. 29 만일 네 오른쪽 눈이 너로 죄를 짓게(실족하게) 하면 그 눈을 빼어버리라. 몸 전체가 지옥에 들어가는 것보다 네 지체 중 하나가 없어지는 것이 차라리 더 낫다. 30 또 만일 네 오른손이 너로 죄를 짓게(실족하게) 하면 그 손을 찍어버리라. 몸 전체가 지옥에 들어가는 것보다 네 지체 중 하나가 없어지는 것이 차라리 더 낫다. 31 또 모세의 율법에서 누구든지 아내를 버리려면 이혼 증서를 써주라(신 24:1, 3)고 했으나 32 나는 너희에게 말한다. 누구든지 간음(음행)한 경우 외에 아내를 버리면 그것은 아내로 간음하게 하는 것이다. 그리고 그런 여자에게 장가드는 자도 간음한 것이 된다."

† 맹세에 대한 교훈 (마 5:33-37)

오늘날 그리스정교회 결혼 서약(마 5:31) 키프로스 바보, 바울 채찍 기념 교회

마 5:33 ● "또 너희가 모세의 율법에서(옛사람에게) 말한 대로 거짓 맹세를 하지 말고 맹세한 것을 주님께 지키라(레 19:42, 신 23:21)고 한 것을 들었다. 34 그러나 나는 너희에게 말한다. 너희는 도무지 맹세하지 말라. 하늘을 두고 맹세하지 말라. 왜냐하면 하늘은 하나님의 보좌이기 때문이다. 35 땅을 두고도 맹세하지 말라. 왜냐하면 땅은 하나님의 발등상이기 때문이다. 예루살렘을 두고도 맹세하지 말라. 왜냐하면 그곳은 큰 임금의 성이기 때문이다. 36 네 머리를 두고도 맹세하지 말라. 왜냐하면 너희는 머리카락 하나도 희거나 검게 할 수 없기 때문이다. 37 너희는 오직 너희 말이 옳다고 할 때만 '옳다'라고 하고, 아니라고 할 때만 '아니다'라고 하라. 그보다 지나친 말은 악으로부터(악한 자로부터) 오는 것이다."

† 악한 자의 대적에 대한 교훈 (마 5:38-42, 눅 6:29-30)

마 5:38 ●"또 너희가 모세의 율법에서 눈은 눈으로, 이는 이로 갚으라(출 21:24, 레 24:20, 신 19:21)고 하는 말을 들었다.

마 5:39-40, 눅 6:29 그러나 나는 너희에게 말한다. 악한 자(악)를 대적하지 말라. 오히려 아무든지 네 오른빰을 때리면 왼편도 돌려 대라. 또 너를 고소(고발)하여 속옷을 가지려고 하는 자에게는 겉옷까지도 주어라(눅, 네 겉옷을 빼앗는 자에게 속옷도 거절하지 말라). 마 5:41 또한 아무든지 너에게 억지로 2㎞(오 리)를 가게 하면 그 사람과 4㎞(십 리)를 함께 가주라.

마 5:42, 눅 6:30 너에게 구하는 자에게 주고, 네게 빌리고자 하는 자에게 빌려주라(눅, 네 것을 가져가는 자에게 다시 달라고 하지 말라)."

† 원수 사랑에 대해 (마 5:43-48, 눅 6:27-28, 32-36)

마 5:43-44, 눅 6:27-28 ●"또 너희가 모세의 율법에서 네 이웃을 사랑하고, 네 원수를 미워하라(레 18:18)는 말을 들었다. 그러나 나는 너희에게 말한다. 오히려 너희 원수를 사랑하며, 너희를 박해(눅, 모욕)하는 자를 위해 기도하라. 너희를 미워하는 자를 좋게 대해주고, 너희를 저주하는 자를 위해 축복하라. 마 5:45 그렇게 하면 하늘에 계신 너희 아버지의 아들이 될 것이다. 이는 하나님이 그 햇빛(해)을 악한 자나 선한 자 모두에게 비추고, 비 역시 의로운 자나 불의한 자 모두에게 내려주시기 때문이다.

마 5:46-47, 눅 6:32-33 너희가 너희를 사랑하는 자만을 사랑한다면 무슨 칭찬(마, 상)이 있겠느냐? 세리(눅, 죄인)들도 그렇게 하지 않느냐? 또 너희가 너희 형제(눅, 선대하는 자)에게만 문안하면 남보다 더 나은 것이 무엇이냐? 이방인(눅, 죄인)들도 그렇게 한다.

눅 6:34 너희가 받기만을 원하고 사람들에게 꾸어주면 칭찬받을 이유가 없다. 왜냐하면 죄인들도 받고자 하는 만큼은 꾸어주기 때문이다. 35 그러므로 너희는 원수를 사랑하고, 잘 대해주며, 아무것도 기대하지 말고(어떤 사본에는 아무에게도 실망하지 않고) 꾸어주라. 그러면 너희가 받을 상이 클 것이요, 또 지극히 높으신 하나님의 아들이 될 것이다. 하나님은 은혜를 모르는 자와 악한 자에게도 자비(인자)를 베푸는 분이다.

오늘날 율법을 공부하는 유대인(마 5:38) 헤브론 아브라함 대사원

마 5:48, 눅 6:36 하늘에 계신 너희 아버지의 온전하심(눅, 자비로움)과 같이 너희도 온전한(눅, 자비로운) 자가 되라."

† 구제에 대한 교훈 (마 6:1-4)

마 6:1 ●"너희는 사람들 앞에서 자신을 보이기 위해 옳은 것(의)을 행하지 않도록 조심하라. 그렇지 않으면 하늘에 계신 너희 아버지께로부터 아무런 보상도 받지 못할 것이다. 2 그러므로 구제할 때에는 위선자(외식하는 자)가 사람들에게 칭찬(영광)을 받기 위해 회당과 거리에서 드러내면서 구제를 하는 것같이 하지 말라. 참으로 너희에게 말한다. 그들은 이미 자기가 받을 보상을 받았다. 3 오히려 너는 구제할 때에 오른손이 하는 것을 왼손이 모르는 것처럼 4 은밀하게 하라. 은밀한 중에 보시는 너의 아버지께서 갚아주실 것이다."

† 기도에 대한 가르침 (마 6:5-15, 눅 11:1-4)

마 6:5 ●"또 너희는 기도할 때에 위선자(외식하는 자)와 같이 하지 말라. 그들은 사람들에게 보이기 위해 회당과 큰 거리 입구에 서서 기도하기를 좋아한다. 내가 참으로 너희에게 말한다. 그들은 이미 자기가 받을 보상을 받았다. 6 오히려 너는 기도할 때에 네 골방에 들어가 문을 닫고 은밀한 중에 계신 네 아버지께 기도하라. 그러면 은밀한 중에 보시는 네 아버지께서 갚아주실 것이다. 7 또 기도할 때에 이방인과 같이 의미 없는 말(중언부언)을 되풀이하지 말라. 그들은 말을 많이 해야 들으시는 줄로 생각한다. 8 그러므로 그들을 본받지 말라. 구하기 전에 너희에게 있어야 할 것을 하나님 너희 아버지께서 알고 계신다."

눅 11:1 예수께서 한 곳에서 기도를 마치자 제자 중 하나가 물었다. "주님, 세례자 요한이 자기 제자들에게 기도를 가르쳐준 것같이 우리에게도 가르쳐 주십시오." 2 이에 예수께서 말씀하셨다. "너희는 기도할 때에 이렇게 하라.

마 6:9-10a, 눅 11:2 하늘에 계신 우리 아버지여, 아버지(당신)의 이름이 거룩히 여김을 받으십시오(거룩하여지소서). 하나님의 나라가 이루어지게 하시고, 마 6:9-10b, 아버지의 뜻이 하늘에서 이루어진 것같이 이 땅에서도 이루

구제를 위한 통(마 6:2) 이란

QT 위선(외식)은 신앙인의 적이다(마 6:1-18).

외식(外飾)은 '무대 위에서 연기하는 것'을 뜻한다. 이는 무대 위의 배우처럼 자기가 가지고 있지 못한 덕성이나 자질 등을 가지고 있는 것처럼 가장하는 일을 가리킨다. 이는 신앙인으로서 안으로는 세속적이고 불경건하면서 밖으로만 경건한 척 가장하는 태도를 일컫는다. 본문에서 예수께서는 구제와 기도와 금식에 대해서 위선자들처럼 외식하지 말 것에 대한 가르침을 하셨다. 위선은 예수께서 가장 싫어하시는 것임을 기억하며 살자.

어지게 하십시오. 마 6:11, 눅 11:3, 우리에게 날마다 필요한(내일의) 양식을 주십
시오. 마 6:12-13a, 눅 11:4, 우리가 우리에게 죄를 지은 자(빚진 모든 자)들을 용서
했으니 우리의 죄도 용서해주십시오(빚진 자를 탕감해준 것같이 우리의 빚
도 탕감해주시고). 우리를 시험(temptation)에 빠지지 않게 해주시고, 마 6:13b
오직 악(악한 자)에서 구해주십시오. 하나님의 나라와 권세와 영광은 아버
지의 것입니다. 아멘."

마 6:14 이어 예수께서 계속해서 말씀하셨다. "너희가 다른 사람의 잘못을 용
서하면 하늘에 계신 너희 아버지께서도 너희의 잘못을 용서하실 것이다. 15
그러나 그들의 잘못을 용서하지 않으면 너희 아버지께서도 너희의 잘못
을 용서하지 않을 것이다."

† 금식에 대한 교훈 (마 6:16-18)

마 6:16 ●"너희는 금식할 때에 위선(외식)자들과 같이 일부러 힘이 없는
모습을 보이지 말라. 그들은 금식하는 것을 사람에게 보이기 위해 얼굴을
초췌(흉)하게 한다. 내가 참으로 너희에게 말한다. 그들은 이미 자기 상급
을 받았다. 17 오히려 너희는 금식할 때에 머리에 기름을 바르고 얼굴을 깨
끗이 씻으라. 18 이는 금식하는 자가 사람에게 보이지 않고 오직 은밀한 중
에 계신 네 아버지께 보이기 위함이다. 은밀한 중에 보시는 네 아버지께서
갚아주실 것이다."

† 하늘의 재물과 땅의 재물 (마 6:19-24, 눅 11:34-36)

마 6:19-21, 눅 12:33-34 ●"너희는 자신을 위해 재물(보물)을 땅에 모으지 말라.
그곳은 좀이 먹고, 녹슬고(동록이 해하며) 도둑이 훔쳐갈 것이다. 오직 자신
을 위해 너희 소유를 팔아 구제를 베풀고 낡아지지 않는 배낭을 만들어라.
그것이 바로 하늘에 재물을 쌓아두는 것이다. 그곳에는 좀이 먹거나 녹슬
지(동록하지) 않으며, 도둑이 훔쳐가지도 못한다. 네 재물(보물)이 있는 곳
에는 네 마음도 있다.

마 6:22-23, 눅 11:34-36 눈은 몸의 등불과 같다. 그러므로 네 눈이 온전(순전)하
면 온몸이 밝을 것이다. 그러나 눈이 나쁘면 온몸도 어두울 것이다. 그러

성지 **감람 산의 주기도문 교회 (마 6:5-13)**

초대 교회 전승에 의하면, 주기도문 교회는 4세기경 콘스탄틴 황제의 어머니 헬레나에 의해 예수(주님, Lord)께서 기도를 가르쳤다고 전해지는 곳에 처음으로 세워졌다. 그러나 614년에 페르시아인의 침입으로 파괴된 것을 모데스토스가 재건하였으며, 1009년에는 알 하킴에 의해 다시 파괴되었다. 그 후 십자군(11-13세기)이 다시 세웠다. 현재의 건물은 1874년에 투르 오베르뉴 백작 부인의 재정 지원으로 프랑스 건축가 기예르메가 설계한 것이다. 현재 이 교회는 가톨릭 갈멜 수녀원이 관장하고 있으며, 교회의 주랑 벽면에는 히브리어로 시작된 최초의 주기도문이 1102년에 새겨진 이후 한글을 비롯해 현재 약 70여 개국 언어로 씌어진 주기도문이 새겨져 있다. 주기도문 교회는 라틴어로 주기도문이 시작되는 말인 Pater-noster(우리 아버지)를 따서 붙인 이름이다.

오늘날 이스라엘 세겔 화폐(마 6:24)

동물 **까마귀**(마 6:26)
까마귀는 히브리어 '오레브'(왕상 17:4)로 갈까마귀의 일반 명칭이며, 참새목(目)에 속하는 조류의 한 과(科)이다. 까마귀는 갈까마귀 외에 작은부리까마귀, 큰부리까마귀, 메까마귀 등이 있다. 까마귀는 홍수 심판 때 노아의 방주에 있었으며, 노아는 홍수 후에 물이 줄어드는 것을 알기 위해 까마귀를 방주에서 내보냈다(창 8:7). 그리고 엘리야는 가뭄 때에 그릿 시냇가에서 까마귀가 가져다주는 빵과 고기를 먹었다(왕상 17:1-7). 예수께서는 의식주보다 더 귀한 것이 어떤 것인지를 까마귀 비유로 가르치셨다(눅 12:24-31).

들의 백합화로 알려진 아네모네 꽃(마 6:28)
이스라엘, 갈멜 산

므로 네 속에 있는 빛이 어두우면 그 어둠이 얼마나 심하겠느냐? 네 온몸이 밝아 조금도 어두운 데가 없으면 등불의 빛이 너를 비출 때와 같이 온전히 밝을 것이다.

마 6:24 한 사람이 두 주인을 섬기지 못할 것이다. 한 주인을 미워하고 다른 한 주인을 사랑하던지, 혹은 한 주인을 귀중하게 여기고 다른 한 주인을 가볍게 여기든지 하게 될 것이다. 이처럼 너희는 하나님과 재물을 함께 섬기지 못할 것이다."

† 염려하지 말라 (마 6:25-34, 눅 12:22-32)

마 6:25-26, 눅 12:22-24 ● 또 예수께서 제자들에게 말씀하셨다. "그러므로 목숨을 위해 무엇을 먹을까? 무엇을 마실까? 몸을 위해 무엇을 입을까? 염려하지 말라. 음식이 목숨보다 중요하지 않고, 의복이 몸보다 중요하지 않다. 공중의 나는 까마귀(마, 새)를 생각해보라. 그것들은 심거나 거두지도 않고 골방도 없고 창고에 먹이를 모아두지도 않지만 하늘에 계신 너희 아버지께서 기르신다. 하물며 너희는 이것들보다 더욱 귀하지 않느냐?

마 6:27, 눅 12:25 너희 중에 누가 염려한다고 해서 자기 키(목숨)를 한 치(자)라도 더 크게 할 수 있겠느냐(목숨을 조금이라도 연장할 수 있겠느냐)? 눅 12:26
가장 작은 일도 하지 못하면서 어떻게 다른 일들을 염려하느냐?

마 6:28-33, 눅 12:26-31 또 너희는 왜 의복 때문에 염려하느냐? 들의 백합화가 어떻게 자라는지 생각해보라. 그것들은 수고도 않고 옷감(길쌈, 실)도 짜지 않는다. 그러나 내가 너희에게 말한다. 솔로몬의 모든 영광도 이 꽃에 비교할 만큼 아름다운 옷을 입어보지 못했다. 하나님께서는 오늘 있다가 내일 아궁이에 던져지는 들풀도 이렇게 입히시는데 하물며 그것들보다 더욱 귀한 너희들을 입히지 않겠느냐? 그러므로 믿음이 작은 자들아, 무엇을 먹고 마실까, 무엇을 입을까, 염려하지 말라. 그런 것들은 모두 세상 사람(마태복음에는 이방인, 누가복음에는 세상 백성)들이 구하는 것이다. 하늘에 계신 너희 아버지께서는 그 모든 것이 너희에게 필요한 것인 줄 알고 계신다. 그러므로 너희는 먼저 하나님 나라와 그의 의를 구하라. 그러면 이 모든 것들을 너희에게 덤으로(더해) 주실 것이다.

눅 12:32 어린 자(적은 무리)들아, 무서워 말라. 너희 아버지께서 그의 나라를 너희에게 주기를 기뻐하신다. 마 6:34 그러므로 내일 일을 위해 염려하지 말라. 내일 일은 내일에 염려하라(내일 일은 내일 자체가 염려할 것이니 내일도 염려하지 말라). 하루의 괴로움은 그날로 충분하다."

† 비판에 대한 교훈 (눅 6:37-42, 마 7:1-6)

눅 6:38a "주라. 그러면 하나님께서는 너희에게 후히 되어 누르고 흔들어 넘치도록 너희에게 줄 것이다.

마 7:1-2, 눅 6:37, 38a 너희가 비판을 받지 않으려면 비판하지 말라. 너희가 비판한(눅, 헤아림) 그 비판(판단)의 기준으로 비판을 받을 것이다. 정죄(마, 헤아림)하지 말라. 그러면 너희가 정죄를 받지 않을 것이다. 오히려 용서하라. 그러면 너희도 용서를 받을 것이다.

눅 6:39 또 예수께서 비유로 말씀하셨다. "눈먼 자(맹인)가 눈먼 자를 인도하면 둘 다 구덩이에 빠지지 않겠느냐?" 40 또 예수께서 당시 널리 통용된 격언을 인용해 비유로 말씀하셨다. "제자가 그 선생보다 높지 못하지만 모든 것을 다 배운(온전하게 된) 자는 그 선생과 같다.

마 7:3-5, 눅 6:41-42 너희는 어찌하여 형제의 눈 속에 있는 작은 티는 보면서 자신의 눈 속에 있는 나무토막 같은 큰 것(들보)은 보지 못하느냐? 보라, 네 눈 속에 나무토막이 있는데 어찌 형제에게 말하기를 '나로 하여금 네 눈

눈먼 자가 눈먼 자를 인도(눅 6:39) 16세기, 브뤼헐 작, 이탈리아 나폴리, 카포디몬테 미술관

Q 난제 예수께서 말씀하신 백합화는(마 6:28)?

예수께서 말씀하신 들의 백합화(헬라어 크리논, 마 6:28)에 대해 과거에는 특수한 꽃을 염두에 두고 말씀하셨다고 생각했다. 그러나 현대 학자들은 일반 대중들이 잘 아는 눈에 흔히 띄는 꽃들을 말씀하신 것이라고 생각한다. 이 경우 이 꽃은 봄에 이스라엘의 들판에 폭넓게 피는 아네모네(양귀비) 혹은 개양개비일 것이다. 아네모네는 1월 말경부터 5월까지 긴 기간 동안 빨간색의 꽃이 피는데 사람들에게 강한 인상을 준다.

들의 백합화로 알려진 아네모네

QT 나에게 가장 귀한 것 (마 7:6)

사람마다 귀하게 여기는 것이 다르다. 어떤 사람은 물질을, 어떤 사람은 명예를, 혹은 권력을 가장 귀하게 여긴다. 예수님의 말씀처럼 돼지에게는 진주보다는 구정물이 더 귀하다. 에서는 장자의 축복보다 우선 굶주린 배를 채우는 것이 더 급했다. 그러나 신앙인에게는 무엇이 가장 귀한 것인가?
일시적인 것보다 영원한 것을, 보이는 것보다 보이지 않는 것이 더 소중한 것이다. 보이는 것은 잠깐이요 보이지 않는 것은 영원하다고 했다. 솔로몬은 지혜를 구했다. 나에게 가장 귀한 것은 무엇인가? 그것을 구하자.

전갈(눅 11:12) 이라크 아르빌

속에 있는 티를 빼게 하라'고 말할 수 있겠느냐? 위선자(외식하는 자)여, 먼
저 자신의 눈 속에 있는 나무토막 같은 것을 빼고 그 후에 밝히 보고 형제
의 눈 속에서 티를 빼라."

마 7:6 이어 예수께서는 "거룩한 것을 개에게 주지 말라. 또 너희 진주를 돼
지 앞에 던지지 말라. 개나 돼지가 그것들을 짓밟고 오히려 너희를 찢을까
조심하라"고 말씀하셨다.

† 구하고, 찾고, 두드리라 (눅 11:5-13, 마 7:7-11)

눅 11:5 ● 예수께서 말씀하셨다. "너희 중에 누가 친구가 있어 밤중에 그
에게 가서 '친구여, 빵(떡) 세 덩이만 꾸어달라. 6 내 친구가 여행 중에 나에
게 왔으나 내가 그에게 줄 양식이 없다'라고 하면 7 그가 집안에서 대답하
기를 '나를 귀찮게 하지 말라. 문이 이미 닫혔고 내가 자식들과 함께 잠자
리에 누웠으니 일어나 네게 줄 수가 없다'라고 하겠느냐? 8 내가 너희에게
말한다. 비록 친구라는 것만으로는 일어나서 꾸어주지 않을지라도 끈질긴
간청함 때문에는 일어나 그 요구대로 줄 것이다.

마 7:7-8, 눅 11:9-10 그러므로 내가 또 너희에게 말한다. 구하라. 그러면 하나님
께서는 너희에게 주실 것이다. 찾으라. 그러면 찾을 것이다. 문을 두드리라.
그러면 열릴 것이다. 구하는 자마다 받을 것이요, 찾는 자는 찾을 것이요,
두드리는 사람에게는 열릴 것이다. 너희 중에 아버지 된 자가 있느냐? 마 7:9
누가 아들이 빵(떡)을 달라고 하는데 돌을 주겠느냐?

마 7:10, 눅 11:11 또 생선을 달라고 하는데 생선 대신에 뱀을 주며, 눅 11:12 알을
달라고 하는데 전갈을 주겠느냐?

마 7:11, 눅 11:13 너희가 악한 자라도 자식에게는 좋은 것으로 주지 않느냐?
하물며 하늘에 계신 너희 아버지께서 구하는 자에게 좋은 것(눅, 성령)을
주지 않겠느냐?"

† 대접, 좁은 문, 생명의 길 (마 7:12-14, 눅 6:31)

마 7:12, 눅 6:31 ●"그러므로 무엇이든지 남에게 대접받기를 원하면 너희도
남을 대접하라. 이것이 율법과 예언서의 내용이다. 마 7:13 좁은 문으로 들어

가라. 멸망으로 이끄는 문은 크고 그 길이 넓기 때문에 그곳으로 들어가는
자가 많다. 14 그러나 생명으로 인도하는 문은 좁고 그 길이 좁기 때문에
그곳을 찾는 자가 적다."

† 거짓 선지자와 열매 (마 7:15-20, 눅 6:43-45)

마 7:15 ●"거짓 선지자들을 조심하라. 그들은 양의 옷을 입고 너희에게 다
가오지만 실제로 그 속은 노략질하는 이리(늑대)와 같다.

마 7:16-17, 눅 6:43-44 그들이 행한 결과(열매)를 보고 그들이 어떤 자들인지를
알아야 한다. 왜냐하면 가시나무에서 포도(눅, 무화과)를, 엉겅퀴(눅, 찔레)
에서 무화과(눅, 포도)를 딸 수 없기 때문이다. 이같이 좋은 나무는 아름다
운 열매를 맺고 못된 나무는 좋지 않은 열매를 맺는 것이 당연하다.

마 7:18 좋은 나무가 나쁜 열매를 맺을 수 없고, 못된 나무가 아름다운 열
매를 맺을 수 없다. 19 결국 아름다운 열매를 맺지 않는 나무는 찍혀 불에
던져지게 된다. 20 그러므로 그들이 행한 결과(열매)로 그들을 알 수 있다.

눅 6:45 선한 사람은 마음에 쌓은 선에서 선을 나타내고, 악한 자는 그 쌓은
악에서 악을 나타낸다. 이는 마음에 가득한 것을 입으로 말하기 때문이다."

엉겅퀴(마 7:16)

† 행하는 자와 반석 위의 집 (마 7:21-27, 눅 6:46-49)

마 7:21 ●"나에게 '주님'이라고 고백하는 자들이라고 모두 하나님 나라에
들어갈 수 있는 것이 아니다. 오직 하늘에 계신 내 아버지의 뜻대로 행하
는 자가 하나님 나라에 들어가게 될 것이다. 22 마지막 날에 많은 사람이
나에게 말하기를 '주님, 우리가 주님의 이름으로 예언하며, 귀신을 쫓아
내며, 많은 권능을 행했습니다'"고 할 것이다. 23 그때 내가 그들에게 분명
히 말할 것이다. 나는 너희를 전혀 알지 못한다. 불법을 행하는 자들아, 나
에게서 떠나가라.

눅 6:46 너희는 나를 향해 주님이라고 부르면서 어찌하여 내가 말하는 것
은 행하지 않느냐?

눅 6:47-49, 마 7:24-27 내 말을 듣고 행하는 자는 집을 짓되 기초를 깊이 파고 주
춧돌(주추)을 반석 위에 놓은 지혜로운 사람과 같다. 왜냐하면 반석 위에

주추(마 7:26) 이란, 고레스 개인 궁전 터

지은 집은 비가 내리고 홍수가 나고 바람이 불어 그 집에 부딪쳐도 무너지지 않기 때문이다. 그러나 나의 말을 듣고 행하지 않는 자는 집을 짓되 기초(주추) 없이 모래(눅, 흙) 위에 지은 어리석은 사람과 같다. 왜냐하면 모래(흙) 위에 지은 집은 비가 내리고 홍수가 나고 바람이 불어 그 집에 부딪치면 심하게 무너지기 때문이다."

† 나병 환자를 고침 (마 8:1-4, 막 1:40-45, 눅 5:12-16)

마 8:1 ● 예수께서 말씀을 마치시고 산에서 내려오자 수많은 사람들이 예수를 따랐다.

마 8:2-4, 막 1:40-44, 눅 5:12-14 예수께서 한 마을(동네)에 머무를 때 온몸에 나병이 걸린 한 사람이 예수께 나아와 엎드려 절하며 말했다. "주님, 원하시면 저를 치료하실(깨끗하게 하실) 수 있습니다." 이에 예수께서 그를 불쌍히 여겨 그에게 손을 얹고 말씀하시기를 "내가 원하노니 치료함(깨끗함)을 받으라" 하자 즉시로 그의 나병이 깨끗하게 치료되었다. 그리고 예수께서는 "누구에게도 말하지 말고 다만 제사장에게 가서 네 몸을 보여주고 모세가 명한 예물(레 14:2 이하)을 드려 그들에게 네가 치료된 것을 입증하도록 하라"고 엄하게 말씀하셨다.

막 1:45, 눅 5:15-16 그러나 그 사람이 나가 자신이 치료된 사실을 드러내자 예수의 소문이 더욱 널리 퍼져 수많은 무리가 말씀도 듣고 자기 병도 고침을 받기 위해 예수께로 몰려들었다. 그래서 예수께서는 공개적으로 드러나게 마을(동네)에 들어가지 않고 오직 마을 밖 인적이 드문 조용한 곳으로 가서 기도하셨다.

✣ 예수의 병자 치료 방법과 이유는?

- 말씀만으로(깨끗함을 받으라, 네 죄가 용서함을 받았다, 네 침상을 들고 가라 등)
- 눈에 침을 발라서
- 귀신을 쫓아냄으로
- 안수함으로
- 손을 잡아 일으킴으로
- 불쌍히 여겨
- 그 사람의 믿음을 보시고
- 함께한 사람의 믿음을 보시고(중풍병자)
- 병자의 간청함을 보시고
- 궁극적으로는 영혼 구원을 위해

침상을 들고 가는 치유된 중풍병자(마 9:6-7) 16세기, 무명의 네덜란드 화가

† 중풍병자를 고침 (눅 5:17-26, 마 9:1-8, 막 2:1-12)

눅 5:17 ● 하루는 예수께서 무리들을 가르치실 때에 갈릴리 지역에 있는 각 마을과 유대 지역과 예루살렘에서 온 바리새인과 율법교사들이 앉았는데 병을 고치는 주님의 능력이 예수와 함께했다.

막 2:1a 며칠이 지난 후에 마 9:1a 예수께서 배를 타고 갈릴리 바다를 건넌 후 마
9:1b, 막 2:1b 본 동네인 가버나움으로 다시 들어와 집에 들어가셨다. 막 2:2 이 소

식을 듣고 많은 사람들이 몰려와 들어설 자리가 없을 정도로 문 앞까지 가득했고 예수께서는 그들에게 말씀(도)을 가르치셨다.

마 9:2, 막 2:3-5, 눅 5:18-20 이때 네 명이 침상에 누워 있는 중풍병자를 메고 예수께로 왔으나 사람들이 많아 예수께 가까이 데려갈 수 없게 되자 밖으로 난 계단을 통해 지붕으로 올라가 예수께서 계신 곳의 지붕에 있는 기와(막, 지붕)를 뜯어 구멍을 내고 중풍병자가 누운 침상째 달아 내렸다. 이에 예수께서는 그들의 믿음을 보고 중풍병자에게 말했다. "이 사람아(마태복음과 마가복음에는 작은 자야), 안심하라. 네 죄가 용서함을 받았다."

마 9:3-8, 막 2:6-12, 눅 5:21-26 그중에 어떤 율법교사(마태복음과 마가복음에는 서기관)와 바리새인들이 그곳에 앉아서 '이 사람이 어찌 그런 말을 하는가? 그가 신성을 모독하고 있다. 오직 하나님 한 분 외에는 누가 죄를 용서할 수 있겠느냐?'라고 속으로 생각했다. 이에 예수께서 그들의 생각(심령, 막, 중심)을 아시고 말씀하셨다. "너희가 왜 마음에 악한 생각을 하고 있느냐? '네 죄가 용서함을 받았다'라고 하는 말과 중풍병자에게 '일어나 걸어가라'고 하는 말 중에 어느 것이 쉽겠느냐? 그러나 내가 세상(막, 땅)에서 죄를 용서하는 권능(막, 권세)이 있는 줄을 너희에게 알게 하기 위해 이 일을 행한다." 그러고 난 후 중풍병자에게 말씀하시되 "일어나 네 침상을 가지고 집으로 가라." 이에 그가 모든 사람 앞에서 일어나 누웠던 침상을 가지고 하나님께 영광을 돌리며 자기 집으로 돌아갔다. 이 놀라운 장면을 본 사람들은 두려워했고, 그런 권능을 사람에게 주신 하나님께 영광을 돌리며 말했다. "우리가 이제까지 이런 일을 보지 못했다."

✣ 팔레스타인 가옥(눅 15:19)
전형적인 팔레스타인의 가옥은 평평한 지붕으로 되어 있다. 지붕은 대개 두꺼운 점토와 얇고 넓적한 돌로 이루어져 있으며, 쉽게 뜯을 수도 있었다.

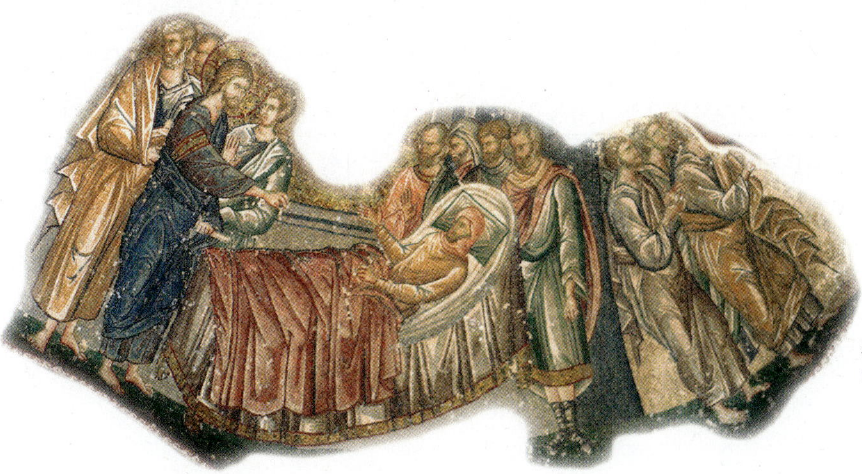

침상에 누워 있는 중풍병자(눅 5:18)
터키 이스탄불, 코라 교회

레위(마태)를 부르심(막 2:14) 1621년, 헨드릭 테르부룩헨 작, 유트레히트 중앙 박물관
그가 그린 마태의 부름받음은 등장하는 인물들이 너무 가깝게 배치되어 있다. 그래서 마치 그리스도가 우리 옆에 서서 왼쪽에서부터 흘러드는 빛의 흐름을 가로막고 있는 것만 같다. 그리스도의 어두운 옆 모습은 밝게 빛을 받아 뚜렷하게 드러난 오른쪽 인물들과 대비를 이루면서 긴장된 관계를 고조시키고 있다.

† 마태(레위)의 잔치와 부름받음 (막 2:13-17, 마 9:9-13, 눅 5:27-32)

막 2:13 ● 예수께서 다시 갈릴리 바닷가에 나가자 많은 무리가 나왔고 예수께서는 그들에게 말씀을 가르치셨다.

마 9:9, 막 2:14, 눅 5:27-28 그 후에 예수께서 갈릴리 바닷가 길을 가시다가 알패오의 아들 마태(눅, 레위)가 가버나움의 세관에 앉아 있는 것을 보고 말하기를 "나를 따르라"라고 하자 그가 모든 것을 버리고 일어나 예수를 따랐다.

마 9:10-13, 막 2:15-17, 눅 5:29-32 이후(이에) 마태는 예수를 위해 큰 잔치를 베풀었다. 예수께서 그의 집에서 기댄 자세로(앉아) 음식을 잡수실 때에 많은 세리와 죄인들이 와서 예수와 그의 제자들과 함께 기대어 누워(앉아) 있었다. 왜냐하면 많은 세리와 죄인들이 예수를 따랐기 때문이었다. 바리새인들이 그 모습을 보고 그의 제자들에게 말했다. "어찌하여 너희 선생은 세리와 죄인들과 함께 식사를 하느냐?" 예수께서 그 말을 들으시고 말씀하셨다. "건강한 사람에게는 의사가 필요 없고 병든 사람에게 필요하다. 너희는 나가서 '내가 자비(긍휼)를 원하고 제사를 원하지 않는다'(호 6:6)라고 한 의미가 무엇인지 배우라. 나는 의인을 부르러 온 것이 아니라 죄인을 불러 회개시키러 왔다."

† 금식에 대한 논쟁 (마 9:14-17, 막 2:18-22, 눅 5:33-39)

마 9:14-17, 막 2:18-22, 눅 5:33-39 ● 세례자 요한의 제자들과 바리새인들은 월요일과 목요일에는 금식하고 있었다. 그때 사람들이 예수께 나아와 말했다. "우리와 바리새인들은 한 주일에 두 번(자주)은 금식하며 기도하는데 왜 당신의 제자들은 금식일에 금식을 하지 않고 먹고 마시고 있습니까?" 예수께서 그들에게 대답하셨다. "혼인집에 온 손님들이 신랑과 함께 있을 동안에 슬퍼(마태복음과와 누가복음에서는 금식)할 수 있겠느냐? 그럴 수 없다. 그러나 신랑을 빼앗길 날이 되면 그때는 금식할 것이다." 이에 비유로 말씀하셨다. "누구든지 새 천 조각(마태복음과 마가복음에서는 생베 조각)을 낡은 옷에 붙이지 않는다. 그 이유는 붙인 것이 낡은 옷을 당겨 더 심하게 해어지기 때문이다. 또 새 포도주를 낡은 가죽 부대에 넣지 않는다. 그렇게 하면 부대가 터져 포도주가 쏟아지고 부대도 못 쓰게 되기 때문이다. 그래서 새

성경상식 **가죽 부대(마 9:17)**
가죽 부대(wineskins)에 해당하는 히브리어 헤멧, 노드, 네벨 등은 모두 액체를 담는 가죽 부대를 뜻한다. 일반적으로는 포도주를 담는 부대를 말한다. 이 가죽 부대는 주로 염소와 양의 가죽을 벗겨 만들었으나 때때로 소와 약대 가죽을 사용하기도 했다. 동물의 가죽은 목에서부터 아래로 몸 전체에 걸쳐 통채로 잡아당겨 벗겼으며, 벗긴 후에는 무두질을 하고 털을 바싹 깎은 다음 안쪽을 밖으로 뒤집어 한 구멍만 남게 하고 모두 끈으로 막아 사용하였다.

포도주는 새 부대에 넣어야 둘 다 보전된다.
눅 5:39 오래된 포도주를 마시고 새 포도주를 원하는 자가 없다. 이는 포도
주는 오래된 것이 좋기 때문이다."

† 38년 된 병자를 고침 (요 5:1-18)

요 5:1 ● 그 후에 예수께서는 유대인의 명절을 맞아 예루살렘으로 올라가셨
다. 2 예루살렘의 양문(Sheep Gate) 근처에는 히브리 말로 '베데스다'라는
저수조(못)가 있는데 그곳에 정자(행각) 다섯 개가 있고 3 정자 안에는 눈먼
자, 다리를 저는 사람, 혈기 마른 사람과 많은 병자가 누워 물이 움직이는 것
을 기다리고 있었다. 4 왜냐하면 천사가 가끔 이곳에 내려와 물을 움직이게
하는데 그때 가장 먼저 들어가는 자는 어떤 병이든지 낫게 되기 때문이었다.
요 5:5 이 저수조(못) 옆에는 38년 된 병자가 있었다. 6 예수께서는 그가 오
랫동안 병을 앓아온 사람인 것을 아시고 말씀하셨다. "네가 낫고자 하느
냐?" 7 병자가 대답했다. "주님, 물이 움직일 때 나를 저수조(못)에 넣어 주
는 사람이 없어 내가 저수조(못)로 내려가는 동안에 다른 사람이 먼저 내
려가곤 했습니다." 8 이에 예수께서 "일어나 네 침상(자리)을 들고 걸어가
라"고 말씀하셨다. 9 그러자 그 사람이 즉시 치료되어 침상(자리)을 들고
걸어갔다. 이날은 안식일이었다.
요 5:10 유대인들이 병이 치료된 사람을 보고 말했다. "오늘은 안식일이기
때문에 네가 침상(자리)을 들고 가는 것은 옳지 않다." 11 그가 대답했다.
"나를 낫게 한 그분이 침상을 들고 걸어가라고 하셨다." 12 그러자 그들이
물었다. "너에게 침상을 들고 걸어가라고 한 사람이 누구냐?" 13 그러나 병
고침을 받은 사람은 그가 누구인지 알지 못했다. 왜냐하면 그곳에는 많은
사람들이 있었고 예수께서는 이미 그곳을 피하셨기 때문이었다.
요 5:14 그 후에 예수께서 성전에서 병 고친 사람을 만나 말씀하셨다. "보
라, 네가 치료되었으니 더 심한 병에 걸리지 않도록 다시는 죄를 짓지 말
라." 15 그 말을 듣고 그가 유대인들에게 가서 자기를 고친 분이 바로 예수
라고 알려주었다. 16 그래서 유대인들은 예수께서 안식일에 병 고치는 일
을 행한다 하여 예수를 핍박하게 되었다. 17 그러자 예수께서 그들에게 말

양문(요 5:2) 현재 예루살렘 성벽에 있는 문 중 하나로 스데반문, 사자문이라고도 한다. 예루살렘 성은 성전이 있는 거룩한 곳이기 때문에 아무 문이나 짐승이 들어가지 않도록 하기 위해 만든 문이다.

베데스다 못 모형(요 5:2) 이스라엘 고고학 박물관, 베데스다 못(저수조)은 오늘날 양문으로 들어가자마자 오른쪽에 있다.

성경 상식 **베데스다(Bethesda) 못 (요 5:2)**

베데스다 못은 히브리어로 '자비'라는 뜻이다. 예루살렘 성의 스데반문(양문)으로 들어가 50m쯤 가서 오른쪽의 성 안나 교회 옆에 있다. 이것은 하스모니안 시대에 물을 얻기 위해 만든 일종의 빗물 저수조였다. 양문 곁에 있는 이 물은 제물에 사용될 양을 씻는 용도로 사용했다. 현재는 거의 흙으로 메워져 있고 웅덩이 일부가 남아 있다. 예수 당시에는 다섯 개의 행각이 있었다. 그리고 물이 움직일 때 가장 먼저 들어간 사람은 어떤 병이라도 낫는다는 전설 때문에 많은 병자들이 이 못 주위에 있었다. 예수께서는 이곳에서 38년 된 중풍병자를 고쳐주셨다(요 5:1-9).

씀하셨다. "내 아버지께서 지금까지 일하고 계시기 때문에 나도 일한다."
18 유대인들이 그 말을 듣고 더욱 예수를 죽이고자 했다. 이는 안식일의 규
례를 어겼을 뿐만 아니라 하나님을 자기의 친아버지라고 하므로 자기를
하나님과 같이 여겼기 때문이었다.

† 하나님 아들의 권한 (요 5:19-29)

요 5:19 ● 그러므로 예수께서 그들에게 말씀하셨다. "내가 참으로(진실로) 너
희에게 말한다. 아들은 아버지께서 하시는 일을 보지 않고는 그 어떤 것도
스스로 할 수가 없다. 아버지께서 행하는 것을 아들도 행한다. 20 아버지께서
는 아들을 사랑하기 때문에 자기가 행하는 것을 모두 아들에게 보여주실 뿐
만 아니라 그보다 더 큰일도 보이심으로 너희를 놀라게 할 것이다. 21 아버지
께서는 죽은 자들을 살리시는 것같이 아들도 자기가 원하는 자들을 살릴 것
이다. 22 아버지께서는 누구도 심판하지 않으시고 심판을 모두 아들에게 맡
기셨다. 23 그 이유는 모든 사람이 아버지를 영광스럽게 하는(공경하는) 것같
이 아들도 영광스럽게 하게 하기 위함이다. 그러므로 아들을 영광스럽게 하
지(공경하지) 않는 자는 그를 보낸 아버지도 영광스럽게 하지 않는다.

요 5:24 내가 참으로 너희에게 말한다. 내 말을 듣고 나를 보낸 이를 믿는
자는 영원한 생명을 얻었고 심판을 당하지 않을 것이다. 그는 사망에서 생
명으로 옮겨졌다. 25 그리고 죽은 자들이 하나님의 아들의 음성을 들을 때
가 올 것인데 지금이 바로 그때이다. 그 음성을 듣는 자는 살아날 것이다.
26 아버지께서는 자기 속에 생명이 있는 것같이 아들에게도 동일한 생명이
있게 하셨다. 27 또한 그 아들이 사람(인자)으로 인해 아들에게 심판하는
권한을 주셨다. 28 내가 이런 말을 한다고 놀라지 말라. 무덤 속에 있는 자가
모두 그의 음성을 들을 때가 올 것이다. 29 그때에는 선한 일을 행한 사람은
생명을 얻기 위해 부활할 것이요, 악한 일을 행한 사람은 심판을 받기 위
해 부활할 것이다."

심판자 예수(요 5:27) 파리, 노틀담성당 부조. 가운데 심판자인 예수를 중심으로 오른쪽에 천사와 구원받을 자가 있고, 왼쪽에 사탄과 멸망받을 자가 있다.

† 예수에 대한 증언 (요 5:30-47)

요 5:30 ● "나는 혼자서는 아무것도 할 수 없고 다만 하나님께 듣는 대로만

심판할 것이다. 나는 내 뜻대로 하지 않고 나를 보낸 분의 뜻대로 하려고
하기 때문에 내 심판은 의롭다. 31 만일 내가 나를 위해 증거(증언)하면 사
람들은 내 증거를 진실된 증거로 여기지 않을 것이다. 32 그러나 나를 위해
증거하는 분이 있기 때문에 그 증거는 진실된 증거인 줄 안다. 33 너희가 세
례자 요한에게 사람을 보냈고 그는 진리에 대해 증언했다. 34 그러나 나는
사람에게서 증언을 받은 것이 아니다. 이 말을 하는 것은 너희로 하여금
구원을 받게 하기 위함이다.

요 5:35 세례자 요한은 타면서 비추는 등불과 같았다. 한때 너희는 그 빛 가
운데서 있기를 원했다. 36 나에게는 세례자 요한의 증거보다 더 큰 증거가
있다. 그것은 아버지 하나님께서 나를 통해 이루려고 하는 역사, 곧 내가 지
금 하고 있는 일(역사)들이 아버지께서 나를 보내신 것을 증거하는 것이
다. 37 또한 나를 세상에 보낸 아버지께서 친히 나를 위해 증거하셨다. 너희
는 지금까지도 그의 음성을 듣지 못했고, 그의 모습(형상)을 보지 못했으
며, 38 그분의 말씀이 너희 속에 머물러 있지도 않았다. 그것은 하나님이
보내신 자를 믿지 않았기 때문이다.

요 5:39 너희는 성경에서 영원한 생명을 얻는 줄 생각하고 성경을 연구하
고 있는데 성경이 바로 나에 대해 증거하고 있다. 40 그런데 너희는 영원한
생명을 얻기 위해 나에게 오기를 원하지 않는다. 41 나는 사람에게 영광을
얻으려고 하지 않는다. 42 단지 너희 속에 하나님을 사랑하는 것이 없다는
것을 알았다. 43 나는 내 아버지의 이름으로 세상에 왔으나 너희는 나를 영
접하지 않았다. 만일 다른 사람이 자기 이름으로 왔으면 영접했을 것이다.

요 5:44 너희는 영광받는 것을 좋아하지만 유일하신 하나님께로부터 오는
영광은 구하지 않기 때문에 나를 믿지 못하는 것이다. 45 내가 너희를 하나
님 아버지께 고소(고발)할 것이라고 생각하지 말라. 너희를 고소하는 사람
은 바로 너희가 소망을 두고 있는 모세이다. 46 모세를 믿었다면 나를 믿었
을 것이다. 왜냐하면 모세가 나에 대해 기록했기 때문이다. 47 그러나 모세
의 글도 믿지 않는데 어떻게 내 말을 믿겠느냐?"

성경이야기

세례자 요한과 예수(요 5:33–36)

- 예수는 빛이시고, 세례자 요한은 그 빛을 비추는 사역자이다.
- 세례자 요한은 비추는 등불과 같으나, 예수는 등불 자체이다(요 5:35).
- 세례자 요한은 진리에 대해 증언하였고, 예수는 그 진리이다(요 5:33).
- 세례자 요한은 예수보다 먼저 세상에 왔으나, 예수는 영원 전부터 계셨다.
- 세례자 요한은 예수의 앞길을 예비하는 자였다.

오늘날 유대인의 율법책(요 5:39) 통곡의 벽

진설병(눅 6:4) 한국, 강문호 제작

† 안식일에 밀 이삭을 자름 (마 12:1-8, 막 2:23-28, 눅 6:1-5)

마 12:1-8, 막 2:23-28, 눅 6:1-5 ●어느 날 예수께서 안식일에 밀밭 사이로 걸어갈 때 제자들이 배가 고파 밀 이삭을 잘라 손으로 비벼 먹었다. 그것을 본 바리새인들이 예수께 말했다. "당신의 제자들이 안식일에 해서는 안 되는 이삭을 자르는 추수 금지 규정과 이삭을 비비는 탈곡 금지 규정을 어겼습니다." 이에 예수께서 대답하셨다. "다윗과 그와 함께한 자들이 굶주렸을 때에 한 일을 읽지 못했느냐? 그가 아히멜렉(막, 아비아달) 대제사장 때에 하나님의 성전에 들어가 제사장 외에는 먹어서는 안 되는 진열된 빵(진설병)을 먹고 함께한 자들에게도 주지 않았느냐?(삼상 21:6) 또 안식일에 제사장들은 성전 안에서 성전 일을 하므로(민 28:9-10, 레 24:8-9) 안식일을 범해도 죄가 없는 것을 너희가 율법에서 읽지 못했느냐? 내가 너희에게 말하는데 성전보다 더 큰 자가 여기 있다. '나는 자비를 원하고 제사를 원하지 않는다'(호 6:6)라고 하신 뜻을 너희가 알았다면 무죄한 자에게 죄가 있다고 하지 않았을 것이다." 또 말씀하셨다. "안식일이 사람을 위해 있는 것이요, 사람이 안식일을 위해 있는 것이 아니다. 이러므로 나(인자)는 안식일의 주인이다."

† 안식일에 손 마른 사람을 고침 (마 12:9-21, 막 3:1-6, 눅 6:6-11)

마 12:9-10, 막 3:1-3, 눅 6:6-7 ●그곳을 떠난 후에 또 다른 안식일에 예수께서 회당에서 가르칠 때 그곳에 오른쪽 손(마태와 마가, 한 손) 마른 사람이 있었다. 율법교사(서기관)와 바리새인들(마태와 마가, 사람들)이 예수에게서 고발할 증거를 찾기 위해 안식일에 병을 고치는지 주시하고 있다가 예수께 물었다. "안식일에 병을 고치는 것이 옳은 것입니까?"

마 12:11 이에 예수께서 말씀하셨다. "너희 중에 어떤 사람이 양 한 마리가 있는데 그 양이 안식일에 구덩이에 빠졌다면 그 양을 끌어내지 않겠느냐?
12 사람이 양보다 얼마나 더 귀한 존재냐?" 막 3:4, 눅 6:9 또 그들에게 말씀하시기를 "안식일에 선을 행하는 것과 악을 행하는 것, 생명을 구하는 것과 죽이는 것 중 어느 것이 옳으냐?" 하니 그들이 아무 대답을 하지 못하고 잠잠했다.

갈대밭(마 12:20) 이스라엘, 네오투케두밈(성서 식물원)

마 12:13-14, 막 3:5-6, 눅 6:8, 10-11 예수께서는 그들의 마음이 완악함을 탄식하사
노하심으로 그들을 둘러보시고 오른쪽 손이 마른 사람에게 말씀하셨다.
"한가운데 일어서라. 그리고 손을 내밀라." 그가 손을 내밀자 다른 손과 같
이 온전해졌다. 이를 본 바리새인들이 나가 헤롯당과 함께 어떻게 하면 예
수를 죽일까 의논했다.

마 12:15 예수께서 그들의 모의를 알고 그곳을 떠나가자 많은 사람이 따랐
다. 그리고 병에 걸린 자들을 모두 고쳐주시고 16 자기가 고쳐준 것을 알
리지 말라고 엄히 금했다. 17 이는 이사야 선지자를 통해 말씀하신 대로 18
"내가 선택한 종을 보라. 그는 내 마음에 기뻐하며 내가 사랑하는 사람이
다. 내가 나의 영을 그에게 줄 것이며, 그가 심판을 이방에 알게 할 것이다
(사 42:1 이하). 19 그는 다투거나 울부짖지(들레지도) 않을 것이니 누구도
길에서 그 소리를 듣지 못할 것이다. 20 그는 상한 갈대를 꺾지 않으며 꺼
져가는 심지(연기나는 삼대)도 마저 끄지 않기를 심판하여 이길 때까지 할
것이다. 21 또한 이방 사람(이방)들이 그의 이름을 소망할 것이다" 함을 이
루기 위함이다.

갈대 꽃(마 12:20) 러시아

Q 난제 갈릴리 바다는 호수인가? 바다인가(막 3:7)?

갈릴리 바다는 호수라고도 하는데 이는 옛날 사람들은 물이 많은 것을 바다라고 불렀기 때문이다. 갈릴리 바다(호수)는 갈릴리 지역에 있기 때문에 붙인 것이며, 디베랴 바다(호수)는 호수 옆에 디베랴(티베리우스) 도시에 따라 명명한 것이다. 그리고 긴네렛 바다(호수)는 호수 모양이 옛날 기노르 악기 모양으로 되어 있기 때문에 그렇게 부른 것이다.

† 많은 무리가 예수께 나옴 (막 3:7-12)

막 3:7 ● 예수께서 제자들과 함께 갈릴리 바다로 가셨다. 이에 갈릴리 지역
에서 많은 무리가 따랐다. 8 뿐만 아니라 유대 지역과 예루살렘과 이두매

지역과 요단 강 동쪽(건너편)과 또 두로와 시돈 근처에서도 많은 무리가 예
수께서 행하신 큰일의 소문을 듣고 예수께로 나왔다. 9 그러자 예수께서 무
리가 둘러싸 미는 것을 피하기 위해 작은 배를 준비하도록 제자들에게 명
령했다. 10 그것은 예수께서 많은 사람의 병을 고쳤기 때문에 병으로 고생
하는 자들이 예수를 만지기 위해 한꺼번에 몰려왔기 때문이었다. 11 때로는
더러운 귀신들도 어느 때든지 예수를 보면 그 앞에 엎드려 "당신은 하나님
의 아들입니다"라고 소리를 질렀다. 12 그래서 예수께서는 자기를 드러내
지 말라고 수시로 엄히 금하셨다.

† 열두 제자를 선택함 (막 3:13-19, 눅 6:12-19)

막 3:13-19, 눅 6:12-16 ● 예수께서 갈릴리 지역의 한 산에 올라가 밤새도록 하나님께 기도하시고 날이 밝자 자기가 원하는 제자들을 불러 열두 명을 따로 선택한 후 '사도'라고 칭하셨다. 이는 자기와 함께 있게 하시고, 또 그들을 보내 전도하며 귀신을 내쫓는 권능도 갖게 하기 위함이었다. 그 열두 명 중에 시몬에게는 '베드로'라는 이름을 지어주었다. 그리고 세베대의 아들 야고보와 그 형제 요한 두 명에게는 '우레의 아들'이란 뜻의 '보아너게'라는 이름을 지어주셨다. 또 안드레와 빌립과 바돌로매와 마태(레위)와 도마와 알패오의 아들 야고보와 및 다대오(열심당원인 시몬, 누가복음에는 셀롯인 시몬)와 가나안인 시몬이며 장차 예수를 팔 자인 가룟 유다였다.

눅 6:17 열두 제자를 선택하신 예수께서 그들과 함께 내려와 평지에 서자 많
은 제자들의 무리와 예수의 말씀도 듣고 병 고침을 받기 위해 유대 지역과
예루살렘과 두로와 시돈의 해안으로부터 온 많은 백성도 있었다. 18 그리
고 더러운 귀신에게 괴롭힘을 받는 자들도 와서 고침을 받았다. 19 이처럼
찾아온 모든 무리가 예수를 만지기 위해 애썼다. 그것은 예수께로부터 능
력이 나와 모든 사람을 낫게 하기 때문이었다.

† 백부장의 하인을 고침 (눅 7:1-10, 마 8:5-13)

눅 7:1 ● 예수께서 모든 말씀을 백성에게 들려주신 후에 산 아래에서 내려
다 보이는 갈릴리 바닷가의 가버나움으로 들어가셨다. 2-3 이때 예수의 소문

예수의 12제자(막 3:13-19) 파리, 노틀담 성당 부조

열두 제자(사도)의 이름과 순서 비교

마태복음	마가복음	누가복음	사도행전
시몬	시몬	시몬	베드로
베드로	베드로	베드로	요한
안드레	야고보(세)	안드레	야고보
야고보	요한	야고보	안드레
요한	안드레	요한	빌립
빌립	빌립	빌립	도마
바돌로매	바돌로매	바돌로매	바돌로매
도마	마태	마태	마태
세리 마태	도마	도마	야고보(알)
야고보(알)	야고보(알)	야고보(알)	셀롯인
다대오	다대오	셀롯인	시몬
가나안인시몬	가나안인시몬	시몬	유다
가룟 유다	가룟 유다	유다	(맛디아)
		가룟 유다	

을 듣고 유대인의 장로 몇 명이 백부장의 종을 고쳐주도록 부탁하기 위해 예수께 찾아왔다. [4] 이에 그들이 예수께 나아와 간절히 구했다. "백부장의 종을 치료해주시는 일을 하시는 것이 이 사람에게는 합당합니다. [5] 왜냐하면 그는 우리 민족을 사랑하고, 또한 우리를 위해 회당도 지어주었습니다."

마 8:5-10, 눅 7:6-9 이에 예수께서 그들과 함께 700m 정도 떨어진 백부장의 집에 가까이 왔을 때 백부장이 예수께 나와 간구했다(눅 7:6에는 친구를 보내 말했다). "주님, 내 하인이 중풍병으로 집에 누워 몹시 괴로워하고 있습니다." 예수께서 말씀하시되 "내가 가서 고쳐줄 것이다." 그러자 백부장이 대답했다. "주님, 당신이 내 집에 들어오는 것을 나는 감당할 수 없습니다. 다만 말씀만 해도 내 하인이 나을 것입니다(어떤 사본에는 하소서. 그러면 내 하인이 낫겠습니다). 나에게도 상관이 있고 내 아래에는 군사가 있어 그들에게 '가라' 하면 가고 '오라'고 하면 오며, 내 종에게 '이것을 하라' 하면 하는 그런 위치에 있습니다." 예수께서 그의 말을 듣고 놀랍게 여겨 자기를 따르는

가버나움 회당 외경(마 8:5)
이 회당은 예수 당시 회당 터 기초 위에 4세기 전반기 이후에 세워졌다. 규모는 20m 길이에 2층 높이로 되어 있는데 이 지역에서 나는 현무암 대신 흰 석회석으로 지었다. 여인들을 위해 삼면에 회당이 있었고, 이 회당들은 단 한 줄의 기둥들로 지탱되었으며, 북서 모퉁이의 부속으로 2층 계단이 있었다. 예루살렘을 향한 남쪽 끝에는 돌로 만든 법궤가 있었다. 그리고 회당 양쪽 벽 앞에는 2단으로 된 계단이 있어 높은 자리와 낮은 자리를 연상케 한다. 동쪽에는 삼면으로 된 현관과 함께 개방된 뜰이 있었으며 그곳에 의식용 세숫물을 긷는 샘이 있었다.

하인의 병을 고치기 위해 예수께 간구했던 백부장이 살았던 가버나움 지역(눅 7:1-10)

자들에게 말씀하셨다. "내가 참으로 너희에게 말한다. 이스라엘 중에(어떤
사본에는 이스라엘 중에서라도) 누구에게도 이 정도의 믿음을 가진 사람을
보지 못했다."

마 8:11 또 너희에게 말한다. 동서로부터 많은 사람들이 아브라함과 이삭
과 야곱과 함께 하나님 나라에 앉겠지만 12 이 나라의 아들들은 바깥 어두
운 데로 쫓겨나 그곳에서 울며 이를 갈게 될 것이다." 13 그리고 예수께서
백부장에게 말씀하셨다. "이제 가라. 네가 믿은 대로 될 것이다." 그러자 그
즉시 하인이 나았다.

눅 7:10 예수께 보냈던 사람들이 집으로 돌아가 보니 종이 이미 치료되어
있었다.

4 예수의 갈릴리 2차 사역

갈릴리 사역의 중심지인 가버나움 회당

성경사							
헤롯 대왕 즉위	예수 탄생 (눅2:1-7)	예루살렘 성전 방문 (눅2:41-52)	본디오 빌라도 유대 총독 부임	예수 공생애 시작 (마3:13)	3차 갈릴리 전도 (마14:13-18:35)	십자가 수난 (마27:35-58)	부활 승천 (마28:1-20)
BC37	BC4	AD8	26	27	29	30	30

† 나인성 과부의 아들을 살림 (눅 7:11-17)

나인성 교회(눅 7:11-17) 예수께서 이곳 과부의 아들을 살린 것을 기념하여 세운 교회이다.

눅 7:11 그 후에 예수께서 가버나움을 떠나 60㎞ 정도 떨어진 모레 언덕에 위치한 나인 성으로 가실 때 제자들과 많은 무리가 따랐다.[12] 예수께서 나인 성문 가까이에 갔을 때 사람들이 한 죽은 자를 메고 나왔다. 죽은 자는 한 과부의 외동 아들로 그 성의 많은 사람도 그 장례에 함께 나왔다.[13] 예수께서 그 과부를 보고 불쌍히 여겨 '울지 말라'고 하신 후[14] 가까이 가서 덮개가 없는 관(들것, 광주리)에 손을 얹자 관을 멘 자들이 멈췄다.

이에 예수께서 말씀하시기를 "소년(청년)아, 내가 네게 말하니 일어나라" 하자[15] 죽었던 소년이 일어나 앉고 말도 했다. 그리고 예수께서는 그를 그 어머니에게 데려다주었다.[16] 이를 본 모든 사람이 두려워하며 하나님께 영광을 돌리며 말했다. "큰 선지자가 우리 가운데 나타나셨다. 하나님께서 자기 백성을 돌보셨다."[17] 이로 인해 예수에 대한 이 소문이 유대 지역 사방에 두루 퍼졌다.

오늘날 나인 마을(눅 7:11-17) 갈릴리, 지금은 비교적 잘사는 마을이다.

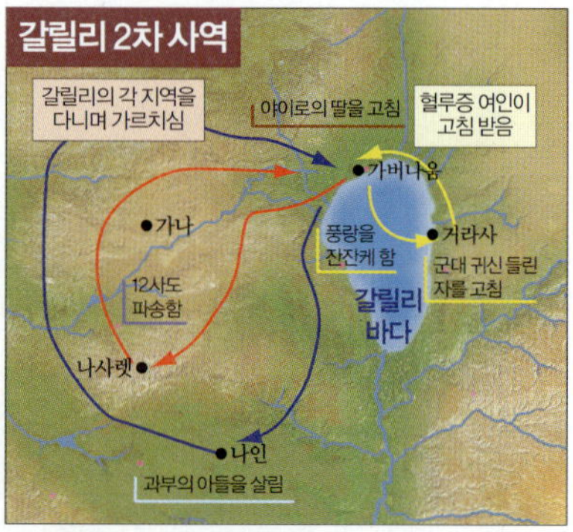

† 세례자 요한의 질문과 예수의 대답 (마 11:2-19, 눅 7:18-35)

마 11:2-6, 눅 7:18-23 ● 세례자 요한이 베레아 남쪽의 헤롯의 궁전 요새인 마케루스 감옥에서 예수께서 하신 모든 일을 제자들로부터 듣고 제자들 중 2명(마, 제자들)을 갈릴리 지역에 머물고 계신 예수께 보냈다. 그들이 예수께 나와 물었다. "세례자 요한이 우리를 당신께 보내 장차 오실 그분이 당신인지 아니면 우리가 다른 사람을 기다려야 하는지 물어보라고 했습니다." 그때 마침 예수께서는 질병과 고통과 악귀 들린 자를 많이 고치시며 많은 눈먼 자(맹인)를 보게 하셨다. 그러고 나서 예수께서는 세례자 요한이 보낸 자들에게 이렇게 대답하셨다. "너희가 가서 듣고 보는 것을 세례자 요한에게 알려주어라. [5] 곧, 눈먼 자가 보며, 걷지 못하는 사람이 걸으며, 나병 환자가 치료함(깨끗함)을 받으며, 귀먹은 자가 들으며, 죽은 자가 살아나며, 가난한 자에게 복음이 전파된다고 하라(사 35:5-6, 42:7, 61:1)." [6] 그리고 "누구든지 나로 인해 실족하지 않는 자는 복이 있다"라고 말씀하셨다.

세례자 요한 출생(마 11:11) **1518-1594년,** 야코포 틴토레토(Jacopo Tintoretto) 작, 러시아 상트페테르부르크, 에르미타주 박물관

마 11:7-11, 눅 7:24-28 세례자 요한이 보낸 자가 떠난 후에 예수께서는 무리들에게 세례자 요한에 대해 말씀하셨다. "너희가 무엇을 보려고 광야에 나갔느냐? 바람에 흔들리는 갈대냐? 그러면 너희가 무엇을 보려고 나갔느냐? 부드러운 옷을 입은 사람이냐? 화려한 옷을 입고 사치하게 지내는 자는 왕궁에 있다. 아니면 너희가 광야에 왜 나갔었느냐? 선지자를 보기 위해서냐? 맞다. 내가 너희에게 말하노니 세례자 요한은 선지자보다 더 훌륭한 자이다. 기록된 대로 '보라, 내가 내 사자를 네 앞에 보내니 그가 네 앞에서 네 길을 준비할 것이다'(말 3:1) 한 것이 바로 세례자 요한에 대한 말씀이다 내가 참으로(진실로) 너희에게 말한다. 여자가 낳은 자 중에 세례자 요한보다 큰 이가 없다. 그러나 하나님 나라(마, 천국)에서는 아주 작은 자라도 그보다 크다.

마 11:12 세례자 요한의 때부터 지금까지 하나님 나라는 더욱 확장되고 있는데(침노를 당하나니) 힘 있는 자(침노하는 자)는 하나님 나라를 차지할 것이다. [13] 선지자와 율법이 예언한 것은 세례자 요한 때까지다. [14] 그러므로 너희가 이 예언을 즐겨 받을 마음이 있다면 장차 오리라고 한 엘리야가 바로 세례자 요한임을 알아야 한다. [15] 경청하여 깨닫는 자는 들으라.

눅 7:29 백성들과 세리들은 이미 세례자 요한의 세례(침례)를 받았기 때문에 이 말씀을 듣고 하나님을 의롭다고 인정했다. 30 그러나 바리새인과 율법교사들은 그의 세례(침례)를 받지 않았기 때문에 자신들을 위한 하나님의 뜻을 거절했다."

마 11:16-17, 눅 7:31-32 이에 예수께서 말씀하셨다. "내가 이 시대(세대)의 사람들을 무엇으로 비유할 수 있을까? 그것은 마치(비유컨대) 아이들이 시장터에 앉아 자기 동무를 불러 결혼식과 장례식 놀이를 할 때 '우리가 너희를 향해 피리를 불어도 너희가 춤추지 않고, 우리가 애곡을 해도 너희가 가슴을 치고 통곡하지 않는다'라고 말하는 것과 같다."

마 11:18-19, 눅 7:33-35 세례자 요한이 와서 빵(떡)도 먹지 않고 포도주도 마시지 않자 사람들은 '그가 귀신이 들렸다'라고 말했다. 그러나 예수(인자)는 와서 먹고 마시자 사람들은 이렇게 말했다. '보라, 예수는 먹기를 탐하고, 포도주를 즐기는 사람이요, 세리와 죄인의 친구이다.' 그러나 지혜는 그 행한 일(어떤 사본에는 자녀)로 인해 옳다는 것이 증명된다."

† 예수께 향유를 부은 여자 (눅 7:36-50)

다른 향유 사건과의 비교는 마 26:6-13, 막 14:3-9, 요 12:1-8을 참조하라.

눅 7:36 ● 한 바리새인이 예수께 식사를 청했다. 이에 예수께서는 바리새인의 집에 들어가 앉으셨다. 37 그때 그 마을(동네)에 죄를 지은 한 여자가 예수께서 바리새인의 집에 기대어 누워(앉아) 있음을 알고 향유를 담은 옥합병(옥합)을 가지고 왔다. 38 그리고 예수의 뒤로 가 그 발 곁에 서서 울며 눈물로 예수의 발을 적시고 자기 머리털로 닦고 그 발에 입을 맞춘 후 향유를 부었다. 39 예수를 초청한 바리새인이 그녀의 행동을 보고 '이분이 정말 선지자라면 자기를 만지는 이 여자가 어떤 자이고, 또 죄인인 줄을 알았을 것이다'라고 마음속으로 생각했다.

눅 7:40 이에 예수께서 옆에 있던 베드로에게 말씀하셨다. "베드로(시몬)야, 내가 네게 할 말이 있다." 그가 대답하되 "선생님, 말씀하십시오." 41 예수께서 말씀하셨다. "채권자(빚 주는 사람)에게 각각 1년 품삯에 해당하는 은전 500데나리온과 한 달 반 품삯에 해당하는 은전 50데나리온의 돈을 빌린 자

Q&A 바리새인은 어떤 사람인가 (눅 7:36)?

바리새(바리새인)라는 이름의 유래는 명확하지 않으며 그 뜻은 '분리되어 있는 자'이다. 아마 철저한 율법의 준수에서 나온 세상의 불결한 것(정치를 포함)으로부터의 분리를 뜻한다고 보인다.
따라서 바리새인들은 율법을 존중하고, 조상의 전통을 준수하고자 하는 특성을 가지고 있다. 그들은 사두개인들과는 달리 부활과 내세를 믿었으며, 천사론을 배척한 사두개인들과 달리 발달된 천사론을 가지고 있었다. 또한 자신들이 참되고 경건한 이스라엘 사람이며 하나님과 각별히 가까운 관계를 누리고 있다는 선민의식이 강했다. 그러나 예수께서는 이들의 말과 행동이 다른 외식을 비판했다.

향유병 든 막달라 마리아(눅 7:37) 빅토르 바스네초프 작, 1899년, 러시아 상트페테르부르크, 에르미타주 박물관

예수께 향유를 붓는 마리아(눅 7:46) 이요한 작

2명이 있었다. 42 그들이 갚을 것이 없자 채권자가 둘 다 탕감하여주었는데
데 두 명 중에 누가 더 채권자를 사랑하겠느냐?" 43 베드로(시몬)가 대답했
다. "제 생각에는 많이 탕감을 받은 자입니다." 예수께서 말씀하시기를 "네
생각이 옳다"라고 하셨다.

눅 7:44 그리고 예수께서 그 여자를 돌아보시며 베드로(시몬)에게 다시 말
씀하셨다. "네가 이 여자를 보느냐? 내가 너의 집에 들어갔었을 때 너는 나
에게 발을 씻을 물도 주지 않았으나 이 여자는 눈물로 내 발을 적시고 자
신의 머리털로 닦아주었다 45 너는 나에게 입을 맞추지 않았지만 이 여자
는 내가 들어올 때부터 내 발에 계속해서 입을 맞추었다. 46 너는 내 머리에
올리브(감람) 기름도 붓지 않았지만 이 여자는 비싼 향유를 내 발에 부어
주었다. 47 그래서 내가 너에게 말하려는 것은 이 여자의 많은 죄가 용서받
게 되었다는 것이다. 이는 그가 나를 더 많이 사랑하기 때문이다. 용서받은
일이 적은 자는 적게 사랑한다." 48 이에 여자에게 말씀하시기를 "네 죄가
용서받았다" 하시니 49 함께 앉아(기대어 누워) 있던 자들이 속으로 말하기
를 "이 분이 어떤 사람이기에 죄도 용서할 수 있는가?"라고 하였다. 50 예수
께서 여자에게 말했다. "네 믿음이 너를 구원했으니 이제 평안히 가라."

† 몇 명의 여자들이 예수의 활동을 도움 (눅 8:1-3)

눅 8:1 ●후에 예수께서 열두 명의 제자들과 함께 여러 성과 마을에 두루
다니시면서 하나님 나라를 선포하시며 복음을 전하셨다. 2 그리고 악한 영
에게서 병 고침을 받은 몇 명의 여자들도 함께 동행했다. 이들은 일곱 귀
신이 나간 자 '막달라인'이라 하는 마리아와 3 헤롯의 재산관리인(청지기)
구사의 아내 요안나, 그리고 수산나와 다른 여러 여자들로서 자기들의 소
유를 팔아 예수와 그의 제자들을 섬겼다.

† 예수와 바알세불 (막 3:20-30, 마 12:22-37, 눅 11:14-23)

막 3:20 ●전도 여행을 마치고 돌아온 예수께서 집에 들어가셨으나 무리가
모여들어 식사할 겨를도 없었다.

마 12:22-23, 눅 11:14 그때에 귀신 들려 눈멀고 말 못하는 사람을 예수께 데리

고 왔다. 이에 예수께서 그를 고쳐주시자 그가 말하며 보게 되었다. 이를 본 무리들이 모두 다 놀라며 말했다. "이 사람은 다윗의 자손이 아니냐?" 눅 11:16 그중에 어떤 사람은 예수를 시험하여 하늘로부터 오는 증거(표적)를 구하기도 했다.

마 12:24-30, 막 3:22-27, 눅 11:15, 17-23 그리고 예수께서 말씀하셨다. 예루살렘에서 내려온 율법교사(서기관)들과 바리새인들은 그 말을 듣고 말했다. "그가 귀신의 왕인 바알세불을 힘입지 않고는 귀신을 쫓아낼 수가 없다." 그러자 예수께서 그들의 생각을 알고 그들을 불러다가 비유로 말씀하셨다. "자기들끼리 싸우는 나라는 망할 것이며, 자기들끼리 싸우는 마을이나 집도 바로 서지 못할 것이다. 만일 사탄이 스스로 싸워 사탄을 쫓아내면 자기들끼리 분쟁하는 것인데 그러면 어떻게 그들의 나라가 서겠느냐? 또 내가 바알세불을 힘입어 귀신을 쫓아내었다면 너희의 아들들은 누구를 힘입어 귀신을 쫓아내느냐? 너희도 귀신을 힘입어 쫓아내는 것이냐? 그러므로 그들이 너희의 재판관이 될 것이다. 그러나 내가 하나님의 능력(마태복음에는 성령, 누가복음에는 손, 손가락)을 힘입어 귀신을 쫓아내는 것이면 하나님의 나라가 이미 너희에게 임한 것이다. 사람이 먼저 강한 자를 결박하지 않고서 그 강한 자의 집에 들어가 그 물건을 빼앗을 수 있겠느냐? 결박한 후에야 그 집의 물건을 빼앗을 수 있다. 나와 함께하지 않는 자는 나를 반대하는 자이며, 나와 함께 모으지 않는 자는 흩어지게 하는 자이다."

마 12:31-32, 막 3:28-29 그러므로 내가 너희에게 말한다. "사람(인자들)에 대한 모든 죄와 모독은 용서를 받을 수 있지만 성령을 모독하는 것은 용서를 받지 못한다. 또 아무든지 말로 나(인자)를 거역하면 용서함을 받을 수 있으나 성령을 거역하면 이 세상에서뿐만 아니라 장차 올 세상에서도 용서를 받을 수 없다.

마 12:33, 눅 12:10 나무도 좋고 열매도 좋다고 말하든지, 아니면 나무도 좋지 않고 열매도 좋지 않다고 말하든지 하라. 왜냐하면 열매로 나무를 알 수 있기 때문이다. 34 독사의 자식들아, 너희가 악한데 어떻게 선한 말을 할 수 있겠느냐? 그렇게 못하는 것은 마음에 가득한 것을 입으로 말하기 때문이다. 35 선한 사람은 그 쌓은 선한 것에서 선한 것을 나타내고, 악한 사

난제 **사함을 못 받는 죄는 (막 3:29)?**

성령을 모독하는 자는 성령의 권위를 무시하고 대적하는 자를 가리킨다. 성령은 인간의 심령을 감동시켜 회개케 하여 구원에 이르게 하신다. 결국 성령의 감동을 거부하고 참회하지 않고, 구원의 주를 믿지 않는 자들이 성령을 훼방하는 자에 속한다. 이런 자들은 회개의 기회를 얻지 못하기 때문에 결국 사함을 받지 못하는 것이다.

람은 그 쌓은 악한 것에서 악한 것을 나타낸다. [36] 그러므로 내가 너희에게 말한다. "사람이 어떤(무익한) 말을 하든지 심판 날에 그 말에 대해 심문을 받을 것이다. [37] 자신이 한 말로 옳다 함을 받고 자신이 한 말에 따라 판정(정죄)을 받을 것이다."

막 3:21 예수의 가족(친족)들이 예수께서 미쳤다는 소식을 듣고 그를 붙잡아 데리고 가기 위해 왔다. 막 3:30 이는 사람들이 "그가 더러운 귀신이 들렸다"라고 말하기 때문이었다.

† 표적을 구하는 세대 (마 12:38-45, 16:1-4, 막 8:11-13, 눅 11:24-32)

마 12:38-39, 16:1-4, 막 8:11-12a, 눅 11:29 ● 어느 날(그때에) 율법교사(서기관)와 바리새인 중 몇 사람(막, 바리새인들)이 예수께 찾아와 시비를 걸며(막, 힐난하며) 시험하여 말했다. "선생이여, 우리에게 하늘로부터 오는 증거(표적, 이적)를 보여주십시오." 예수께서 마음속으로 깊이 탄식하시며 대답하셨다. "너희가 저녁에 하늘이 붉으면 '날이 좋겠다' 하고 아침에 하늘이 붉고 흐리면 '오늘은 날이 궂겠다' 말하지 않느냐? 너희가 날씨는 분별할 줄 알면서 이 시대의 표적은 분별할 수 없느냐? 이 시대는 악한 세대이다. 악하고 음란한 세대는 증거(이적, 표적)를 구하지만 선지자 요나의 증거(이적) 밖에는 보일 증거가 없다.

요나의 물고기(마 12:39-40)이스라엘 욥바

앗수르의 수도 니느웨 성 입구(마 12:41) 이라크 모슬

마 12:40-42, 눅 11:30-32 요나가 밤낮 3일 동안 큰 물고기 배 속에 있었던 것 같이(욘 1:17) 인자도 밤낮 3일 동안 땅 속에 있게 될 것이다. 심판 때에 오히려 니느웨 사람들이 일어나 이 시대의 사람들을 판단(정죄)할 것이다. 왜냐하면 니느웨 사람들은 요나의 전도를 듣고 회개했기 때문이다(욘 3:5-10). 그러나 요나보다 더 큰 자가 여기 있다. 심판 때에 남방 여왕이 일어나 이 시대의 사람을 심판할 것이다. 이는 그가 솔로몬의 지혜로운 말을 듣기 위해 땅끝에서 왔기 때문이다(왕상 10:1-2). 그러나 솔로몬보다 더 큰 자가 여기 있다. 막 8:12b 내가 참으로 너희에게 말하노니 이 세대에 기적을 행하지 않을 것이다."

막 8:13 그리고 그들을 떠나 다시 배에 올라 갈릴리 바다 동쪽(건너편)으로 가셨다.

마 12:43-45, 눅 11:24-26 "더러운 귀신이 사람에게서 나갔을 때에 물이 없는 곳으로 다니며 쉬기를 구했으나 쉴 곳을 찾지 못하고 말하기를 '내가 나온 내 집으로 다시 돌아가야겠다' 하고 와서 보니 그 집이 청소되고 깨끗하게 수리되어 있었다.

이에 가서 자기보다 더 악한 귀신 일곱을 데리고 그 사람 속에 들어가 거하니 그 사람의 형편이 이전보다 더욱 나쁘게 되었다. 이 악한 세대가 이렇게 될 것이다." 눅 11:27 이 말씀을 하실 때에 무리 중에서 한 여자가 큰 소리로 말했다. "당신을 임신한 태와 당신을 먹인 젖이 복이 있습니다." 28 그러자 예수께서 말씀하셨다. "오히려 그보다 하나님의 말씀을 듣고 지키는 자가 더 복이 있다."

† 예수의 어머니와 형제자매 (마 12:46-50, 막 3:31-35, 눅 8:19-21)

마 12:46-50, 막 3:31-35, 눅 8:19-21 ● 예수께서 무리에게 말씀하실 때에 그의 어머니와 동생들이 찾아와 예수께 말하려고 했으나 많은 무리로 인해 가까이 가지 못했다. 이에 밖에 서서 사람을 보내(눅, 어떤 이가 알리되) 예수를 불렀다. 무리들(마, 한 사람)이 예수를 둘러 앉았다가 예수께 말했다. "선생님, 당신의 어머니와 동생(형제)들과 누이들이 당신을 만나기 위해 밖에서 찾습니다." 이에 예수께서 말하던 사람에게 대답했다. "누가 내 어머니이며,

Q&A 남방 여왕은 누구를 가리키는가(마 12:42)?

구체적으로는 왕상 10:1-13에 나오는 스바 여왕을 가리킨다. 스바는 오늘날 사우디아라비아 남쪽의 예멘에 해당되는 국가이다(왕상 10:1). 그녀는 솔로몬의 지혜를 듣기 위해 먼 곳에서 예루살렘까지 찾아오는 열정이 있었다. 그러나 이와는 대조적으로 유대인들은 솔로몬보다 훨씬 더 지혜롭고 현명한 예수 그리스도의 완전한 가르침을 직접 듣고 그 표적들을 눈으로 보았음에도 불구하고 예수께서 전하는 구원의 복음 듣기를 거절하였다. 이들의 이런 불신앙적인 태도는 스바 여왕에 의해 송사되기에 합당한 것이다. 그래서 예수께서는 스바 여왕을 말씀하심으로 유대인들의 교만과 악한 태도를 비판하신다.

내 동생들이냐?" 하시고 둘러앉은 자들을 보시며 손을 내밀어 제자들을 가리켜 말씀하셨다. "나의 어머니와 나의 동생들을 보라. 아무든지 하늘에 계신 내 아버지의 뜻대로 행하는 자가 모두 내 형제자매요, 어머니이다."

† 바리새인과 율법교사의 위선 (눅 11:37-12:3, 마 23:13-36, 10:26-27)

눅 11:37 ● 예수께서 말씀하실 때에 한 바리새인이 자기와 함께 점심 식사
에 초청하자 예수께서 그의 집에 들어가 앉으셨다. 38 그때 바리새인들은
예수께서 식사하기 전에 장로들의 전통(유전)을 따르지 않고 손을 씻지 않는 것을 보고 이상히 여겼다.

마 23:25-28, 눅 11:39-41 이에 예수께서 말씀하셨다. "너희 율법교사(서기관)들과 바리새인들(눅, 바리새인들)은 무덤에 회를 칠한 것과 같다. 겉으로는 아름답게 보이지만 그 안에는 죽은 사람의 뼈와 모든 더러운 것이 가득하다. 너희의 잔과 대접의 겉은 깨끗이 하지만(겉으로는 사람에게 옳게 보이지만) 너희 속에는(그 안에는) 탐욕과 악독(마, 방탕)이 가득하다. 눈먼 바리새인들아(눅, 어리석은 자들아), 겉을 만드신 이가 속도 만들지 않았느냐? 그러나 그 속에 있는 것으로 먼저 안을 깨끗하게 하라(누가복음에는 안에 있는 것으로 구제하라, 마태복음에는 먼저 안을 깨끗하게 하라). 그러면 너희의 겉도 깨끗하게 될 것이다.

마 23:23, 눅 11:42 바리새인들과 율법교사(서기관)들이여, 너희에게 화가 있을 것이다. 너희가 박하와 운향(마, 회향)과 모든 채소(마, 근채)의 십일조는 드

박하(눅 11:42) 시리아

서기관과 바리새인들의 위선(외식, 눅 11:39-51, 마 23:23-36)

외적인 요소	내적인 요소
박하와 회향과 근채의 일조는 드리나	율법의 더 중요한 정의와 긍휼과 믿음은 버렸다.
모기(하루살이)는 걸러내도	낙타는 삼켜버린다.
잔과 대접은 깨끗하나	그 안에는 탐욕과 방탕으로 가득하다.
회칠한 무덤같이 겉은 아름답게 보이나 (겉으로는 사람에게 옳게 보이지만)	그 안에는 죽은 사람의 뼈와 더러운 것이 가득하다 (속에는 위선과 불법이 가득하다).
선지자들의 무덤과 비석을 만들었지만	너희 스스로 선지자들을 죽인 자의 자손이다.
결과	위선자들아 너희에게 화가 있을 것이다. 뱀들아, 독사의 새끼들아 너희는 지옥의 심판을 피할 수 없다. 땅 위에서 흘린 의로운 피가 너희에게 되돌아갈 것이다.

리지만 율법에서 말하는 더 중요한 공의(마, 정의)와 긍휼과 믿음과 하나님께 대한 사랑은 버리고 있다. 그러나 십일조도 행하고 사랑도 있어야 할 것이다.

마 23:24 눈먼 자 된 인도자여, 모기(하루살이)는 걸러내어도 낙타는 삼켜버린다.

눅 11:43 바리새인들이여, 너희에게 화가 있을 것이다. 너희는 회당의 높은 자리와 시장에서 문안 인사 받는 것을 좋아한다. 44 그런 너희에게 화가 있을 것이다. 너희는 주인이 누구인지 모르는(평토장한, 보이지 않는) 무덤 같아서 그 위를 밟는 사람이 그것이 무덤인지 알지 못한다.

눅 11:45 그러자 한 율법교사가 예수께 말했다. "선생님, 그렇게 말씀하시는 것은 우리까지 모욕하는 것입니다." 46 예수께서 말씀하셨다. "짊어지기 힘든 짐을 사람에게 지우고 자신은 손가락 하나도 까딱하지 않는 너희 교사들은 화가 있을 것이다.

마 23:29-36, 눅 11:47-51 위선하는 율법교사(서기관)들과 바리새인들은 화가 있을 것이다. 너희는 선지자들의 무덤을 만들고 의인들의 비석을 꾸미며 말하기를 '만일 우리가 조상 때에 있었다면 우리는 그들이 선지자를 죽여 피를 흘리는 데 참여하지 않았을 것이다'라고 말한다. 그렇게 말하는 것은 너희 스스로가 선지자를 죽인 자의 자손임을 인정하는 것이다. 선지자들을 죽인 자도 너희 조상들이었다. 이같이 너희 선조들은 선지자들은 죽이고 너희는 그 무덤을 만들고 있다. 너희가 너희 조상의 행한 일에 증인이 되고 그것에 동조하고 있다. 그러니 너희는 그들의 악한 일(마, 조상의 분량)을 마저 채우라. 그러므로 지혜로운 하나님께서 말씀하셨다. '내가 선지자와 사도(마, 지혜있는 자)들과 율법교사(서기관)들을 그들에게 보내리니 그중에서 더러는 죽이거나 십자가에 못 박고, 더러는 너희 회당에서 채찍질하고, 이 마을에서 저 마을로 쫓아다니며 박해할 것이다.' 세상이 창조된 이후부터 흘린 모든 선지자의 피를 이 세대가 책임질 것이다. 곧 의인인 아벨의 피로부터 제단과 성전 시대의 사이에서 죽임을 당한 바라갸의 아들 사가랴(스가랴)의 피까지(대하 24:21) 땅 위에서 흘린 의로운 피가 모두 너희에게 되돌아갈(책임질) 것이다. 내가 너희에게 말하노니 반드시 이 세대가 책임을 질 것이다.

회당의 높은 자리와 낮은 자리(눅 11:43)
갈릴리, 가버나움 회당

난제 사가랴(Zechariah)는 누구인가(눅 11:51)?

눅 11:51의 스가랴(스가랴)에 대해서는 세 가지 주장이 있다.
하나는 이스라엘의 우상숭배를 책망하다가 성전뜰에서 군중들에게 맞아 죽은 제사장 스가랴(대하 24:20-22)이고, 다른 하나는 베레갸의 아들 스가랴(슥 1:1)라는 것과 마지막으로 70년 예루살렘 함락 때 성전에서 죽은 세례자 요한의 아버지 사가랴라는 것 등이다.
이 중에서 첫 번째가 가장 많은 지지를 얻고 있는데 그는 백성들이 여호와의 명령을 거역하는 것을 보고 깨우쳐주고자 할 때, 그 백성들이 스가랴를 돌로 쳐 죽였다. 그때의 왕인 요아스는 스가랴의 외사촌으로 일곱 살에 스가랴의 아버지인 제사장 여호야다의 후원에 의해 왕이 되었다.
근래에 와서 기독교인들은 이 무덤이 세례자 요한의 아버지 사가랴(Zechriah)의 무덤이라고 하기도 한다. 이는 스가랴와 사가랴의 비슷한 이름 때문에 생긴 판단 착오인 것 같다. 오늘날 예루살렘 기드론 골짜기에는 스가랴 제사장의 무덤이 있다. 헤실 자손들의 무덤과 인접해 있는 이 무덤은 애굽의 피라미드 모양 지붕을 한 정방형의 작은 돌집과 같이 생긴 1세기경의 건축물이다.

스가랴 제사장의 무덤 예루살렘

성경 상식

외식(눅 12:1)

외식(hypocrite)은 속이나 내면과 달리 겉만을 꾸미는 것으로, 자질이나 덕성 등을 가장하여 그같은 것을 소유한 것처럼 꾸미는 위선을 말한다. 외식에 해당하는 헬라어 '휘포크리스'의 원뜻은 무대에서 가면을 쓰고 연출하는 배우를 가리키는 것으로 위선자라는 의미이다.

Q&A

바리새인과 사두개인의 누룩은 무엇인가(눅 12:1)?

누룩은 빵을 만들 때 밀가루를 발효시키는 오늘날 이스트(yeast)를 말한다. 따라서 본 절에서 누룩은 바리새인들과 사두개인들의 교훈의 침투력과 호소력이 빵을 부풀게 하는 이스트처럼 크다는 것을 암시한다.

구체적으로 바리새인들의 누룩이라 함은 경건의 능력은 없고 경건의 모양만 추구하는 가식적인 형식주의를 말한다. 한편 사두개인들의 누룩이라 함은 모세 오경의 성경을 부인하고 세속적인 삶에 만족하며, 쾌락을 추구하는 현실주의를 뜻한다. 그런데 이 바리새인과 사두개인들은 이스라엘의 종교적 지도자들로, 그들의 영향력이 크기 때문에 예수께서는 이 점에 대해 주의를 주고 있다.

마 23:13-14, 눅 11:52 너희 율법교사(마, 서기관)와 바리새인들아, 너희에게 화
가 있을 것이다. 너희가 지식의 열쇠를 가로채어 하나님 나라의 문을 사
람들 앞에서 닫고 너희도 들어가지 않고 들어가려고 하는 자도 막았다(마
23:14 없음, 어떤 사본에는 막 12:40, 눅 20:47과 유사한 구절이 있음). 마 23:15 너
희는 개종자(교인) 한 사람을 얻기 위해 바다와 육지를 두루 다니다가 그
들을 찾으면 너희보다 배나 더한 지옥 자식으로 만든다.

마 23:16 눈먼 인도자여, 너희에게 화가 있을 것이다. 너희는 '아무든지 성전
으로 맹세하면 아무 일도 없지만 성전의 금으로 맹세하면 지켜야 한다'고
말한다. 17 어리석은 눈먼 자들이여, 어느 것이 더 크냐? 금이냐, 그 금을 거
룩하게 하는 성전이냐? 18 너희가 또 말하기를 '아무든지 제단으로 맹세하
면 아무 일도 없지만 그 위에 있는 제물(예물)로 맹세하면 지켜야 한다'라
고 말한다. 19 눈먼 자들이여, 어느 것이 더 크냐? 제물(예물)이냐, 그 제물
을 거룩하게 하는 제단이냐? 20 그러므로 제단으로 맹세하는 자는 또한 제
단과 그 위에 있는 모든 것으로 맹세하는 것이다. 21 또 성전으로 맹세하는
자는 또한 성전과 그 안에 계신 분으로 맹세하는 것이다. 22 또 하늘에 맹
세하는 자는 하나님의 보좌와 그 위에 앉으신 자에게 맹세하는 것이다."

눅 11:53 바리새인 집에서 나올 때에 율법교사(서기관)와 바리새인들이 거
칠게 붙잡고 여러 가지 일을 따져 묻고 54 예수의 입에서 나오는 말을 책잡
으려고 노리고 있었다.

눅 12:1 그동안에 수만 명의 무리가 모여 서로 밟힐 만큼 되었다. 그때 예
수께서 먼저 제자들에게 말씀하셨다. "바리새인들의 누룩, 곧 위선(외식)
을 조심하라.

마 10:26-27, 눅 12:2-3 감추인 것이 드러나고 숨긴 것은 반드시 알려질 것이다.
이러므로 너희가 어두운 데서 말한 모든 것이 밝은 데서 들릴 것이며, 골
방에서 귓속말로 한 것이 지붕 위에서 전파될 것이다."

† 하나님을 두려워하라 (마 10:28-33, 눅 12:4-9, 11-12)

마 10:28-31, 눅 12:4-7 ● 나의 친구 된 너희에게 말한다. "몸을 죽이고 그 후에 영
혼은 능히 죽이지 못하는 자들을 두려워하지 말라. 마땅히 두려워할 자는 몸

과 영혼을 능히 지옥에 던져 넣는 권세가 있는 자이다. 내가 참으로 너희에게 말하노니 그를 두려워하라. 너희가 참새 다섯 마리가 동전 두 앗사리온(마, 두 마리가 한 앗사리온)에 팔리는 것을 알지 않느냐? 그러나 너희 하나님 아버지께서 허락하지 않으시면 그 한 마리도 땅에 떨어지지 않는다. 하나님께서는 너희의 머리카락까지도 모두 세고 계신다. 그러므로 너희는 몸만 죽이는 자들을 두려워하지 말라. 너희는 많은 참새보다 더 귀한 자들이다.

참새(마 10:29)

마 10:32-33, 눅 12:8-9 내가 또 너희에게 말한다. 아무든지 사람들 앞에서 나를 인정(시인)하면 인자도 하늘에 계신 내 아버지(눅, 하나님의 사자들) 앞에서 그를 인정할 것이다. 그러나 사람 앞에서 나를 부인하는 자는 하늘에 계신 내 아버지 앞에서 나도 너희를 부인할 것이다.

눅 12:11 사람들이 너희를 회당이나 위정자나 권세 있는 자 앞으로 끌고 가거든 어떻게 대답하고, 어떤 말을 해야 할지 염려하지 말라.
12 그때에 성령께서는 마땅히 할 말을 너희에게 가르쳐주실 것이다."

† 탐심과 어리석은 부자의 비유 (눅 12:13-21)

눅 12:13 ● 무리 중에 한 사람이 예수께 나와 말했다. "선생님, 제 형에게 말하여 유산을 나에게 나누어주라고 말씀해주십시오."
14 예수께서 말씀하셨다. "이 사람아, 누가 나를 유산 분쟁을 해결하는 재판장이나 재물(물건) 나누는 자로 세웠느냐?" 그리고
15 그들에게 다시 말했다. "경계심을 가지고 모든 탐심을 물리치라. 사람의 생명이 그 소유가 많은 데 있는 것이 아니다."

눅 12:16 또 비유로 그들에게 말했다. "한 부자가 그 밭에 수확이 심히 많아
17 마음에 생각했다. '내가 곡식을 쌓을 곳이 없을 정도로 많으니 어떻게 할까?'
18 그래서 말했다. '내가 내 곡식 창고(곳간)를 헐고 더 확장하여 내 모든 곡식과 재물(물건)을 그곳에 쌓아두리라.'
눅 12:19 그리고 자신의 영혼에게 말했다. '내 영혼아, 몇 년 동안 필요한 재물(물건)을 많이 쌓아두었으니 이제는 편안히 쉬면서 먹고 마시고 즐거워하자.'
20 그때 하나님은 말씀하셨다. '어리석은 자야, 오늘 밤에 네 영혼을 도로 찾아가면 죽을 것인데 그러면 네가 준비한 것이 누구의 것이 되겠느냐?'
21 자기만을 위해 재물을 쌓아두고 하나님께 대하여 가난한 자가 이와 같다."

어리석은 부자(눅 12:16-20) 이요한 작

등불을 켜는 등잔들(눅 12:35) 이스라엘, 엔
돌 키부츠 박물관

† 깨어 준비하라 (눅 12:35-48)

눅 12:35 ●예수께서 다시 말씀하셨다. "허리에 띠를 띠고 등불을 꺼지지 않
게 하라. 36 너희는 그 주인이 혼인 집에서 돌아와 문을 두드리면 바로 열
어주기 위해 기다리는 사람과 같이 준비하고(깨어) 있으라. 37 주인이 와
서 준비하고 있는 것을 보면 그 종들은 복이 있을 것이다. 내가 참으로 너
희에게 말한다. 주인이 띠를 띠고 그 종들을 식사 자리에 앉히고(기대어 누
워) 나아와 수종 들 것이다. 38 주인이 혹 밤중(이경, 오후 10시-오전 1시)이
나 새벽(삼경, 오전 4시-해 뜰 때)에 와서도 종들이 그같이 준비하고 있는
것을 보면 그 종들은 복이 있을 것이다. 39 너희도 아는 것처럼 만일 집주인
이 도둑이 언제 들어올 줄 알았다면 도둑이 그 집을 몰래 들어오지 못하게
했을 것이다. 40 그러므로 너희는 항상 준비하고 있으라. 생각하지 않은 때
에 내(인자)가 다시 올 것이다."

눅 12:41 베드로가 예수께 물었다. "이 비유는 주님께서 우리에게 하시는
말씀입니까? 아니면 모든 사람에게 하시는 말씀입니까?" 42 이에 예수께
서 말씀하셨다. "지혜 있고 진실한 관리인(청지기)은 주인이 신뢰하여 그
종들에게 다른 종들을 맡아 때를 따라 양식을 나누어주도록 그 일을 맡겨
준 자이다. 43 주인이 돌아왔을 때에 그 종이 성실하게 하는 것을 보면 그
종은 복이 있을 것이다. 44 내가 분명하게 너희에게 말하노니 주인이 그 모
든 소유를 그에게 맡길 것이다. 45 그러나 만일 그 종이 주인이 늦게 올 것
이라고 생각하여 남녀 종들을 때리며 먹고 마시고 취하게 되면 46 생각하
지 않은 날, 알지 못하는 시각에 그 종의 주인이 돌아와 그를 심히 때리고
성실하지 않은 자가 받는 지옥 형벌에 처할 것이다. 47 그날에는 주인의 뜻
을 알고도 준비하지 않고 주인의 뜻대로 행하지도 않은 종은 많이 맞을 것
이요, 48 알지 못하여 행하지 못한 종은 적게 맞을 것이다. 무릇 책임을 많
이 맡은 자에게는 그에 상응하는 책임을 요구할 것이다."

† 영적인 분쟁과 시대 분별 (눅 12:49-57, 마 10:34-36)

눅 12:49 ●"나는 세상을 정결케 하고 심판하기 위해 불을 놓으려고 왔다. 이
불이 이미 세상에서 일어났으면 내가 무엇을 더 바라겠는가? 50 그러나 나

는 받아야 할 세례(침례, 십자가)가 있는데 그것이 이루어지기까지 나의 답답함이 참으로 크다.

마 10:34-36, 눅 12:51-53 내가 세상에 평화(화평)를 주기 위해 온 줄로 생각하지 말라. 평화가 아니라 검을 주어(던지러) 영적인 일에 분쟁을 일으키게 하기 위해 왔다. 그러므로 이후로는 한 집에 다섯 사람이 있어 분쟁하되 셋이 둘과, 둘이 셋과 영적 분쟁을 할 것이다. 또 아버지와 아들 사이에, 어머니와 딸 사이에, 시어머니와 며느리 사이에 영적 분쟁이 있을 것이다. 사람의 영적 원수(영적 분쟁)가 자기 집안 식구가 될 것이다."

눅 12:54 예수께서 무리에게 말씀하셨다. "너희가 구름이 서쪽에서 일어나는 것을 보면 '소나기가 올 것이다'라고 말하는 것이 맞다. 55 또 남풍이 부는 것을 보고 '심히 더울 것이다'라고 말하는 것도 맞다. 56 위선자(외식하는 자)들이여, 너희가 천지의 기상은 분별할 줄 알면서 어찌하여 이 시대가 어떤지는 분별하지 못하느냐? 57 너희는 무엇이 옳은 것인지를 스스로 판단하지 못하느냐?

† 회개하지 않음과 열매를 못 맺는 무화과나무 비유 (눅 13:1-9)

눅 13:1 ●"두세 사람이 예수께 찾아와 유대 총독 빌라도가 예루살렘에 온 어떤 갈릴리 사람들을 죽였는데 그 죽은 자의 피가 그들의 제물과 섞여진 일에 대해 물었다. 2 그때 예수께서 대답하셨다. "너희들은 이 갈릴리 사람들이 빌라도에게 이같이 고난을 받았다고 해서 다른 모든 갈릴리 사람보다 그들의 죄가 더 크다고 생각하느냐? 3 아니다. 너희도 만일 회개하지 않으면 모두 그와 같이 망할 것이다. 4 또 예루살렘 기드론 골짜기 남쪽에 있는 실로암에서 망대가 무너져 치어 죽은 18명이 예루살렘에 살던 다른 모든 사람보다 죄가(빚진 것이) 더 많다고 생각하느냐? 5 아니다. 너희도 만일 회개하지 않으면 모두 그와 같이 망할 것이다."

눅 13:6 이에 예수께서 비유로 말씀하셨다. "한 사람이 포도밭에 무화과나무를 심었으나 열매를 맺지 못했다. 7 주인은 포도밭지기에게 말하되 '내가 3년 동안 이 무화과나무에서 열매를 얻지 못했으니 찍어버릴 것이다. 어찌 땅만 버리게 하겠느냐?' 8 그러자 포도밭지기가 대답했다. '주인님,

마른 무화과나무와 푸른 무화과나무(눅 13:6)
그리스

금년만은 그대로 두십시오. 내가 다시 한 번 두루 파고 거름을 주겠습니다.
[9] 만일 이후에라도 열매가 맺으면 좋겠지만 그렇지 않으면 그때는 찍어버
리십시오.'"

† 안식일에 등이 굽은 여자를 고침 (눅 13:10-17)

눅 13:10 ● 하루는 예수께서 안식일에 한 회당에서 가르치실 때에 [11] 18년
동안이나 귀신에 들려 앓으며 등이 굽어 조금도 펴지 못하는 한 여자가 있
었다. [12] 예수께서 그녀를 보시고 불러 말했다. "여자야, 네가 네 병에서 고
침을 받았다" 하시며 [13] 안수하자 여자의 등이 펴졌고 그 여자는 하나님께
영광을 돌렸다. [14] 이에 회당장이 예수께서 안식일에 병 고치는 것을 보고
화를 내며 무리에게 말했다. "일할 날이 6일이나 있는데 그 기간에 와서
고침을 받으면 될 것이니 안식일에는 하지 말라." [15] 그러자 예수께서 대답
하셨다. "위선자(외식하는 자)들아, 너희들은 안식일에도 자기의 소나 나귀
를 외양간에서 풀어내 이끌고 가서 물을 먹이지 않느냐? [16] 그렇다면 18년
동안이나 귀신(사탄)에게 매인 바 된 이 아브라함의 딸을 안식일이라도 그
속박(매임)에서 풀어주어야 하지 않겠느냐?" [17] 예수께서 이 말씀을 하자
반대하던 모든 자들이 부끄러워하고 온 무리는 예수께서 하시는 모든 영
광스러운 일을 기뻐했다.

† 네 가지 땅에 떨어진 씨 비유 (마 13:1-9, 막 4:1-9, 눅 8:4-8)

마 13:1, 막 4:1 ● 예수께서 가버나움에 있는 집에서 나가 갈릴리 바닷가에 앉았다.
마 13:2-9, 막 4:2-9, 눅 8:4-8 그러자 여러 마을에서 많은 사람들이 모여들었다. 이
에 예수께서 배에 올라가 앉으셨고 무리들은 갈릴리 바닷가 육지에 서 있
었다. 이에 예수께서 비유를 들어 여러 가지를 말씀하셨다. "씨를 뿌리는
자가 밭에 나가 씨를 뿌렸다. 뿌려진 씨 중에 어떤 것은 길가에 떨어지자 공
중의 새들이 와서 먹어버렸다. 어떤 씨는 흙이 얕은 돌밭에 떨어졌는데 흙
이 얇아 곧 싹이 나왔으나 해가 돋은 후에는 뿌리가 짧아(없어) 말라버렸
다. 또 어떤 씨는 가시 떨기 위에 떨어지자 가시가 함께 자라므로 성장하
는 기운을 막았다. 어떤 씨는 좋은 땅에 떨어지자 무성하여 결실했으니 어

씨 뿌리는 사람(막 4:3) 요르단 디셉 근교

떤 것은 100배, 어떤 것은 60배, 어떤 것은 30배의 결실(눅, 100배의 결실)을 했다. 경청하여 깨닫는 자는 이 비유를 들으라."

좋은 땅에서의 결실(마 13:8) 이스라엘

† 씨 비유를 설명함 (마 13:10-23, 막 4:10-20, 눅 8:9-15)

마 13:10-13, 막 4:10-12, 눅 8:9-10 ● 예수께서 혼자 계실 때 함께한 사람들이 열두 명의 제자와 더불어 예수께 나와 물었다. "어찌하여 그들에게 비유로 말씀하십니까?" 예수께서 대답하셨다. "하나님 나라(마, 천국)의 비밀을 아는 것이 너희에게는 주어졌으나 그들에게는 그렇지 못하기 때문에 모든 것을 비유로 한다. 무릇 있는 자는 받아 넉넉하게 되지만 없는 자는 그 있는 것까지도 빼앗길 것이다. 따라서 내가 그들에게 비유로 말하는 이유는 그들이 보아도 보지 못하며, 들어도 듣지 못하며 깨닫지 못하게 하여 돌이켜 죄 용서함을 얻지 못하게 하려는 것이다.

마 13:14 이것은 이사야의 예언이 그들에게 이루어진 것이다. 그곳에는 이렇게 기록되었다. '너희가 듣기는 들어도 깨닫지 못하며, 보기는 보아도 알지 못할 것이다. 이 백성들의 마음은 완악해졌기 때문에 그 귀는 듣는 것을 막았고, 눈은 감아버렸다. 그렇게 한 것은 눈으로 보고, 귀로 듣고, 마음으로 깨달아 돌이켜 내게 고침을 받을까 두려워했기 때문이다.'(사 6:9-10) [16] 그러나 너희 눈은 보기 때문에, 너희 귀는 들음으로 복이 있다. [17] 내가 참으로 너희에게 말한다. 많은 선지자와 의인들이 너희가 지금 보는 것들을 간절히 보기를 바랐지만 보지 못했고, 너희가 지금 듣는 것들을 간절히 듣기를 바랐지만 듣지 못했다."

막 4:13 예수께서 계속해서 말씀하셨다. "너희가 이 비유의 뜻을 알지 못하는데 어떻게 또 다른 비유를 알 수 있겠느냐?

마 13:18-23, 막 4:14-20, 눅 8:11-15 그런즉 씨 뿌리는 비유의 해석을 들으라. 이 비유의 해석은 이렇다. 씨는 하나님의 말씀으로 씨를 뿌리는 자는 말씀을 뿌리는 것이다. 누구든지 하나님(그) 나라의 말씀을 듣고 깨닫지 못할 때는 악한 자(막, 사탄)가 와서 그 마음에 뿌려진 말씀을 빼앗아 그들이 믿어 구원을 얻지 못하게 하는 것이다. 이는 곧 길가에 뿌려진 자를 가리키는 것이다. 돌밭에 뿌려졌다는 것은 말씀을 듣고 즉시 기쁨으로 받아들이지만 [21]

옥토 옆의 가시밭(마 13:7, 눅 8:14) 이스라엘 알몬 근교

✣ 네 가지 땅에 떨어진 씨 비유 해석 (마 13:10–13)

밭은 사람의 마음을, 씨는 말씀을 상징함

- 길가에 떨어진 씨: 사탄이 뿌려진 말씀을 빼앗음
- 흙이 얇은 돌밭에 떨어진 씨: 말씀을 들을 때는 즉시 받으나 박해에 금방 넘어짐
- 가시 떨기에 떨어진 씨: 세상 염려와 재물의 유혹과 욕심이 말씀을 막아 결실하지 못함
- 옥토에 떨어진 씨: 많은 결실을 맺음

돌밭(마 13:5) 요르단 디셉 근교

그 속에 뿌리가 짧아(없어) 잠시 견디다가 말씀으로 인해 환난이나 박해가 일어날 때에는 넘어지는 자를 가리킨다. 가시 떨기에 뿌려졌다는 것은 말씀은 듣지만 세상의 염려와 재물과 향락의 유혹이 말씀을 막아 말씀이 성장하지 못하고 결실하지 못하는 자를 가리킨다. 좋은 땅에 뿌려졌다는 것은 말씀을 듣고 깨달아 말씀을 지키는 자이다. 그는 인내로 결실하여 어떤 것은 100배, 어떤 것은 60배, 어떤 것은 30배가 되는 것을 말한다."

† 가라지의 비유와 설명 (마 13:24-30, 36-43)

마 13:24 ● 예수께서 그들 앞에 또 비유로 말씀하셨다. "하나님 나라(마, 천국)
는 좋은 씨를 자기 밭에 뿌린 사람과 같다. 25 그런데 사람들이 잘 때에 그 원
수가 와서 곡식을 뿌린 자리에 가라지를 한 번 더(덧) 뿌리고 갔다. 26 그러자
싹이 나고 결실할 때에 가라지도 보였다. 27 이에 집 주인의 종들이 와서 말
했다. '주인님, 밭에 좋은 씨를 뿌렸는데 어찌하여 가라지가 생겼습니까?' 28
주인이 말했다. '원수가 그렇게 했다.' 이에 종들이 말하기를 '그러면 우리가
가서 가라지를 뽑을까요?' 하자 29 주인이 말했다. '그냥 두어라. 가라지를 뽑
다가 곡식까지 뽑을까 염려된다. 30 둘 다 추수 때까지 함께 자라게 두었다가
추수 때에 내가 추수꾼들에게 일러 가라지는 먼저 단으로 묶어 불사르고, 곡
식은 모아 내 창고(곳간)에 넣으라고 할 것이다.'"

마 13:36 이에 예수께서 무리를 떠나 가버나움 집에 들어가자 제자들이 가
라지의 비유를 설명해달라고 말했다. 37 이에 예수께서 가라지의 비유를

가라지(마 13:25)

설명해주었다. "좋은 씨를 뿌리는 자는 바로 나(인자)를 가리킨다. [38] 밭은 세상을 가리키며, 좋은 씨는 하나님(그) 나라의 아들들이고, 가라지는 악한 자의 아들들을 가리킨다. [39] 가라지를 뿌린 원수는 마귀요, 추수 때는 세상 끝이며, 추수꾼은 천사들을 가리킨다. [40] 따라서 가라지를 거두어 불에 사르는 것같이 세상 끝에도 그렇게 될 것이다. [41] 그때 내가 천사들을 보내 그들이 자기 나라에서 넘어지게 하는 모든 것과 불법을 행하는 자들을 잡아내어 [42] 풀무 불에 던져 넣을 것이니 그들은 그곳에서 울며 이를 갈게 될 것이다. [43] 그때 의인들은 자기 아버지 나라에서 해와 같이 빛날 것이다. 경청하여 깨닫는 자는 들을 것이다."

추수하는 사람과 가라지를 불태우는 사람(마 13:30) 12세기, 런던, 캔터베리대성당 색유리

† 등불은 등잔대 위에 (막 4:21-25, 눅 8:16-18)

막 4:21-22, 16-17 ● 또 예수께서 그들에게 말씀하셨다. "사람이 등불을 켜서 그릇으로 덮거나 됫박(막, 말)이나 침대(막, 평상) 아래에 두지 않고 등잔대(등경) 위에 둔다. 이는 방 안으로 들어가는 자들로 그 빛을 보도록 하려는 것이다. 숨은 것은 장차 모두 드러날 것이며, 감추인 것은 결국 알려지고 나타날 것이다. 막 4:23 경청하여 깨닫는 자는 들으라.

막 4:24-25, 눅 8:18 그러므로 너희는 무엇을 듣고 있는지 스스로 조심하라. 너희의 판단(헤아림)으로 너희가 판단을 더 많이 받을 것이다. 누구든지 있는 자는 더 받을 것이요, 없는 자는 그 있는 것까지도 빼앗길 것이다."

등잔대가 있는 등잔(막 4:21-22) 로마 때(BC 63-AD 135), 요르단, 케락 박물관

† 자라는 씨와 겨자씨와 누룩 비유 (막 4:26-32, 마 13:31-33, 눅 13:18-21)

막 4:26 ● 예수께서 또 말씀하셨다. "하나님 나라는 사람이 씨를 땅에 뿌린 것과 같다. [27] 그가 밤낮 자고 깨는 중에 씨가 나서 자라지만 그것이 어떻게 자라는지는 알지 못한다. [28] 땅이 스스로 열매를 맺는다. 처음에는 싹이 나오고, 다음에는 이삭이 피고, 마지막에는 이삭이 충실한 곡식이 된다. [29] 그리고 열매가 익으면 낫으로 거두어들인다. 그것은 추수 때가 되었기 때문이다."

마 13:31-32, 막 4:30-32, 눅 13:18-19 예수께서 또 말씀하셨다. "우리가 하나님 나라를 무엇으로 비교하며, 또 무슨 비유로 말할 수 있는가? 그것은 마치 사람

겨자 나무(막 4:32) 이스라엘 텔 단

식물 **겨자, 겨자 꽃**(마 13:31-32)
겨자 나무는 히브리어 '시나피'로 1년생 식물이다. 이 식물의 씨(mustard seed)는 성경에서 가장 작은 씨로 언급되고 있으나(막 4:31) 실제로 가장 작은 씨는 난초 씨이다.
겨자 나무의 씨는 난초 씨보다는 크지만 씨 중에는 작은 씨에 해당되며 크면 사람 키 정도까지 자란다. 그러나 마 13:32에서 표현된 것처럼 새가 가지에 깃들일 정도로 줄기가 튼튼하지는 않다. "새가 깃들이다(make nests)"라는 말은 새가 앉다(settle upon)라는 의미를 과장하거나 강조한 표현이고 실제로는 작은 새가 앉을 정도에 불과하다. 막 4:32에는 "그늘에 깃들일"로 나온다.
겨자 나무는 팔레스타인에서 흔한 잡초로 알려지고 있으며 곡식을 심어놓은 밭에 다른 식물보다 높은 키로 자란다. 한때 중동 지역에서는 기름을 짜기 위해 재배했던 것으로 알려지고 있다. 예수께서는 천국을 가르치실 때 이 겨자씨 비유를 사용했으며(마 13:31-32), 믿음에 대해 가르치실 때에도 이 겨자씨를 사용하여 가르치셨다(눅 17:6).

겨자 꽃(막 4:32) 이스라엘

이 자기 채소밭에 갖다 심은 겨자씨 한 알과 같다. 그것이 땅에 심길 때에
는 땅 위의 모든 씨보다 작은 것이지만 땅에 심긴 후에는 모든 풀보다 크
게 자라 큰 가지를 내어 공중의 새들이 와서 그 그늘(마태와 누가, 가지)에
깃들일 만큼 된다."

마 13:33, 눅 13:20-21 예수께서 계속해서 비유로 말씀하셨다. "내가 하나님 나
라를 무엇으로 비교할 수 있는가? 그것은 마치 여자가 가루 세 말 속에 갖
다 넣어 전부 부풀게 한 누룩과 같다."

† 세 가지 하나님 나라의 비유: 보화, 진주, 그물 (마 13:44-52)

마 13:44 ●하나님 나라(천국)는 마치 밭에 감추인 보화와 같다. 그래서 사
람이 그것을 발견한 후에 숨겨두고 기뻐하며 돌아가서 자기의 소유를 모
두 팔아 그 밭을 사는 것과 같다.

마 13:45 또 하나님 나라는 좋은 진주를 구하는 장사와 같다. [46] 그래서 극히
값진 진주 하나를 발견하면 집으로 돌아가 자기의 모든 소유를 팔아 그 진
주를 사는 것과 같다.

마 13:47 또 하나님 나라는 바다에서 각종 물고기를 모으는 그물과 같다. [48]
그래서 그물에 고기가 가득하면 물 가로 끌어내어 앉아서 좋은 것은 그릇
에 담고 나쁜 것은 버리는 것과 같다. [49] 세상 끝에도 이와 같다. 그래서 천
사들이 와서 의인 중에서 악인을 분리하여 [50] 그들을 풀무 불에 던져 넣을
것이니 그들은 그곳에서 울며 이를 갈 것이다."

마 13:51 예수께서 말씀하시기를 "이 모든 비유의 말을 깨달았느냐?" 하시니 "그렇습니다"라고 대답했다. 52 이에 예수께서 계속하여 말씀하셨다. "그러므로 하나님 나라의 제자 된 율법교사(서기관)들은 마치 새 것(복음)과 옛 것(율법)을 그 창고(곳간, 마음 혹은 인격)에서 꺼내오는 집주인과 같다."

단지 속에서 나온 동전(마 13:44) 요르단, 제라쉬 박물관

단지 속 동전(마 13:44)

풍습 팔레스타인은 지리적으로 북쪽의 앗수르, 바벨론, 바사 등의 강대국과 남쪽의 애굽 사이에 놓여 있어 항상 전쟁의 소용돌이 속에서 시달릴 수밖에 없었다. 그래서 대부분 불안한 정세 속에서 동전은 주로 단지 속에 담아 땅속에 묻어 두었는데 주인이 죽거나 묻은 위치를 알지 못하는 경우가 많았다. 그래서 훗날 밭에 감추었던 단지 속의 동전들이 발견되는 일이 때때로 있었다.

현대 이스라엘이 독립한 1948년 초에도 이스라엘 은행에서는 주위의 중동 정세 불안으로 예금에 대한 이자가 없었다. 오히려 불안한 정세로 인해 예금 이자를 주는 대신에 보관료 형식으로 원금에서 공제했다. 즉 투자 개념이 아닌 보관 개념이었다. 그러다보니 개인적으로는 돈을 은행에 맡기는 대신 침대 밑이나 은밀한 곳에 숨겼다.

† 비유로 말씀하신 이유 (마 13:34-35, 막 4:33-34)

마 13:34, 막 4:33-34 ● 예수께서 이 모든 것을 무리에게 알아들을 수 있도록 많은 비유로 말씀을 가르치시고 비유가 아니면 아무것도 말씀하지 않으셨다. 그리고 혼자 계실 때에 제자들에게 그 비유를 해석해주셨다.

마 13:35 이는 선지자를 통해 말씀하신 대로 "내가 입을 열어 비유로 말하고 창세 때부터 감추인 것들을 드러낼 것이다(시 78:2)"라고 한 것을 이루기 위함이었다.

† 예수께서 고향에서 배척을 받음 (마 13:53-58, 막 6:1-6a)

마 13:53-58, 막 6:1-6a ● 예수께서 비유로 가르치시기를 마친 후에 갈릴리 바닷가를 떠나서 40㎞ 떨어져 있는 고향 나사렛으로 돌아가니 제자들도 함께 따라갔다. 안식일이 되어 나사렛의 회당에서 가르치자 많은 사람들이 그 가르침에 놀라며 말했다. "이 사람의 이런 지혜와 능력이 어디서 났느냐? 그는 목수의 아들이 아니냐? 그 어머니는 마리아, 그 형제들은 야고보, 요셉, 시몬, 유다이다. 그 누이들은 모두 우리와 함께 있는데 이 사람의 이 모든 지혜와 능력이 어디서 났느냐?" 그들은 예수를 잘 아는 고향 사람들이기 때문에 예수를 믿지 못하고(예수로 인해 넘어진지라) 배척했다. 이에 예수께서 그들에게 말씀하셨다. "선지자는 자기 고향과 자기 집에서는 존경을 받지 못하지만 다른 곳에서는 존경을 받는다." 예수께서는 그들이 믿지 않는 것을 이상하게 여기시고 그로 인해 그곳에서는 많은 능력을 행하지 않고 다만 소수의 병자에게만 안수하여 고치셨다.

그물로 물고기를 건져 올림(마 13:47) 이스라엘

Q 난제 천국과 하나님 나라의 표현에 대한 차이는 (마 13:31-52)?

성경에서 하나님 나라는 세상에서의 하나님의 능동적인 통치를 말한다. 하나님 나라와 천국이라는 두 표현은 동일한 개념임에도 불구하고 복음서에서는 다르게 사용하고 있다. 경건한 유대인에게는 하나님이라는 말이 너무 신성한 것이기 때문에 가볍게 사용할 수 없었다. 그래서 유대인을 위해 쓴 마태는 하나님 나라라는 말 대신에 천국이라는 말로 썼으나 마가와 누가는 비유대인들이 쉽게 이해하기 위해 하나님 나라라는 용어를 사용했다.
천국이나 하나님 나라는 예수의 가르침에서 중요한 주제였다. 그리고 예수께서는 천국에 대해 말씀하실 때 많은 비유를 통해 가르치셨는데 그중의 하나는 천국은 품꾼을 얻어 포도밭에 들여보내려고 이른 아침에 나간 집주인과 같다고 말씀하셨다.

새 집(눅 9:58) 이스라엘

† 무리를 불쌍히 여기심 (마 9:35-38, 막 6:6b)

마 9:35, 막 6:6b ● 그리고 예수께서는 나사렛을 떠나 도시들과 마을 사방으로 다니시며 그곳의 회당에서 가르치셨다. 또한 하나님(그) 나라의 복음을 전파하시며 모든 병과 약한 것을 고치셨다.

마 9:36 그들이 목자 없는 양과 같이 고생하며 기진함을 보고 그 무리들을 불쌍히 여기셨다. 37 이에 제자들에게 말했다. "추수할 것은 많지만 일꾼이 부족하다. 38 그러므로 추수하는 주인에게 요청하여 추수할 일꾼들을 보내달라고 하라."

† 제자의 길 (마 8:18-22, 눅 9:57-62)

마 8:18-22, 눅 9:57-60 ● 예수께서는 무리들이 자기를 에워싸자 제자들에게 갈릴리 바다 동쪽(건너편)으로 가기를 명령하셨다. 이에 길을 갈 때에 한 율법교사(서기관, 누가복음에는 어떤 사람)가 예수께 나아와 말했다. "선생님이 어디로 가든지 제가 따라가겠습니다." 예수께서 그에게 말씀하셨다. "여우도 굴이 있고 공중의 새도 거처(집)가 있지만 나(인자)는 머리 둘 곳이 없다." 또 다른 사람에게 "나를 따르라" 하시니 제자(눅, 그가) 중에 또 한 사람이 말했다. "주님, 내가 주님을 따르기 전에 먼저 가서 내 아버지를 장사하게 허락해주십시오." 예수께서 말씀하시기를 "육체적으로 죽은 사람의 장례는 영적으로 죽은 자(불신자 가족)들이 장사하게 하고 너는 나를 따르라" 고 하셨다.

낫으로 추수하는 일꾼들(마 9:38) 이집트

눅 9:61 또 다른 사람이 말했다. "주님, 내가 주님을 따르겠습니다. 그러나 나로 먼저 내 가족과 작별 인사를 한 후에 따르게 하십시오." 62 그러자 예수께서 말씀하셨다. "손에 밭을 가는 쟁기를 잡고 뒤를 돌아보는 자는 하나님의 나라에 합당하지 않다."

쟁기로 밭을 가는 팔레스타인 소년(눅 9:62)
이스라엘 벧엘

† 바람과 바다를 잔잔케 함 (마 8:23-27, 막 4:35-41, 눅 8:22-25)

마 8:23-27, 막 4:35-41, 눅 8:22-25 ● 하루는 날이 저물 때에 예수께서 제자들에게 이르기를 "우리가 갈릴리 바다 동쪽(누가복음에는 호수 저편, 마가복음에는 저편)으로 건너가자" 하시고 배에 오르자 제자들도 따라 나섰다. 제자들이 무리를 떠나 예수와 함께 배를 타고 가자 다른 배들도 함께 갔다. 배가 행선할 때에 갈릴리 바다에 큰 광풍(마, 큰 놀)이 일어나 물결이 배에 부딪혀 배 안으로 물이 들어와 가득하게 되었으나 예수께서는 고물을 베개 삼고 주무시고 계셨다. 이에 제자들이 예수를 깨우며 말했다. "선생님 살려주십시오. 우리가 죽게 되었습니다." 예수께서 일어나 말씀하시기를 "어찌하여 무서워하느냐? 너희 믿음이(마태복음에는 믿음이 작은 자, 마가복음에는 믿음이 없느냐. 어떤 사본에는 어찌 아직도 믿음이) 어디 있느냐?" 하시고 곧 일어나 바람과 바다를 향해 "잠잠하고 고요하라"고 꾸짖자 바람이 그치고 갈릴리 바다가 아주 잔잔하게 되었다. 제자들이 이를 보고 크게 놀라며 말했다. "도대체 이분이 어떠한 사람이기에 바람과 바다도 그의 말에 복종하는가?"

풍랑과 예수(마 8:23-27) 이요한 작

노을 진 갈릴리 바다(마 8:23-27)

인생은 갈릴리 바다와 같다 (마 8:23-27).

갈릴리 호수는 지형상 갑작스런 광풍이 일어난다. 북쪽은 헤르몬 산에서부터 요단 계곡을 따라 찬 바람이 불어오고, 동쪽에는 아벨 산 북쪽의 도브 골짜기로부터 따뜻한 바람이 불어온다. 때로 이 두 바람이 만나게 되면 갈릴리 호수는 동쪽의 높은 골란 고원에 막혀 광풍(돌풍)이 일어난다. 우리 인생도 마찬가지다. 때로는 찬바람이 불기도 하고, 어떤 때는 따뜻한 훈풍의 바람이 불기도 한다. 그런가 하면 찬바람과 따뜻한 바람이 동시에 불기도 한다. 그러나 예수께서는 폭풍까지도 잔잔케 하시는 전능하신 분이심을 기억하라. 그러면 어떤 상황 가운데서도 예수 그리스도를 믿는 믿음으로 인하여 폭풍 위를 걷게 될 것이다.

† 군대 귀신 들린 두 사람을 고침 (마 8:28-34, 막 5:1-20, 눅 8:26-39)

마 8:28, 막 5:1-5, 눅 8:26-27 ●마침내(또) 예수께서 갈릴리 맞은편, 곧 갈릴리 바다 동쪽(건너편)으로 가서 배에서 내려 가다라(마가와 누가, 거라사인) 지방으로 가셨다. 그곳에는 무덤 사이를 배회하는 귀신 들린 두 사람이 있었다. 그들은 오랫동안 옷을 입지 않고, 집에 거하지도 않았으며, 몹시 사나워 이제는 아무도 그를 쇠사슬로 묶어둘 수도 없었다. 이는 그를 여러 번 쇠고랑과 쇠사슬로 묶었어도 귀신이 가끔 그 사람을 사로잡음으로 쇠사슬을 끊고 쇠고랑을 깨뜨리고 귀신에게 이끌려 인적이 드문 곳(누가복음에는 광야, 영역 NIV에는 인적이 드문 곳)으로 나가기도 하기 때문이었다. 귀신 들린 두 사람은 무덤 사이와 산에서 밤낮 소리 지르며 돌로 자기의 몸을 상하게 하고 있었다. 그래서 사람들은 그 길로도 지나가지 못할 지경이었다.

마 8:29-32, 막 5:6-13, 눅 8:28-33 귀신 들린 두 사람이 멀리서 예수를 보고 달려와 엎드려 절하며 예수께 큰 소리로 부르짖으며 말했다. "지극히 높으신 하나님의 아들 예수여, 우리(마가복음과 누가복음에는 나)가 당신과 무슨 상관이 있습니까? 하나님 앞에 우리(나)를 괴롭히지 않도록 맹세하기 바랍니다. 아직 우리의 때가 되지 않았는데 우리를 괴롭게 하려고 여기에 오셨습니까? 우리를 무저갱(지하 세계)으로 들어가라고 하지 마시기 바랍니다."

거라사 지역에 있는 오늘날 제라시의 막시무스 길(마 8:28) 요르단

그들이 이렇게 말하는 것은 예수께서 이미 "더러운 귀신아, 그 사람에게서 나오라"고 하셨기 때문이었다.

이에 예수께서 귀신들에게 묻되 "네 이름이 무엇이냐?" 대답하기를 "내 이름은 군대니 우리가 많습니다" 하며 자기들을 그 지방에서 내보내지 말기를 간구했다. 때마침 멀리서 많은 돼지 떼가 산 곁(눅, 산)에서 먹고 있어 귀신들이 예수께 간구하여 말했다. "만일 우리를 쫓아내려면 돼지 떼로 들어가게 해주십시오." 예수께서 귀신들에게 가라(막 5:13과 눅 8:32, 허락) 하니 귀신들이 그 사람에게서 나와 돼지 떼로 들어갔다. 그러자 2,000마리쯤 되는 돼지 떼(마가복음과 누가복음에는 많은 돼지 떼)가 비탈로 곤두박질하여 갈릴리 바다에 들어가 물에서 몰사했다.

마 8:33-34, 막 5:14-17, 눅 8:34-37a 이를 본 돼지를 치던 자들이 마을(눅, 성내)로 달려 내려가 귀신이 나가고 돼지 떼가 몰살한 일을 알리자 온 마을 사람들이 어떻게 된 일인지 보러 와서 예수께 이르렀다. 그리고 그 군대 귀신 들렸던 자들이 옷을 입고 정신이 온전하여 예수의 발 아래 앉은 것을 보고 두려워했다. 이에 귀신 들렸던 자가 당한 것과 돼지가 몰살한 일을 본 자들이 사람들에게 말했다. 그 말을 들은 거라사인 땅 근방의 모든 백성은 크게 두려워하여 예수께서 그 지방에서 떠나기를 간구했다.

막 5:18-20, 눅 8:37b-39 이에 예수께서 그 지역을 떠나 배에 오를 때에 귀신 들렸던 사람이 예수와 함께 있기를 간구했으나 예수께서는 허락하지 않고 그에게 말씀하셨다. "집으로 돌아가 내가 너에게 큰일을 행한 것과 너를 불쌍히 여긴 것을 네 가족에게 알리라." 그가 돌아가서 예수께서 자기에게 행한 큰 일을 데가볼리 지역에 알리자 모든 사람들이 놀랍게 여겼다.

성경 지리 거라사인 지방의 거라사 (눅 8:26)

누가복음에는 거라사의 땅(눅 8:26-27)이라고 말하고 있으나 같은 내용의 마태복음에는 가다라인의 땅(마 8:28)으로 되어 있고 게르게사인의 땅으로 쓰인 곳도 있다. 따라서 성경에서 거라사인의 땅 또는 거라사인의 지방으로 언급된 곳은 하나의 넓은 지역으로 이해하는 것이 타당하다. 그 지역 중에서 예수께서 군대 귀신 들린 사람을 만나신 곳인 거라사(오늘날 쿠르시)와 오늘날 요르단의 제라시로 불리는 거라사는 거라사인 지역에 있는 각각 다른 위치의 성이다.

군대 귀신을 쫓아낸 거라사(마 8:28-32)

† 야이로의 딸과 혈루증을 앓던 여인 (마 9:18-26, 막 5:21-43, 눅 8:40-56)

마 9:18-19, 막 5:21-24, 눅 8:40-42 ● 예수께서 갈릴리 바다 서북쪽에서 배를 타고 바다 동쪽(건너편)으로 갔다가 다시 갈릴리로 돌아오자 예수를 기다렸던 무리들이 그를 환영했다. 예수께서는 바닷가에 계셨다. 이때 회당장 중의 한 명인 야이로(마, 한 관리)라 하는 사람이 예수께 찾아와 발 아래 엎드리며 자기 집에 오기를 간청했다. 왜냐하면 그에게 열두 살 된 외동딸이 죽어가

성경 상식 **회당장**(막 5:22)

회당장(ruler of the synagogue)이란 유대인들이 예배나 교육, 집회의 장소로 사용하던 회당의 최고 관리 책임자를 말한다. 그는 회당의 모든 관리뿐만 아니라 말씀을 가르치거나 강해할 자들을 선택하는 권한도 갖고 있었다(마 4:23).
예수 당시 야이로는 회당장이었으며 예수께서는 그의 죽은 딸을 살리셨다. 그 외 그리스보(행 18:8), 소스데네(행 18:17)도 회당장이었다.

고 있어(마 9:18, 방금 죽었사오니) 예수께서 손을 얹어 치료해주기를 원했기 때문이었다. 막 5:24 예수께서 일어나 그를 따라가자 제자들도 함께 가더니 많은 무리들이 에워쌌다.

마 9:20-21, 막 5:25-29, 눅 8:43-44 한편, 12년 동안이나 혈루증을 앓는 여자가 있었다. 그녀는 많은 의사들의 치료에도 불구하고 오히려 심한 고통을 받았고, 가진 재산도 다 허비했으나(어떤 사본에는 의사들에게 그 가산을 다 허비했지만 아무에게도) 아무 효험이 없고 도리어 병이 더 악화되었다. 그러던 중에 예수의 소문을 듣고 찾아와 예수의 뒤로 와서 그의 겉옷 자락(누가복음에는 옷가, 마가복음에는 옷)을 만졌다. 이는 그녀의 마음에 그분의 겉옷만 만져도 나을 수 있다고(막, 구원을 받을 것이라고) 생각했기 때문이었다. 이에 그의 혈루의 근원(피)이 곧 멈추었고 병이 나은 줄을 몸으로 느꼈다.

막 5:30-33, 눅 8:45-47 이에 예수께서 그 능력이 자기에게서 나간 줄을 아시고 무리 가운데서 돌아서서 말씀하셨다. "누가 내 옷자락을 만졌느냐?" 그러자 베드로(마가복음에는 제자들, 어떤 사본에는 베드로와 및 함께 있는 자들이)가 예수께 말했다. "무리들이 많아 에워싸 미는 것을 보지 않으셨습니까? 그런데 누가 나의 옷을 만졌느냐고 물으십니까?" 예수께서 자기 옷에 손을 댄 자가 누구인지 보려고 둘러보자 여자가 자기에게 이루어진 일을 숨기지 못할 줄 알고 두려워하여 떨며 예수 앞에 엎드려 손 댄 이유와 곧 나은 사실을 모든 사람 앞에서 말했다. 마 9:22, 막 5:34, 눅 8:48 그러자 예수께서 돌이켜 그 여자를 보며 말씀하셨다. "딸아, 안심하라. 네 믿음이 너를 구원했다. 그러니 이제는 평안히 가라. 네가 병에서 나아 건강하게 될 것이다." 그러자 그 즉시 여자의 병이 나았다.

마 9:23-26, 막 5:35-37, 눅 8:49-51 아직 예수께서 말씀하실 때에 회당장의 집에서 보낸 사람들이 와서 회당장에게 말하기를 "당신의 딸이 죽었습니다. 더 이상 선생님을 번거롭게 하지 마십시오." 하자 예수께서 곁에서 그 말을 듣고 회당장에게 말했다. "두려워 말고 믿기만 하라. 그러면 딸이 살아날(구원을 얻을) 것이다." 그리고 아이의 부모와 베드로와 야고보와 그 형제 요한만을 데리고 회당장의 집으로 들어갔다.

마 9:23-24, 막 5:38-40a, 눅 8:52-53 회당장(마, 관리의 집)의 집에 도착하자 피리 부는 자들(마 9:23)과 떠드는 소리가 들리고, 사람들은 울며 심히 통곡하고 있었다. 예수께서 집에 들어가 그들에게 말했다. "너희가 왜 떠들며 우느냐? 이 아이는 죽은 것이 아니라 자고 있다." 그 말을 들은 사람들은 아이가 죽은 것을 알기 때문에 예수를 비웃었다.

마 9:25, 막 5:40b-43, 눅 8:54-56 예수께서 주위의 사람들을 모두 내보낸 후에 아이의 부모와 자기와 함께한 제자만을 데리고 아이가 있는 곳으로 들어갔다. 그리고 그 아이의 손을 잡고 '달리다굼'이라고 말하니 이를 번역하면 "내가 네게 말하노니 소녀야 일어나라"는 뜻이다. 이에 소녀가 즉시 일어나서 걸으니 그 아이의 나이는 열두 살이었다. 이를 본 사람들이 크게 놀랐다. 예수께서 이 일을 아무도 알지 못하게 하라고 그들에게 엄히 경계하시고 이에 소녀에게 먹을 것을 주라고 하셨다. [마 9:26] 그러나 그 소문은 온 땅에 퍼졌다.

야이로의 딸을 살린 예수(눅 8:41-42,49-56) 14세기, 이스탄불, 카리에자미회교사원(이전에는 교회당)

† 눈먼 자들과 벙어리 된 자를 고침 (마 9:27-34)

마 9:27 ● 예수께서 그곳을 떠나갈 때 두 눈먼 자(맹인)들이 따라오며 "다윗의 자손이여, 우리를 불쌍히 여기소서"라고 외쳤다. [28] 예수께서 집에 들어가자 눈먼 자들이 예수께 나왔다. 그러자 예수께서 그들에게 말씀하시되 "내가 능히 너희를 보게 할 줄을 믿느냐?" 그들이 대답하기를 "주님, 우리가 믿습니다"라고 하였다. [29] 이에 예수께서 그들의 눈을 만지며 말씀하셨다. "너희 믿음대로 되라." [30] 그러자 그들의 눈이 떠져 보게 되었다. 예수께서 그들에게 엄히 경계하여 아무에게도 알리지 말라고 하셨다. [31] 그러나 그들이 나가 예수의 소문을 그 온 땅에 퍼뜨렸다.

마 9:32 그들이 떠나갈 때에 귀신이 들려 벙어리가 된 사람을 예수께 데려왔다. [33] 이에 예수께서 귀신을 내쫓자 그 사람에게서 귀신이 나가고 벙어리가 된 사람이 말을 하게 되자 무리들이 놀라며 말하기를 "이제까지 이스라엘 가운데서 이런 일을 본 적이 없다"라고 하였다. [34] 그러나 바리새인들은 "그가 귀신의 왕의 힘을 빌려 귀신을 쫓아낸다"고 말했다.

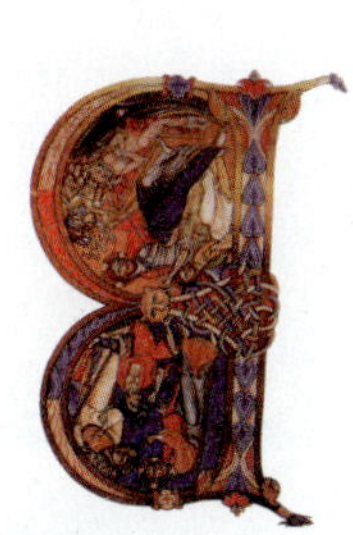

벙어리를 고침(마 9:32-34) 12세기, 윈체스터 성경 삽화. 대문자 B 위에는 벙어리를 치료하시는 예수님이, 그리고 아래에는 예수님이 십자가에서 돌아가신 후 잠깐 지옥에 들려 갇혀 있는 영을 구하시는 모습이 그려져 있다.

성경인물 사도빌립
(Philip, 마10:3)

사도 중 한 사람인 빌립은 아들과 함께 초대 교회 공동체를 이끈 목회자로 여러 지방을 다니며 전도를 하다가 터키의 골로새 근처에 있는 히에라볼리(파묵칼레)에서 순교했다고 전해진다. 이곳에는 빌립의 장지 위에 5세기경에 세워진 빌립 교회가 있었으나 지금은 그 유적만이 남아 있다. 전승에 의하면 그의 유골은 로마에 있는 사도 교회에 있다. 로마 가톨릭교회에서는 5월 1일을 그에 대한 축일로 삼고 있으며, 그리스정교회에서는 11월 14일을 그의 축일로 지키고 있다.

멸망당한 고모라 추정지(마 10:15) 텔 엔 누메이라(Tell en Numeirah), 지금은 군대가 주둔하고 있다.

† 열두 제자의 파송을 위한 가르침 (마 10:1-15, 막 6:7-11, 눅 9:1-5)

마 10:1-4, 막 6:7, 눅 9:1-2 ● 예수께서 제자 중에서 열두 명을 선택하시고 '사도'라고 불렀는데 그 열두 명의 사도들의 이름은 이러하다. '베드로'라고 하는 시몬을 비롯하여 그의 형제 안드레, 세베대의 아들 야고보와 그의 형제 요한, 빌립, 바돌로매, 도마, 세리 마태(레위), 알패오의 아들 야고보, 다대오, '열심 당원'이란 뜻의 가나인 시몬, 장차 예수를 팔 가룟 유다 등이다. 예수께서는 이들에게 더러운 귀신을 쫓아내며, 모든 병과 약한 것을 고치는 능력과 권위(권능)를 주셨다. 그리고 하나님(그)의 나라를 전파하며 병든 자를 고치게 하려고 두 명씩 짝을 지어 각처로 보냈다.

마 10:5 예수께서 이 열두 명의 사도들을 보내시며 부탁했다. "이방인의 길이나 사마리아인의 마을(고을)에도 들어가지 말라. [6] 그곳보다는 이스라엘 집의 잃어버린 양에게로 가라. [7] 가면서 '하나님(그) 나라가 가까이 왔다'라고 외치라. [8] 병든 자와 나병 환자를 고치고, 죽은 자를 살리며, 귀신을 쫓아내라. 그리고 너희가 거저 받았으니 어떤 대가도 받지 마라.

마 10:9-14, 막 6:8-11, 눅 9:3-5 너희 돈주머니에 금은이나 동(구리) 등 어떤 것도 갖고 가지 말고 돈주머니에 돈도 준비하지 말라. 오직 여행을 위해 지팡이 외에 신만 신고 두 벌 옷도 입지 말라(마, 두 벌 신과 지팡이를 갖지 말라). 이는 일꾼이 자기의 먹을 것을 받는 것이 마땅하기 때문이다. 그러므로 어떤 성읍이나 마을에 들어가면 그중에 너희를 도울 자를 찾아내어 너희가 그곳을 떠날 때까지 그 집에서 머무르라. 그리고 그 집에 들어가면서 평안하기를 빌어주라. 그 집이 너희를 즐거운 마음으로 도와주면 너희가 빌어준 평안이 그 집에 임할 것이요, 만일 그렇지 않으면 그 평안이 너희에게 돌아올 것이다. 아무든지 너희를 영접하지 않고 너희 말을 듣지도 않거든 그 집이나 마을에서 나가 너희 발의 먼지를 떨어버려 그들에게 증거를 삼으라. 마 10:15 내가 참으로 너희에게 말한다. "심판 날에 소돔과 고모라 땅이 그 마을(성)보다 견디기 쉬울 것이다."

유황불로 멸망당한 소돔(마 10:15) 요르단, 밥 에드 다라(bab adh Dhra), 이곳에는 군데군데 불탄 흔적이 남아 있다.

† 제자들이 반대받을 것을 말씀하심 (마 10:16-25)

마 10:16 ●"보라, 내가 너희를 보내는 것이 마치 양을 이리 가운데로 보내
는 것과 같다. 그러니 너희는 뱀같이 지혜롭고 비둘기같이 순결해야 한다.
17 사람들을 조심하라. 그들이 너희를 종교 법정(산헤드린 공의회)에 넘겨주
고 그들의 회당에서 채찍질할 것이다. 18 또 너희가 나로 인해 지방행정 장
관(총독)들과 왕(임금)들 앞으로 끌려갈 것이다. 이는 그들과 이방인들에
게 복음의 위대성을 증거하게 하려는 것이다. 19 너희를 그들에게 넘겨줄 때
에 어떤 말을 해야 할까 걱정하지 말라. 그때에 성령께서 너희에게 할 말을
가르쳐줄 것이다. 20 왜냐하면 말하게 하는 이는 너희가 아니라 너희 속에
서 말씀하시는 너희 아버지의 성령이시기 때문이다. 21 장차 형제끼리, 아
버지와 자식 간에 서로 대적하여 죽게 할 것이다. 22 또 너희가 내 이름 때
문에 모든 사람에게 미움을 받을 것이다. 그러나 마지막까지 견디는 자는
구원을 얻을 것이다. 23 이 마을에서 너희를 박해하거든 다른 마을로 피하
라. 내가 참으로 너희에게 말한다. 이스라엘의 마을을 모두 다니기 전에
내(인자)가 다시 올 것이다.

마 10:24 제자가 그 선생보다 높지 못하고, 종이 그 주인보다 높지 못하다.
25 그러므로 제자가 그 선생만큼 되고 종이 그 주인만큼 되면 충분하다. 집
주인을 '바알세불'이라고 불렀다면 하물며 그 집 가족들을 부를 때에는 얼
마나 심한 말로 부르겠는가?"

† 자기 십자가와 상 받을 자 (마 10:37-42)

마 10:37 ●부모를 나보다 더 사랑하는 자는 나에게 합당하지 않고, 자녀를
나보다 더 사랑하는 자도 나에게 합당하지 않다. 또한 자기에게 주어진 십
자가를 지고 나를 따르지 않는 자도 나에게 합당하지 않다. 자기 목숨을
얻으려고 하는 자는 잃을 것이다. 그러나 나를 위해 자기 목숨을 잃는 자
는 오히려 얻을 것이다.

마 10:40 너희를 영접하는 자는, 곧 나를 영접하는 것이나 마찬가지요, 나
를 영접하는 자는 나를 보내신 이를 영접하는 것과 같다. 41 선지자의 이름
으로 선지자를 영접하는 자는 선지자가 받는 상을 받을 것이요, 의인의 이

성경 상식 **공회**(마 10:17)

공회(assembly, 왕상 12:20, 겔 13:9, 행 24:20)는 헬라어 '쉬네드리온'(synedrion)을 탈무드에서 바꿔 쓴 어휘로 예수 당시 혹은 그 이전에 예루살렘에 있던 71명으로 구성된 유대인의 최고 종교회의를 말한다.

이는 산헤드린을 가리킨다. 예수 당시 예루살렘에 있던 대공회(산헤드린)는 독립적인 기구로 사법권을 행사할 뿐만 아니라 때로는 율법에 의한 형사권도 행사하는 경우가 있었다.

✣ 바알세불(마 10:25)

팔레스타인의 블레셋 지역에 있는 에그론 사람들이 섬기던 우상으로 바알세붑(Baal-Zebub)이라고도 한다. 북이스라엘의 아하시야 왕은 사마리아에 있는 그의 난간에서 떨어졌을 때 병을 고치기 위해 에그론의 바알세붑 신에게 사신을 보내 치료 유무를 물어보았다. 이에 하나님은 엘리야를 통해 그가 치료받지 못을 것을 말씀하셨다(왕하 1:2-18).

십자가를 지고 예수를 따르는 사람들(마 10:38)
이스라엘 예루살렘, 십자가의 길 제3지점

름으로 의인을 영접하는 자는 의인이 받는 상을 받을 것이다. 42 또 누구든지 믿는 자(제자)의 이름으로 어린 자(작은 자) 중 한 명에게 냉수 한 그릇이라도 주는 자는 내가 참으로 너희에게 말한다. 그 사람은 반드시 그 보상(상)을 받을 것이다."

† 열두 제자의 파송 (마 11:1, 막 6:12-13, 눅 9:6)

마 11:1 ● 예수께서 열두 명의 제자에게 교훈(명)하기를 마치고 이어 여러 마을에서 가르친 후 전도하기 위해 그곳을 떠났다.

막 6:12-13, 눅 9:6 제자들도 여러 마을에 두루 다니며 회개하라고 외치고 곳곳에서 복음을 전했다. 그리고 많은 귀신을 쫓아내며, 많은 병든 자들에게 기름을 발라 병을 고쳤다.

세례자 요한이 갇혔던 감옥(막 6:17) 요르단 마케루스

† 세례자 요한의 죽음 (마 14:3-12, 막 6:17-29)

마 14:3-5, 막 6:17-20 ● 이전에 헤롯 대왕의 아들 헤롯 안디바가 자기의 동생인 빌립의 아내였던 헤로디아를 아내로 맞아드린 일로 세례자 요한을 잡아 결박하여 감옥에 가두었었다. 그것은 세례자 요한이 헤롯 안디바에게 "당신이 동생의 아내였던 여자를 차지한 것이 옳지 않다"고 말했기 때문이었

세례자 요한이 죽기 전에 갇혔던 마케루스 요새(마 14:3) 요르단

세례자 요한의 머리를 든 헤로디아(마 14:11)
루이니 작, 이탈리아, 우피치 미술관

다. 그래서 헤롯 안디바는 세례자 요한을 죽이려고 했고, 그의 아내 헤로디아도 세례자 요한을 원수로 여겨 죽이려고 했다. 그러나 헤롯 안디바는 세례자 요한을 의롭고 거룩한 사람으로 알고 있었다. 그래서 그의 말을 들을 때 크게 번민하면서도 군중들이 그를 선지자로 여기고 있기 때문에(막 6:20b, 그 말을 달갑게 들었기 때문에) 그를 죽이기를 두려워했다.

마 14:6-12, 막 6:21-29 그러던 중 헤롯 안디바는 생일(혹은 분봉 왕 즉위식)을 맞아 관료(막, 대신)들과 천부장들과 갈릴리의 귀빈들과 함께 잔치를 베풀었다. 그때 헤로디아의 딸(친딸)이 잔치 자리에서 춤을 추어 헤롯 안디바와 잔치에 참석한 자(기대어 누운 자)들을 기쁘게 했다. 그러자 헤롯 안디바가 헤로디아의 딸에게 그가 원하면 나라의 절반이라도 주겠다고 맹세했다. 이때 그녀는 자기 어머니에게 무엇을 구할지 물었고 그의 어머니는 세례자 요한의 머리를 달라고 청하도록 했다. 이에 그녀는 어머니가 시킨 대로 헤롯 안디바에게 "세례자 요한의 머리를 쟁반(소반)에 얹어 자신에게 달라"고 했다. 그 말을 들은 헤롯 안디바 왕은 고민했다. 그러나 사람들 앞에서 맹세한 것과 그와 함께 앉은 사람들에 대한 체면 때문에 거절하지 못하고 그녀가 요청한 대로 사람을 보내 감옥에서 세례자 요한의 목을 베어 그 머리를 쟁반(소반)에 얹어 헤로디아의 딸에게 주었고, 그녀는 그 머리를 자기 어머니에게로 가져갔다. 이후 세례자 요한의 제자들이 와서 그의 시체를 가져다가 장사한 후 예수께 그 소식을 알렸다.

† 사도들의 전도 보고 (마 14:1-2, 13-14, 막 6:14-16, 30-34, 눅 9:7-11, 요 6:1-2)

마 14:13, 막 6:30-33, 눅 9:10-11a ● 한편 전도하고 돌아온 열두 명의 사도들이 예수께 와서 자기들이 행한 것과 가르친 것을 자세히 보고하자 예수께서 말씀하셨다. "너희는 따로 조용한 곳에 가서 잠시 쉬도록 해라" 이렇게 한 것은 오고 가는 사람이 많아 사도들이 음식 먹을 겨를도 없었기 때문에 예수께서 배려한 것이다. 이에 예수께서 배를 타고 따로 벳새다(마, 빈 들)라는 마을로 가려고 했다. 그러나 무리들이 예수의 일행이 어디로 가는지를 알고 각처의 마을에서부터 걸어서 예수의 일행이 가는 곳에 먼저 와 있었다.

요 6:1 그 후에 예수께서 디베랴의 갈릴리 바다 동쪽(건너편)으로 가셨다.

갈릴리 바다(요 6:1)

마 14:14, 막 6:34, 눅 9:11b 예수께서는 그곳에서 목자 없는 양 같은 많은 무리를 보시고 불쌍히 여기셨다. 그리고 그들에게 하나님 나라의 일을 가르치시며 무리들 중에 있는 병자를 고쳐주셨다. 요 6:2 많은 무리가 예수를 따랐는데 이는 병자들에게 행하는 기적을 보았기 때문이었다. 3 예수께서 산에 올라가 제자들과 함께 그곳에 앉으셨다. 4 이때는 유대인의 명절인 유월절이 가까이 왔을 때였다.

마 14:1-2, 막 6:14-16, 눅 9:7-9 예수의 이름이 모든 사람들에게 알려지면서 어떤 이는 예수를 보고 엘리야가 나타났다 하고, 또 어떤 이는 옛 선지자 중의 하나와 같다고 했고, 어떤 이는 세례자 요한이 죽었다가 다시 살아났다고 말하기도 했다. 그때에 갈릴리 지역을 통치하는 분봉 왕 헤롯 안디바가 예수의 소문을 듣고 그 신하들에게 말했다. "내가 세례자 요한의 목을 베어 죽였는데 다시 살아났다고 한 이 사람은 누구인가?" 그래서 분봉 왕 헤롯 안디바는 예수를 한 번 만나 보려고 했다.

5 예수의 갈릴리 3차 사역

베드로의 신앙고백이 있던 빌립보 가이사랴

성경사	헤롯 대왕 즉위	예수 탄생 (눅 2:1-7)	예루살렘 성전 방문 (눅 2:41-52)	본디오 빌라도 유대 총독 부임	예수 공생애 시작 (마 3:13)	3차 갈릴리 전도 (마 14:13-18:35)	십자가 수난 (마 27:35-58)	부활 승천 (마 28:1-20)
	BC37	BC4	AD8	26	27	29	30	30

† 5,000명을 먹임 (마 14:15-23a, 막 6:35-46, 눅 9:12-17, 요 6:5-13, 15)

마 14:15, 막 6:35-36, 눅 9:12 ● 얼마가 지난 후 어느 날 날이 저물어 저녁이 되자 제자(눅, 열두 사도)들이 예수께 나아와 말했다. "이곳은 빈 들이요, 날도 이미 저물었으니 무리를 보내 마을에 들어가 먹을 것을 사 먹게 하십시오." 요 6:5 그러자 예수께서 빌립에게 "우리가 어디에서 빵(떡, 이하 빵으로)을 사서 이 사람들을 먹이겠느냐?"라고 물으셨다. 6 이렇게 말한 것은 예수께서 친히 어떻게 하실지를 아시고 빌립을 시험(test)하고자 한 것이었다. 7 빌립이 대답했다. "각 사람에게 조금씩 주어도 은전 200데나리온의 빵(떡)이 부족합니다."

막 6:37b 또 제자들이 대답했다. "우리가 가서 은전 200데나리온의 빵을 사다 먹이도록 할까요?" 마 14:16, 막 6:37a 예수께서 말씀하시기를 "너희들은 빵을 사러 갈 필요가 없다. 너희가 먹을 것을 주도록 하라" 하였다.

막 6:38a 그리고 예수께서 말씀하셨다. "너희에게 빵이 몇 개나 있는지 가서 알아보라."

마 14:17, 막 6:38b, 눅 9:13b, 요 6:8-9 이에 제자 중 하나인 시몬 베드로의 형제 안드레

성경지리 벳새다와 벳새다 들판 (막 6:40-44)

벳새다(Bethsaida)는 벳새다 마을인 텔 벳새다와 예수께서 오병이어의 기적을 베푼 벳새다 들판이 있다. 텔 벳새다는 갈릴리 바다 북쪽 해안에 소재하며 가버나움에서 동쪽으로 약 4㎞ 지점이요, 고라신과도 인접해 있어 가버나움과 고라신과 벳새다는 3각 위치에 놓여 있다. 벳새다 들판은 예수께서 오병이어로 장정만 5,000명을 먹이신 기적을 행한 곳으로(마 14:13-23), 지금의 타브가(Tabgha)라고 부르는 곳과 텔 벳새다 동남쪽의 북부 요단 강이 갈릴리 북부쪽으로 유입되는 곳이 있는데 후자의 경우가 더 유력시된다. 벳새다란 '고기 잡는 집'이란 뜻이 있다. 빌립은 안드레와 베드로와 같이 벳새다 사람이었다(요 1:44).

오병이어(요 6:5-13) 모자이크, 갈릴리 타브가, 오병이어 교회 제단 앞 바닥

오병이어 교회(막 6:40-44) 갈릴리 타브가

가 예수께 말했다. "여기 한 아이가 가지고 있는 보리빵 5개와 물고기 2마리가 있습니다. 그러나 그것이 이 많은 사람에게 무슨 소용이 있겠습니까?"

마 14:18-20, 막 6:39-43, 눅 9:14-17, 요 6:10-13 예수께서는 "그것을 나에게로 가져오라" 말씀하시고 제자들로 하여금 무리를 한 50명씩 떼를 지어 푸른 잔디 위에 앉히도록 했다. 제자들이 무리들을 앉게 하자 100명 또는 50명씩 앉았다. 그러자 예수께서는 빵 다섯 개와 물고기 두 마리를 들고 하늘을 우러러 보시고 축사하신 후 빵을 떼어 제자들에게 주었고 제자들은 무리에게 나누어주었다. 그들이 배부르게 먹은 후에 예수께서 제자들에게 말씀하셨다. "먹고 남은 조각을 거두고 버리는 것이 없도록 하라." 이에 모두 배불리 먹고 남은 빵 조각과 물고기를 거두니 열두 바구니에 가득 찼다.

마14:21, 막 6:44 먹은 사람은 여자와 어린이 외에 남자만 5,000명이나 되었다. 요 6:14 빵과 고기를 먹은 사람들이 예수께서 행하신 이 기적을 보고 말했다. "이는 참으로 세상에 오실 그 선지자가 틀림없다."

마 14:22-23a, 막 6:45-46, 요 6:15 기적으로 빵과 물고기를 먹은 무리들은 예수를 억지로 왕으로 삼으려고 했다. 이를 안 예수께서는 즉시 제자들을 재촉하여 자기가 무리를 돌려보내는 동안에 배를 타고 먼저 건너편 벳새다로 가게 하셨다. 그리고 무리를 보낸 후에 기도하기 위해 따로 산에 올라가셨다.

벳새다 들판(막 6:40-44, 46)

난제 빵이냐? 떡이냐(마 14:17)?

예수께서는 보리떡 다섯 개와 물고기 두 마리로 성인 남자만 5,000명을 먹이는 소위 오병이어의 기적을 베풀었다. 그러나 팔레스타인 지역에서는 떡이란 개념보다는 빵이라는 말이 더 정확한 표현이다. 왜냐하면 성서 시대의 음식 중 떡은 우리가 말하는 떡이 아니라 빵이기 때문이다. 그러나 떡도 틀린 말은 아니다.

† 바다 위를 걸어오심 (마 14:23b-33, 막 6:47-52, 요 6:16-21)

마 14:23b-27, 막 6:47-50, 요 6:16-20 ● 날이 저물자 제자들이 갈릴리 바다로 내려가 배를 타고 바다를 건너 가버나움으로 가고 있었다. 그러나 예수께서는 날이 어두워 그곳에서 혼자 계셨고 제자들이 탄 배는 이미 육지에서 2-3㎞(수 리)나 떨어져(어떤 사본과 막 6:47에는 바다 가운데) 있었다. 그리고 심한 바람으로 인해 제자들이 힘겹게 노를 저어 4㎞(10여 리)쯤 갔을 오전 3시에서 6시 사이(마태복음에는 밤 사경, 마가복음에는 밤 사경쯤)에 예수께서 바다 위를 걸어서(어떤 사본에는 예수께서 가시려고 물 위에 걸어가시다가) 제자들에게 가고 계셨다. 이를 본 제자들이 놀라서 유령이라고 소리를 질렀다. 이에 예수께서 제자들에게 말씀하셨다. "안심하라. 나니 두려워하지 말라."

마 14:28 그 말을 들은 베드로가 말했다. "주님, 만일 주님이시면 나에게 명령하여 나도 물 위로 걸어오라고 하십시오." [29] 예수께서 "오라"고 하자 베드로가 배에서 내려 물 위로 걸어서 예수께로 갔다. [30] 그러나 바람을 보고 무서워하므로 물에 빠졌다. 이에 "주님, 나를 구해주십시오"라고 소리 질렀다. [31] 그러자 예수께서 즉시 손을 내밀어 그를 붙잡으면서 말씀하셨다. "믿음이 작은 자야, 왜 의심했느냐?"

마 14:32-33, 막 6:51-52, 요 6:21a 베드로가 예수와 함께 배에 오르자 제자들이 예수를 배로 영접했고 바람도 그쳤다. 배에 있는 사람들이 예수께 절하며 말했다. "선생님은 참으로 하나님의 아들입니다." 이 일로 제자들이 심히 놀랐는데 그것은 그들이 빵과 물고기로 5,000명을 먹이던 일을 깨닫지 못하고 도리어 그 마음이 둔해졌기 때문이었다.

물 위를 걷는 베드로와 물에 빠진 베드로(마 14:29-32) 이집트 카이로, 동굴 교회 앞 부조

QT 환경 위에 계신 예수 (마 14:22-33)

예수께서는 밤 사경에 바다 위로 걸어서 제자들에게 오셨다. 이는 예수께서 자연 환경의 지배자임을 보여준다. 베드로 역시 예수를 바라보고 나갈 때 바다 위를 걸어갈 수 있었다. 그러나 바람(외적 환경)을 바라볼 때는 빠지게 되었다. 우리 역시 베드로처럼 어려운 환경을 바라볼 때는 그 환경으로 절망에 빠지나 환경(바다) 위에 계신 예수님을 바라보면 환경을 딛고 걸어가게 된다.

† 게네사렛에서 병자들을 고치심 (마 14:34-36, 막 6:53-56, 요 6:21b)

마 14:34-36, 막 6:53-56, 요 6:21b ● 예수의 일행이 배를 타고 갈릴리 바다를 건너가 그들이 가려던 곳인 갈릴리 바다 북쪽 해안에서 서쪽 끝에 위치한 게네사렛 땅에 이르러 배에서 내렸다. 그곳 사람들은 그가 예수인 줄 알고 주위 지역에 두루 알리자 모든 병든 자를 침상째로 메고 예수께 데리고 왔다. 그리고 예수께서 다니시는 지방이나 마을에서는 그의 옷자락만이라도 만지

게네사렛 지역(마 14:34) 오늘날 기노사르

Q&A 오병이어의 기적을 체험한 무리들이 예수를 찾은 이유는(요 6:26)**?**

예수님 당시 보리 빵(barley loaf)은 가난한 유대인들이 주식으로 먹던 빵이다. 장거리 여행하는 사람들은 보리 빵과 물고기를 식사 대용으로 준비하여 다녔다. 그런데 유대 군중이 오병이어의 기적을 체험하고서 예수님을 찾은 것은 기적의 진정한 의미를 깨달아서가 아니라 그 기적으로 인해 육신의 필요를 채웠기 때문이었다. 그들은 육신적인 필요를 더 충족시키기 위해 예수님을 찾은 것이다. 그러나 예수께서 기적을 통해 무리들을 먹이신 것은 육신적인 필요뿐만 아니라 궁극적으로 영생하도록 있는 양식, 곧 구원을 위한 것이었다.

오늘날 중동 지역의 빵(요 6:26)

기를 간구했고, 예수의 옷자락에 손을 대는 자는 모두 나음을 얻었다.

† 생명의 빵(떡)에 대해 (요 6:22-59)

요 6:22 ● 이튿날 갈릴리 바다 건너편에 있던 무리가 한 척의 배밖에 없는
것과 또 어제 예수께서 제자들과 함께 그 배에 오르지 않고 제자들만 떠
나가는 것을 보았다. 23 그때 갈릴리 바다 서쪽 해안에 있는 디베랴에서 몇 척
의 배들이 왔는데 디베랴는 예수께서 하나님께 감사 기도를 한 후 빵(떡)
의 기적을 베푼 장소 근처(실제로는 22㎞ 떨어져 있음)에 있는 마을이다. 24
그래서 사람들은 그곳에 예수와 그의 제자들도 없다는 것을 알고 즉시 배
들을 타고 예수를 찾으러 가버나움으로 갔다. 25 그리고 그곳(갈릴리 바다
건너편)에서 예수님을 만나 말했다. "선생님(랍비), 언제 이곳에 오셨습니
까?" 26 이에 예수께서 대답하기를 "내가 참으로 너희에게 말한다. 너희가
나를 찾는 것은 빵의 기적(표적)을 보았기 때문이 아니라 빵을 먹고 배불
렀기 때문이다.

요 6:27 썩어질 양식을 위해 일하지 말고 영원한 생명을 위한 양식을 위해 일
을 하라. 이 양식은 내가 너희에게 줄 것이니 나는 아버지 하나님께서 인 친
자이다." 28 이에 그들이 물었다. "그러면 우리가 어떻게 해야 하나님의 일을
할 수 있습니까?" 29 예수께서 대답하기를 "하나님께서 보낸 자를 믿는 것이
하나님의 일이다" 하셨다. 30 그들이 다시 물었다. "그러면 우리가 당신을 믿
도록 행하는 기적(표적)이 무엇입니까? 하시는 일이 무엇입니까? 31 기록된
대로 '하늘에서 그들에게 빵을 주어 먹게 했다'(출 16:4, 15, 시 78:24, 느 9:15)
함과 같이 우리 조상들은 광야에서 만나를 먹었습니다."

요 6:32 이에 예수께서 대답하셨다. "내가 참으로(진실로) 너희에게 말한
다. 모세가 너희에게 하늘로부터 양식(빵)을 준 것이 아니다. 내 아버지께
서는 너희에게 하늘로부터 참된 양식(빵)을 주실 것이다. 33 그 양식(빵)은
하늘에서 내려 세상에 생명을 주는 것이다." 34 그들이 말하되 "주님, 이 양
식(빵)을 항상 우리에게도 주십시오" 35 예수께서 말씀하셨다. "나는 생명
의 양식(빵, 떡)이다. 그러므로 나에게 오는 자는 결단코 굶주리지 않을 것
이요, 나를 믿는 자는 영원히 목마르지 않을 것이다. 36 그러나 '너희는 나

를 보고도 믿지 않는다'라고 말씀하셨다. 37 아버지께서 나에게 주신 자는
모두 나에게로 올 것이요, 나는 그들을 결코 쫓아내지 않을 것이다. 38 내
가 하늘에서 내려온 것은 내 뜻을 이루기 위해서가 아니라 나를 보내신 이
의 뜻을 이루기 위함이다. 39 나를 보내신 이의 뜻은 나에게 준 자 중에 내
가 한 명도 잃어버리지 않고 마지막 날에 다시 살리는 것이다. 40 내 아버
지의 뜻은 아들을 보고 믿는 자들이 영원한 생명을 얻는 것이다. 나는 마
지막 날에 그들을 다시 살릴 것이다."

요 6:41 예수께서 자기가 하늘에서 내려온 빵(떡)이라고 한 말에 대해 유
대인들이 그에 대해 수군거리며 42 말했다. "이 사람은 요셉의 아들 예수
가 아니냐? 우리가 그 부모를 알고 있는데 어떻게 지금 자기가 하늘에서
내려왔다고 하느냐?" 43 그들이 수군거리는 것을 보고 예수께서 대답하셨
다. "너희는 서로 수군거리지 말라. 44 나를 보낸 아버지께서 이끌지 않으
면 그 누구도 나에게 올 수 없다. 그리고 나에게 오는 자들은 내가 마지막
날에 다시 살릴 것이다. 45 선지자의 글에 '그들이 모두 하나님의 가르침을
받을 것이다'(사 54:13)라고 기록되었다. 그러므로 아버지께 듣고 배운 사
람마다 나에게로 온다. 46 이는 아버지를 본 자가 있다는 의미가 아니라 오
직 하나님으로부터 온 자만이 아버지를 보았다는 뜻이다. 47 참으로 너희
에게 말한다. 믿는 자는 영원한 생명을 얻었다. 48 내가 바로 생명의 빵이
다. 49 너희 조상들은 광야에서 만나를 먹었지만 죽었다. 50 그러나 하늘에
서 내려오는 빵이 여기 있다. 누구든지 이 빵을 먹으면 죽지 않을 것이다.
51 나는 하늘에서 내려온 생명을 주는(산) 빵이기 때문에 사람이 이 빵을
먹으면 영원히 죽지 않을 것이다. 내가 줄 빵은 세상의 생명을 위한 내 살
을 가리킨다."

요 6:52 이 말을 들은 유대인들이 서로 다투며 말했다. "이 사람이 어찌 자
기 살을 주어 우리에게 먹게 하겠느냐?" 53 예수께서 말씀하셨다. "내가 참
으로 너희에게 말하노니 내(인자의) 살을 먹지 않고 내 피를 마시지 않으
면 너희 속에 생명이 없다. 54 내 살을 먹고 내 피를 마시는 자는 영원한 생
명을 얻었고 마지막 날에 내가 그를 다시 살릴 것이다. 55 내 살은 참된 음
식이요, 내 피는 참된 음료이다. 56 내 살을 먹고 내 피를 마시는 자는 내 안

아버지 요셉의 목수 일을 돕는 소년 예수 (요 6:42)

✣ 하늘에서 내려온 산 떡이란 (요 6:51)?

하나님의 보냄을 받은 예수님을 가리킨다. 출애굽한 이스라엘 백성은 하나님이 하늘로부터 내려주신 떡인 만나를 먹었다(출 16장). 그러나 그것은 단지 육신의 생명을 연장시켜주는 것에 지나지 않았다. 이에 반해 예수님은 우리들에게 영원한 생명을 보장해주는 분이시다.

예수께서 생명의 떡에 대해 가르치신 가버나움 회당(요 6:57-59)

하늘에서 내리는 만나(빵) 모형(요 6:58)
이스라엘 탐나 공원

에 있고 나도 그의 안에 있다. 57 살아 계신 아버지께서 나를 세상에 보냈기
때문에 내가 아버지로 인해 사는 것같이 생명의 떡 된 내 몸을 먹는 사람도
나로 인해 살 것이다. 58 이것은 하늘에서 내려온 빵이니 조상들이 먹고도
죽은 빵과 달라 내가 주는 빵을 먹는 자는 영원히 살 것이다." 59 이 말씀은
가버나움 회당에서 가르치실 때에 한 것이다.

† 영원한 생명의 말씀 (요 6:60-71)

요 6:60 ● 제자 중 여러 명이 이 말을 듣고 말하기를 "이 말씀은 어렵다. 누
가 그 말 뜻을 알 수 있겠느냐?"라고 했다. 61 이에 예수께서 제자들이 자신
이 한 말에 대해 수군거리는 줄 알고 말씀하셨다. "이 말이 너희가 믿는데
장애물이 되느냐?(너희를 실족하게 하느냐?) 62 그렇다면 너희는 내(인자)가
이전에 있던 곳으로 올라가는 것을 본다면 어떻게 하겠느냐? 63 생명을 주
는 것은 성령(영)이니 육신은 쓸모가 없다. 내가 너희에게 가르친 말은 영
과 생명이다. 64 그러나 너희 중에는 믿지 않는 자들이 있다. 이 말을 한 것
은 예수께서 믿지 않는 자들이 누구이며, 자기를 팔 자가 누구인지 처음부
터 알고 있었기 때문이었다" 65 예수께서 다시 말씀하셨다. "그래서 얼마
전에 너희에게 내 아버지께서 오게 해주지 않으면 아무든지 나에게 올 수
없다고 말한 것이다."

요 6:66 예수께서 이 말을 한 때부터 그의 제자 중에서 많은 사람이 떠나가
고 이후로는 예수와 함께 다니지 않았다. 67 그러자 예수께서 열두 제자에

게 물었다. "너희도 가려느냐?" 68 그때 시몬 베드로가 대답했다. "주님, 영원한 생명의 말씀이 주님께 있는데 우리가 주님을 떠나 누구에게로 가겠습니까? 69 우리는 주님이 하나님의 거룩하신 자이신 줄 믿고 또 알았습니다." 70 예수께서 대답하시기를 "나는 너희 열두 명을 선택했다. 그러나 너희 중의 한 사람은 마귀다." 71 이 말씀은 가룟 시몬의 아들 유다를 가리킨 것이었다. 그는 열두 제자 중 하나로 장차 예수를 팔 자이다.

† 장로들의 전통 (마 15:1-9, 막 7:1-13)

마 15:1-2, 막 7:1-2, 5 그때에 바리새인과 율법교사(서기관) 중 몇 명이 예루살렘에서 내려와 예수께 나아와 말했다. "당신의 제자들은 왜 장로들의 전통을 지키지 않습니까? 그들이 씻지 아니한 부정한 손으로 빵 먹는 것을 우리가 보았는데 왜 빵을 먹을 때에 손을 씻지 않습니까?" 막 7:3 그들이 이렇게 말하는 것은 바리새인들과 모든 유대인들은 장로들의 전통에 따라 손을(팔뚝까지) 잘 씻지 않고서는 음식을 먹지 않고, 4 또 시장에 갔다가 돌아와서도 물을 뿌리지 않고는(목욕하지 않으면) 먹지 않기 때문이었다. 그 외에도 여러 가지를 지켜오는 것이 있으니 잔과 주전자(주발)와 놋그릇을 씻는 것이었다.

마 15:3-9, 막 7:6-13 예수께서 대답하셨다. "너희는 하나님의 계명은 버리고 오히려 사람의 전통을 지킨다. 왜 너희는 전통을 핑계로 하나님의 계명을 버리느냐? 하나님(막, 모세)이 말씀하시기를 '네 부모를 공경하라'(출 20:12, 신 5:16) 또 '부모를 비방(모욕)하는 자는 반드시 죽임을 당할 것이다'(출 2:17, 레 20:9)라고 했다. 그런데 너희는 말하기를 누구에게든지 부모에게 말하기를 내가 부모에게 드려 유익하게 할 것을 고르반, 곧 하나님께 드렸다고 말만 하면 그 부모를 더 이상 공경할 것이 없다고 말한다. 너희는 너희의 전통을 핑계로 부모를 공경하라는 하나님의 말씀을 무시해버리고 그 같은 일을 많이 행하고 있다. 위선자(외식하는 자)들아, 이에 이사야 선지자가 너희에 대해 잘 예언했다. 그가 말하기를 '이 백성이 입술로는 나를 공경하지만 마음은 내게서 멀리 떠나 있다. 사람의 계명을 가지고 교훈을 삼아 가르치고 있으니 나를 헛되이 경배한다'(사 29:13)라고 하였다."

장로들의 전통(막 7:3)
모세의 율법 이외에 유대인들의 조상들이 구전으로 전한 계율을 가리킨다. 바리새인과 서기관들은 이것을 율법과 동일하게 중시하였으나 사두개인들은 이것을 받아들이지 않았다.

이사야 선지자(마 15:7) 미켈란젤로 작, 바티칸 시스티나 예배당

† 사람을 더럽게 하는 것들 (마 15:10-20, 막 7:14-23)

마 15:10-11, 막 7:14-16 ● 예수께서 무리를 다시 불러 말씀하셨다. "너희는 내 말을 듣고 깨달아라. 사람을 더럽게 하는 것은 입으로 들어가는 것이 아니라 입에서 나오는 것이다."

마 15:12-14 이에 제자들이 예수께 말했다. "바리새인들이 그 말씀을 듣고 감정이 상하게(실족하게) 된 줄을 아십니까?" 예수께서 대답하셨다. "내 하늘 아버지께서 심지 않은 것은 뽑힐 것이다. 그러므로 감정이 상한 바리새인들을 내버려두라. 그들은 눈먼 자(맹인)가 되어 눈먼 자를 인도하는 자들이다. 만일 눈먼 자가 눈먼 자를 인도하면 둘 모두 구덩이에 빠지게 될 것이다."

마 15:15-20, 막 7:17-23 그리고 무리를 떠나 가버나움 집으로 들어가자 베드로(막, 제자들)가 이 비유를 설명해달라고 말했다. 이에 예수께서 말씀하셨다. "너희가 아직까지도 깨달음이 없느냐? 입으로 들어가는 모든 것은 마음으로 들어가지 않고 배로 들어가서 뒤로 나가므로 모든 음식물은 깨끗하다. 반면 입에서 나오는 것들은 마음에서 나오는데 이것이 사람을 더럽게 한다. 왜냐하면 마음에서 나오는 것은 악한 생각, 살인, 간음과 음란, 탐욕, 악독, 속임, 도둑질, 거짓 증언, 질투, 비방, 교만, 우매함 등이기 때문이다. 이런 것들이 사람을 더럽게 하는 것이지 씻지 않은 손으로 먹는 것이 사람을 더럽게 하는 것이 아니다."

수로보니게와 데가볼리 지역의 여행 (막7:24-37)

성경 지리 **수로보니게 지역 (막7:24-26)**

수로보니게는 페니키아에 있는 두로와 시돈 지역을 가리킨다. 오늘날 레바논 지역인 이곳을 예수께서는 단 한 번 전도 여행을 떠났다. 그때 이 지역에 있던 수로보니게 족속 여인의 간청을 듣고 그 여인의 믿음을 시험한 후 그의 귀신들린 딸을 고쳐주셨다(마 15:22-28). 마 15:21-22에는 두로와 시돈 지방과 가나안 여인으로 기록하고 있다.

† 수로보니게 족속 여인의 믿음 (요 7:1, 마 15:21-28, 막 7:24-30)

요 7:1 ● 그 후에 예수께서 갈릴리 지역을 다녔으나 유대 지역에는 다니지 않으려고 하셨다. 그것은 유대인들이 자기를 죽이려고 하기 때문이었다.

마 15:21-22a, 막 7:24-26 예수께서 갈릴리 지역을(거기서) 떠나 갈릴리 북쪽 지중해안에 있는 두로와 시돈 지방(막, 두로)으로 가셨다. 그리고 그곳에 있는 한 집에 들어가 아무도 모르게 머물려고 했으나 숨길 수 없었다. 그때 귀신 들린 딸을 둔 가나안 여자 한 명이 예수의 소문을 듣고 그 지역에서 예수께 찾아왔다. 그 여자는 헬라인이요, 수로보니게(두로와 시돈 지역) 족속이었다. 그녀는 큰 소리로 간구했다.

마 15:22b "주 다윗의 자손이여, 나를 불쌍히 여기십시오. 흉악한 귀신에 들
린 내 딸에게서 귀신을 쫓아내주십시오." 23 그러나 예수는 한마디도 대답
하지 않으셨다. 이에 제자들이 와서 청하여 말하되 "그 여자가 우리 뒤에
서 소리를 지르고 있으니 그녀의 딸을 고쳐주십시오." 24 예수께서 말씀하
셨다. "나는 이스라엘 집의 잃어버린 양 외에는 다른 곳으로 보냄을 받지
않았다." 25 그 말을 들은 여자가 와서 예수께 절하며 말했다. "주님, 저를
도와주십시오."

마 15:26-28, 막 7:27-30 예수께서 대답하시되 "자녀로 먼저 배불리 먹게 할 것이다. 그러므로 자녀의 빵을 취해 개들에게 던져주는 것이 옳지 않다." 이에 여자가 말했다. "주님, 맞습니다. 그러나 개들도 자기 주인(막, 아이들)의 상에서 떨어지는 부스러기를 먹습니다." 이에 예수께서 대답하셨다. "여자여, 그렇게 말하는 것을 보니 너의 믿음이 크다. 네 소원대로 귀신이 네 딸에게서 나갔다." 여자가 집에 돌아가 보니 딸이 침대(침상)에 누웠고 예수께서 말씀한 때부터 귀신이 나갔다.

† 많은 병자를 고치심 (마 15:29-31, 막 7:31-37)

마 15:29, 막 7:31 ● 예수께서 이방의 옛 베니게 지역인 두로 지방을 거쳐 시돈 지역을 지나 데가볼리 지역(막, 거기서)을 통과하여 갈릴리 바닷가(호숫가)로 다시 오셔서 산에 올라가 앉으셨다. 마 15:30 이에 사람들이 다리를 저는 사

데가볼리 지역 중 한 곳인 제라시(막 7:31) 요르단

✣ **데가볼리** (마 15:29, 막 7:31)
데가볼리(데카폴리스, 데카는 '10'을, 폴리스는 '도시'란 뜻)란 인접한 도시 지역의 연맹체로 특정한 경계선을 갖는 지리적 단위가 아니다.

1 두로의 항구 길(마 15:29) 오늘날 레바논 티로
2 시돈 항구 터(마 15:29) 오늘날 레바논 사이다

람, 장애인과 눈먼 자, 말 못하는 사람과 그 외 다른 여러 명의 병자를 데리
고 와서 예수의 발 앞에 앉히자 예수께서 그들을 고쳐주셨다. [31] 말 못하는
사람이 말하고, 장애인이 온전해지고, 다리를 저는 사람이 걷고, 눈먼 자
가 보는 것을 무리가 보고 놀라며 이스라엘의 하나님께 영광을 돌렸다.
[막 7:32] 이때 사람들이 귀 먹고 말을 더듬는 자를 예수께 데리고 와서 안수
해주기를 간청했다. [33] 그러자 예수께서 그 사람을 따로 데리고 무리를 벗
어나 손가락을 그의 양쪽 귀에 넣고 침을 뱉어 그의 혀에 손을 대시며 [34]
하늘을 우러러 탄식하시며 그에게 말씀하시기를 "에바다" 하였다. 에바다
는 '열리라'는 뜻이다. [35] 이에 그의 귀가 열리고 맺힌 혀가 풀려 말을 하게
되었다. [36] 예수께서 그들에게 엄히 경계하여 누구에게도 말하지 말라고
했으나 그럴수록 그들이 더욱 소문을 냈다. [37] 사람들이 그가 나은 것을 보
고 심히 놀라 말했다. "그분이 하는 모든 일들은 선한 것이었다. 못 듣는 사
람도 듣게 하고 말 못하는 사람도 말하게 했다."

마가단 지역(마 15:39) 달마누다와 막달라와 동일한 곳이다.

† 4,000명을 먹이심 (마 15:32-39, 막 8:1-10)

마 15:32-39, 막 8:1-10 ● 그 무렵 예수께서 제자들을 불러 말씀하셨다. "내가 이
많은 무리들을 불쌍히 여긴다. 그들이 나와 함께 있은 지 이미 3일이나 지
났으나 먹을 것이 없다. 그들 중에는 멀리서 온 사람들도 있는데 만일 내

가 그들을 굶겨 집으로 보내면 그들이 길에서 기진할 것이다." 이에 제자들이 말했다. "이곳은 빈 들(광야)인데 우리가 어디서 이 많은 무리들이 배부를 만큼 빵(떡)을 구할 수 있겠습니까?" 예수께서 제자들에게 말씀하셨다. "너희에게 빵이 몇 개나 있느냐?" 제자들이 대답하되 "빵 일곱 개와 작은 생선 두세 마리가 있습니다" 하자 예수께서 무리들을 땅에 앉도록 하고 빵 일곱 개와 그 생선을 가지고 축사한 후 떼어 제자들에게 주었고 제자들은 무리들에게 나누어주었다. 그러자 무리들이 모두 배불리 먹고 남은 조각만도 7광주리에 차게 거두었다. 이때 먹은 자는 여자와 어린이 외에 남자만 약 4,000명이었다. 예수께서 무리를 흩어 보낸 후 바로 제자들과 함께 배에 올라 갈릴리 바다 북쪽 지역의 맨 서쪽에 위치한 마가단(막, 달마누다) 지역으로 가셨다.

Q&A 광주리의 크기는(막 8:8)?
갈대나 버들, 종려나무 가지 등으로 엮어 만든 큰 그릇으로, 곡식이나 과실 등 많은 물건을 보관했다. 손에 들고 다니는 작은 그릇인 바구니와는 구분된다(요 6:13). 바울이 다메섹에서 광주리를 타고 성벽을 내려와 도망한 것은 당시의 광주리가 얼마나 컸는가를 보여준다. 따라서 남은 빵 조각을 일곱 광주리나 거두었다는 것은 상당히 많은 양을 거두었음을 알려준다. 반면 오병이어의 기적에서는 광주리보다 작은 열두 바구니를 거두었는데 그것은 물건을 담아 개인적으로 가지고 다니는 것이었다. 아마 열두 제자 각각의 것이었을 것이다.

광주리를 타고 도망하는 바울(막 8:8) 시리아 다메섹, 아나니아 교회 내

† 바리새인과 사두개인들의 누룩 (마 16:5-12, 막 8:14-21)

마 16:5-7, 막 8:14-16 ● 그 후 제자들이 갈릴리 바다 건너편 벳새다 마을로 갈 때 빵(떡, 이하 빵으로) 준비하는 것을 잊었다. 배에는 한 개의 빵밖에는 없었다. 그때 예수께서 경고하여 말씀하셨다. "삼가 바리새인과 사두개인들과 헤롯의 누룩을 주의하라." 그 말을 들은 제자들은 서로 상의하여 말했다. "이는 우리가 빵을 준비하지 못했기 때문이다(마태복음에는 이는 우리가 떡을 가져오지 않았기 때문이다, 마가복음에는 우리에게 떡이 없다)."

마 16:8-12, 막 8:17-21 예수께서 제자들의 생각을 아시고 말씀하셨다. "믿음이 작은 자들아, 어찌 빵이 없는 것에 대해 서로 상의하느냐? 너희가 빵 다섯 개로 5,000명을 먹이고 주운 것이 몇 바구니나 되었는지 아직도 깨닫지 못하느냐? 너희 마음이 그렇게 둔하냐? 너희가 눈이 있어도 보지 못하며 귀가 있어도 듣지 못하느냐? 또 기억하지 못하느냐? 빵 다섯 개로 5,000명에게 떼어줄 때 남은 조각을 몇 바구니에 거두었느냐?" 그들이 대답하되 "열두 바구니입니다." 또 말씀하시되 "빵 일곱 개로 4,000명에게 떼어줄 때에 빵 조각을 몇 광주리에 거두었더냐?" 그들이 대답하되 "일곱 개입니다." "왜 내가 말한 것이 빵에 대한 것이 아닌 줄을 깨닫지 못하느냐? 오직 바리새인과 사두개인들의 누룩을 주의하라." 그제서야 제자들이 먹는

빵의 누룩이 아니라 바리새인과 사두개인들의 가르침(교훈)을 조심하라
고 말씀하신 줄을 깨달았다.

예수께서 눈먼 자를 고친 벳새다(막 8:22)

† 벳새다에서 눈먼 자를 고침 (막 8:22-26)

막 8:22 ● 예수께서 벳새다 마을에 오자 사람들이 눈먼 자 한 사람을 예수
께 데리고 와서 안수해주기를 간구했다. 23 이에 예수께서 눈먼 자의 손을
붙잡고 마을 밖으로 데리고 나가 눈에 침을 뱉으시며 그에게 안수하신 후
무엇이 보이느냐 물었다. 24 이에 그가 쳐다보며 말하되 "사람들과 나무 같
은 것들이 걸어가는 것이 보입니다"라고 하자 25 예수께서 다시 그의 눈에
안수했고 그의 눈이 치료되어 모든 것을 밝히 보게 되었다. 26 예수께서 그
사람을 집으로 보내며 "마을에는 들어가지 말라"고 말씀하셨다.

† 베드로의 신앙고백 (마 16:13-20, 막 8:27-30, 눅 9:18-21)

마 16:13-16, 막 8:27-29, 눅 9:18-20 ● 예수께서 제자들과 함께 벳새다에서 북쪽으로
53㎞ 정도 떨어진 빌립보 가이사랴 지방에 이르러 무리들과 떨어져 따로
기도하실 때 제자들에게 물었다. "사람들이 나(인자)를 누구라고 하느냐?"
제자들이 대답하되 "어떤 이는 세례자 요한, 어떤 이는 엘리야, 어떤 이는
예레미야나 선지자 중의 한 명이라고 합니다." 예수께서 제자들에게 물으
시되 "그러면 너희는 나를 누구라고 생각하느냐?" 그때 시몬 베드로가 대
답했다. "당신(주님)은 그리스도시요, 살아 계신 하나님의 아들입니다." 이
에 예수께서 말씀하셨다.

중동과 유럽 지역의 열쇠(마 16:19)

마 16:17 "요나의 아들(바요나) 시몬아, 네가 복이 있다. 이것을 너에게 알게
한 이는 혈육이 아니라 하늘에 계신 내 아버지께서 한 것이다. 18 또 내가
너에게 말한다. 너는 '반석'이란 뜻의 베드로이다. 내가 이 반석(돌) 위에
내 교회를 세울 것이니 음부의 권세(대문, 지옥의 문)가 이기지 못할 것이
다. 19 내가 하나님 나라(천국)의 열쇠를 너에게 줄 것이니 네가 땅에서 어
떤 것이든 잠그면 하늘에서도 잠길 것이요, 네가 땅에서 어떤 것이든 열면
하늘에서도 열릴 것이다."

천국 열쇠를 받는 베드로(마 16:19) 바티칸, 성베드로대성당 밖, 모자이크

마 16:20, 막 8:30, 눅 9:21 이에 제자들에게 자기가 그리스도인 것을 아무에게도

말하지 말라고 주의시켰다.

† 첫 번째로 죽음과 부활을 예고 (마 16:21-28, 막 8:31-38, 9:1, 눅 9:22-27)

마 16:21-23, 막 8:31-33, 눅 9:22 ● 이때부터 예수 그리스도께서 자기가 예루살렘에 올라가 장로들과 대제사장들과 율법교사(서기관)들에게 버린 바 되어 많은 고난을 받아 죽임을 당하고, 3일 만에 살아날 것을 비로소 제자들에게 드러내놓고 설명하기 시작했다. 이에 베드로가 예수를 붙들고 말리면서 말했다. "주님, 그렇게 하지 마십시오. 그런 일은 결코 주님(당신)에게 일어나지 않을 것입니다." 예수께서 돌아서시면서 베드로를 꾸짖어 말씀하셨다. "사탄아, 내 뒤로 물러가라. 너는 나를 넘어지게 하는 자이다. 너는 하나님의 일을 생각하지 않고 오히려 사람의 일만을 생각하고 있다."

마 16:24-27, 막 8:34-37, 눅 9:23-25 이에 예수께서 제자들과 무리들에게 말씀하셨다. "아무든지 나를 따라오려면 자기를 부정(부인)하고 자기에게 주어진 십자가를 지고 나를 따를 것이다. 자기 목숨을 건지려고 하면 잃을 것이다. 그러나 나와 복음을 위해 자기 목숨을 잃으면 얻을 것이다. 만일 사람이 온 세상(천하)을 얻은 후에 자기 목숨을 잃으면 세상 것이 무슨 소용이 있겠느냐? 사람이 무엇을 주고 자기 목숨과 바꾸겠느냐? 내(인자)가 아버지의 영광으로 그 천사들과 함께 다시 올 것이니 그때는 각 사람이 행한 대로 갚아줄 것이다.

막 8:38, 눅 9:26 그러므로 누구든지 이 음란하고 죄가 많은 이 세대에서 나와 내 말을 부끄럽게 여기면 나(인자)도 자기와 아버지와 거룩한 천사와 함께 영광스러운 모습으로 올 때 그 사람을 부끄러워할 것이다. 마 16:28, 막 9:1, 눅 9:27 참으로 너희에게 말한다. 여기에 서 있는 사람들 중에 죽기 전에 하나님 나라가 권능으로 임하고 내가 그 왕권을 가지고 오는 것을 볼 자들도 있다."

† 예수의 변모 (마 17:1-13, 48-13, 눅 9:28-36)

마 17:1-8, 막 9:2-8, 눅 9:28-36a ● 이 말씀을 마친 후 6일이 지난 후(눅, 8일쯤)에 예수께서 베드로와 야고보와 그 형제 요한을 데리시고 따로 기도하기 위해 높은 산으로 올라가셨다. 그리고 기도할 때에 예수께서 그들 앞에서 용모가 변모

예수의 변모(마 17:1-8) 라파엘로 작, 바티칸 미술관

예수 변모 교회(막 9:2-8) 다볼 산 정상

난제 **예수께서 변모(변화)한 높은 산은 어디인가(마 17:1)?**

예수께서 변화한 산에 대해 마태복음에는 '높은 산'으로, 누가복음에는 '그 산'(헬, 토 오로스, 한글 성경에는 단순히 산)으로만 언급하고 있다. 이같이 산의 명칭을 사용하지 않은 것을 보면 당시 이 산은 사람들의 눈에 잘 보일 만큼 높았으며, 산이라고만 해도 통용될 정도로 명성이 있던 산임을 알 수 있다. 이에 학자들은 나사렛 동쪽 약 9㎞ 정도에 있는 해발 562m의 다볼 산으로 보고 있다. 그러나 근래에는 레바논 산맥에 있는 해발 2,800m 정도의 헤르몬 산으로 추정한다.

변화 산으로 주장되는 다볼 산

(변형)되어 그 얼굴이 해같이 빛나고, 은빛과 같이 광채가 나며, 세상에서 빨래하는 자가 그렇게 희게 할 수 없을 만큼 희어졌다. 그때 모세와 엘리야가 영광 중에 나타나 예수와 함께 장차 예수께서 예루살렘에서 죽을 것을 말하는 모습이 그들에게 보였다. 이에 베드로가 예수께 말했다. "주님(막, 랍비), 우리가 여기에 있는 것이 좋으니 만일 주님께서 원하시면 내가 이곳에 주님과 모세와 엘리야를 위해 초막 3개를 짓겠습니다." 그러나 베드로는 자기가 하는 말을 자기도 알지 못했다. 그때 홀연히 빛난 구름이 그들을 덮었고 그 속에서 "이는 내 사랑하는 아들, 곧 나의 선택을 받은 자요, 내가 기뻐하는 자이다. 너희는 그의 말을 들으라"는 말이 들렸다. 그러나 제자들이 심히 두려워하여 그 소리가 무슨 말인지 알지 못했다. 제자들이 눈을 들어 보니 예수 외에는 아무도 보이지 않았다. 예수께서 나아와 그들에게 손을 대시며 말씀하셨다. "일어나라. 두려워하지 말라."

마 17:9-13, 막 9:9-13 그들이 산에서 내려올 때에 예수께서 말씀하셨다. "내(인자)가 죽은 자 가운데서 살아나기 전에는 지금 본 것을 누구에게도 알리지 말라." 그들이 이 말씀을 마음에 두며 죽은 자 가운데서 살아나는 것이 무엇인가 서로 질문하며 제자들이 예수께 물었다. "그러면 왜 율법교사(서기관)들이 엘리야가 먼저 와야 한다고 말하고 있습니까?" 예수께서 대답하셨다. "그들의 말이 맞다. 엘리야가 먼저 와서 모든 일을 회복할 것이다." 내가 너희에게 말한다. "엘리야가 이미 왔으나 사람들이 알지 못하고 함부로 대우했다. 나도 이와 같이 그들에게 고난을 받고 멸시를 당할 것이다." 그제서야 제자들이 예수께서 말씀하신 것이 세례자 요한인 줄을 깨달았다.

눅 9:36b 제자들이 잠잠하여 그 본 것을 그때에는 아무에게도 말하지 않았다.

변화 산으로 알려진 헤르몬 산(마 17:1)

† 귀신 들린 아이를 고침 (마 17:14-21, 막 9:14-29, 눅 9:37-43a, 17:5-6)

마 17:14-16, 막 9:14-18, 눅 9:37-40 ● 이튿날 예수와 그 세 명의 제자들이 산에서 내려와 무리에게 오자 많은 무리들이 산 아래에 남아 있던 제자들을 둘러싸고 율법교사(서기관)들이 그들과 더불어 변론하고 있었다. 온 무리가 예수를 보고 매우 놀라며 달려와 인사하자 16 예수께서 그들에게 "너희가 무엇을 그들과 변론하느냐?"라고 물으셨다. 무리 중 한 명이 대답하되 "선생님, 말을 못하게(마, 간질) 하는 귀신 들린 내 아들을 선생님께 데려왔습니다. 그는 내 외아들입니다. 귀신이 어디서든지 그를 잡으면 갑자기 소리지르고 거꾸러져 거품을 흘리며 이를 갈며 창백해졌습니다. 그래서 내가 선생님의 제자들에게 귀신을 내쫓아달라고 했으나 그들이 능히 쫓아내지 못했습니다. 주님, 내 아들을 불쌍히 여겨주십시오. 그가 간질로 심히 고생하여 자주 불과 물에 넘어지곤 합니다."

마 17:17, 막 9:19, 눅 9:41 예수께서 대답하셨다. "믿음이 없고 패역한 세대여, 내가 언제까지 너희와 함께 있으며, 얼마나 너희에게 참아야 하겠느냐? 그 아들을 이리로 데려오라."

막 9:20, 눅 9:42a 이에 아이를 데리고 오니 귀신이 예수를 보고 그 아이로 큰 경련을 일으키게 하여 그가 땅에 엎드러져 구르며 거품을 흘렸다.

막 9:21 이에 예수께서 "언제부터 이렇게 되었느냐?"라고 그 아버지에게
묻자 그가 대답했다. "어릴 때부터입니다. 22 귀신이 그를 죽이려고 불과
물에 자주 던졌습니다. 그러나 무엇을 하실 수 있으면 우리를 불쌍히 여기
시고 도와주십시오." 23 예수께서 말씀하셨다. "할 수 있다는 말이 무슨 말
이냐? 믿는 자에게는 모든 것이 가능하다." 24 그러자 그 아버지가 소리를
질러 말했다. "내가 믿습니다. 나의 믿음 없는 것을 도와주십시오."

마 17:18, 막 9:25-27, 눅 9:42b 예수께서 무리가 몰려드는 것을 보시고 그 더러운 귀신을 꾸짖어 말했다. "말 못하고 못 듣게 하는 귀신아, 내가 네게 명령한다. 그 아이에게서 나오고 다시는 들어가지 말라." 그러자 귀신이 소리 지르며 아이로 심한 경련을 일으키게 하고 나가니 그 아이가 죽은 것같이 되자 많은 사람이 말하기를 죽었다고 했다. 이에 예수께서 그 아이의 손을 잡아 일으키니 아이가 치료되어 일어났다. 그리고 아이를 아버지에게 도

예수께서 귀신 들린 아이를 고친 다볼 산 중턱의 다브랏(마 17:18, 막 9:25-27)

귀신 들린 아이와 예수 제자들(눅 9:17-27)
1520년, 라파엘로 작, 바티칸
귀신 들린 아이는 사지가 뒤틀리고 눈이 뒤집히는데 제자들은 당황하며 시무룩해 있거나 선생께 알리러 가자는 것을 보고 부모와 그 뒤에 있는 동네 사람들은 낙담하고 있다. 성경에는 여러 가지 형태의 간질병이 묘사되고 있는데 마가는 갑자기 발작하는 간질병의 모습을 나타내고 있는 반면 의사 출신인 누가는 전문적인 의학 용어를 구사하고 있다.

성경 상식 **귀신(막 9:16)**
오늘날 악한 영 혹은 악마라고 여겨지는 귀신에 대한 현대적인 정의는 오랜 기간 동안 내려진 것이다. 곧 오늘날 귀신이라 일컫는 용어는 고대인의 신앙에서는 각기 독특한 이름과 전혀 다른 성격을 지니고 있었다. 본래 귀신은 이름을 모르는 신이라는 광의의 개념으로 해석할 수 있다. 그러나 성경에서의 귀신은 좋지 않은 악한 영을 대표하는 용어로 사용되었다. 귀신은 폐허지나 황무지, 광야 등에 기거하기를 좋아한다(레 16:10). 신약 시대에 귀신은 병을 일으키는 원인으로 받아들였으며 그것은 사탄이나 바알세불의 추종자로 여겨졌다(눅 11:15).

뽕나무(눅 17:6) 터키 사데

오늘날 이스라엘 반 세겔 동전(마 17:24)

로 주었다.

눅 9:43a 이 모습을 본 사람들이 모두 하나님의 위엄에 놀랐다.

마 17:19, 막 9:28 예수께서 집으로 들어가자 제자들이 조용히 예수께 나아와 물었다. "우리는 왜 귀신을 쫓아내지 못했습니까?"

막 9:29 예수께서 말씀하시되 "기도 외에 다른 것으로는 이런 능력이 나갈 수 없다. 마 17:20a 너희 믿음이 작기 때문이다(마 17:21 없음, 어떤 사본에는 기도와 금식이 아니면 이런 경우가 나가지 않느니라)."

눅 17:5 사도들이 주님께 말했다. "우리에게 더 큰 믿음을 주십시오."

마 17:20b 눅 17:6a 예수께서 말씀하시되 "참으로 너희에게 말하노니 만일 너희에게 겨자씨 한 알만큼의 믿음만 있어도 마 17:20c 이 산을 명하여 여기서 저기로 옮겨지라고 하면 옮겨질 것이요, 눅 17:6b 이 뽕나무더러 뿌리가 뽑혀 바다에 심기우리라 했어도 그것이 너희에게 그대로 순종했을 것이다.

마 9:20d 또 너희가 어떤 것도 할 수 있을 것이다."

† 두 번째로 죽음과 부활을 예고함 (마 17:22-23, 막 9:30-32, 눅 9:43b-45)

마 17:22-23, 막 9:30-32, 눅 9:43b-45 ● 귀신 들린 아이를 고친 후 그곳을 떠나 갈릴리 중앙 지역으로 지나갈 때 예수께서는 아무에게도 알리지 않고 제자들과 함께하셨다. 왜냐하면 제자들을 가르치시며, 또 장차 자신이 사람들의 손에 넘겨져 죽임을 당하고 죽은 지 3일 만에 다시 살아날 것이라고 말씀하셨기 때문이었다. 그러나 제자들은 그 말씀의 뜻을 이해하지 못했고 묻는 것조차도 두려워했다.

† 성전세를 냄 (마 17:24-27)

마 17:24 ● 예수께서 가버나움에 오자 반 세겔의 성전세를 받는 자들이 베드로에게 나아와 말했다. "너의 선생은 왜 반 세겔의 성전세를 내지 않느냐?" 25 이에 베드로가 "내신다" 하고 집에 들어갔다. 이를 먼저 알고 계신 예수께서 베드로가 말하기 전에 말씀하셨다. "베드로(시몬)야, 네 생각은 어떠냐? 세상 임금들이 누구에게 관세와 국세를 받느냐? 자기 아들이냐? 타인에게냐?" 26 베드로가 대답하되 "타인입니다." 예수께서 말씀하셨다.

"그렇다면 아들들은 세금을 낼 필요가 없다. 27 그러나 우리가 그들이 오해(실족)하지 않게 하기 위해 네가 바다에 가서 낚시를 던져 먼저 오르는 고기를 잡아 입을 열면 한 세겔의 돈을 얻을 것이다. 그것을 가져다가 나와 너를 위해 성전세를 주라."

† 누가 큰 자인가? (막 9:33-37, 눅 9:46-48, 마 18:1-5)

막 9:33-34a ● 예수께서 가버나움에 이르러 집에 계실 때 제자들에게 물었다. "너희가 길에서 서로 토론한 것이 무엇이냐?" 그러나 그들은 아무 말 없이 조용했다.

막 9:34b, 눅 9:46 왜냐하면 길에서 서로 누가 크냐 하고 변론했기 때문이었다(눅 9:46, 변론이 일어나니). (마 18:1 그때 제자들은 예수께 나아와 "하나님 나라에서는 어떤 자가 큰 자입니까?"라고 물었다.)

마 18:2-4, 막 9:36, 눅 9:47 예수께서 그 마음에 변론한 것을 아시고 어린아이 하나를 데려다가 자기 곁에 세우신 후 안으시며 그들에게 말씀하셨다. "참으로(진실로) 너희에게 말한다. 너희가 돌이켜 어린아이들과 같이 되지 않으면 결코 하나님 나라(천국)에 들어갈 수 없다. 그러므로 아무든지 어린아이와 같이 자기를 낮추는 자가 하나님 나라에서 큰 자이다. 마 18:5, 막 9:37, 눅 9:48 아무든

가버나움의 집터(막 9:33)

지 내 이름으로 이런 어린아이를 영접하면, 곧 나를 영접하는 것이다. 또 아
무든지 나를 영접하면, 곧 나를 보내신 이를 영접하는 것이다. 너희 모든 사
람 중에 가장 작은 그가 바로 큰 자이다. 막 9:35 누구든지 첫째가 되고자 하면
모든 사람의 끝이 되고 모든 사람을 섬기는 자가 되어야 한다."

† 종의 자세 (눅 17:7-10)

눅 17:7 ● 너희 중 누가 밭을 갈거나 양을 치는 종이 있어 그들이 밭에서 돌
아오면 그에게 수고했으니 곧 와서 먹으라고 말할 자가 있느냐? 8 오히려
그 종에게 띠를 띠고 먹을 것을 준비하고 내가 먹고 마시는 동안에 수종
들고 너는 그 후에 먹고 마시라고 할 것이다. 9 그리고 그가 주인이 시킨 대
로 했다고 해서 종에게 감사하다고 말하겠느냐? 10 이처럼 너희도 주님께
명령받은 것을 모두 행한 후에 이렇게 말하라. "우리는 무익한 종입니다.
우리는 마땅히 해야 할 일을 한 것뿐입니다."

† 실족케 하지 말라 (마 18:6-10, 눅 17:1-3a, 막 9:42-49)

마 18:7, 눅 17:1 ● 예수께서 제자들에게 말씀하셨다. "실족하게 하는 일들이
있음으로 인해 세상에 화가 있다. 실족하게 하는 것이 없을 수는 없지만
실족케 하는 자에게는 화가 있을 것이다.

마 18:6, 막 9:42, 눅 17:2 그러므로 누구든지 나를 믿는 이 작은 자 중 하나에게라
도 죄를 짓게(마, 실족하게) 하면 차라리 연자 맷돌이 그 목에 매달려 깊은
바다에 던져지는 것이 낫다.

눅 17:3a 그러므로 너희는 스스로 조심하라. 마 18:10 이 작은 자 중의 하나도
업신여기지 말라. 너희에게 말하노니 그들의 천사들이 하늘에서 내 아버
지의 얼굴을 항상 뵙고 있다(마 18:11 없음, 어떤 사본에는 인자가 온 것은 잃
은 자를 구원하려고 한 것이다).

마 18:8-9, 막 9:43-47 만일 네 손이 너를 범죄(실족)하게 하면 차라리 찍어버리
라. 장애인으로 영원한 생명에 들어가는 것이 두 손과 두 발을 가지고 영
원히 꺼지지 않는 불에 던져지는 것보다 낫다. 만일 네 발이 너를 범죄하
게 하면 찍어버리라. 저는 다리로 영원한 생명에 들어가는 것이 두 발을

연자 맷돌(마 18:6) 가버나움

가지고 지옥에 던져지는 것보다 낫다. 만일 네 눈이 너를 범죄하게 하면 차라리 빼버리라. 한 눈으로 하나님 나라(마, 영생)에 들어가는 것이 두 눈을 가지고 지옥 불에 던져지는 것보다 낫다.

막 9:48 그곳에서는 구더기도 죽지 않고 불도 꺼지지 않는다. [49] 그러므로 그곳에서는 사람마다 소금을 절이는 것처럼 불로 절여짐을 받을 것이다."

† 우리를 위하는 사람 (막 9:38-41, 눅 9:49-50)

막 9:38-40, 눅 9:49-50 ● 요한이 예수께 물었다. "선생님, 우리를 따르지 않는 어떤 사람이 주님의 이름을 사용하여 귀신을 쫓아내는 것을 우리가 보았습니다. 그래서 우리와 함께 따르지 않는 것을 보고 그 일을 하지 못하도록 했습니다." 예수께서 말씀하셨다. "그들이 하는 것을 막지 말라. 내 이름을 사용하여 능력 있는 일을 행하고 즉시로 나를 비방할 자가 없다. 우리를 반대하지 않는 자는 우리를 위하는 자이다.

막 9:41 아무든지 너희를 보고 그리스도에게 속한 자라고 인정하여 물 한 그릇이라도 주면 그런 사소한 것으로도 상을 받을 것이다."

† 형제가 죄를 범했을 경우의 권면 (마 18:15-20)

마 18:15 ● 예수께서 말씀하셨다. "형제 중 누가 죄를(어떤 사본에는 네게 죄를) 범하면 그에게 가서 너와 그 사람과 단독으로 만나 권면하라. 만일 그가 네 권면을 받아들이면 네가 네 형제를 얻은 것이다. [16] 그러나 만일 그가 네 권면을 듣지 않거든 한두 사람을 더 데리고 가서 두세 명의 증인의 입으로 말하는 것마다 확증하게 하라. [17] 만일 그들의 말을 듣지 않으면 교회에서 말하도록 하고, 교회의 말도 듣지 않으면 그를 이방인과 세리와 같이 여기라."

마 18:18 또 너희에게 말한다. "무엇이든지 너희가 땅에서 묶으면 하늘에서도 묶일 것이요, 무엇이든지 땅에서 풀면 하늘에서도 풀릴 것이다." [19] 참으로 다시 너희에게 말한다. "너희 중 두 사람이 땅에서 마음을 같이하여 무엇이든지 구하면 하늘에 계신 내 아버지께서 그들을 위해 이루어주실 것이다. [20] 두세 사람이 내 이름으로 모인 곳에는 나도 그들과 함께 있다."

일곱 번씩 일흔 번 용서(마 18:22) 바티칸, 베드로대성당 청동문 부조

성경 상식 **데나리온**(denarius, 마 18:28) 로마의 화폐 단위로 예수 당시 널리 사용된 은화이다. 이 은화에는 BC 4년부터 AD 100년경까지 신약 시대에 로마를 다스렸던 12명의 로마 황제의 상이 새겨져 있다. 특별한 경우 금으로도 제조되었다. 한 데나리온은 당시 노동자 하루 품삯에 해당된다(마 20:2).

† 용서에 대해 (마 18:21-35, 눅 17:3b-4)

마 18:21-22, 눅 17:3b-4 ●그때에 베드로가 예수께 물었다. "주님, 형제가 나에
게 죄를 범하면 몇 번이나 용서해주어야 합니까? 일곱 번까지 용서해주어
야 합니까?" 예수께서 대답하시되 "너에게 말하노니 만일 하루에 네 형제
가 일곱 번이라도 네게 죄를 짓고 일곱 번 네게 돌아와 '내가 잘못했으니
나를 용서해주시오'라고 하거든 너는 용서하라. 뿐만 아니라 일곱 번씩 일
흔 번까지라도 용서하라.

마 18:23 그러므로 하나님 나라(천국)는 그 종들과 결산하려는 어떤 왕과
같다. 24 왕이 결산할 때에 무려 노동자 2만 년 품삯에 해당하는 1만 달란트 빚
진 자 한 명이 불려왔다. 25 그가 갚을 능력이 없자 주인이 명하여 그 몸과
아내와 자식들과 모든 소유를 다 팔아 갚도록 했다. 26 그러자 그 종이 엎드
려 질하며 간청하기를 '조금만 참아주십시오. 모두 갚겠습니다' 하자 27 이
에 그 종의 주인이 그를 불쌍히 생각하여 놓아 보내며 그 빚을 탕감해주었
다. 28 빚을 탕감받은 종이 나가 자기에게 노동자 4개월 품삯에 해당하는 은전
100데나리온 빚진 동료 한 사람을 만나자 그의 목을 잡고 말하기를 '빚을
갚으라' 하자 29 그 동료가 엎드려 간청했다. '조금만 기다려주십시오. 내가
갚겠습니다.' 30 그러나 그의 간청을 뿌리치고 이에 가서 그를 고소하여 그
가 빚을 갚도록 감옥에 가두었다. 31 그의 동료들이 그것을 보고 몹시 불쌍
히 여겨 그의 주인에게 가서 그 사실을 알렸다. 32 이에 주인이 빚을 탕감해
준 종을 불러다가 말했다. '악한 종아, 네가 사정하기에 네 빚을 (전부) 탕
감해주었는데 33 내가 너를 불쌍히 여긴 것같이 너도 네 동료를 불쌍히 여
기는 것이 마땅하지 않느냐?' 34 이에 주인이 분노하여 그 빚을 모두 갚도
록 그를 감옥(옥졸)에 가두었다. 35 너희가 진심으로 형제를 용서하지 않으
면 하늘에 계신 내 아버지께서도 너희를 용서하지 않을 것이다."

초막절에 나뭇가지를 든 오늘날 유대인들(요 7:2) 예루살렘

† 형제들이 예수를 믿지 않음 (요 7:2-9)

요 7:2 ●유대인의 명절인 초막절이 가까이 다가왔을 3 때 예수님의 동생
들이 예수께 말했다. "형님이 행하는 일을 볼 수 있도록 이곳을 떠나 유대
로 가십시오. 4 사람들은 모두 자기가 하는 일이 사람들에게 알려지기를

오늘날 초막절을 지키기 위해 만든 초막(요 7:8) 이스라엘, 오투케두밈(성서 식물원)

바랍니다. 그러니 형님이 하고자 하는 일을 이루려면 형님 자신이 어떤 사람인지를 세상에 나타내십시오" [5] 이렇게 말하는 것은 그 동생들은 아직도 예수가 그리스도(메시아)인 것을 믿지 않고 있기 때문이었다.

요 7:6 이에 예수께서 말씀하셨다. "내 때는 아직 되지 않았으나 너희의 때는 항상 준비되어 있다. [7] 세상이 너희를 미워하지 않지만 나를 미워한다. 그 이유는 내가 세상의 일들을 악하다고 증언하기 때문이다. [8] 너희는 이번 초막절(명절)에 예루살렘으로 올라가라. 내 때는 아직 더 있어야 하기 때문에 나는 이번 초막절에는 예루살렘으로 올라가지 않을 것이다." [9] 이 말씀을 하시고 예수께서는 갈릴리에 그대로 머물러 계셨다.

6 예수의 후기 유대와 베레아 사역

예수께서 명절 때마다 올라간 예루살렘

성경사	헤롯대왕 즉위	예수 탄생 (눅 2:1-7)	예루살렘 성전 방문 (눅 2:41-52)	본디오 빌라도 유대 총독 부임	예수 공생애 시작 (마 3:13)	3차 갈릴리 전도 (마 14:13-18:35)	십자가 수난 (마 27:35-58)	부활 승천 (마 28:1-20)
	BC37	BC4	AD8	26	27	29	30	30

초막절을 지키기 위해 종려나무 가지를 가지고 가는 유대인(요 7:10) 예루살렘

† 명절을 지키러 예루살렘으로 올라가심 (요 7:10-24)

요 7:10 ● 예수의 동생들이 초막절(명절)에 예루살렘으로 올라간 후에 예
수님은 사람들 앞에 나타나지 않고 예루살렘으로 은밀히 올라가셨다. 11 초
막절 절기 중에 유대인들은 "그가 어디 있느냐?" 하며 예수를 찾았다. 12 예
수에 대해 어떤 사람은 좋은 사람이라고 하며, 어떤 사람은 아니라고 하고
혹은 무리를 미혹한다고 말하며 수군거림이 많았다. 13 그러나 예수에 대해
적대적인 감정을 가진 유대인들을 두려워했기 때문에 사람들에게 드러나도
록 예수에 대해 말하는 자가 없었다.

요 7:14 초막절 절기의 중간쯤 되었을 때 예수께서는 성전에 올라가 가르
치셨다. 15 그 가르침을 들은 유대인들이 놀라며 말했다. "이 사람은 율법
(토라)을 배우지도 았는데 어떻게 글을 아느냐?" 16 예수께서 그들의 말을
듣고 대답하셨다. "내 가르침(교훈)은 내가 터득한 것이 아니요 나를 보내
신 분에게서 온 것이다. 17 사람이 하나님의 뜻을 행하려면 내가 말한 교훈
이 하나님께로부터 왔는지, 내가 스스로 말하는 것인지를 알아야 한다. 18
자기 스스로 말하는 자는 자기의 영광만을 구한다. 그러므로 자기를 보낸

이의 영광을 구하는 자는 진실되니 그 속에는 불의가 없
다. 19 모세가 너희에게 율법을 주었으나 너희 중에는 그
율법을 지키는 자가 없다. 너희는 무슨 이유로 나를 죽이
려고 하느냐?" 20 무리가 대답하되 "당신은 귀신 들렸다.
누가 당신을 죽이려 한다고 하느냐?" 21 예수께서 말씀하
셨다. "내가 한 가지 일을 행하면 너희가 모두 그 행한 일
로 인해 나를 이상하게 여긴다. 22 모세가 너희에게 할례를
행했으나 할례는 모세에게서 난 것이 아니라 그의 조상
때부터 온 것이다. 그러므로 너희가 안식일에도 사람에
게 할례를 행하고 있다. 23 모세의 율법을 어기지 않으려
고 사람이 안식일에도 할례를 받는 일이 있으면서 내가
안식일에 사람의 병을 고친 것 때문에 너희가 내게 분노
하지 않느냐? 24 사람을 겉모습만 보고 판단하지 말고 공
의롭게 판단하라."

후기 유대와 베레아 사역

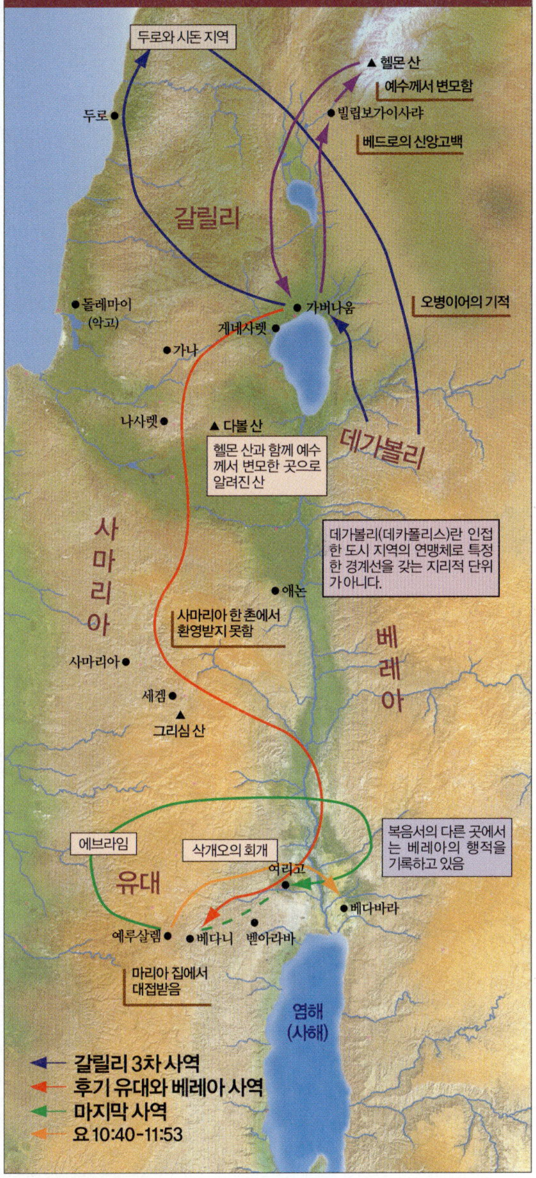

† 예수를 잡으려고 함 (요 7:25-36)

요 7:25 ● 예루살렘에 사는 사람들 중에서 어떤 사람이 말
했다. "이 사람은 유대인들이 죽이려고 하는 그 사람이 아
니냐? 26 그런데 그가 사람들 앞에서 드러나게 말하지만
그를 죽이려고 하는 사람들이 아무 대꾸도 하지 않고 있
다. 관리(당국자)들은 이 사람을 참으로 그리스도인 줄 아
는 것 아니냐? 27 우리는 이 사람이 어디서 왔는지 알고 있
다. 그러나 그리스도께서 오실 때에는 그분이 어디서 오
는지 아는 자가 없을 것이다."

요 7:28 예수께서 성전에서 가르치시며 외치셨다. "너희가 나를 알고 내가
어디서 온 것도 알지만 나는 스스로 온 자가 아니다. 나를 보낸 분이 있는
데 그분은 진실된 분이요, 너희는 그분을 알지 못한다. 29 그러나 나는 그
분을 알고 있다. 이는 내가 그에게서 났고, 그가 나를 보냈기 때문이다." 30
이 말을 들은 유대인들이 예수를 잡고자 했지만 손을 대는 자가 없었다.

성전에서 가르치시는 예수(요 7:28) 4세기 부조, 이탈리아 밀라노, 산암브로지 교회

그것은 아직 그의 때가 되지 않았기 때문이었다.
요 7:31 무리들 중에 많은 사람이 예수를 믿고 말했다.
"만일 그리스도께서 오신다 해도 지금 그가 행하실 기
적(표적)이 이 사람이 행한 것보다 더 많지 않을 것이
다." 32 예수에 대해 무리들의 수군거림이 바리새인들
에게 들리자 대제사장들과 바리새인들이 그를 잡기
위해 밑에 있는(아랫) 사람들을 보냈다. 33 이에 예수께
서 말씀하셨다. "나는 너희 곁에 얼마 동안만 더 있다
가 나를 보낸 분에게로 돌아갈 것이다. 34 그때에는 너희가 나를 찾아도 만
나지 못할 것이며 내가 있는 곳에도 오지 못할 것이다." 35 이에 유대인들
이 서로 묻기를 "이 사람이 어디로 가기에 우리가 그를 만나지 못한다고
하는가? 그가 흩어져 사는 헬라인들에게로 가서 그들을 가르치려고 하는
가? 36 나를 찾아도 만나지 못하고 내가 있는 곳에 오지도 못할 것이라고
한 말이 무슨 뜻이냐?"라고 하였다.

† 생수의 강 (성령, 요 7:37-44)

요 7:37 ● 초막절 마지막 날, 곧 큰 날에 예수께서 서서 외쳤다. "누구든지
목이 마르면 나에게로 와서 마셔라. 38 나를 믿는 사람은 성경에서 말하고
있는 것과 같이 그의 양심(배, 심령)에서 생수의 강이 흘러나올 것이다." 39
이 말은 그를 믿는 자들이 받을 성령을 가리켜 하신 말씀이었다. 예수께서
아직 영광을 받지 않으셨기 때문에 성령이 아직 그들에게 임재하지 않았
다. 40 이 말씀을 들은 무리 중에서는 이 사람이 참으로 그 선지자라고 하는
사람이 있고, 41 그리스도라 하는 사람도 있었으며, 어떤 사람은 그리스도
가 어찌 갈릴리에서 나오겠느냐고 말하는 사람도 있었다. 42 또 율법(성경)
에서는 "그리스도는 다윗의 씨로 혹은 다윗이 살던 마을인 베들레헴에서
나올 것이라(삼하 7:1 이하, 미 5:2)"라고 말하기도 했다고 하는 사람도 있
었다. 43 그러므로 예수로 인해 무리 가운데 여러 논쟁이 일어났다. 44 그중
에는 예수를 붙잡으려는 자들도 있었으나 감히 손을 대지는 못했다.

공중에서 본 예수의 탄생지 베들레헴 (요 7:42)

† 대제사장들과 바리새인들의 불신 (요 7:45-52)

요 7:45 ● 공의회 밑에 있는(아랫) 사람들이 대제사장들과 바리새인들에게
로 오자 공의회 의원들은 "왜 예수를 붙잡아오지 않았느냐?"라고 물었다. 46
그들이 대답했다. "그 사람처럼 말하는 사람을 우리가 이때까지 본 적이
없었습니다." 47 바리새인들이 대답했다. "너희도 미혹되었느냐? 48 관원
(당국자)들이나 바리새인 중에 그를 믿는 자가 있느냐? 49 율법을 알지 못
하는 이 무리는 저주를 받은 자들이다." 50 산헤드린 공의회(그들 중)에 속한
한 사람인, 전에 예수를 찾아왔던 니고데모가 그들에게 말했다. 51 "우리가
가진 율법은 사람의 말을 듣고 그 행한 것을 알기도 전에 판단하느냐?" 52
그들이 대답하기를 "너도 갈릴리에서 왔느냐? 갈릴리에서는 선지자가 나
올 수 있는지 찾아보라. 아무도 없었다"라고 했다.

† 음행 현장에서 잡혀온 여자 (요 7:53-8:11)

요 7:53 ● 그들이 각각 집으로 돌아가고 요 8:1 예수께서는 예루살렘 성 동쪽의
올리브(감람) 산으로 가셨다. 2 그리고 아침에 다시 예루살렘 성전 뜰로 들
어오자 백성들이 모두 예수께로 나왔다. 이에 예수께서 앉아서 그들을 가
르치셨다. 3 이때 율법교사(서기관)들과 바리새인들이 간음(음행)하다가
현장에서 잡힌 여자를 끌고 와 가운데 세우고 4 예수께 말했다. "선생이여,
이 여자가 간음하다가 현장에서 잡혔습니다. 5 모세는 율법에서 이런 여자
를 돌로 치라(레 20:10, 신 22:22 이하)고 말하고 있는데 이에 대해 선생은
어떻게 말하겠습니까?"

요 8:6 그들이 이렇게 말하는 것은 예수를 시험(tempation)하여 고소(고
발)할 핑계를 찾기 위해서였다. 이에 예수께서 몸을 굽혀 손가락으로 땅에
글씨를 쓰자 7 그들이 더 이상 묻지 못했다. 그러자 예수께서 일어나 말씀
하셨다. "너희 중에 죄가 없는 자가 먼저 돌로 이 여자를 치라." 8 그리고 다
시 몸을 굽혀 손가락으로 땅에 글씨를 썼다. 9 이에 그들이 이 말씀을 듣고
양심에 가책을 받아 어른에서부터 젊은이까지 하나둘씩 사라지고 오직
예수와 그 앞에 섰는 여자만 남았다. 10 예수께서 일어나 홀로 남아 있는 여
자에게 말했다. "너를 정죄하여 고소하던 자들이 어디 있느냐?" 11 그녀가

간음한 여인에게 사함을 베푸는 예수(요 8:1-11) 루카스 그라나하 작. 예수의 손은 간음한 여인의 팔목을 붙잡고 있고, 그 옆에는 양손에 돌맹이를 든 자가 예수를 바라보고 있다.

풍습 돌로 치는 형에 대해(요 8:5)

율법에서 사형은 두 명 이상의 증인이 있어야 했으며(신 17:6) 성 밖에서 행해졌다. 사형 중에 돌로 쳐 죽이는 행위는 회중이 참가하는 공개 처형으로 가장 저주받은 형벌로 여겼다. 아간은 여리고 점령 시 훔친 물건으로 인해 백성들에게 돌에 맞아 죽었다. 반면 스데반 집사는 돌에 맞아 순교당했으며, 바울은 루스드라에서 돌에 맞아 거의 죽을 지경에 이르렀다. 예수께서는 선지자들과 복음 전도자들을 돌로 쳐 죽이는 예루살렘을 향하여 멸망을 예고하기도 했다(눅 13:34).

요한복음서에 나타난 예수의 상징적 표현

성경 구절	상징적 표현
6:35	생명의 빵
8:12	세상의 빛
10:7	양의 문
10:11	선한 목자
11:25	부활, 생명
14:6	길
14:6	진리
15:1	참 포도나무

대답하기를 "주여, 없습니다" 하자 예수께서 말씀하셨다. "나도 너를 죄가
있다고 하지(정죄하지) 않겠다. 그러므로 가서 다시는 죄를 짓지 말라."

† 예수의 증언 (요 8:12-20)

요 8:12 ● 예수께서 말씀하셨다. "나는 세상의 빛이다. 그러므로 나를 따르
는 자는 어둠에 있지 않고 생명의 빛을 얻을 것이다." 13 바리새인들이 말
하기를 "네가 네 자신을 위해 증언하니 네 증언은 진실성이 없다." 14 예수
께서 대답하셨다. "내가 나를 위해 증언해도 내 증언이 진실된 것이다. 왜
냐하면 나는 내가 어디서 오며, 어디로 가는 것을 알지만 너희는 내가 어
디서 오며, 어디로 가는지를 알지 못하기 때문이다. 15 너희는 세상의 기준
(육체)을 따라 판단하지만 나는 아무도 판단하지 않는다. 16 만일 내가 판
단한다 해도 내 판단은 진실된 것이다. 왜냐하면 나는 혼자 있는 것이 아
니라 나를 보낸 이가 나와 함께 계시기 때문이다.

요 8:17 너희가 가지고 있는 율법에도 두 사람의 증언은 진실되다(신 19:15,
17:6)고 기록되었으니 18 나는 나를 위해 증언하는 자이고 또한 나를 보낸
아버지도 나를 위해 증언하신다" 19 그러자 그들이 묻기를 "네 아버지가 어
디 있느냐?" 하니 예수께서 대답하셨다. "너희는 나와 내 아버지를 알지 못
하고 있다. 나를 알았다면 내 아버지도 알았을 것이다." 20 이 말씀은 예루살
렘 성전에서 가르칠 때에 헌금함 앞에서 하셨다. 그럼에도 예수를 잡으려
는 사람이 없었으니 이는 그의 때가 아직 오지 않았기 때문이었다.

† 예수께서 가는 곳 (요 8:21-30)

요 8:21 ● 예수께서 다시 말씀하셨다. "내가 세상을 떠나갈 것이니 너희는
나를 찾다가 너희 죄 가운데서 죽을 것이며, 너희는 내가 가는 그곳에 오지
못할 것이다." 22 이에 유대인들이 말했다. "그가 말하기를 '내가 가는 곳에
는 너희가 오지 못할 것이다' 하니 그가 자결하려고 하는가?"

요 8:23 예수께서 말씀하셨다. "너희는 아래에서 왔고 나는 위에서 왔다.
너희는 이 세상에 속했으나 나는 이 세상에 속하지 않았다. 24 그래서 나는
'너희가 너희 죄 가운데서 죽을 것이다'라고 말한 것이다. 그러므로 너희

가 만일 내가 이렇게 말하는 사람이라는 것을 믿지 않으면 너희는 너희의
죄 가운데서 죽을 것이다."

요 8:25 그들이 말했다. "그렇게 말하는 너는 도대체 어떤 자냐?" 예수께서
말하되 "나는 처음부터 너희에게 말하기 위해 온 자이다. 26 나는 너희에
대해 말하고 판단할 것이 많지만 나를 보낸 이가 진실되기 때문에 나는 단
지 그에게 들은 그것을 세상에 말한 것이다." 27 그러나 그들은 그 말이 예
수께서 하나님 아버지를 가리켜 말씀한 것인 줄을 깨닫지 못했다. 28 이에
예수께서 말씀하셨다. "너희가 나(인자)를 십자가 형에 죽게 한 후에 내가
그 사람인 줄을 알고, 또 내가 스스로는 아무것도 하지 않고 오직 아버지
께서 가르친 대로 말하는 줄도 알게 될 것이다. 29 나를 보낸 분이 나와 함
께하신다. 나는 언제나 그분이 기뻐하는 일을 행하기 때문에 그분은 나를
혼자 두지 않으신다" 30 이 말씀을 하자 많은 사람이 예수를 믿었다.

† 진리가 자유롭게 함 (요 8:31-59)

요 8:31 ● 그러므로 예수께서 자기를 믿는 유대인들에게 말씀하셨다. "너
희가 내 가르침을 받고 그것을 붙들면 참으로 나의 제자가 될 것이다. 32 그
때에는 너희가 진리를 알게 되고 그 진리가 너희를 자유롭게 할 것이다."
33 이에 그들이 대답했다. "우리는 아브라함의 자손으로 다른 사람의 종이
된 적이 없는데 어찌하여 우리가 자유롭게 될 것이라고 말하느냐?" 34 예수
께서 대답하셨다. "참으로 너희에게 말한다. 죄를 범하는 자는 죄가 시키는
대로 하기 때문에 죄의 종이 된 것이다. 35 종은 영원히 집에 거하지 못하지
만 아들은 영원히 거한다. 36 그러므로 아들이 너희를 자유롭게 하면 너희
가 참으로 자유로워질 것이다. 37 나도 너희가 아브라함의 자손인 줄 안다.
그러나 내 말이 너희 속에 없기 때문에 너희가 나를 죽이려고 한다. 38 나는
내 아버지와 함께 있을 때 본 것을 말하고 너희는 너희 아비에게 들은 것을
행한다." 39 그러자 그들이 대답했다. "우리 아버지는 아브라함이다." 이에
예수께서 말씀하셨다. "너희가 참으로 아브라함의 자손이라면 아브라함이
행한 일들을 행했을 것이다. 그런데 40 지금 하나님께 들은 진리를 너희에
게 말한 나를 죽이려 하고 있다. 아브라함은 이렇게 행하지 않았다. 41 너희

아브라함과 그 자손(요 8:33-41) 12세기, 스비니 성경 사본 삽화

는 너희 아버지가 행한 일들을 하고 있다." 그러자 그들이 대답했다. "우리
가 음란한 데서 나지 않았고 아버지는 하나님 한 분뿐이시다."
요 8:42 예수께서 말씀하셨다. "하나님이 너희 아버지였다면 너희가 나를 사
랑했을 것이다. 왜냐하면 나는 하나님께로부터 왔기 때문이다. 나는 스스로
세상에 온 것이 아니라 아버지께서 나를 보낸 것이다. 43 그런데 너희는 왜 내가
하는 말을 깨닫지 못하느냐? 그것은 내 말을 알아들을 수 없기 때문이다. 44
너희는 너희 아버지(아비) 마귀에게서 났기 때문에 너희 아버지의 욕심대로
행하려고 한다. 마귀는 처음부터 살인한 자요, 진리가 그 속에 없기 때문에
진리에 거하지 못하고 거짓을 말할 때마다 자기 것처럼 말한다. 이는 그가
거짓말쟁이요, 거짓의 아버지가 되었기 때문이다. 45 내가 진리를 말함에도
너희는 나를 믿지 않는다. 46 너희 중에 누가 나를 죄인이라고 증명할 수(책잡
을 수) 있겠느냐? 내가 진리를 말함에도 불구하고 왜 나를 믿지 못하느냐? 47
하나님께 속한 사람은 하나님의 말씀을 듣는다. 그러나 그의 말을 너희가 듣
지 않는 것은 하나님께 속하지 않았기 때문이다."
요 8:48 유대인들이 대답하되 "우리가 너는 사마리아 사람이다 또는 귀신
이 들렸다 하는 말이 옳다." 49 예수께서 대답하셨다. "나는 귀신 들린 것이
아니라 오직 내 아버지께 영광을 돌리는(공경하는) 것인데 너희가 나를 모
욕(무시)하고 있다. 50 나는 나의 영광을 구하지 않지만 구하고 판단하시는
분이 계신다. 51 참으로 너희에게 말하노니 사람이 내 말을 지키면 영원히
죽음을 보지 않을 것이다." 52 유대인들이 다시 말했다. "아브라함과 선지
자들도 죽었는데 네 말은 사람이 네 말을 지키면 영원히 죽음을 보지 않는
다고 하는 것을 보니 지금 네가 귀신 들린 줄을 안다. 53 너는 이미 죽은 아
브라함보다 큰 자냐? 또 선지자들도 죽었는데 너는 너를 누구라고 생각하
느냐?"
요 8:54 이에 예수께서 대답하셨다. "내가 나에게 영광을 돌리면 내 영광이
아무것도 아니다. 그러나 내게 영광을 돌리시는 이는 너희가 너희 하나님
이라 칭하는 내 아버지이다. 55 너희는 그분을 알지 못하지만 나는 알고 있
다. 만일 내가 알지 못한다고 하면 나도 너희같이 거짓말쟁이가 되지만 나
는 그분을 알고 또 그의 말씀을 지킨다. 56 너희 조상 아브라함은 지금 일

✣ 음란(fornification, 요 8:41)
간음을 포함한 모든 부도덕한 성관계를 통칭하는 표현이다. 예를 들면, 근친상간, 매음, 수간(獸姦), 동성애 등이다. 그러나 이는 영적으로 신랑 되신 하나님과의 거룩한 혼인 관계를 깨뜨리고 다른 신을 섬기는 우상숭배 행위를 가리키기도 한다. 한편 예수님은 마음에 음란한 마음을 품는 것도 음란한 행위로 규정하셨다.

✣ 마귀에게서 났으니(요 8:44)
예수님을 영접하지 않는 자는 예수님을 대적하는 자이다. 예수님을 대적하는 자는 마귀의 세력들이다. 따라서 예수님을 반대하는 유대인들은 마귀의 자녀들이나 마찬가지라는 말이다.

예수 당시의 헤롯 성전(요 8장) 이스라엘 고고학 박물관. 유다의 성전은 세 차례에 걸쳐 지어졌다. 첫째는 솔로몬이 세운 최초의 성전이다. 둘째는 바벨론 포로에서 돌아온 뒤 스룹바벨이 세운 성전이다. 셋째는 헤롯 대왕이 유대인의 환심을 사기 위해 증축한 성전이다. 이 성전은 예수님 당시까지도 공사 중이었다.

성전에서 피하는 예수(요 8:59) 18세기, 조반니 파올로 판니니 작, 스페인, 라그란하 궁전

어나는 일을 보기를 즐거워하다가 보고 기뻐했다." 57 이 말을 들은 유대인들이 말하되 "네가 아직 50세도 안 되었는데 아브라함을 보았느냐?" 58 예수께서 말씀하셨다. "참으로 너희에게 말하노니 아브라함이 태어나기 전부터 내가 있었다." 59 이에 그들이 돌로 치려 하자 예수께서 숨어서 성전에서 나가셨다.

† 날 때부터 눈먼 자를 고침 (요 9:1-41)

요 9:1 ●하루는 예수께서 길을 가실 때에 태어날 때부터 눈먼 자(맹인)가 된 사람을 보았다. 2 이에 제자들이 물었다. "선생님(랍비), 이 사람이 눈먼 자로 태어난 것이 부모의 죄 때문입니까? 자기의 죄 때문입니까?" 2 이에 예수께서 대답하셨다. "이 사람이나 그 부모의 죄 때문이 아니라 그를 통해 하나님이 하시고자 하는 일을 나타내기 위함이다.

요 9:4 아직 낮이기 때문에 나를 보내신 분의 일을 우리가 해야 할 것이다. 밤이 오면 그때는 아무도 일할 수 없다. 5 내가 세상에 있는 동안에는 세상의 빛이다." 6 이 말씀을 하신 후 땅에 침을 뱉어 진흙을 이겨 그의 눈에 바르시고 7 말씀하셨다. "기드론 골짜기 남쪽에 있는 실로암 못에 가서 씻으라." 실로암은 번역하면 '보냄을 받았다'는 뜻이다. 이에 그가 가서 씻은 후 눈이 떠서 왔다. 8 그러자 이웃 사람들과 그가 걸인이었던 것을 본 사람들이 말했다. "이 사람은 길에서 앉아 구걸하던 자가 아니냐?" 9 어떤 사람은 그 사람이 맞다고 하고, 어떤 사람은 그와 비슷한 사람이라고 말하나 본인은 바로 자기라고 했다. 10 이에 그들이 물었다. "그러면 네 눈이 어떻게 보게 되었느냐?" 11 그가 대답했다. "예수라고 하는 사람이 자기 침을 뱉어 진흙을 이겨 내 눈에 바르고 나보고 실로암 못에 가서 씻으라고 하여 내가 가서 씻었더니 보게 되었다." 12 이에 그들이 묻기를 "그가 어디 있느냐?" 하니 그가 대답했다. "나는 알지 못한다."

요 9:14 예수께서 진흙을 이겨 눈먼 자의 눈을 뜨게 한 날은 안식일이었다.
요 9:13 그래서 그들이 전에 눈먼 자가 되었던 사람을 데리고 바리새인들에게 갔다. 15 이에 바리새인들도 그가 어떻게 보게 되었는지 물었고, 그 사람은 진흙을 자기 눈에 바르고 그분이 시키는 대로 내가 실로암 못에 가서

소경의 눈을 고치는 예수(요 9:1-12) 엘 그레코 작

예수 당시의 실로암 못(요 9:7) 예루살렘 기드론 골짜기

풍습 고대에는 불치병의 원인이 어디에 있다고 생각했는가 (요 9:1-3)?

구약 시대의 이스라엘 사람들은 일반적으로 나병, 소경, 귀머거리 등 불치의 병은 죄의 징벌로 인한 것이나(대하 21:15), 부모의 죄 때문이라고 이해했다(민 14:18). 이런 생각은 예수 당시의 유대인들도 같았다. 그러나 구약에서는 모든 질병에 대해 죄를 그 원인으로 규정하고 있지는 않다(욥 2:1-10). 본 절에서 예수께서도 그 사람이나 부모의 죄 때문이 아니라고 언급하고 계신다.

씻었더니 보게 되었다고 대답했다. 16 그중 한 바리새인은 "이 사람이 안식
일을 지키지 않았으니 그는 하나님께로부터 온 자가 아니다"라고 했고, 어
떤 사람은 "죄인이라면 어떻게 이런 기적(표적)을 행할 수 있겠느냐" 하며
그들 중에 서로 분쟁이 일어났다. 17 이에 눈먼 자(맹인) 되었던 자에게 다
시 물었다. "그 사람이 네 눈을 뜨게 했으니 너는 그를 어떤 사람이라고 생
각하느냐?" 그가 대답하기를 "그분은 선지자입니다"라고 하였다.

요 9:18 그러나 유대인들은 그가 눈먼 자로 있다가 보게 된 것을 믿지 못하
고 그 부모를 불러서 물었다. 19 "너희 말대로 이 사람이 눈먼 자로 태어난
네 아들이 맞다면 지금은 어떻게 해서 보게 되었느냐?" 20 그 부모가 대답
했다. "이 사람은 우리의 아들이 맞습니다. 또 그가 눈먼 자로 태어난 것도
맞습니다. 21 그러나 지금은 어떻게 해서 보는지 또 누가 그 눈을 뜨게 했
는지 우리는 알지 못합니다. 그가 장성한 사람이니 그에게 물어보십시오.
자기 일을 말할 것입니다." 22 그 부모가 그렇게 말한 것은 이미 유대인들
이 아무든지 예수를 그리스도로 인정(시인)하는 자는 출교하기로 결의했
기 때문에 그로 인해 자기들도 출교를 당할까 두려워했기 때문이었다. 23
그래서 그 부모는 "그가 장성했으니 그에게 물어보라"고 했다. 24 이에 그
들이 눈먼 자 되었던 사람을 다시 불러 말했다. "너는 하나님께 영광을 돌
리라. 우리는 너를 고친 사람이 죄인인 줄을 안다." 25 그가 대답하되 "나를
고쳐준 이가 죄인인지 아닌지는 내가 알지 못하지만 한 가지 확실한 것은
내가 눈먼 자로 있다가 지금 보는 그것입니다."

요 9:26 그들이 다시 물었다. "그 사람이 네게 어떻게 하여 네 눈을 뜨게 했
느냐?" 27 눈먼 자 되었던 자가 대답했다. "내가 이미 말했어도 듣지 않고
왜 다시 듣고자 합니까? 당신들도 그의 제자가 되려고 하십니까?" 28 그러
자 그들이 욕하며 말했다. "너는 그의 제자이나 우리는 모세의 제자다. 29
하나님이 모세에게는 말씀하신 줄을 우리가 알지만 너를 고쳐준 사람은
어디서 왔는지 우리가 알지 못한다." 30 그 사람이 대답하되 "이상하다. 이
사람이 내 눈을 뜨게 했으나 당신들은 그가 어디서 왔는지 알지 못하고 있
다. 31 하나님이 경건하여 죄인의 말을 듣지 않고 자기 뜻대로 행하는 자의
말은 들으시는 줄을 우리가 안다. 32 창조 이후로부터 지금까지 눈먼 자로

성경 상식 **출교(put out of the synagogue, 요 9:22)**

한글 개역 성경에는 출회로 번역했다. 출교에 해당하는 헬라어 '아포쉬나고스'는 "회당에서 쫓겨나다"이다. 이는 어떤 모임이나 회(會)에서 제명시키거나 쫓아내는 것을 말한다. 유대교의 책벌 중에는 네 종류가 있었는데 '네지파'(nezipha, 일반적인 책망, 딤전 5:20), '니두이'(nidduy, 30일간 공동체 생활에서의 제외, 고전 5:4-13), '헤렘'(herem, 무기한 출교, 마 18:17), '솨마타'(shammatha, 종신 출교) 등이다. 따라서 예수 당시 유대교로부터 출교를 당하는 것은 그 사회에서 완전히 버림받는 것을 의미하며, 때로는 죽음도 각오해야 하는 큰 종교적인 형벌이었다. 그러나 예수께서는 출교를 당할 뿐만 아니라 죽임도 당할 것이라고 말씀하셨다(요 16:2).

태어난 자의 눈을 보게 했다 하는 것을 듣지 못했다. 33 그러므로 이 사람이 하나님께로부터 오지 않았다면 아무 일도 할 수 없었을 것이다. 그런데 태어날 때부터 눈먼 자 된 나를 고쳤으니 하나님께로부터 온 자가 틀림없다." 34 이에 그들이 말했다. "네가 죄 때문에 소경으로 태어나서 우리를 가르치려고 하느냐?" 하고 그를 쫓아냈다.

요 9:35 예수께서 유대인들이 눈먼 자 되었던 사람을 쫓아냈다는 말을 들으셨다. 그리고 그를 만나 "네가 나(인자)를 믿느냐?"라고 물었다. 36 그가 대답하되 "주님, 그분이 누구입니까? 내가 믿기를 원합니다." 37 예수께서 말씀하셨다. "네가 그를 보았다. 바로 지금 너와 말하는 내가 그 사람이다." 38 그가 말하기를 "주님, 내가 믿습니다" 하고 절했다. 39 예수께서 말씀하셨다. "나는 세상을 심판하기 위해 이 세상에 왔으니 보지 못하는 자들은 보게 하고, 보는 자들은 눈먼 자가 되게 하기 위함이다." 40 바리새인 중에 예수와 함께 있던 자들이 이 말씀을 듣고 말하기를 "우리도 눈먼 자인가?" 하자 41 예수께서 말씀하셨다. "너희가 율법에 대해 눈먼 자같이 잘 모른다고 했다면 죄가 없지만, 율법을 잘 안다고 하면서 그릇되게 안다고 하니 너희 죄가 그대로 있다."

† 예수는 선한 목자 (요 10:1-21, 마 19:1-2, 막 10:1)

요 10:1 ● 내가 참으로(진실로) 너희에게 말한다. "문을 통해 양의 우리에 들어가지 않고 다른 곳으로 넘어가는 자는 도둑이요, 강도이다. 2 양의 문을 통해 들어가는 자가 양의 목자이다. 3 양을 지키는 문지기는 그를 위해 문을 열고 양은 그의 음성을 알아듣는다. 그는 자기 양의 이름을 각각 불러내어 인도한다. 4 그리고 자기 양을 모두 우리에서 풀어놓은 후에 앞에서 가면 양들은 그의 음성을 알기 때문에 그를 따라온다. 5 그러나 다른 사람의 음성은 알지 못하기 때문에 그를 따라가지 않고 오히려 도망한다." 6 예수께서 이 비유로 그들에게 말씀하셨으나 그들은 그 말씀의 뜻을 알지 못했다. 7 그러므로 예수께서 다시 말씀하셨다. "내가 참으로 너희에게 말한다. 나는 양의 문이다. 8 그러므로 나보다 먼저 온 자는 모두 도둑이요 강도이기 때문에 양들이 그의 말을 듣지 않았다. 9 내가 문이니 아무든지 나를

돌로 된 양의 문(요 10:2, 7) 시리아 아스다롯

양 떼를 이끌고 가는 목자(요 10:1-3, 16) 이집트

목자와 양(요 10:11) 시리아 고산 근교

통해 들어가면 구원을 받고, 또한 들어가고 나오며 좋은 풀(꼴)을 얻을 것
이다. [10] 도둑은 도둑질하고 죽이고 파괴시키려고 온다. 그러나 내가 온 것
은 양으로 생명을 얻게 하고 더 풍성히 얻게 하려는 것이다.

요 10:11 나는 선한 목자다. 선한 목자는 양들을 위해 목숨을 버리지만 [12] 돈
을 받고 일하는 삯꾼은 목자가 아니고 양도 자기 양이 아니기 때문에 이리
가 오는 것을 보면 양을 버리고 달아난다. 그래서 이리가 양을 물어가고
또 해치게 된다. [13] 그가 달아나는 것은 돈을 받고 일하는 삯꾼이므로 양을 자
기 생명같이 돌보지 않기 때문이다. [14] 그러나 나는 선한 목자다. 나는 내 양
을 알고 양도 나를 안다. 그것은 [15] 마치 아버지께서 나를 알고 내가 아버
지를 아는 것과 같다. 그래서 나는 양을 위해 목숨을 버리는 것이다. [16] 또
이 양우리에 들어오지 않은 다른 양들이 내게 있어 내가 인도해야 할 것이
다. 그들 역시 내 음성을 듣고 한 무리가 되어 한 목자에게 있을 것이다.

요 10:17 내가 내 목숨을 버리는 것은 내가 내 목숨을 다시 얻기 위함이다.
이로 인해 아버지께서 나를 사랑하신다. [18] 내 목숨을 나에게서 빼앗는 자
가 있는 것이 아니라 내가 스스로 버리는 것이다. 나는 내 생명을 버릴 권
세도 있고 다시 얻을 권세도 있는데 이 계명은 내가 내 아버지에게 받은
것이다." [19] 이 말씀으로 인해 유대인 중에 다시 분쟁이 일어났다. [20] 그중에
많은 사람들이 말했다. "그가 귀신 들려 미쳤는데 어찌 그의 말을 듣느냐?"
[21] 어떤 사람은 말하기를 "그의 말은 귀신 들린 자의 말이 아니다. 귀신이

어찌 눈먼 자의 눈을 뜨게 할 수 있느냐?"라고 하였다.

마 19:1-2, 막 10:1 예수께서 이 말씀을 마친 후 갈릴리를 떠나 요단 강 서쪽의 (건너편) 유대 지역으로 가자 많은 무리가 다시 모여들었다. 이에 예수께서 다시 이전에 하던 대로 가르치셨다. 그리고 예수께서는 그곳에서 그들의 병을 고치셨다.

† 사마리아 사람들이 받아들이지 않음 (눅 9:51-56)

눅 9:51 ● 예수께서 승천할 때가 점점 가까이 오자 예루살렘으로 향해 올라가기로 굳게 결심하셨다. [52] 이에 앞서 사람(사자)을 보내자 그들이 가서 준비하기 위해 사마리아인의 한 마을에 들어갔다. [53] 그러나 예수께서 예루살렘을 향해 가기 때문에 사마리아 사람들은 자신들의 마을에 거주하기를 거절했다. [54] 그러자 예수의 제자 중 야고보와 요한이 그들을 보며 말했다. "주님 우리가 하늘로부터 불을 내리도록 명령하여 저들을 멸하라고 하기를 원하십니까?" [55] 예수께서 돌아보시며 그들을 꾸짖으시고(어떤 사본에는 55절 끝에, 이르시기를 너희는 무슨 정신으로 말하는지 모른다. 인자는 사람의 생명을 멸망시키러 온 것이 아니라 구원하려고 왔다 하시고) [56] 함께 다른 마을로 가셨다.

나병 환자의 감사(요 17:12-19) 이요한 작

† 나병 환자 열 명이 치료함을 받음 (눅 17:11-19)

눅 17:11 ● 예수께서 예루살렘으로 올라갈 때 갈릴리와 사마리아 사이로 지나가시게 되었다. [12] 그때 한 마을에 들어가자 나병 환자 열 명이 예수를 보고(만나) 멀리 서서 [13] 큰 소리로 외쳤다. "예수 선생님이여, 우리를 불쌍히 여겨주십시오." [14] 예수께서 그들을 보시고 말씀하시기를 "가서 제사장들에게 너희 몸을 보여주라" 했더니 그들이 가는 도중에 치료가 되어 깨끗하게 되었다. [15] 그중의 한 사람이 자기가 나병에서 나은 것을 보고 큰 소리로 하나님께 영광을 돌리며 예수께 다시 돌아와 [16] 그의 발 아래에 엎드려 감사를 올렸다. 그는 사마리아 사람이었다. [17] 이에 예수께서 말씀하셨다. "열 명이 모두 고침(깨끗함)을 받지 않았느냐? 나머지 아홉 명은 어디 있느냐? [18] 이 이방인 외에는 하나님께 영광을 돌리러 돌아온 자가 없

QT 감사는 더 큰 축복의 길 (눅 17:18-19)

예수께 고침받은 열 명의 나병 환자 중 가던 길을 멈추고 예수께 나아와 감사한 사람은 당시 유대인들로부터 멸시를 받는 사마리아인 한 사람뿐이었다. 그러나 그는 병 고침에 대한 감사로 인해 육신의 고침뿐만 아니라 "네 믿음이 너를 구원하였느니라"라는 영혼 구원의 축복까지 받았다.

예수께 저주 받은 세 마을

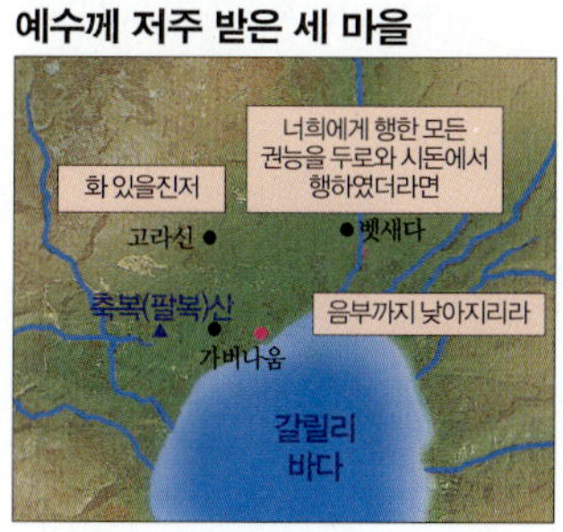

느냐?" 하시고 19 그에게 말씀하셨다. "일어나 가라. 네 믿음이 너를 구원했
다."

† 회개하지 않은 마을들 (마 11:20-24, 눅 10:13-15)

마 11:20 ● 예수께서 능력을 가장 많이 행한 마을들이 회개하지 않자 그때
에 책망하셨다. 마 11:21-23a, 눅 10:13-15 "고라신과 벳새다야, 네게 화가 있을 것
이다. 너희에게 행한 모든 능력을 이방 지역에 있는 두로와 시돈에서 행했
다면 그들은 벌써 베옷을 입고 재에 앉아 회개했을 것이다. 내가 너희에게
말한다. "심판 날에 두로와 시돈이 너희보다 견디기 쉬울 것이다. 가버나
움아, 네가 하늘에까지 높아지겠느냐? 오히려 음부에까지 낮아질 것이다.
마 11:23b 네게 행한 모든 능력을 요단 동쪽에 있는 소돔에서 행했다면 그 성
이 멸망당하지 않고 오늘까지 남아 있었을 것이다. 24 심판 날에 소돔 땅이
너보다 견디기 쉬울 것이다."

† 70인의 파송과 결과 보고 (눅 10:1-12, 16-20)

눅 10:1 ● 그 후에 예수께서 70인을 따로 세워 친히 가려는 각 마을과 지
역으로 둘씩 짝지어 먼저 보내며 2 말씀하셨다. "추수할 것은 많으나 일꾼
이 적다. 그러므로 추수하는 주인에게 요청하여 추수할 일꾼들을 보내달
라고 요청하라. 3 이제 가라. 내가 너희를 보내는 것이 마치 어린 양을 이리
가운데 보내는 것과 같다(비교, 마 10:16).
눅 10:4 너희가 갈 때 돈 주머니(전대)나 배낭이나 두 벌 신발을 챙기지 말
며, 길을 가다가 아무에게나 인사(문안)하지 말라. 5 다만 어느 집에 들어가
든지 먼저 '이 집에 평화가 있으라'고 말하라. 6 만일 평화를 받아들이는 사
람(평안의 아들)이 그곳에 있으면 너희가 선포한 평화(평안)가 그에게 임
할 것이다. 그러나 그렇지 않으면 너희에게로 돌아올 것이다. 7 너희는 평
화를 받아들이는 그 집에 거주하며 그가 주는 음식을 먹고 마시라. 일꾼이
그 수고한 품삯을 받는 것이 마땅하다. 그리고 이 집, 저 집으로 옮기지 말
고 한 집에 머물라.
눅 10:8 어느 마을(동네)에 들어가든지 너희를 영접하면 너희 앞에 차려놓

✣ 예수께 저주받은 세 성읍 (고라신, 벳새다, 가버나움)

고라신 주거지(마 11:21)

벳새다 주거지(마 11:21)

가버나움 지역(마 11:22)

성경 지리 고라신의 회당 터 (Korazin, 마 11:21)

고라신은 가버나움 북쪽 약 4㎞ 지점의 언덕 위에 있는 옛 성읍으로 최근에 유적이 발굴되었다. 하솔을 향해 갈릴리 북부 지방으로 올라가다가 알마골(Almagor)을 향해 갈라지는 거리를 따라 회전으로 돌며 들어가 약 4㎞를 가면 길 남쪽에 고라신의 유적이 남아 있다. 고라신은 예수 당시나 그 후에도 몇 차례 동네가 건설되었고, 19세기에는 키르벳 카리제(Kh. Karaszeh)라는 아랍인 동네가 있었다. 이 고라신은 예수께 저주를 받은 후 폐허가 되었다(마 11:21-24).

추수하는 사람들(눅 10:2)

는 것을 먹고, 9 그곳에 있는 병자들을 고치고, 또 '하나님의 나라가 너희에게 가까이 왔다'라고 말하라. 10 그러나 어느 마을에 들어갔을 때 너희를 영접하지 않으면 거리로 나와 말하라. 11 '너희 마을에서 우리 발에 묻은 먼지까지도 너희에게 떨어버린다. 그러나 하나님의 나라가 가까이 온 줄을 알라' 12 내가 너희에게 말한다. '그날에 소돔이 그 마을보다 견디기 쉬울 것이다.'

눅 10:16 너희 말을 듣는 자는 내 말을 듣는 것이다. 그러나 너희를 배척하는(저버리는) 자는 나를 배척하는 것과 같다. 또한 나를 배척하는(저버리는) 자는 나를 보낸 자를 배척하는 것과 같다(비교, 마 10:9-14, 눅 9:3-5)."

눅 10:17 이에 70인이 전도를 마치고 돌아와 기뻐하며 말했다. "주님, 주님의 이름에 귀신들도 우리에게 복종했습니다." 18 그러자 예수께서 말씀하셨다. "사탄이 하늘로부터 번개같이 떨어지는 것을 내가 보았다. 19 그래서 나는 너희에게 뱀과 전갈을 밟으며, 원수의 모든 능력을 물리칠 권세(권능)를 주었으니 너희를 해칠 자가 결코 없을 것이다. 20 그러나 귀신들이 너희에게 복종하는 것으로만 기뻐하지 말고 너희 이름이 하늘에 기록되는 것으로 기뻐하라."

멍에(마 11:29) 멍에는 소나 말 등 쟁기로 밭을 갈
기 위해 짐승의 목에 메는 U자형 나무를 말한다.

선한 사마리아 여관(눅 10:35) 유대 광야
오스만 제국이 이스라엘을 점령했을 때 순례자들을 위해 세웠던 것으로 일종의 칸(Khan, 여인숙 혹은 여관)이다. 이곳은 예루살렘에서 15㎞ 거리에 있으며 그 왼쪽에는 산화철 때문에 지표가 붉게 물들어 '붉은 오르막길'이라 불리는 마알레 아둠밈 비탈이 있다. 유대 전설에 의하면 예루살렘으로 가던 순례자들이 이곳에서 강도에게 피습을 당해 그때 흘린 피가 지면을 붉게 물들인 것이라고 한다.

선한 사마리아인(눅 10:34) 색유리, 파리 루브르 박물관

선한 사마리아인(눅 10:34) 색유리, 프랑스 파리, 루브르 박물관

† 하나님 아버지의 뜻과 무거운 짐 (마 11:25-30, 눅 10:21-24)

마 11:25-27, 눅 10:21-22 ● 그때에 예수께서 성령으로 기뻐하시며 말씀하셨
다. "천지의 주인(주재) 되신 아버지여, 이런 일을 세상에서 지혜롭다고 하
는 자들에게는 숨기시고 어린아이들에게는 나타내신 것을 감사합니다.
그렇습니다. 그것은 아버지의 뜻입니다. 내 아버지께서는 모든 것을 나에
게 주셨으니 아버지 외에는 아들이 누구인지 아는 자가 없고, 아들과 또
아들의 소원대로 알려주고자 하는(계시를 받는) 자 외에는 아버지가 누구
인지 아는 자가 없습니다."

눅 10:23 또 예수께서 제자들을 돌아보시며 조용히 말씀하셨다. "나를 메시
아로 볼 수 있는 너희의 보는 눈이 복이 있다. 24 내가 너희에게 말한다. 많
은 선지자와 왕들은 너희가 지금 보는 것을 보고자 했으나 보지 못했으며,
너희가 지금 듣는 것을 듣고자 했으나 듣지 못했다.

마 11:28 수고하고 무거운 짐을 지고 지친 자들아, 모두 나에게로 나오라.
내가 너희를 쉬게 해주겠다. 29 나는 마음이 온유하고 겸손하니 나의 멍에
를 메고 나에게 배우라. 그러면 너희 마음이 안식을 얻을 것이다. 30 왜냐
하면 내 멍에는 쉽고, 내 짐은 가볍기 때문이다."

† 선한 사마리아인의 비유 (눅 10:25-37)

눅 10:25 ● 어떤 율법교사가 예수를 시험(test)하기 위해 찾아와 물었다. "선
생님, 내가 무엇을 해야 영원한 생명을 얻을 수 있습니까?" 26 예수께서 대
답하셨다. "율법에는 무엇이라고 기록되었느냐? 그리고 그것을 네가 어떻
게 읽었느냐?" 27 그가 대답했다. "네 마음과 목숨과 힘을 다하며 뜻을 다하여
주 너의 하나님을 사랑하고(신 6:5), 또 네 이웃을 네 자신같이 사랑하라(레
19:18)고 했습니다." 28 이에 예수께서 말씀하셨다. "네 대답이 맞다. 그러므
로 읽은 대로 행하라. 그러면 살 것이다." 29 그 사람이 자기가 옳다는 것을 보
이기 위해 예수께 다시 물었다. "그러면 내 이웃이 누구입니까?"

눅 10:30 예수께서 대답하셨다. "어떤 사람이 해발 800m에 위치한 예루살렘
에서 40㎞ 떨어진 바다보다 250m 낮은 여리고까지 내려가다가 강도를 만나
옷이 벗겨지고 맞아 거의 죽을 지경에 이르렀고 강도는 그를 버리고 갔다.

신약 시대 여리고로 내려가는 길(눅 10:30)

31 그때 마침 한 제사장이 그 길로 내려가다가 그를 보고 못 본 체 피해 지
나갔다. 32 한 레위인도 그곳에 이르러 그를 보고 피해 지나갔다. 33 그러나
한 사마리아 사람은 여행하는 중에 그곳을 지나가다가 그를 보고 불쌍히
여겨 34 그에게 가서 올리브(감람) 기름과 포도주를 그 상처에 붓고 싸맨
후 자기 짐승에 태워 여인숙(주막)으로 데리고 가서 보살펴주었다. 35 뿐만
아니라 그 이튿날 그가 여인숙(주막) 주인에게 노동자 2일 품삯에 해당하는
은전 2데나리온을 주며 부탁했다. '이 사람을 돌보아주라. 비용이 더 들면
내가 돌아올 때에 지불해줄 것이다.' 36 네 생각에는 이 세 사람 중에 누가
강도 만난 자의 이웃이 되겠느냐?" 37 그가 대답하되 "보살펴준 사람입니
다" 하니 예수께서 말씀하셨다. "너도 그와 같이 행하라."

성경지리 예루살렘에서 여리고로 내려가는 옛 길(눅 10:30)

선한 사마리아인의 비유에서 강도 만난 자는 예루살렘에서 여리고로 내려가다가 봉변을 당했다. 예루살렘은 해발 800m 정도이며, 40㎞ 정도 떨어진 여리고는 요단 계곡 쪽 외곽이 해저 250m, 중심지는 해저 258m나 된다. 따라서 예루살렘에서 여리고로 가는 길은 내리막길의 급경사에 좁은 협곡을 이루었다.

예수를 대접하는 마르다와 말씀을 듣는 마리아(눅 10:38-42) 이요한 작

† 마르다와 마리아 (눅 10:38-42)

눅 10:38 ● 예수의 일행이 올리브(감람)산 동편 뒤쪽의 베다니 마을로 들어가
셨다. 그때 '마르다'라고 하는 한 여자가 자기 집으로 예수 일행을 영접했
다. 39 예수께서 그 집에 들어갔을 때 마르다의 동생인 마리아는 예수의 발
아래에 앉아 그의 말씀을 듣고 있었다. 40 그러나 마르다는 접대 준비(봉
사)를 하는 일이 많아 마음이 분주하여 예수께 나아가 말했다. "주님, 내 동
생이 나 혼자 일하게 두는 것을 예수님은 아무렇지도 않게 생각하십니까?
동생에게 나를 도와주라고 말해주세요." 41 예수께서 대답하셨다. "마르다

마리아 집터에 있는 우물(눅 10:40) 베다니. 지금은 건축으로 메워졌다.

풍습 **수전절**(Feast of Dedication, 요 10:22)

성전과 관계된 봉헌 축제 절기이다. 특히 유다의 마카베오가 낙성시킨 성전의 재봉헌 축제를 가리킨다. 축제는 8일간 계속되며 히스기야 왕이 성전을 정결케 한 사실과 연관시키기도 한다(대하 29:17). 이 절기는 기슬르월(Chisleu) 25일부터 시작하므로 겨울에 행해진다. 또한 축제일마다 하루 한 개씩 추가로 촛불을 밝혀가며 마지막 날에는 여덟 개의 촛불을 밝히는데 성전이 파괴된 이후에는 촛불절로 알려져 있다.

오늘날 유대인들은 성경의 수전절에서 유래된 하누카를 지킨다. 수전절을 지키기 위해 성전에서 촛불을 붙인 것에서 하누카가 생겨났는데 이 배경에는 두 가지 사건이 연계되어 있다.

곧 당시 유대인을 핍박하던 헬라의 안티오쿠스군과 대항해서 싸운 군사적 승리와 탈환한 성전에 하루 치밖에 안되는 기름으로 8일간이나 촛불을 밝힐 수 있었던 기적으로 구성되어 있다. 하누카는 성경적인 절기가 아니다. 그것은 수전절에 있었던 한 사건을 계기로 오늘날 이스라엘의 절기로 정착된 것이다.

성경 상식 **솔로몬 행각**(요 10:23)

솔로몬 행각(Solomon's Colonnade)은 예루살렘의 헤롯 성전에 기둥만 있고 벽이 없는 복도의 명칭이다. 이것은 예루살렘 동편 벽을 따라 세워진 전각이다. 높이 11m 정도의 대리석으로 된 고린도식 원주 기둥으로 이중으로 되어 있었다. 예수께서는 수전절에 이 행각에서 말씀을 가르치셨으며(요 10:23), 사도들에 의해 많은 이적이 행해진 곳이기도 하다(행 3:11).

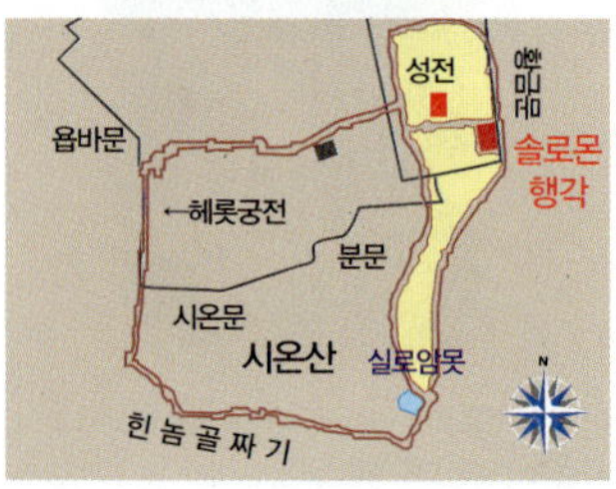

야, 마르다야, 네가 많은 일로 염려하고 근심하는데 42 몇 가지만 하든지,
아니면 한 가지만이라도 충분하다. 마리아는 나의 말을 듣는 이 좋은 편을
택했으니 빼앗기지 않을 것이다."

† 유대인들이 예수를 잡으려고 함 (요 10:22-39)

요 10:22 ● 예루살렘에 성전을 회복한 후 봉헌한 것을 기념하여 11-12월에 지
키는 수전절이 다가왔다. 이때는 겨울이다. 23 이때 예수께서는 성전 동쪽
경내에 있는 솔로몬 행각에서 거닐고 계셨다. 24 이때 유대인들이 예수를
에워싸고 말했다. "당신이 언제까지 우리의 마음에 의혹을 갖게 하려고 합
니까? 당신이 그리스도라면 분명히 말씀하십시오." 25 이에 예수께서 대답
하셨다. "내가 너희에게 이미 여러 차례 말했으나 너희가 믿지 않는다. 내가
내 아버지의 이름으로 행하는 일들이 나를 그리스도라고 증거하고 있다. 26
그러나 너희가 내 양이 아니기 때문에 나를 믿지 않는다. 27 내 양은 내 음
성을 듣고 나는 그들을 알며 그들은 나를 따른다. 28 내가 그들에게 영원한
생명을 줄 것이니 그들은 영원히 멸망하지 않을 것이다. 또한 그들을 내
손에서 빼앗아갈 자가 없다. 29 그들을 나에게 주신 내 아버지는 만물보다
크시므로(어떤 사본에는 내 아버지께서 내게 주신 것이 만물보다 크시니) 아무
도 아버지 손에서 그들을 빼앗을 수 없다. 30 나와 아버지는 하나이다."

요 10:31 그 말을 들은 유대인들이 다시 돌을 들어 예수를 치려고 했다. 32
이에 예수께서 대답하셨다. "내가 아버지로 인해 선한 일로 너희에게 많이
보였는데 그 일들 중에 어떤 일로 나를 돌로 치려고 하느냐?" 33 유대인들
이 대답했다. "선한 일로 인해 우리가 너를 돌로 치려는 것이 아니라 신성
모독 때문이다. 곧 네가 사람이 되어 스스로 하나님이라고 말하기 때문이
다." 34 예수께서 말씀하셨다. "너희가 가진 율법에 기록된 대로 내가 너희
를 신이라고 하지 않았느냐?(시 82:6) 35 성경은 파기되지 못하니 하나님
의 말씀을 받은 사람들을 신이라 했다. 36 하물며 아버지께서 거룩하게 하
사 세상에 보낸 자가 '나는 하나님의 아들이다'라고 말한다고 그것이 어찌
신성모독이라고 할 수 있느냐? 37 만일 내가 내 아버지의 일을 행하지 않
는다면 그때는 나를 믿지 말라. 38 그러나 내가 아버지 하나님의 일을 행하

거든 나는 믿지 못한다 해도 내가 행하는 일은 믿으라. 그러면 너희가 아버지께서 내 안에 계시고 내가 아버지 안에 있음을 깨달아 알게 될 것이다." 39 이에 그들이 다시 예수를 잡고자 했으나 예수께서는 그들을 피해 성전에서 빠져나가셨다.

† 좁은 문 (요 10:40-42, 눅 13:22-30)

요 10:40 예수께서 다시 여리고 맞은편에 있는 요단 강 동쪽(건너편), 세례자 요한이 처음 세례(침례)를 베풀던 곳에 가서 머무르셨다. 41 그러자 많은 사람이 와서 말했다. "세례자 요한은 아무런 기적(표적)도 행하지 않았으나 세례자 요한이 이 사람를 가리켜 말한 것은 모두 진실하다." 42 그리하여 그곳에서 많은 사람이 예수를 믿었다.

눅 13:22 예수께서 각 성읍과 마을로 다니며 가르치시면서 예루살렘으로 가실 때 23 어떤 사람이 예수께 나와 물었다. "주님, 구원을 받는 자가 적습니까?" 예수께서 그들에게 말씀하셨다. 24 "좁은 문으로 들어가려고 힘쓰라. 내가 너희에게 말하노니 들어가려고 해도 들어가지 못하는 자가 많다. 25 집 주인이 일어나 문을 한 번 닫은 후에는 너희가 밖에 서서 문을 두드리며 '주인님, 문을 열어주십시오'라고 하면 그가 대답하기를 '나는 너희가 어디에서 온 자인지 알지 못한다' 할 것이다. 26 그때 너희가 말하기를 '우리는 주님 앞에서 먹고 마셨으며, 주님(주인)은 길거리에서 우리를 가르쳤습니다' 할 것이다. 그러나 27 주님은 너희에게 '나는 너희가 어디에서 왔는지 알지 못한다. 악을 행하는 모든 자들아, 나에게서 떠나가라'라고 대답할 것이다. 28 이러므로 아브라함과 이삭과 야곱과 모든 선지자는 하나님 나라에 있고 오직 너희는 밖으로 쫓겨난 것을 볼 때에 그곳에서 슬피 울며 이를 갈 것이다. 29 사람들이 사방으로부터 와서 하나님 나라의 잔치에 참여하게(기대어 눕게) 될 것이다. 30 보라, 맨 나중 된 자로서 첫째가 될 자도 있고, 맨 먼저 된 자로서 꼴찌가 될 자도 있다."

세례자 요한이 세례를 베풀었던 오늘날 세례 터(요 10:40) 요르단, 지금은 비잔틴 때 기념 교회 터만 남아 있고 요단 강 물줄기는 이보다 서쪽으로 흐르고 있다.

✣ 헤롯(Herod, 마 2:1, 눅 1:5)
헤롯은 로마 통치하에서 팔레스타인을 지배하던 왕조(BC 37-AD 70년)로 헤롯 가문은 하스몬가의 여왕인 살로메 알렉산드라가 통치하던 시대에 성장했다. 헤롯 가문은 헤롯 대왕으로 불리는 유대의 분봉에서부터 시작되었는데 그의 아버지는 안티파텔이었다. 특히 헤롯 대왕 때인 BC 4년경에 예수께서 탄생했다. 그의 후손 중 헤롯 빌립(눅 3:1), 헤롯 안디바(막 6:14), 헤롯 아그립바 1세(행 12:1), 헤롯 아그립바 2세(행 25:13-26), 헤롯 1세의 아들 아켈라오 등, 앞에 헤롯이 붙은 이름이 여러 명이 있다.

성경인물 **헤롯가의 가계**
(눅13:31, 32)

※청색은 성경관련인물

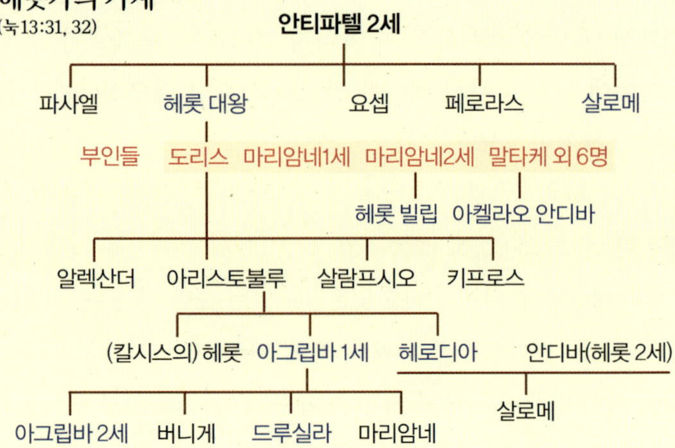

† 헤롯이 예수를 죽이려 함 (눅 13:31-33)

눅 13:31 ●그때에 바리새인들이 예수를 헤롯 안디바의 통치 지역인 갈릴리에
서 쫓아내기 위해 예수께 나아와 말했다. "이곳에서 나가 여기를 떠나십시
오. 헤롯 안디바가 당신을 죽이려고 합니다." 32 그러자 예수께서 말씀하셨
다. "너희는 가서 저 여우 같은 헤롯 안디바에게 말하라. '오늘과 내일은 내
가 귀신을 쫓아내며 병을 고치다가 죽은 지 3일 만에는 내가 나의 일을 온
전히(완전히) 이룰 것이다'라고 하라. 33 그러므로 오늘과 내일과 그다음
날에도(모레) 나는 내 갈 길을 갈 것이니 선지자가 예루살렘 밖에서는 죽
는 법이 없다."

† 수종병 든 사람을 고침 (눅 14:1-6)

눅 14:1 ●하루는 안식일에 예수께서 음식(떡)을 잡수시기 위해 한 바리새
인 지도자의 집에 들어가자 사람들이 지켜보고 있었다. 2 그때 예수 앞에
몸이 붓고 살이 썩는 고창병(수종병)에 걸린 사람이 있었다. 3 이를 본 예수께
서 율법교사들과 바리새인들에게 말씀하셨다. "안식일에 병을 고쳐주는
것이 옳으냐? 그렇지 않느냐?" 4 그들이 아무 대답도 없이 잠잠하자 예수
께서 그 사람을 데려다가 고친 후 보내셨다. 5 그리고 다시 그들에게 말씀
하시기를 "너희 중에 누가 그 아들(나귀)이나 소가 우물에 빠졌으면 안식

✣ 수종병(눅 14:2)
헛배가 불러오는 창증으로 만성이 되면 내부에 뭉친 것이 없어도 배가 붓는 병이다. 한글 성경에서 고창병으로 번역된 이 병은 세포 간 조직 내 또는 체강내에 비정상적으로 대량의 조직액이 저류(底流)된 상태를 말한다.

일이라도 바로 끌어내지 않겠느냐?" 하니 6 그 말에 대해 그들이 아무 대
답도 하지 못했다.

† 초청과 끝자리와 잔치의 비유 (눅 14:7-24)

눅 14:7 ● 예수께서 초청을 받은 사람들이 높은 자리를 차지하려는 것을
보고 그들에게 비유로 말씀하셨다. 8 "너희가 아무에게든지 혼인 잔치에
초청을 받았을 때에는 처음부터 높은 자리에 앉지 말라. 만일 너보다 더 높
은 사람이 초청을 받은 경우에는 9 너와 그를 초청한 자가 와서 너에게 더
높은 사람에게 자리를 양보하라고 할 것이다. 그러면 너는 부끄러워 낮은
자리(끝자리)로 가게 될 것이다. 10 그러므로 초청을 받았을 때에는 차라리
낮은 자리(끝자리)에 가서 앉으라. 그러면 너를 초청한 자가 와서 너에게
친구여 올라와 앉으라고 할 것이다. 그때에 너에게는 너와 함께 초청받은
모든 사람 앞에서 영광이 있을 것이다. 11 무릇 자기를 높이면 낮아질 것이
고, 자기를 낮추면 높아질 것이다."

눅 14:12 예수께서 자기를 초청한 자에게도 말씀하셨다. "네가 누구에게든
점심이나 저녁 식사를 대접하려면 친구나 형제 친척이나 부한 이웃을 초청
하지 말라. 왜냐하면 그 사람들이 너를 다시 청하여 네가 대접(초청)한 것이
보답이 되기 때문이다. 13 그러므로 잔치를 베풀려면 오히려 가난한 자들, 몸
이 불편한 자들, 다리를 저는 자들, 보지 못하는 자들을 초청하라. 14 그러면
그들은 네가 베푼 것에 갚을 것이 없기 때문에 네게 복이 될 것이다. 왜냐하면
의인들의 부활 때에는 네가 베푼 것에 대해 보상을 받을 것이기 때문이다."

눅 14:15 예수와 함께 음식을 먹는 사람 중에 한 명이 이 말을 듣고 말하기
를 "무릇 하나님 나라에서 빵(떡)을 먹는 자는 복이 있다" 하니 16 이에 예
수께서 말씀하셨다. "어떤 사람이 잔치를 크게 베풀고 많은 사람을 초청했
다. 17 잔치할 준비가 끝나자 초청했던 자들에게 종을 보내며 말했다. '이
제 오시기 바랍니다. 모든 것이 준비되었습니다' 18 그러나 초청받은 사람
들이 모두 한가지로 사양했다. 한 사람은 말하기를 '나는 밭을 샀기 때문
에 나가보아야 하니 내가 가지 못하는 것을 양해하라.' 19 또 한 사람은 말
했다. '나는 소 열 마리(다섯 겨리)를 샀기 때문에 그 소 상태가 어떤지를 시

겨릿소로 밭을 가는 소(눅 14:19) 카이로, 이집트 민속촌

험하러 가야 하니 내가 가지 못하는 것을 양해하라' 20 또 다른 한 사람도
말했다. '나는 장가를 갔기 때문에 못 가겠다.'

눅 14:21 종이 돌아와 주인에게 그대로 고했다. 이에 집 주인이 화가 나서
그 종에게 말했다. '속히 마을 거리와 골목으로 나가 가난한 자들, 몸이 불
편한 자들, 눈먼 자들, 다리를 저는 자들을 데려오라.' 22 종이 주인에게 말
하되 '주인이 명령한 대로 했으나 그래도 자리가 남았습니다.'"23 주인이
종에게 다시 말했다. '길과 골목길(산울타리가)로 나가 사람을 강권하여 데
려다가 내 집의 빈자리를 채우라. 24 내가 너희에게 말한다. 이전에 초청했
던 그 사람들은 한 명도 내 잔치를 맛보지 못할 것이다.'"

† 제자가 되는 길과 소금의 맛 (눅 14:25-35, 막 9:50)

눅 14:25 ● 수많은 무리가 예수와 함께 길을 갈 때 예수께서 말씀하셨다. 26
"무릇 나를 따르는(오는) 자는 자기 부모와 처자와 형제자매, 더 나아가 자
기의 목숨까지도 미워하지 않으면 내 제자가 될 수 없다. 27 아무든지 자기
에게 주어진 십자가를 지고 나를 따르지 않는 자도 내 제자가 될 수 없다.
28 너희 중의 누가 망대를 세우려고 계획하면 자기가 가지고 있는 재물로
그 망대를 완성할 수 있는지 먼저 그 비용을 계산하지 않겠느냐? 29 그렇
게 하지 않고 시작했다가 비용이 모자라 그 기초만 쌓고 완성하지 못하면
보는 사람들이 30 '이 사람이 공사를 시작했지만 능히 완공하지는 못했다'
라고 비웃을 것이다. 31 또 어떤 왕이 다른 왕과 싸우러 갈 때 먼저 1만 명
의 군사로 2만 명과 싸워 이길 수 있을까 생각하지 않겠느냐? 32 만일 이기
지 못할 것 같으면 적군이 아직 멀리 있을 때에 사신을 보내 화친을 요청
할 것이다. 33 이같이 너희 중에 아무든지 자기의 모든 소유를 버리지 않으
면 능히 내 제자가 될 수 없다.

눅 14:34-35, 막 9:50 경청하여 깨닫는 자는 들으라. 소금이 좋은 것이지만 만일
그 맛을 잃으면 무엇으로 짜게 할 수 있겠느냐? 땅에도, 거름으로도 쓸모
가 없어 내버린다. 그러므로 너희 속에 소금을 두고 서로 화목하라."

성경 상식 **망대(눅 14:28)**

성경 시대에 망대는 도시, 목장, 포도밭, 농장 등에 세워졌다. 들에 세워진 망대는 곡식들을 도둑맞는 것으로부터 지키기 위함이고, 도시에 망대를 세우는 것은 성을 지키기 위함이다. 보통 벽돌이나 돌로 세워진 망대의 크기는 다양했다.

고유명사로 성경에 언급된 망대로는 다윗의 망대(아 4:4), 에델 망대(창 35:21), 풀무 망대(느 3:11), 하나넬 망대(느 3:1), 레바논 망대(아 7:4), 이스르엘 망대(왕하 9:17), 브누엘 망대(삿 8:17), 세겜의 망대(삿 9:46) 등이 있다. 망대는 비유적으로도 사용되었다. 곧 하나님의 보호하시는 능력을 나타내는 표현으로(시 61:3), 인간 능력의 상징으로(아 4:4), 여성적인 아름다움으로(아 7:4) 사용되었다.

망대(눅 14:28) 이스라엘 시므론

소금 더미(눅 14:35) 이스라엘 사해

† 잃은 양을 찾은 비유 (눅 15:1-7, 마 18:12-14)

눅 15:1 ● 많은(모든) 세리들과 죄인들이 예수님의 말씀을 듣기 위해 나왔
다. [2] 이에 바리새인과 율법교사(서기관)들이 수군거리며 말했다. "이 사람
이 죄인을 영접하고 그들과 함께 음식을 먹고 있다." [3] 이에 예수께서 그들
에게 이 비유로 말씀하셨다.

눅 15:4-7, 마 18:12-14 너희 생각은 어떠하냐? 만일 너희 중에 어떤 사람이 양
백 마리가 있는데 그중에 한 마리가 길을 잃었다면 아흔아홉 마리를 들
(마, 산)에 두고 그 잃은 한 마리를 찾기 위해 찾아다니지 않겠느냐? 또 마
침내 찾으면 기쁜 마음으로 어깨에 메고 집으로 와서 그 친구와 이웃을
초청하여 '나와 함께 즐기자. 내가 잃어버린 양을 찾았다' 할 것이다. 내가
너희에게 말한다. 작은 자 중의 한 명이라도 잃어버리는 것은 하늘에 계신
너희 아버지의 뜻이 아니다. 이와 같이 죄인 한 사람이 회개하면 하늘에서
는 회개할 필요가 없는 의인 아흔아홉 명으로 인해 기뻐하는 것보다 더 기
뻐할 것이다."

잃은 양을 찾아 어깨에 메고 오는 목자상(눅 15:5) 이스라엘 가이사랴

† 잃은 드라크마를 찾는 비유 (눅 15:8-10)

눅 15:8 ● 어떤 여자에게 은전 열 드라크마를 갖고 있는데 그중의 한 개를
잃어버리면 등불을 켜고 그것을 찾기까지 집을 쓸며 부지런히 찾지 않겠
느냐? [9] 마침내 그것을 찾으면 친구와 이웃을 초청하여 "나와 함께 즐기
자. 내가 잃어버린 드라크마를 찾았다" 할 것이다. [10] 그러므로 내가 너희

드라크마 기념 주화(눅 15:8)
1998년 제조, 그리스

풀을 뜯는 양떼들(눅 15:4-7) 터키

에게 말한다. "이같이 죄인 한 사람이 회개하면 하나님의 천사(사자)들 앞에서 큰 기쁨이 된다."

† 잃은 아들을 찾은 아버지 비유 (눅 15:11-32)

눅15:11 ● 또 예수께서 말씀하셨다. "어떤 사람에게 아들 둘이 있었다. 12 그
중 작은(둘째) 아들이 아버지에게 말했다. '아버지의 재산 중에서 나에게 돌
아올 상속분(분깃)을 주세요'. 이에 아버지가 그 재산(살림)을 각각 나눠주었
다. 13 그후 둘째 아들은 며칠도 안 되어 아버지에게 받은 모든 재산을 가지
고 먼 나라에 가서 그곳에서 방탕한 생활로 그 재산을 낭비했다. 14 결국 모
든 재산을 다 허비했고, 때마침 그 나라에 큰 흉년이 들어 그가 궁핍하게 되
었다. 15 그래서 그는 그 나라 백성 중 한 사람에게 붙여 살게 되었고, 둘째 아
들은 그가 시키는 대로 들로 나가 돼지를 쳤다. 16 그러나 그는 너무 허기져
돼지가 먹는 쥐엄 열매로 배를 채우고자 했지만 그나마도 주는 자가 없었다.
17 이에 스스로 자신에게 말했다. 내 아버지에게는 양식이 넉넉한 품꾼이 얼
마나 많이 있는가! 그러나 나는 이곳에서 굶주려 죽게 되었다. 18 이제 내가
아버지께 돌아가서 말하기를 '아버지, 내가 하늘과 아버지께 죄를 지었습니
다. 19 이제부터는 감히 아버지의 아들이라고 불릴 자격이 없습니다. 나를 품
꾼의 하나로 여기십시오'라고 할 것이다.

눅15:20 이에 둘째 아들은 일어나 아버지께로 돌아갔다. 한편 그가 집에
다다르기 전에 아직도 거리가 멀리 떨어져 있었으나 아버지는 둘째 아들
을 알아보고 불쌍히 여겨 달려가 목을 안고 입을 맞추었다. 21 이에 둘째
아들이 말했다. '아버지 내가 하늘과 아버지께 죄를 지었습니다. 그러니
이제부터는 아버지의 아들이라고 부르지 마십시오(어떤 사본에는 나를 품
꾼의 하나로 보십시오). 나는 그런 자격이 없습니다.' 22 그러나 아버지는 종들
에게 말했다. '제일 좋은 옷을 가져다가 그에게 입히고, 손에 가락지를 끼
우고, 발에 신을 신기라. 23 또 살진 송아지를 끌어다가 잡으라. 우리가 먹
고 즐거워하자. 24 여기 있는 내 아들은 죽었다가 다시 살아났으며 내가 잃
었다가 다시 얻었다.' 이에 그들이 즐거워했다.

눅15:25 한편, 맏아들은 밭에 있다가 돌아와 집에 가까이 왔을 때 악기 소

쥐엄 열매(눅 15:16)

식물 쥐엄나무 (Husks, 눅 15:16)

쥐엄나무는 헬라어 '케라티아'를 번역한 것으로 공식 명칭은 주엽나무이다. 영역본인 AV에는 껍질(husk), 상록교목의 과피로 나온다. 3-8m 정도까지 자라는 이 나무의 꽃은 주로 여름에 한 해 묵은 가지에서 피고 색깔은 연두빛이다. 열매는 꽃이 핀 후 약 10개월 만에 익는데 짙은 갈색의 살이 붙은 꼬투리이다. 이 꼬투리는 우리나라의 완두콩 모양으로 길이는 10-20㎝나 되는데 주로 소나 양의 사료로 사용되며 기근이 심할 때는 가난한 사람의 양식이 되기도 했다(눅 15:16).

리와 춤추는 소리를 듣고 26 한 종을 불러 집에 무슨 일이 있는지 물었다.
27 종이 대답했다. '당신의 동생이 돌아오자 당신의 아버지가 건강하게 돌
아온 그의 아들을 다시 맞아들임으로 인해 살진 송아지를 잡아 잔치를 베
풀었습니다.' 28 그 소리를 들은 맏아들이 화가 나서 집에 들어가려고 하지
않자 아버지가 나와서 들어오라고 권했다. 29 그러자 맏아들은 아버지께
대답했다. '나는 여러 해 동안 아버지를 섬기며 아버지의 말씀을 어긴 적
이 없었으나 나에게는 염소 새끼 한 마리도 나와 내 친구들과 함께 즐기게
한 일이 없었습니다. 30 그러나 아버지의 재산을 창녀들과 함께 모두 없애
버린 동생이 돌아오자 그를 위해 살진 송아지를 잡아 잔치까지 베풀었습
니다.' 31 그러자 아버지가 대답했다. '아들아, 너는 항상 나와 함께 있으니
내 것이 모두 네 것이지 않느냐? 32 그러나 네 동생은 죽었다가 다시 살아
난 것과 다름이 없고 내가 잃었다가 얻었으니 우리가 즐거워하고 기뻐하
는 것이 마땅하다.'"

돌아온 탕자(눅 15:11-32) 1669년, 렘블란트 작, 캔버스 유채, 러시아 상트페테르부르그, 에르미타쥐 미술관

† 불의한 청지기 비유 (눅 16:1-13)

눅 16:1 ● 또 예수께서 제자들에게 비유로 말씀하셨다. "어떤 부자에게 재
산(살림)을 관리하는 사람(청지기)이 있었다. 그가 주인의 재산을 낭비한
다는 말이 그 주인에게 들렸다. 2 이에 주인이 그를 불러 말했다. '내가 너
에게 대해 들은 이 소문이 어찌 된 것이냐? 네가 관리하던 내 재산을 계산
하여 정리하라. 너는 더 이상 재산 관리의 일(청지기 직무)을 하지 못할 것
이다.' 3 그러자 재산 관리인(청지기)은 속으로 생각했다. '주인이 내 직분
(일)을 그만두게 했으니 내가 무엇으로 먹고 살 수 있겠는가? 땅을 파자니
힘이 없고, 빌어 먹자니 부끄럽구나. 4 이제 내가 이렇게 하면 재산 관리직
을 그만두게 되더라도 후에 사람들이 나를 자기 집으로 받아줄 것이다.'
이에 5 주인에게 빚진 자를 하나씩 불러다가 먼저 온 자에게 말했다. '네
가 내 주인에게 얼마나 빚졌느냐?' 6 그가 말하되 '기름 100말입니다.' 청
지기가 말하기를 '여기 네 증서를 가지고 빨리 앉아 50이라고 쓰라' 하고
7 또 다른 사람에게 말하되 '너는 얼마나 빚졌느냐?' 그가 대답하기를 '밀
100석입니다' 하니 재산 관리인(청지기)이 말하되 '여기 네 증서에 80이

성경 상식 **청지기(눅 16:3)**

청지기는 문자적으로 '집 위에 있는 자'라는 뜻이다. 곧 주인을 대신하여 주인의 재산이나 종들을 관리하고 다스리는 자를 말한다. 고대에 청지기는 종으로 있다가 주인에게 선택되어 직분을 맡는 경우도 있으며(창 15:2 참조), 자유인으로 주인과 계약에 의해 청지기직을 맡는 경우도 있었다(눅 16:3).
이런 청지기는 주인을 대신하기 때문에 때로는 주인의 소유를 탕진하거나 부정을 저지를 수도 있었다. 그래서 예수께서는 불의한 청지기 교훈을 말씀하시기도 했다(눅 16:1-8). 구약에서 요셉은 비록 애굽에 팔렸으나 보디발 장군의 집에서 성실한 청지기로 일했다.

라고 쓰라.'
눅 16:8 주인이 이 불의한 관리인(청지기)이 자신을 위해 일을 슬기롭게 처
리하는 것을 보고 칭찬했다. 이는 자기 시대에 있어서는 빛의 아들들보다
더 슬기롭게 일을 처리하기 때문이다. [9] 그러므로 내가 너희에게 말한다.
"주인(불의)의 재물로 친구를 사귀라. 그러면 그 재물이 없어질 때에 그들
이 너희가 머무를 처소로 영접할 것이다.
눅 16:10 지극히 작은 것에 충실(충성)한 자는 큰 것에도 충실하고, 지극히
작은 것에 충실하지 못한(불의한) 자는 큰 것에도 충실하지 못하다. [11] 너
희가 만일 자신만을 위해 부정하게 관리한(불의한) 재물에도 충실하지 않
으면 누가 진실된 선한 재물을 너희에게 맡기겠느냐? [12] 너희가 만일 남의
것에 충실(충성)하지 않으면 누가 너희가 받을 몫을 너희에게 주겠느냐?
[13] 집 하인은 두 주인을 섬길 수 없다. 이 사람을 미워하고 저 사람을 사랑
하든지, 아니면 이 사람을 중하게 여기고 저 사람을 소홀히 여길 것이다.
이와 같이 너희는 하나님과 재물을 함께 섬길 수 없다."

† 율법과 하나님 나라의 복음 (눅 16:14-17)

눅 16:14 ● 바리새인들은 돈을 좋아하는 자들이기 때문에 예수님의 청지
기 비유에 대한 말씀을 듣고 비웃었다. [15] 그래서 예수께서 그들에게 말씀
하셨다. "너희는 사람들 앞에서 스스로 옳다고 여기는 자들이다. 그러나
하나님께서는 너희 마음을 알고 계신다. 사람 중에 높임을 받는 것은 하나
님 앞에 미움을 받는 것이다. [16] 율법과 선지자는 세례자 요한의 때까지요
그 이후부터는 하나님 나라의 복음이 전파되어 사람마다 그 하나님 나라
로 들어간다. [17] 그러나 율법에 나오는 작은 글자의 한 획이 떨어져나가는
것보다 천지가 없어지는 것이 더 쉬울 것이다."

† 부자와 거지 나사로의 비유 (눅 16:19-31)

눅 16:19 ● 예수께서 말씀하셨다. "비싼 자색 옷과 고운 베옷을 입고 매일
같이 호화롭게 살던 한 부자가 있었다. [20] 그리고 몸에 부스러기 투성이인
나사로라는 한 거지가 그 부잣집 대문 앞에 버려진 채 있었다. [21] 그는 그

부정한 청지기 비유(눅 16:1) 립 드 샹베뉘 작, 프랑스, 아라스 미술관

난제 불의한 재물로 친구를 사귀라는 말은 무슨 뜻인가 (눅 16:9)?

불의한 재물이란 내 것이 아님에도 자기 것처럼 임의로 사용하는 재물을 말한다. 본문에서 말하는 불의한 재물은 하나님의 것을 내 것처럼 마음대로 처리하고 사용한 것을 의미한다.
그런데 그런 불의한 청지기를 하나님은 칭찬하셨다. 어차피 세상의 모든 것은 창조주인 하나님의 소유이다. 그것이 내 노력으로 얻은 것이라 할지라도 그 근원은 하나님의 것으로부터 얻은 것이기 때문이다. 오늘날 이 말씀은 세상의 것으로 하나님을 위해 사용하는 자가 지혜로운 자라는 것을 보여준다. 그것은 하나님의 것으로 내가 인심을 쓰는 것이며 결국 자기에게 유익이 되는 것이다.

세상에서의 부자와 거지 나사로 (눅 16:19 -21) 이요한 작

부자의 상에서 떨어지는 부스러기로 굶주린 배를 채우려고 했고 심지어
개들이 와서 그 부스러기가 난 헌 곳을 핥았다.

눅 16:22 얼마 후 거지가 죽자 천사들에게 들려져 아브라함의 품에 들어갔
고 부자도 죽어 장사되었다. [23] 부자는 음부에 들어가 그곳에서 고통 중에
눈을 들어 멀리 아브라함과 그의 품에 있는 나사로를 보고 [24] 큰 소리로 말
했다. '아버지 아브라함이여, 나를 불쌍히 생각하여 나사로를 이곳에 보
내 그 손가락 끝에 물을 찍어 내 혀를 서늘하게 해주십시오. 내가 이 불꽃
가운데서 심히 괴로워하고 있습니다.' [25] 아브라함이 말했다. '너는 세상
에서 살 때 좋은 것을 마음껏 누렸으니 나사로가 세상에서 고난 받은 것을
기억하라. 이제 나사로는 이곳에서 위로를 받고 너는 고통을 받는 것이다.
[26] 그뿐 아니라 너(너희)와 우리 사이에는 큰 구덩이가 있기 때문에 이곳에
서 그곳으로 건너갈 수 없고, 그곳에서 우리에게 건너올 수도 없다.'

눅 16:27 그러자 부자였던 자가 말했다. '그러면 간청합니다. 나사로를 세
상에 있는 내 아버지의 집으로 보내주십시오. [28] 나에게 형제 다섯 명이 아
직 세상에 남아 있으니 그들에게 이 사실을 알려 고통받는 이곳에 오지 않
도록 해주십시오.' [29] 그러자 아브라함이 말했다. '그들에게 모세와 선지자
들이 있으니 그들을 통해 들으면 될 것이다.' [30] 그가 대답하되 '그렇지 않
습니다. 아버지 아브라함이여, 만일 죽은 자가 다시 살아나 그들에게 가서
말하면 그들이 회개할 것입니다.' [31] 아브라함이 대답했다. '모세와 선지자
들의 말을 듣지 않는다면 비록 죽은 자가 다시 살아나 권해도 그들의 말을
듣지 않을 것이다.'"

천국에서 아브라함의 품에 안긴 거지 나사로와 음부의 부자(눅 16:22) 이요한 작

† 과부와 재판장 비유 (눅 18:1-8)

눅 18:1 ● 예수께서 그들에게 항상 기도하고 낙심하지 말아야 할 이유를 비
유로 말씀하셨다. [2] "어떤 도시에 하나님을 두려워하지 않고 사람을 무시하
는 한 재판장이 있었다. [3] 그 도시에 사는 한 과부가 자주 그 재판장에게 가서
자기의 원수에 대한 원한을 풀어달라고 간청했다. [4] 재판장이 한동안 듣지
않다가 후에 속으로 생각하기를 내가 하나님을 두려워하지 않고 사람을 무
시하지만 [5] 이 과부가 나를 귀찮게 하니 내가 그 원한을 풀어줄 것이다. 만일

성경 상식 **기도에 대하여**(눅 18:1)

기도는 하나님과의 상호 교통을 행하는 것이다. 율법 시대에는 대제사장만이 지성소에 들어가 직접 하나님께 구했으나 예수의 십자가 사건을 통해 기도는 개인적으로 직접 하나님께 나아가는 가장 확실한 방편이 되었다.

이런 기도는 청원, 간언, 고백, 감사, 회상, 찬양, 숭배, 명상, 교제, 회개 등의 의미를 포괄할 수 있다. 성경에서 기도의 자세는 주로 서서 하거나 무릎을 꿇고 하며, 두 손을 들고 하기도 한다.

그렇게 해주지 않으면 자주 찾아와 나를 귀찮게 할 것이다."
눅 18:6 예수께서 또 말씀하셨다. "불의한 재판장이 말한 것을 들으라. [7] 하
물며 하나님께서 그에게 밤낮 부르짖는 선택한 자들의 원한을 풀어주지
않겠느냐? 그들에게 오래 기다리지 않고 [8] 속히 그 원한을 풀어줄 것이다.
그러나 내(인자)가 다시 올 때에 세상에서 믿음을 보겠느냐?"

† 바리새인과 세리의 기도 비유 (눅 18:9-14)

눅 18:9 ● 또 예수께서 자신을 의롭다고 생각하여 다른 사람을 무시하는
자들에게 비유로 말씀하셨다. [10] "바리새인과 세리 두 사람이 기도하기 위
해 성전으로 올라갔다. [11] 바리새인은 세리와 떨어져 일어서서 기도하기
를 '하나님이여, 나는 사기꾼(토색하는 자), 불의한 자, 간음을 하는 자들과
같지 않고 이 세리와도 같지 않음을 감사합니다. [12] 나는 일주일에 화요일
과 목욕일 두 번씩 금식하고, 또 소득의 십일조를 드렸습니다'라고 했다. [13]
그러나 세리는 멀리 서서 눈을 들어 하늘을 쳐다보지도 못한 채 다만 가슴
을 치며 기도했다. '하나님이여, 나를 불쌍히 여겨주십시오. 나는 죄인입
니다.' [14] 내가 너희에게 말한다. 이에 의롭다고 인정을 받아 집으로 간 사
람은 바리새인이 아니고 세리였다. 이렇듯 자기를 높이는 자는 낮아질 것
이요, 자기를 낮추는 자는 높아질 것이다."

† 포도밭 일꾼의 비유 (마 20:1-16)

마 20:1 ● 예수께서 또다시 비유로 말씀하셨다. "하나님 나라(천국)는 마치 일
꾼(품꾼)을 얻어 포도밭에 들여보내려고 이른 아침에 나간 집주인과 같다.
[2] 주인이 하루 품삯으로 은전 한 데나리온씩 일꾼들과 약속하고 포도밭에
들어가 일하도록 했다. [3] 또 오전 9시(제3시)에 나가 시장 터에서 놀고 있

이스라엘의 포도밭(마 20:1)

성경의 화폐 단위

	명칭	가치	관계성구
유대	게라	세겔의 1/20	출 30:13
	베가	세겔의 1/2	출 38:26
	세겔	금 - 은의 15배	대상 21:25
		은 - 일반 노동자 4일의 품삯	출 30:24; 삼하 24:24
	므나	달란트의 1/60	눅 19:13-25
	달란트	금 - 은의 15배	대상 29:4
		은 - 6000드라크마	출 38:27
로마	고드란트	앗사리온의 1/4	마 5:26
	앗사리온	데나리온의 1/1	마 10:29
	데나리온	하루 품삯	마 18:28
헬라	렙돈	로마 고드란트의 1/2	막 12:42; 눅 12:59
	드라크마	하루 품삯	눅 15:8

로마 황제 가이사의 상이 새겨진 데나리온 (마 10:9)

하루의 품삯을 위해 농기구를 가지고 거리에 나온 사람들(마 20:1-7) 요르단

는 사람들을 보고 4 그들에게도 말하기를 '포도밭에 들어가서 일하면 내
가 너희에게 상당한 품삯을 주겠다'라고 하자 그들도 포도밭에 들어가서
일했다. 5 오전 12시(제6시)와 오후 3시(제9시)와 6 오후 5시(제11시)에도
나가 말하되 '너희는 왜 하루 종일 여기에서 놀고 있느냐?' 7 그들이 말하
되 '우리를 일꾼으로 쓰는 사람이 없습니다.' 주인이 말하기를 '너희도 포
도밭에 들어가 일하라'고 하였다.

마 20:8 날이 저물자 포도밭 주인이 관리인(청지기)에게 일꾼들을 불러 맨
나중에 온 자로부터 시작하여 가장 먼저 온 자까지 품삯을 지불하라고 지
시했다. 9 가장 먼저 오후 5시(제11시)에 온 자들이 와서 은전 한 데나리온
씩을 받았다. 10 이를 본 가장 일찍 온 일꾼들이 그보다 더 많이 받을 줄 생
각했으나 그들도 은전 한 데나리온씩 받았다. 11 가장 일찍 온 일꾼이 품삯
을 받은 후 포도밭(집) 주인을 원망하며 말했다. 12 '맨 나중에 온 사람들은
한 시간밖에 일하지 않았는데 그들은 하루 종일 수고하며 더위를 견딘 우
리와 같은 품삯을 받았습니다.' 13 주인이 그중의 한 사람에게 대답했다.
'친구여, 나는 너에게 잘못한 것이 없다. 나는 너와 하루에 은전 한 데나리
온의 품삯을 약속하지 않았느냐? 14 그러므로 약속한 네 품삯이나 가지고
가라. 나중에 와서 일한 이 사람에게도 너와 같은 품삯을 주는 것이 내 마
음(뜻)이다. 15 내 것을 가지고 내 마음대로 할 수 있지 않느냐? 내가 선하
므로 네가 나를 악하게 보지 마라.' 16 이같이 나중 된 자로서 먼저 되고, 먼
저 된 자로서 나중 되기도 한다."

나사로 (Lazarus, 요 11:1)

성경 인물

나사로는 베다니에 사는 마르다와 마리아의 오라비로 죽은 지 4일 만에 예수님에 의해 살아난 사람이다. 전승에 의하면 죽었다가 다시 살아난 나사로는 구브로(사이프로스) 섬으로 와서 전도하다가 죽었다고 전해진다. 오늘날 라나카에는 그의 두 번째 무덤이 있다.

베다니 마을(요 11:1)

성경 지리

예수께서 죽은 나사로를 살린 베다니는 히브리어로 '베일 히니'라 부르는데 집이란 뜻의 '벧'과 도량형기의 하나인 '힌'으로 된 단어로 우리말로는 '됫집'이란 뜻이다. 그런데 히브리어로는 '우울의 집'이요, 아람어로는 '가난의 집'이란 의미가 있다. 이곳에는 나사로의 무덤과 성 나사로 교회, 그리고 마리아의 집터가 남아 있다. 베다니에는 나사로, 마르다, 마리아 3남매가 살았으며, 이 마리아는 예수님을 자기 집에 모시고 향유를 예수님 발에 붓고 자기의 머리털로 씻은 사랑의 봉사를 한 사람으로 알려진다(요 12:1-5).

† 나사로가 죽음 (요 11:1-16)

요 11:1-2 마리아와 그 언니(자매) 마르다가 사는 올리브(감람) 산 동쪽 기
슭 베다니 마을에 사는 나사로가 병이 들었다. 그는 향유를 예수께 붓고 머
리털로 그의 발을 닦았던 마리아의 오빠였다.
요 11:3 이에 나사로의 여동생(누이)들이 예수께 사람을 보내 말했다. "주
님, 주님께서 사랑하는 나사로가 병들었습니다." 4 예수께서 그 말을 듣고
말씀하셨다. "이 병은 죽을병이 아니라 하나님의 영광을 위한 병이다. 그
것은 하나님의 아들이 이로 인해 영광을 받게 하기 위함이다."
요 11:5 예수께서는 본래부터 마르다와 그 자매(동생)와 나사로를 사랑하셨
다. 6 그러나 나사로가 병이 들었다는 소식을 듣고 의도적으로 그 계시던 곳에
서 2일 동안 더 머물렀다. 7 그 후에 제자들에게 "유대로 다시 가자"라고 하자
8 제자들이 말했다. "선생님(랍비여), 얼마 전까지도 유대인들이 돌로 치려고
했는데 또 그곳으로 가려고 하십니까?" 9 예수께서 대답하셨다. "지금은 낮
12시가 아니냐? 사람이 낮에 다니면 이 세상의 빛을 보기 때문에 넘어지지
않고, 10 밤에 다니면 빛이 그 사람 안에 없기 때문에 넘어진다."
요 11:11 예수께서 이 말씀을 하신 후에 다시 말씀하셨다. "우리 친구 나사로
가 잠들었다. 그러나 내가 깨우러 간다." 12 이에 제자들이 말했다. "주님, 잠
들었으면 나을 것입니다." 13 예수께서는 나사로가 죽은 것을 잠들었다고 말
씀하신 것이었으나 제자들은 잠들어 쉬는 것으로 생각했다. 14 이에 예수께
서 "나사로가 죽었다"고 분명하게 말씀하셨다. 그리고 15 "내가 그곳에 없는

나사로 기념 교회(요 11:1-44) 베다니, 부활한 나사로를 기념해 나사로의 첫 번째 무덤 옆에 세운 교회이다.

것이 너희를 위해서는 기쁜 일이다. 그것은 너희로 믿게 하기 위함이다. 그러나 이제 그에게로 가자"라고 말씀하셨다. 16 이에 '디두모'라고 하는 도마가 "우리도 주님과 함께 죽으러 가자"라고 제자들에게 말했다.

† 나는 부활이요, 생명이니 (요 11:17-44)

요 11:17 ● 예수께서 요단 강가를 떠나 베다니 마을에 도착한 것은 나사로가
무덤에 장사된 지 4일이나 지난 후였다. 18 베다니는 예루살렘에서 동쪽으
로 2km(5리)쯤 되는 가까운 거리에 있다. 19 많은 유대인들이 마르다와 마
리아에게 오빠의 장례로 위문하러 왔다.

요 11:20 마르다는 예수께서 오신다는 말을 듣고 바로 나가 맞이하고 마리아
는 집에 앉아 있었다. 21 마르다가 예수께 말했다. "주님이 이곳에 계셨다면
내 오빠가 죽지 않았을 것입니다. 22 그러나 나는 지금이라도 주님이 무엇이
든지 하나님께 구하는 것은 하나님이 주실 줄을 알고 있습니다." 23 이에 예
수께서 말씀하셨다. "네 오빠가 다시 살아날 것이다." 24 마르다가 대답하되
"마지막 날 부활 때에는 다시 살아날 줄을 내가 믿습니다(아나이다)."

요 11:25 예수께서 다시 말씀하셨다. "나는 부활이요, 생명이다. 그러므로
나를 믿는 자는 죽어도 살 것이요, 26 살아서 나를 믿는 자는 영원히 죽지
않을 것이다. 이것을 네가 믿느냐?" 27 마르다가 대답했다. "주님 내가 믿
습니다. 주님은 그리스도시요, 세상에 오시는 하나님의 아들인 줄을 내가
믿습니다." 28 이 말을 하고 돌아가서 조용히 그 자매(동생) 마리아를 불러
"선생님이 마을 입구에 도착하여 너를 부른다"라고 말하자 29 마리아가 이
말을 듣고 서둘러 일어나 예수께로 나갔다.

요 11:30 예수께서는 아직 마을로 들어오지 않고 마르다가 맞았던 곳에 그
대로 머물러 계셨다. 31 마리아와 함께 그의 집에서 위로하던 유대인들은
마리아가 서둘러 나가는 것을 보고 곡하러 무덤에 가는 줄로 생각하고 그
녀를 따라갔다. 32 마리아가 예수께서 계신 곳에 가서 그를 뵙고 그 발 앞
에 엎드려 언니와 같은 말을 했다. "주님께서 이곳에 계셨다면 내 오빠가
죽지 않았을 것입니다." 33 예수께서 마리아와 그와 함께한 유대인들이 우
는 것을 보고 마음에 통분하시고 불쌍히 여겨 34 말씀하셨다. "나사로를 어

난제 **마리아와 마르다와 나사로와의 관계는(요 11:3)?**

나사로와 마리아와 마르다는 남매 관계였다. 그런데 나사로는 마리아의 오빠였으나 요 11:3에서는 '누이들'이라는 복수로 사용하고 있다. 이를 보면 마리아의 언니인 마르다는 나사로의 누이였음을 알 수 있다. 곧 막내는 마리아, 그다음이 나사로 맨위가 마르다가 된다. 그러나 요 11:19에는 마리아와 마르다의 오빠 나사로로 나온다.

Q&A **왜 예수는 나사로가 죽은 지 4일이 지난 후에 오셨는가(요 11:17)?**

당시 유대인들은 사람이 죽어 4일이 지나면 완전히 죽은 것으로 생각했다. 그래서 예수께서는 나사로가 죽어 전혀 회생 가능성이 없는 상태에서 살린 것을 확실히 보여주기 위해 일부러 죽은 지 4일 만에 오셨다.

나사로의 첫 번째 무덤(요 11:17) 이스라엘 베다니

1 **나사로의 부활(요 11:44) 파리,** 루브르 박물관
2 **나사로의 두 번째 무덤(요 11:1-44)** 키프로스 라나카

디에 두었느냐?" 그녀가 대답하기를 "주님, 와서 보십시오" 하자 [35] 예수께
서 눈물을 흘리셨다. [36] 이를 본 유대인들이 말했다. "보라, 그가 나사로를
참으로 사랑하셨다." [37] 또 그중 어떤 이는 "눈먼 자의 눈을 뜨게 한 이 사람
이 나사로를 죽지 않게 할 수는 없었는가?"라고 말하기도 했다.

요 11:38 이에 예수께서 다시 속으로 통분히 여기시며 무덤으로 가셨다. 무
덤은 굴로 되어 있었고 입구는 돌로 막아놓았다. [39] 예수께서 "돌을 옮겨
놓으라" 말씀하시자 죽은 나사로의 동생(누이) 마르다가 말했다. "주여, 죽
은 지가 4일이나 되어 벌써 냄새가 납니다." [40] 그러자 예수께서 말씀하셨
다. "내 말을 네가 믿으면 하나님의 영광을 볼 것이라고 말하지 않았느냐?"
[41] 이에 돌을 옮겨 놓자 예수께서 눈을 들어 하늘을 우러러 보시고 말씀하
셨다. "아버지여, 내 말을 들으신 것을 감사합니다. [42] 항상 내 말을 들으시
는 줄을 내가 알았습니다. 그러나 이 말씀을 하는 것은 둘러선 무리들이
아버지께서 나를 보내신 것을 그들로 믿게 하기 위함입니다." [43] 이 말씀을
하시고 큰 소리로 "나사로야, 나오너라"라고 부르자 [44] 죽은 나사로가 손발
(수족)을 베로 짠 천으로 묶인 채 나오는데 그 얼굴도 천(수건)으로 싸여 있
었다. 이에 예수께서 말씀하셨다. "풀어놓아 다니게 하라."

풍습 **성서 시대의 무덤에 대하여** (요 11:38)

시체를 매장하는 장소로 팔레스타인 지역에서는 자연적인 동굴이나 인공적으로 만든 동굴을 사용했다. 히브리인들은 죽은 자와 접촉하면 부정하게 된다는 의식이 있었기 때문에 무덤은 도시나 촌락 밖에 위치했다. 그러나 중요한 인물들의 경우는 도시 안에 매장을 하기도 했다. 그리고 동굴 무덤은 대개가족의 공동묘지로 사용되었다. 아브라함을 비롯한 족장들은 막벨라굴에 매장되었고, 기드온은 오브라에 있는 아버지의 묘실에 장사되었으며(삿 8:32), 삼손(삿 16:31)과 아사헬(삼하 2:32) 등도 아버지 묘실에 장사되었다.

† 예수를 죽이려고 모의함 (요 11:45-54)

요 11:45 ● 예수께서 마리아에게 문상을 와서 나사로를 살린 일을 본 많은
유대인이 그를 믿었다. 46 그러나 그중에 어떤 자는 바리새인들에게 가서
예수께서 하신 일을 알려주었다. 47 이에 대제사장들과 바리새인들이 산헤
드린 공의회(공회)를 소집하여 의논했다. "이 사람이 많은 기적(표적)을 행
하고 있는데 우리가 그를 어떻게 해야 하겠는가? 48 만일 그를 이대로 내
버려두면 모든 사람이 그를 믿을 것이다. 그렇게 되면 로마인들이 와서
땅을 빼앗고 우리 민족을 잡아갈 것이다."

요 11:49 이에 그해의 대제사장인 가야바가 그들에게 말했다. "너희가 아
무것도 알지 못한다. 50 한 사람이 백성을 위해 죽으므로 모든 민족이 멸망
하지 않게 되는 것이 너희에게 유익한 줄을 생각하지 못한다." 51 그가 한
이 말은 자기 스스로 한 것이 아니라 그가 그해의 대제사장이기 때문에 예
수께서 그 민족을 52 위할 뿐만 아니라 흩어진 하나님의 자녀를 모아 하나
가 되게 하기 위해 죽을 것을 미리 말한 것이다.

요 11:53 이날부터는 그들이 예수를 죽이려고 모의하기 시작했다. 54 그러므
로 예수께서는 다시 유대인들 앞에 공개적으로 다니지 않고 그곳을 떠나
광야(빈 들, NIV에는 광야) 가까운 곳인 예루살렘 북쪽 23㎞ 지점에 있는 에브
라임이라는 마을(동네)로 가서 제자들과 함께 그곳에 머물렀다.

† 이혼에 대한 가르침 (마 19:3-12, 막 10:2-12, 눅 16:18)

마 19:3, 막 10:2 ● 예수께서 다시 유대 지역으로 오셨을 때 바리새인들이 예수께
나아와 그를 시험(NIV에는 test, HB에는 tempting)하기 위해 물었다. "사람
이 이혼할 이유가 있으면 아내를 버려도 괜찮습니까?" 막 10:3 이에 예수께
서 되물으셨다. "모세는 너희에게 무엇이라고 하고 있느냐?

마 19:4-6, 막 10:6-9 하나님은 창조 때부터 사람을 남자와 여자로 만드셨다.
'그러므로 사람이 그 부모를 떠나 아내와 연합하여 그 둘이 한 몸이 될 것
이다'(창 2:24) 하는 말을 읽지 못했느냐? 그런즉 이제 둘이 아니라 한 몸
이다. 그러므로 하나님이 짝지어 준 것을 사람이 나누지 못할 것이다."

마 19:7-9, 막 10:4-5 이에 그들이 다시 물었다. "그러면 왜 모세는 이혼 증서를

에브라임 동네(요 11:54) 이스라엘 타이베, 아랍 동네인 이곳은 오늘날 모든 아랍 사람들이 예수를 믿고 있다.

풍습 **유대인의 이혼** (마 19:7-9)

유대인에게 이혼 사유가 되는 근거는 보통 간음과 불임 두 가지이다. 반면 실종이나 정신이상은 이혼의 조건이 될 수 없었다. 그런데 유대인들은 이혼 조건을 확대 해석하여 남편이 식사를 못 먹게 했거나, 머리를 묶지 않고 다니거나, 길거리에서 다른 남자와 이야기하거나, 남편이 보는 앞에서 시부모에게 불경스런 말을 하거나, 옆집까지 들릴 만큼 크게 소리를 지를 경우에도 간음에 해당시켜 이혼 조건으로 삼았다. 그러나 예수님은 그런 확대 해석을 금했다(마 19장).

하와 창조(마 19:4) 기베르티 작, 이탈리아, 밀라노 두오모성당

어린이를 축복하는 예수(마 19:13-14) 19세기, 스위스 제네바, 생 피에르대성당 색유리

써주고 아내를 버리라(신 24:1-4)고 명령했습니까?" 예수께서 말씀하셨다. "모세는 그 당시 사람들의 마음이 완악했기 때문에 아내 버리는 것을 허락했지만 본래의 뜻은 그렇지 않다. 내가 너희에게 말한다. 아무든지 음행한 이유 외에 아내를 버리고 장가가는 자는 간음하는 것이다."

마 19:10 제자들이 예수님께 말했다. "만일 사람이 아내에게 이같이 할진대 그렇다면 장가가지 않는 것이 좋겠습니다" 11 예수께서 말씀하셨다. "모든 사람들이 이 말을 받아들일 수 있는 것이 아니라 오직 타고난 자라야 할 것이다. 12 모태로부터 고자 된 사람이 있고, 사람이 인위적으로 만든 고자도 있으며, 하나님 나라를 위해 스스로 고자 된 사람도 있다. 이 말을 받아들일 수 있는 자는 받아들여라."

막 10:10 집에서 제자들이 다시 그 말씀에 대해 묻자 막 10:11, 눅 16:18 예수께서 말씀하셨다. "아무든지 아내를 버리고 다른 데로 장가 드는 자는 본처에게 간음을 행하는 것이요, 버림당한 여자에게 장가드는 자도 간음하는 것이다.

막 10:12 또 아내가 남편을 버리고 다른 데로 시집가면 그것도 간음을 행하는 것이다."

† 어린아이를 축복함 (마 19:13-15, 막 10:13-16, 눅 18:15-17)

마 19:13-14, 막 10:13-14, 눅 18:15-16 ● 그때 사람들이 예수께서 안수 기도를 받기 위해 어린아이들을 데리고 오자 제자들이 꾸짖었다. 이를 본 예수께서 화를 내시며 말씀하셨다. "어린아이들을 받아들이고 나에게 오는 것을 막지 말라. 하나님 나라(마, 천국)는 이런 어린아이와 같은 자의 것이다."

막 10:15, 눅 18:17 내가 참으로 너희에게 말한다. "누구든지 하나님의 나라를 어린아이와 같이 받들지 않는 자는 결단코 하나님 나라에 들어가지 못할 것이다."

마 19:15a, 막 10:16 이어 어린아이들을 안고 그들 위에 안수하시고 축복하셨다. 마 19:15b 그리고 그곳을 떠나셨다.

† 부자 청년 (관리, 막 10:17-22, 마 19:16-22, 눅 18:18-23)

막 10:17a ● 예수께서 길을 가실 때 마 19:16-20, 막 10:17b-20, 눅 18:18-21 어떤 청년(누

가복음에는 관리, 마가복음에는 사람)이 주님께 찾아와 꿇어 앉아 물었다. "선한 선생님이여, 내가 무슨 선한 일을 해야 영원한 생명을 얻을 수 있습니까?" 예수께서 말씀하셨다. "왜 선한 일을 나에게 묻느냐? 어찌하여 나를 선하다 하느냐? 선한 이는 오직 하나님 한 분이시다. 네가 영원한 생명에 들어가려면 계명들을 지켜라." 그가 말하되 "어느 계명입니까?" 예수께서 말씀하시되 "네가 알고 있는 계명처럼 살인하지 말라(출 20:13), 간음하지 말라(출 20:14), 도둑질하지 말라(출 20:15), 거짓 증거(증언)하지 말라(출 20:16), 네 부모를 공경하라(출 20:12), 이웃을 네 자신과 같이 사랑하라(레 19:18) 하신 것이다." 그 청년이 말하되 "나는 이 모든 계명들을 어려서부터 지켰습니다. 아직도 나에게 부족한 것이 있습니까?"

마 19:21-22, 막 10:21-22, 눅 18:22-23 예수께서 그를 사랑하는 까닭에 말씀하셨다. "그러나 너에게는 한 가지 부족한 것이 있다. 그러므로 네가 더욱 온전하기를 원하면 가서 네 소유를 모두 팔아 가난한 자들에게 주라. 그러면 하늘에서 네 보화가 있을 것이다. 그러고 난 후 나를 따르라." 그러나 그 청년(사람)은 재물이 많기 때문에 그 말씀으로 인해 슬픈 기색을 띠고 근심하며 예수를 떠나갔다.

† 재물과 구원 (마 19:23-30, 막 10:23-31, 눅 18:24-30)

마 19:23-26, 막 10:23-27, 눅 18:24-27 ● 청년이 떠난 후 예수께서 제자들을 둘러보시고 그들에게 말씀하셨다. "재물이 많은 자(어떤 사본에는 의지하는 자)는 하나님 나라(마, 천국)에 들어가기가 심히 어렵다. 다시 너희에게 말한다. 낙타가 쪽문(바늘귀)으로 들어가는 것이 부자가 하나님의 나라에 들어가는 것보다 쉽다." 제자(눅, 듣는 자)들이 그 말을 듣고 몹시 놀라 말했다. "그러면 누가 구원을 얻을 수 있겠는가?" 그러자 예수께서 그들을 보고 말씀하셨다. "사람은 할 수 없지만 하나님은 어떤 것이든 다 할 수 있다."

마 19:27-30, 막 10:28-31, 눅 18:28-30 이에 베드로가 예수께 물었다. "주님, 우리가 모든 것을 버리고 주님을 따랐습니다. 그렇다면 우리가 무엇을 얻을 수 있습니까?" 예수께서 말씀하셨다. "내가 참으로 너희에게 말한다. 새로운 세상이 되어 내(인자)가 영광의 보좌에 앉을 때에 나를 따르는 너희도 열두

QT 제자의 길은 가장 귀한 것을 버려야 갈 수 있는 길 (마 19:21)

예수께서 길을 가실 때 한 청년이 예수께 나와 영생을 얻는 길을 물었다. 그는 어려서부터 율법을 지켰기 때문에 도덕적으로 완전하다고 생각했다. 그러나 예수께서는 그에게 한 가지 부족한 것을 말씀하셨다. 곧 모든 소유를 팔아 가난한 사람에게 나누어준 다음 자신을 따르라고 말씀하셨다. 그러나 그는 재산이 많기 때문에 주님을 따르지 못하고 그의 제자가 될 수 있는 기회를 잃어버렸다.
제자의 길이란 나에게 가장 귀한 것까지도 주님을 위해 버릴 수 있어야만 갈 수 있는 길이다. 그래서 예수의 제자들은 생업 도구인 그물을 버리고 주님을 따랐으며, 바울은 세상 지식을 배설물로 여겼다.

난제 낙타가 바늘귀로 들어간다는 말은(막 10:25)?

바늘은 가죽끈이나 실로 꿰매는 도구로 고대부터 근세에 이르기까지 근동에서 사용되었음이 발굴 작업을 통해 드러났다. 현재까지 최초로 만든 바늘은 BC 6,000년경 뼈로 만든 것인데 므깃도에서는 BC 4,000년경의 것이 많이 발견되었다.
이후 신약 시대에는 청동으로 만든 바늘이 사용되었으며 상아 바늘도 발견되었다. 바늘귀는 실을 꿰는 구멍 난 부분을 가리키나 예수께서 비유로 말씀하신 바늘귀는 당시 예루살렘 성벽에 있던 작은 성문(바늘귀문)을 염두에 두고 한 것으로 생각된다.

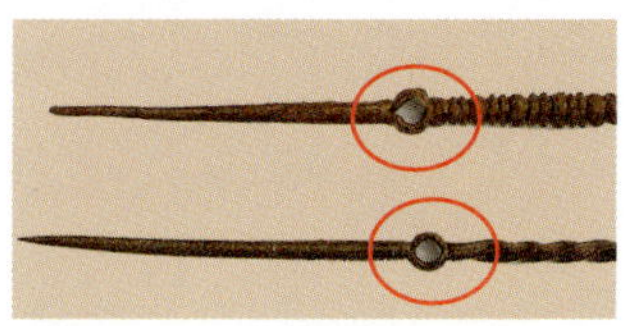
바늘귀

보좌에 앉아 이스라엘 열두 지파를 심판할 것이다. 또 내 이름과 복음을 위해 집이나 형제자매나 부모와(어떤 사본에는 아내나) 자식이나 자기의 토지를 버린 자마다 이 세상에서 토지를 100배나 받되 박해를 겸하여 받을 것이며, 내세에도 영원한 생명을 상속받을 것이다. 그러나 먼저 된 자로서 나중 되고, 나중 된 자로서 먼저 될 자가 많다(참조, 마 20:16)."

† 세 번째로 죽음과 부활을 예고 (마 20:17-19, 막 10:32-34, 눅 18:31-34)

마 20:17-19, 막 10:32-34, 눅 18:31-33 ● 하루는 예수께서 12명의 제자를 따로 데리고 예루살렘으로 올라가는 길에서 자신이 당할 일을 말씀하셨다. "보라, 우리가 예루살렘으로 올라가는데 이제 선지자들을 통해 나(인자)에 대해 기록된 모든 것이 이루어질 것이다. 곧, 내(인자)가 대제사장들과 율법교사(서기관)들에게 넘겨져 그들이 나를 죽이기로 결의하고 이방인들에게 넘길 것이다. 그리고 그들은 나를 능욕(조롱, 희롱)하고, 침 뱉으며, 채찍질하며, 십자가에 못 박게 하여 죽일 것이지만 나는 3일 만에 살아나게 될 것이다."

눅 18:34 그러나 제자들은 그 말의 뜻을 깨닫지 못했다. 이는 그 말씀이 숨겨져 있어 그들이 그 하신 말의 뜻을 알지 못했기 때문이다.

문화 **로마 때의 채찍 (눅 18:33)**
당시 로마인들은 몇 개의 가죽끈으로 된 채찍을 사용했는데 끝부분에는 뼈나 납으로 된 조각들을 매달아놓았다. 그리고 유대인들은 태형의 형량을 40대 이내로 정해놓았으나 로마인들은 그러한 제한 규정을 두지 않았다. 예수님은 십자가에 달리시기 전에 실제로 이런 채찍질을 당하셨다.

† 야고보와 요한의 어머니의 요구 (마 20:20-28, 막 10:35-45)

마 20:20-23, 막 10:35-40 ● 그때 세베대의 아들, 곧 예수의 이모인 살로메(참조, 마 4:21, 막 16:1)가 두 아들인 야고보와 요한을 데리고 예수께 와서 절하며 구했다(막 10:35에는 세배대의 아들 야고보와 요한이 구했다). 그때 예수께서 그녀에게 말씀하시기를 "너희에게 무엇을 해주기를 원하느냐?" 그녀가 대답하되 "주님의 영광의 날이 왔을 때 나의 이 두 아들을 주님의 나라에서 하나는 주님의 우편에, 하나는 주님의 좌편에 앉게 해주십시오." 이에 예수께서 대답하셨다. "너희는 너희가 무엇을 구해야 할지를 모른다. 내가 마시려는 고난의 잔을 너희가 마실 수 있으며, 내가 받는 세례(침례)를 너희가 받을 수 있겠느냐?" 그들이 말하되 "할 수 있습니다." 예수께서 말씀하셨다. "너희가 과연 내 고난의 잔을 마시며, 내가 받는 세례는 받을 수 있지만 내 좌우편에 앉는 것은 내가 주는 것이 아니라 내 아버지께서 주려고 준비한 자들이 얻을 것이다."

마 20:24 열 명의 나머지 제자가 야고보와 요한 두 형제가 예수께 구하는 말을 듣고 그들에 대해 몹시 화가 났다.

마 20:25-28, 막 10:41-45 예수께서 제자들을 불러 말씀하셨다. "이방인의 통치자들이 사람들을 마음대로 부리고 고위층들이 다른 사람들에게 권력을 행사하려는 줄을 너희가 알고 있다. 그러나 너희들은 그렇게 하지 않아야 한다. 너희 중에 누구든지 큰 자가 되기를 원하면 오히려 섬기는 자가 되어야 하고, 너희 중에 누구든지 최고가 되기를 원하면 오히려 너희의 종이 되어야 한다. 인자(내)가 이 세상에 온 것은 섬김을 받기 위해서가 아니라 오히려 섬기고 내 목숨을 많은 사람의 대속물로 주기 위해서다."

야고보(막 10:35) 이탈리아 레기온, 바울 기념 교회

요한(막 10:35) 이탈리아 레기온, 바울 기념 교회

† 삭개오의 뉘우침 (눅 19:1-10)

눅 19:1 ●하루는 예수께서 신약 시대의 여리고로 들어가셨다. [2] 여리고에
는 삭개오라고 하는 자가 있었는데 그는 세리장이요, 또한 부자였다. [3] 그
는 예수가 어떤 사람인지 보려고 했지만 키가 작고 사람들이 많기 때문에
볼 수 없었다. 그래서 [4] 예수께서 지나가려는 곳의 앞으로 달려가 그를 보
기 위해 돌무화과나무에 올라갔다.

눅 19:5 이를 본 예수께서 삭개오가 올라간 나무로 가서 그를 쳐다보시고 말
씀하셨다. "삭개오야, 속히 내려오라. 내가 오늘 너의 집에 머물러야 하겠다."
[6] 이에 삭개오가 급히 내려와 즐거워하며 예수를 영접했다." [7] 이를 본 많은
사람들이 "저가 죄인의 집에 머물기 위해 들어갔다"라고 하며 수군거렸다.

삭개오 나무(눅 19:4)
여리고, 돌무화과나무이다.

신약 시대 여리고와 구약 시대의 여리고(눅 19:1) 뒤에 보이는 곳이 구약 여리고로 중간이 두 소경을 고친 곳이다.

[8] 집에 온 삭개오가 일어서서 주님께 말했다. "주님, 보십시오. 내 재산 중에
서 절반을 가난한 자들에게 나눠주겠습니다. 그리고 만일 다른 사람의 것을
속여 빼앗은 것이 있으면 네 배로 갚겠습니다." [9] 그때 예수께서 말씀하셨다.
"오늘 이 집에 구원이 이르렀다. 이 사람도 아브라함의 자손이다. [10] 내(인자)
가 세상에 온 것은 잃어버린 자를 찾아 구원하기 위해서다."

† 므나의 비유 (눅 19:11-28, 요 11:55-57)

눅 19:11 ● 무리들이 삭개오의 집에서 말씀을 듣고 있을 때 예수께서 비유를
들어 계속해서 말씀하셨다. 이는 자기가 예루살렘에 가까이 오셨고 사람
들은 하나님의 나라가 당장에 나타날 줄로 생각하고 있었기 때문이었다.
[12] 예수께서 말씀하셨다. "어떤 귀한 사람이 왕의 직위를 받기 위해 먼 나
라로 갈 때 [13] 10명의 종에게 은화 10므나를 주며 말했다. "내가 돌아올 때
까지 이것으로 장사하라." [14] 그런데 그 백성이 그 왕이 될 사람을 미워하
여 밀사(사자)를 뒤로 보내 말하기를 '우리는 이 사람이 우리의 왕이 되는
것을 원하지 않습니다'라고 했다. [15] 그러나 귀인이 마침내 왕의 직위를 받
아가지고 돌아와 은화를 맡겼던 종들을 불러 어떻게 장사했는지를 알아
보기 위해 물었다.

눅 19:16 그 첫 번째 종이 주인 앞에 나아와 말했다. '주인님, 당신이 맡겨준 1
므나로 10므나를 남겼습니다.' [17] 주인이 말하되 '잘했다. 착한 종아, 네가 지
극히 작은 것에 충성했으니 열 개의 마을(고을)을 다스리는 권세를 가지라.'

신약 시대 여리고(눅 19:1) 뒤에 보이는 곳이 구약 여리고이다.

눅 19:18 또 두 번째 종이 와서 말했다. '주인님, 당신이 준 1므나로 5므나
를 남겼습니다.' 19 주인이 그에게도 말하되 '잘했다. 착한 종아, 네가 지극
히 작은 것에 충성했으니 다섯 개의 마을을 다스리는 권세를 가지라.'
눅 19:20 또 한 종이 와서 말했다. '주인님, 보십시오. 당신이 준 1므나가 여
기 그대로 있습니다. 내가 보자기(수건)로 싸두었습니다. 21 이는 당신이 엄
격한 사람인 것을 내가 알기 때문에 장사를 해서 손해를 볼까 두려워하여 1
므나를 그대로 가져왔습니다. 주인님은 맡기지 않은 것을 취하고 심지도
않은 것을 거두어들이기 때문입니다.' 22 이에 주인이 말했다. '악한 종아,
내가 네 말대로 너를 심판하겠다. 너는 내가 맡기지 않은 것을 취하고 심
지도 않은 것을 거두는 엄한 사람인 줄로 알았느냐? 23 그렇다면 왜 내 돈
을 은행에 맡기지 않았느냐? 그렇게 했다면 내가 와서 그 이자와 함께 너
에게 맡겨준 돈을 찾았을 것이다.' 24 이에 주인이 곁에 서 있는 자들에게
말했다. '그에게서 1므나를 빼앗아 10므나를 가지고 있는 자에게 주라.' 25
그들이 말하되 '주인님, 그에게는 이미 10므나가 있습니다.' 26 주인이 말
했다. '내가 너희에게 말한다. 무릇 있는 자는 더 많이 받을 것이고, 없는
자는 그 있는 것까지도 빼앗길 것이다. 27 그리고 내가 왕이 되는 것을 반
대했던 저 원수들을 끌고 와서 내 앞에서 죽이라.'" 28 예수께서 이 말씀을
하신 후 예루살렘을 향해 가셨다.

요 11:55 유대인의 명절인 유월절이 가까이 오자 많은 사람들이 자기를 정
결하게 하기 위해 유월절 이전에 지방(시골)에서 예루살렘으로 올라갔다.
56 예수를 반대하던 자들도 예수를 찾으며 성전에 서서 서로 말했다. "너희
생각에는 예수께서 이번 명절에 예루살렘으로 오지 않겠느냐?" 57 그들이
이렇게 말하는 것은 대제사장들과 바리새인들이 아무든지 예수가 있는
곳을 알면 서로 알려주어 잡도록 하라고 명령했기 때문이었다.

셀레우코스 왕조의 므나 화폐(눅 19:13) BC 2세기, 파리, 루브르 박물관 소장

† 두 명의 눈먼 자를 보게 함 (마 20:29-34, 막 10:46-52, 눅 18:35-43)

마 20:29-31, 막 10:46-48, 눅 18:35-39 ● 예수 일행이 구약 시대의 여리고에서 떠나 갈
때(누가복음에는 여리고 가까이 가셨을 때, 마가복음에는 여리고에 이르렀더니)에
많은 무리가 예수를 따랐다. 그때 디매오의 아들인 눈먼 거지 바디매오와 다

난제

예수께서 여리고에서 두 명의 소경을 고친 장소는 (마 20:29-31, 눅 18:35-39)?

예수께서 여리고에서 두 명의 소경을 고친 장소에 대해 마 20:29-30에는 여리고를 떠나갈 때 맹인 두 사람을 고쳤다고 말하고 있다. 그러나 눅 18:35에는 여리고에 가까이 가셨을 때 한 맹인을 고쳤다고 말하고 있다. 막 10:46에는 여리고에서 나가실 때 바디매오 소경을 고쳤음을 말하고 있다. 이처럼 고친 장소가 다르게 표현되고 있는 것은 고친 장소가 다른 곳이 아니라 보는 관점이 달랐기 때문이다. 곧 당시에는 여리고가 구약의 여리고와 신약의 여리고 두 곳이 있었음을 보여주고 있다. 그리고 소경을 고친 곳은 바로 두 여리고 사이에서 일어났다.

마태와 마가는 구약의 여리고 입장에서 기록한 것이고, 누가는 신약의 여리고 입장에서 기록했기 때문이다. 곧 마태와 마가는 예수께서 구약의 여리고를 떠나 신약의 여리고로 들어오실 때(가까이 오셨을 때) 고쳤다고 말한 것이고, 누가는 예수께서 구약의 여리고를 떠나 신약의 여리고로 들어가실 때 고쳤다고 말한 것이다. 독일 고고학자 젤린(Ernest Sellin)은 예수 당시 두 곳의 여리고가 있음을 발견했으며 그 거리는 1.5㎞였다고 말하고 있다. 또 유대 역사가인 요세푸스도 로마의 여리고(신약)에는 원형극장이 있음을 언급하고 현재 헤롯과 아들들의 왕궁 터도 발견했다.

른 한 눈먼 맹인(마태복음에는 맹인 두 사람, 누가복음에는 한 맹인)이 길가에 앉아 구걸하다가 무리들이 지나가는 소리를 듣고 "이것이 무슨 일이냐?"라고 묻자 그들이 "나사렛 예수께서 지나가신다"라고 했다. 이 말을 들은 그들이 큰 소리로 외쳤다. "주님, 우리를 불쌍히 여겨주십시오. 다윗의 자손 예수여, 불쌍히 여겨주십시오." 이에 앞서 가던 많은 무리들이 그들에게 조용히 하라고 꾸짖자 그들은 더욱 소리를 높여 "주님, 우리를 불쌍히 여겨주십시오. 다윗의 자손이여, 불쌍히 여겨주십시오"라고 부르짖었다.

마 20:32-34, 막 10:49-52, 눅 18:40-43 그 소리를 들은 예수께서 가던 길을 멈추고 서서 그를 데려오라고 하자 그들이 그 눈먼 자를 부르며 말했다. "안심하고 일어나라. 예수께서 너를 부른다." 그러자 그들이 겉옷을 내버리고 뛰어 일어나 예수께로 나왔다. 이에 예수께서 말씀하셨다. "내가 너희에게 무엇을 해주기를 원하느냐?" 그들이 말하되 "주님이여, 우리의 눈이 떠져 보기를 원합니다." [34] 예수께서 그들을 불쌍히 여겨 그들의 눈을 만지시며 말씀하시기를 "가라. 네 믿음이 너를 구원했다" 하니 그들이 즉시 보게 되어 길에서 예수를 따랐다. 무리들이 눈먼 자가 보게 된 것을 보고 모두 하나님을 찬양했다.

두 소경을 고침(마 20:29-34) 모자이크, 터키 이스탄불, 코라 교회(현재 카리에 쟈미 회교 사원)

7 예수의 마지막 한 주간 사역

예수께서 예루살렘 입성 때 나귀를 타신 벳바게 마을과 벳바게 교회

성경사								
	헤롯 대왕 즉위	예수 탄생 (눅 2:1-7)	예루살렘 성전 방문 (눅 2:41-52)	본디오 빌라도 유대 총독 부임	예수 공생애 시작 (마 3:13)	3차 갈릴리 전도 (마 14:13-18:35)	십자가 수난 (마 27:35-58)	부활 승천 (마 28:1-20)
	BC37	BC4	AD8	26	27	29	30	30

토요일

† 예수께 향유를 부은 여인 (마 26:6-13, 막 14:3-9, 요 12:1-8)

마 26:6-9, 막 14:3-5, 요 12:1-6 ● 예수께서 유월절 6일 전에 나사로를 살린 올리브(감람) 산 동쪽 기슭 베다니에 오셨다. 그곳에서 마르다는 예수를 위해 잔치를 베풀고 나사로는 예수와 함께 여러 사람들과 앉아 있었다. 예수께서 나병 환자 시몬의 집에 계실 때 마리아(마태와 마가, 한 여자)가 매우 비싼 향유, 곧 값이 싼 유향(balsam)이 섞이지 않은 순전한 나드 한 근(마, 매우 귀한 향유 한 옥합)을 갖고 나아와 그 옥합을 깨뜨려 식사하는 예수의 발(마태복음과 마가복음에는 머리)에 부었다. 그리고 자기 머리털로 그의 발을 닦으니 향유 냄새가 온 집에 가득했다. 이를 본 제자 중 장차 예수를 잡아 줄 가룟인 유다(마태복음에는 제자들, 마가복음에는 어떤 사람들)가 화를 내며 말했다. "무슨 뜻으로 이것을 허비하느냐? 차라리 이 향유를 노동자 1년 품삯이나 되는 은전 300데나리온(마태복음에는 비싼 값, 마가복음에는 300데나리온 이상)에 팔아 가난한 자들에게 주었더라면 좋았을 것이다" 하며 그 여자를 책망했다. 그가 이렇

예수께 향유를 부은 여인(마 26:7) 이요한 작

게 말하는 것은 가난한 자들을 생각해서가 아니라 그는 도둑이기에 돈궤를 맡아 관리하면서 그곳에 넣는 것을 훔쳐가기 때문이었다.

마 26:10-11, 막 14:6-7, 요 12:7-8 그러나 예수께서는 그 여인의 마음을 아시고 제자들에게 말씀하셨다. "그 여자를 가만두어 나의 장례할 날을 위해 그것을 간직하게 하라. 너희가 왜 이 여자를 괴롭게 하느냐? 그는 나에게 좋은 일을 했다. 가난한 자들은 항상 너희 주위에 있기 때문에 그들을 도울 마음이 있으면 언제든지 도울 수 있지만 나는 항상 너희와 함께 있지 않다.

마 26:12-13, 막 14:8-9 이 여자가 내 몸에 정성을 다해 향유를 부은 것은 내 장례를 위한 것이다. 내가 참으로 너희에게 말하노니 온 천하에 어디서든지 이 복음이 전파되는 곳에서는 이 여자의 행한 일도 말하여 그를 기억할 것이다."

† 나사로까지 죽이려고 모의함 (요 12:9-11)

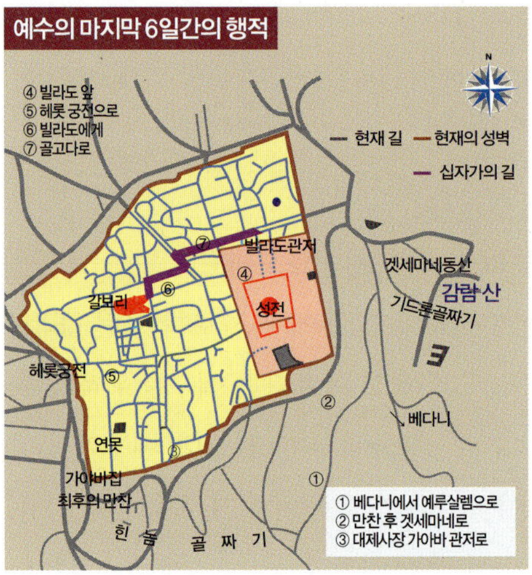

요 12:9 ● 많은 유대인의 무리
가 예수께서 베다니에 계신 줄
을 알고 찾아왔다. 이는 예수
뿐만 아니라 죽었다가 다시 살
아난 나사로도 보기 위함이었
다. 10 그러자 대제사장들이 나
사로까지 죽이려고 모의하게
되었다. 11 왜냐하면 다시 살아
난 나사로 때문에 많은 유대인
들이 예수를 믿기 때문이었다.

일요일

† 예수의 예루살렘 입성 (요 12:12-15, 마 21:1-9, 막 11:1-10, 눅 19:29-40)

요 12:12 ● 이튿날인 일요일에 유월절(명절)을 지키기 위해 온 무리들이 예수께서 예루살렘으로 들어온다는 소문을 들었다.

마 21:1-3, 막 11:1-3, 눅 19:29-31 그들이 예루살렘에 가까이 가서 올리브(감람) 산(눅, 감

성경 인물

막달라 마리아
(요 12:1-8)

예수를 따랐던 갈릴리 여인(막 15:40-41) 중 한 사람으로 일곱 귀신 들렸다가 예수께로부터 치료를 받았다(눅 8:2). 전해지는 바에 의하면 그는 매춘부였다. 그는 예수를 따르는 다른 사람들과 함께 예루살렘으로 왔으며(막 15:41), 예수께서 십자가에 못 박힐 때도 그 곁에 있었다(요 19: 25). 그리고 예수의 시체에 향유를 바르기 위해 새벽에 무덤을 찾아갔다가 부활한 예수님을 가장 먼저 보았다(요 20:11-18).

❖ 두 곳의 향유 사건

예수께 향유를 부은 사건은 베다니 시몬의 집에서 일어난 것(마, 막, 요)과 한 바리새인의 집에서 식사할 때(눅)에 일어난 두 사건으로 나온다.

❖ 두 곳의 베다니

베다니는 요단 강 동쪽, 여리고 건너편에 있는 베다니 지역으로 예수께서 세례를 받은 곳과 예루살렘 감람 산 동쪽 기슭에 있는 나사로가 살던 곳이 있다.

예루살렘 입성 길(요 12:12-13) 예루살렘 감람 산

람원)이라 불리는 산기슭(산쪽)에 있는 베다니 근처의 벳바게에 이르렀을 때에 예수께서 두 제자를 보내며 말씀하셨다. "너희가 맞은편 마을로 가면 매여 있는 나귀와 아직 사람이 한 번도 타지 않은 나귀 새끼가 함께 있는 것을 볼 것이다. 그러면 그 나귀를 풀어 나에게로 끌고 오라. 만일 누가 왜 나귀를 푸느냐고 물으면 '주님이 쓰겠다'라고 말하라. 그러면 바로 보내줄 것이다."

막 11:4-6, 눅 19:32-34 이에 제자들이 가서 보니 나귀 새끼가 문 앞 거리에 매여 있었다. 제자들이 매여 있는 나귀 새끼의 줄을 푸니 그곳에 서 있는 사람 중 어떤 사람들(눅, 임자들)이 말하기를 "나귀 새끼를 풀어 무엇을 하려고 하느냐?"라고 했다. 이에 제자들이 예수께서 일러준 대로 말하자 그가 허락했다. 마 21:4 이는 선지자를 통해 하신 말씀을 이루기 위함이다.

마 21:5, 요 12:15 그곳에 이렇게 기록되었다. "시온의 딸에게 말하기를 두려워하지 말라. 보라, 네 왕이 너에게 임할 것이니 그는 겸손하여 멍에 메는 나귀(짐승)의 새끼를 탔다고 하라(사 62:11, 슥 9:9)."

요 12:16 제자들은 처음에 이 말의 뜻을 깨닫지 못하다가 예수께서 부활 승천하신(영광을 얻으신) 후에야 이 예언이 예수에 대해 기록된 것과 사람들이 예수께 이같이 한 것이었다는 것이 생각났다.

마 21:6-7, 막 11:7, 눅 19:35, 요 12:14 이에 제자들이 가서 예수께서 명령하신 대로 나귀 새끼(마, 나귀와 나귀 새끼)를 끌고 와서 자기들의 겉옷을 그 위에 얹었고, 예수께서는 그 위에 타고 예루살렘 성으로 향했다.

마 21:8-9, 막 11:8-10, 눅 19:36, 요 12:13 이에 많은 무리들이 그들의 겉옷을 길에 깔고, 또 다른 이들은 들에서 자른 나뭇가지를 길에 펴고, 또 종려나무 가지를 가지고 예수님 앞에서 가고 뒤에서 따르며 "호산나 우리의 조상 다윗의 자손이여, 찬송하라. 주님의 이름으로 오시는 이, 곧 이스라엘의 왕이시여 가장 높은 곳에서 호산나" 하며 외쳤다.

눅 19:37 예수께서 올리브(감람) 산 서쪽의 내리막길에 가까이 오자 모든 제자의 무리가 자기들이 본 대로 예수께서 행한 모든 능력 있는 일로 인해 기뻐하며 큰 소리로 하나님을 찬양했다. 38 "찬송하라. 주님의 이름으로 오시는 왕이여, 하늘에는 평화요, 가장 높은 곳에는 영광이로다." 39 반면 무리 중 어떤 바리새인들은 "선생님, 당신의 제자들을 책망하십시오"라고

나귀를 탄 예수(마 21:6) 프랑스 파리, 노틀담 교회

종려주일에 종려나무 가지를 들고 행진하는 오늘날 순례객(요 12:13) 예루살렘 감람 산 길

성경지리 **벳바게에서의 종려주일 행사(마 21:1)**

벳바게(Bethphage)는 감람 산 동쪽 부분 산등성이에 있는 예루살렘의 한 변두리 마을로 여리고에서 예루살렘으로 들어올 때에 지나게 되는 마을이다. 이곳은 예수께서 마지막으로 예루살렘 성에 입성하실 때 나귀 새끼를 끌고 오라고 한 곳으로 예수께서는 군중들의 호산나 환영 속에서 성에 입성하셨다. 이때 이 벳바게 동네가 출발점이었다(마 21:1-11). 그래서 지금도 고난 주간이 되면 이 동네에서 제사장을 나귀에 태우고 종려나무 가지를 흔들며 그 당시의 모습을 재현하고 있다.

역사 **예루살렘 멸망 예언의 성취** (눅 19:41-44)

30년경 예수께서 돌 위에 돌 하나도 남지 않을 정도로 예루살렘 성이 철저히 멸망당할 것을 예언하였다. 이 예언은 70년 로마의 티투스 장군에 의해 예루살렘이 멸망당함으로 40년 만에 이루어졌다. 이때 로마 군인들은 예루살렘 성벽에 유대인들이 금붙이를 숨겨놓고 도망갔다는 소문 때문에 성벽의 돌들을 들어냈다고 전해온다. 그리고 이때 서쪽 벽 일부가 무너지지 않았는데 이 벽을 통곡의 벽 또는 서쪽 벽이라고 부른다.

통곡의 벽, 예루살렘

말하기도 했다. [40] 그 말을 듣고 예수께서 대답하셨다. "내가 너희에게 말
하노니 만일 이 사람들이 잠잠하면 돌들이 소리를 지를 것이다."

† 예루살렘 성의 멸망 예고와 탄식 (눅 13:34-35, 19:41-44, 마 23:37-39)

눅 19:41 ● 예수께서 예루살렘에 가까이 왔을 때 성을 보시고 큰 소리로 우
시며 [42] 말씀하셨다. "너도 오늘 평화에 관한 일을 알았다면 좋을 뻔했다.
그러나 지금 네 눈에는 그것이 감추어져 있다. [43] 그러나 그날이 이르게 되
면 네 원수들이 흙무더기(토둔)를 쌓고 너를 둘러싸 사면으로 가둘 것이
다. [44] 또 너와 네 자식들을 짓밟을 것이며(땅에 메어치며) 돌 하나도 돌 위
에 남기지 않을 정도로 철저히 파괴될 것이다. 이는 네가 하나님이 찾아온
(심판) 때(보살핌을 받는 날)를 깨닫지 못했기 때문이다."

마 23:37-39, 눅 13:34-35 또 예수께서 탄식하셨다. "예루살렘아! 예루살렘아! 선지자들을 죽이고 너에게 보냄을 받은 자들을 돌로 치는 자여, 암탉이 자기 새끼를 날개 아래에 모으려고 한 것같이 내가 몇 번이나 너희 자녀를 모으려고 했느냐? 그러나 너희가 거절했다. 그러므로 이제 너희 집이 황폐하여 버려지게 될 것이다. 내가 너희에게 말한다. 이제부터 너희는 '찬송하라. 주님의 이름으로 오시는 자여'라고 할 때까지 나를 보지 못할 것이다."

† 예수에 대한 증언 (마 21:10-11, 요 12:17-19)

마 21:10 ● 예수께서 예루살렘 성에 들어가자 온 군중들이 "이 사람은 도대
체 누구냐?" 하며 소란스러워졌다. [11] 함께한 무리가 말하기를 "갈릴리 나
사렛 출신의 선지자 예수이다"라고 했다.

요 12:17 또 나사로를 죽은 자 가운데서 살리실 때에 함께 있던 무리들도
예수에 대해 증언했다. [18] 이러므로 예수께서 행하신 기적(표적)에 대해 들
은 많은 무리가 예수를 맞으러 나왔다. [19] 그러나 바리새인들은 "너희가 하
는 일은 쓸데없는 것이다. 보라, 온 세상이 예수라는 자를 따르고 있다"라
고 서로 말했다.

성지 **눈물 교회**(The Chapel of Dominus Flevit, 마 23:37-39)

눈물 교회 또는 예수 눈물 교회로 불리는 이 교회는 예수께서 감람 산에 올라가 장차 파괴될 예루살렘 성전을 바라보시면서 '예루살렘아! 예루살렘아!'라고 우신 것을 기념하여 감람 산 기슭에 세운 것이다. 교회의 이름은 라틴어로 Dominus Flevit인데 그 뜻은 "주께서 우셨다"이다.

5세기경 이곳에 수도원이 처음 세워진 이래 1881년에 프란시스코 수도원이 자리 잡고 있으며, 현재의 교회는 옛 교회의 잔해 위에 1955년 이탈리아의 건축가 안토니오 바를루치(Antonio Barluzzi)가 설계하여 완성했다. 지붕은 예수께서 눈물 흘리신 것을 상징하기 위해 눈물 모양을 하고 있다.

월요일

† 무화과나무를 저주하심 (막 11:11-14, 마 21:17-19)

마 21:17, 막 11:11 ● 예수께서 예루살렘에 이르러 성전에 들어가 모든 것을 둘러보시고 날이 저물자 열두 명의 제자를 데리시고 예루살렘을 떠나 성 밖 동쪽으로 2.5㎞ 떨어진 베다니에 가서 머물렀다.

마 21:18-19, 막 11:12-14 이튿날 이른 아침에 예수와 그 일행이 베다니에서 나와 다시 예루살렘 성으로 들어온 때에 예수께서는 허기진 가운데 있었다. 그래서 길가에서 멀리 있는 한 무화과나무를 보고 혹 그 나무에 열매가 있는가 하여 그곳으로 갔지만 잎사귀밖에 아무 열매도 없는 것을 보았다. 그 때(3-4월)는 질이 좋은 무화과가 열릴 때가 아니었다. 이에 예수께서 나무에게 말씀하시기를 "이제부터 영원토록 네가 열매를 맺지 못할 것이다" 하시니 제자들이 그 말을 들었고 무화과나무는 곧 말라버렸다.

푸른 무화과나무와 마른 무화과나무(마 21:18-19) 그리스

† 두 번째 성전 청결 (마 21:12-16, 막 11:15-18, 눅 19:45-48)

마 21:12-13, 막 11:15-17, 눅 19:45-46 ● 예수의 일행이 예루살렘 성전에 들어가 성전 안에서 물건을 사고파는 모든 사람들을 내쫓으며 환전상들의 상과 비둘기 파는 사람들의 의자를 둘러 엎으셨다. 또 아무나 물건을 가지고 성전 안으로 지나다니는 것을 허락하지 않으셨다. 그리고 그들에게 말씀하셨다. "성경에 기록된 대로 '내 집은 기도하는 집이라'(사 56:7)고 칭함을 받

식물 **무화과나무** (fig tree, 마 21:18-19)

무화과나무는 히브리어 '트에나'(창 3:7)와 헬라어 '쉬케'(마 21:19)로 열매의 성숙 단계에 따라 각기 다른 용어가 사용된다. '비쿠라'(사 28:4)는 보통 6월에 익은 열매를 가리키고 히브리어 '파가'(아 2:13)와 헬라어 '올린토스'(아 2:13)는 겨울 나뭇가지에 매달리기 전에 열리는 이른 봄의 청과를 가리킨다. 그리고 '드벨라'(삼상 30:12)와 헬라어 '팔라테'(삼상 25:18)는 약용으로 사용하기 위해 무화과 열매를 반죽하여 눌러놓은 덩어리를 뜻한다(사 38:21).

무화과나무는 낙엽수로 높이 3-6m 정도까지 자라고 가지는 불규칙적으로 뻗어나간다. 큰 잎이 나고 작은 꽃은 둥근 구체이다. 무화과나무의 잎은 손바닥만 한 크기로 아담과 이브는 범죄 후 자신의 몸을 가리는 치마(창 3:7)를 만드는데 사용하였다. 그리고 출애굽한 이스라엘 백성들은 가나안에 도착하여 무화과나무의 열매를 보고 매혹당했다(민 13:23, 신 8:8).

신약에서 무화과나무는 나다나엘에게 햇빛을 가려주는 나무 그늘이 되었다. 예수께서는 열매를 맺지 못하는 무화과나무를 저주하자 곧 말라버리는 기적을 베풀었으며, 눅 13:6-9에 나타난 예수의 비유에서는 자신의 삶에서 아무런 열매를 맺지 못하는 자는 비극적인 종말을 고하게 됨을 보여주었다. 한편 삭개오가 올라간 한글 개역 성경의 뽕나무(눅 19:4)는 보통의 무화과보다는 질이 낮은 돌무화과나무를 가리킨다.

예수께서 성전을 정결케 함(마 21:12) 그레코 작

✣ 다윗의 자손 예수(마 21:15)
이는 예수님이 구약 성경에 다윗의 혈통을 이어 나실 분으로 예언되어 있는 메시아이심을 암시하는 칭호이다(사 9:7). 예수께서는 이 말씀대로 다윗의 자손으로 이 땅에 성육신하셨다.

으리라고 했는데 너희는 오히려 강도의 소굴로 만들었다(렘 7:11)."

마 21:14 눈먼 자(맹인)와 다리를 저는 자들이 성전에서 예수께 나오자 예수
께서 그들을 고쳐주셨다. 15 한편, 대제사장들과 율법교사(서기관)들은 예
수께서 행하는 이상한 일과 또 성전에서 "호산나 다윗의 자손이여" 하며
소리 지르는 어린아이들을 보고 화가 나서 16 예수께 말했다. "너는 어린
아이들이 소리치는 말을 들었느냐?" 예수께서 대답하시되 "그렇다. '하나
님께서는 어린아이와 젖먹이들의 입에서 나오는 찬양을 온전하게 하셨다'
(시 8:2)라고 하는 말을 너희가 읽어본 일이 없느냐?"

막 11:18, 눅 19:47 예수께서 (날마다) 성전에서 가르치자 대제사장들과 율법
교사(서기관)들과 백성의 지도자들이 그를 죽일 방법을 의논했다. 그것은
무리가 모두 예수의 가르침을 놀랍게 여기므로 그를 두려워하기 때문이
었다. 눅 19:48 그러나 백성이 예수의 가르침에 귀를 기울여 들으므로 그를
죽일 방법을 찾지 못했다.

† 예수 때가 가까움 (요 12:20-36, 막 11:19)

요 12:20 ●유월절(명절)에 예배하기 위해 예루살렘으로 올라온 사람들 중
에는 헬라인 몇 명이 있었다. 21 그들이 갈릴리 벳새다 출신인 빌립에게 가서
예수 뵙기를 요청했다. 22 이에 빌립이 안드레에게 가서 말하고, 안드레와 빌
립이 함께 예수께 가서 그 말을 여쭈니 23 예수께서 말씀하셨다. "이제 내(인
자)가 영광을 얻을 때가 왔다. 24 내가 참으로 너희에게 말하노니 한 알의 밀
이 땅에 떨어져 죽지 않으면 한 알 그대로 있지만 죽으면 많은 열매를 맺는
다. 25 이와 같이 자기의 목숨(생명)을 사랑하는 자는 잃어버릴 것이요, 이 세
상에서 자기의 목숨을 미워하는 자는 영원히 목숨을 보전할 것이다."

요 12:26 예수께서 계속 말씀하셨다. "사람이 나를 섬기려면 나를 따라야
한다. 왜냐하면 내가 있는 곳에는 나를 섬기는 자도 있기 때문이다. 사람
이 나를 섬기면 내 아버지께서 그를 귀하게 여기실 것이다. 27 지금은 내
마음(영혼)이 괴로운데 무슨 말을 할 수 있겠습니까? 아버지여, 나를 구원
하여 이때를 벗어나게 해주십시오. 그러나 나는 이 일을 위해 이때에 왔습
니다. 28 아버지, 아버지의 이름을 영화롭게 하십시오." 말씀이 마치자 하

늘에서 소리가 나서 말하기를 "내가 이미 영화롭게 했고, 또다시 영화롭게
할 것이다"라고 하였다. 29 그러나 곁에 서서 들은 무리는 천둥이 울었다고
하며, 또 어떤 이들은 천사가 그에게 말했다고도 했다. 30 이에 예수께서
대답하셨다. "이 소리가 난 것은 나를 위해서가 아니라 너희를 위한 것이
다. 31 이제 이 세상을 심판할 때가 되었으니 이 세상의 왕이 쫓겨날 것이
다. 32 내가 땅에서 올라가면 모든 사람을 나에게로 이끌 것이다." 33 예수
께서 이렇게 말씀하시는 것은 자기가 어떠한 방법으로 죽을 것인가를 말
씀하신 것이다.

요 12:34 이에 무리가 대답했다. "우리는 율법에서 그리스도가 영원히 존
재한다는 것을 읽었다. 그런데 너는 왜 인자가 올라가야 한다고 하느냐?
그러면 그 인자는 누구냐?" 35 예수께서 말씀하셨다. "아직 잠깐 동안은 내
가(빛이) 너희 중에 있다. 그러므로 내가(빛이) 있을 동안에 빛으로 다니며
어둠에 사로잡히지 않도록 하라. 어둠에 다니는 자는 그가 가는 곳을 알지
못한다. 36 그리고 너희는 아직 내가(빛이) 있을 동안에 나를(빛을) 믿으라.
그러면 내(빛의) 아들이 될 것이다." 예수께서 이 말씀을 하시고 그들을 떠
나가 자신을 드러내지 않았다. 막 11:19 그리고 날이 저물자 예수와 그 일행
들이 예루살렘 성 밖으로 나갔다.

성경 상식 **호산나**(Hosanna, 마 21:15)
호산나는 '우리가 당신께 구하오니 우리를 구원하소서'라는 뜻으로 히브리어 '호쉬아나'를 음차한 것이다. 이 말은 예수께서 예루살렘에 입성하실 때 무리들이 외친 환호성이다. 특히 시 118:25에 나타나는 이 말은 초막절에 제사장들이 제단 주위를 돌면서 암송하던 구절이기도 하다.

화요일

† 마른 무화과나무에 대한 질문 (마 21:20-22, 막 11:20-25)

마 21:20-22, 막 11:20-24 ● 아침에 제자들이 예수님과 함께 예루살렘 성으로 들어가실 때에 무화과나무가 뿌리까지 마른 것을 보고 이상히 여겨 베드로가 예수께서 무화과나무를 저주한 말(마 21:19)이 생각나서 예수께 물었다. "저주하신 무화과나무가 왜 즉시 말랐습니까?" 예수께서 대답하셨다. "하나님을 믿으라. 내가 참으로 너희에게 말하노니 만일 너희가 믿음이 있고 의심하지 않으면 이 무화과나무에게 일어난 이런 일뿐만 아니라 이 산더러 들려 바다에 던져지라고 해도 그대로 될 것이다. 너희가 기도하고 믿고 구하는 것은 받은 줄로 믿으라. 그러면 받을 것이다.

말라버린 무화과나무(마 21:20)

예수 당시 헤롯 성전의 뜰(마 21:23)

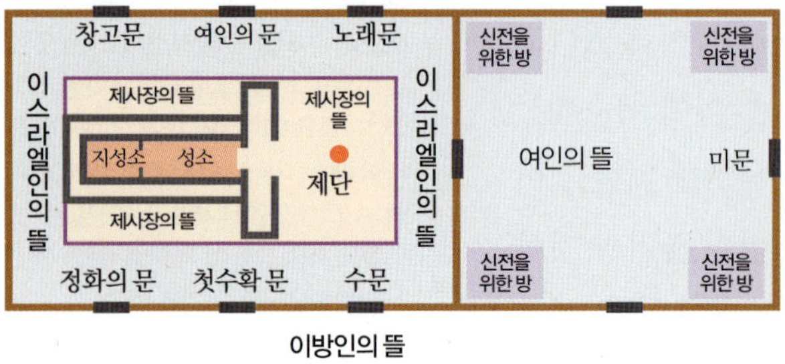

막 11:25 너희가 서서 기도할 때에 그 누구에게든지 원수(혐의) 진 일이 있다면 그를 용서하라. 그렇게 해야 하늘에 계신 너희 아버지께서도 너희의 잘못(허물)을 용서해주실 것이다(막 11:26 없음, 어떤 사본에는 만일 너희가 용서하지 않으면 하늘에 계신 너희 아버지도 너희 허물을 사하지 않을 것이다).”

† 예수의 권위로 말함 (마 21:23-27, 막 11:27-33, 눅 20:1-8)

마 21:23-27, 막 11:27-33, 눅 20:1-8 ● 예수와 그 제자들이 다시 예루살렘 성으로 가사 성전에 들어가 가르치시며 복음을 전할 때 대제사장들과 율법교사(서기관)들이 백성의 장로들과 함께 나아와 물었다. “네가 무슨 권한(권위)으로 이런 일을 하느냐? 또 누가 이런 일을 할 권한을 주었느냐?” 예수께서 그들에게 대답하셨다. “나도 한 말을 너희에게 물을 것이니 너희가 대답하면 나도 무슨 권한으로 이런 일을 하는지 대답할 것이다. 세례자 요한의 세례(침례)가 어디로부터 왔느냐? 하늘이냐? 사람이냐?” 이에 그들이 서로 의논했다. 만일 하늘로부터 왔다고 하면 왜 그를 믿지 않았느냐고 할 것이요, 만일 사람으로부터 왔다고 하면 모든 사람이 세례자 요한을 선지자로 여기기 때문에 백성이 자기들을 돌로 칠까 두려워하기에 “우리가 알지 못한다”라고 예수께 대답했다. 이에 예수께서 말씀하셨다. “나도 무슨 권한으로 이런 일을 하는지 너희에게 대답하지 않겠다.”

✣ 요한의 세례가 하늘로부터냐? (막 11:30)

당시 하늘이라는 단어는 하나님의 이름을 남용하지 않기 위해 유대인들이 대신 사용하던 일반적인 단어였다. “세례자 요한의 세례가 하늘에서 왔느냐? 사람에게서 왔느냐?”라는 예수님의 질문은 자신의 권세가 요한의 세례처럼 하나님으로부터 받은 것임을 함축적으로 내포하고 있다.

† 두 아들의 비유 (마 21:28-32)

마 21:28 ● 예수께서 그들에게 말했다. “그러나 너희는 어떻게 생각하느냐?
어떤 사람에게 두 아들이 있었다. 하루는 맏아들에게 말했다. ‘오늘 포도밭
에 가서 일하라’ 29 이에 그가 ‘아버지 가겠습니다’라고 대답은 했지만 가지
않았다. 30 둘째 아들에게도 그와 같이 말했다. 그러나 둘째 아들은 일하기
싫다고 했지만 그 후에 마음을 돌이켜 일하러 갔다. 31 이 둘 중에 누가 아버
지의 뜻대로 행했느냐?” 그들이 대답하되 “둘째 아들입니다.” 예수께서 그들
에게 말씀하셨다. “내가 참으로 너희에게 말하노니 세리들과 창녀들이 너희

성경 상식 비유에 대하여 (막 12장)

비유(proverb)란 은유, 직유 등이 확대되어 주로 간단한 설화를 이루게 된 것으로 성경 시대에는 보통 교훈적인 목적으로 사용되었다. 예수께서는 비유를 즐겨 사용하셨다(마 13:24, 18:23). 곧 잃은 양의 비유, 잃은 드라크마 비유, 잃은 아들을 되찾은 아버지의 비유를 통해 죄인 된 우리를 다시 찾은 기쁨에 대해 말하고 있다. 그리고 본장에서는 두 아들과 포도밭 농부에 대한 비유를 말하고 있다.

보다 먼저 하나님의 나라에 들어갈 것이다. 32 세례자 요한이 옳은 길로 너희에게 왔지만 너희는 그를 믿지 않았다. 그러나 세리와 창녀는 믿었으며, 너희는 그것을 보고도 끝까지 뉘우치지 않고 믿지 않았다."

† 포도밭 농부 비유 (마 21:33-46, 막 12:1-9, 눅 20:9-19)

마 21:33-41, 막 12:1-9, 눅 20:9-16 ● 예수께서 또 다른 비유로 백성들에게 말씀하셨다. "어떤 집 주인(마가와 누가, 한 사람)이 포도밭을 만들었다. 포도밭을 산울타리로 두르고, 그곳에 포도즙을 짜는 틀을 만들고, 망대를 세운 후 농부들에게 빌려주고(세를 주고) 다른 나라로 가서 오랫동안 있었다. 세월이 지나 열매를 거둘 때가 되자 그 소출(열매)의 얼마를 받기 위해 세를 준 농부들에게 자기 종들을 보냈다.

그러나 농부들이 주인이 보낸 종들을 잡아 하나는 심히 때리고, 하나는 죽이고, 하나는 돌로 쳤다. 주인이 다시 두 번째로 다른 종들을 처음보다 더 많이 보냈으나 농부들은 주인이 보낸 종들의 머리에 상처를 내고 능욕했다. 세 번째로 다른 종들을 보내자 많은 종들을 때리고, 더러는 죽이며, 처음 보낸 종들처럼 행했다. 그러자 마지막으로 한 사람 남은 사랑하는 자기 아들을 보내며 '그들이 내 아들은 잘 대해줄 것이다'라고 생각했다. 그러나 이번에는 농부들이 그 아들을 보고 서로 말했다. '이는 상속자니 그를 죽이고 그의 유산을 우리가 차지하자.' 그러고는 주인의 아들을 잡아 죽인 후 포도밭 밖으로 던져버렸다(마, 내쫓아 죽였다). 그러면 포도밭 주인이 돌아와 그 농부들을 어떻게 하겠느냐? 그들이 대답하기를 '그 악한 자들을 진멸하고 포도밭은 수확 때에 열매를 바칠 만한 다른 농부들에게 세로 줄 것이다'라고 했다. 사람들이 이 말을 듣고 말하기를 '그렇게 되지 말아야 한다'라고 하였다."

포도밭 비유(막 12:1-9) 10세기, 에히텔낫하의 복음서 초록의 삽화, 뉘른베르크 국립 미술관 소장

Q&A 포도밭과 농부의 상징적 의미는(눅 20:9-18)?

포도밭(vineyard)은 구약 성경에서 이스라엘을 상징하는 표현으로 자주 인용되었다. 궁극적으로는 구원받은 성도의 모임인 교회와 하나님 나라를 상징한다. 농부들은 구약 시대 당시 하나님의 선지자들을 핍박하고 죽이기까지 한 악한 이스라엘 백성들을 염두에 둔 표현이다. 여기서는 예수님 당시의 서기관과 바리새인, 대제사장, 장로와 같은 유대의 종교 지도자들을 상징한다.

포도밭(마 21:33-41) 이스라엘

포도밭 망대(막 12:1) 이스라엘, 네오투 케두밈(성서 식물원)

마 21:42, 막 12:10-11, 눅 20:17 예수께서 그들을 보시며 말씀하셨다. “너희가 성경
에서 ‘건축업자들이 버린 돌이 모퉁이의 머릿돌이 되었으니 이것은 주님
으로 인해 된 것이며, 우리 눈에 놀라운 것이다’(사 118:22 이하)라고 하는
것을 읽어본 적이 없느냐?

마 21:43 그러므로 내가 너희에게 말한다. 너희는 하나님 나라를 빼앗기고
대신에 그 나라의 열매 맺는 백성이 받을 것이다.

마 21:44, 눅 20:18 이 돌 위에 떨어지는 자는 깨질 것이며, 이 돌이 사람 위에
떨어지면 그를 가루로 만들어 흩어버릴 것이다.”

마 21:45-46, 막 12:12, 눅 20:19 예수의 비유를 들은 대제사장들과 바리새인들과
율법교사(서기관들은, 마가복음에는 그들이)는 그 말이 자기들을 가리켜 한
말인 줄 알고 곧바로 예수를 잡으려고 했으나 무리들이 예수를 선지자로
알고 있었기 때문에 무리를 두려워하여 예수를 잡지 못하고 떠나갔다.

† 혼인 잔치 비유 (마 22:1-14)

마 22:1 ● 예수께서 다시 비유로 말씀하셨다. 2 “하나님 나라(천국)는 마치
자기 아들을 위해 혼인 잔치를 베푼 어떤 왕과 같다. 3 왕이 그 종들을 보
내 초청한 사람들을 혼인 잔치에 오라고 했으나 그들은 거절했다. 4 그래
서 다시 다른 종들을 보내 말하기를 ‘내가 잔치를 준비했다. 나의 소와 살
진 짐승을 잡고 모든 것을 갖추었으니 혼인 잔치에 오소서 하라’고 했다. 5
그러나 그들 중 한 사람은 자기 밭으로, 또 다른 한 사람은 자기의 사업 때
문에 가고, 6 나머지 남은 자들은 오히려 종들을 잡아 모욕하고 죽이기까
지 했다. 7 이에 왕이 진노하여 군대를 보내 그 살인한 자들을 진멸하고 그
마을을 불살랐다. 8 그리고 종들에게 혼인 잔치는 준비되었으나 초청한 사
람들은 합당하지 않으니 9 사거리 길에 나가 만나는 사람마다 혼인 잔치에
초청해 데리고 오도록 시켰다.

마 22:10 이에 종들이 길에 나가 악한 자든, 선한 자든지 만나는 대로 모두
데려오니 혼인 잔치에 손님들이 가득했다. 11 왕이 손님들을 보기 위해 잔
치 자리로 들어와서 보니 그곳에 혼인 예복을 입지 않은 한 사람을 보고 12
말하기를 ‘친구여, 왜 예복을 입지 않고 여기로 들어왔느냐?’하나 그가 아

✣ 혼인 잔치에 대한 두 복음서 비교 (눅 14:15-24, 마 22:1-14)

마22:1-14과 눅14:15-24에 나오는 잔치의 비유에 대한 두 이야기를 한 내용에 대한 다른 표현으로 보기도 하나 이곳에서는 다른 내용으로 취급했다.

• 마태는 천국 비유로 설명했으나 누가는 일반적인 내용으로 설명했다.

• 초청을 거절한 이유에 대해서는?

마태복음에는 자기 밭을 봐야 하기 때문에, 사업 때문이다. 종들을 잡아 모욕하고 죽인 사람들도 있다.

누가복음에는 밭을 샀기 때문에, 소를 시험해야 하기 때문에, 장가를 갔기 때문이다.

• 다른 사람 초청에 대해서는?

마태복음에는 악한 자나 선한 자 모두를 초청했다. 예복 입지 않은 자도 있었다.

누가복음에는 가난한 자, 몸이 불편한 자, 눈먼 자와 다리를 저는 자들을 초청했다.

혼인 잔치에 예복을 입지 않는 자의 비유 (마 22:11-14) 17세기, 피텔 환 몰 작, 루마니아, 시비우 미술관 소장
혼인 예복을 입지 않고 잔치에 참석한 자가 추방되고 있는 이야기는 상징적인 의미를 갖고 있다. 집주인(왕)은 하나님이고 잔치는 하나님 나라이다. 잔치에 참석하기 위해서는 거기에 합당한 예복을 입을 필요가 있다. 그래서 잔치에 합당하지 않는 예복을 입은 회식자는 손과 발이 묶여 바깥 어두운 데로 쫓겨난다. 그 때문에 마태는 그들이 그곳에서 슬피 울며 이를 갈 것이라고 말한다(마 8:12). 곧 믿음이 없는 자는 그곳에서 심한 공포에 싸여 울부짖는다. 이것이 바로 정죄된 자의 지옥이다.

무 말도 하지 못했다. [13] 이에 왕이 신하(사환)들에게 명령했다. '그의 손발을 묶어 밖의 어두운 곳에 던져버리라. 그곳에서 슬피 울면서 이를 갈게 될 것이다.' [14] 초청을 받은 사람은 많지만 선택함을 입은 사람은 적다(비교, 눅 14:15-24)."

† 가이사에게 바치는 세금 문제 (마 22:15-21, 막 12:13-17, 눅 20:20-26)

마 22:15-17, 막 12:13-14, 눅 20:20-22 ● 이에 바리새인들이 예수를 빌라도 총독이 다스리는 권한 아래에 넘기기 위해 몰래 염탐을 하도록 사람을 보냈다. 그리고 어떻게 하면 예수의 말에 트집을 잡아 올무에 걸리게 할까 상의한 후 자기 수하(제자)들을 헤롯 당원들과 함께 예수께로 보냈다. 그들이 예수께 와서 말했다. "선생님, 우리는 당신이 진실되고 진리로 하나님의 말씀을 가르치며 아무에게도 치우치는 일이 없는 것을 알고 있습니다. 이는 사람을 겉모습으로 보지 않기 때문인 것을 알고 있습니다. 그러니 당신의 생각은 어떤 것인지 우리에게 알려주십시오. 가이사에게 세금을 바치는 것이 옳은 것입니까? 옳지 않은 것입니까?"

마 22:18-21, 막 12:15-17, 눅 20:23-26 예수께서는 그들이 악한 생각을 가지고 질문하는 것을 알고 이렇게 말씀하셨다. "위선자들아(외식하는 자들아), 왜 나를 함정에 빠뜨리려고 하느냐(시험하느냐)? 세금을 내는 돈을 나에게 보이라." 이에 그들이 은전 데나리온 한 개를 가져오자 예수께서 말씀하셨다. "이 동전에 있는 형상과 글자가 누구의 것이냐?" 그들이 대답했다. "가이사의 것입니다." 이에 예수께서 말씀하셨다. "그렇다면 가이사의 것은 가이사에게 바치고, 하나님의 것은 하나님께 바치라." 그들이 이 말씀을 듣고 백성들 앞에서 그 말을 트집 잡지 못하고 놀랍게 여기며 예수를 떠나갔다.

성경 상식 **데나리온**(denarius, 마 22:17) 데나리온은 로마의 화폐 단위로 예수 당시 널리 사용된 은화이다. 이 은화에는 BC 4년부터 AD 100년경까지 신약 시대에 로마를 다스렸던 열두 명의 로마 황제의 상이 새겨져 있다. 특별한 경우에는 금으로도 제조되었다. 한 데나리온은 노동자 하루 품삯에 해당된다(마 20:2).

가이사(로마 황제)가 새겨진 데나리온(마 22:17-21) 앞면에 가이사의 두상이 새겨져 있다.

† 부활에 대한 논쟁 (마 22:23-33, 막 12:18-27, 눅 20:27-38)

마 22:23-28, 막 12:18-23, 눅 20:27-33 ● 이날, 부활이 없다고 믿는 사두개인들 중 어떤 이들이 예수께 와서 물었다. "선생님, 모세가 말하기를 어떤 사람의 형이 자식 없이 아내를 두고 죽으면 그 동생이 형의 아내 되었던 여자에게 장가 들어 형을 위해 상속자를 세울 것이라(신 25:5)고 했습니다. 우리 중

살아 계신 하나님 (막 12:26-27)

성경에서 아브라함과 이삭과 야곱의 하나님이라 부르는 것은 살아 계신 하나님임을 표현한 것이다. 곧 인간 아브라함은 죽으나 그가 믿은 하나님은 살아서 이삭의 하나님이 되고, 이삭과 야곱은 죽으나 그 하나님은 여전히 우리의 하나님이 되신다는 뜻이다. 아브라함과 이삭과 야곱의 하나님은 지금도 우리와 함께하시는 살아 계신 하나님이시다.

에 일곱 명의 형제가 있었는데 맏형이 장가 들었다가 죽어 상속자가 없어 그 아내를 둘째 동생에게 물려주었습니다. 그러나 둘째도 상속자가 없이 죽어 셋째에서 일곱째까지 그렇게 하다가 마지막에 그 여자도 죽었습니다. 그렇다면 그 일곱 명의 형제들이 모두 그 여자를 아내로 취했는데 그 여자는 부활 때에 7명 중 누구의 아내가 되겠습니까?"

마 22:29-33, 막 12:24-27, 눅 20:34-38 예수께서 대답하셨다. "너희가 성경과 하나님의 능력을 알지 못하기 때문에 크게 오해했다. 이 세상의 자녀들은 장가도 가고 시집도 가지만 저 세상과 죽은 자 가운데서 부활한 자들은(마, 부활 때에는) 장가나 시집도 가지 않고 하늘에 있는 천사들과 같다. 그들은 다시 죽을 수도 없다. 이는 천사와 동등하고 부활의 자녀인 동시에 하나님의 자녀이기 때문이다. 죽은 자의 부활에 대해서는 너희가 모세의 책 중 가시나무 떨기에 관한 글에서 하나님이 너희에게 '나는 아브라함과 이삭과 야곱의 하나님이다'(출 3:6)라고 호칭하신 것을 읽어보지 못했느냐? 하나님은 죽은 자의 하나님이 아니라 살아 있는 자의 하나님이시다. 하나님 안에서는 모든 사람이 살아 있다." 이 말씀을 들은 무리들은 예수의 가르치심에 놀랐다.

† 가장 큰 계명 (마 22:34-40, 막 12:28-34, 눅 20:39-40)

마 22:34-40, 막 12:28-31 ● 바리새인들이 예수께서 사두개인들에게 할 말이 없게 만들었다는 소식을 듣고 한곳에 모였다. 그중의 한 율법교사(막, 서기관, 율법사)가 예수를 시험(test)하기 위해 물었다. "선생님, 율법 중에서 가장 큰 계명이 무엇입니까?" 예수께서 대답하셨다. "이스라엘아 들으라. 우리 하나님은 유일한 주인이시다. 네 마음과 목숨과 뜻을 다하여 주 너의 하나님을 사랑하라(신 6:4 이하)는 것이다. 이것이 가장 크고 첫째 되는 계명이며, 두 번째의 계명은 네 이웃을 네 자신같이 사랑하라(레 19:18)는 것이다. 이보다 더 큰 계명은 없다. 모든 율법과 선지자의 말씀이 바로 이 두 계명에서 나온 것이다."

막 12:32-34, 눅 20:39-40 율법교사(서기관) 중 한 명이 말했다. "선생님 말씀이 옳습니다. 하나님은 유일한 분이시며 그 외에 다른 신이 없다고 하신 말씀은 진실입니다. 또 마음과 지혜와 힘을 다해 하나님을 사랑하는 것과 이웃

사랑을 상징하는 돌(마 22:37-39) 이스라엘 베드로 수위권 교회 앞 갈릴리 바닷가

을 자기 자신과 같이 사랑하는 것이 불로 태워서(전체로) 드리는 모든 번제물과 어떤 희생 제물보다 더 중요합니다." 예수께서 그가 지혜 있게 대답하는 것을 보고 말씀하셨다. "너는 하나님 나라에 가깝다" 하시니 그 후에 아무것도 감히 더 묻는 자가 없었다.

† 그리스도와 다윗 관계 (마 22:41-46, 막 12:35-37, 눅 20:41-44)

마 22:41-46, 막 12:35-37, 눅 20:41-44 ● 바리새인들이 모여 있을 때 예수께서 그들에게 물었다. "너희는 그리스도에 대해 어떻게 생각하느냐? 그는 누구의 자손이냐?" 그들이 대답하되 "다윗의 자손입니다." 그러자 예수께서 말씀하셨다. "어찌하여 서기관들(눅, 사람들)은 그리스도를 다윗의 자손이라 하느냐? 그러면 다윗이 성령에 감동되어 왜 그리스도를 주님이라고 호칭하여(눅, 시편에 다윗이 친히) 말하기를 '여호와(주님)께서 내 주님께 말하기를 내가 네 원수를 네 발 아래에 둘 때까지 내 오른편에 앉아 있으라 하셨도다'(시 110:1)라고 했느냐? 다윗이 이처럼 그리스도를 주님이라고 불렀는데 어떻게 그리스도가 다윗의 자손이 될 수 있겠느냐" 하니 많은 사람들이 그 말을 기쁘게 받아들였다. 그리고 아무도 예수께 한마디도 능히 대답하는 자가 없었고, 그날부터는 감히 예수께 묻는 자도 없었다.

모세의 의자(마 23:2) 이스라엘 고고학 박물관, 고라신 출토, 유대인들의 회당에 놓여 있던 돌의자로 모세의 권위를 상징하는 것이다. 그래서 서기관들은 이 자리에 앉아 모세의 율법을 백성들에게 가르쳤다.

경문을 머리에 찬 유대인(마 23:5) 통곡의 벽

† 율법교사(서기관)와 바리새인을 경계 (마 23:1-12, 막 12:38-40, 눅 20:45-47)

마 23:1 ● 이에 예수께서 무리와 제자들에게 말씀하셨다. 2 "율법교사(서기관)들과 바리새인들은 모세의 자리에 앉았다. 3 그러므로 무엇이든지 그들이 말하는 것은 행하되 그들의 행동은 본받지 말라. 왜냐하면 그들은 말만 하고 실천하지 않는 자들이기 때문이다. 4 또 무거운 짐을 묶어 사람의 어깨에 지우고 막상 자기는 그 짐을 지기 위해 한 손가락도 움직이려고 하지 않는다. 5 그들은 자신들의 모든 행위를 사람들에게 보이기 위해 율법이 기록된 것을 넣은 작은 상자인 경문 띠(참조, 출 13:1-16, 신 6:4-9)를 넓게 하며, 신앙심을 표시하기 위해 흰색과 청색실로 짜서 옷단에 부착한 옷술을 길게 하고(참조, 민 15:38), 6 잔치의 상석(윗자리)과 회당의 높은 자리와 7 시장에서 사람들로부터 문안 인사를 받는 것과 사람에게 선생(랍비)이라고 불

오늘날 유대인들의 옷술(마 23:5) 예루살렘 통곡의 벽

림 받는 것을 좋아한다. [8] 그러나 너희는 선생이라고 불림 받는 것을 좋아
하지 말라. 너희의 선생은 하나요, 너희는 모두 한 형제이다.[9] 그리고 세상
에서 그 누구에게도 아버지라고 부르지 말라. 너희의 아버지는 하늘에 계
신 하나님 한 분뿐이다. [10] 또한 지도자라고도 칭함을 받지 말라. 너희의
지도자는 그리스도 한 분뿐이다. [11] 너희 가운데 큰 자는 너희를 섬기는 자
가 되어야 할 것이다. [12] 또 아무든지 자기를 높이려고 하면 낮아질 것이
며, 자기를 낮추는 자는 높아질 것이다."

막 12:38-40, 눅 20:45-47 많은 백성들이 가르치심을 들을 때에 예수께서 제자들에게 말씀하셨다. "자신의 경건을 나타내기 위해 긴 옷을 입고 다니는 것과 시장에서 사람들에게 문안 인사를 받는 것과 회당의 높은 자리와 잔치의 상석을 좋아하는 율법교사(서기관)들을 조심하라. 그들은 과부의 재산을 삼키며, 사람들에게 보이기 위해 기도를 길게 하는 자들이다. 그러므로 그들은 더 큰 심판(판결)을 받게 될 것이다."

† 가난한 과부의 헌금 (막 12:41-44, 눅 21:1-4)

막 12:41-44, 눅 21:1-4 ● 예수께서 헌금함 맞은편에 앉아 무리가 어떻게 헌금함에 돈을 넣는가를 보고 계셨다. 이때 여러 명의 부자들이 많은 돈을 넣는 것을 보셨다. 또 가난한 한 과부가 와서 헬라 동전 두 렙돈에 해당하는 로마 동전인 한 고드란트를 넣는 것도 보았다. 이에 예수께서 제자들을 불러 그들에게 말씀하셨다. "내가 참으로 너희에게 말한다. 이 가난한 과부는 헌금함에 돈을 넣은 어떤 사람보다 많이 넣었다. 그들은 넉넉한 형편에서 헌금했지만 이 과부는 가난한 중에서 자기의 생활비 전부를 헌금함에 넣었다."

† 성전이 무너질 것을 말함 (마 24:1-3, 막 13:1-4, 눅 21:5-7)

마 24:1-2, 막 13:1-2, 눅 21:5-6 ● 예수께서 성전에서 나갈 때에 제자들(눅, 어떤 사람들) 중 한 명이 예수께 아름다운 돌과 헌물로 꾸며진 성전 건물들을 가리키며 말했다. "선생님, 보십시오. 이 돌들과 건물들이 얼마나 아름답고 웅장합니까?" 그러자 예수께서 말씀하셨다. "네가 이 큰 건물들을 보느냐? 내가 참으로 너희에게 말한다. 너희가 보는 이것들이 그날이 오면 돌 하나

풍습 **회당의 구조와 자리 배치** (막 12:39)

반드시 그렇지는 않지만 회당의 정문은 솔로몬 성전이 있던 예루살렘으로 향하도록 설계되었다. 그리고 내부는 좌우로 계단이 있어 서기관과 같은 지도층 사람들이 앉았으며, 중앙의 넓은 지역은 일반인들이 앉았다. 그리고 정면 제단 옆에는 가장 지위가 높은 사람들이 앉는 모세의 자리가 있었는데 예수 당시 많은 사람들은 서로 이 자리에 앉기를 원했다.

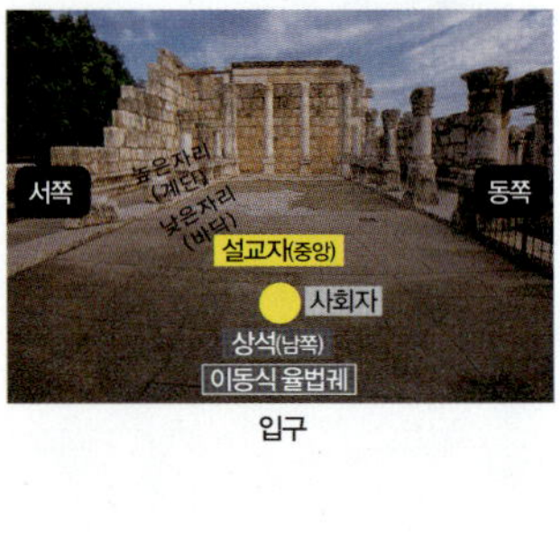

입구

도 돌 위에 남지 않고 모두 무너질 것이다."

마 24:3, 막 13:3-4, 눅 21:7 예수께서 올리브(감람) 산에서 맞은편 기드론 골짜기 너머에 있는 성전을 바라보고 앉았을 때 베드로와 야고보와 요한과 안드레가(누가복음에는 그들이, 마태복음에는 제자들이) 조용히 물었다. 4 "어느 때에 이런 일이 있겠습니까? 또 주님이 임재하고 세상의 끝에는 무슨 징조가 있는지 우리에게 알려주십시오."

가난한 과부의 헌금(막 12:41-44) 6세기, 이탈리아 라벤나, 산타폴리나레 누오보 성당의 모자이크

† 재난의 징조 (마 24:4-25, 막 13:5-23, 눅 21:8-26)

마 24:4-6, 막 13:5-8, 눅 21:8-9 ● 예수께서 말씀하셨다. "너희가 사람의 유혹(미혹)을 받지 않도록 조심하라. 많은 사람들이 내 이름을 빙자하여 말하기를 '나는 그리스도라' 하여 많은 사람을 유혹할 것이다. 사방에서 난리의 소문을 들을 것이나 너희는 두려워하지 말라. 이런 일이 먼저 있어야 되지만 아직 끝은 아니다.

헤롯의 렙돈(막 12:42) 렙돈은 헬라와 로마 시대에 통용되던 최소 가치 동전

마 24:7, 눅 21:10-11 민족 간과 나라 간에 서로 대적할 것이며, 각처에서 기근과 큰 지진과 전염병이 있을 것이다. 또 두려운 일과 하늘로부터 큰 징조들이 있을 것이다. 마 24:8 이 모든 것은 재난의 시작이다.

예수 당시의 헤롯 성전 모형(마 24:1, 3) 이스라엘 고고학 박물관

감람 산 눈물 교회에서 바라본 옛성 부분의 예루살렘 성전이 있던 곳에 세워진 황금 돔 사원(막 13:3)

마 24:9-10, 막 13:9, 눅 21:12 너희는 스스로 조심하라. 이 모든 일이 일어나기 전에 내 이름으로 인해 사람들이 너희를 환난에 넘겨주고 죽일 것이다. 또 너희가 내 이름 때문에 모든 민족에게 미움을 받을 것이다. 그때에 많은 사람이 실족하게 되어 서로 잡아주고 서로 미워할 것이다. 그래서 너희를 산헤드린 공의회(공회)에 넘겨주겠고, 회당에서 매질하고, 감옥에 가두도록 넘겨줄 것이다. 또한 나로 인해 너희가 권력자들과 왕들 앞에 끌려가게 될 것이다.

막 13:12-13, 눅 21:16-18 심지어 형제가 형제를, 아버지가 자식을, 자식들이 부모를, 친척과 친구가 죽는 데에 내어주어 죽게 할 것이다. 또 너희가 내 이름으로 인해 모든 사람에게 미움을 받을 것이다. 그러나 너희는 머리털 하나도 상하지 않을 것이다.

마 24:11-12, 눅 21:13 그때에는 거짓 선지자가 많이 일어나 많은 사람을 유혹(미혹)할 것이며, 불법이 성행하여 많은 사람의 사랑이 식어질 것이다. 그러나 이 일이 오히려 너희와 그들에게 증거가 되게 할 것이다.

마 24:14, 막 13:10 이 하나님 나라(마, 천국)의 복음이 모든 민족에게 증거되기 위해 온 세상(만국)에 전파될 것인데 그때에 세상 끝(말세)이 올 것이다.

막 13:11, 눅 21:14-15 사람들이 너희를 끌어다가 종교 법정에 넘겨줄 때에 무슨 말을 할까 미리 염려하지 않도록 명심하라. 내가 너희 모든 대적을 능히 대항하도록 할 것이며, 그들이 반박할 수 없는 말주변과 지혜를 너희에게 줄 것이다. 그러므로 무엇이든지 그때에 너희에게 주시는 말만 하라. 말하는 이는 너희가 아니라 성령이다. 눅 21:19 너희의 인내로 너희 영혼을 얻으라. 마 24:13 끝까지 견디는 자는 구원(목숨)을 얻을 것이다.

마 24:15-19, 막 13:14-17, 눅 21:20-23 그러므로 너희가 다니엘 선지자가 말한 대로 멸망하게 하는 가증스러운 것이 거룩한 곳에 세워진 것을 보고, 예루살렘이 군대들에게 포위된 것을 보면(단 9:27, 11:31, 12:11) 멸망이 가까운 줄을 읽는 자는 깨달으라. 그때에 유대 지역에 있는 자들은 산으로 도망하고, 성 안에(그 안에) 있는 자들은 성 밖으로 나갈 것이며, 마을에 있는 자들은 마을 안으로 들어가지 말라. 지붕 위에 있는 자는 집 안에 있는 물건을 가지러 내려가지 말며, 밭에 있는 자는 겉옷을 가지러 되돌아가지 말라. 이날들은 성경에 기록된 모든 것을 마치는 징벌의 날이다. 따라서 그날에

Q 난제 **말세(멸망)란(막 13:10)?**

말세는 히브리어 '아하리트'이다. 이는 '지연되다'라는 의미의 아하르에서 파생된 말로 뒷부분, 끝 또는 시간적인 미래를 가리킨다. 말세는 이 '아하리트'라는 말에 날을 나타내는 '야밈'이 합쳐져 종말적인 최후의 날을 가리킨다.

구약 성경에서는 신 31:29에 단 한 번 언급되며 이는 종말적인 의미가 아니라 일반적인 미래를 나타낸다. 그러나 신약에서는 대부분이 종말적인 의미로 사용되었다. 아직까지 종말 시점이나 기간에 대해서는 많은 논란이 있다.

는 아이 밴 자들과 젖 먹이는 자들에게 화가 될 것이다. 이는 땅에 큰 환난과 이 백성에게 진노가 있기 때문이다.

눅 21:24 그들은 칼날에 죽임을 당하며, 포로로 잡혀 모든 이방인 지역으로 가겠고, 예루살렘은 이방인의 때(예수 재림의 때)가 차기까지 그들에게 밟힐 것이다. 25 해와 달과 별들에는 표적(징조)이 나타나겠고, 땅에서는 민족들이 바다와 파도의 성난 소리로 인해 당황하고 낙심할 것이다. 26 사람들은 세상에 임할 일을 생각하고 무서워하므로 혼절할 것이다. 이는 하늘의 권세들이 흔들릴 것이기 때문이다.

마 24:20-22, 막 13:18-20 너희는 그때에 도망하는 일이 겨울이나 안식일이 되지 않도록 기도하라. 이는 그날들이 큰 환난의 날이 되기 때문이다. 하나님께서 세상을 창조한 때로부터 지금까지 이런 환난이 없었고 후에도 없을 것이다. 만일 하나님이 그날들을 짧게 하지 않았으면 모든 육체가 구원을 얻지 못할 것이다. 그러나 하나님께서는 자기가 선택한 자들을 위해 그날들을 감하실 것이다.

마 24:23-25, 막 13:21-23 그때 어떤 사람이 너희에게 말하되 '보라, 그리스도가 여기 있다, 저기 있다 해도 그 말을 믿지 말라.' 거짓 그리스도들과 거짓 선지자들이 일어나 큰 이적과 기적(표적과 기사)을 보이면서 할 수만 있으면 하나님이 선택한 자들까지도 미혹할 것이다. 그러므로 너희는 조심하라. 보라, 내가 너희에게 미리 말했다."

눈 덮인 예루살렘(마 24:20)

솔로몬 성전 자리에 세워진 황금 돔 사원(마 24:15) 예루살렘

난제 멸망의 가증한 것이란? (마 24:15)

BC 167년에 시리아의 안티오쿠스는 예루살렘 성전에 제우스를 위한 신상과 제단을 세웠다. 유대인들은 이것을 가리켜 '멸망의 가증한 것'이라고 하였다. 이는 충격적인 신성 모독 사건이었다. 본문에서 예수님은 이와 비슷한 사건이 종말 직전에 다시 일어나리라고 예고하고 있다.

† 하나님의 나라가 임함 (눅 17:20-25, 마 24:26-27)

눅 17:20 ● 바리새인들이 "하나님의 나라가 언제 도래합니까?"라고 묻자
예수께서 대답하셨다. "하나님의 나라는 눈으로 볼 수 있도록 오는 것이
아니다. 21 또 여기 있다, 저기 있다고도 말할 수 있는 것이 아니다. 하나님
의 나라는 너희 안에 있다." 22 이어 제자들에게 말씀하셨다. "때가 되면 너
희가 인자의 날을 하루만이라도 보기를 원하지만 보지 못할 것이다. 23 사
람들이 너희에게 말하기를 '보라, 하나님의 나라가 저기 있다 여기 있다'
라고 할 것이다. 그러나 너희는 따라가지 말라. 마 24:26 또 사람들이 너희에
게 말하기를 '보라, 그리스도가 광야에 있다' 해도 나가지 말고, '골방에 있
다' 해도 믿지 말라. 마 24:27, 눅 17:24 번개가 하늘 아래 동쪽에서 일어나 서쪽까
지(눅, 이쪽에서 일어나 저쪽까지) 번쩍이는 것같이 인자도 자기의 날에 그
와 같을 것이다. 눅 17:25 그러나 그 이전에 내(인자)가 먼저 많은 고난을 받으
며 이 세대에게 버린 바 되어야 할 것이다."

† 무화과나무 비유의 교훈 (마 24:32-35, 막 13:28-31, 눅 21:29-33)

무화과나무 가지와열매(마 24:32-35)

마 24:32-35, 막 13:28-31, 눅 21:29-33 ● 예수께서 말씀하셨다. "무화과나무의 비유
를 배우라. 그 가지가 연해지고 잎사귀(눅, 싹)를 내면 여름이 가까이 온 줄
을 아는 것처럼 너희도 이 모든 일을 보면 하나님 나라(마태복음에는 인자,
때)가 가까이(문 앞에) 이른 줄을 알라. 내가 참으로 너희에게 말한다. 이
세대가 지나가기 전에 이 일이 다 일어날 것이다. 천지가 없어진다 해도
내 말은 그대로 있을 것이다."

† 인자의 날과 인자의 재림 (마 24:28-31, 36-44, 눅 17:26-37, 막 13:32-33)

마 24:37-39, 눅 17:26-27 ● "인자의 재림은 노아의 때와 같을 것이다. 홍수 전에
노아가 방주에 들어가던 날까지 사람들이 먹고 마시고 결혼하다가 홍수
가 나서 멸망당할 때까지 깨닫지 못한 것처럼 인자의 재림도 이와 같다.
눅 17:28 또 그날은 롯의 때와 같다. 사람들이 먹고, 마시고, 사고팔고, 심
고, 집을 지었으나 29 롯이 소돔에서 빠져나가던 날에 하늘로부터 불과 유
황이 비오듯 내려 그 모든 것들을 멸망시켰다. 30 내(인자)가 재림하는 날

에도 그와 같을 것이다. [31] 그날에 만일 사람이 지붕 위에 있다면 그 집 안
에 있는 물건을 가지러 내려가지 말라. 밭에 있는 자도 그와 같이 돌아가
지 말라. [32] 롯의 처를 기억하라. [33] 무릇 자기 목숨을 지키려고 하는 자는
잃을 것이며, 잃는 자는 살 것이다.

[눅 17:34] 내가 너희에게 말한다. 그날 밤에 두 사람이 한 자리에 누워 있다가 한 명은 데려감을 얻지만 다른 한 명은 버림을 당할 것이다. [마 24:40] 그때에 두 사람이 밭에 있다가 한 명은 데려감을 얻지만 한 명은 버림을 당할 것이다.

[마 24:41, 눅 17:35] 두 여자가 함께 맷돌을 갈다가 하나는 데려감을 얻지만 다른 한 명은 버림을 당할 것이다(눅 17:36 없음, 어떤 고대 사본에는 두 사람이 밭에 있으매 하나는 데려감을 당하고 하나는 버려둠을 당할 것이다)."

[마 24:28, 눅 17:37] 이에 그들이 대답했다. "주님, 어디에서 그런 일이 일어나겠습니까?" 예수께서 말씀하셨다. "시체(마, 주검)가 있는 곳에는 독수리가 모인다."

[마 24:29-31, 막 13:24-27, 눅 21:27] 마지막 날 환난 후에 바로 태양이 어두워지고, 달이 빛을 잃을 것이며, 별들은 하늘에서 떨어지고, 하늘의 권세가 흔들릴 것이다. 바로 그때 재림(인자)의 징조가 하늘에 나타날 것이며, 세상의 모든 족속들이 통곡하며, 그들이 내(인자)가 구름을 타고 큰 권능과 영광 가운데 오는 것을 볼 것이다. 또 그때 내가 큰 나팔 소리와 함께 천사들을 보내 하늘 이 끝에서 저 끝까지(막, 땅에서부터 하늘 끝까지) 사방에서 자신이 선택한 자들을 모을 것이다.

[눅 21:28] 이런 일이 시작하거든 일어나 머리를 들어라. 이는 너희의 구원이 가까이 오고 있기 때문이다.

[마 24:36, 막 13:32] 그러나 정해진 그날과 그때는 아무도 모른다. 하늘에 있는 천사들도 모르고, 아들도 모르며, 오직 아버지만 아신다.

[마 24:42, 막 13:33] 그러므로 너희는 주의하고 깨어 있으라(기도하라). 왜냐하면 주님이 언제 다시 올지 너희가 알지 못하기 때문이다. [마 24:43] 너희가 아는
것처럼 만일 집주인이 도둑이 어느 시각에 오는 줄을 안다면 깨어 있어 그
집을 몰래 들어오지 못하게 할 것이다. [44] 그러므로 너희도 준비하고 있으
라. 생각하지 못하는 시각에 내(인자)가 다시 올 것이다."

롯 가족 소돔 탈출(눅 17:32) 이탈리아 밀라노 두오모성당. 롯의 처는 뒤에 쳐져 뒤를 돌아보고 있다.

맷돌(마 24:41) 가버나움. 두 사람이 가는 맷돌이다.

† 재림을 준비하는 자세 (막 13:34-37, 마 24:45-51, 눅 21:34-36)

막13:34 ●인자가 다시 오는 것은 주인(사람)이 집을 떠나 다른 나라로 갈 때
에 그 종들에게 권한을 주어 각각 일을 맡기고 문지기에게는 깨어 지키라
고 명령한 것과 같다.

마24:45 주인이 멀리 떠나면서 제때에 집안의 양식을 내주도록 맡긴 신실
하고 지혜로운 종이 누구인가? 46 주인이 돌아와서 볼 때 주인이 시킨 대
로 일하는 종은 복이 있다.

마24:47 내가 참으로 너희에게 말한다. 주인이 그의 모든 소유를 그에게
맡길 것이다. 48 그러나 만일 그 악한 종이 주인이 늦게 올 것으로 생각하
여 49 동료 종들을 때리며, 술친구들과 더불어 먹고 마시게 되면 50 생각하
지 않은 날, 알지 못하는 시각에 그 종의 주인이 돌아와 51 신실하지 못한
종을 매우 때리고(쪼개어 내고) 위선자(외식하는 자)가 받는 형벌로 다스릴
것이니 그는 그곳에서 슬피 울면서 이를 갈고 있을 것이다.

막13:35 그러므로 항상 깨어 있으라. 왜냐하면 집 주인이 저물 때 올지, 밤
중에 올지, 닭 울 때 올지, 새벽에 올지 너희는 알지 못하기 때문이다. 36 그
가 갑자기 돌아왔을 때 너희의 자는 모습을 보지 않도록 37 깨어 있으라.
내가 너희에게 하는 이 말은 모든 사람에게 하는 말이다. 눅21:34 또한 너희
는 스스로 조심하라. 그렇지 않으면 방탕과 술 취함과 생활의 염려로 마음
이 둔해지고 생각하지 못한 시각에 그날이 올무(덫)와 같이 너희에게 임
할 것이다. 35 그날은 온 땅에 사는 모든 사람에게 임할 것이다. 36 그러므로
너희는 앞으로 다가올 이 모든 일을 능히 피하고 내(인자) 앞에 서도록 항
상 기도하므로 깨어 있으라."

총을 차고 기도하는 오늘날 이스라엘 군인
(눅 21:36) 이스라엘 쿰란

재림 때의 하늘을 연상시키는 저녁놀(마 24:29)
이스라엘 얏딜

† 열 처녀 비유 (마 25:1-13)

마 25:1 ●"내(인자)가 재림하는 때에 하나님 나라(천국)는 마치 등을 들고
신랑을 맞으러 나간 10명의 처녀와 같다. 2 그중 5명은 미련하고, 5명은
지혜로운 자이다. 3 미련한 처녀들은 등은 가지고 갔지만 기름은 충분히
준비하지 않았다. 그러나 4 지혜로운 처녀들은 그릇에 충분한 기름을 담아
등과 함께 가져갔다. 5 그런데 신랑은 늦게 왔고 처녀들은 모두 졸기도 하
고 자기도 했다. 6 밤중이 되자 '보라, 신랑이 왔으니 맞으러 나오라'는 소
리가 났다. 7 그 소리에 처녀들이 모두 일어나 등을 준비했다. 8 그때 미련
한 처녀들이 지혜 있는 처녀들에게 말했다. '우리의 등불이 꺼져가니 너희
기름을 좀 나눠달라.' 9 그러자 지혜 있는 처녀들이 대답했다. '우리가 함께
사용하기에는 둘 다 부족할 수 있으니 차라리 기름을 파는 자들에게 가서
너희 쓸 것을 사라.' 10 이에 그들이 기름을 사러 간 동안에 신랑이 왔고 그
때까지 기름을 준비했던 처녀들은 신랑과 함께 혼인 잔치에 들어가자 문
은 곧 닫혔다. 11 그 후에 기름을 사러 간 처녀들이 와서 말했다. '주님, 우
리에게 문을 열어주십시오.' 12 신랑이 대답하기를 '참으로 너희에게 말하
는데 나는 너희를 알지 못한다'라고 하였다. 13 그러므로 너희는 그날과 그
시기를 알지 못하니 항상 깨어 있으라.

지혜로운 처녀와 미련한 처녀(마 25:1-13) 어리석은 처녀들은 등만을 준비하고 기름을 충분히 준비하지 못해 신랑이 더디 오자 신랑을 맞이하지 못한다. 그러나 지혜로운 처녀는 충분한 기름을 준비하므로 신랑과 함께 잔치 자리에 나가는 자이다. 바로 천국에 들어갈 수 있는 자이다.

† 달란트 비유 (마 25:14-30)

마 25:14 ●"또 하나님 나라(천국)는 어떤 사람이 다른 나라로 갈 때 그 종들을
불러 자기의 소유를 맡긴 것과 같다. 15 주인이 그 능력(재능)대로 각각 노동
자 100년 품삯에 해당하는 금 다섯 달란트와 금 두 달란트와 금 한 달란트를
주고 떠났다. 16 그중에 다섯 달란트를 받은 종은 곧바로 가서 그 돈으로 장
사하여 다섯 달란트를 남겼고, 17 두 달란트 받은 종도 똑같이 하여 두 달란
트를 남겼다. 18 그러나 한 달란트 받은 자는 가서 주인의 돈을 땅속에 숨겨
두었다.

마 25:19 세월이 지난 후에 주인이 돌아와 그 종들과 결산을 하게 될 때 20
다섯 달란트 받았던 자는 다섯 달란트를 더 남겨가지고 와서 말했다. '주
인님, 나에게 다섯 달란트를 맡겼으나 내가 그것으로 장사하여 다섯 달란

로마 때 등잔(마 25:1-4) 요르단, 제라시 박물관

성경 상식

달란트(talent, 마 25-30)

달란트는 중량의 단위로 가나안(팔레스타인) 지역 뿐만 아니라 메소포타미아 지역에서 광범위하게 사용되었다. 중량은 일정하지 않으나 성경에서는 약 33.75g으로 계산된다. 신약 시대에는 돈으로서 한 달란트가 6천 데나리온(드라크마)에 해당되었다. 1데나리온은 1일 품삯이다.

QT

달란트 비유(막 12:26-27)

하나님은 각자에게 그에게 맞는 달란트를 주셨고 그것을 잘 활용하여 많은 이익을 남기기 원하신다. 하나님이 내게 준 능력이 많고 적음이 문제가 아니라 최선을 다해 그 능력을 주를 위해 사용하는 것이다. 빌라델비아 교회는 적은 능력으로도 하나님의 말씀을 지켰고 예수의 이름을 배반하지 않았다(계 3:8).

트를 더 남겼습니다.’ 21 주인이 말하되 ‘잘했다. 너는 착하고 충성된 종이
다. 이와 같이 네가 적은 일에 충성했기 때문에 내가 더 많은 것을 너에게
맡길 것이니 너는 네 주인의 즐거움에 동참할 것이다’라고 하였다.

마 25:22 이어 두 달란트 받았던 자도 와서 말했다. ‘주인님, 나에게 두 달란
트를 맡겼으나 내가 그것으로 장사하여 두 달란트를 더 남겼습니다.’ 23 주
인이 말하되 ‘잘했다. 너도 착하고 충성된 종이다. 이와 같이 네가 작은 일
에 충성했기 때문에 내가 더 많은 것을 너에게 맡길 것이니 너는 네 주인
의 즐거움에 동참할 것이다.’

마 25:24 그러나 노동자 20년 품삯에 해당하는 한 달란트 받았던 자는 주인에
게 와서 말했다. ‘주인님은 완고한 사람이기 때문에 심지 않은 것에서 거
두고 뿌리지 않은 데서 거두는 줄을 내가 알고 있습니다. 25 그래서 두려워
하여 나가 당신이 맡겨준 한 달란트를 땅에 숨겨두었다가 가져왔습니다.’
26 이에 주인이 대답하기를 ‘너는 악하고 게으른 종이다. 너는 내가 심지
않은 것에서 거두고 뿌리지 않은 데서 거두는 줄로 알았느냐? 27 그렇다면
네가 마땅히 내 돈을 이자 놀이 하는 자들에게라도 맡겼다가 내가 돌아왔
을 때 내 원금과 이자라도 받게 해야 하지 않았겠느냐?’ 하고 28 그에게서
그 한 달란트를 빼앗아 열 달란트 가진 자에게 주라고 했다. 29 무릇 있는
자는 받아 풍족하게 되고 없는 자는 그 있는 것까지 빼앗길 것이다(참조,
마 13:12, 막 4:25, 눅 19:26). 30 이 쓸모없는(무익한) 종을 바깥 어두운 곳으
로 쫓아내라. 그가 그곳에서 슬피 울며 이를 갈 것이다.

† 인자의 재림 때 (마 25:31-46)

마 25:31 ●“내(인자)가 모든 천사와 함께 영광 가운데 다시 올 때는 자기
영광의 보좌에 앉을 것이다. 32 그리고 모든 민족을 자기 앞으로 모으고 목
자가 양과 염소를 구분하는 것같이 그들을 각각 구분하여 33 양은 그 오른
편에, 염소는 왼편에 둘 것이다. 34 그때 왕이 그 오른편에 있는 자들에게
말하기를 ‘너희는 내 아버지로부터 복 받은 자들이다. 세상이 시작된 때부
터 너희를 위해 준비된 나라를 상속받으라. 35 너희는 내가 주릴 때에 먹을
것을 주었고, 목마를 때에 마시게 했으며, 내가 나그네 되었을 때에 나를

1 양과 염소를 구분해서 우리에 가둠(마 25:32-34) 요르단 길르앗 라못
2 양과 염소의 비유(마 25:31-46) 이탈리아 라벤나, 산타폴리나레 누오보 성당, 6세기, 모자이크
가운데 예수가 있고 좌우에는 천사가 둘러서 있다. 예수의 오른손은 양을 향해 펼쳐져 있으나 왼손은 뒤에 감추어져 있고 염소가 그려져 있다. 여기서 양은 불쌍한 자들을 돌보고 친절히 대해준 사람을 상징하고, 염소는 환난과 곤란 중에 있는 자들을 박절하게 대한 사람들을 상징한다.

영접했다. 36 또한 내가 헐벗었을 때에 옷을 입혔고, 병들었을 때에 돌봐주
었으며, 감옥에 갇혔을 때에 찾아와 주었다'라고 할 것이다.

마 25:37 이에 의인들이 대답했다. '주님, 우리가 언제 주린 주님을 보고 음
식을 대접했으며, 목마른 것을 보고 마시게 했습니까? 38 우리가 언제 나
그네 된 주님을 보고 영접했으며, 헐벗은 것을 보고 옷을 입혔습니까? 39
언제 병들었을 때나 감옥에 갇혔을 때 찾아가 뵈었습니까?'라고 할 것이
다. 40 그때 왕이 이렇게 대답할 것이다. '내가 참으로 너희에게 말한다. 너
희가 이곳에 있는 내 형제 중에 지극히 작은 자 한 명에게 한 것이 바로 나
에게 한 것이다.'

마 25:41 또 왼편에 있는 자들에게 말하기를 '너희는 저주를 받은 자들이
다. 나를 떠나 마귀와 그 사자들을 위해 준비된 영원한 불에 들어가라. 42
너희는 내가 주릴 때에 먹을 것을 주지 않았고, 목마를 때에 마시게 하지
않았다. 43 또 내가 나그네 되었을 때에 영접하지 않았고, 헐벗었을 때에
옷을 입히지 않았으며, 병들었을 때와 감옥에 갇혔을 때에도 돌보지 않았
다'라고 할 것이다.

마 25:44 이에 그들도 대답하기를 '주님 우리가 언제 주님께서 주리신 것이

나그네를 영접함(마 25:33) 12세기, 상아 제품, 영국 국립 도서관

나, 목마른 것이나, 나그네 된 것이나, 헐벗은 것이나, 병든 것이나, 감옥에
갇힌 것을 보고 돌보지 않았습니까?'라고 할 것이다. 45 그때 왕이 이렇게
대답할 것이다. '내가 참으로 너희에게 말한다. 이곳에 있는 지극히 작은
자 한 명에게 하지 않은 것이 바로 나에게 하지 않은 것이다. 46 그들은 영
원한 형벌에, 의인들은 영원한 생명으로 들어갈 것이다.'"

† 예수를 죽이려고 논의함 (마 26:1-5, 막 14:1-2, 눅 22:1-2)

마 26:1-5, 막 14:1-2, 눅 22:1-2 ● 예수께서 이 모든 말씀을 모두 마친 후에 제자들에게 말씀하셨다. "너희가 아는 대로 이틀이 지나면 유월절이라 하는 무교절이다. 이제 나(인자)는 십자가에 못 박히기 위해 팔릴 것이다." 그때 대제사장들과 백성의 장로들과 율법교사(서기관)들이 시온 산 지역에 있는 대제사장 가야바의 공관에 모여 예수를 잡아 죽이기 위해 은밀히 계획을 세우며 말했다. "민중 봉기가 일어날 수 있으니 유월절(명절)에는 하지 말자." 이렇게 말한 것은 그들이 백성을 두려워하기 때문이었다.

† 유다의 배반 (마 26:14-16, 막 14:10-11, 눅 21:37-38, 22:3-6)

마 26:14-16, 막 14:10-11, 눅 22:3-6 ● 그때 열두 명의 제자 중 한 명인 가룟인이라 부르는 유다에게 사탄이 들어갔다. 이에 가룟인 유다가 예수를 넘겨주기 위해 대제사장들에게 가서 말했다. "내가 예수를 너희에게 넘겨주면 얼마를 주겠느냐?" 이에 그들이 듣고 기뻐하여 은 30개를 달아주었다(눅, 돈을 주기로 언약한지라). 가룟인 유다는 그 돈을 받고 성전 경비대장들에게 가서 예수를 넘겨줄 방법을 의논했다. 그리고 무리가 없을 때 예수를 그들에게 넘겨주기 위해 기회를 엿보기 시작했다.

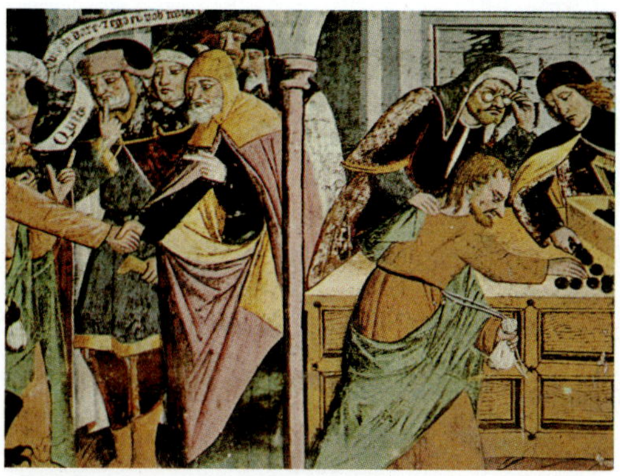

예수를 팔고 돈을 계산하는 가룟 유다(마 26:14-16, 눅 22:3-6) 15세기, 파리, 노틀담 드퐁테느 교회, 프레스코화

눅 21:37 예수께서 낮에는 성전에 들어가 가르치시고 밤에는
예루살렘 성을 나가 감람원이라 하는 산에서 휴식을 취하셨
다. 38 이에 모든 백성이 그의 말씀을 듣기 위해 이른 아침부
터 성전으로 나왔다.

수요일

† 예수를 믿지 않음 (요 12:37-43)

요 12:37 ● 예수께서는 많은 기적(표적, 이적)을 백성들 앞에서 행했으나 그
들은 예수를 믿지 않았다. 38 이는 이사야 선지자의 말씀을 이루기 위함이
었다. 그곳에는 이렇게 기록되었다. "주님, 우리에게서 들은 것을 누가 믿
었으며, 주님의 신적 권능(팔)이 누구에게 나타났습니까?(사 53:1)" 39 그
들이 믿지 못한 이유를 이사야 선지자가 다시 말했다. 40 "주님께서 그들의
눈을 멀게 하시고 마음을 완악하게 하셨다. 이는 그들로 하여금 눈으로 보
고, 마음으로 깨닫고, 돌이킴으로 나에게 고침을 받지 못하게 하려는 것이
다(사 6:10)." 41 이사야 선지자가 이렇게 말한 것은 주님의 영광을 보고 주
님을 가리켜 말한 것이다. 42 그러나 관리들 중에도 예수를 믿는 자가 많았
는데 바리새인들 때문에 예수를 믿는다고 말로 표현하지는 못했다. 왜냐
하면 그렇게 하면 출교를 당할까 두려워했기 때문이었다. 43 그들은 사람
의 영광을 하나님의 영광보다 더 사랑했다(당시 출교를 당하게 되면 생명의
안전도 보장받지 못했다).

† 마지막 날과 심판 (요 12:44-50)

요 12:44 ● 예수께서 큰 소리로 말씀하셨다. "나를 믿는 자는 나를 믿는 것
이 아니라 나를 보내신 자를 믿는 것이다. 45 또 나를 보는 자는 나를 보낸
이를 보는 것과 같다. 46 나는 세상을 비추는 빛으로 왔다. 이는 나를 믿는
자가 어둠에 머물러 있지 않도록 하기 위함이다. 47 사람이 내 말을 듣고
지키지 않아도 나는 그를 심판하지 않을 것이다. 왜냐하면 내가 세상에 온
것은 세상을 심판하려는 것이 아니라 세상을 구원하기 위해 왔기 때문이
다. 48 그러나 나를 저버리고 내 말을 믿지 않는 자를 심판할 자가 있다. 곧
내가 한 이 말이 마지막 날에 그를 심판할 것이다. 49 이 말은 내가 스스로
한 것이 아니라 나를 보낸 아버지께서 내가 말할 것과 이를 것을 친히 명
령해주신 것이다. 50 곧, 나는 아버지의 명령이 영원한 생명인 줄 알고 있
기 때문에 내가 말하는 것은 내 아버지께서 나에게 말씀하신 것이다."

목요일

† 마지막 유월절을 지킴 (마 26:17-19, 막 14:12-16, 눅 22:7-13)

마 26:17-19, 막 14:12-16, 눅 22:7-13 ●무교절 첫날인 유월절 양 잡는 날에 제자들이 예수께 나아와 "유월절 음식을 잡수시도록 우리가 어디에서 준비하기를 원하십니까?"라고 물었다. 그러자 예수께서 제자 중 베드로와 요한 두 명을 보내시며 말씀하셨다. "성 안으로 들어가라. 그러면 물 한 동이를 지고 가는 사람을 만날 것인데 그를 따라가서 그가 어디든지 들어가는 그 집주인에게 '선생님 말씀이 내 때가 가까이 왔으니 내가 내 제자들과 함께 유월절을 네 집에서 지킬 것이니 유월절 음식을 먹을 나의 객실이 어디 있느냐?'라고 말하라. 그렇게 말하면 그가 자리를 마련한 큰 이층방(다락방)을 보일 것이다. 그러면 그곳에 우리를 위해 유월절을 준비하라." 이에 두 제자가 성내로 들어가 예수께서 시킨 대로 하여 유월절 음식을 준비했다.

성경 상식 다락방
(upper roon, 눅 22:12)
다락방은 보통 2층에 있는 방이나 지붕 위에 있는 방을 가리킨다. 선지자 생도의 아내 중 한 여인이 엘리사를 위해 마련한 다락방은 팔레스타인의 더운 날씨 속에 통풍이 잘되는 좋은 방이었다(왕하 4:10). 그리고 엘리야 역시 사르밧에 있는 한 과부의 다락방에 기거했다(왕상 17:19). 예수께서 최후의 만찬을 베풀고 오순절날 성령 강림이 임했던 마가의 다락방은 120명 정도의 사람이 앉을 만한 큰 방이었다.

마지막 유월절을 보낸 마가의 다락방(눅 22:12)

† 제자들의 발을 씻기심 (요 13:1-17)

요 13:1 ●유월절 전날인 목요일 저녁(가까이 오자)에 예수께서 자기가 세
상을 떠나 아버지께로 돌아갈 때가 가까이 온 줄 아시고 세상에 있는 자기
에게 속한 사람들을 끝까지 사랑하셨다. 2 마귀가 이미 시몬의 아들인 가
룟인 유다의 마음을 충동하여 예수를 팔려는 생각을 갖게 했다. 3 저녁 먹
을 때에 예수는 아버지께서 모든 것을 자신의 손에 맡기고, 또 자기가 하
나님께로부터 왔다가 다시 돌아갈 것을 아셨다. 4 그래서 저녁을 잡수시던
자리에서 일어나 겉옷을 벗은 후 수건을 가져다가 허리에 두르셨다. 5 그
리고 대야에 물을 떠서 제자들의 발을 씻긴 후 수건으로 닦기를 시작하여
6 시몬 베드로까지 왔다. 이에 베드로가 말했다. "주님, 주님께서 어찌 내
발을 씻으려 하십니까?" 7 예수께서 대답하셨다. "내가 하는 이 일을 지금
은 네가 이해하지 못하지만 나중에는 깨닫게 될 것이다." 8 그러자 베드로
가 대답했다. "내 발을 절대로(영원히) 씻기지 못합니다." 예수께서 다시 대
답하셨다. "내가 너를 씻어주지 않는다면 너는 나와 상관이 없는 것이다."
9 이에 시몬 베드로가 말했다. "주님, 그렇다면 내 발뿐 아니라 손과 머리도

베드로의 발을 씻기는 예수(요 13:8-11)
이요한 작

씻어주십시오." 10 이에 예수께서 말씀하셨다. "이미 목욕을 한 사람은 발만 씻으면 된다. 온몸은 깨끗하다. 그러나 너희 모두가 깨끗하지는 않다."
11 이런 말씀을 한 것은 자기를 팔 자가 누구인지 알고 계셨기 때문이었다. 그래서 "모두가 깨끗한 것은 아니다"라고 말씀하셨다.

요 13:12 예수께서 제자들의 발을 씻긴 후에 옷을 입으시고 다시 앉아 그들
에게 말씀하셨다. "내가 오늘 너희에게 행한 것을 너희들은 아느냐? 13 너
희가 나를 '선생'이라 혹은 '주인'라고 하는 너희 말이 옳다. 14 내가 선생
혹은 주인이 되어 너희 발을 씻었으니 너희도 서로 발을 씻어주는 것이 옳
다. 15 내가 너희에게 행한 것같이 너희도 행하게 하기 위해 모본을 보였
다." 16 내가 참으로 너희에게 말한다. 종이 주인보다 클 수 없고, 보냄을 받
은 자가 보낸 자보다 클 수 없다. 17 그러므로 너희가 이런 사실을 알고 행
하면 복이 있을 것이다."

본을 보이는 삶이 제자의 삶이다(요 13:1-11).

누가 더 크냐에 대해 논쟁했던 제자들에게 예수께서는 대야에 물을 떠서 손수 제자들의 발을 씻기시고 수건으로 닦아주심으로 사랑과 겸손과 섬김의 본을 보이셨다. 이는 예수의 마지막 교훈의 성격으로 자신을 따르는 제자들도 그런 섬김의 삶을 살아야 할 것을 행동으로 보여주신 것이다. 그러므로 우리가 주님을 믿고 따르는 자라면 마땅히 섬김의 삶을 살아가야 한다. 그것이 예수의 제자임을 보여주는 것이다.

† 최후의 만찬 (마 26:20-29, 막 14:17-25, 눅 22:21-23, 요 13:18-30)

마 26:20-21, 막 14:17-18 ● 해가 질 때에 예수께서 열두 제자와 함께 앉아 잡수
시면서 말씀하셨다. "내가 참으로 너희에게 말한다. 나와 함께 먹는 자 중
한 사람이 나를 팔 것이다. 요 13:18 이 말은 내가 너희 모두를 가리켜 말하는
것이 아니다. 나는 내가 선택한 자들이 누구인지 알고 있다. 그러나 '내 빵
(떡)을 먹는 자가 내게 발꿈치를 들었다'(시 41:9)라고 기록한 성경의 말
씀을 이루게 하려는 것이다. 19 지금부터 그 일이 일어나기 전에 미리 너희
에게 말하는 이유는 그 일이 일어날 때에 내가 바로 성경에서 말한 그 사
람인 줄 너희로 믿게 하기 위함이다. 20 내가 참으로 너희에게 말한다. 내
가 보낸 자를 받아들이는(영접하는) 자는 나를 받아들이는 것이요,
나를 받아들이는(영접하는) 자는 나를 보내신 이를 받아들이는 것이다." 21 예수께서 이 말씀을 하신 후 마음이 괴로워 다시 확증하여 말씀하셨다. "내가 참으로 너희에게 말

✣ 발꿈치를 들었다고 한 성경(요 13:18)

시 41:9의 말씀이다. "발꿈치를 들다"는 말은 말이 뒷발질하듯이 사람을 배신하는 행위를 가리킨다. 이는 예수님이 열두 제자 중 한 사람인 가룟 유다에게 배신당할 것을 뜻한다.

최후의 만찬(마 26:20-29)
네덜란드 암스텔담

이스라엘 포도(눅 22:18)

최후의 만찬이 있던 마가 다락방(눅 22:14-20) 시온 산 지역

하노니 너희 가운데 한 명이 나를 팔 것이다."

눅 22:14-15 때가 되자 예수께서 제자들과 함께 앉은(기대어 누운) 후 말씀하셨다. "내가 고난을 받기 전에 너희와 함께 이 유월절 먹기를 간절히 원했다.

마 26:26, 막 14:22, 눅 22:19a 그들이 먹을 때에 예수께서 빵(떡)을 가지고 축복하신 후 제자들에게 떼어주시며 말씀하셨다. "이것을 받아 먹으라. 이것은 너희를 위해 주는 내 몸과 같은 것이다. 눅 22:19b 너희가 이것을 행하므로 나의 죽음을 기념하라."

마 26:27-28, 막 14:23-24, 눅 22:17, 20 또 저녁 먹은 후에 잔을 가지고 감사 기도를 하신 후 제자들에게 주시며 말씀하셨다. "너희가 모두 이것을 마셔라. 이것은 죄 용서함을 얻게 하기 위해 많은 사람을 위해 흘리는 나의 언약의 피이다. 곧 너희를 위해 붓는 것이다.

마 26:29, 막 14:25 그러나 참으로 너희에게 말한다. 내가 포도나무에서 난 것을 이제부터 내 아버지(하나님)의 나라에서 새 것으로 너희와 함께 마시는 날까지 다시 마시지 않을 것이다.

눅 22:21 보라, 나를 파는 자의 손이 나와 함께한 식탁에 있다." 눅 22:23 그들이 서로 묻되 우리 중에서 이 일을 행할 자가 누구인가 했다.

마 26:22-23 막 14:19-20 그리고 제자들이 심히 근심하여 한 명씩 "주님, 나는 아니지요?"라고 물었다. 예수께서 대답했다. "12명 중에 한 명, 곧 나와 함께 음식을 먹는 자(그릇에 손을 넣는 자)가 나를 팔 것이다.

마 26:24, 막 14:21, 눅 22:22 나(마, 인자)는 나에 대해 작정된(마, 기록된) 곳으로 가지만 나를 파는 그 사람에게는 화가 있을 것이다. 그 사람은 차라리 세상에 태어나지 않았으면 더 좋았을 것이다." 마 26:25 이때 예수를 팔려는 가룟인 유다가 "선생님(랍비), 나는 아니지요?"라고 물었다. 예수께서 대답하기를 "네가 말했다"라고 하셨다.

요 13:22 그러나 제자들은 서로 바라보며 그 말이 누구를 가리킨 말인지를 전혀 알지 못했다. 23 예수의 제자 중 한 명인 예수께서 사랑하는 요한이(자가) 예수의 품에 기대어 누워 있었다. 24 시몬 베드로가 그 제자에게 예수께서 말씀한 사람이 누구인지 물어보라고 고갯짓을 했다. 25 그러자 예수의 품에 기대어 누워 있던 요한이(그가) 예수의 곁에 의지하여 "주님 그 사람이 누구입니까?"라고 물었다.

요 13:26 예수께서 대답하시기를 "내가 빵 한 조각을 소스에 찍어다(적셔다)
주는 자가 나를 팔 자이다" 하시고 빵 한 조각을 접시에 놓인 소스(과즙이나
초)를 찍어 가룟인 시몬의 아들 유다에게 주었다. 27 그러자 빵 조각을 받은
가룟인 유다에게 사탄이 즉시 들어갔다. 이에 예수께서 유다에게 말했다.
"네가 계획한 일을 속히 행하라." 28 그러나 이 말이 어떤 뜻으로 했는지를 함
께 앉은(기대어 누워 있는) 제자들 중에는 아는 자가 없었다. 29 그래서 어떤
이들은 가룟인 유다가 재정 출납(돈궤)을 맡았기 때문에 유월절(명절)에 우
리가 쓸 물건을 사라고 한 것인지, 아니면 가난한 자들에게 무엇을 주라고
한 줄로 생각했다. 30 가룟인 유다가 그 빵 조각을 받고 바로 나가니 때는 밤
이었다.

예수에 대한 공관복음과 요한복음 대조

내용 / 복음서	공관복음	요한복음
활동 지역	갈릴리 지역 중심	남쪽 유대 지역 중심
중요시한 내용	성장 과정과 행적과 그 사실을 기록	가르침을 중시한 사실 설명
최후 만찬 시기	유월절 밤(마 26:1, 막 14:22-25)	유월절 전날 밤(13:1)
강조점	그리스도의 인간을 향한 깊은 동정심과 사랑의 증거로 이적을 강조	예수의 신성의 품격으로 그의 전지전능성을 강조
표현 형식	비유를 즐겨 사용함	비유 없고 은유 두 개, 설교 중심

† 큰 자에 대한 가르침 (눅 22:24-30)

눅 22:24 ● (아마 자신은 배신자가 아니라는 것을 과시하기 위해) 제자들 사이
에 누가 크냐 하는 다툼이 일어났다. 25 이를 본 예수께서 말씀하셨다. "이
방인의 왕들은 그들을 주관하며, 그 집권자들은 공로자(은인)라고 칭함을
받지만 26 너희는 그렇지 않아야 한다. 너희 중에 큰 자는 젊은 자와 같고,
다스리는 자는 섬기는 자와 같아야 할 것이다(참조, 마 20:26-27). 27 섬기
는 자가 큰 것이 아니라 앉아서 먹는 자가 큰 자이다. 그러나 나는 섬기는
자로 너희 중에 있다. 28 너희는 내가 고난(시험)을 당할 때에 항상 나와 함
께한 자들이기 때문에 29 내 아버지께서 그 나라를 내게 맡기신 것같이 나
도 너희에게 맡긴다. 그래서 30 너희가 내 나라에 들어가 내 식탁에서 함께

먹고 마시며 보좌에 앉아 이스라엘 열두 지파를 다스리게 할 것이다."

† 새 계명을 줌 (요 13:31-35)

요 13:31 ●가룟인 유다가 나간 후에 예수께서 말씀하셨다. "이제 내(인자)가 영광을 받았고 하나님도 나로 인해 영광을 받으셨다. 32 만일 하나님이 나로 인해 영광을 받았다면 하나님도 자기로 인해 나에게 영광을 주실 것이다. 33 나의 제자(자녀, 작은 자)들아, 내가 아직은 너희와 함께 있을 것이다. 그러나 얼마 후에는 너희가 나를 찾겠으나 내가 이전에 유대인들에게 말한 것과 같이(요 8:21) 너희도 내가 가는 곳에 올 수 없다고 지금 너희에게도 말하는 것이다. 34 이제 너희에게 새 계명을 준다. 너희는 서로 사랑하라. 내가 너희를 사랑한 것처럼 너희도 그렇게 사랑하라. 35 너희가 서로 사랑하게 되면 그 사랑을 보고 모든 사람이 너희가 내 제자인 것을 알게 될 것이다."

† 길과 진리와 생명 되신 예수 (요 14:1-24)

요 14:1 ●"너희는 마음에 근심하지 말라. 하나님을 믿으라. 또한 나를 믿으라(믿고). 2 내 아버지 집에는 있을 곳이 많다. 그렇지 않았다면 너희에게 미리 알려주었을 것이다. 나는 너희를 위해 거할 곳을 준비하러 간다. 3 가서 너희를 위해 있을 곳이 준비되면 내가 다시 와서 너희를 나에게로 인도하여 내가 있는 곳에 너희도 있게 할 것이다. 4 내가 어디로 가는지 그 길을 너희가 알고 있다." 5 그러자 도마가 말하되 "주님, 주님께서 어디로 가는지 우리가 알지 못하는데 어떻게 그 길을 알고 있다고 하십니까?" 6 예수께서 말씀하셨다. "내가 바로 길이요, 진리요, 생명이기 때문에 나를 통하지 않고는 아버지께로 올 자가 없다. 7 너희가 나를 알았다면 내 아버지도 알았을 것이다. 이후부터는 너희가 그분을 알았고, 또 보았다."

요 14:8 이번에는 빌립이 물었다. "주님, 하나님 아버지를 우리에게 보여 주십시오. 그러면 그분을 알기에 충분하겠습니다." 9 예수께서 대답하셨다. "빌립아, 내가 오랫동안 너희와 함께 있었는데 네가 아직도 나를 알지 못하느냐? 나를 본 사람은 아버지를 본 것과 같은데 어찌하여 하나님 아버지를 보여달라고 하느냐? 10 내가 아버지 안에 있고, 아버지는 내 안에 계신 것

을 네가 믿지 못하느냐? 내가 너희에게 하는 말은 내 스스로
하는 것이 아니라 아버지께서 내 안에 있어 그분의 일을 하는
것이다. 11 내가 아버지 안에 있고, 아버지께서 내 안에 있는 것
을 믿으라. 그것이 믿어지지 않는다면 내가 행하는 그 일을 보
고 나를 믿으라.

요 14:12 내가 참으로 너희에게 말한다. 나를 믿는 자는 내가 하
는 일을 그가 할 뿐만 아니라 그것보다 더 큰 일도 할 것이다.
그것은 내가 아버지께로 가기 때문이다. 13 너희가 내 이름으
로 어떤 것이든 구하면 내가 그것을 이루어줄 것이다. 그것은
아버지로 하여금 아들로 인해 영광을 받으시도록 하려고 하기
때문이다. 14 그러므로 내 이름으로 어떤 것이든 내게 구하면
내가 이행할 것이다. 15 너희가 나를 사랑한다면 나의 계명을
지켜야 할 것이다. 16 내가 아버지께 구하여 그가 또 다른 성령
(보혜사)을 너희에게 주어 영원토록 너희와 함께 있게 할 것이
다. 17 그는 진리의 영이기 때문에 세상이 그를 받아들이지 못
하는 것은 그를 보지도 못하고 알지도 못하기 때문이다. 그러나 너희는 그
를 알고 있다. 그것은 그분이 너희와 함께 거하며, 또 너희 속에 머물기 때
문이다.

길과 진리와 생명이 되신 예수(요 14:6) 이요한 작

요 14:18 내가 너희를 고아처럼 버려두지 않고 너희에게로 다시 올 것이다.
19 조금 있으면 세상은 나를 다시 보지 못할 것이나 너희는 나를 볼 것이니
그것은 내가 살아 있고 너희도 살 것이기 때문이다. 20 그날에는 내가 아버
지 안에 있을 것이며, 너희가 내 안에, 내가 너희 안에 있는 것을 너희가 알
게 될 것이다. 21 내 계명을 지키는 자가 되어야 나를 사랑하는 자이다. 나
를 사랑하는 사람은 내 아버지의 사랑을 받을 것이며, 나도 그 사람을 사
랑하여 그에게 나를 나타낼 것이다."

요 14:22 가룟 출신(사람)이 아닌 다른 유다가 말했다. "주님, 왜 주님을 우
리에게는 나타내시고 세상에는 그렇게 하지 않으려고 하십니까?" 23 예수
께서 대답하셨다. "사람이 나를 사랑하면 내 교훈(말)을 지킬 것이며 내 아
버지께서 그런 사람을 사랑할 것이다. 또한 우리가 그에게 가서 함께 거할

오순절 날 성령강림(요 14:26) 색유리

주님이 주시는 평안 (요 14:27)

주님은 세상을 떠나갈 날이 얼마 남지 않음을 아시고 세상이 주는 것과는 다른 평안을 주시겠다고 약속하셨다. 세상이 주는 평안은 언젠가는 사라지지만 주님이 주시는 평안은 사라지는 것이 아니기 때문에 세상 것 때문에 근심하거나 두려워하지 말자.

것이다. 24 그러나 나를 사랑하지 않는 자는 내 가르침(말)을 행하지 않는
다. 너희가 지금 듣는 가르침은 내 가르침(교훈)이 아니라 나를 보내신 아
버지의 말씀이다."

† 보혜사 성령 (요 14:25-31a)

요 14:25 ● "내가 지금은 너희와 함께 있기 때문에 이 말을 너희에게 했다.
26 그러나 아버지께서 내 이름으로 보내실 성령(보혜사)이 오시면 그는 내
가 너희에게 가르친 것과 너희에게 말한 모든 것을 생각나게 할 것이다.
27 평안을 너희에게 준다. 내가 너희에게 주는 평안은 세상이 주는 것과 다
르다. 그러므로 너희는 마음에 근심하거나 두려워하지 말라. 28 내가 떠나
갔다가 너희에게 다시 온다고 하는 말을 너희가 들었다. 너희가 나를 사랑
했다면 내가 아버지께로 가는 것을 오히려 기뻐했을 것이다. 아버지는 나
보다 크신 분이다. 29 그런 일이 생기기 전에 너희에게 미리 말하는 이유는
그 일이 일어났을 때에 너희로 하여금 믿게 하기 위함이다. 30 이 후에는
내가 너희와 많은 말을 하지 않을 것인데 이는 이 세상의 왕이 오기 때문
이다. 그러나 그는 내게 상관할 것이 없다.

요 14:31a 다만 내가 아버지를 사랑하는 것과 아버지께서 명령한 대로 행
하는 것을 세상으로 알게 할 뿐이다."

† 전대와 배낭과 검 (눅 22:35-38)

눅 22:35 ● 예수께서 제자들에게 말씀하셨다. "내가 너희를 돈지갑(전대)과
가방(배낭)과 두 벌 신발도 없이 보냈을 때에 부족한 것이 있었느냐?" 그들
이 대답하되 "없었습니다." 36 예수께서 다시 말씀하셨다. "이제는 돈지갑
이나 가방이 있는 자는 준비하라. 그리고 검이 없는 자는 겉옷을 팔아 그것
을 사라. 37 내가 너희에게 말한다. 성경에 기록된 것처럼 '그는 마치 범법
자의 동료처럼 대접받았다'(사 53:12)라고 한 말이 나에게 이루어져야 할
것이니 이제 나에 대한 일이 이루어져간다(끝남이니라)." 38 제자들이 물었
다. "보십시오 주님, 여기 검이 두 자루 있습니다." 예수께서 대답하시기를
"충분하다"라고 하셨다.

단검(눅 22:38) 시리아 알라크 출토

† 포도나무와 그 가지와 주인 (요 15:1-8)

요 15:1 ●“나는 참포도나무요, 내 아버지는 그 주인(농
부)이다. [2] 그러므로 가지 된 나에게 붙어 있음에도 열
매를 맺지 않는 가지는 아버지께서 그 가지를 잘라낸
다. 반면 열매를 맺는 가지는 더 충실한 열매를 맺게 하
기 위해 깨끗하게 다듬는다. [3] 너희들은 내가 들려준
말로 인해 이미 거룩(깨끗)해졌다. [4] 그러므로 내 안에
있으라. 그러면 나도 너희 안에 있을 것이다. 가지가 포
도나무 둥지에 붙어 있지 않으면 그 스스로 열매를 맺을 수 없는 것처럼 너희
도 둥지(가지) 된 내 안에 붙어 있지 않으면 열매를 맺을 수 없다.

요 15:5 나는 포도나무이고, 너희는 그 가지와 같다. 따라서 사람들이 내
안에 있고, 내가 그 사람들 안에 있으면 사람들이 열매를 많이 맺는다. 그
러나 나를 떠나서는 너희가 아무것도 할 수 없다. [6] 사람이 내 안에 있지 않
으면 잘린 가지처럼 밖에 버려져 말라버리고 사람들은 그것을 모아 불살
라버린다. [7] 그러므로 너희가 내 안에 있고, 내 말이 너희 안에 머물면 어떤
것이든 원하는 대로 구하라. 그러면 그것이 이루어질 것이다. [8] 너희가 열
매를 많이 맺게 되면 내 아버지께서 영광을 받을 것이고 너희는 내 제자가
될 것이다.”

QT 포도나무는 열매에 가치가 있다(요 15:1-8).

포도는 가지에 열리는 것이다. 우리는 가지이며, 예수는 포도나무요, 하나님은 농부이시다. 포도나무는 땔감으로도 부적합하며, 관상용도 아니다. 오직 포도나무의 가치는 열매에 있는 것이다. 따라서 우리가 포도나무의 가지라면 열매를 맺어야 한다. 왜냐하면 열매는 그 주인을 기쁘게 하기 때문이다. 그래서 우리가 포도밭 주인(농부)이신 하나님을 기쁘게 하려면 열매를 맺기 위해 예수 안에 거해야 한다.

† 사랑 안에 거하라 (요 15:9-15)

요 15:9 ●“아버지께서 나를 사랑한 것같이 나도 너희를 사랑했다. 그러니
나의 사랑 안에서 벗어나지 말라. [10] 내가 아버지의 계명을 행하고 그분의
사랑 안에 있는 것같이 너희도 내 계명을 지켜 행하면 내 사랑 안에 거하
게 될 것이다. [11] 내가 이 말을 너희에게 하는 것은 나의 기쁨이 너희 안에
있으므로 너희의 기쁨을 넘치게 하려고 하는 것이다. [12] 내가 너희를 사랑
한 것같이 너희도 서로 사랑하라고 한 것이 바로 나의 계명이다. [13] 사람이
친구를 위해 자기의 목숨을 희생하면 이것보다 더 큰 사랑이 없다. [14] 너희
가 내 계명을(명하는 대로) 행하면 바로 나의 친구가 된다. [15] 지금부터는
너희를 종이라고 하지 않을 것이다. 왜냐하면 종은 자기 주인이 하는 것을

✣ 친구라고 했으니(요 15:15)
인간은 어디까지나 하나님의 피조물로서 그분을 섬겨야 할 종의 신분에 지나지 않는다. 그럼에도 불구하고 친구라고 호칭해주시는 것은 각별한 사랑과 친근감의 표명이다.

알지 못하기 때문이다. 이제 너희를 친구라고 했으니 내가 내 아버지께로
부터 들은 것을 모두 너희에게 알게 한 것이다."

† 예수님의 선택과 제자가 당할 핍박 (요 15:16-27)

요 15:16 "내가 너희를 선택하여 세운 것은 너희가 세상에서 열매를 맺게
하고, 또한 너희에게 그 열매가 항상 있게 하기 위함이다. 그래서 내 이름으
로 하나님 아버지께 어떤 것이든 구하면 그는 모든 것을 주실 것이다. 17 내
가 이 말을 너희에게 하는 것은 너희가 서로 사랑하도록 하려는 것이다.
18 세상이 너희를 미워하면 그것은 너희보다 먼저 나를 미워하는 것인 줄
을 알아라. 19 너희가 세상에 속했다면 세상이 너희를 자기의 소유라고 생
각하여 너희를 사랑할 것이다. 그러나 너희는 세상에 속하지 않고 오히려
내가 너희를 세상에서 선택했기 때문에 세상이 너희를 미워하는 것이다.
20 내가 너희에게 '종이 주인보다 클 수 없다'고 한 말을 잊지 말라. 사람들
이 나를 핍박했으니 너희도 핍박할 것이며, 내 가르침을 지켰으니 너희가
가르친 것도 지킬 것이다. 21 그러나 사람들이 나를 보낸 분을 알지 못하기
때문에 내 이름으로 인해 이 모든 일(핍박)을 너희에게 행할 것이다. 22 내
가 세상에 와서 그들에게 말하지 않았다면 그들에게 죄가 없겠지만 지금
은 그들이 지은 죄를 핑계할 수 없게 되었다. 23 나를 미워하는 사람은 내
아버지께서도 그를 미워한다.

요 15:24 내가 누구도 하지 못한 일을 그들에게 행하지 않았다면 그들에게
죄가 없겠지만 지금은 그들이 나와 내 아버지를 보았음에도 미워했다. 25
그러나 그렇게 된 것은 모든 것들이 율법에 기록된 대로 '그들이 아무 이
유 없이 나를 미워했다'(시 35:19, 69:4)라고 한 말을 이루게 하기 위함이
다. 26 내가 너희에게 보낼 아버지께로부터 나오는 진리의 성령(보혜사)이
올 때에 그가 나에 대해 증언할 것이며, 27 너희도 처음부터 나와 함께 있
었기 때문에 증언하는 것이다."

Q&A 핑계할 수 없다는 말은 무슨 뜻인가(요 15:22)**?**
특권과 책임은 불가분리의 관계가 있다. 유대인들은 아브라함을 통해 모든 민족 중에서 선택받은 특권을 가졌다. 특히 그들은 자신들의 혈통을 통해 예수님이 태어나는 영광을 누렸다. 더욱이 그들은 하나님의 특별 계시를 받은 민족이다. 그런데도 그들은 자기 땅에 오신 예수를 받아들이지 못하고 오히려 예수님을 배척했다. 이것을 예수께서 말했기 때문에 그들은 더 이상 변명할 수 없게 되었다. 후에 그들은 그런 예수를 십자가에 못 박아 죽게 했으니 마지막 날 심판 때에는 어떤 변명도 할 수 없게 되었다. 오직 그분을 그리스도로 믿는 길밖에 없다.

† 성령이 하시는 일 (요 16:1-24)

요 16:1 "내가 이 말을 너희에게 하는 것은 너희로 실족하지 않도록 하기

위함이다. 2 사람들이 너희를 회당에서 쫓아낼(출교할) 뿐만 아니라 때가 되
면 너희를 죽이는 자들이 그렇게 하는 것이 하나님을 섬기는 일이라고 생각
할 것이다. 3 그들이 그런 일을 하게 되는 것은 아버지와 나를 알지 못하기 때
문이다. 4 내가 너희에게 미리 이 말을 하는 것은 너희가 그런 일을 당할 때
내가 너희에게 한 말을 기억나게 하기 위함이다. 그리고 처음부터 이 말을
하지 않은 것은 내가 너희와 함께 있었기 때문이다. 5 그런데 지금 내가 나를
보낸 분에게 간다고 하는데 너희 중에는 아무도 나에게 어디로 가는지를 묻
는 자가 없다. 6 오히려 내가 떠나간다는 말을 하는 것 때문에 너희 마음에 근
심이 가득하다. 7 그러나 내가 너희에게 진실을 말한다. 내가 떠나가는 것이
너희에게 유익하다. 만일 내가 떠나가지 않으면 성령(보혜사)이 너희에게로
오지 않을 것이지만 내가 떠나가면 내가 그를 너희에게로 보낼 것이다. 그러
면 8 성령께서는 죄와 의와 심판에 대해 세상을 책망할 것이다.

요 16:9 죄에 대한 것은 그들이 나를 믿지 않은 것이다. 10 의에 대한 것은
내가 아버지께로 가기 때문에 너희가 다시 나를 보지 못한다는 것이 하나
님의 의라는 것을 알려주신다는 것을 의미한다. 11 심판에 대한 것은 이 세상
의 임금이 심판을 받았다는 것을 말한다. 12 내가 아직도 너희에게 할 말이
많지만 지금은 너희가 그 말을 이해하지 못한다. 13 그러나 진리의 성령(보
혜사)이 오시면 그가 너희를 모든 진리 가운데로 인도할 것이다. 그는 스
스로 말하지 않고 오직 들은 것을 말하며 장차 일어날 일을 너희에게 알려
줄 것이다. 14 그리고 성령께서는 내 영광을 나타낼 것이니 나의 것을 가지
고 너희에게 알려줄 것이다.

책망(reprove, 責望, 요 16:8)
본래의 의미는 죄를 기억나게 하여 성도들로 하여금 죄를 미워하고 악에서 돌이키게 한다는 의미이다.
본 절에서 예수님은 장차 성령께서 죄와 의와 심판에 대해 세상을 책망할 것이라고 했다.

예수의 마지막 한 주간

요일	성경	활동 내용	장소
금	요 11:54-12:1	사람들이 예수를 고발하려 함	에브라임 동네
토	요 12:2-11	마리아가 예수께 향유를 부음	베다니
일	요 12:12-19	나귀 타고 예루살렘에 입성	예루살렘, 베다니
월	막 11:12-19	무화과나무를 저주, 성전 청결	예루살렘
화	요 12:20-13:2	많은 비유를 가르침	
수		침묵하심	
목	요 13:3-18:1	최후의 만찬, 겟세마네 기도	마가 다락방, 감람 산

요 16:15 아버지에게 있는 것은 모두 내 것이다. 그래서 내가 "성령께서(그
가) 내 것을 가지고 너희에게 알게 할 것이다"라고 말한 것이다. 16 잠시 후
면 너희가 나를 볼 수 없고, 또 잠시 후면 나를 볼 것이다. 17 이에 제자 중에
서 서로 말했다. "우리에게 말씀하신 바 잠시 후면 나를 볼 수 없고, 또 잠
시 후면 나를 보겠다고 하시며, 내가 아버지께로 간다고 한 말이 무슨 뜻
이냐?" 18 또 말하기를 "잠시 후면이라고 한 말이 무슨 뜻이냐? 무슨 말씀
인지 알지 못하겠다"라고 하자 19 예수께서 묻고자 하는 의도를 아시고 말
씀하셨다. "내 말이 잠시 후면 나를 볼 수 없고, 또 잠시 후면 나를 보리라
고 한 말로 서로 묻느냐? 20 내가 참으로 너희에게 말한다. 너희는 애곡하
고 애통하겠으나 세상은 오히려 기뻐할 것이다. 너희는 근심할 것이나 너
희 근심이 오히려 기쁨이 될 것이다.

요 16:21 여자가 출산할 때가 되면 근심하지만 아기를 낳게 되면 세상에 사
람이 태어난 기쁨이 너무 큼으로 인해 출산할 때의 고통을 잊어버리게 된
다. 22 이와 마찬가지로 지금은 너희가 근심하지만 내가 다시 너희를 보게
될 때에는 너희의 마음이 기쁠 것이며 그 기쁨을 빼앗아갈 자가 없을 것이
다. 23 그날에는 너희가 어떤 질문도 하지 않을 것이다(구하지 아니하리라).
내가 참으로 너희에게 말한다. 너희가 어떤 것이든지 하나님 아버지께 구
하는 것은 내 이름으로 줄 것이다. 24 지금까지는 너희가 내 이름으로 어떤
것도 구하지 않았으나 이제는 구하라. 그러면 받을 것이며 너희 기쁨이 충
만하게 될 것이다."

† 세상을 이기신 예수 (요 16:25-33)

요 16:25 ●"이제까지 비유로 너희에게 말했지만 때가 되면 다시는 너희에
게 비유로 말하지 않고 하나님 아버지에 대한 것을 명확하게 말할 것이다.
26 그날에는 너희가 내 이름으로 하나님 아버지께 구하게 될 것이다. 이는
내가 너희를 위해 아버지께 구하겠다는 말이 아니다. 27 그것은 너희가 나
를 사랑하고 내가 하나님께로부터 온 줄 믿었기 때문에 아버지께서 친히
너희를 사랑하기 때문이다. 28 내가 아버지로부터 나와서 세상에 왔고 다시
세상을 떠나 아버지께로 간다."

요 16:29 이에 제자들이 말했다. "지금은 명확히 말씀하시고 어떤 비유로
도 말씀하지 않으시니 30 우리가 이제야 주님께서 모든 것을 아심을 압니
다. 그러므로 누구도 주님께 묻지 않을 것입니다. 이로써 주님께서 하나님
께로부터 오셨음을 우리가 믿습니다." 31 이에 예수께서 대답하셨다. "이제
는 너희가 믿느냐? 32 보라, 너희가 모두 각기 자기 길로 가버리고 나를 혼
자 둘 때가 벌써 왔다. 그러나 나는 혼자 있는 것이 아니라 아버지께서 나
와 함께 계신다. 33 이 말을 너희에게 하는 것은 너희가 내 안에서 평안을
누리게 하기 위함이다. 세상에서는 너희가 환난을 당하지만 오히려 담대
하라. 왜냐하면 내가 세상을 이기었기 때문이다."

Q&A 세상을 이겼다는 말은 (요 16:33)?

여기서 세상은 공중의 권세 잡은 사탄이 지배하는 사악하고 타락한 영적 세계를 말한다. 하늘에서 쫓겨난 사탄은 세상 종말 직전까지 인간 세상을 미혹시킨다. 곧 이 말은 예수님이 십자가에서 대속 사역을 완성하심으로 죄와 사망의 권세를 깨뜨리실 것을 엄숙하게 선포하는 말이다.

† 예수님의 기도와 간구 (요 17:1-26)

요 17:1 ● 예수께서 이 말씀을 하신 후 눈을 들어 하늘을 바라보시며 기도
하셨다. "아버지여 때가 되었으니 아들을 영화롭게 하시고, 또한 아들로
아버지를 영화롭게 하게 하소서. 2 아버지께서는 아들에게 주신 모든 사람
에게 영원한 생명을 주기 위해 만민을 다스리는 권세를 아들에게 주셨습
니다. 3 영원한 생명은 한 분이신 참 하나님과 그분이 보낸 예수 그리스도
를 아는 것입니다. 4 나는 아버지께서 나에게 부탁한 일을 내가 행하므로
아버지를 이 세상에서 영화롭게 했습니다. 5 그러므로 아버지여, 세상이
있기 전에 내가 아버지와 함께 가졌던 영화로 지금도 아버지와 함께 나를
영화롭게 하소서.

요 17:6 내가 아버지의 이름을 아버지가 세상 중에서 나에게 선택해준 사
람들에게 나타내었습니다. 그들은 본래 모두 아버지께서 선택한 자들이
었는데 내게 주셨으며 그들은 아버지의 말씀을 지켰습니다. 7 이제 그들
은 아버지께서 내게 주신 모든 것이 아버지로부터 온 것인 줄 깨달았습니
다. 8 나는 아버지께서 나에게 주신 말씀들을 그들에게 들려주었고 그들은
그 말을 받아들였으며, 내가 아버지께로부터 온 줄을 참으로 알았고 아버
지께서 나를 보내신 줄도 믿었습니다. 9 이제 내가 그들을 위해 간구합니
다. 내가 간구하는 것은 세상을 위해서가 아니라 내게 주신 자들을 위해서
입니다. 왜냐하면 그들은 아버지의 것이기 때문입니다. 10 내 것은 모두 아

버지의 것이요, 동시에 아버지의 것은 모두 내 것이기에 내가 그들로 인해
영광을 받았습니다. 11 나는 세상에 더 이상 머물러 있지 않지만 그들은 여
전히 세상에 있습니다. 나는 아버지께로 갑니다. 그러니 거룩하신 아버지
여, 나에게 주신 아버지의 이름으로 그들을 지켜주시고 우리와 같이 그들
도 하나가 되게 하소서.

요 17:12 내가 그들과 함께 있을 동안 나에게 주신 아버지의 이름으로 그들
을 지켰고 그들 중의 한 명도 멸망하지 않게 했습니다. 다만 멸망의 자식
을 잃는 것은 성경 말씀을 이루게 하기 위함이었습니다.

요 17:13 이제 나는 아버지께로 갑니다. 내가 세상에서 이 말을 하는 것은
후에 내 기쁨을 그들 안에 넘치게 하기 위함입니다. 14 내가 아버지의 말씀
을 그들에게 주었으므로 세상이 그들을 미워했습니다. 그것은 내가 세상
에 속하지 않은 것같이 그들도 세상에 속하지 않았기 때문입니다. 15 이제
내가 간구하는 것은 그들을 세상에서 데려가기 위함이 아니라 다만 악에
빠지지 않게 해주기 위해서입니다. 16 내가 세상에 속하지 않은 것같이 그
들도 세상에 속하지 않았습니다.

요 17:17 아버지의 말씀은 진리입니다. 그들을 진리로 거룩하게 하소서. 18
아버지께서 나를 세상에 보낸 것같이 나도 그들을 세상에 보냈습니다. 19
그리고 그들을 위해 내가 내 자신을 거룩하게 하는 것은 그들도 진리로 거
룩해지도록 하기 위해서입니다. 20 내가 간구하는 것은 이 사람들만을 위
해서가 아니라 그들의 말로 인해 나를 믿는 사람들도 위함입니다. 21 아버
지여, 아버지께서 내 안에, 내가 아버지 안에 있는 것같이 그들도 모두 하
나가 되어 우리 안에 있게 하소서. 그래서 세상이 아버지께서 나를 보낸
것을 믿게 하소서.

요 17:22 하나님 아버지께서 나에게 준 영광을 나도 그들에게 주었습니다.
이는 아버지와 내가(우리가) 하나가 된 것같이 그들도 하나가 되게 하기
위함입니다. 23 곧 내가 그들 안에 있고 아버지께서 내 안에 계시어 그들로
완전함을 이루어 하나가 되게 하려고 합니다. 이는 아버지께서 나를 보내
시고 나를 사랑한 것처럼 그들도 아버지께서 사랑하셨다는 것을 세상으
로 알게 하려 하기 때문입니다. 24 아버지여, 나에게 주신 자도 내가 있는

멸망의 자식을 가리키는 가룟 유다가 목맨 것과 같은 종류의 나무(요 17:12) 이스라엘, 네오투 케두밈(성서 식물원)

곳에 나와 함께 있어 아버지께서 세상이 있기 전(창세 전)부터 나를 사랑
하시므로 내게 주신 나의 영광을 그들로 보게 하기를 원합니다. 25 의로우
신 아버지여, 세상은 아버지를 알지 못했지만 나는 아버지를 알았습니다.
또한 그들도 아버지께서 나를 보낸 줄을 알았습니다. 26 내가 그들에게 아
버지의 이름을 알게 했습니다. 이는 나를 사랑하신 사랑이 그들 안에 있고
나도 그들 안에 있게 하기 위함입니다."

† 베드로 부인 예고 (요 14:31b-38, 마 26:30-35, 막 14:26-31, 눅 22:31-34, 39)

요 13:36-37a ● 시몬 베드로가 "주님, 어디로 가십니까?"라고 묻자 예수께서 대답하셨다. "내가 가는 곳에 지금은 네가 따라올 수 없지만 나중에는 따라올 것이다." 이에 베드로가 말하되 "주님, 지금은 왜 따라갈 수 없습니까?

마 26:33-35, 막 14:29-31, 눅 22:33-34, 요 13:37b-38 모두 주님을 버릴지라도(주님을 인해 실족할지라도) 나는 절대로 주님을 떠나지 않겠습니다(실족하지 않겠습니다). 주님을 위해 내 목숨을 바치겠습니다. 주님, 나는 주님과 함께 감옥에도 가고, 죽는 자리에도 갈 준비가 되어 있습니다." 예수께서 말씀하셨다. "베드로야, 네가 나를 위해 네 목숨을 버리겠느냐? 내가 참으로 너에게 말한다. 오늘 밤 닭이 두 번 울기 전(마태복음과 누가복음과 요한복음에는 닭이 울기 전)에 네가 나를 세 번 모른다고 부인할 것이다." 베드로가 말했다. "내가 주님과 함께 죽을지라도 주님를 부인하지 않겠습니다." 모든 제자도 그와 같이 말했다.

눅 22:31 "베드로(시몬)야, 보라, 사탄이 너를 마치 밀을 체로 까부르듯이
하도록 내게 요구했다. 32 그러나 내가 너를 위해 네 믿음이 약해지지 않도
록 기도했다. 그러므로 너는 뉘우친 후에 네 형제의 믿음을 굳세게 하라."

마 26:31-32, 막 14:27-28 예수께서 제자들에게 말씀하셨다. "너희가 오늘밤에 모두 나를 버릴 것이다(나로 인해 실족하리라). 그것은 성경에 '내가 목자를 칠 것이니 양의 무리들이 흩어질 것이다'(슥 13:7)라고 기록된 것이다. 그러나 내가 죽었다가 다시 살아난 후에 너희보다 먼저 갈릴리로 가 있을 것이다."

마 26:30, 막 14:26, 눅 22:39, 요 14:31b 그리고 예수께서 평상시 하던 대로 올리브(감람) 산으로 가기 위해 제자들에게 말씀하셨다. "일어나라. 여기를 떠나자." 이에 그들이 찬송하며 예수와 함께 시온 산에서 1.4㎞ 떨어진 올리브(감람)

✣ 창세 전(요 17:24)
인간의 시간 개념으로는 헤아릴 수 없는 세상 창조 이전의 영원 전을 가리킨다.

✣ 나의 영광(요 17:24)
성육신한 예수께서 십자가 죽음과 부활 승천으로 인해 장차 얻게 될 영광을 가리킨다.

예수께서 겟세마네 동산에서 기도하실 때 아홉 명의 제자가 머물렀던 곳(마 26:36) 감람 산과 성전산 사이의 기드론 골짜기 아래

겟세마네 동산에서 고뇌의 기도를 하시는 예수(마 26:39) 감람 산, 겟세마네 교회 밖

성경 지리 **겟세마네 동산과 감람 산** (마 26:36)

겟세마네(Gethsemane) 동산은 예루살렘 동쪽, 기드론 골짜기 건너편에 위치한 감람 산 기슭에 있는 동산을 가리킨다(요 18:1). 곧 감람 산의 한 부분이 겟세마네 동산이다. 아람어로는 '기름 짜는 기계'라는 뜻의 가트 세멘(Gat Semen)이다. 이곳은 예수와 그의 제자들이 자주 모여 기도하고 예수께서 말씀하시던 곳으로 예수께서는 습관을 좇아 이곳에서 기도하셨다. 또한 마지막 인류구원을 위해 십자가를 질 것을 앞에 두고 고뇌의 기도를 올렸던 곳이며, 가룟 유다가 예수를 배신하여 예수께서 잡힌 곳이기도 하다(막 14:32-52). 오늘날 이곳에는 여러 나라의 헌금으로 지어진 만국 교회(겟세마네 교회)가 세워져 있다.

산으로 갔다.

† 겟세마네의 기도 (마 26:36-46, 막 14:32-42, 눅 22:40-46, 요 18:1)

마 26:36-38, 막 14:32-34, 눅 22:40 이에 예수께서 제자들과 함께 올리브(감람) 산 서쪽 아래 기드론 골짜기 옆에 있는 겟세마네라 하는 곳에 이르러 제자들에게 말씀하시기를 "내가 저기 가서 기도할 동안에 너희는 120m 떨어진 이곳 기드론 골짜기에 앉아 있으라" 하셨다. 그리고 베드로와 세베대의 두 아들 야고보와 요한을 따로 데리고 가시면서 큰 고민에 빠져 슬퍼하며 말씀하셨다. "내 마음이 심히 고민되어 죽을 지경이 되었으니 너희는 이곳에 머물러 유혹에 빠지지 않도록 나와 함께 깨어 기도하고 있으라."

마 26:39, 막 14:35-36, 눅 22:41-42 그리고 돌 던질 만큼 떨어져(마태복음와 마가복음에는 조금 나아가사) 무릎을 꿇고 얼굴을 땅에 대고 엎드려 이렇게 기도하셨다. "나의 아버지여(막, 아빠), 아버지는 모든 것이 가능하오니 만일 할 수 있으면 십자가를 지는 이 잔을 나에게서 지나가게 하소서. 그러나 내가 원하는 대로 하지 마시고 아버지의 뜻대로 하소서." 눅 22:43 이에 하늘로부터 천사가 나타나 예수를 도왔다. 44 예수께서 힘쓰고 더욱 간절히 기도하시니 땀이 땅에 떨어지는 핏방울같이 되었다.

마 26:40-41, 막 14:37-38, 눅 22:45-46 예수께서 기도한 후에 일어나 세 명의 제자들에게 가보니 그들이 슬픔으로 인해 잠든 것을 보셨다. 이에 베드로에게 말씀하셨다. "베드로(시몬)야, 자느냐? 너희가 나와 함께 한 시간도 이렇게 깨어 있을 수 없느냐? 시험에 빠지지 않도록 깨어 있어(눅, 일어나) 기도하라. 기도할 마음은 있지만 육신이 약하구나."

예수께서 즐겨 기도하시던 감람 산(마 26:30)과 겟세마네 동산(마 26:36) 전체 중앙 부분의 언덕 같은 산이 감람 산이고, 그 산 중앙 아래의 큰 건물(겟세마네 교회)이 있는 곳이 겟세마네 동산이다.

마 26:42-43, 막 14:39-40 예수께서 다시 두 번째로 나아가 같은 말씀으로 기도하기를 "나의 아버지여, 만일 내가 십자가를 지는 이 잔을 마시지 않고 내게서 지나갈 수 없거든 아버지의 뜻대로 되기를 원합니다" 하시고 다시 제자들에게 오니 그들이 다시 자고 있었다. 이는 그들의 눈이 심히 피곤하기 때문이었다. 그들은 예수께 어떤 말로 대답해야 할지를 몰랐다.

마 26:44-46, 막 14:41-42 또다시 제자들을 두고 나아가 세 번째 같은 말씀으로 기도하신 후 제자들에게 와서 말씀하셨다. "이제는 자고 쉬라. 보라, 때가 가까이 되어 내(인자)가 죄인의 손에 팔릴 것이다. 일어나라 함께 가자. 보라, 나를 파는 자가 가까이 왔다."

겟세마네 동산에서의 고뇌의 기도를 올린 곳 (마 26:36-45) 감람 산, 겟세마네 교회 제단 앞

겟세마네 동산으로 예수를 잡으러 오는 자들 (마 26:46) 이요한 작

† 예수께서 체포됨 (마 26:47-56, 막 14:43-52, 눅 22:47-53, 요 18:1-11)

요 18:1 ● 예수께서 이 말씀을 하신 후 세 명의 제자들과 함께 기드론 시내(골짜기)를 건너가사 나머지 제자들이(그곳에) 있는 동산으로 오셨다.[2] 예수께서 제자들과 가끔 모이는 곳을 예수를 파는 가룟인 유다도 알고 있었다.

마 26:47-49, 막 14:43-45, 눅 22:47-48a, 요 18:3 예수께서 말씀하실 때에 열두 명 중의 한 사람인 가룟인 유다라 하는 자가 대제사장들과 백성의 장로들(요, 군대와 대제사장과 바리새인)로부터 파송된 큰 무리(마 26:47)와 함께 그들의 앞에 서서 예수께로 왔다. 그들은 등과 횃불과 칼과 몽치(요, 무기)를 가지고 있었다. 예수를 파는 가룟인 유다가 미리 그들에게 신호를 정하여 말했다. "내가 입맞추는 자가 바로 그 사람이니 그를 잡아 단단히 끌고 가라." 그리

겟세마네 동산에서 십자가를 앞두고 고뇌의 기도를 올리는 예수(마 26:40-41)

1 루브르 박물관, 파리 **2 베드로 대성당 밖,** 바티칸 **3 벨리니 작, 런던 국립 미술관**

가룟 유다의 배반의 입맞춤(마 26:49) 예루살렘, 성묘 교회 성화

고 곧바로 가룟인 유다가 예수께 나아와 "선생님(랍비), 안녕하십니까?" 하고 입을 맞추었다.

마 26:50a 이에 예수께서 말씀하셨다. "친구여, 네가 무엇을 하려고 왔느냐? 눅 26:48b 네가 입맞춤으로 나를 파느냐? 이제 네 일을 행하라."

요 18:4 예수께서는 자신이 당할 일을 아시고 "너희가 누구를 찾느냐?"고
그들에게 말하자 5 그들이 대답했다. "나사렛 예수라 하는 사람이다." 6 이
에 예수께서 말씀하셨다. "내가 바로 그 사람이다." 예수를 파는 가룟인 유다도 그들과 함께 서 있었다. 예수께서 그들에게 "내가 바로 그 사람이다"
라고 말할 때에 그들이 뒷걸음질 치며 땅에 엎드러졌다. 7 이에 다시 예수
께서 "누구를 찾느냐?"라고 묻자 그들이 말하기를 "나사렛 예수다"라고 하
자 8 예수께서 대답하셨다. "내가 너희에게 '내가 바로 그 사람이다'라고 스
스로 말했으니 나를 잡고 내 제자(이 사람)들이 가는 것은 허락하라." 9 이
말을 한 것은 "아버지께서 나에게 주신 자 중에는 한 명도 잃어버리지 않았습니다"라는 말씀이 이루어지게 하기 위함이었다.

마 26:50b, 막 14:46, 눅 22:49 이에 그들이 나아와 손을 대어 예수를 포박했다. 주위 사람들이 그 된 일을 보고 묻기를 "주님, 우리가 칼로 저들을 치리이까?"라고 했다.

마 26:51-52, 막 14:47, 눅 22:50-51, 요 18:10-11 그때 칼을 가지고 곁에 서 있던 시몬 베드로(마, 함께 있던 자 중 하나)가 칼을 빼 대제사장의 종을 쳐서 오른편 귀(마, 귀)를 베어 떨어뜨리니 그 종의 이름은 말고였다. 그때 예수께서 "이것까지 참으라"라고 말씀하시고 그 종의 귀를 만져 낫게 하셨다. 그리고 베드로에게 말씀하시기를 "네 칼을 도로 칼집에 꽂으라. 칼을 가지는 자는 모두 칼로 망한다. 아버지께서 주신 십자가를 지는 잔을 내가 마셔야 하지 않겠느냐? 마 26:53-54 너는 내가 내 아버지께 요청하여 당장 열두 군단도 더 많은 천사를 보내게 할 수 없는 줄로 아느냐? 내가 만일 그렇게 하면 이런 일이 있을 것이라고 말한 성경이 이루어질 수 없다."

마 26:55-56a, 막 14:48-49, 눅 22:52-53 그때에 예수께서 자기를 잡으러 온 대제사장들과 성전의 경비대장들과 장로들(마태복음과 누가복음에는 무리들)에게 말씀하셨다. "너희가 강도를 잡는 것같이 칼과 무기(몽치)를 가지고 나를 잡으러 왔느

냐? 내가 날마다 너희와 함께 성전에 앉아 가르칠 때에는 너희가 나를 잡지 않았다. 그러나 이제는 너희의 때요, 어둠의 세력이 되었다. 이렇게 된 것은 모두 선지자들의 예언(마태복음에는 글, 마가복음에는 성경)을 이루기 위함이다."

마 26:56b, 막 14:50 이에 제자들이 모두 예수를 버리고 도망했다.

막 14:51-52 이때 한 청년은 벗은 몸에 베 홑이불을 두르고 예수를 따라가다가 무리에게 잡히자 베 홑이불을 버리고 벗은 몸으로 도망했다.

베드로를 말리는 예수(마 26:51-54) 1924년, 예루살렘 만국 교회, 모자이크
성격 급한 베드로가 대제사장의 하인인 말고의 귀를 칼로 잘라버리자 다른 하인들이 주춤거리며 뒤로 물러서는데 예수께서는 검을 집에 꽂으라며 베드로를 만류하고 있다.

† 베드로의 첫 번째 부인과 안나스의 질문 (요 18:12-24)

요 18:12 ● 이에 군대와 천부장과 대제사장(유대인)의 아랫사람들이 예수를 잡아 결박하여 겟세마네 동산에서 기드론 골짜기 서쪽 능선을 따라 1.4㎞ 정도 거리의 시온 산 지역에 있는 13 안나스에게로 먼저 끌고 갔다. 안나스는 그해의 대제사장인 가야바의 장인이었다. 14 가야바는 유대인들에게 "한 사람이 백성을 위해 죽는 것이 유익하다(요 11:50)"라고 말하던 자였다.

요 18:15 시몬 베드로와 또 다른 제자 한 사람이 예수를 따라갔다. 이 제자는 대제사장과 아는 사이로 예수와 함께 대제사장의 집 뜰에 들어갔다. 16 그러나 베드로는 들어가지 못하고 대제사장 집의 문 밖에 서 있었다. 그러자 대제사장을 아는 다른 한 제자가 나가서 문 지키는 여자에게 말하여 베드로를 집 안으로 데리고 들어오자 17 문 지키는 여종이 베드로에게 말했다. "너도 이 사람(예수)의 제자 중 한 명이 아니냐?" 그러자 베드로가 말하기를 "나는 그 사람의 제자가 아니다"라고 부인했다.

요 18:18 이때는 날이 추워 종들과 성전 경비대(아랫 사람들)가 불을 피워 놓고 주위에 모여 서서 불을 쬐고 있었다. 베드로도 그들과 함께 불을 쬐고 있었다. 19 대제사장이 예수께 그의 제자들과 그의 가르침에 대해 묻자 20 예수께서 대답하셨다. "나는 모든 유대인이 모이는 회당과 성전에서 공개적으로 매일 가르쳤고 은밀하게는 아무것도 말하지 않았다. 그런데 21 왜 그것을 나에게 묻느냐? 내가 무슨 말을 했는지 나의 말을 들은 자들에게 물어보라. 그들은 내가 했던 말을 알고 있다." 22 이 말씀을 하자 곁에 섰던 수하 한 명이 손

✣ 열두 군단의 규모는(마 26:53)?
당시 로마 군단 조직에 의하면 한 군단은 보병 6,000명과 말 700필의 규모를 가리킨다. 그러니까 열두 군단은 7만 2,000명과 8,400마리의 말에 해당된다. 그런데 예수께서 이런 규모의 천군을 동원할 수 있음에도 잡히신 것은 바로 인류 구원을 위한 성경 말씀을 이루기 위함이었다.

겟세마네 동산에서 체포되어 끌려가는 예수(요 8:12-13) 시온 산, 베드로 통곡 교회 밖 부조

부인하는 베드로를 바라보는 예수(요 18:17) 시온 산, 베드로 통곡 교회 청동문

예수께서 갇혔던 지하 감옥(마 26:57) 시온 산, 베드로 통곡 교회 지하로 가야바의 집터로 주장되는 곳 중 한 곳이다.

으로 예수를 치며 말하되 "네가 대제사장에게 어찌 성실하게 대답하지 않느냐?" 그러자 [23] 예수께서 다시 대답하셨다. "내가 말을 잘못했으면 그 잘못한 것을 말해보라. 그것이 아니고 바른 말을 했으면 네가 왜 나를 때리느냐?" [24] 안나스가 예수를 결박한 채로 대제사장 가야바에게 보냈다.

† 가야바의 심문 (마 26:57-58, 막 14:53-55, 눅 22:54-55)

마 26:57-58, 막 14:53-54, 눅 22:54-55 ● 예수를 잡은 자들이 그를 끌고 가야바의 장인 안나스 집에서 같은 뜰 안에 있는 대제사장 가야바에게로 끌고 가니 그곳에는 대제사장들(막 14:53)과 율법교사(서기관)와 장로들이 모두 모여 있었다. 베드로가 멀리서 예수를 따라가 대제사장의 집 뜰 안까지 들어가서 어떻게 되는지 보려고 했다. 그때 사람들은 정원(뜰) 한가운데서 불을 피우고 둘러앉아 있었고 베드로도 함께 앉아 불을 쬐고 있었다(빛을 쬐디라).

† 예수에 대한 계속된 심문과 희롱 (마 26:59-68, 막 14:55-65, 눅 22:63-65)

마 26:59-66, 막 14:55-64 ● 대제사장들과 산헤드린 공의회(공회)가 예수를 죽이기 위해 그를 공격할 거짓 증거를 찾으려고 했다. 그러나 거짓 증인들은

예수께서 끌려간 가야바로 가는 로마 때의 길(요 8:12-13), 예루살렘 시온 산

많이 있었으나 그 증언이 서로 맞지 않아 아무런 증거는 얻지 못했다. 이후에 두 사람(막, 어떤 사람)이 와서 거짓 증언으로 말했다. "이 사람은 손으로 지은 하나님의 성전을 자신이 헐고 손으로 짓지 않은 다른 성전을 3일 동안에 지을 수 있다고 말했다." 그러나 그 증언도 서로 일치하지 않았다. 이에 대제사장이 일어나 예수께 물었다. "이 말에 당신은 아무 대답도 하지 않겠느냐? 이 사람들이 너를 반박하는 증거에 대해 어떻게 생각하느냐?" 그러나 예수께서 아무런 대답도 하지 않자 대제사장이 말했다. "내가 너로 살아 계신 하나님께 맹세하게 한다. 네가 찬송받을 하나님의 아들 그리스도인지 우리에게 말하라." 예수께서 대답하시기를 "네가 지금 말했다. 내가 바로 그 사람이다. 그러나 내가 너희에게 말한다. 이후에 내(인자)가 전능자(권능자)의 오른편에 앉아 있는 것과 구름을 타고 오는 것을 너희가 볼 것이다"라고 하자 대제사장이 자기 옷을 찢으며 말했다. "그가 신성을 모독하는 말을 했으니 우리가 더 이상 증인이 필요 없다. 보라, 너희가 지금 신성을 모독하는 말을 들었다. 너희들은 이 말을 어떻게 생각하느냐?" 그들이 대답하기를 "그것은 사형에 해당한다"라고 하였다.

마 26:67-68, 막 14:65, 눅 22:63-65 이에 지키는 사람들이 예수를 희롱하며, 그의 얼굴에 침을 뱉으며, 그의 얼굴을 가리고 주먹으로 치고, 어떤 하인(마, 사람)들은 손바닥으로 때리며 말했다. "그리스도야, 너를 때린 자가 누구인지 알아맞힘으로 우리에게 선지자 노릇을 해보라." 이외에도 많은 말로 욕을 퍼부었다.

† 베드로 두 번째 부인 (마 26:69-75, 막 14:66-72, 눅 22:56-62, 요 18:25-27)

마 26:69-75, 막 14:66-72, 눅 22:56-62, 요 18:25-27 ● 베드로가 바깥(막, 아랫) 뜰에 앉았을 때 대제사장의 한 여종(요, 사람들)이 나아와 베드로가 불빛을 향해 불을 쬐고 있는 것을 주목하여 보고 그를 향해 말했다. "너도 갈릴리 사람 나사렛 예수와 함께 있었다." 이에 베드로가 모든 사람 앞에서 예수를 부인하여 말했다. "이 여자야, 나는 네가 무슨 말을 하는지 알지 못하고 깨닫지도 못하겠다(어떤 사본에는 끝에, 마침 닭이 울더라)." 그리고 한 시간쯤 후에 그가 앞문(막, 앞뜰)까지 나아가자 다른 한 여종(눅, 다른 사람이)이 그를 보고

성경 인물 가야바
(Caiaphas, 마 26:3)

가야바는 예수를 심문했던 대제사장으로 마 26:57에 이름이 언급되어 있으나 막 14:53에는 이름 대신 대제사장에게 끌려갔다고 기록하고 있으며, 눅 22:54에도 이름은 생략되어 있다. 행 4:6에는 요한과 베드로가 체포당한 후에 생긴 일을 기록하는 가운데 대제사장 안나스와 가야바 그리고 요한과 알렉산더, 곧 유대인 지도자들의 회합에 관해 말하고 있다. 대제사장은 당시 장로들과 서기관들과 함께 산헤드린 공회의 구성원이었다.

가야바 앞에 심문받는 예수(마 26:59-68) 17세기, 헤리트 반 혼토르스트 작

산헤드린 공회(공의회)에서 심문받는 예수 (마 26:59-68) 시온 산, 베드로 통곡 교회

베드로의 예수 부인(요 18:17, 25-27) 헨드릭 테르부루헨 작

베드로 통곡 교회(마 26:75) 시온 산

주위에 있는 사람들에게 말했다. "이 사람은 갈릴리 사람이니 나사렛 예수와 함께 있었던 같은 무리(도당)이다." 이에 베드로가 다시 부인하되 "나는 그 사람을 알지 못한다."

한 시간쯤 지난 후(막, 조금 후에) 대제사장의 종 중에 한 명은 베드로에게 귀를 잘린 사람의 친척(마태복음과 마가복음에는 곁에 섰던 사람들, 누가복음에는 또 한 사람)이 말하되 "네가 그 사람과 함께 동산에 있는 것을 내가 보았다. 네 말씨를 보니 틀림없다." 그러자 베드로가 저주까지 하며 맹세하고 다시 부인하여 말했다. "나는 너희가 말하는 그 사람을 알지 못한다." 아직 말하고 있을 때(눅 22:60b) 닭이 곧 두 번 울었다. 주님께서 돌아서서 베드로를 보았고, 이에 베드로가 "닭 울기 전에 네가 세 번 나를 부인할 것이다"라고 한 예수님의 말씀이 기억나서 그 일을 생각하고 밖에 나가서 크게 통곡했다.

금요일

† 공의회 앞에 선 예수 (마 27:1, 막 15:1a, 눅 22:66-71)

마 27:1, 막 15:1a, 눅 22:66 ● 새벽이 되자마자(눅, 날이 새매) 백성의 장로인 대제

성지 베드로 통곡 교회(The Church of St. Peter in Gallicantu, 마 26:75)

베드로는 예수님 수난 직전에 죽기까지 주님을 부인하지 않고 따르겠다고 호언장담했으나 예수님은 베드로가 닭이 울기 전에 세 번이나 자기를 모른다고 부인하고 저주하고 맹세하리라고 예언하셨다. 베드로는 예수님의 예언대로 주님을 부인하고 난 직후 닭의 울음 소리를 듣고 심한 양심의 가책을 받아 밖에 나가 통곡했다. 이 사실을 기억하게 하는 뜻에서 세워진 교회가 베드로 통곡 교회이다(막 14:53-72).

이곳은 시온 산 남쪽 언덕에 있는 힌놈의 골짜기와 기드론 골짜기가 만나는 곳을 동남쪽으로 내려다보는 위치에 소재한다. 특히 '피밭'이라는 뜻의 아켈다마(행 1:18-19)를 내려다볼 수 있는 곳이다. 본래 가야바의 집터(예수님 신문받으신 장소)는 이 교회 위치보다 훨씬 북쪽인 시온문 바로 밖에 있으나 333년 기록에 보면 현재 교회가 있는 곳을 가야바의 집터로 믿기 시작했으며, 457년에는 교회가 건립되었고, 그 후 두 차례 파괴된 후 현재의 교회는 1888년에 발굴하여 1931년 9월 11일 다시 건축되었다.

사장들과 율법교사(서기관)들이 예수를 죽이기 위해 함께 의논하고 예수
를 산헤드린 공의회(공회)로 데리고 와서 눅 22:67 말했다. "네가 그리스도라
면 우리에게 대답하라." 이에 예수께서 대답하셨다. "내가 말해도 너희가
믿지 않을 것이요, 68 내가 물어도 너희가 대답하지 않을 것이다. 69 그러나
이제부터는 내(인자)가 하나님의 권능의 오른편에 앉아 있을 것이다." 70
그러자 모두 한목소리로 말했다. "그러면 네가 하나님의 아들이냐?" 예수
께서 대답하셨다. "너희들이 지금 내가 그 사람이라고 말하고 있다." 71 이
에 그들이 말했다. "어찌 더 증거가 필요하겠는가? 우리가 친히 그 입에서
들었으니 심문은 이것으로 충분하다."

† 유다가 목매어 자살함 (마 27:3-10)

마 27:3 ● 그때에 예수를 판 가룟인 유다는 예수께서 유죄 판결을 받은 것
을 보고 스스로 양심에 가책을 느끼고 예수를 판 대가로 받은 은화 30개
를 대제사장들과 장로들에게 도로 갖다주며 4 말했다. "내가 죄 없는 사람
의 피를 팔아넘기는 죄를 범했다." 그들이 말하기를 "그것이 우리에게 무
슨 상관이냐? 네가 한 대로 네가 당하라" 하였다. 5 이에 가룟인 유다가 은
화를 성소에 던져 넣고 물러가서 스스로 목매어 죽었다. 6 이에 대제사장
들이 그 은화를 거두며 말했다. "이것은 핏값이니 성전 금고에 넣어 두는
것은 옳지 않다." 7 그래서 의논한 후에 그 돈으로 힌놈 골짜기와 기드론 골짜
기가 만나는 곳에 있는 토기장이의 밭을 구입하여 나그네의 묘지로 삼았다.
8 그러므로 오늘날까지 그 밭을 '피밭'이란 뜻의 '아켈다마'라 부르고 있다.
9-10 그러므로 그들이 그 가격 매겨진 자, 곧 이스라엘 자손 중에서 몸값으
로 정해진 가격인 은화 30개를 가지고 토기장이의 밭값으로 주었다. 이로
써 "주님께서 나에게 명하신 바와 같았다(슥 11:12-13)"라는 예레미야 선
지자의 말씀이 이루어졌다.

† 빌라도에게 넘겨짐 (마 27:2, 막 15:1b, 눅 23:1-2, 요 18:28-32)

마 27:2, 막 15:1b, 눅 23:1, 요 18:28a ● 한편, 무리들이 예수를 결박하여 시온 산 지역
에 있는 가야바에게서 양문(Sheep Gate) 근처에 있는 1.5㎞ 떨어진 빌라도의

유다의 자살(마 27:5) 이탈리아 레기온 바울 기념 교회 청동문 부조

성경 상식 **피밭, 아켈다마 (Akeldama, 마 27:8)**

아켈다마(Akeldama)는 가룟 유다가 예수를 은화 30개에 판 후 양심의 가책을 받아 목매어 자살한 곳으로 기드론 골짜기와 힌놈 골짜기가 만나는 곳에서 힌놈 골짜기가 끝나는 지점에 위치해 있다.

피밭이란 뜻인 이곳은 가룟 유다가 이곳에서 배가 터져 창자가 흘러나와 죽었기 때문에 붙여진 것이다. 현재 이곳의 수도원 건물 내의 지하실을 '사도들의 동굴'이라 한다. 이는 예수께서 유다의 무리에게 잡히셨을 때 제자들이 이 동굴에 숨어 있었다고 전해지기 때문이다.

아켈다마(피밭, 마 27:7-10) 기드론 골짜기와 힌놈 골짜기가 만나는 지점에 있다.

공관으로 끌고 가니 아직 새벽이었다.

요 18:28b-30 그러나 그들은 더럽힘을 받지 않고 유월절 잔치를 먹고자 하여 공관에는 들어가지 않았다. 그래서 빌라도 총독이 공관 밖으로 나가서 그들에게 말했다. "너희가 무슨 일로 이 사람을 고발하느냐?" 그들이 대답했다. "이 사람이 행악자가 아니라면 우리가 당신에게 넘기지 않았을 것입니다. 눅 23:2 우리가 이 사람을 보니 백성을 미혹하고 로마 황제(가이사)에게 세금 바치는 것을 금할 뿐 아니라 스스로 '왕 그리스도'라고 했습니다."

요 18:31-32 빌라도가 말하되 "너희가 그를 데려다가 너희 법에 따라 재판하라" 이에 유대인들이 대답했다. "우리에게는 사형시킬 권한이 없습니다." 이는 예수께서 자기가 어떠한 죽음으로 죽을 것을 가리켜 한 말씀을 이루게 하기 위해서였다.

† 빌라도의 심문 (마 27:11-14, 막 15:2-5, 눅 23:3-7, 요 18:33-38)

마 27:11, 막 15:2, 눅 23:3, 요 18:33 ● 예수께서 빌라도 총독 앞에 서자 총독이 물었다. "네가 유대인의 왕이냐?" 예수께서 대답하시되 "네 말이 맞다.

요 18:34 이는 네가 스스로 하는 말이냐? 다른 사람들이 나에 대해 네게 한 말이냐?"라고 하셨다. 35 빌라도가 대답하되 "나는 유대인이 아니다. 그런데 네가 무엇을 했기에 네 나라 사람과 대제사장들이 너를 유대인이 아닌 나에게 넘겼느냐?" 36 예수께서 대답하셨다. "내 나라는 이 세상에 속한 것이 아니다. 만일 내 나라가 이 세상에 속했다면 내 종들이 싸워 내가 유대인들에게 넘겨지지 않도록 했을 것이다. 내 나라는 이 세상에 속한 것이 아니다."

요 18:37 이에 빌라도 총독이 말하되 "그러면 네가 왕이 아니냐?" 이에 예수께서 대답하셨다. "네 말과 같이 내가 왕이다. 내가 이를 위해 세상에 왔다. 곧 진리에 대해 증언하기 위함이다. 무릇 진리에 속한 사람은 나의 음성을 듣는다." 38a 빌라도가 물었다. "진리가 무엇이냐?"

눅 23:4, 요 18:38b 그리고 빌라도 총독이 대제사장들과 무리에게 말했다. "내가 보니 이 사람에게는 죄가 없다."

마 27:12-14, 막 15:3-5 그러나 대제사장들은 여전히 여러 가지로 고발했다. 예

역사배경 빌라도 명각
(마 27:2, 요 18:29-38)

빌라도라는 인물이 성경에는 언급되어 있으나 역사적인 기록이 없어 실존 인물인지에 대해서는 의문이 많았다. 그러나 가이사랴에서 출토된 빌라도라는 이름이 새겨진 석조각이 발견됨으로 빌라도가 예수 당시 실존했던 인물임이 증명되었다. 그는 26-36년 사이 유대와 사마리아와 이두매를 다스린 5대째 로마 총독으로 예수가 사형 당할 만한 죄가 없음에도 대적자들의 위협에 못 이겨 십자가형에 처하도록 허락한 인물이다.

수께서는 대제사장들과 장로들이 고발한 말에 대해서는 아무 대답도 하지 않았다. 이에 빌라도가 다시 공관으로 들어가 예수를 불러 말했다. "그들이 너를 고발하는 내용이 얼마나 많은지 듣지 못하느냐?" 그러나 예수께서는 한마디도 대답하지 않자 총독이 놀랍게 여겼다.

눅 23:5 무리들은 더욱 강하게 말했다. "그가 온 유대 지역에서 가르치고,
갈릴리에서부터 시작하여 이곳 예루살렘까지 와서 백성들을 선동했습니
다." 6 빌라도 총독이 그 말을 듣고 "그가 갈릴리 사람이냐?"라고 물은 후 7
헤롯 안디바의 관할에 속한 줄을 알고 그때 마침 예루살렘에 머물고 있던
헤롯 안디바에게 예수를 보냈다.

빌라도 앞에 선 예수(요 18:33-38) 1566-1567년, 틴토레토 작, 유채, 이탈리아 베네치아, 스쿠라 그라데 산 로코 미술관
군중의 아우성 속에 빌라도가 얼굴을 돌리고 손을 씻고 있으며 그 앞에 막 사형 선고를 받은 예수께서 두 손이 묶인 채 조용히 서 계신다. 빌라도는 예수께 사형 선고를 내릴 만한 죄가 없음을 알고 있었음에도 불구하고 군중의 폭동에 두려움을 느껴 예수께 사형을 선고했다. 그의 재판은 하나님보다 사람을 더 두려워한 재판이었다.

† 예수께서 헤롯 앞에 서심 (눅 23:8-12)

눅 23:8 ● 헤롯 안디바는 예수를 보고 매우 기뻐했다. 왜냐하면 그는 예수
의 소문을 듣고 그를 보고자 한 지 오래되었으며, 또한 어떤 이적이든지
이적 행하는 것을 보기 원했기 때문이었다. 9 이에 여러 말로 물었다. 그러
나 예수께서는 아무 말도 대답하지 않았다. 10 대제사장들과 율법교사(서
기관)들은 서서 강하게 고발했다. 11 그러자 헤롯 안디바가 그 군인들과 함
께 예수를 무시하며 희롱한 후 번쩍거리는 옷을 입혀 빌라도 총독에게 돌
려보냈다. 12 헤롯 안디바와 빌라도 총독이 이전에는 적대 관계(원수)였으
나 예수로 인해 그날에는 서로 친구가 되었다.

† 빌라도의 죄수 석방 제의 (마 27:19-23, 눅 23:13-23, 막 15:6-14, 요 18:39-40)

마 27:19 ● 빌라도 총독이 재판석에 앉았을 때에 그의 아내가 사람을 보
내 말했다. "저 사람(예수)은 옳은 사람이니 당신은 아무런 관섭도 하지 마
세요. 오늘밤 꿈속에서 내가 그 사람으로 인해 몹시 고통을 당했습니다."
눅 23:13 빌라도 총독이 대제사장들과 관리들과 백성을 소집한 후 14 말했다.
"너희가 이 사람이 백성을 선동케 하는 자라고 하여 내게로 끌고 왔다. 그
러나 보라. 내가 너희 앞에서 심문했으나 너희가 고소하는 일에 대해 이
사람에게서 죄를 찾지 못했다. 15 헤롯 안디바 역시 그렇게 하여 그를 우리
에게 다시 보냈다. 보라, 그가 행한 일에는 죽일 만한 일이 없다. 16 그러므

성경 인물

헤롯

(헤롯 안디바, 눅 23:7-12)

헤롯은 로마 통치하에서 팔레스타인을 지배하던 왕조(BC 37-AD 70년)로 헤롯 가문은 하스몬가의 여왕인 살로메 알렉산드라가 통치하던 시대에 성장했다.
헤롯 가문은 헤롯 대왕으로 불리는 유대 왕에서부터 시작되었는데 그의 아버지는 안티파스였다. 헤롯은 위대한 건축가였다. 오늘날 마사다, 헤로디움, 가이사랴, 다윗의 망대, 통곡의 벽 등은 헤롯의 작품이다. 특히 그는 성전을 대대적으로 보수 개축하였다. 그의 후손 중 헤롯이 앞에 붙여진 사람들로는 헤롯 빌립(눅 3:1), 헤롯 안디바(막 6:14), 헤롯 아그립바 1세(행 12:1), 헤롯 아그립바 2세(행 25:13-26), 헤롯 1세의 아들 아켈라오 등이 있다.

로 다만 때린 후에 풀어주겠다(17절은 없음, 어떤 사본에는 명절을 당하면 반드시 한 사람을 놓아주더라)."

마 27:15, 막 15:6, 요 18:39a 유월절(마태복음과 마가복음에는 명절)이 되면 총독이 군중의 청원에 따라 죄수 한 명을 석방시켜주는 전례가 있었다.

마 27:16, 막 15:7 그때에 민란을 조장하고 그 민란 중에 살인하여 체포된 자 중에 '바라바'라 하는 유명한 죄수가 있었다. 막 15:8 무리가 나아가서 전례대로 하여주기를 요구했다.

마 27:17-18, 막 15:9-10 예수를 고소한 자들이 모였을 때에 빌라도 총독이 그들에게 물었다.

요 18:39b "너희는 내가 누구를 너희에게 풀어주기를 바라느냐? 바라바냐(어떤 사본에는 바라바라 하는 예수냐?) 그리스도라 하는 예수(유대인의 왕)냐?" 이렇게 말한 것은 그가 그들의 시기 때문에 예수를 넘겨준 줄 알고 있었기 때문이었다.

마 27:20, 막 15:11 대제사장들과 장로들이 군중들을 충동하여 그들로 하여금 바라바를 풀어주고 예수를 죽이도록 부축였다. 마 27:21a 이에 빌라도 총독이 다시 물었다. "예수와 바라바 둘 중에 누구를 너희에게 풀어주기를 바라느냐?"

마 27:21b, 눅 23:18-19, 요 18:40 그러자 그들이 일제히 외쳤다. "예수를 없애고 바라바를 우리에게 풀어주소서." 바라바는 성중에서 일어난 민란과 살인으로 인해 옥에 갇힌 자였다.

마 27:22-23, 막 15:12-14, 눅 23:20-23 이에 빌라도 총독이 예수를 풀어주기 위해 다시 그들에게 말했다. "그러면 너희가 그리스도(막, 유대인의 왕)라고 하는 예수를 내가 어떻게 하기를 원하느냐?" 그들이 하나같이 소리를 질렀다. "십자가에 못 박아야 합니다." 이에 빌라도 총독이 세 번째로 말했다. "왜 그렇게 해야 하느냐? 그가 무슨 악한 일을 했느냐? 나는 그에게서 죽일 죄를 찾지 못했으니 때려서 풀어주겠다." 이에 그들이 더욱 큰 소리로 "십자가에 못 박아야 합니다"라고 외쳤다. 그들이 큰 소리로 재촉하여 십자가에 못 박기를 구하니 그들의 소리가 받아들여졌다.

빌라도의 법정이 있던 곳(마 27:19, 눅 23:13-25) 십자가의 길 제1지점이다.

† 예수께서 희롱당하심 (마 27:27-30, 막 15:16-19, 요 19:1-3)

마 27:27-30, 막 15:16-19, 요 19:1-3 ● 이에 총독의 군인들이 예수를 끌고 '브라이도리온'이라는 뜰(마, 관정) 안으로 들어가서 온 군대를 그에게로 소집시켰다. 그리고 빌라도 총독이 예수를 채찍질했다. 이어 군인들은 예수의 옷을 벗기고 자색 옷(마, 홍포)을 입히며, 가시로 관을 만들어 그의 머리에 씌웠다. 그리고 갈대를 예수의 오른손에 들도록 쥐어주었고, 자기(군인)들 앞에서 무릎을 꿇게 한 후 희롱(막, 경례)하며 말했다. "유대인의 왕이여, 평안하라." 또 그에게 침을 뱉고 갈대를 빼앗아 그의 머리를 치며, 손으로 때리고, 꿇어 절했다.

† 빌라도의 예수 석방 노력 (요 19:4-11)

요 19:4 ● 빌라도 총독이 다시 관정 뜰 밖으로 나가 말했다. "보라, 이 사람을 데리고 너희에게 나왔다. 이는 내가 그에게서 아무 죄도 찾지 못한 것을 너희에게 알리기 위함이다." 5 이에 예수께서 가시관을 쓰고 자색 옷을 입고 나오니 빌라도가 그들에게 말하기를 "보라, 이 사람이다(에체 호모)." 하였다.

요 19:6 그러자 대제사장들과 그 아랫 사람(수하)들이 예수를 보고 소리 질러 외쳤다. "십자가에 못 박아라. 십자가에 못 박아라." 이에 빌라도 총독이 대답했다. "너희가 직접 데려다가 십자가에 못 박으라. 나는 그에게서 아무 죄를 찾지 못했다." 7 유대인들이 대답하되 "우리의 법대로 하면 그는 당연히 죽어야 합니다. 왜냐하면 그는 자기를 하나님의 아들이라고 하기 때문입니다." 8 빌라도 총독이 이 말을 듣고 더욱 두려워하여 9 다시 관정 뜰 안으로 들어가 예수께 "너는 어디서 왔느냐?"라고 물었다. 그러나 예수께서는 아무런 대답도 하지 않으셨다. 10 그러자 빌라도 총독이 다시 물었다. "너는 왜 나에게 말하지 않느냐? 내가 너를 풀어줄 권한도 있고 십자가에 못 박을 권한도 있는 줄 알지 못하느냐?" 11 그러자 예수께서 대답하셨다. "위에서 그 권세를 주지 않았다면 나를 해할 권한이 없었을 것이다. 그러므로 나를 당신에게 넘겨준 자들의 죄는 더 크다."

예수가 썼던 종류의 가시(마 27:29) 십자가의 길 제2지점. 굵은 가지에 잔 가시가 있다.

난제 왜 예수께 자색 옷을 입혔을까(요 19:2)?

마 27:28에 홍포로 나오는 예수께 입힌 자색 옷에 대해서는 빌라도나 헤롯이 입었던 옷이라고 주장하기도 한다. 그러나 그것이 사실이든 그렇지 않든 당시 자색와 같은 붉은색 계통의 옷들은 왕들만이 입었다. 그래서 고대에 자색은 왕들의 색으로 알려졌고 가격 또한 아주 비쌌다. 특히 자색 물감은 오늘날 레바논 지역의 해안가에 있는 뼈고둥에서 추출했는데, 고대에는 이집트로 금값과 비슷한 가격으로 수출되었다. 오늘날 이 지역에서는 고둥 무덤인 패총이 많이 남아 있다. 그런데 로마 군병들이 예수께 왕의 색인 자색 옷을 입힌 것은 예수를 왕으로 인정해서가 아니라 '유대인의 왕'이라고 조롱하기 위해서였다.

에체호모 아치(요 19:5) 빌라도가 "보라, 이 사람이다(에체 호모)"라고 한 곳이다.

돌을 깐 뜰(가바다, 요 19:13) 예루살렘, 에체호모수도원 지하

손을 씻는 빌라도(마 27:24) 십자가의 길 제1지점, 당시 손을 씻는 것은 자신에게 죄가 없다는 표시였다.

† 예수에 대한 재판 (요 19:12-16, 마 27:24-26, 31, 막 15:15, 20, 눅 23:24-25)

요 19:12 ● 예수께서 이렇게 말하자 빌라도 총독은 예수를 풀어주려고 힘썼다. 그러나 유대인들이 소리를 질렀다. "이 사람을 풀어주면 당신은 로마 황제(가이사)의 충신이 아닙니다. 무릇 자기를 왕이라고 하는 자는 로마 황제(가이사)를 반역하는 것입니다." [13] 빌라도가 그 소리를 듣고 예수를 끌고 나가서 돌로 포장한 뜰(히브리 말로 '가바다')에 있는 재판석에 앉았다. [14] 이날은 유월절의 예비일(준비일)이요, 때는 낮 12시쯤(제6시) 되었다. 빌라도가 유대인들에게 말하되 "보라, 너희의 왕이다." [15] 그 소리를 듣자 그들은 "없애버리라. 없애버리시오. 그를 십자가에 못 박으라"라고 소리쳤다. 빌라도가 말하되 "내가 너희 왕을 십자가에 못 박으면 되겠느냐?" 대제사장들이 대답했다. "가이사(로마 황제) 외에는 우리에게 왕이 없습니다."

마 27:24 빌라도 총독은 예수를 석방하려는 노력이 아무 성과가 없고 도리어 민란이 일어나려는 것을 보고 물을 가져오게 하여 무리들 앞에서 손을 씻으며 말했다. "이 사람의(어떤 사본에는 이 옳은 사람의) 피에 대해 나는 아무런 죄가 없으니 그 죄에 대한 것은 너희가 받으라." [25] 이에 백성이 같은 목소리로 대답했다. "그 피를 우리와 우리 자손에게 돌리라."

마 27:26, 막 15:15, 눅 23:24-25, 요 19:16 이에 빌라도가 그들이 요구하는 대로 십자가형을 언도했다. 그리고 무리에게 만족을 주기 위해 민란과 살인으로 인해 옥에 갇힌 바라바는 그들에게 풀어주고, 예수는 채찍질하고 십자가에 못 박도록 그들에게 넘겨주었다. 마 27:31, 막 15:20 이에 무리들이 예수께 희롱을 다 한 후 자색 옷을 벗기고 다시 그가 입었던 옷을 입혀 십자가에 못 박기 위해 끌고 나갔다.

† 십자가를 짐 (요 19:17, 마 27:32, 막 15:21, 눅 23:26-31)

요 19:17 ● 무리들이 빌라도로부터 예수를 인도받으매 예수께서는 십자가를 지시고 해골(히브리 말로 '골고다')이라고 하는 곳으로 나갔다.

마 27:32, 막 15:21, 눅 23:26 그들이 예수를 끌고 갈 때에 마침 루포의 아버지인 아프리카 북부에 위치한 구레네 출신의 시몬이 시골로부터 예루살렘에 올라와 그 옆을 지나갔다. 그때 로마 군병은 그를 붙들어 예수의 십자가를 강제로 지게 하여 예수를 따르게 했다.

눅 23:27 예수께서 십자가를 지고 가는 길에는 백성과 그를 위해 가슴을 치며 슬피우는 여자의 큰 무리가 따라오고 있었다. [28] 이에 예수께서 돌이켜 우는 자들을 향해 말했다. "예루살렘의 딸들아, 나를 위해 울지 말고 너희와 너희 자녀를 위해 울라. [29] 이제 때가 되면 사람들은 잉태하지 못하는 여인과 해산하지 못한 배와 먹이지 못한 젖이 복이 있다고 말할 것이다. [30] 그때는 사람이 산들을 향해 '우리 위에 무너지라'고 하며, 작은 산들을 향해 '우리를 덮어버리라'고(그래서 자기들을 죽여달라고) 애원할 것이다.[31] 나무가 푸르렀을 때(푸른 나무)에도 이렇게 말했다면 나무가 말랐을 때(마른 나무)에는 더 큰 고통스러운 일이 일어나지 않겠느냐?"

선고 교회 외경(마 27:26) 십자가의 길 제2지점으로 예수에 대해 십자가형을 선고한 지점에 세워진 교회이다.

십자가를 진 예수(마 27:26) 베들레헴, 예수 탄생 교회

시몬이 십자가를 대신 짐(마 27:32) 십자가의 길 제5지점, 베들레헴, 예수 탄생 교회

† 십자가에 달림 (마 27:33-44, 막 15:22-32, 눅 23:32-43, 요 19:18-27)

마 27:33-34, 막 15:22-23, 눅 23:32-33 ● 예수를 끌고 600m쯤 가서 '골고다'라고 하는 곳(번역하면 해골의 곳)에 이르렀다. 이때 또 다른 두 명의 행악자도 십자가형을 받게 되어 예수와 함께 끌려갔다. 해골이라는 곳에 이르러 쓸개(막, 몰약)를 넣은 포도주를 예수께 주어 마시게 하려고 했다. 그러나 예수께서는 맛보신 후 거절했다.

마 27:38, 막 15:25, 27, 요 19:18 오전 9시(제3시)가 되었을 때 예수를 십자가에 못 박았다. 이어 행악자(마태복음과 마가복음에는 강도, 요한복음에는 사람) 2명도 예수와 함께 십자가에 못 박혔는데 한 명은 예수의 오른편에, 다른 한 명은 예수의 왼편에 있었다(막 15:28 없음, 어떤 사본에는 불법자와 함께 인정함을 받았다는 성경이 응했다).

눅 23:34a 이에 예수께서 말씀하셨다. "아버지, 저들을 용서해주십시오. 자기들이 무엇을 하는지를 알지 못합니다."

마 27:37, 막 15:26, 눅 23:38, 요 19:19 빌라도가 "나사렛 예수, 유대인의 왕"이라고 쓴 죄패를 써서 예수의 머리 위에 달았다. 요 19:20 예수께서 못 박힌 곳이 예루살렘 성에서 가깝고 히브리와 로마와 헬라 말로 기록했기 때문에 많은 유대인이 이 패를 읽을 수 있었다. [21] 유대인의 대제사장들이 빌라도 총독에

성지

십자가의 길(Bia Dololosa)

십자가의 길은 예수께서 재판을 받은 곳에서부터 예수의 무덤까지의 길로 일명 '고통의 길'(라틴어로 비아 돌로로사)이다. 이는 순례자로 인해 명명된 길로 14지점으로 되어 있는데 성경에 모두 나오는 지점은 아니다. ① 예수께서 빌라도에게 재판을 받은 곳 ② 사형 언도를 받고 채찍에 맞은 곳 ③ 십자가를 진 예수께서 첫 번째로 넘어진 곳 ④ 십자가를 진 예수께서 마리아를 만난 곳 ⑤ 구레네 시몬이 예수님 대신 십자가를 진 곳 ⑥ 베로니카가 손수건으로 예수의 이마를 닦은 곳 ⑦ 십자가를 진 예수께서 두 번째 넘어진 곳 ⑧ 여인들에게 자신을 위해 울라고 한 곳 ⑨ 십자가를 진 예수께서 세 번째 넘어진 곳 ⑩ 예수께서 옷 벗김을 당한 곳 ⑪ 예수를 십자가에 못 박은 곳 ⑫ 운명한 곳 ⑬ 마리아가 예수의 시체를 받은 곳 ⑭ 예수를 장사 지낸 곳(예수의 무덤)

게 말했다. "'유대인의 왕'이라고 쓰지 말고 '자칭 유대인의 왕'이라고 쓰십시오." 그러나 22 빌라도는 "나는 쓸 것을 썼을 뿐이다"라고 대답했다.

마 27:35, 막 15:24, 눅 23:34b, 요 19:23-24 군인들이 예수를 십자가에 못 박은 후에 그의 옷을 취하여 네 조각(요, 깃)으로 나누어 각자 한 조각씩 갖고 속옷을 취했는데 이 속옷은 호지 않고 위에서부터 하나로 통으로 짠 것이었다. 그래서 군인들이 서로 말했다. "이것은 찢지 말고 누가 가질 것인지 그 옷을 제비 뽑아 차지하자." 이렇게 된 것은 성경에 기록된 대로 "그들이 내 옷을 나누고 내 옷을 제비 뽑나이다(시 22:18)"라고 한 것이 이루어지게 하기 위함이었다.

27:36 군인들은 이런 일을 하고 그곳에 앉아 지켰다.

마 27:39-40, 막 15:29-30, 눅 23:35 십자가 처형장을 지나가는 자들은 자신의 머리를 흔들며 예수를 모욕하며 말했다. "아하, 성전을 헐고 3일 동안에 짓는다고 말한 자여, 네가 만일 하나님의 아들이라면(눅, 하나님이 선택하신 자 그리스도라면) 자신을 구원하고 십자가에서 내려오라."

눅 23:36-37 군인들도 희롱하면서 나아와 신 포도주를 주며 말했다. "네가 만일 유대인의 왕이라면 네 스스로를 구원해보라."

마 27:41-42a, 막 15:31 대제사장들도 율법교사(서기관)들과 장로들과 함께 희롱하여 말했다. "저가 다른 사람은 구원했지만 막상 자기는 구원하지 못한다.

원 속의 숫자는 십자가의 길 14개 지점

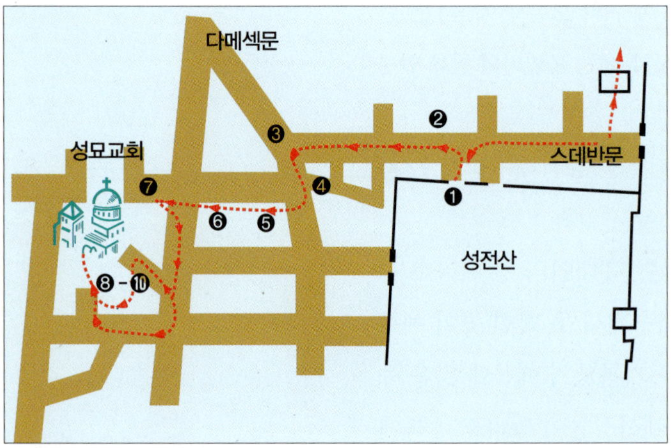

십자가 상의 그리스도

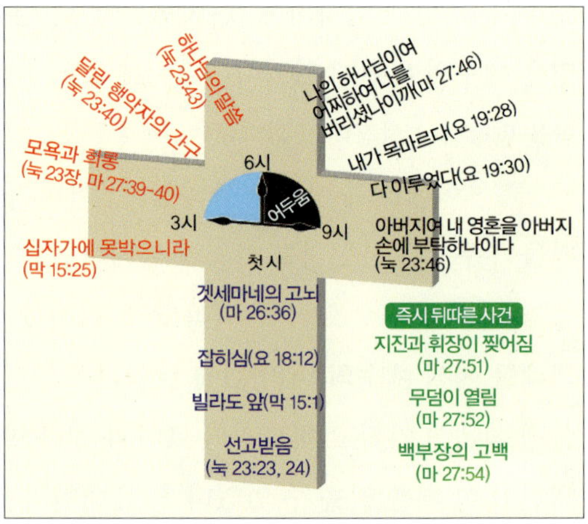

1 예수 무덤 교회(성묘 교회) 외에 고든 장군이 주장하는 골고다(마 27:38)
2 예수께서 십자가에 달리시고 장사를 지낸 곳에 세워진 성묘 교회(눅 23:32) 중앙의 둥근 기둥 모양의 건물이 있는 곳이 골고다이다.

마 27:42b, 막 15:32 네가 이스라엘의 왕이라면 지금 십자가에서 내려와보라. 그러면 우리가 믿겠다.

마 27:43 네가 하나님을 신뢰하니 하나님이 원하시면 이제 너를 구원하실 것이다. 너는 하나님의 아들이라고 말하지 않았느냐?"

마 27:44, 눅 23:39 예수와 함께 십자가에 못 박힌 행악자 중 한 명도 비방하여 말했다. "너는 그리스도가 아니냐? 너와 우리를 구원하라."

눅 23:40 그러나 다른 한 행악자는 그 사람을 꾸짖어 말했다. "너는 똑같은
벌을 받았는데도 하나님을 두려워하지 않느냐? 41 우리는 우리가 저지른
일에 이 형벌을 받는 것이 마땅하지만 이 사람이 행한 것은 모두 옳은 것
이다." 42 그리고 이어 예수께 간구했다. "예수여, 당신의 나라가 도래할 때
에 나를 기억해주십시오." 43 예수께서 말씀하시기를 "내가 참으로 너에게
말한다. 오늘 네가 나와 함께 낙원에 가 있을 것이다"라고 하셨다.

요 19:25 예수께서 달린 십자가 옆에는 그 어머니 마리아와 이모 살로메(참
조, 막 15:40)와 글로바의 아내 마리아와 막달라 마리아가 서 있었다. 26 예
수께서 자기의 어머니와 사랑하는 제자인 요한이 곁에 서 있는 것을 보고
자기 어머니께 말씀하셨다. "여자여, 보십시오. 아들입니다." 27 또 그 제자
인 요한에게 말씀하셨다. "보라, 네 어머니다." 그때부터 그 제자가 예수의
어머니를 자기 집에 모셨다.

예수의 십자가 처형장(마 27:38) 파리, 루브르 박물관

십자가 밑에서 제비 뽑는 로마 군병(마 27:38, 요 19:25) 안드레아 만테냐 작(1430-1506년), 파리, 루브르 박물관

십자가에 달린 예수(마 27:38, 요 19:25) 안드레아 만테냐 작(1430-1506년), 목탄화, 파리, 루브르 박물관, 예수의 십자가 위에는 유대인의 왕이란 표지판이 붙어 있다.

✣ 십자가 상의 일곱 말씀

①아버지 저들을 용서하여주옵소서. 자기들이 하는 것을 알지 못합니다.
②오늘 네가 나와 함께 낙원에 있을 것이다(눅 23:43).
③여자여, 보십시오. 아들입니다. 보라, 네 어머니이다.
④엘리 엘리 라마 사박다니.
⑤내가 목마르다.
⑥아버지여 내 영혼을 아버지 손에 부탁합니다.
⑦다 이루었다.

십자가 주위에 있는 여인들(요 19:25-26) 파리, 루브르 박물관

우슬초(요 19:29)

해면(요 19:29)
한글개역성경에는 해융(sponge)으로 번역했다. 흡수성이 탁월한 갯솜 종류로서 일종의 스폰지 같은 역할을 한다.

† 예수의 죽음 (마 27:45-53, 막 15:33-38, 눅 23:44-46, 요 19:28-30)

마 27:45-46, 49, 막 15:33-35, 눅 23:44 ● 낮 12시(제육 시)부터 해가 빛을 잃고 온 땅에 어둠이 시작되어 오후 3시(제구 시)까지 계속되었다. 오후 3시(제구 시)쯤에 예수께서 큰 소리로 외치셨다. "엘리 엘리 라마 사박다니." 이 말을 번역하면 곧 "나의 하나님, 나의 하나님, 왜 나를 버리셨습니까?"라는 뜻이다.

마 27:47 그곳에 서 있던 자들 중에 어떤 이들은 그 말을 듣고 말하기를 "이 사람이 엘리야를 부른다" 하였다.

마 27:49, 막 15:36b 그리고 그 남은 사람들(막, 한 사람)은 "그를 가만히 두어라. 엘리야가 와서 그를 내려주나 보자"라고 하였다(어떤 사본에는 마 27:49 끝에 요 19:34과 동일한 말씀이 있음).

요 19:28-29a 그 후에 예수께서 모든 일이 이미 이루어진 줄 아시고 성경의 말씀이 이루어지게 하기 위해 "내가 목마르다(시 69:21)"라고 말씀하셨다. 마침 그곳에 신 포도주가 가득히 담긴 그릇이 있었다.

마 27:48, 막 15:36a, 요 19:29b 그래서 그중의 한 사람(요, 사람들)이 곧바로 달려가 해면에 신 포도주를 적셔 우슬초(마, 갈대)에 매어 예수의 입에 대자

눅 23:46a, 요 19:30a 예수께서 다시 큰 소리로 외쳤다. "아버지여, 내 영혼을 아버지 손에 부탁합니다." 그리고 신 포도주를 마신 후에 "다 이루었다"라고 말씀하셨다.

마 27:50, 막 15:37, 눅 23:46b, 요 19:30b 그리고 머리를 숙이니 영혼이 떠나가셨다.

마 27:51a, 막 15:38, 눅 23:45 그때 성소의 휘장이 위로부터 아래까지 한가운데가
찢어져 두 쪽이 되었고, 마 27:51b 땅이 진동하며, 바위가 터졌으며, 52 무덤들
이 열려 죽었던 성도의 몸이 많이 일어났다. 53 예수의 부활 후에는 그들이
무덤에서 나와 거룩한 성에 들어가 많은 사람들에게 보였다.

† 예수의 죽음 이후 사건 (마 27:54-56, 막 15:39-41, 눅 23:47-49)

마 27:54-56, 막 15:39-41a, 눅 23:47-49 ● 예수를 향해 섰던 백부장과 그와 함께 예수를 지키던 자들이 지진과 그 일어난 일들을 보고 심히 두려워하며 하나님께 영광을 돌리며 말했다. "그는 참으로 하나님의 아들(눅, 의인)이었다." 이를 구경하러 모인 무리도 그 된 일을 보고 모두 가슴을 치며 돌아갔다. 예수를 아는 자들과 그를 섬기며 갈릴리에서부터 따라온 많은 여자들이 멀리서 바라보고 있었다. 그들 중에는 막달라 마리아와 작은 야고보와 요셉(요세)의 어머니 마리아와 세베대의 아들들의 어머니 살로메도 있었다.
막 15:41b 또 이외에 예수와 함께 예루살렘에서 올라온 여자들도 많이 있었다.

† 예수의 옆구리를 창으로 찌름 (요 19:31-37)

요 19:31 ● 예수께서 십자가에 죽으신 날은 안식일 전날인 안식일의 예비
일(준비일)이었다. 유대인들에게 안식일은 큰 날이기 때문에 안식일에 시
체들을 십자가에 두지 않기 위해 빌라도 총독에게 그들의 다리를 꺾어 시
체를 치워달라고 했다. 32 이에 군인들이 가서 먼저 예수와 함께 못 박힌 두
사람의 다리를 꺾었다. 33 그러나 예수께 와서는 그가 이미 죽은 것을 보고
다리를 꺾지 않고 34 대신 그중 한 군인이 창으로 예수의 옆구리를 찌르자
피와 물이 나왔다. 35 이 광경을 본 자가 증언한 것이기 때문에 그 증언이
진실이다. 그는 자기의 말하는 것이 진실인 줄 알았다. 그가 그렇게 말한
것은 우리들(너희)도 믿게 하기 위함이었다. 36 이렇게 된 것은 "그 뼈가 하
나도 꺾이지 않을 것이다(출 12:46, 민 9:12, 시 34:20)"라고 한 성경의 말씀
이 이루어지게 하기 위함이었다. 37 또 다른 성경에는 "그들이 그 찌른 자
를 볼 것이다(슥 12:10)"라고 기록되었다.

QT 성소의 휘장이 찢어져 열려진 길(마 27:51)

휘장은 지성소와 성소를 분리시키는 커텐이다(출 26:31-33). 이 휘장이 찢어졌다는 것은 대제사장만이 일 년에 한 번 들어갈 수 있었던 지성소를 누구나 들어갈 수 있게 된 것을 의미한다. 곧 우리로 하여금 하나님 앞에 설 수 있게 하기 위해 그리스도께서 하늘 성소에 들어가셨음을 의미한다. 그러므로 이제는 예수 그리스도로 말미암아 누구나 하나님 앞에 갈 수 있는 길이 열린 것이다. 예수 그리스도의 죽음으로 휘장이 찢어졌고 그로 인해 하나님과 우리 사이에 막혀 있던 담이 무너져 그분과 우리가 하나가 되었다.

지성소와 성소 사이의 휘장(마 27:51) 이스라엘, 팀나 공원

예수의 옆구리를 창으로 찌르는 병사(요 19:34) 안드레아 디 바르톨로(1465년)와 소라리오(1524년) 공동 작, 파리, 루브르 박물관

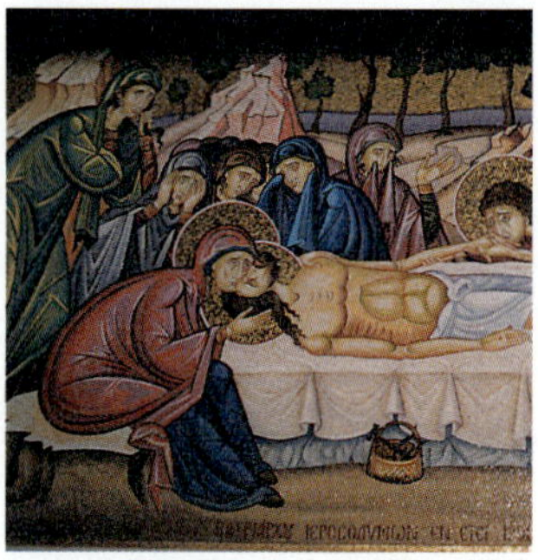

예수의 장례(마 27:60) 예루살렘, 성묘 교회 성화

† 예수를 장사 지냄 (마 27:57-61, 막 15:42-47, 눅 23:50-56, 요 19:38-42)

마 27:57-58, 막 15:42-45, 눅 23:50-52, 요 19:38a ● 예수께서 운명하신(이) 날은 안식일의 예비일(준비일), 곧 안식일 전날이었다. 날이 저물었을 때에 유대인의 마을인 아리마대 출신의 요셉이라고 하는 사람이 있었다. 그는 부자로서 예수의 제자였으나 유대인이 두려워 그 사실을 숨겼다. 그는 존경받는 산헤드린 공의회(공회) 회원으로 선하고 의로운 사람이었다. 그래서 그는 예수를 죽이려는 공의회의 결의와 행사에 찬성하지 않고 하나님의 나라를 기다리는 자였다. 그는 담대히 빌라도 총독을 찾아가 예수의 시체를 달라고 요청했다. 이에 빌라도는 예수가 그렇게 일찍 죽었을까 이상히 여겨 백부장을 불러 죽은 지가 오래되었느냐고 물어보았다. 그리고 죽은 것을 알아본 후에 아리마대 출신의 요셉에게 시체를 내어주라고 명령했다.

마 27:59, 막 15:46a, 눅 23:53a, 요 19:38b 빌라도 총독이 예수의 시신을 내어주도록 허락하자 아리마대 출신인 요셉이 돌아가 예수의 시신을 깨끗한 세마포로 쌌다.

요 19:39 오래전에 밤에 예수를 찾아왔던 니고데모도 몰약과 침향을 섞어 만든 100리트라(32,700g) 정도의 향품을 가지고 왔다. 40 이 두 사람은 예수의 시체를 내린 후 가져다가 유대인의 장례법대로 향품과 함께 세마포로 쌌다. 41 예수께서 십자가에 못 박히신 곳에는 동산이 있었는데 동산 안에는 아직 사람을 장사한 일이 없는 아리마대의 새 무덤이 있었다.

마 27:60, 막 15:46b, 눅 23:53b 이에 예수의 시신을 바위 속에 판 자기의 새 무덤에 넣어두고 큰 돌을 굴려 무덤 문에 놓고 갔다.

눅 23:54, 요 19:42 이날은 안식일의 예비일이요, 무덤이 가깝기 때문에 예수의 시신을 그곳에 두었다.

눅 23:55 갈릴리에서 예수와 함께 왔던 여자들이 두 사람의 뒤를 따라 그 무덤과 예수의 시신을 어떻게 두었는지를 본 후 56 돌아가 향품과 향유를 준비했다. 율법(계명)에 따라 안식일에는 쉬고 장례를 하지 않았다.

마 27:61, 막 15:47 그곳에는 막달라 마리아와 요세(요셉)의 어머니 마리아가 무덤을 향해 앉아 있었다(막, 예수의 둔 곳을 보더라).

성경 지리 **인명으로 알기 쉬운 지명** (마 27:57, 요 19:38)

성경에는 인명 앞에 출신지로 소개하는 경우가 많다. 그래서 지명을 마치 사람 이름으로 알고 있는 경우가 있다. 예를 들어 예수를 장사 지낸 아리마대 요셉이다. 아리마대는 지역 이름으로 오늘날 이스라엘 중부 지역에 있는 렌티스라는 아랍 마을이다. 그 외에 수로보니게 여인에서 수로보니게는 오늘날 레바논 지역의 두로와 시돈 지역을 말하고, 예수의 십자가를 대신 진 구레네 시몬의 구레네는 오늘날 리비아의 한 도시이다. 또 사르밧 과부의 사르밧은 레바논 지역에 있는 마을이다.

아리마대 지역으로 주장되는 오늘날 이스라엘의 렌티스(요 19:38)

† 경비병이 무덤을 지킴 (마 27:62-66)

마 27:62 ● 이튿날은 안식일의 예비일(준비일) 다음 날이다. 대제사장들과
바리새인들이 함께 빌라도 총독 앞으로 모인 후 말했다. 63 "주인이여, 저
속이던 예수가 살아 있을 때에 말하기를 '내가 3일 만에 다시 살아날 것이
다'라고 한 말을 우리가 기억합니다. 64 그러니 그의 무덤을 3일 동안 굳게
지키라고 명령해주십시오. 그의 제자들이 예수의 시체를 도둑질한 후 백
성들에게 그가 죽은 자 가운데서 살아났다고 말하면 나중의 속임이 이전
일보다 더 클까 염려됩니다." 65 빌라도 총독이 "너희에게도 경비병이 있
으니 너희들이 할 수 있는 대로 굳게 지키라"고 말하자 66 그들이 경비병과
함께 가서 무덤의 돌을 열지 못하게 도장으로 봉하고 무덤을 굳게 지켰다.

성경인물

니고데모(요 19:39)

니고데모(Nicodemus)는 바리새인 출신으로 밤에 예수께 찾아와 영생에 대해 질문한 유대인 공회원(산헤드린)이다(요 3:1, 19:38). 그는 예수에 대해 조심스런 동정심을 갖고 있었으며(요 7:50-52), 유대 관원들에게 은밀한 변호를 하기도 했다. 그는 밤에 예수를 찾아와 거듭남에 대해 질문하고 예수의 답변을 들었다(요 3:1-15). 후에 그는 아리마대 요셉과 함께 예수의 시신 매장을 준비했다.

아리마대 요셉의 또 다른 무덤(마 27:60) 예루살렘, 성묘 교회 내 예수 무덤 뒤. 아리마대 출신인 요셉은 부자였기 때문에 무덤을 여러 개 갖고 있었다. 그중에 장사를 지낸 적이 없는 새 무덤에 예수님을 장사했다.

거룩한무덤(성묘) 교회(눅 23:55)
예수 무덤 교회(성묘 교회, 거룩한 무덤 교회)는 로마의 하드리아누스가 135년경에 비너스(Venus) 신전을 세운 자리에 313년 기독교를 공인한 로마의 콘스탄틴 황제의 명으로 336년에 건축되었다. 그러나 614년에 페르시아(Persia) 군대의 침공 때 교회가 파괴되었다가 재건되었다. 그 후 이슬람교도에 의해 다시 파괴된 것을 십자군 운동과 더불어 1149년에 오늘날의 모습으로 다시 복구되었다.
13세기 말 아랍의 실력자 살라딘이 십자군을 몰아낸 후 거룩한 무덤 교회(성묘 교회)는 파괴되지는 않았으나 성지가 이슬람 교도의 손에 넘어가 오늘날 거룩한 무덤 교회는 일부 비잔틴 시대의 것을 제외하고는 대부분 십자군 시대 때 재건된 모습으로 잘 보존되어 있다. 현재 구교의 6개 교단(그리스정교회, 로마가톨릭교회, 시리아교회, 콥틱교회, 아르메니아교회, 이디오피아교회)이 이 교회 내에 각각 소유권을 가지고 있다.

예수 무덤 내부(마 27:61) 성묘 교회

8 예수의 부활과 승천

승천 기념 돔, 예루살렘 감람 산

성경사	헤롯 대왕 즉위	예수 탄생 (눅 2:1-7)	예루살렘 성전 방문 (눅 2:41-52)	본디오 빌라도 유대총독 부임	예수 공생애 시작 (마 3:13)	3차 갈릴리 전도 (마 14:13-18:35)	십자가 수난 (마 27:35-58)	부활 승천 (마 28:1-20)
	BC37	BC4	AD8	26	27	29	30	30

† 예수의 부활 (마 28:2-7, 막 16:1-8, 눅 24:1-12, 요 20:1-10)

마 28:2 ● 예수의 무덤을 지키고 있을 때(그때) 큰 지진이 나며 주님의 천
사가 하늘로부터 내려와 돌을 굴려내고 그 위에 앉았는데 3 그 형상
이 번개와 같았고 그 옷은 눈처럼 희었다. 4 무덤을 지키던 자들이 천
사를 무서워하여 죽은 사람과 같이 떨었다.

마 28:1, 막 16:1-4, 눅 24:1-3, 요 20:1 막달라 마리아와 야고보의 어머니 마리아
와 또 예수의 이모인 살로메가 가서 예수의 시체에 바르기 위해 향품을
사다두었다가 안식일이 지나고(그 주간의) 첫날이 되는 새벽 해가 돋
을 때(요, 아직 어두울 때)에 예수의 무덤으로 가면서 서로 말했다. "누
가 우리를 위해 무덤의 돌문을 굴려주겠는가." 막달라 마리아가(요
20:1) 눈을 들어보니 벌써 돌이 굴려져 있는데 그 돌이 심히 컸다. 이
에 무덤 안으로 들어갔으나 예수의 시체는 보이지 않았다.

마 28:5, 막 16:5-6a, 눅 24:4-5 이때 흰옷을 입은 한 청년(마태복음에는 천사, 누
가복음에는 찬란한 옷을 입은 두 사람)이 오른편에 앉은 것을 보자(눅, 곁
에 섰는지라) 여자들이 두려워 얼굴을 땅에 대었다. 그 청년(눅, 두 사

람)이 여자들에게 말했다. "너희는 무서워하지 말라. 어찌하여 살아 있는 자를 죽은 자 가운데서 찾고 있느냐? 너희가 십자가에 못 박히신 예수의 시체를 찾는 줄을 내가 안다. 눅 24:6b-7 그분이 갈릴리에 계실 때에 너희에게 어떻게 말씀하셨는지를 기억하라. 곧 그가 말씀하기를 '인자가 죄인의 손에 넘겨져 십자가에 못 박히고 3일 만에 다시 살아나야 하리라'고 한 말을 기억하라.

마 28:6-7, 막 16:6b-8, 눅 24:6a 그는 이곳에 있지 않고 그가 말씀하신 대로 살아나셨다. 와서 그를 두웠던 곳을 보라. 이제 빨리 가서 그의 제자들과 베드로에게 '그가 죽은 자 가운데서 살아나셨고, 너희보다 먼저 갈릴리로 가시니 그곳에서 너희가 볼 것이다'라고 알려주어라. 보라, 내가 너희에게 분명히 일러주었다." 눅 24:8 그러자 그들이 예수의 말씀을 기억했다. 막 16:8 그리고 여자들이 몹시 놀라 떨며 무덤에서 도망치듯 나와 무서워하여 누구에게도 아무 말을 하지 못했다.

눅 24:9-12a, 요 20:2-5 무덤에서 돌아온 여인들은 막달라 마리아와 요안나와 야고보의 어머니 마리아와 다른 여인들이었다. 이들은 그 모든 일을 11명의 제자들과 나머지 모든 사람(요 20:2, 시몬 베드로와 예수께서 사랑하던 또 다른 제자)에게 달려가서 말했다. "사람들이 주님을 무덤에서 가져다가 어디 두었는지 우리가 알지 못합니다." 그러나 그들은 그 여인들의 말을 헛소리로 듣고 그들의 말을 믿으려고 하지 않았다. 그러나 베드로와 또 다른 제자는 일어나 둘이 함께 무덤으로 달려갔다. 다른 제자가 베드로보다 더 빨리 달려가서 먼저 무덤에 이르러 허리를 구부려 들여다보고 들어가지는 않았는데 그 안에는 세마포만 보였다.

요 20:6 이어 베드로가 도착하여 무덤에 들어가 보니 세마포가 놓였고, [7] 또 머리를 쌌던 수건은 세마포와 함께 놓이지 않고 다른 곳에 쌌던 대로 놓여 있었다. [8] 그때서야 무덤에 먼저 갔던 다른 제자도 무덤에 들어가 보고 믿었다. [9] 그들은 "그가 죽은 자 가운데서 다시 살아나야 하리라(참조, 시 16:10)"고 한 성경의 말씀을 아직 기억하지 못했다. 눅 24:12b, 요 20:10 이에 두 제자가 그 되어진 일을 놀랍게 여기며 집으로 돌아갔다.

예수의 부활(눅 24:1-12) 바티칸 사도 박물관, 예수의 손에는 승리의 깃발이 들려 있고 로마 군병들은 깊은 잠에 빠져 있다.

승리의 깃발을 든 부활한 예수(마 28:2-4) 바티칸 사도 박물관, 부활한 예수를 보자 무덤을 지키던 자들이 혼비백산하고 있다.

승리의 깃발을 든 부활한 예수(요 20:1-10) 파리, 루브르 박물관

부활한 예수를 첫 번째로 만난 막달라 마리아(요 20:15-18) 파리, 루브르 박물관

† 막달라 마리아에게 나타남 (막 16:9-14, 요 20:11-18, 마 28:8-15)

막 16:9 ● 예수께서는 안식일이 지난 첫날 이른 아침에 살아나신 후 전에
일곱 귀신을 쫓아내준 막달라 마리아에게 가장 먼저 나타난 내력은 이러
하다.

요 20:11 막달라 마리아는 예수의 무덤 밖에 서서 울면서 몸을 구부려 무
덤 안을 들여다보았다. 12 그 안에는 흰옷을 입은 두 천사가 예수의 시신
을 두웠던 곳에 하나는 머리 쪽에, 다른 하나는 발 쪽에 앉아 있었다. 13 그
때 천사들이 "여자여, 왜 우느냐?"라고 말하자 여자가 대답했다. "사람들
이 내 주님을 무덤에서 옮겨다가 어디에 두었는지 내가 알지 못합니다."
14 그녀가 이 말을 하고 뒤돌아 예수께서 서 계신 것을 보았으나 예수인 줄
을 알지 못했다. 15 이에 예수께서 말씀하셨다. "여자여, 왜 울며 누구를 찾
느냐?" 마리아는 그가 동산을 지키는 사람인 줄 알고 말했다. "만일 예수
의 시신을 당신이 옮겼다면 어디에 두었는지 내게 알려주세요. 그러면 내
가 그 시신을 가져가겠습니다." 16 예수께서 다시 "마리아야"라고 부르시
자 마리아가 돌이켜 예수인 줄 알아보고 히브리 말로 '선생님'이란 뜻의 "랍
오니(랍비)여"라고 대답했다. 그러자 17 예수께서 말씀하셨다. "나를 붙잡
지 말라. 내가 아직 아버지께로 올라가지 않았다. 너는 내 형제들에게 가
서 내가 내 아버지, 곧 너희 아버지, 내 하나님, 곧 너희 하나님께로 올라간
다고 알려주어라."

마 28:8 그 여자들은 무섭고도 큰 기쁨 가운데 서둘러 무덤을 떠나 제자
들에게 알리기 위해 달려갔다. 9 가는 도중 예수께서 그들을 만나 '평안하
냐?' 말씀하시자 여자들이 나아가 그 발을 붙잡고 경배했다. 10 이에 예수
께서 말씀하셨다. "무서워 말라. 너는 가서 내 형제들에게 갈릴리로 가라
고 하라. 그리고 그곳에서 나를 볼 것이다"라고 알려주어라.

마 28:11 여자들이 제자들에게 가는 사이에 예수의 무덤을 지키던 경비병
중 몇 명은 예루살렘 성에 들어가 그동안 예수께서 살아난 일에 대해 대제사
장들에게 알렸다. 12 이에 그들이 장로들과 함께 모여 의논한 다음 경비병(군
인)들에게 많은 돈을 주며 13 말했다. "너희는 말하기를 예수의 제자들이 밤
에 와서 우리가 잘 때에 그의 시신을 도둑질해갔다고 하라. 14 만일 이 말이

총독에게 알려지면 우리가 총독에게 잘 부탁해서 너희가 거짓말을 한 것 때문에 근심하지 않도록 해주겠다." 15 군인들이 돈을 받고 그들이 가르쳐준 대로 했으나 그 거짓말이 오늘까지 유대인 가운데 널리 퍼졌다.

막 16:10, 요 20:18 한편, 막달라 마리아는 예수와 함께 했던 제자(막, 사람)들에게 가서 슬퍼하며 울고 있는 그들에게 자신이 부활한 예수를 만난 사실과 예수께서 일러준 말씀을 알렸다. 막 16:11 그러나 그들은 예수께서 살아나신 것과 막달라 마리아에게 나타났다는 것을 믿지 못했다.

† 엠마오로 가는 두 제자에게 나타나심 (막 16:12-13, 눅 24:13-35)

막 16:12 ● 예수께서는 막달라 마리아에게 나타난 후에 다른 모습으로 두 명의 제자에게 나타나셨다.

눅 24:13 그날에 제자들 중 두 사람이 예루살렘에서 10㎞ 정도(25리) 되는 엠마오 마을로 걸어서 갈 때에 14 예수에 대해 이제까지 일어난 모든 일들을 서로 이야기했다. 15 그들이 서로 이야기하며 갈 때에 예수께서 그들에게 나타나 그들과 동행했다. 16 그러나 그들의 눈이 가리워져서 예수인 줄을 알아보지 못했다. 17 이에 예수께서 말씀하셨다. "너희가 길을 가면서 어떤 말을 서로 주고 받았느냐?" 이에 두 사람이 슬픈 빛을 띠고 머물러 섰다.

예수와 엠마오로 가는 두 제자(눅 24:18) 네덜란드 암스테르담

엠마오 추정지인 임와스(눅 24:13, 35)

[눅 24:18] 그리고 두 명 중 한 사람인 글로바라 하는 사람이 대답했다. "당신
은 예루살렘에 머물면서도 최근에 그곳에서 일어난 일을 혼자만 알지 못
하느냐?" [19] 그가 말하되 "무슨 일이냐?" 대답하되 "나사렛 예수에 관한 일
이다. 그는 하나님과 모든 백성 앞에서 말과 일에 능력이 많은 선지자였는
데 [20] 대제사장들과 관리들이 그를 사형 판결에 넘겨주어 십자가에 못 박
았다. [21] 우리는 이 사람이 이스라엘을 구원할 자라고 소망했지만 그분이
죽은 지 3일이나 지났다. [22] 그런데 우리 중에 어떤 여자들이 우리로 놀라
게 했다. 그것은 그들이 새벽에 그의 무덤에 갔다가 [23] 그의 시체는 보지
못하고 와서는 그분이 살아나셨다고 말하는 천사들을 보았다고 말했기
때문이다. [24] 또 우리와 함께 한 사람 중에 베드로와 또 다른 제자 두어 사람
이 무덤에 가서 그 여자들이 말한 것이 맞는 것인지를 확인해보았지만 그
들 역시 예수는 보지 못했다고 했다."

[눅 24:25] 이에 동행하던 예수(사람)께서 말하기를 "너희는 어리석고 선지
자들이 말한 모든 것을 마음에 더디 믿는다. [26] 그리스도가 이런 고난을 받
고 자기의 영광에 들어가야 할 것이 아니냐" 하시고 [27] 모세와 모든 선지자
의 글로 시작하여 자기에 관해 기록된 모든 성경의 말씀을 자세히 설명해
주었다. [28] 두 제자는 자기들이 가려고 했던 엠마오 마을 가까이 오자 예수
께서는 그곳보다 더 멀리 가려고 하는 것같이 하셨다. [29] 그러자 그들은 날
이 저물고 해도 이미 기울었으니 우리와 함께 머물자고 간곡히 권했다. 이
에 예수께서는 그들과 함께 머물기 위해 엠마오 마을로 들어가셨다.

[눅 24:30] 예수께서 그들과 함께 기대어 누워서 음식을 잡수실 때에 빵(떡)을
가지고 축복한 후 그들에게 떼어주셨다.[31] 이에 그들의 눈이 밝아져 함께
한 사람이 예수인 줄 알아보았으나 예수는 이미 그들에게 보이지 않았다.
[32] 이에 그들이 서로 말했다. "길에서 우리에게 말씀하시고 성경을 풀어주
실 때에 우리의 마음이 뜨겁지(불타지) 않았는가?"

[막 16:13a, 눅 24:33] 이 일로 두 사람이 일어나 예루살렘에 돌아가 보니 그때 일
로 열한 제자와 그들과 함께한 자들이 모여 있었다.

[눅 24:34] 그들은 서로 말하기를 "주님께서 과연 살아나시고 시몬(베드로)에
게 보이셨다"라고 했다. [35a] 이에 엠마오에서 온 두 사람도 길에서 부활한

성경 지리 **엠마오는 어디인가 (눅 24:13)?**

엠마오의 정확한 위치에 대해서는 예루살렘에서 12㎞(60스타디아, NIV에는 7마일, 개역 개정판에는 25리) 떨어진 곳이라는 눅 24:13의 기록밖에 없어 이에 대한 주장도 여러 가지가 있다.

첫째, 칼로니에(Qaloniyeh) 혹은 고대의 콜로니아(Colonia)이다. 이곳은 아부고쉬와 같은 오늘날 남쪽의 같은 도로 상에 있는 예루살렘 서쪽의 35스타디아(stadia) 혹은 4마일(6.4㎞) 지점에 있는 곳으로 수 18:26에 나오는 모짜(Motza)와 동일시되는 곳이다.

둘째, 예루살렘을 기점으로 북서쪽 15㎞ 지점의 쿠베이바(Qubeiba)를 엠마오라고 주장한다. 이곳이 신약의 엠마오로 주장된 것은 오래된 전승에 의한 것이다.

셋째, 오늘날 아부고쉬(Abu Ghosh)를 엠마오로 주장한다. 예루살렘에서는 서쪽으로 14.4㎞ 정도 떨어진 쿠베이바(Qubeiba) 남쪽에 있는데 구약 성경의 기랴 여아림(Kiriath-jearim)으로도 여겨지는 곳이다.

넷째, 예루살렘으로부터 32㎞ 정도 떨어진 임와스(Imwas)와 그 옆의 라트룬을 엠마오로 주장한다. 이곳은 곧 오늘날 키르벳 임와스(Kh. Imwas)로 십자군 전사들과 유세비우스(Eusebius)도 이곳을 엠마오로 인정했다.

이상의 엠마오로 추정되는 네 곳 중에 교회사적으로 추정하는 성경의 엠마오는 임와스 엠마오이다. 그러나 식사 후 두 제자가 다시 예루살렘으로 돌아가기에는(눅 24:33) 성경이 명시하는 거리보다 너무 멀다는 데 문제가 있다. 따라서 현대 성경 학자들의 일치된 견해는 아직까지 없다. 임와스 엠마오는 라트룬 마을로 들어서는 언덕에 있다. 울창한 소나무 숲길을 돌아서면 막다른 곳에 나직한 언덕이 있는 곳이다. 건너편에는 라트룬 수도원이 있는데, 이 수도원은 현재 프랑스 문화원으로 이용되고 있다.

예수를 만난 사실과 예수께서 빵을 떼심으로 막 16:13b, 눅 24:35b 자기들에게 알려진 것을 말했다. 막 16:13c 그러나 예루살렘에 남아 있던 그들 역시 믿지 못했다.

엠마오에서의 식사(눅 24:30) 이요한 작

† 열한 제자에게 나타나심 (막 16:14, 요 20:19-23, 눅 24:36-44)

막 16:14 ● 그 후에 예루살렘에서 열한 명의 제자가 음식 먹을 때에 예수께서 그들에게 나타나 부활한 자신을 믿지 못한 것과 완악한 마음을 책망하셨다. 이는 자기가 살아난 것을 본 자들의 말을 믿지 않았기 때문이었다.

요 20:19a 안식일이 지난 후 첫날 저녁 때에 제자들은 유대인들을 두려워하여 모인 곳의 문들을 닫았다. 눅 24:36, 요 20:19b 이때 예수께서 찾아와 친히 그들 가운데 서서 말씀하셨다. "너희에게 평안이 있으라."

눅 24:37 이 말을 할 때에 그들이 놀라 무서워하여 자기들이 실상이 아니라
유령(영)을 보는 줄로 생각했다. 38 그러자 예수께서 다시 말씀하셨다. "왜
두려워하며 마음에 의심이 생기느냐? 39 내 손과 발을 보고 나인 줄 알라.
또 나를 만져보라. 유령(영)은 살과 뼈가 없지만 너희가 보는 것처럼 나는
있다." 40 이 말씀을 하신 후 손과 발을 보이셨다. 41 이에 그들이 크게 기뻐
했지만 그때까지도 믿지 못하고 놀랍게 여길 때에 예수께서 말씀하시기
를 "여기에 무슨 먹을 것이 있느냐?" 하자 42 구운 생선 한 토막을 드렸다.
43 예수께서 그것을 받으사 육신으로 부활했음을 보여주기 위해 그들 앞에서
잡수셨다. 44 그리고 계속해서 말씀하셨다. "내가 너희와 함께 있을 때에
'모세의 율법과 선지자의 글과 시편에 나를 가리켜 기록된 모든 것이 이루어져야 할 것이다'(참조, 눅 18:31-33)라고 한 말이 이것이다."

요 20:20 이 말씀을 하신 후 손과 옆구리를 보이자 제자들이 주님을 보고
기뻐했다. 21 그러자 예수께서 또 말씀하셨다. "너희에게 평안이 있으라.
아버지께서 나를 보낸 것같이 나도 너희를 세상으로 보낸다." 22 그리고 계
속해서 그들을 향해 숨을 내쉬며 "성령을 받으라. 23 너희가 누구의 죄든지 용서하면 용서받을 것이지만, 누구의 죄든지 그대로 두면 그대로 있을 것이다"라고 말씀하셨다.

의심하는 도마(요 20:25-29) 카라바지오 작
도마는 창 자국 난 예수의 옆구리를 직접 손으로 확인하지 않고는 믿지 못하겠다고 했다. 그런 도마에게 예수께서는 그에게 나타나 의심하는 도마의 손을 잡아 자신의 창 자국 난 옆구리에 갖다 대고 있다. 도마 자신은 물론이고 그 옆의 두 제자들도 예수의 창 자국 난 옆구리를 주시하고 있다.
이때 예수께서는 "너는 나를 보았기 때문에 믿느냐? 보지 않고 믿는 자들은 더 복이 있다"고 말씀하셨다. 그러나 훗날 도마는 인도에까지 가서 복음을 전하다가 순교했다고 전해진다.

† 도마의 의심 (요 20:24-29)

요 20:24 ● 열두 명의 제자 중의 한 명인 '디두모'라고 불리는 도마는 부활
한 예수께서 제자들에게 찾아왔을 때에 그 자리에 함께 있지 않았다. 25 다
른 제자들이 그에게 "우리가 주님을 보았다"라고 말하자 도마가 말했다.
"나는 주님의 손에 있는 못 자국을 보고 내 손가락을 그 못 자국과 그의 옆구리에 넣어보지 않고는 믿지 못하겠다."

요 20:26 그로부터 8일이 지난 후 제자들이 다시 집 안에 모여 있을 때에 도
마도 함께 있었고 문은 닫혀 있었다. 그때 예수께서 다시 찾아와 그들 가
운데 서서 말씀하시되 "너희에게 평안이 있으라" 하셨다. 27 그리고 도마에
게 말씀하셨다. "내 손을 보고 네 손을 내밀어 내 옆구리에 넣어보라. 그리
하여 믿는 자가 되라." 28 도마가 대답했다. "나의 주님이시며, 나의 하나님
이십니다." 29 이에 예수께서 말씀하셨다. "너는 나를 보았기 때문에 믿느
냐? 보지 않고 믿는 자들은 더 복이 있다."

† 일곱 제자에게 나타나심 (요 21:1-14)

요 21:1 ● 이 일이 일어난 후에 예수께서 갈릴리 바닷가(디베랴 호숫가)에
서 다시 제자들에게 부활한 자기의 모습을 나타내신 일은 이러했다. 2 시몬
베드로와 '디두모'라고 하는 도마와 갈릴리 가나 출신(사람) 나다나엘과
세베대의 아들들인 야고보와 요한, 그리고 또 다른 제자 두 명이 함께 있었
다. 3 그때 시몬 베드로가 "나는 고기를 잡으러 간다"라고 하자 함께 있는
자들도 "우리도 함께 가겠다" 말하며 밖으로 나가 배에 올랐다. 그러나 그
날 밤에는 한 마리의 고기도 잡지 못했다.

예수의 창 자국 난 옆구리를 만지는 도마(요 20:25-29) 파리, 노틀담성당 부조

요 21:4 날이 밝아올 때에 예수께서 바닷가에 서 계셨으나 제자들은 그가
예수인 줄 알지 못했다. 5 이에 예수께서 제자들에게 말씀하셨다. "친구(예)
들아, 너희에게 고기가 있느냐?" 그들이 대답하기를 "없습니다" 하였다. 6
이에 예수께서 다시 말씀하셨다. "배 오른편에 그물을 던지라. 그러면 고기
를 잡을 것이다." 이에 그들이 그의 말대로 그물을 던졌더니 많은 물고기
가 잡혀 그물을 들 수 없을 정도가 되었다.

오늘날 갈릴리 바다에서 잡히는 고기(요 21:6) 큰 것은 80㎝가 넘는 것도 있다.

요 21:7 예수께서 사랑하시는 제자 요한이 베드로에게 "저분은 주님이시

다"라고 외치자 시몬 베드로가 주님이라 하는 말을 듣고는 벗고 있던 겉옷을 **허리에** 두르고 바다로 뛰어내렸다. [8] 다른 제자들은 육지에서 200규빗(50칸, 90미터)쯤 떨어져 있으므로 작은 배를 타고 물고기가 든 그물을 끌고 와서 [9] 육지에 올라와보니 숯불이 있는데 그 위에 생선이 놓였고 빵(떡)도 있었다. [10] 예수께서 말씀하시기를 "지금 잡은 생선을 조금 가져오라" 하니 [11] 시몬 베드로가 올라가서 그물을 육지에 끌어올리자 그물에 가득 찬 큰 물고기가 153마리나 되었다. 이같이 많았지만 그물이 찢어지지 않았다. [12] 예수께서 말씀하시기를 "와서 아침을 먹으라"고 하시나 제자들이 주님이신 줄 알기 때문에 감히 당신이 누구냐고 묻는 자가 없었다. [13] 예수께서 빵과 생선을 가져다가 제자들에게 주셨다. [14] 이것은 예수께서 죽은 자 가운데서 부활한 후에 세 번째로 제자들에게 나타난 것이다.

† 베드로에게 내 양을 먹이라 하심 (요 21:15-19)

요 21:15 ●그들이 아침을 먹은 후에 예수께서 시몬 베드로에게 물으셨다. "요한의 아들 시몬아, 네가 이 사람(이것)들보다 나를 더 사랑하느냐?" 이에 베드로가 "주님, 그렇습니다. 내가 주님을 사랑하는 것을 주님께서는 알고 계십니다." 이에 주님은 "내 어린 양을 먹이라"고 말씀하셨다. [16] 다시 두 번째로 "요한의 아들 시몬아, 네가 나를 사랑하느냐?"라고 물으셨다. 베드로가 다시 "주님, 그렇습니다. 내가 주님을 사랑하는 것을 주님께서는 알고 계십니다"라고 대답했다. 이에 예수께서 "내 양을 치라"고 말씀하셨다. [17] 예수께서 세 번째로 다시 물으셨다. "요한의 아들 시몬아, 네가 나를 사랑하느냐?" 주님이 세 번이나 네가 나를 사랑하느냐 하는 말에 베드로가 근심하여 말했다. "모든 것을 주님이 아십니다. 내가 주님을 사랑하는 것을 주님께서는 아십니다." 예수께서 말씀하셨다. "내 양을 먹이라." [18] 내가 참으로 너에게 말한다. "네가 젊어서는 스스로 띠를 띠고 가고자 하는 곳으로 다녔지만 늙어서는 네 팔을 벌릴 것이니(십자가의 형벌이 있을 것이니) 다른 사람이 너에게 띠를 띠우고(형틀에 묶을 것이고) 네가 원하지 않는 곳으로 데려갈 것이다."

요 21:19 이 말씀을 하신 것은 베드로가 어떤 죽음으로 하나님께 영광을

성경지리 **디베랴의 로마 때 유적** (요 21:1)

디베랴(Tiberias)는 갈릴리 바다 남서안에 있는 해저 212m의 낮은 지점에 있는 도시로 BC 18-20년경 사이에 헤롯의 아들 헤롯 안티파스(안디바)가 건설했다. 당시 로마 황제인 티베리우스(Tiberius)에게 경의를 표하기 위해 티베랴라는 이름을 붙임으로 호수도 티베랴 호수라고 불리게 되었다. 이곳도 예수의 사역 활동지임은 틀림이 없으나 성경에는 방문 기록이 없다.

예수께서 제자들을 위해 조반을 준비하시려고 마련한 숯불이 있던 장소(요 21:9) 갈릴리 베드로 수위권 교회

예수께서 베드로에게 "나를 사랑하느냐?"라고 질문하는 모습의 동상(요 21:15-17) 갈릴리, 베드로수위권교회 밖. 예수의 눈빛은 갈릴리 바다를 향해 있고, 베드로는 손을 들어 주님을 향하고 있다.

오늘날 갈릴리 바다의 어부(요 21:3-14)

돌릴 것인지를 가리킨 것이다. 이 말씀을 하시고 베드로에게 말씀하셨다. "너는 나를 따르라."

† 베드로의 질문 (요 21:20-25, 20:30-31)

요 21:20 ● 베드로가 뒤를 돌아보니 예수께서 사랑하는 제자 요한이 따라
오는 것을 보았다. 그는 마지막 식사 자리(만찬석)에서 예수의 품에 기대
어 "주님을 파는 자가 누구입니까?"라고 묻던 자였다. 21 이에 베드로가 그
를 보고 예수께 물었다. "주님, 이 요한(사람)은 장차 어떻게 되겠습니까?" 22
예수께서 말씀하셨다. "설사 내가 다시 올 때까지 그를 살아 있도록 해도
그것이 너에게 무슨 상관이 있느냐? 다만 너는 나를 따르라."

요 21:23 이 말씀 때문에 그 요한(제자)이 죽지 않을 것이라는 소문이 믿는 형제들 사이에 퍼졌다. 그러나 예수의 말씀은 그가 죽지 않겠다는 말이 아니라 단지 내가 다시 올 때까지 그를 죽지 않게 하고자 할지라도 너에게 무슨 상관이냐고 하신 것이었다.

요 21:24 이 일들을 증언하고 기록한 제자가 요한(이 사람)이다. 우리는 그
의 증언이 진실된 것인 줄 안다. 요 21:25a 예수께서 행하신 일은 지금까지 기
록한 것 외에도 많다(요 20:30 예수께서 제자들 앞에서 행하신 표적은 이 책에 기
록되지 않은 것도 많다). 요 21:25b 만일 그것을 모두 기록한다면 이 세상이라도
기록된 책을 두기에 모자랄 것이다. 요 20:31 다만 이것을 기록하는 것은 너

베드로 수위권 교회(요 21:15-17) 예수께서 베드로에게 "나를 사랑하느냐?"라고 질문한 곳에 세워진 교회이다.

희로 하여금 예수께서 하나님의 아들 그리스도임을 믿게 하기 위해서이다. 더 나아가 믿고 그 이름을 힘입어 영원한 생명을 얻게 하기 위함이다.

† 제자들에게 준 사명 (마 28:16-20, 막 16:15-18, 눅 24:45-49)

마 28:16 ● 11명의 제자가 예수께서 지시하신 갈릴리의 한 산으로 가서 17
예수를 보고 경배했으나 그래도 의심하는 사람들이 있었다. 18 예수께서
와서 말씀하셨다. "하나님은 하늘과 땅의 모든 권세를 나에게 주었다. 19 그
러므로 제자 된 너희는 가서 모든 민족(온 창조 세계, 족속)으로 제자를 삼고
아버지와 아들과 성령의 이름으로 세례(침례)를 주라. 20 그리고 그들로 하
여금 내가 너희에게 분부한 모든 것을 가르쳐 지키도록 하라. 보라, 내가
세상 마지막 날까지 너희와 항상 함께 있을 것이다."

막 16:15 예수께서 또 말씀하셨다. "너희는 온 세상을 다니며 모든 사람에게
복음을 전하라. 16 믿고 세례(침례)를 받는 사람은 구원을 얻을 것이지만
믿지 않는 사람은 죄의 심판을 받을 것이다. 17 믿는 자들에게는 내 이름으
로 귀신을 쫓아내며, 새로운 방언을 할 것이며, 18 뱀을 잡아올리며, 어떤
독을 마셔도 해를 받지 않고, 병든 사람에게 손을 얹으면 낫는 증거(표적)
등이 나타날 것이다."

눅 24:45 이에 예수께서 그들의 마음을 열어 성경 말씀을 깨닫게 하시고 46
다시 말씀하셨다. "이같이 그리스도가 고난을 받고 3일 만에 죽은 자 가운

요단 강에서 세례받는 순례객들(마 28:19)

데서 다시 살아날 것과 47 또한 그의 이름으로 죄에 대해 용서함을 받게 하
는 회개가 예루살렘에서 시작하여 모든 민족에게 전파될 것이 기록되었
으니 48 너희는 이 모든 일의 증인이다. 49 보라, 내가 내 아버지께서 약속한
성령(것)을 너희에게 보낼 것이다. 그러므로 너희는 위로부터 능력이 임
할 때까지 예루살렘 성에 머물러 있으라."

† 예수께서 승천하심 (행 1:6-12, 눅 24:50-53, 막 16:19-20)

행 1:6 ●사도들이 모였을 때에 부활한 예수께 물었다. "주님께서 이스라엘
나라를 회복하시는 때가 지금입니까?" 7 예수께서 말씀하셨다. "때와 시기
는 오직 아버지께서 자기의 권한 아래에 두셨다. 그러므로 너희가 알려고
할 일이 아니다. 8 다만 성령이 너희에게 임하게 되면 너희가 능력(권능)을
받고 예루살렘과 유대 모든 지역과 사마리아와 땅끝까지 다니며 나의 증
인이 될 것이다."

막 16:19a, 눅 24:50-51, 행 1:9 예수께서 그들을 데리고 올리브(감람) 산 동쪽 기슭에
있는 베다니 앞까지 나가사 손을 들어 그들에게 축복하셨다. 예수께서 말씀
을 마치신 후 축복하실 때에 예수께서는 그들이 보는 데서 하늘로 올라가
시니 구름이 그를 가리워 보이지 않게 했다.

행 1:10 예수께서 하늘로 올라갈 때에 제자들이 주목하여 하늘을 쳐다보
자 흰옷 입은 두 사람이 그들 곁에 서서 11 말했다. "갈릴리 사람들아, 왜 서
서 하늘을 쳐다보느냐? 너희 가운데서 하늘로 올라가신 예수는 하늘로 올
라가는 것을 본 그대로 다시 오실 것이다."

막 16:19b 그리고 예수께서는 하나님 오른편에 앉으셨다.

눅 24:52-53, 행 1:12 그들이 그에게 경배한 후 큰 기쁨 가운데 감람원이라 하는
산으로부터 예루살렘 성안으로 돌아왔다. 올리브(감람) 산은 예루살렘에
서 가까워 안식일에 가기 알맞은 길이다. 그들이 성전에서 항상 하나님을
찬송했다.

막 16:20 제자들이 사방으로 나가 복음을 전하자 주님께서 역사하므로 많
은 보이는 증거가 나타나 말씀을 담대하게 증거했다.

예수의 승천(눅 24:51) 이요한 작

승천 기념 돔(행1:11) 예루살렘 감람 산
부활하신 예수께서는 40일 만에 감람 산에서 500명이 지켜보는 가운데 성령을 보내시기로 약속하신 후에 승천하셨다. 이를 기념하여 세운 최초의 승천 기념 건물은 380년경 지붕이 없는 8각형이었다. 그후 십자군이 재수축하였고, 1187년에는 이슬람 교도에 의해 지붕에 돔(Dome)이 씌워졌다. 건물 중앙에는 승천 때 밟은 발자국이 남겨졌다고 전해지는 바위가 있다.

† 가룟 유다 대신 맛디아를 사도로 선출함 (행 1:13-26)

행 1:13 ● 제자들이 예루살렘 성으로 들어가 그들이 거주하는 이층방(다락
방)으로 올라가자 그곳에는 베드로, 요한, 야고보, 안드레, 빌립, 도마, 바돌
로매, 마태(레위), 알패오의 아들 야고보, 셀롯(열심당)인 시몬, 야고보의 아
들(형제) 유다가 모두 그곳에 있었다. 그리고 14 여자들과 예수의 어머니 마
리아와 예수의 동생들과 더불어 한마음으로 오직 기도에 힘쓰고 있었다.
15 그곳에 모인 사람들은 120명쯤이나 되었다. 그때에 베드로가 그들 가
운데 일어서서 말했다. 16 "형제들아, 성령이 다윗의 입을 통해 예수를 잡는
자들의 앞잡이가 된 가룟인 유다를 가리켜 미리 말씀하신 성경을 이루게
했으니 당연하다. 17 이 사람은 본래 우리(사도) 모임 가운데 참여하여 그 사
도의 직무(봉사)의 한 부분을 맡았던 자였다. 18 이 사람은 불의의 대가로 받
은 돈으로 밭을 샀으나 결국에 그 밭에서 몸이 거꾸러져 배가 터져 창자가
다 흘러 나왔다. 19 이 일이 예루살렘에 사는 모든 사람에게 퍼져 그들의 말

예수께서 승천하신 감람 산(행 1:9, 12)

로 그 밭을 '아겔다마'라고 했는데 그 말은 '피밭'이라는 뜻이다.

행 1:20 이에 대해 시편에는 이렇게 기록되었다. '그의 처소를 황폐하게 하시며 그곳에 거주하는 자가 없게 하소서.'(시 69:25) 또 이렇게 기록되었다. '그의 직분(감독의 직분)을 다른 사람이 차지하게 하소서'(시 109:8) 21 그러므로 세례자 요한의 세례(침례)로부터 우리 가운데서 하늘로 올라간 날까지 주 예수께서 우리 가운데 다니실 때에 22 항상 우리와 함께 있던 사람 중에 한 명을 선출하여 우리와 함께 예수께서 부활한 것을 증언할 사람이 되게 해야 할 것이다."

행 1:23 이에 모인 무리들이 2명을 추천했는데 그중 한 명은 별명이 '유스도'인 바라바라고도 하는 요셉이요, 다른 한 명은 맛디아였다. 24 그들이 기도하기를 "모든 사람의 마음을 아시는 주님, 이 두 사람 중에 누가 주님께서 선택한 자가 되어 25 봉사와 사도의 직무를 대신할 사람인지를 보여 주옵소서. 가룟인 유다는 이 사도의 직무를 버리고 제 갈 길로 갔습니다"라고 했다. 그리고 26 제비를 뽑아 맛디아를 선출하니 그가 열한 명의 사도와 함께 사도의 반열에 포함되었다.

9 베드로와 사도들의 사역

미문, 예루살렘

성경사

예수 탄생 (눅2:1-7)	바울 출생 (행22:3)	예수 승천 (행1:6-9)	바울 회심 (행9장)	바울 1차 전도 여행 (행13-14장)	바울 2차 전도 여행 (행16장-)	바울 3차 전도 여행 (행18:23-)	바울 로마행 (행27장-)	바울 순교	계시록 기록 (계시록)	사도 요한 죽음
BC4	AD5	29	33	46.3	50.3	53.6	59.8	67.6	81-96	100?

† 성령의 약속과 성령 강림 (행 1:1-5, 2:1-13)

행 1:1 ● 데오빌로 각하여, 내가 먼저 쓴 책(글, 누가복음)에는 예수께서 행
하시며 가르치시기를 시작한 때부터 2 그분이 선택한 사도들에게 성령으
로 명령하시고 하늘로 올라간(승천한) 날까지의 일을 기록했습니다. 3 그
가 고난을 받아 죽으신 후에 그들에게 분명한 많은 증거로 40일 동안 친히
살아 계심을 그들에게 나타내사 하나님 나라의 일을 말씀하셨습니다. 4 어
느 날 예수께서는 사람들이 사도와 함께 모여 있을 때 그들에게 분부하셨
습니다. "예루살렘을 떠나지 말고 내게서 들은 대로 아버지께서 약속하신
것을 기다리라." 또 5 "세례자 요한은 물로 세례(침례)를 주었으나 너희는
몇 칠이 안 되어 성령으로 세례를 받을 것이다"라고 말씀하셨습니다.

행 2:1 오순절 날이 되자 제자들이 모두 한곳에 모였다. 2 그때 갑자기 하늘
에서부터 세찬 바람 같은 소리가 그들이 앉아 있는 집에 가득했다. 이어 3 마
치 혀처럼 모양을 한 불꽃이 갈라지는 것들이 그들에게 보여 각 사람 위에
하나씩 머물렀다. 이에 4 그곳에 있는 사람들이 모두 성령을 충만히 받았고
성령께서 말하게 하는 대로 각기 다른 언어로 말하기를 시작했다.

누가의 복음서 기록(행 1:1) 러시아 상트페테르부르크, 이삭 성당

성령이 임한 마가 다락방 내부(행 2:1) 예루살렘 시온 산

성경 상식 **오순절(the day of Pentecost, 행 2:1)**

'50일째 되는 날'이라는 뜻이다. 유월절 다음 날부터 계수하여 50일째 되는 날을 기념하여 지킨 데서 비롯된다. 칠칠절로도 불리는 이스라엘의 3대 절기 중 하나로(신 16:16) 곡식을 수확할 수 있게 해주신 하나님께 감사하던 절기이다. 신약 시대에는 성령 대강림을 기념하는 날로 정착되었다.

바대인(행 2:9) 이란 고고학 박물관

행 2:5 그때에 예루살렘에는 세계 각국에서 온 경건한 유대인들이 머물고
있었는데 6 큰 소리를 듣고 많은 사람들이 모여들었다. 그리고 예수의 제
자들이 각각 자기 나라의 방언으로 말하는 것을 듣고 놀라 7 신기하게 여
겨 말했다. "이 사람들을 보라, 이 말하는 사람들이 모두 갈릴리 사람들인
데 8 우리 각 사람의 지역에서 사용하는 말(방언)을 듣게 되는 것이 어떻게
된 일이냐?

행 2:9 우리는 바대인과 메대인과 엘람인과 메소보다미아, 유대, 갑바도기
아, 본도, 아시아, 10 브루기아, 밤빌리아, 애굽, 구레네에 가까운 리비야 여
러 지방에 사는 사람들과 로마로부터 온 나그네 된 유대인과 유대교에 들
어온 사람들, 11 지중해 중앙의 섬에 있는 그레데인, 아라비아인들이다. 그런
데 우리 나라의 각 언어로 하나님의 큰 일을 말하는 것을 듣고 있다" 하고
12 모두 놀라 당황하여 서로 말하기를 "이 일이 어찌 된 일이냐?" 했다. 13
또 어떤 사람들은 그들이 새 술에 취했다고 조롱하기도 했다.

† 베드로의 오순절 설교 (행 2:14-47)

행 2:14 ● 베드로가 열한 명의 사도와 함께 일어나 소리를 높여 말했다.
"유대인들과 예루살렘에 거주하는 모든 사람들아, 이번에 일어난 일을 너
희에게 알게 할 것이니 내 말을 잘 듣기 바란다. 15 지금은 오전 9시(제3시)
이니 너희 생각과 같이 이 사람들이 술에 취한 것이 아니다. 16 이는 곧 요
엘 선지자가 예언한 것이 이루어진 것이다. 그 예언의 말씀은 이런 것이
다. 17 하나님이 말씀하시기를 "세상 끝 날에 내가 나의 영을 모든 사람(육
체)에 부어줄 것이니 너희의 자녀들은 예언할 것이요, 젊은이들은 환상을
보고, 노인들은 꿈을 꿀 것이다. 18 또 그날에 내가 내
영을 내 남여종들에게 부어줄 것이니 그들이 예언할
것이다. 19 또 내가 위로 하늘에서는 놀라운 일(기사)
을, 아래로 땅에서는 피와 불과 연기로 징조(기적)를
베풀 것이다. 20 주님의 크고 영화로운 날이 도래하
기 전에 해가 변해 어두워지고 달이 변해 피가 될 것
이다. 그러나 21 누구든지 주님의 이름을 부르는 자는

오순절 날 마가 다락방에 찾아온 사람들(행 2:9-13)

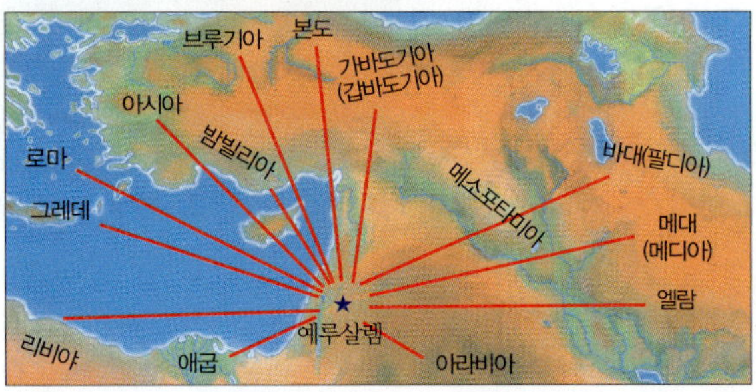

구원을 받을 것이다(욜 2:28-32)"라고 하였다.

행 2:22 이스라엘 백성들은 이 말을 들으라. 너희도 알고 있는 것과 같이 하나님께서는 나사렛 예수로 큰 능력과 놀라운 일과 기적(표적)을 너희 가운데서 베풀므로 너희 앞에서 그에 대해 증언했다. 23 예수께서는 하나님께서 미리 세운 계획과 이전에 알고 있는 대로 내어준 바 되었으니 너희가 법을 무시하는 자들의 손을 빌려 그를 십자가에 못 박아 죽였다. 24 그러나 하나님께서는 그를 죽음의 고통에서 풀어 살리셨다. 왜냐하면 그는 사망에 언제까지나 붙잡혀 있을 수 없었기 때문이다.

행 2:25 다윗이 예수를 가리켜 말하기를 "나는 항상 내 앞에 계신 주님을 뵈었습니다. 그분은 내가 흔들리지 않게 하기 위해 오른편에 계십니다. 26 그래서 나의 마음이 기뻐했으며 내 혀도 즐거워했습니다. 또 나의 육체도 희망 가운데 있으니 27 이는 내 영혼을 무덤(음부)에 버리지 않고 주님의 거룩한 자로 썩어지지 않도록 하시기 때문입니다. 28 주님은 나에게 생명의 길을 보이셨기에 주님 앞에서 나에게 기쁨을 충만하게 채울 것입니다(시 16:8-11)"라고 하였다.

행 2:29 형제 여러분, 나는 조상 다윗에 대해 자신 있게 말할 수 있다. 그는 죽어 장사되어 그 무덤이 오늘까지 남아 있다. 30 그는 예언자(선지자)로 일찍이 하나님이 맹세로 약속한 그 자손 중에서 한 사람을 그 위에 앉게 하리라 하심을 알고 31 그리스도의 부활에 대해 이렇게 말했다. "그가 무덤(음부)에 그대로 버려둠을 당하지 않고, 그의 육신 또한 썩어짐을 당하지 않을 것이다." 32 바로 그 예수를 하나님이 다시 살리셨고 우리가 모두 이 일에(그의) 증인이 되었다. 33 하나님께서는 예수를 높은 곳으로 올리시고 오른편에 앉히셨다. 그는 아버지께 약속하신 성령을 받아 지금 너희가 보고 듣는 성령(이것)을 부어주신 것이다. 34 다윗은 하늘로 올라가 보지 못했으나 스스로 이렇게 말했다. "하나님(주)께서 내 주님(예수)께 말씀하기를 35 '내가 네 원수로 너의 발등상이 되게 하기까지 너는 내 오른편에 앉아 있으라.' 36 그러므로 이스라엘 모든 백성(집)들은 분명히 알아야 한다. 너희가 십자가에 못 박아 죽인 이 예수를 하나님께서는 주(主)와 그리스도가 되게 하셨다."

메데 지방의 감독(행 2:9)
BC 500년, 부조, 이란 페르세폴리스 출토, 테헤란 고고학 박물관

난제 오순절에 예루살렘의 마가 다락방에 찾아온 사람들은 (행 2:9-13)?

오순절 날 예루살렘에 찾아온 세계 각처의 사람들은 어떻게 예루살렘으로 왔을까? 예수께서 중심 사역을 했던 가버나움은 당시 국제 도로인 바닷길에 있었기 때문에 이들은 이곳에서 예수의 말씀을 듣고 그 말씀을 기억하여 오순절 날 찾아온 것이다.

밤빌리아 지역에 속한 시데의 야외 극장에 본 지역(2:10) 터키

지옥(무덤)에서 나온 예수(행 2:24) 성경 삽화, 바티칸 사도 박물관

다윗 왕의 가묘(행 2:29) 예루살렘 시온 산 다윗 왕의 무덤이 세상에 널리 알려지기는 12세기경부터인데(1173년) 예루살렘을 방문한 랍비 벤야민(Benjamin)이 1158년에 시온 산의 성지에 크리스천이 교회를 지을 때 발굴해냈다고 기록으로 알리기 시작한 것이다. 그 뒤 세계 각국에 흩어져 있던 유대인들이 조국 방문의 길에 오르면 반드시 다윗의 무덤을 찾는다. 그러나 실제 무덤이 아닌 가묘이다. 이 다윗 왕의 무덤은 유대인이 관리하고 있는 성역이므로 방문객은 유대교식으로 모자를 쓰고 방에 들어가야 하며, 여자는 어깨가 나오지 않는 옷을 입어야 한다.

하나님 우편에 계신 예수(행 2:33) 13세기, 프랑스 파리, 생트 주느비에브 도서관

미문(행 3:2) 예루살렘 성전 산 황금문 뒤 지하 미문(美門)은 헤롯이 재건한 예루살렘 성전의 이방인의 뜰에서 여인의 뜰로 들어갈 때 통과하던 아름다운 문이다.

행 2:37 그곳에 모인 무리들이 이 말을 듣고 마음에 가책을 받아 베드로와
다른 사도들에게 묻기를 "형제들이여, 그러면 우리가 어떻게 해야 하겠습
니까?" 하자 38 베드로가 말했다. "너희가 회개하고, 예수 그리스도의 이름
으로 세례(침례)를 받고, 죄 용서함을 받으라. 그러면 성령을 선물로 받을
것이다. 39 이 약속은 너희와 너희 자녀뿐만 아니라 먼 곳에 사는 사람에게
까지 한 것이다. 곧 주님 되신 우리 하나님이 부르시는 모든 자들에게 하
신 것이다" 40 또 다른 말로 확신을 갖고 말했다. "너희가 이 악한 세대에서
구원을 받으라." 41 이에 그 말을 받아들인 사람들은 세례를 받았는데 그날
에 3,000명이나 되는 사람들이 세례를 받았다. 42 그들은 사도의 가르침을
받고, 서로 교제하고, 빵(떡)을 떼며, 힘써 기도했다.

행 2:43 사도들로 인해 기사와 기적(표적, 이적)이 많이 나타났고 사람들은
두려워했다. 또한 44 믿는 사람이 함께 모여 모든 물건을 서로 공동으로 사용
했고, 45 재산과 소유를 팔아 각자 사람들이 필요한 대로 나누어주었다. 46 그
리고 매일같이 한마음으로 성전에 힘써 모이고, 집에서는 빵을 떼며, 기쁨과
순수한 마음으로 식사를 했다. 47 이로 하나님을 찬양하고 온 백성에게 칭찬
을 받게 되니 주님께서 구원받는 사람을 날마다 늘어나게 하셨다.

† 베드로와 요한이 앉은뱅이를 고침 (행 3:1-10)

행 3:1 ●어느 날 기도 시간인 오후 3시(제9시)에 베드로와 요한이 성전에
올라가고 있었다. 그때 2 태어나면서부터 걷지 못하는 사람을 사람들이 메
고 왔다. 그것은 성전에 들어가는 사람들에게 구걸하기 위해 날마다 미문
이라는 성전 문에 두기 위함이었다. 3 그가 베드로와 요한이 성전에 들어
가는 것을 보고 구걸하자 4 베드로가 요한과 함께 그를 주목하여 말했다.
"우리를 보라." 5 이에 그가 그 두 사람에게 무엇을 얻을까 기대하며 바라보
았다. 이때 6 베드로가 말했다. "금과 은은 나에게 없지만 나에게 있는 것
을 너에게 준다. 곧, 나사렛 예수 그리스도의 이름으로 일어나 걸어가라."
7 그리고 오른손을 잡아 일으키자 발과 발목에 힘이 생겼고 8 벌떡 일어나
그들과 함께 성전으로 들어가면서 걷기도 하고 뛰기도 하며 하나님을 찬
송했다. 9 주위의 모든 사람들이 그가 걷는 것과 하나님을 찬송하는 것을

미문의 위치(행 3:2) 예수 당시 성전 모형, 이스라엘 고고학박물관

보고 [10] 그가 본래 성전 미문에 앉아 구걸하던 사람인 것을 알고 그가 걷는 것을 인해 크게 놀랐다.

† 솔로몬의 행각에서의 베드로 설교 (행 3:11-26)

행 3:11 ● 고침을 받은 사람이 베드로와 요한을 붙잡고 놓아주지를 않자 모든 사람이 크게 놀라며 달려가 '솔로몬의 행각'이라 부르는 곳으로 몰려들었다. [12] 베드로가 이를 보고 사람들에게 말했다. "이스라엘 사람들아, 이 일을 왜 놀랍게 여기느냐? 우리 개인의 능력과 경건함으로 이 사람을 걷게 한 것처럼 왜 우리를 바라보느냐? [13] 이 일로 아브라함과 이삭과 야곱의 하나님, 곧 우리 조상의 하나님이 그분의 종(소자) 되신 예수를 영화롭게 하셨다. 너희는 그 예수를 십자가에 죽이도록 넘겨주었으나 빌라도 총독이 풀어주기로 한 것을 오히려 너희가 그 앞에서 그를 풀어주는 것을 거부했다. [14] 너희들은 거룩하고 의로운 예수 대신에 오히려 살인자인 바라바도 풀어주기를 구했다. [15] 너희가 생명의 주님을 죽였으나 하나님은 죽은 자 가운데서 그를 살리셨으니 우리가 바로 그 일에(그의) 증인이다. [16] 바로 그 예수의 이름을 믿는 믿음 때문에 너희들이 보고, 알고 있는 이 못 걷는 사람을 온전히 걷게 했다. 예수로 인한 믿음이 너희 모든 사람 앞에서 이와 같이 완전히 고침을 받게 한 것이다.

행 3:17 형제들아, 너희와 너희 관리들은 알지 못해서 그렇게 한 줄을 우리

성경 상식

미문에 대하여(행 3:2, 9)

오늘날 미문(Gate called Beautiful)으로 알려진 황금문은 성벽 한가운데 있는 아치형 쌍문을 돌로 막아놓아 성채 같이 보인다. 그러나 예수 당시의 미문은 이 황금문 안 지하에 있다. 이 황금문이 폐쇄된 후 유대인들은 메시아가 이 문으로 들어오면 맨 먼저 부활할 수 있다고 믿고 있기 때문에 문 주변에 묘를 쓰기 시작하였다. 그래서 오늘날 이 문 주위와 건너편인 감람 산 언덕에는 많은 무덤들이 널려져 있다. 대상 9:8에는 왕의 문으로 나와 있다. 제2성전 시절에는 수산문(Shushan Gate)이라고 불렀는데 제사장들이 감람 산으로 출입하는 데 사용했다. 십자군 시대였던 12세기경에는 봄에 있는 종려주일과 가을에 있는 십자가 날(The Holy Cross Day)에 이 성문이 열렸다. 십자가 날이라고 하는 것은 629년 9월 중순에 비잔틴 시대 왕인 헤라클리우스(Emperor Heraclius)가 예수님이 달려 돌아가신 것으로 믿어지는 십자가를 콘스탄틴노플로 옮긴 날을 말한다.

성경 상식

솔로몬 행각(행 3:11)

솔로몬의 행각은 헤롯이 재건한 예루살렘 성전의 동편에 위치한 회랑(回廊), 즉 큰 기둥들로 받쳐진 현관식 구조물이다. 이곳은 종종 랍비들의 강론 장소 또는 백성들의 회집 장소로 이용되었다.

가 안다. 18 그러나 하나님은 모든 선지자의 입술을 통해 그리스도께서 고난 받을 것을 미리 알게 하신 것을 이같이 이루신 것이다. 19 그러므로 너희가 회개하고 하나님께로 돌아오라. 너희 죄를 씻음 받으라. 그러면 주님께서는 너희에게 새롭게 하는 날을 주실 것이다. 20 또한 주님께서는 너희를 위해 미리 정하신 예수 그리스도를 다시 보내주실 것이다. 21 하나님께서 거룩한 선지자들의 입을 통해 영원 전부터 말씀하신 것처럼 만물을 본래대로 회복하실 때까지는 하늘에서 머물러 있어야 할 것이다.

행 3:22 이에 대해 모세가 이미 말했다. '주 하나님이 너희를 위해 너희 형제 가운데서 나와 같은 선지자 한 명을 세울 것이니 너희는 무엇이든 그가 하는 모든 말을 들으라. 23 아무든지 그 선지자의 말을 듣지 않는 자는 백성 중에서 끊어질 것이다.' 24 또한 사무엘 때부터 그 뒤를 이어 나온 모든 선지자도 이때를 가리켜 말했다. 25 너희는 바로 그 선지자들의 자손이며, 하나님이 너희 조상과 더불어 세운 언약의 자손들이다. 하나님이 아브라함에게 말씀하시기를 '땅 위에 있는 모든 민족(족속)이 네 자손(씨)으로 인해 복을 받을 것이다'(창 12:2)라고 하셨기 때문에 26 하나님이 그 종(소자)을 세워 복 주시기 위해 너희에게 먼저 보내셨고, 너희로 하여금 죄에서 돌이켜 각각 그 악함을 버리게 하신 것이다."

Q&A 새롭게 하는 날이란 (행 3:19)?

한글 개역 성경에는 '유쾌하게 되는 날'로 번역했다. 이는 '숨 돌릴 틈을 얻을 때', 곧 죄와 사망의 문제를 해결받고 심판을 피하여 구원을 얻게 된 자들이 영적으로 완전한 안식과 영영한 기쁨을 얻게 되는 때를 가리킨다. 이때는 예수의 재림으로 이뤄질 메시아 왕국이 완전히 실현되는 때를 뜻한다.

† 공회 앞에 선 베드로와 요한 (행 4:1-22)

행 4:1 ● 베드로와 요한(사도들)이 백성들에게 말할 때에 제사장들과 성전을 경비하던 자(경비대장)와 사두개인들이 몰려왔다. 그들은 2 백성들에게 죽은 자의 부활이 있다고 가르치고 전하는 것을 싫어하여 3 베드로와 요한을 붙잡았다. 그리고 날이 이미 저물었기 때문에 이튿날까지 가둬두었다. 4 그러나 말씀을 듣고 믿는 자가 많아 남자만도 5,000명 정도나 되었다.

행 4:5 이튿날이 되어 유대 통치자(관리)들과 장로들과 율법교사(서기관)들이 예루살렘에 모였다. 6 그곳에는 대제사장이었던 안나스와 대제사장인 가야바, 그리고 요한과 알렉산더와 대제사장의 가문에 속한 사람들이 모두 모였다. 7 그들은 베드로와 요한(사도들)을 가운데 세우고 물었다. "너희가 무슨 권한(권세)과 누구의 이름으로 이런 일을 행했느냐?" 8 이에 베

드로가 성령이 충만하여 대답했다. "백성의 관리들과 장로들은 들으라. 9
만일 병자에게 행한 선한 일에 대해 이 사람이 어떻게 치료(구원)를 받았
느냐고 오늘 우리에게 묻는다면 10 너희와 모든 이스라엘 백성들은 분명
히 알라. 너희가 십자가에 못 박았으나 그를 하나님이 죽은 자 가운데서
살리신 나사렛 예수 그리스도의 이름으로 이 사람이 고침을 받게 된 것을
알게 하기 위해 너희 앞에 선 것이다. 11 그 예수는 너희 건축자들이 버린 돌
로서 집 모퉁이의 머릿돌이 되었다. 12 예수 외에는 구원을 받을 수 없다.
그것은 온 세상 어떤 사람들 중에도 예수 외에 구원을 받을 만한 다른 이름
을 우리에게 주신 일이 없기 때문이다."

행 4:13 그들은 베드로와 요한이 담대하게 말하는 것을 보고 이상하게 여
겼다. 왜냐하면 그들은 본래 학식이 없는 평범한(범인) 사람으로 알고 있
었고, 또 이전에 예수와 함께 있었던 사람으로 알고 있었기 때문이었다. 14
또 그에게 병 고침을 받은 사람이 그들과 함께 서 있는 것을 보고 비난할
말이 없었기 때문이다. 15 이에 그들에게 산헤드린 공의회(공회)에서 잠시
나가 있도록 명령한 후 서로 의논하여 말했다. 16 "이 사람들을 우리가 어
떻게 하면 좋겠는가? 그들로 인해 놀라운(유명한) 기적(표적)이 나타난 것
이 예루살렘에 사는 모든 사람에게 알려졌고 우리도 그 사실을 부인할 수
없다. 17 그러니 같은 사건들이 사람들에게 더 이상 번져나가지 않도록 그
들을 위협하여 이후로는 예수의 이름으로 아무에게도 말하지 못하게 하
자" 하고 18 그들을 다시 불러 경고하며 말했다. "너희는 어떤 말도 예수의
이름으로 말하지도 말고 가르치지도 말라." 19 이에 베드로와 요한이 대답
했다. "하나님 앞에서 너희의 말을 듣는 것이 옳은지, 하나님의 말씀을 듣
는 것이 옳은지 스스로 판단해보라. 20 우리는 보고 들은 것을 말하지 않을
수 없다."

행 4:21 이들의 말을 들은 유대의 통치자들(관리들)은 백성들 때문에 그들
을 처벌할 방법을 찾지 못하고 다시 위협만 하고 놓아주었다. 이는 모든
사람이 그 된 일을 보고 하나님께 영광을 돌리기 때문이었다. 22 이 기적
(표적, 이적)으로 병 고침을 받은 사람의 나이는 40세쯤 되었다.

Q&A 사두개인은 어떤 사람인가 (행 4:1)?

사두개인들은 바리새인과 함께 유대의 대표적인 종파의 사람들로, 종교적이라기보다는 정치적이었다. 그 기원은 솔로몬의 제사장인 사독(삼하 8:17) 이후라고 한다. 이들 구성은 제사장과 관련을 맺고 있는데 귀족적인 성격을 띠고 있다. 바리새파 사람들은 구전 율법(Oral Law)도 중히 여긴 반면, 사두개인들은 부정하였고 오직 기록된 모세 오경에만 경전적 권위를 두었다. 그들은 죽은 자의 부활도 없고 내세의 기쁨이나 슬픔까지도 없다고 주장함으로써 하나님과의 관계성까지도 제거해버렸다(행 23:8). 그리고 천사와 악마의 존재도 부인하였다. 정치적인 면에서는 비정치 단체인 바리새인과는 달리 당시 지배자인 로마 제국과 협력 관계를 맺으며 정치 단체의 성격까지 띠었고 정치적인 권세를 누렸다.

베드로와 요한(행 4:7) 성경 삽화, 바티칸 사도 박물관

성경 인물

헤롯 안디바

(행 4:27)

헤롯 안디바(Herod Antipas)는 헤로디아와 결혼하기 위해 첫 아내인 나바테아인 공주와 이혼했는데 이를 세례자 요한이 비난하자 딸인 살로메는 헤롯 안디바 앞에서 춤을 추다가 세례자 요한의 목을 요구했다. 후에 헤롯 안디바는 로마 황제에 의해 가울에 있는 리온즈로 추방당했고 헤로디아는 그를 쫓아갔다. 헤로디아(마 14:3)는 아리스토블로스와 버니게 사이에 태어난 딸로 헤롯 안디바의 아내가 된 여인이다. 그는 아버지의 이복형제와 처음 결혼하여 살로메라는 딸을 낳았다.

헤롯 가계

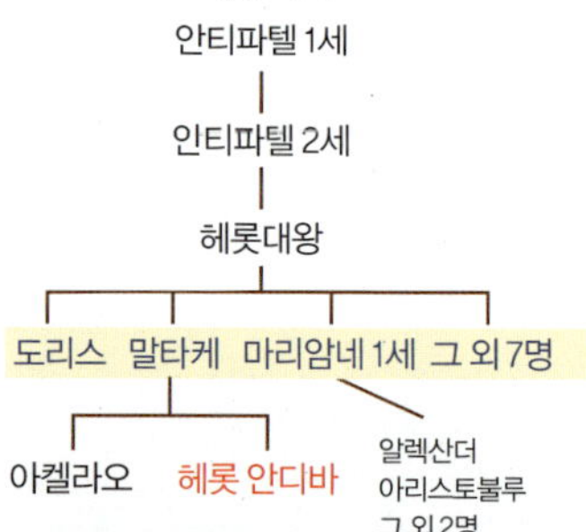

※청색은 헤롯 대왕의 부인들

바나바(행 4:36) 북사이프로스 살라미, 바나바 수도원

† 한마음으로 기도함 (행 4:23-31)

행 4:23 베드로와 요한 두 사도가 산헤드린 공의회에서 풀려나자 자기의 동
료에게 가서 제사장들과 장로들이 한 말을 모두 알렸다. 24 그 말을 들은
동료들은 같은 마음으로 하나님께 큰 소리로 말했다. "하늘과 땅과 바다와
그 가운데 만물을 지은 전능하신 주님, 25 그 주님께서는 그의 종 우리 조
상 다윗의 입술을 통해 성령으로 말씀하셨습니다. '어찌하여 모든 민족(족
속)들이 분노하며 모든 백성들이 헛된 계획을 세우는가? 26 세상의 왕들이
나타나며 통치자(관리)들이 서로 모여 주님과 그의 그리스도를 대적하는
도다'(시 2:1-2)

행 4:27 실제로 헤롯 안디바와 본디오 빌라도 총독은 이방인과 이스라엘 백
성과 합심하여 하나님께서 기름 부으신 거룩한 종(소자)인 예수를 대적하
여 28 이전에 주님께서 그의 능력(권능, 손)과 뜻대로 이루려고 계획한 그
일을 이 사람들이 그 일을 행하기 위해 이 성에 모였습니다. 29 주님, 이제
그들이 위협하는 것을 살피시고, 또 종들로 하여금 담대하게 하나님의 말
씀을 전하게 해주십시오. 30 주님의 손을 펼쳐 병을 낫게 하시고, 기적(표적
과 기사)이 거룩한 종 예수의 이름으로 이루어지게 하십시오." 31 기도하기
를 마치자 모인 곳이 진동하며 모인 무리가 모두 성령이 충만하여 담대히
하나님의 말씀을 전했다.

† 물건 통용과 아나니아와 삽비라의 죽음 (행 4:32-37, 5:1-11)

행 4:32 ●믿는 무리들은 한마음과 한뜻이 되어 모든 물건을 서로 공동으
로 사용하고 자기의 재물을 조금이라도 자기 것으로 생각하는 사람이 한
사람도 없었다. 33 사도들이 큰 권능을 받아 예수의 부활을 증거하자 듣는
무리가 큰 은혜를 받았다. 34 그래서 그들 중에는 가난한 사람이 없으니 이
는 밭과 집이 있는 자는 그것을 팔아 그 판 돈을 35 사도들의 발 앞에 가져
다놓았다. 그리고 사도들은 그것을 각 사람이 필요한 대로 나누어주었다. 36
지중해 동쪽에 위치한 구브로(키프로스) 섬에서 출생한 요셉이라는 레위족
사람이 있었는데 사도들은 그를 '바나바'라고 불렀다. 그 이름의 뜻은 '격
려(위로)의 아들'이다. 37 그는 자기의 밭을 팔아 그 돈을 사도들의 발 앞에

삽비라의 죽음(행 5:7-10) 17세기, 니콜라 푸생 작, 파리, 루브르 박물관

가져다놓았다.
[행 5:1] 아나니아라는 사람도 그 아내 삽비라와 더불어 자신들의 소유를 팔
아 사도들에게 가져다주기로 했다. 그러나 [2] 그 판 값에서 얼마를 감추었는데
그 아내도 그 사실을 알았다. 그리고 나머지를 가져다가 사도들의 발 앞에
가져왔다. [3] 이에 베드로가 말했다. "아나니아야, 어찌 사탄이 너의 마음에
가득하여 네가 성령을 속이고 땅 값 얼마를 감추었느냐? [4] 땅을 바치기로
마음먹기 전에는 네 땅이 아니며, 판 후에도 네 마음대로 할 수가 없느냐?
전부를 바치기로 한 후에 왜 일부는 숨기고 전부를 드리는 것처럼 네 마음에
두었느냐? 이것은 사람에게 거짓말을 한 것이 아니라 하나님께 한 것이
다." [5] 아나니아가 그 말을 듣자 엎드러 넘어져 혼이 나가 죽었다. 이에 이
일을 듣는 사람이 모두 크게 두려워했다. [6] 젊은이들이 일어나 그 시신을
베로 싸서 메고 나가 장사를 지냈다.
[행 5:7] 3시간쯤 지난 후 그의 아내가 남편에게 일어난 일을 모르고 들어오
자 [8] 베드로가 그에게도 말했다. "그 땅을 판 값이 모두 이것뿐이냐?" 그가
대답했다. "그렇습니다. 모두 이것뿐입니다." [9] 베드로가 말하기를 "네가 어
찌하여 남편과 함께 모의하여 주님의 성령(영)을 시험하느냐? 보라, 네 남
편을 장사 지내고 돌아오는 사람들의 발이 문 앞에 이르렀다. 그들이 너도
메어갈 것이다" 하자 [10] 그가 곧 베드로의 발 앞에 엎드러져 혼이 떠나 죽었

병자들을 고치는 베드로(행 5:15-16) 이탈리아 로마, 안젤리 교회

베드로의 병 고친 사건과 기적(사도행전)

병 고침과 기적 내용	장소	관련성경
나면서 앉은뱅이 된 자 고침	성전 미문	행 3:6-8
아나니아와 삽비라가 죽음	예루살렘	행 4:5, 10
많은 병자를 고침	예루살렘	행 5:16
귀신 들린 자를 고침	예루살렘	행 5:16
천사가 감옥에서 이끌어냄	감옥	행 5:17-19
애니아의 중풍병을 고침	룻다	행 9:32-34
도르가(다비다)를 살림	욥바	행 9:40-41
천사가 감옥에서 이끌어냄	감옥	행 12:7-10

다. 젊은이들이 다시 들어와 그가 죽은 것을 보고 메어다가 그의 남편 곁에 장사를 지냈다. 11 이 일을 듣는 사람들과 온 교회가 크게 두려워했다.

† 사도들이 표적과 능욕을 받음 (행 5:12-42)

행 5:12 ●사도들의 손을 통해 백성(민간)들에게 기적(표적)과 놀라운 일(기사)이 많이 일어났다. 그러자 믿는 사람이 모두 마음을 같이하여 솔로몬 행각에 모였다. 13 그리고 그 외 사람들은 감히 믿는 사람들의 모임에는 함께하지 못했으나 그들은 믿는 이들을 칭찬했다. 14 그런 가운데 예수를 믿는 자들이 더욱 많아져 남녀의 큰 무리가 되었다. 15 그러자 베드로가 지나갈 때 병든 사람을 메고 그 거리 앞에 나가 침대와 자리 위에 누이고 혹 그의 그림자라도 덮이기를 바랐다. 16 예루살렘 근처에 있는 많은 사람들도 병든 사람과 더러운 귀신에게 괴롭힘을 받는 사람을 데리고 와서 모두 고침을 받았다.

행 5:17 이로 인해 대제사장과 그들과 함께 있는 사두개파 사람들이 사도들로 인해 시기심이 가득했다. 그래서 18 사도들을 잡아 감옥에 가두었다. 19 그러나 주님의 사자가 밤에 옥문을 열고 그들을 끌어내며 말했다. 20 "이곳에서 나가 성전에 서서 이 생명의 말씀을 온 백성에게 전하라." 21 그들이 주님의 사자의 말을 듣고 새벽에 성전에 들어가 가르치기를 시작했다. 한편, 대제사장과 그들과 함께 있는 사람들이 와서 공의회(공회)와 이스라엘 장로(원로)들을 소집하고 사람을 감옥으로 보내 사도들을 잡아오라고 명령했다. 22 이에 그들의 수하(부하)들이 감옥으로 갔으나 사도들을 보지 못하고 돌아와 [23] 말했다. "우리가 가보니 감옥문은 단단히 잠기고 지키는 사람들이 문에 서 있었으나 문을 열고 보니 그 안에는 아무도 없었습니다."

행 5:24 성전을 지키는 자(경비대장)와 제사장들이 감옥에서 일어난 말을 듣고 놀라고 당황(의혹)하여 이 일이 어떻게 될까 생각했다. 그때 [25] 어떤 사람이 와서 사도들에 대한 소식을 알렸다. "보십시오. 감옥에 가두었던 그 사람들이 성전에서 백성을 가르치고 있습니다." [26] 이에 성전을 지키는 자가 부하들을 데리고 가서 그들을 다시 잡아왔으나 강압적으로는 하지 못했다. 왜냐하면 이 일로 백성들이 자기들을 돌로 칠까 두려워했기 때문이었다.

행 5:27 그들이 사도들을 잡아다가 산헤드린 공의회(공회) 앞에 세우자 대제사장이 [28] 물었다. "우리가 예수의 이름으로 사람을 가르치지 말라고 엄히 금하지 않았느냐? 그런데 너희 가르침을 온 예루살렘에 행하니 예수를 죽인 피의 대가를 우리에게로 돌리려고 한다." [29] 이에 베드로와 사도들이 대답했다. "사람보다 하나님께 순종하는 것이 당연하다. [30] 너희가 십자가(나무)에 매달아 죽인 예수를 우리 조상의 하나님이 살리셨다. 또한 [31] 이스라엘에게 회개하므로 얻는 죄 사함을 주시기 위해 하나님께서 예수를 오른손(오른편)으로 높여 왕과 구세주로 삼으셨다. [32] 우리는 이 일(말씀)에 증인이다. 또한 하나님이 자기에게 순종하는 사람들에게 주신 성령도 그러하다."

행 5:33 그들은 사도들의 말을 듣고 크게 화가 나 그들을 죽이고자 했다. 그때 [34] 바리새인 중 한 사람이요 율법교사(서기관)로 모든 백성에게 존경을 받는 가말리엘이 산헤드린 공의회(공회) 가운데 일어나 사도들을 잠시 밖으로 나가게 한 후 [35] 말했다. "이스라엘 사람들이여, 너희가 이 사람들에게 행하려고 하는 것을 조심하라. [36] 전에 '드다'라는 자가 일어나 스스로 자신을 대단한 자로 나타냄으로 400명 정도나 그를 따랐다. 그러나 그가 죽임을 당하자 그를 따랐던 사람들이 모두 흩어져버렸다. [37] 또 그 후 호적을 할 때에는 갈릴리 출신의 '유다'라는 자가 일어나 백성을 유혹하여 자신을 따르게 했으나 그 사람도 죽자 그를 따르던 모든 사람이 흩어졌

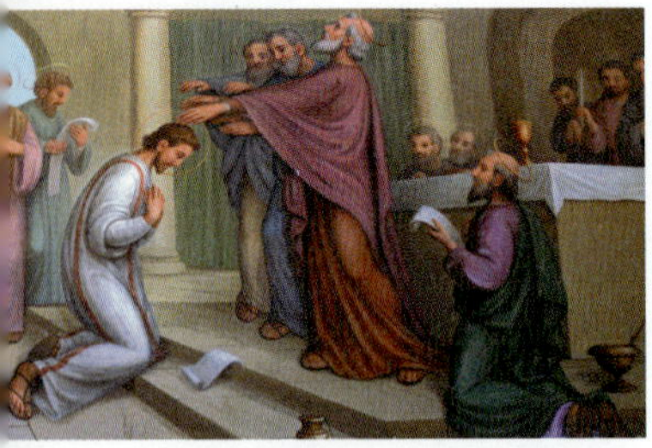

스데반의 집사 안수(행 6:5) 이스라엘 엔간님, 스데반 기념 교회

성경 인물 브로고로와 니가노르(행 6:5)

브로고로(Procorus)는 초대 예루살렘 교회에서 선출한 최초의 일곱 명의 집사 중 한 사람이다. 전승에 의하면 그는 사도 요한이 밧모 섬에 유배되었을 때 눈이 어두운 요한 대신에 요한계시록을 대서한 사람으로 전해진다. 그리고 비잔틴 예술에서는 요한복음을 대신 필기한 자로 나온다.
니가노르(Nicanor) 역시 초대 예루살렘 교회에서 선출한 최초의 일곱 명의 집사 중 한 사람으로 헬라파 유대인 과부들을 구제하는 데 힘썼다.

계시록을 대서하는 브로고로(행 6:5) 그리스 밧모 섬, 요한 계시동굴 입구

다. 38 그러므로 이제 내가 너희에게 말한다. 이 사람들이 하는 일에 상관하지 말고 그냥 내버려두라. 그들의 사상과 행하는 것이 사람으로부터 왔으면 결국 무너질 것이요, 39 만일 하나님께로부터 왔으면 너희가 그들을 무너뜨릴 수 없을 것이며 그렇게 되면 너희가 오히려 하나님을 대적하는 자가 될 것이다." 40 그들이 가말리엘(그)의 말을 옳다고 여겨 사도들을 채찍질하며 예수의 이름으로 말하는 것을 엄히 금하게 하고 풀어주었다. 41 사도들은 예수의 이름 때문에 모욕당하는 것을 오히려 합당히 여겨 기쁨 가운데 산헤드린 공의회(공회)를 떠났다. 42 사도들은 매일같이 성전이나 집이나 어디에 있든지 예수는 그리스도라고 가르쳤고 전도를 계속했다.

† 일곱 명의 일꾼을 선택함 (행 6:1-7)

행 6:1 ●날이 갈수록 믿는 제자가 더 많아졌고 헬라어를 사용하는(헬라파) 유대인들은 자기의 과부들보다 히브리어를 사용하는 본토 유대인 과부에게 더 많은 구제를 하자(매일같이 구제하는 일에 빠지자) 히브리어를 사용하는 본토 유대인들(히브리파 사람)을 원망했다. 2 이에 열두 명의 사도가 모든 제자를 불러놓고 말했다. "우리가 하나님의 말씀을 가르치는 것보다 음식을 나누어주는 일(접대, 공궤)에 더 힘쓰는 것은 옳지 않다.

행 6:3 형제들아, 너희 중에서 성령과 지혜가 충만하여 칭찬받는 사람 일곱 명을 뽑으라. 우리가 구제하는 일은 그들에게 맡기고 4 우리는 오직 기도와 말씀을 가르치는 일(사역)에 힘쓸 것이다." 5 모든 무리가 그 말을 좋게 여겨 믿음과 성령이 충만한 사람 스데반, 빌립, 브로고로, 니가노르, 디몬, 바메나, 유대교에 입교했던 안디옥 출신(사람) 니골라 등 7명을 뽑아 6 사도들 앞에 세웠다. 이에 사도들이 기도하고 그들에게 안수했다. 7 하나님의 말씀이 점점 퍼지고 예루살렘에 있는 제자들이 더욱 많아졌으며 상당수의 제사장의 무리도 그 말씀에 복종했다(믿었다).

† 스데반이 잡힘 (행 6:8-15)

행 6:8 ●7명의 일꾼(집사) 중 한 사람인 스데반이 은혜와 능력(권능)이 충만하여 큰 기적과 이적(기사와 표적)을 사람들에게 행했다. 9 그러나 소위 자

유민의 회당 출신의 사람들로 구성된 아프리카 북부 지역에 위치한 구레네
사람, 애굽의 알렉산드리아 사람, 길리기아와 소아시아 지역에서 온 사람
들 중에서 스데반을 반대하는 사람들이 일어나 스데반과 더불어 논쟁했
다. 하지만 10 지혜와 성령으로 말하는 스데반을 능히 당하지 못했다. 그러
자 11 그들은 사람들을 매수하여 그들로 하여금 "이 사람이 모세와 하나님
을 모독하는 말을 하는 것을 우리가 들었다"라고 말하게 했다. 그뿐 아니
라 12 백성과 장로와 율법교사(서기관)들에게도 그런 식으로 그들을 화나
게 만든 후 스데반을 잡아 산헤드린 공의회(공회)로 끌고 갔다. 13 그리고 거
짓 증인들을 세워 말했다. "이 사람이 이 거룩한 성전과 모세의 율법에 대
해 험담하여 거침없는 말을 하고 있다. 14 또 나사렛 예수가 성전을 헐고
모세가 우리에게 전해준 생활 규례를 고치겠다고 말하는 것을 우리가 들
었다." 15 산헤드린 공의회(공회) 중에 앉아 있는 사람들이 모두 스데반을
주목하여 보자 그의 얼굴은 천사의 얼굴과 같았다.

† 스데반의 설교와 죽음 (행 7:1-60)

행 7:1 ● 이에 대제사장이 스데반에게 물었다. "이들이 말한 것이 사실이
냐?" 2 스데반이 대답했다. "여러분들은 내 말을 들으시오. 우리 조상인 아
브라함이 하란에 거주하기 전 메소포타미아 지역에 살고 있을 때 영광의
하나님이 그에게 나타나사 3 '네 고향과 친척을 떠나 내가 너에게 보여줄
땅으로 가라'(창 12:1)고 하자 4 아브라함이 메소포타미아 남부 지역의 갈대
아 사람이 사람들이 살았던 땅을 떠나 1,135㎞나 떨어진 하란에 도착했다.
상당한 기간이 지난(아마 수년 이상) 후 그의 아버지가 죽자 하나님은 그를 그
곳에서 너희가 지금 살고 있는 이 땅으로 옮기셨다(창 12:5). 5 그러나 이곳
에서도 그에게는 손바닥 만큼의(발 붙일 만한) 땅도 유산으로 주지 않고 다
만 아직 자식도 없는 그와 그의 후손에게 이 땅을 소유로 주신다고 약속하
셨다. 6 하나님이 또 그에게 이렇게 말씀하셨다. '네 후손이 다른 땅에서 나
그네가 될 것인데 그 땅 사람들이 종으로 삼아 400년 동안을 괴롭게 할
것이다.' 7 또 말씀하시기를 '네 후손을 종으로 삼는 나라를 내가 심판할 것
인데 그 후에야 그들이 그곳에서 나와 이곳 가나안 땅에서 나를 섬길 것이

성경 지리 **알렉산드리아(Alexandria, 행 6:9)**

알렉산드리아는 카이로 북쪽 220㎞ 떨어져 있는 항구 도시이다. 이집트인들은 이곳을 아랍어로 '이스칸다리아'(Iskandaria)라고 부른다. 바울의 친구 아볼로도 알렉산드리아 출신이요(행18:24), 또 바울이 로마로 호송되기 위해 루기아 무라 성에서 출발할 때(행 27:6) 알렉산드리아 배를 타고 갔다(행 28:11). 알렉산드리아는 알렉산더 대왕의 등장과 함께 이곳의 역사가 시작되었다. 그가 BC 332년에 애굽을 정복하고 거대한 항구 도시를 건설한 후 자기 이름을 따서 알렉산드리아라고 명명하였다.

알렉산드리아의 오늘날 거리(행 6:9) 이집트

아브라함의 집터가 있는 갈대아의 우르 지역(행 7:4) 이라크

아브라함이 잠시 머문 하란(행 7:4) 터키

난제 야곱은 어디에 장사되었는가(창 23:13-18, 행 7:16)?

야곱의 장지에 대해서는 창 49:29-33에서는 아브라함이 은 400을 주고 헤브론에 있는 에브론 소유의 막벨라 굴이었다. 그런데 행 7:15-16에서 스데반 집사는 아브라함이 세겜에 있는 하몰의 자손에게서 은을 주고 산 곳에 장사되었다고 다르게 기록하고 있다. 그러나 하몰의 자손에게서 은 100을 주고 밭을 산 사람은 아브라함이 아니라 야곱이었다(창 33:19). 이에 대한 엇갈린 주장에 대해서는 스데반의 기억이 잘못되었다는 것(Calvin)과, 이스라엘의 모든 족장들이 사마리아 지역의 세겜에 묻혔다는 사마리아 전설에 따른 것(Jerome)이라는 두 가지 견해가 있다. 그러나 어떤 경우든 확실한 것은 없다. 그러나 대체로 헤브론의 막벨라굴로 보는 것이 좀 더 타당하다(창 50:12-13). 다만 후에 요셉의 뼈를 세겜에 장사한 것은 여호수아가 자신의 거주지가 세겜 근교이기 때문이라고 생각된다(수 24:32).

아브라함, 이삭, 야곱 등 족장들이 장사된 헤브론의 막벨라 굴 위에 세워진 오늘날 아브라함 대사원

스데반의 설교에 나타난 인물들(행 7장)

다'(창 15:13-14)라고 하셨다.

행 7:8 하나님은 아브라함에게 할례의 계약(언약)을 주셨는데(창 17:1-4)
그가 계약(언약)한 대로 이삭을 낳아 8일 만에 할례를 행했으며(창 21:4),
이삭은 야곱을 낳았고(창 25:24-26), 야곱은 우리 열두 명의 조상을 낳았
다(창 30:1-24). 9 이때 여러 형제들(조상)이 요셉을 시기하여 그를 애굽에
팔았으나 하나님은 10 요셉을 모든 환난에서 건져내셨다. 뿐만 아니라 애
굽 왕인 바로 앞에서 은총과 지혜를 주셨고 바로는 요셉을 애굽과 자기 온
집의 통치자로 세웠다(창 37, 39-41장). 11 그때에 애굽은 물론 가나안 전
지역까지 흉년이 들어 큰 기근(환난)이 있었으며 우리 조상들은 양식이 다
떨어졌다. 12 그래서 애굽에 곡식 있다는 말을 들은 야곱은 먼저 우리 조상
된 자기 아들들을 보내고, 13 두 번째 보냈을 때에는 요셉이 자기 형제들에
게 친동생임을 알렸으며, 또 그 친족들은 바로에게 알려지게 되었다. 14 이
에 요셉이 사람을 가나안으로 보내 아버지 야곱과 그 온 친족 등 75명을 애
굽으로 오도록 청했다. 15 이에 야곱(이스라엘)은 애굽으로 내려가 살다가 자
신과 우리 조상들이 그곳에서 죽어 16 가나안 땅 세겜으로 옮겨져(실제로는
헤브론 막벨라 굴에) 아브라함이 세겜 하몰의 자손(실제로는 헷 족속 에브론,

창 23:13-18)에게서 은을 주고 산 무덤에 장사되었다(창 42-50장).

행 7:17 이후 하나님이 아브라함에게 약속하신 때가 가까이 왔고 이스라엘 백성은 애굽에서 크게 번성하여 그 수가 많아졌다. 18 그때 요셉이 어떤 사람인지 알지 못하는 왕(투트모세 1세, BC 1539-1514년)이 일어나(출 1:7-8) 애굽의 새로운 왕조(애굽 18왕조)를 열었다. 19 그 왕은 간사한 술수(교활한 방법)로 우리 조상들을 고통스럽게 하여 갓난아이들을 나일 강에 내버리도록 하여 죽이고 있을 때 20 모세가 출생했다. 그는 하나님이 보시기에 아름다웠으며, 그의 아버지의 집에서 3개월 동안 숨겨져 자랐으나 21 그도 나일 강에 버려졌다. 그러나 투트모세 1세의 딸인 핫셉슈트로 여겨지는 바로의 딸이 그를 데려다가 자기의 양아들로 길렀고(출 1:9-2:10), 22 모세는 바로의 궁에서 애굽 사람의 모든 학문(지혜)을 배워 그가 하는 말과 일들이 능통했다.

행 7:23 모세의 나이 40세가 되었을 때 그는 자기의 동족인 이스라엘 자손을 돌아볼 생각이 나던 중 24 동족 한 사람이 애굽 사람에게 억울(원통)한 일을 당하고 있는 것을 보고 그를 보호하기 위해 애굽 사람을 쳐 죽여 원수를 갚아주었다. 25 그가 그렇게 한 것은 하나님께서 자신을 통해 자기 민족을 구원해주시는 것을 자기의 형제들이 깨달을 것이라고 생각했기 때문이었다. 그러나 그들은 깨닫지 못했다. 26 이튿날 이스라엘 사람이 서로 싸울 때에 모세가 와서 화해시키기 위해 "너희는 같은 형제인데 왜 서로 해치느냐?"라고 말하자 27 자기 형제(동무)를 해치는 사람이 모세를 밀치며 말했다. '누가 너를 우리의 관리와 재판장으로 세웠느냐? 28 네가 어제는 애굽 사람을 죽인 것같이 이제는 나를 죽이려고 하느냐?' 29 그 말을 들은 모세는 애굽에서 도망하여 20일 정도 거리에 있는 미디안 땅으로 가 그곳에서 나그네로 살며 아들 둘을 낳았다(출 2:11-22).

행 7:30 모세가 도망한 지 40년이 된 어느 날 천사가 시내 산(광야)에 있는 가시나무 떨기 속에서 일어나는 불꽃 가운데서 그에게 나타났다. 31 모세가 그 광경을 보고 이상하게 여겨 어떻게 된 일인가 알아보기 위해 가까이 가자 32 '나는 네 조상의 하나님, 곧 아브라함과 이삭과 야곱의 하나님이다'라는 소리가 들렸다. 이에 모세는 두려움에 싸여 감히 바라보지 못했

모세를 양자로 삼은 공주로 알려진 핫셉슈트 (행 7:21) 4세기 부조, 그레고리안 이집트박물관, 바티칸

시내 산 가시떨기나무 앞에서 부름받는 모세 (행 7:30-35) 모세가 신발을 벗고 있다.

Q&A 레판의 별이란 (행 7:43)?

레판(Rephan)은 출애굽한 이스라엘 백성들이 광야 생활을 하는 가운데 섬긴 우상으로 애굽과 바벨론 및 앗수르에서 숭배하던 토성 신인 기윤(카이완)과 동일하다(암 5:26). 이 우상 신은 바사 제국에서는 '렘판'으로, 헬라 시대에서는 '롬파'로 불려졌다.

다. [33] 그때 주님께서 말씀하셨다. '네 발에서 신을 벗으라. 네가 서 있는 곳은 거룩한 땅이다. [34] 내 백성이 애굽에서 고통받는 것을 내가 분명히 보고, 그 탄식 소리를 듣고, 그들을 구원하기 위해 내려왔다. 그러니 이제 내가 너를 애굽으로 보낼 것이다.' [35] 하나님은 '누가 너를 관리자와 재판장으로 세웠느냐?' 하며 이스라엘 백성들이 거절하던 그 모세를 가시나무 떨기 가운데서 보이던 천사의 손을 의탁하여 그들의 관리자와 구출(속량)하는 자로서 보내셨다(출 3:1-4:20).

행 7:36 바로 이 사람 모세로 하여금 자기 백성을 인도하여 애굽에서 나오게 했고, 그는 애굽과 홍해와 광야에서 40년간 놀라운 이적(기사)과 기적(표적)을 행했다. [37] 하나님이 이스라엘 자손에 대해 너희 형제 가운데서 "나와 같은 선지자를 세울 것이다"라고 하던 자가 바로 이 모세이다. [38] 모세는 시내 산에서 말하던 그 천사와 우리 조상들과 함께 광야(광야 교회)에 있었고, 또 살아 있는 말씀을 받아 우리에게 주던 자도 이 사람 모세이다. [39] 그러나 우리 조상들은 모세를 순종하지 않고 그의 말을 거절하여 오히려 그 마음이 애굽으로 향해 [40] 아론에게 말하기를 "우리를 인도할 신들을 우리를 위하여 만들라. 애굽 땅에서 우리를 이끌어 광야에서 인도하던 이 모세는 어떻게 되었는지 우리가 알지 못한다"라고 했다. [41] 그때 저들이 송아지 우상을 만들어 그 앞에 제사하며 자기 손으로 만든 것을 기뻐했다(출 13:17-32:35).

광야의 성막(행 7:36, 44) 이스라엘, 팀나 공원 내

행 7:42 이에 하나님께서는 그들에게서 돌이켜 저들을 그 하늘의 일월성신
(군대)을 섬기는 일에 내버려두었다. 이는 선지자의 책에 기록된 것과 같았
다. 곧 '이스라엘의 집이여, 너희가 광야에서 40년간 희생과 제물을 내게 드
린 일이 있었느냐? 43 암몬 족속의 국가 신인 몰록(몰렉)의 장막과 앗수르 사람의
신인 레판의 별을 숭배했다. 이것은 너희가 절하고자 하여 만든 형상이다. 그
러므로 이제 내가 너희를 바벨론으로 옮길 것이다.'(암 5:25-27)

행 7:44 광야 생활을 하는 동안 우리 조상들에게는 성막(회막, 증거의 장막)
이 있었는데 그것은 하나님이 모세에게 보여주신 양식대로 만들게 한 것
이었다(출 25-31, 33-40장). 45 우리 조상들은 그것을 물려받아 하나님이
저희 앞에서 쫓아내신 가나안(이방인) 땅을 점령할 때에 여호수아와 함께
가지고 들어가서(수 4:16) 다윗 때까지 이르렀다(삼하 6:17).

행 7:46 그때 다윗은 하나님 앞에서 은혜를 받아 야곱의 집(다른 사본에는 하
나님)을 위해 하나님의 처소를 준비하게 해달라고 기도했고(대상 17:1-4) 47
그의 아들 솔로몬이 하나님을 위해 성전(집)을 건축했다(대하 3:1-5:1). 48 그
러나 지극히 높으신 하나님은 사람의 손으로 지은 곳에 계시지 않기 때문에
선지자가 말한 바와 같다. 49 주님께서 말씀하시기를 '하늘은 나의 보좌요,
땅은 나의 발등상이니 너희가 나를 위해 무슨 집을 짓겠으며, 나의 안식처가
어디 있느냐? 50 이 모든 것이 다 내 손으로 지은 것이 아니냐?'(사 66:1-2a) 51
목이 뻣뻣하고 육체의 할례를 받았으나 마음과 귀에 할례를 받지 못한 사람들
아, 너희도 너희 조상과 같이 항상 성령을 거스르고 있다. 52 너희 조상들은

다윗 왕의 별(행 7:46) 이스라엘 텔 시마디(T. Simadi) 출토, 선한사마리아여관 박물관

이스라엘이 지난 광야(행 7:44)

QT 예수를 바라볼 때(행 7:56). 스데반 집사는 돌에 맞아 죽어가면서도 자기를 돌로 치는 자들을 바라보지 않고 하늘이 열리고 예수(인자)께서 하나님 우편에, 그것도 서서 계신 것을 보았다. 그러기에 그는 자신을 돌로 치는 자들을 위해 오히려 이 죄를 그들에게 돌리지 말라고 기도할 수 있었다. 신앙인에게 방향이 중요하다. 우리가 자신을 핍박하고 반대하는 자들을 바라볼 때는 그들을 향해 원망하고 저주할 수 밖에 없지만 그런 우리의 모습을 안타깝게 바라보시는 예수를 바라볼 때 우리도 예수님처럼, 스데반 집사처럼 오히려 원수를 위해 기도하고 그들을 사랑하는 자가 될 수 있다.

스데반이 돌에 맞아 순교한 곳(행 7:54-60)
예루살렘, 스데반순교 기념 교회 옆

선지자들 중의 누구를 핍박했다. 저들은 의인이 오리라고 예고한 자들을 죽
였고, 이제 너희들은 그 의인을 잡아주었고 그를 살인한 자가 되었다. [53] 너희
는 천사를 통해 전해준 율법을 받고도 지키지 않았다."

행 7:54 산헤드린 공의회에 있던 자들이 이 말을 듣고 양심(마음)에 가책을 받
았으나 오히려 스데반을 향해 이를 갈며 크게 분노했다. [55] 스데반이 성령
충만하여 하늘을 향해 주목하여 하나님의 영광과 예수께서 하나님 오른
편에 서 계신 것을 보고 [56] 말했다. "보라, 하늘이 열리고 인자(예수)가 하나
님 오른편에 선 것을 본다." [57] 이에 저들이 귀를 막고 큰 소리를 지르며 일
제히 그에게 달려들어 [58] 그를 잡아 예루살렘 성 밖으로 내치고, 돌로 치고,
증인들은 자기의 옷을 벗어 사울이라는 청년의 발 앞에 두었다. [59] 저들이
돌로 스데반을 치자 스데반이 부르짖기를 "주 예수님, 내 영혼을 받아주십
시오" 하고 [60] 다시 무릎을 꿇고 크게 불러 말했다. "주님, 이 죄를 저들에게
돌리지 마옵소서." 그리고 스데반은 숨을 거두었다.

† 사울이 교회를 박해함 (행 8:1-3)

행 8:1 ●사울(바울)은 스데반이 죽는 것을 당연한 것으로 여겼다. 스데반
이 죽은 날(30-33년)에 예루살렘에 있는 교회에 극심한 박해가 일어났고,
사도 외에는 모두 유대와 사마리아 지역으로 흩어졌다. [2] 경건한 사람들은
스데반을 장사 지내고 그를 위해 크게 통곡했다. [3] 한편 사울(바울)은 교회
를 없애기 위해 믿는 자의 집을 찾아다니며 남녀를 끌어다가 감옥에 가두
었다.

스데반순교기념 교회 원경(7:54-60) 예루살렘

스데반 순교 기념 교회 전경(7:54-60) 예루살렘

† 빌립의 사마리아 전도 (행 8:4-25)

행 8:4 ● 스데반 집사의 죽음 후 박해로 인해 흩어진 사람들이 각처로 다니며 복음을 전했다. 그중에 [5] 빌립 집사는 사마리아 성으로 내려가 백성에게 그리스도에 대해 전했고, [6] 그의 말을 들은 무리들은 그가 행하는 기적(표적, 이적)도 보자 한마음으로 그가 하는 말을 따랐다. [7] 빌립 집사의 전도로 많은 사람에게 붙었던 더러운 귀신들이 큰 소리를 내며 나가고, 또 많은 중풍병자와 걷지 못하는 사람이 낫는 기적이 일어나자 [8] 그 성에 큰 기쁨이 있었다. [9] 사마리아 성에 시몬이라 하는 사람이 있었다. 그는 전부터 마술을 행하여 사마리아 백성을 놀라게 하며 스스로 큰 자라고 자칭했다. [10] 그러자 낮은 데 있는 사람부터 높은 사람까지 모두 그를 따르며 말했다. "이 사람은 크다고 일컫는 하나님의 능력을 받은 자이다." [11] 사람들은 그의 마술에 놀라 오랫동안 그를 따랐다.

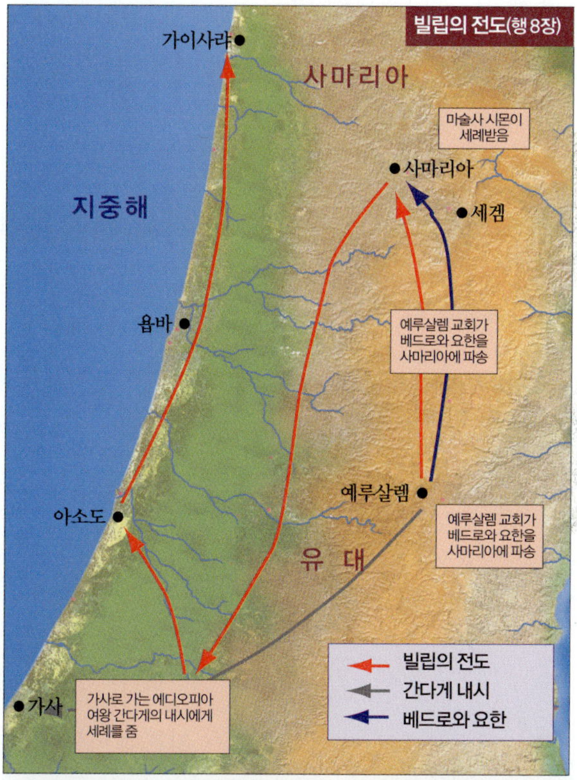

행 8:12 이런 가운데 빌립 집사가 하나님 나라와 예수 그리스도의 이름에 관하여 전하자 그 말을 듣는 사람들이 믿고 남녀가 다 세례(침례)를 받았다. [13] 그때 마술을 행하던 시몬도 예수를 믿고 세례(침례)를 받은 후에 전심으로 빌립 집사를 따라다니면서 그 나타나는 기적(표적)과 큰 능력을 보고 놀랐다.

행 8:14 한편, 예루살렘에 있는 사도들은 사마리아에도 하나님의 말씀을 받아들였다는 소식을 듣고 베드로와 요한을 그곳으로 보냈다. [15] 이에 두 사람이 사마리아로 내려가서 그곳 사람들을 위해 성령 받기를 기도했다. [16] 이는 사마리아에서는 아직까지 한 사람에게도 성령 내리신 일이 없고 오직 주 예수의 이름으로 세례(침례)만을 받을 뿐이었기 때문이었다. 행 8:17 이에 두 사도가 사마리아 성 사람들에게 안수하자 성령이 임했다. [18] 이를 본 시몬이 돈을 주며 [19] 부탁했다. "이 권능을 나에게도 주어 누구든지 내가 안수하

사마리아 성벽과 성문 입구(행 8:4, 9) 이스라엘 세바스티에

는 사람은 성령을 받게 해주십시오." 20 그러자 베드로가 그에게 말했다.
"네가 하나님의 선물을 돈을 주고 살 수 있다고 생각했으니 네 돈(은)과 함
께 망할 것이다. 21 하나님 앞에서 네 마음이 올바르지 못하기 때문에 이 일
(도)에는 네가 관계가 없고, 네게 돌아갈 몫도 없을 것이다. 22 그러니 너는
그런 악한 것을 뉘우치고 주님께 기도하라. 그분은 마음에 품은 것을 용서
해주실 것이다. 23 내가 보건대 너는 악한 것(악독, 쓴 담즙)이 가득하며, 불
의에 얽매여 있다(매는 자가 되었다)." 24 그 말을 들은 시몬이 대답했다. "나
를 위해 주님께 기도하여 나에게 말한 것이 하나도 나에게 임하지 않게 해
주십시오." 25 베드로와 요한 두 사도는 주님의 말씀을 증거한 후 예루살렘
으로 돌아가던 중 사마리아인들이 사는 여러 다른 마을에서도 복음을 전
했다.

† 빌립 집사가 내시에게 전도함 (행 8:26-40)

마차 위에서 에디오피아의 여왕 간다게(왕의 명칭)의 국고를 맡은 내시와 이야기하는 빌립 집사(행 8:27-28) 구 유고 데칸

행 8:26 ● 주님의 사자가 빌립 집사에게
말하기를 "일어나 남쪽으로 향해 예루
살렘에서 서남쪽 70㎞ 지점의 지중해안
가에 있는 가사로 내려가는 길까지 가
라" 하니 그 길은 광야였다. 27 이에 빌
립 집사가 일어나 주님의 사자가 말한
대로 가서 보니 아프리카에 있는 에디오
피아 여왕 간다게의 모든 국고를 맡아
관리하는 한 내시가 예배하기 위해 예루살렘에 왔다가 28 수레를 타고 돌아
가는데 이사야 선지자의 글을 읽고 있었다. 29 그때 성령이 빌립 집사에게 말
했다. "그 수레로 가까이 가라." 30 이에 빌립 집사가 달려가서 그 내시가 이사
야 선지자의 글을 읽는 것을 듣고 말했다. "당신은 읽는 것을 깨달았느냐?" 31
그가 대답하기를 "해석해주는 사람이 없으니 어찌 깨달을 수 있겠느냐?" 하
고 빌립에게 수레에 올라 같이 앉을 것을 청했다.

행 8:32 내시가 읽는 성경 구절은 이것이었다. "그는 사지(도살자)로 가는 양
과 같이 끌려갔고, 털 깎는 자 앞에서 잠잠히 있는 어린 양같이 그의 입을

역사 배경 신약시대의 사마리아 (행 8:4, 9, 16, 25)

사마리아 성이 로마 통치하에 있던 BC 39년경에 로마의 아구스도는 이 땅을 헤롯 왕에게 주었고, 헤롯은 이곳에 많은 건축물을 세웠다. 헤롯이 이곳에 성을 건축하고 이곳 여인을 그의 네 번째 부인으로 맞이했는데, 그 여인과의 사이에서 태어난 아들이 아켈라오(마 2:22)와 세례자 요한을 죽인 분봉 왕 헤롯 안디바(마14:1-12)이다. 헤롯은 성 주위에 성벽을 약 4㎞나 쌓고, 높은 곳에 아구스도 황제를 위한 신전을 지었다. 그리고 성 이름을 아우구스투스의 희랍 이름인 세바스티아(Sebasetia, 사마리아)로 바꾸었는데 현재 이 성 옆에 있는 동네를 세바스티아라고 부른다. 예수께서는 유대를 떠나 갈릴리로 가실 때 이곳에 들렀으며, 빌립은 이곳에서 성공적으로 복음을 전파했다. 이어 베드로와 요한도 이곳에서 복음을 전하며 성령 받기를 기도했다(행8:5-17).
이후 사마리아는 로마 당시 식민지로서 다시 한 번 번영을 누렸다. 콘스탄티누스 황제 때부터 아랍에 의해 정복할 때까지(634년) 기독교가 로마 제국의 국교가 되면서 세바스티아는 감독의 관할 구역이 되었다. 그러나 734년 아랍에 의해 점령되었다.

✣ 에디오피아 여왕 간다게(행 8:27)

여기서 에디오피아는 오늘날의 에티오피아와는 다른 곳이다. 이곳은 나일강 남쪽 지역에 위치한 누비안 왕국이다. 구약 성경에서 이곳 사람들은 구스인으로 불리었다(삼하18: 21). 한편 '간다게'는 개인의 이름이 아니고 에디오피아의 왕을 가리키는 칭호였다.

열지 않았다. 33 그는 낮아졌을 때(굴욕을 당했을 때) 공정한 판정도 받지 못했으니 누가 감히 그의 후손(세대)에 대해 말할 수 있겠느냐? 그의 생명은 이 땅에서 끝마쳤다(사 53:7-8)." 34 그 내시가 빌립 집사에게 물었다. "선지자가 말한 이것이 누구를 가리키는

에디오피아의 여왕 간다게(왕의 명칭)의 국고를 맡은 내시에게 세례를 주는 빌립 집사(행 8:38-39) 그리스 빌립보, 루디아 기념 교회

것이냐? 선지자 자신이냐? 아니면 타인이냐?" 35 이에 빌립 집사가 입을 열어 이 선지자의 글(사 53장)에서 시작하여 그 예언이 가리키는 예수에 대해 가르치고 복음을 전했다. 36 그리고 길을 가다가 물 있는 곳에 이르자 그 내시가 말했다. "보라, 물이 있으니 내가 세례(침례)를 받는 것에 아무런 장애가 없다."

행 8:37 (한글 성경과 시내 사본과 몇몇 사본에는 없음, 그러나 베자 사본과 몇몇 사본에는 "네가 마음을 온전히 하여 믿으면 구원을 얻으리라." 그가 대답하여 가로되 "내가 예수 그리스도께서 하나님의 아들인 것을 믿노라"라는 말이 있음) 38 이에 수레를 멈추게 하고 빌립 집사와 내시가 물이 있는 곳으로 내려가 빌립 집사가 내시에게 세례(침례)를 주고 39 둘이 물에서 올라왔다. 이때 주님의 영이 빌립 집사를 이끌어가자(빼앗아간지라) 내시는 기쁨이 충만하여 길을 갔지만 그를 다시 보지 못했다. 40 빌립 집사는 가사에서 북쪽으로 40㎞ 떨어져 있는 아소도(구약의 아스돗)에 나타나 주위의 성을 다니며 복음을 전하며 아스돗 북쪽으로 100㎞ 지점에 있는 가이사랴에 도착했다.

성경인물

빌립 사도는(Philip, 마 10:3, 눅 6:14, 요 1:44)?

아들과 함께 초대 교회 공동체를 이끈 목회자로 여러 지방을 다니며 전도를 하다가 터키의 골로새 근처에 있는 히에라볼리(파묵칼레)에서 순교했다고 전해진다. 이곳에는 빌립의 장지 위에 5세기경에 세워진 빌립 교회가 있었으나 지금은 그 유적만이 남아 있다. 전승에 의하면 그의 유골은 로마에 있는 사도 교회에 있다. 로마 가톨릭교회에서는 5월1일을 그에 대한 축일로 삼고 있으며, 그리스정교회에서는 11월 14일을 그의 축일로 지키고 있다.

성경인물

빌립 집사는 (Philip, 행 6:5, 8:5, 12)는?

복음 전도자 빌립은 예루살렘 교회가 선택한 최초의 7명의 집사 가운데 한 사람으로 사도들에 의해 임명되었다. 이 사람은 사도 빌립과 다른 사람으로 성령과 지혜가 충만한 자였다. 그가 사마리아에서 복음을 전할 때 귀신들이 쫓겨나고, 병든 자가 고침을 받았으며, 마술사 시몬이 세례를 받는 등 큰 능력과 이적이 일어났다(행 8:5-13). 또한 이디오피아 여왕 간다게의 국고를 맡은 내시까지 개종시켰다(행 8:26-40). 가장 믿을 만한 전승에 의하면 그는 리디아에 있는 트랄레스에서 자연사했다고 전한다. 로마 가톨릭에서는 6월 6일을 그의 축일로 지킨다.

10 바울의 회심과 베드로의 활동

바울 회심 교회(카오캅 교회), 다메섹 근교

성경사	예수 탄생 (눅2:1-7)	바울 출생 (행22:3)	예수 승천 (행1:6-9)	바울 회심 (행9장)	바울 1차 전도 여행 (행13-14장)	바울 2차 전도 여행 (행16장-)	바울 3차 전도 여행 (행18:23-)	바울 로마행 (행27장-)	바울 순교	계시록 기록 (계시록)	사도 요한 죽음
	BC4	AD5	29	33	46.3	50.3	53.6	59.8	67.6	81-96	100?

바울이 부활한 예수를 만나 말에서 떨어짐 (행 9:3-5) 시리아 다메섹, 바울이 광주리로 피한 곳에 세워진 동상

† 사울의 회심 (행 9:1-19a)

행 9:1 ●사울(바울)이 예수의 제자들에 대해 여전히 믿는 자들을 죽이려는
살기가 가득하여 대제사장을 찾아가 [2] 다메섹에 있는 여러 회당에 가져갈
공문을 요청했다. 그것은 예수가 전한 복음(도)을 따르는 사람을 만나면 남
녀를 불문하고 결박하여 예루살렘으로 잡아오기 위함이었다. [3] 이에 사울
이 예루살렘을 떠나 233㎞나 떨어진 다메섹으로 향하다가 다메섹 근처
에 이르렀을 때 갑자기 하늘로부터 빛이 그를 둘러 비추었다. [4] 사울은 땅에
엎드러졌고 하늘에서는 "사울아, 사울아, 네가 왜 나를 핍박하느냐?"라는 소
리가 들렸다. [5] 사울이 대답하기를 "주여, 당신은 누구십니까?" 하니 그가 말
하기를 "나는 네가 핍박하는 예수니라. [6] 너는 일어나 다메섹 시내로 들어가
라. 그러면 네가 행할 것을 말해줄 자가 있을 것이다" 했으나 [7] 함께 가던 사
람들은 소리만 들었을 뿐 아무것도 보지 못했으며 말도 못하고 서 있었다.

행 9:8 사울(바울)이 땅에서 일어나 눈을 떴으나 아무것도 볼 수 없게 되
어 사람의 손에 붙잡혀 다메섹으로 들어가서 [9] 3일 동안 보지 못하고, 먹거
나 마시지도 못했다(33년). [10] 그때에 다메섹에 아나니아라는 제자가 있었

는데 주님께서 환상 중에 그에게 나타나 “아나니아야”라고 부르셨고 그는
“주님, 내가 여기 있습니다”라고 대답했다. 11 이어 주님께서 말씀하셨다.
“일어나 ‘직가’라고 하는 거리로 가서 유다의 집에 머물고 있는 다소 출신
의 사울이라고 하는 사람을 찾아가라. 그가 지금 기도하고 있는 중이다. 12
그는(사울은) 네가 찾아와서 자기에게 안수하여 다시 보게 하는 것을 환상
중에 보았다(보았느니라).”

행 9:13 그 말을 들은 아나니아가 대답했다. “주님, 이 사람에 대해서는 내
가 여러 사람에게 들은 것이 있습니다. 그가 예루살렘에서 주님의 제자(성
도)들에게 많은 해를 끼쳤다고 했습니다. 그리고 14 이곳에서도 주님의 이
름을 부르는 사람은 모두 잡아갈 권한을 대제사장들에게서 받았습니다.”
15 그러자 다시 주님께서 말씀하셨다. “그에게 가라. 이 사람은 내 이름을
이방인과 세상 왕들과 이스라엘 자손들에게 전하기 위해 내가 선택한 그
릇이다. 16 그가 내 이름을 위하여 얼마나 많은 고난을 받아야 할 것인지를
내가 그에게 보여줄 것이다.”

행 9:17 아나니아는 주님의 말씀을 듣고 떠나 사울이 머물고 있는 유다의 집
에 들어가서 그에게 안수하며 말했다. “형제 사울아, 네가 다메섹으로 오
는 길에서 나타났던 예수(주님)께서 나를 너에게 보내 너로 다시 보게 하
시고 성령으로 충만하게 하신다.” 18 그러자 즉시 사울의 눈에서 비늘 같은
것이 벗어지면서 다시 보게 되었다. 이에 사울이 일어나 세례(침례)를 받
고 19a 음식을 먹으니 강건하게 되었다.

오늘날 일부 남아 있는 다메섹의 직가(행 9:11) 시리아 다메섹, 직가는 곧은 거리를 말한다.

아나니아 기념 교회 내부(행 9:11-19) 다메섹, 아나니아가 바울에게 안수한 곳에 세워졌다.

아나니아에게 안수받는 바울(행 9:11-19) 시리아 다메섹, 아나니아기념 교회 내 성화

바울이 부활한 예수를 만난 곳에 세워진 바울 회심 교회(행 9:3-5) 시리아 다메섹 근교, 카오캅 교회

† 사울이 다메섹에서 복음을 전함 (행 9:19b-25)

행 9:19b ●사울(바울)이 다메섹에 있는 주님의 제자들과 함께 며칠 머무는
동안 20 곧바로 여러 회당에서 예수가 하나님의 아들인 것을 전파했다. 21
이에 듣는 사람들이 모두 놀라며 말했다. "이 사람이 예루살렘에서 주님의
이름을 부르는 사람을 죽이려고 했던 자가 아니냐? 이곳에 온 것도 그들
을 결박하여 대제사장들에게 끌고 가려고 한 것이 아니냐?" 22 그러나 사
울이 힘을 더 얻어 예수께서 그리스도임을 증거하자 다메섹에 사는 유대
인들은 크게 당황했다.

행 9:23 사울이 돌이킨 지 여러 날이 지난 후 유대인들은 사울을 죽이기 위해
모의했고, 24 그 계획이 사울에게 알려졌다. 유대인들은 사울을 죽이려고
밤낮으로 성문까지 지켰다. 25 이에 주님의 제자들이 밤에 사울을 광주리
에 담아 성벽에서 달아 내려 도피시켰다.

† 사울(바울)이 예루살렘에 갔다가 다소로 감 (행 9:26-31)

행 9:26 ●사울(바울)은 다메섹에서 피해 아라비아에서 3년을 보낸 후(갈 1:17-
18) 예루살렘로 가서 주님의 제자들과 사귐을 갖고자 원했으나 사도들은
그가 진실로 예수의 제자가 되었는지를 믿지 못했기 때문에 사울 만나기
를 다 두려워했다. 27 그러자 바나바가 사울을 데리고 사도들에게 가서 그
가 다메섹으로 가는 길에서 어떻게 주님을 보았는지와 주님께서 그에게
말씀하신 일, 그리고 다메섹에서 그가 어떻게 예수의 이름으로 담대히 말
했는지를 확증해(전해)주었다. 28 이로 인해 사울은 제자들과 함께 있으면
서 예루살렘에 출입했고(35년) 29 또 주 예수의 이름으로 담대히 말하고 헬
라어를 사용하는(헬라파) 유대인들과 함께 말하며 변론하자 유대인들들
은 사울을 죽이려고 힘썼다. 30 그런 사실을 알고 믿음의 형제들이 사울을
예루살렘에서 150㎞ 떨어진 지중해안가의 가이사랴로 데리고 간 후 그곳에서
그의 고향인 다소로 보냈다(35-43년).

행 9:31 그런 가운데 유대와 갈릴리와 사마리아 지역의 교회가 평안하여
든든히 서가고 주님을 경외하는 것과 성령의 돌보심(위로)으로 인해 믿는
자의 수가 갈수록 많아졌다.

바울이 광주리를 타고 도망한 성벽(행 9:25) 시리아 다메섹

성경 지리 **바울의 고향 다소** (Tarsus, 행 9:30)

다소는 수리아 안디옥 서북쪽 39㎞, 지중해 해안서 16㎞ 정도 내륙에 위치한 소아시아 남동 해안의 도시이다. 다소의 역사는 시리아의 다메섹보다 더 오래되어 신석기 시대까지 소급되어 올라가 BC 3,000년경에 이미 요새화된 성읍을 이루고 있었다. BC 2,300년 길리기아는 카주와 드나국의 수도로 타르사라는 이름으로 불렸다. 바울 당시에는 길리기아 관구 내에 있는 도시요(행 9:11, 22:3), 그 지방의 수도였다. 다소 시내에는 키드 스 강이 흐르고, 타우라스 산이 있는 가장 비옥한 지역이다. 다소의 이름 뜻은 '기쁨'이다.

바울 생가 터의 우물(행 9:30) 터키 다소

† 베드로가 애니아의 중풍병을 고침 (행 9:32-35)

행 9:32 ● 그때에 베드로가 여러 지방으로 다니다가 욥바에서 20㎞에 위치
한 룻다에 사는 성도들에게로 내려갔다. 33 그는 그곳에서 중풍병으로 침
상 위에 누운 지 8년이나 되는 애니아라고 하는 사람을 만났다. 34 베드로
가 그를 보고 "애니아야, 예수 그리스도께서 너를 고쳐주시니 일어나 네
자리를 정리하라"라고 말하자 그가 즉시 일어났다. 이에 35 룻다와 가이사
랴와 욥바 사이의 사론 지역에 사는 사람들이 그가 치료된 것을 보고 모두 주
님을 믿었다.

베드로가 애니아의 중풍병을 고친 룻다의 오늘날 모습(행 9:32) 이스라엘 로드

† 베드로가 도르가를 살림 (행 9:36-43)

행 9:36 ● 욥바에 '다비다'라고 하는 여
제자가 있었는데 헬라식 이름은(그 이
름을 번역하면) '도르가'이다. 그는 선행
과 구제하는 일이 심히 많았으나 37 병
들어 죽어 그 시체를 씻어 다락방에 뉘
였다. 38 룻다는 욥바에서 20㎞ 지점(가
까운 곳)에 있었다. 이에 제자들이 베드
로가 룻다에 있다는 소식을 듣고 두 사
람을 보내 속히 욥바로 와달라고 간청했다. 39 이에 베드로가 일어나 욥바
에서 온 자들과 함께 욥바로 갔다. 그들이 베드로를 데리고 다비다(도르가)
의 시체가 있는 다락방에 올라가니 모든 과부가 베드로 옆에 서서 울며 도
르가가 생전에 그들과 함께 있을 때에 지은 속옷과 겉옷을 전부 내어 보였
다. 40 그러자 베드로가 사람을 다락방에서 모두 내보낸 후 무릎을 꿇고 기
도하고 돌아서서 시체를 향해 말했다. "다비다야, 일어나라." 그러자 그가
눈을 떠 베드로를 보고 일어나 앉았다. 41 이에 베드로가 손을 내밀어 그를
일으키고 성도들과 과부들을 들어오게 하여 그가 살아난 것을 보여주었
다. 42 그같은 사실이 온 욥바 사람들에게 알려졌고 그중에 많은 사람들이
주님을 믿었다. 43 이후 베드로는 욥바에 있는 시몬이라고 하는 가죽 수선
공(무두장이)의 집에서 여러 날 머물렀다.

베드로가 죽은 도르가를 살림(행 9:41) 로마, 안젤리 교회

풍습 **무두장이(가죽 수선공)의 거주지(행 9:43)**

무두장이(tanner)는 한글개역성경에는 피장으로 번역되었는데 가죽을 무두질하는 사람을 말한다. 탈무드의 기록에 의하면 이런 피장들은 유대인 사이에서 평판이 좋지 않았다. 그들은 작업 성격상 도시에 살지 않고 밖에 사는 것이 관습이었다. 그래서 시몬은 해변에서 살았는데 오늘날 욥바(자파) 해안가에 시몬의 집이 있다.

무두장이 시몬의 집 입구(행 10:6) 이스라엘 욥바 해안가

베드로가 본 짐승의 환상(행 10:10-16) 앙리 2세의 기도서 삽화, 파리 국립 도서관

베드로 환상 교회(행 10:10-16) 욥바

베드로 환상 교회 내부(행 10:10-16) 욥바

† 고넬료와 베드로의 환상 (행 10:1-23)

행 10:1 가이사랴에 이달리야(이탈리아)
부대라 하는 로마 군대의 백부장인 고넬료
라고 하는 사람이 있었다. 2 그는 경건한 자
로 온 집안이 하나님을 경외하며, 백성을 위
해 구제를 많이 하며, 하나님께 항상 기도했
다. 3 그러던 중에 하루는 오후 3시(제9시)쯤
되어 환상을 보게 되었다. 그때 하나님의 사
자가 들어와 "고넬료야" 하고 불렀다. 4 고넬
료가 그를 주목하여 보고 두려워하여 말하
기를 "주님, 무슨 일입니까?" 하니 천사가 말했
다. "네 기도와 구제를 하나님께서 받으시고 기억하셨다. 그러니 5 지금 사
람들을 욥바로 보내 '베드로'라고 하는 시몬을 청하라. 6 그는 가죽 수선공
(무두장이) 시몬의 집에 머물러 있으니 그 집은 해변에 있다." 7 말하던 천
사가 떠나자 백부장 고넬료가 집안 하인 2명과 경건한 부하 한 명을 불러 8
베드로를 청해서 데리고 오도록 그들을 남쪽으로 68㎞ 떨어져 있는 욥바로
보냈다.

행 10:9 이튿날 그들이 길을 가다가 욥바 성에 가까이 갔을 때에 베드로는
기도하기 위해 지붕에 올라갔는데 그때는 낮 12시(제6시)였다. 10 그가 허
기져 먹을 것을 달라고 하여 사람들이 음식을 준비할 때에 황홀한 중에 11
하늘이 열리며 한 그릇처럼 생긴 큰 보자기가 네 귀퉁이에 매여 땅으로 내
려오는 것을 보았다. 12 그 보자기 안에는 땅에 있는 여러 종류의 네 발을 가
진 짐승과 기는 것과 공중에 나는 것들이 있었다. 13 바로 그때 "베드로야,
일어나 잡아 먹어라"는 소리가 들렸다. 14 이에 베드로가 말했다. "주님, 그
럴 수 없습니다. 나는 부정하고(속되고) 깨끗하지 않은 것을 결코 먹지 않
았습니다." 15 그러자 두 번째 소리가 있기를 "하나님께서 깨끗하게 한 것
을 네가 부정하다(속되다)고 하지 말라"고 하였다. 16 이런 일이 세 번 있은
후 그 그릇 같은 보자기가 바로 하늘로 올라갔다.

행 10:17 베드로는 자기가 본 환상이 무슨 뜻인지 속으로 궁금해하던 중에

Q 난제 정결의 기준은? (행 10:15)

베드로는 율법에서 부정하다고 규정되어 있는 고기는 먹을 수 없다고 했으나 하나님은 자신이 깨끗하다고 한 것을 사람이 속되다고 하지 말라고 말씀하신다. 율법은 누가 주신 것인가? 바로 하나님이시다. 깨끗하다 하는 것에 대한 판단 기준 역시 오직 하나님께 있다. 그러므로 그분만이 죄를 사하시며 정결케 하실 수 있음을 잊지 말라.

베드로가 환상을 본 욥바(행 10:15)

마침 가이사랴에서 백부장 고넬료가 보낸 사람들이 시몬의 집을 찾아 문 밖에 서서 18 사람을 불러 물었다. "베드로라 하는 시몬이 여기에 숙박하고 있느냐?" 19 베드로가 그 황홀경 중에 본 것에 대해 생각할 때 성령께서 그에게 말씀하셨다. "두 사람(어떤 사본에는 세 사람)이 너를 찾고 있으니 지붕에서 내려가 20 의심하지 말고 그들과 함께 내려가라. 그들은 내가 보낸 자들이다." 21 이에 베드로가 지붕에서 내려가 그 사람들을 보고 말했다. "내가 바로 너희가 찾는 사람인데 너희가 무슨 일로 나를 찾아왔느냐?" 22 그들이 대답했다. "가이사랴에 있는 로마 군대의 백부장 고넬료는 의인이요, 하나님을 경외하는 사람입니다. 그래서 유대 온 사람(족속)들이 칭찬하더니 그가 거룩한 천사의 지시를 받아 당신을 자기 집으로 초청하여 말씀을 듣기를 원합니다." 이에 23 베드로가 그들을 집으로 불러들여 숙박하게 했다. 이튿날 일어나 그들과 함께 가이사랴로 갈 때 욥바에서 온 어떤 형제들(여섯 형제, 행 11:12)도 함께 갔다.

† 베드로가 고넬료 가정에서 설교함 (행 10:24-48)

행 10:24 ● 이튿날 68㎞를 가서 가이사랴에 도착하자 고넬료가 그의 친척과 가까운 친구들을 모아놓고 기다리고 있다가 25 마침 베드로가 집으로 들어올 때 고넬료는 그를 반갑게 맞이하며 그 발 앞에 엎드리어 절을 했다. 26 그러자 베드로가 그를 일으키며 말하기를 "일어서십시오. 나도 당신과 같은 사람입니다" 하고 27 함께 말하며 안으로 들어가 여러 사람이 모여 있는 것을 보고 28 말했다. "유대인으로서 이방인과 교제하며 가까이하는 것이 유대 법을 어기는 것인 줄은 당신들도 알고 있습니다. 그러나 하나님께서는 나에게 '아무도(이방인들도) 부정하거나(속되다거나) 깨끗하지 않다고 하지 말라'고 하셨기 때문에 29 고넬료의 초청(부름)을 거절하지 않고 왔습니다. 그러니 내가 다시 묻습니다. '무슨 일로 나를 불렀습니까?'"

베드로 상(행 10:30)

행 10:30 베드로의 말을 들은 고넬료가 대답했다. "내가 4일 전 이맘때까지 내 집에서 오후 3시(제구 시)에 기도를 하는데 갑자기 빛난 옷을 입은 한

성경인물

고넬료
(Cornelius, 행10:24, 30)

고넬료는 신약 시대에 가이사랴에 주둔하고 있던 로마 군대의 백부장으로 경건하고 하나님을 경외하는 자였다(행 10:1 이하). 비록 그는 로마 군인이었으나 유대 백성들을 많이 구제하며 하나님께 기도하는 사람이었다. 특히 욥바에 있는 베드로를 청해 말씀을 듣고 자신과 온 집안의 사람들이 다 성령을 받았으며 베드로는 이방인인 그들에게 세례를 주었다(행 10장).

백부장 고넬료의 집에 온 베드로(행 10:24-25) 15세기, 직물화(태피스트리), 보베 대성당

사람이 내 앞에 서서 31 말하기를 '고넬료야, 하나님이 네 기도를 들으시고
네 구제를 기억하셨다. 32 그러니 너는 사람을 욥바로 보내 '베드로'라고
하는 시몬을 초청하라. 그는 지중해(서해) 바닷가 가죽 수선공(무두장이) 시
몬의 집에 숙박하고 있다'라고 하시기에 33 내가 바로 당신에게 사람을 보
냈는데 당신이 오셨으니 잘했습니다. 이제 우리는 주님께서 당신에게 명
령하신 모든 것을 듣기 위해 모두 하나님 앞에 있습니다."

행 10:34 이에 베드로가 입을 열어 말했다. "내가 진실로 하나님은 사람을
겉모습으로 보지 않으시고 35 각 나라 중에서 하나님을 경외하며 옳은 일
(의)을 행하는 사람은 누구든지 다 받아주시는 분인 줄을 깨달았습니다. 36
모든 만물의 주인(주)이 되시는 예수 그리스도로 인해 화평의 복음을 전
하시고 이스라엘 자손들에게 가르친 말씀, 37 곧 세례자 요한이 그 세례(침
례)를 선포한 후에 갈릴리에서 시작하여 유대 지역 사방에 전파된 그것을
당신들도 알고 있습니다. 38 하나님이 나사렛 출신 예수에게 성령과 능력
을 기름 붓듯 하셨기에 그분이 사방으로 다니시며 선한 일을 행하시고 마
귀에게 눌린 모든 사람을 고치셨으니 그것은 모두 하나님이 함께하신 것
입니다.

행 10:39 우리는 유대인이 사는 이 땅과 예루살렘에서 예수께서 행하신 모
든 일에 증인입니다. 그 예수를 유대인들이(그들이) 나무에 매달아 죽였으
나 40 하나님은 그를 3일 만에 다시 살리사 사람들에게 나타내셨습니다. 41
그것은 모든 백성에게 하신 것이 아니라 오직 미리 선택하신 증인인, 죽은
자 가운데서 부활하신 후 그를 모시고 음식을 먹은 우리에게 하신 것입니
다. 42 그분은 우리에게 명령하여 하나님이 살아 있는 자와 죽은 자의 재판
장으로 정하신 자가 바로 예수인 것을 백성들에게 증언하도록 부탁하셨
습니다. 43 뿐만 아니라 그에 대해 모든 선지자들도 그를 믿는 사람들이 다
그의 이름을 힘입어 죄 사함을 받는다고 증언했습니다."

행 10:44 베드로가 이 말을 할 때에 말씀 듣는 모든 사람에게 성령이 임했
다. 45 베드로와 함께 온 할례받은 신자들이 이방인들에게도 성령이(성령
의 선물을) 임함으로 인해 놀랐다. 46 이는 그들이 방언을 말하며 하나님을
높이는 말을 들었기 때문이었다. 47 이에 베드로가 말하기를 "이 사람들이

세례 주는 베드로(행 10:47-48) 바티칸, 베드로대성당 청동문 부조

우리와 같이 성령을 받았으니 물로 세례 주는 것을 누가 반대할 수 있겠는가?" 하고 [48] 예수 그리스도의 이름으로 세례를 베풀라고 지시했다. 그들은 베드로에게 며칠 더 가이사랴에 머물기를 청했다.

† 고넬료에 대한 베드로의 변호 (행 11:1-18)

행 11:1 ●유대 지역에 있는 사도들과 믿음의 형제들이 이방인들도 하나님의 말씀을 전해 들었다는 소식을 들었다. [2] 그리고 베드로가 가이사랴에서 150㎞ 거리에 있는 예루살렘에 올라갔을 때에 할례를 받은 자(할례자)들이 그를 비난하여 [3] 말했다. "네가 할례를 받지 않은 자(무할례자)의 집에 들어가 함께 먹었다." 그러자 [4-14] 베드로가 그들에게 이제까지의 일(행 10:9-23, 30-33)을 차례로 설명해주었다. 그리고 베드로가 이어서 말했다. [15] "내가 무할례자(고넬료와 함께 있던 자)들에게 말을 시작할 때에 성령이 그들에게 임하는 것이 처음 우리에게 임한 것과 같았다. [16] 그때 나는 '세례자 요한은 물로 세례(침례)를 베풀었지만 너희는 성령으로 세례를 받을 것이다'(마 3:11, 행 1:5)라는 주님의 말씀이 생각났었다. [17] 그런즉 하나님이 우리가 주 예수 그리스도를 믿을 때에 주신 것과 같은 성령(선물)을 그들에게도 주셨는데 내가 어떤 자이기에 하나님의 하시는 일을 능히 막을 수 있겠느냐?" [18] 그들은 이 말을 듣고 더 이상 할 말이 없었고 하나님께 영광을 돌리며 말했다. "진실로 하나님께서는 이방인에게도 생명을 얻는 회개를 주셨도다."

스데반 순교 후 복음의 확산(행 11:19-23)

† 수리아의 안디옥 교회의 설립 (행 11:19-30)

행 11:19 ●그때에 스데반의 죽음으로 일어난 환난으로 인해 예루살렘에서 흩어진 자들이 이스라엘 북쪽 해안가의 베니게 지역과 지중해 동쪽의 구브로 섬과 수리아의 안디옥까지 이르러 유대인에게만 말씀을 전했다. [20] 그중에는 구브로와 아프리카 북부의 구레네에 있는 몇 사람이 수리아의 안디옥에게까지 와서 헬라인(어떤 사본에는 헬라파 유대인)에게도 주 예수를(복음을) 전파했다. [21] 그러자 주님의 손이 그들과 함께하셨고 수많은 사람들이 예

✣ '주의 손'의 상징적 의미(행 11:21)
성경 문학적으로 '손'은 힘이나 구체적인 활동을 상징한다. 따라서 '주님의 손'이란 하나님의 강권적인 역사와 초월적인 능력을 가리킨다.
결국 "주님의 손이 함께한다"는 말은 복음 전파의 주 사역자는 제자들이 아니라 그들을 강하게 붙잡고 계시며, 그들을 위해 일하시는 하나님이심을 알 수 있다.

수를 믿었다.
행 11:22 이에 예루살렘 교회가 이 사람들의 소문을 듣고 바나바를 수리아
의 안디옥까지 보냈다. 23 그리고 그는 수리아의 안디옥에 도착하여 하나
님의 은혜가 소문과 같은 것을 보고 기뻐하여 모든 사람에게 굳건한 마음
으로 더욱 주님과 함께하기를 권면했다.

행 11:24 바나바는 선한 사람이요, 성령이 충만하고 큰 믿음이 있는 사람이
었다. 그가 수리아의 안디옥에 온 후로 더욱 큰 무리가 주님께로 나왔다. 25
이후 바나바는 사울(바울)을 만나기 위해 바닷가를 따라 240㎞ 떨어진 다소
로 가서 그를 26 만나(43년) 수리아의 안디옥으로 데리고 와서 둘이 함께
교회에서 1년간 많은 무리를 가르쳤다(43-44년). 이때 제자들이 수리아
의 안디옥에서 비로소 세상 사람들로부터 '그리스도인'이라고 일컬음을 받
았다.

행 11:27 사울과 바나바가 수리아의 안디옥에서 말씀을 가르칠 때에 선
지자들이 예루살렘에서 수리아의 안디옥으로 찾아왔다. 28 그중에 '아가보'
라고 하는 한 사람이 일어나 성령에 힘입어 "천하에 큰 흉년이 들 것이다"라
고 말하자 로마 황제 글라우디오 때(41-54년)에 그대로 이루어졌다. 29 이때
수리아의 안디옥에 있는 제자들이 각각 그 힘대로 유대 지역에 사는 형제들
에게 부조금(헌금)을 보내기로 작정하고 30 이를 실행하여 그 부조금을 바나
바와 사울(바울) 편으로 예루살렘 장로들에게 보냈다(45년말-46년).

† 야고보의 순교와 베드로의 투옥 (행 12:1-19)

행 12:1 ● 유대 종교지도자들에 의해 예루살렘에 핍박이 있던 때에 유대 지역의
분봉 왕인 헤롯 대왕의 손자 헤롯 아그립바 1세(39-44년)가 직접 명령을 내려
(손을 들어) 교회 중에서 몇 사람을 해치기 위해 먼저 2 요한의 형제인 야고
보를 칼로 죽였다. 3 유대인들이 이 일을 기뻐하자 베드로도 잡으려 했는
데 그때는 무교절 기간이었다. 4 그래서 베드로를 잡아 감옥에 가두고 군
인 4명씩 4개조에게 맡겨 지키도록 하고 유월절이 지난 후에 백성 앞에
끌어내고자 했다. 5 결국 베드로는 감옥에 갇혔고 교회는 그를 위하여 간
절히 하나님께 기도했다.

QT 그리스도인이란 호칭 (행 11:26)

초대 교회 당시 기독교인들에게 처음으로 붙여진 그리스도인이란 호칭은 당시 기독교인들을 조소하는 일종의 별명이었다(26:28, 벧전4:16). 그러나 그들은 복음과 그 생활 모습을 통해 그 이름을 명예로운 이름으로 바꾸었다. 우리도 신앙의 선배들이 이 땅에 심어 놓은 그리스도인의 명예로운 이름을 지켜나가자(11:26).

수리아 지역의 안디옥(행 11:26) 터키 안타키아

야고보 순교 자리에 세워진 야고보 교회(행 12:1-2) 예루살렘, 아르메니아 구역

야고보 무덤(행 12:1-2) 예루살렘, 야고보 교회
야고보는 칼로 목이 잘려 순교했다고 전한다.

베드로 쇠사슬(행 12:6) 이탈리아 로마, 베드로 쇠사슬 교회, 팔레스타인과 로마에서 묶인 두 쇠사슬로 알려져 있다.

행 12:6 헤롯 아그립바 1세가 베드로를 죽이려고(잡아내려고) 하는 그 전날
밤에 베드로는 두 쇠사슬에 매여 2명의 군인 사이에서 누워 자고 있었고
경비병(파수꾼)들은 문 밖에서 감옥을 지키고 있었다. 7 그때 갑자기 주님
의 사자가 나타나자 감옥 안에 큰 빛이 비쳤고 주님의 사자는 베드로의 옆
구리를 쳐서 깨웠다. 그리고 말하기를 "급히 일어나라" 하자 쇠사슬이 그
손에서 벗어졌다. 8 주님(천사)의 사자가 "띠를 띠고 신을 신으라" 말하자
베드로가 그대로 하니 주님의 사자가 또 말했다. "겉옷을 입고 나를 따라오
라." 9 이에 베드로가 감옥에서 나와 그를 따라갔지만 주님의 사자가 하는
것이 현실(생시)인 줄 알지 못하고 환상을 보는 것이 아닌가 생각했다. 10
이에 경비병이 지키는 첫째와 둘째 파수를 지나 예루살렘 시내(성)로 통하는
철로 만든 문에 이르자 문이 저절로 열렸고, 문을 나와서 한 거리를 지나
자 주님의 사자가 곧 떠나갔다.

천사에 의해 감옥에서 풀려나는 베드로(행 12:7-10) 이탈리아 로마, 안젤리 교회

행 12:11 그제서야 베드로가 정신이 들어 말했다. "내가 이제야 참으로 주
님께서 그의 사자를 보내 나를 헤롯 아그립바 1세의 손과 유대 백성의 모든
대적자들(기대)로부터 벗어나게 하신 줄 알았다." 12 그런 사실을 깨닫은
베드로는 '마가'라고 하는 요한의 어머니 마리아의 집으로 가자 여러 사람
이 그곳에 모여 기도하고 있었다. 13 이에 베드로가 대문을 두드리자 '로데'
라고 하는 여자아이가 영접하러 나왔다가 14 베드로의 음성인 줄을 알고
너무 기쁜 나머지 미처 문을 열어주는 것을 잊고 집 안으로 달려 들어가
말했다. "베드로가 대문 밖에 서 있습니다." 15 그 말을 들은 사람들은 말하
기를 "네가 미쳤다"라고 했다. 그러나 여자아이는 더욱 힘써 "정말입니다"
라고 말하자 그들은 다시 말하기를 "그렇다면 그의 천사다"라고 했다.

행 12:15 베드로가 문을 계속해서 두드리자 그들이 문을 열어 베드로를 보
고 놀랐다. 17 그러자 베드로가 그들에게 손짓으로 조용하도록 하고 주님
께서 자기를 감옥에서 이끌어낸 일을 말했다. 또 야고보와 믿는 형제들에
게 이 말을 전하라고 말한 후 그곳을 떠나 다른 곳으로 갔다. 18 날이 밝자
군인들은 베드로가 어떻게 감옥에서 사라졌는지 알지 못해 큰 소동이 일
어났다. 19 헤롯 아그립바 1세가 그를 찾아도 보지 못하자 베드로를 지키던
경비병들을 심문하고 죽이라 명령했다. 그리고 헤롯 아그립바 1세는 유대

지역의 예루살렘을 떠나 가이사랴로 내려가서 그곳에서 머물렀다.

† 헤롯의 사망 (행 12:20-25)

행 12:20 ● 그때 유대 지역의 통치자 헤롯 아그립바 1세는 북쪽 해안가 베니게 지
역에 사는 두로와 시돈 사람들에 대해 큰 노여움을 갖고 있었다. 그런데 그
들이 사는 지방은 헤롯 아그립바 1세의 영토(왕국)에서 나는 식량을 공급받
고 있었기 때문에 그곳 사람들은 한뜻을 가지고 헤롯을 찾아갔다. 먼저 헤
롯 아그립바 1세 왕의 침소 맡은 신하인 블라스도를 설득하여 헤롯 아그립
바 1세와 화평하기를 청했다. 21 헤롯 아그립바 1세가 날을 정해 왕복을 입
고 옥좌(단상)에 앉아 백성에게 연설하자 22 백성들이 "이것은 사람의 소리
가 아니라 신의 소리다"라고 크게 소리 질렀다. 23 그러나 헤롯 아그립바 1
세가 그 영광을 하나님께로 돌리지 않으므로 주님의 사자가 그를 내리치
자 그가 벌레에게 먹혀 죽었다. 24 이에 하나님의 말씀은 더욱 널리 퍼져갔
다. 25 한편, 바나바와 사울(바울)은 예루살렘 교회에 부조(봉사)하는 일을
마치고 '마가'라고 하는 요한을 데리고 예루살렘에서 수리아의 안디옥으
로 돌아갔다.

성경 인물

헤롯 아그립바1세
(행 12:20)

헤롯은 로마 통치하에서 팔레스타인을 지배하던 왕조(BC 37-AD 70년)로 헤롯 가문은 하스몬가의 여왕인 살로메 알렉산드라가 통치하던 시대에 성장했다. 헤롯 가문은 헤롯 대왕으로 불리는 유대 왕에서부터 시작되었는데 그의 아버지는 안티파스였다. 그의 후손 중 헤롯 빌립(눅 3:1), 헤롯 안디바(막 6:14), 헤롯 아그립바 1세(행 12:1), 헤롯 아그립바 2세(행 25:13-26), 헤롯 1세의 아들 아켈라오 등, 앞에 헤롯이 붙은 이름이 여러 명 있다.

이중에 헤롯 아그립바 1세는 헤롯 안디바가 로마로부터 버림을 당한 후에 그의 영토인 갈릴리 지역을 다스렸는데 이후 많은 영토를 확장시켰다. 로마 황제 칼리굴라가 살해당한 후에도 글라우디오의 도움으로 계속 분봉 왕의 지위를 유지했을 뿐만 아니라 유대와 사마리아까지도 부여받았다. 그는 유대교 지도자들의 환심을 사기 위해 초대 교회와 지도자들을 대적하다가 처참한 죽음을 맞았다(행 12:20-23). 그의 사후 팔레스타인 지역은 한동안 수많은 투쟁 속에서 혼돈의 시기를 보냈다.

성경 지리

수리아의 안디옥과 비시디아의 안디옥 (Antioch, 행 12:20, 13:1, 13:14)

· 수리아의 안디옥(행 12:20, 13:1, 갈 2:11)

고대에 안디옥으로 불리는 도시는 로마 제국 통치 구역 안에 열여섯 곳이나 있으며 성경에는 수리아(시리아) 안디옥(행 13:1)과 비시디아 안디옥(행13:4) 두 곳이 중요하게 다루어지고 있다. 이 중에 수리아의 안디옥(Antioch of Syria)은 지중해 동북쪽 끝 지점으로 오론테스(Orontes) 강어구에서 32㎞ 올라간 지점의 남쪽 해안에 소재하는 오늘날 안타키아이다. 실루기아가 외항(外港)인 이곳의 시내는 네 구역으로 나뉘어 있고, 그 사이에는 대리석으로 포장된 큰 길이 있었다고 하며, 도시의 외곽은 오히려 로마보다 장대하여 동방의 여왕, 동양의 로마라고 불리울 정도였다. 안디옥이란 이름의 뜻은 '병거'(兵車), '전사'(戰士)라는 뜻이 있다.

· 비시디아의 안디옥(행 13:14, 딤후 3:11)

비시디아 안디옥(Antioch of Pisidia)의 폐허화된 고대 유적지는 악세히르의 남서쪽, 즉 오늘날 터키 중부의 에스파르타 지방에서 동쪽으로 약 3.2㎞ 떨어진 오늘날 얄바츠(Yalvac) 부근의 폐허지이다. 이곳은 얄바츠 평원이 내려다 보이는 자연적인 요새로서 잘 보호되어 있는 한 고원 위에 소재하였다. 바울은 안디옥의 회당에서(행 13:14-43) 유대인들과 헬라어를 사용하는 이방인들에게 선교하였다. 이 성읍은 셀레우쿠스 1세(시리아 왕, BC 312-280년)에 의해 건설되었다. 시리아 왕국의 요새 도시였던 비시디아의 안디옥은 그 뒤에 로마령이 되었고 이 지방 로마화의 중심이 되어 황제 예배 등도 일찍부터 행해졌다. 특히 안디옥은 비시디아의 로마화 과정에 있어 산업의 중심지였다.

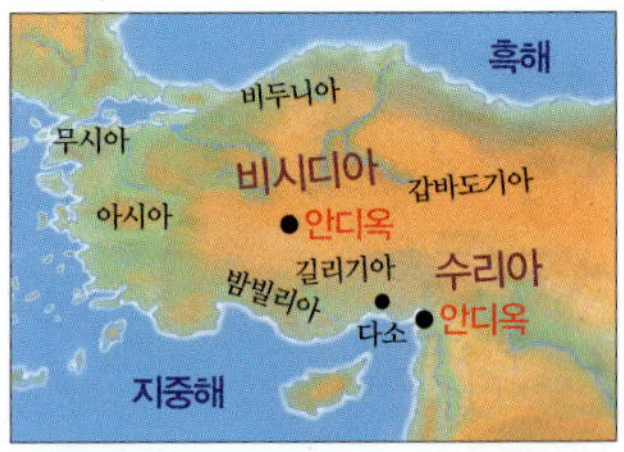

비시디아의 안디옥

11 바울의 1차 전도 여행과 갈라디아서

바울 채찍 교회, 키프로스 파포스

성경사

예수 탄생 (눅2:1-7)	바울 출생 (행22:3)	예수 승천 (행1:6-9)	바울 회심 (행9장)	바울 1차 전도 여행 (행13-14장)	바울 2차 전도 여행 (행16장-)	바울 3차 전도 여행 (행18:23-)	바울 로마행 (행27장-)	바울 순교	계시록 기록 (계시록)	사도 요한 죽음
BC4	AD5	29	33	46.3	50.3	53.6	59.8	67.6	81-96	100?

† 바울의 1차 전도 여행 출발 (행 13:1-3)

행 13:1 ● 수리아 지역에 있는 안디옥 교회에는 선지자들과 교사들이 있었
다. 그들은 바나바, 니게르라 하는 시므온, 구레네 출신 루기오, 분봉 왕 헤
롯의 젖동생 마나엔, 사울 등이었다. 2 주님을 섬기며 금식할 때에 성령께
서 교회에게 말씀하셨다. "바나바와 사울을 따로 세워라. 내가 그들에게 맡
기기로 정한 일이 있다." 3 이에 교회가 금식하며 기도하고 두 사람에게 안
수하여 복음 전도자로 보냈다(46년 3월 말).

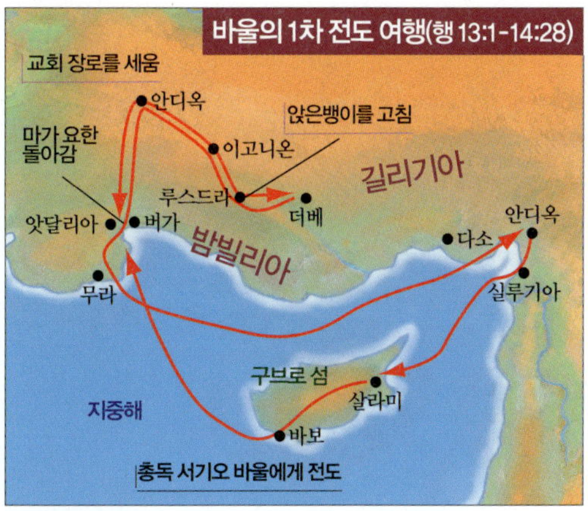

† 바나바와 바울의 구브로 전도 (행 13:4-12)

행 13:4 ● 바나바와 바울(두 사람)이 성령의 보내심을 받아 수
리아의 안디옥에서 26㎞ 떨어진 실루기아 항구로 내려갔다. 그
리고 그곳에서 배를 타고 220㎞를 항해하여 구브로 섬의 동쪽
항구도시 5 살라미에 도착한 후 하나님의 말씀을 유대인의 여
러 회당에서 전했다. 이때 마가 요한은 수행원으로 따라갔다.
행 13:6 살라미를 떠나 섬 가운데를 지나서 섬 서쪽에 위치한

성경 지리 **바보**(Paphos, 행 13:6)

바보는 지중해 동쪽에 있는 구브로섬 남서쪽에 연안평원에 소재한 항구 도시이다. 이곳은 한때 구브로섬의 수도이기도 했다. 이곳은 옛날 베니게인에 의해 도시가 형성되었다. 바보는 구 바보와 신(新) 바보로 구분되는데 바나바와 바울이 선교차 방문한 곳은 신 바보(new Paphos)로 현재 지명은 파포스(Paphos)이다. 오늘날 이곳에는 바울이 채찍에 맞았다고 하는 기둥과 그 옆에 바울이 채찍에 맞은 것을 기념하는 교회가 세워져 있다.

바보 항구(행 14:7) 키프로스 파포스

바보라는 곳에 이르러 바예수라 하는 유대인 거짓 선지자인 마술사를 만
났다. 7 그는 총독 서기오 바울과 함께 있었다. 서기오 바울은 지혜 있는 사
람으로 바나바와 사울을 불러 하나님의 말씀을 듣고자 했다. 8 그러나 마
술사 엘루마는(이 이름을 번역하면 '마술사'이다) 바나바와 사울을 대적하여
총독이 믿지 못하도록 방해했다.

행 13:9 '바울'이라고 하는 사울이 성령이 충만하여 그를 주목하여 10 말했
다. "모든 궤계(거짓)와 악행이 가득한 자요, 거짓과 마귀의 자식이요, 모든
나쁜 짓만 골라하는 악한 자여, 주님의 바른 길을 굽게 하기를 그치지 아
니하겠느냐. 11 보라, 이제 주님의 심판(손)이 네 위에 있으니 네가 눈이 멀
어 얼마 동안 해를 보지 못할 것이다." 그러자 즉시 안개같이 눈이 흐려지고
어둠이 그를 덮어 자신을 부축해줄 사람을 찾았다. 12 이에 총독이 그렇게
된 것을 보고 주님을 믿고 주님의 가르치심을 신기하게 여겼다.

† 바울과 바나바의 비시디아 안디옥 전도 (행 13:13-52)

행 13:13 ● 바울과 그 일행들이 바보에서 배를 타고 300㎞를 항해하여 밤빌
리아 지역에 속한 버가에 도착했다. 이때 마가 요한은 그들을 떠나 예루살
렘으로 돌아갔다.

행 13:14 그러나 바울과 바나바는 버가에서 출발하여 200㎞ 정도 떨어진 비
시디아의 안디옥에 도착하여 안식일에 회당에 들어가 앉았다. 15 회당장은
율법과 선지자의 글이 낭독한 후 사람을 바나바와 사울에게 보내 물었다.
"형제들아, 만일 백성들에게 권면할 말이 있으면 말하라." 16 이에 바울이
일어나 손짓하며 말했다. "이스라엘 사람들과 하나님을 경외하는 사람들
은 들으라. 17 이스라엘 백성의 하나님이 우리 조상을 선택하시고 애굽 땅
에서 나그네 된 그 백성을 강대하게 하셨다. 그리고 큰 능력으로(높이 드신
팔로) 그들을 인도하여 내사 18 광야에서 40여 년간 그들의(어떤 사본에는

마가 요한이 돌아간 버가의 헬라 때 도시문(행 13:13-14) 터키

기르시고) 온갖 불신(소행)과 불평을 참으시고 [19] 가나안 지역의 일곱 족속 (수 24:11)을 멸하사 그 땅을 약 450년간 기업으로 주셨다.

행 13:20 그 후에 선지자 사무엘 때까지(BC 1390-1050년) 통치자 겸 재판관으로 사사를 주셨다. 그러나 [21] 이후 그들이 왕을 구하자 하나님이 베냐민 지파에 속한 기스의 아들 사울을 왕으로 세워 40년간 통치하도록 하셨다가 [22] 폐위시켰다. 이어 다윗을 왕으로 세우신 후 말씀하셨다. '내가 이새의 아들 다윗을 만나니 내 마음에 드는 사람이다. 그를 통해 나의 뜻을 모두 이룰 것이다.'(삼상 13:14) [23] 하나님이 약속하신 대로 다윗의 씨(후손)에서 이스라엘을 위해 구세주를 보내셨는데 그가 곧 예수이시다. [24] 그가 오기에 전에 앞서 세례자 요한이 먼저 회개케 하는 세례(침례)를 이스라엘 모든 백성에게 전파했다. [25] 세례자 요한이 자기의 사명을 마쳐갈 때에 말하기를 '너희는 나를 누구라고 생각하느냐? 나는 그리스도가 아니라 내 뒤에 오시는 이가 있는데 나는 그분의 발의 신발끈을 풀기도 감당하지 못한다'(마 3:11, 요 1:27)라고 했다.

행 13:26 아브라함의 후손과 너희 중 하나님을 경외하는 형제들아, 하나님께서는 이 구원의 말씀을 우리에게 보내셨는데 [27] 예루살렘에 사는 자들과 저들의 관리들이 예수와 안식일마다 암송하는 선지자들의 말을 알지 못했기 때문에 예수에게 죄를 덮어씌워(정죄하여) 선지자들의 말을 이루게 하셨다. [28] 그들은 예수에게서 죽일 죄를 하나도 찾지 못했지만 빌라도 총독에게 사형시키라고 외쳤다(요 19:12, 15). 이는 [29] 성경에 그를 가리켜 기록한 말씀을 다 이루게 하려고 한 것이다. 이후 그를 죽여 십자가(나무)에서

Q&A 바울이 회당 중심의 선교를 한 이유는 (행 13:15)?

초기 바울의 전도는 회당에서 유대인들에게 전하는 것이 대부분이었다. 비시디아의 안디옥에 도착한 바울은 회당을 찾았다. 당시 회당장은 새로운 사람들이 방문하면 그 사람에게 말할 수 있는 기회를 주는 것이 일반적인 일이었다(행 13:15). 그래서 바울은 그런 기회를 놓치지 않고 전도에 활용하기 위해 도시를 방문할 때마다 가장 먼저 회당을 찾았다.

회당에는 이스라엘 사람들과 하나님을 경외하는 이방인들이 주로 모였다(행 13:16). 바울은 이곳에서 첫 설교(행 13: 16-41)를 했는데 그 내용은 구약성경의 역사를 복음의 빛에 비추어 해석한 것이었다. 이곳 비시디아의 안디옥의 유대인들은 바울의 설교를 반박하고 배척했다. 그러나 이방인들은 바울의 설교를 듣고 믿음으로 최초로 이방인의 교회가 세워졌다. 예루살렘 교회가 유대인들의 교회였다면 수리아의 안디옥 교회는 유대인과 이방인들이 함께 섞인 국제적인 교회였으며, 비시디아의 안디옥 교회는 이방인들의 교회였다.

Q 난제 마가 요한이 예루살렘으로 돌아간 이유는(행 13:13)?

바울의 1차 전도 여행 때 바울과 바나바의 수행원으로 함께 떠났던 마가 요한은 버가에서 도중에 예루살렘으로 돌아갔다. 그 이유에 대해서는 몇 가지 견해가 있다.

첫째, 바울이 당한 고난(매맞음)과 앞에 놓인 험한 타우르스 산맥과 그곳에 출몰한다는 강도의 소문으로 인한 두려움이 커지자 견디지 못해 돌아갔다는 것이다(Lenski). 둘째, 바울이 풍토병에 걸려 자신도 같은 병에 걸리는 것이 두려웠기 때문이다(Ramsay). 셋째, 선교 사역의 주도권이 삼촌인 바나바에게서 바울에게로 넘어간 것에 대해 불만을 품었기 때문이다(Alexander). 넷째, 나이가 어려 생각보다 힘들고 고통이 따르자 고향이 그리워졌기 때문이다(Holtzmann). 이상의 견해들은 그 나름대로 이유가 있으나 그중에서 첫 번째 것이 가장 설득력이 있다.

이로 인해 2차 전도 여행 때에는 바울과 바나바가 헤어지게 되었다(행 15:37-39). 그러나 훗날 마가 요한은 바울에게 있어 매우 유익한 자가 되었다.

Q 난제 약 450년 기간은(행 13:19)?

이 450년이란 기간이 무엇을 가리키는지에 대해서는 확실치 않으나 보통 두 가지로 생각할 수 있다.

하나는 이스라엘이 애굽에 내려간 이후 가나안을 차지할 때까지의 기간으로 보는 경우이다. 이는 400년간 애굽에서의 노예 생활과 광야 방랑 40년, 그리고 여호수아에 의한 가나안 정복 활동과 땅 분배와 정착하는 기간 10년을 합친 기간을 말한다.

다른 하나는 이스라엘이 가나안 지역을 차지할 미래의 450년으로 보는 경우이다. 즉, 이스라엘이 남북으로 분열되기 전까지의 450년을 말한다. 이 중에 대부분의 학자들은 첫 번째의 것을 지지하고 있다.

을 쓰지 못해 한번도 걸어본 적이 없는 한 사람이 앉아 있었다. 9 그가 바울
이 말하는 것을 경청하자 바울이 그를 주의 깊게
살펴 구원받을 만한 믿음이 있는 것을 보고 10 큰
소리로 "네 발로 일어서라" 외치자 그 사람이 일
어나 걷게 되었다. 11 바울이 앉은뱅이를 고친 것
을 본 무리들은 루가오니아 방언으로 "신들이 사
람의 모습(형상)으로 우리 가운데 내려오셨다"라고
소리를 질렀다. 그리고 12 바나바는 '제우스'라 하고,
바울은 그중에 말하는 자이므로 '헤르메스'라고 불렀
다.

헤르메스 두상(행 14:12)
그리스, 고린도 박물관

행 14:13 그리고 성 밖 제우스 신전(신당)의 제사장이 소와 꽃으로 만든 관
(화환)들을 가지고 두 사람이 있는 성문(대문) 앞에 와서 무리와 함께 그들
에게 제사를 드리려고 했다. 14 그러자 바나바와 바울 두 사도는 옷을 찢고
무리 가운데 뛰어 들어가서 소리 지르며 15 말했다. "여러분이여, 어찌하여
이러한 일을 하십니까? 우리도 여러분과 같이 평범한 성정(속성)을 가진
사람입니다. 여러분에게 복음을 전하는 것은 이런 헛된 일을 버리고 천지
만물과 바다를 창조하시고 살아 계신 하나님께로 돌아오도록 하기 위함
입니다. 16 하나님이 알지 못하던(지나간) 세대에는 모든 족속으로 자기들
의 길들을 가게 그대로 묵인했으나 17 그렇다고 자기를 증거하지 않은 것
이 아닙니다. 그같은 사실은 여러분에게 하늘로부터 비를 내리시며 결실
기를 주시는 선한 일을 하심으로 음식과 기쁨으로 여러분의 마음을 흡족

성경 지리

루스드라 (Lystra, 행 14:6, 8)

루스드라는 오늘날 하툰사라이와 킬리스트라 두 곳이 주장되고 있다. 두 곳은 14㎞ 떨어져 있는데 이 지역은 터키 중앙 이고니온 남서쪽 32㎞ 지점, 아나톨리아의 소금 호수 남서쪽에 있었던 평원인 루가오니아 지방에 있는 고대의 유적지이다. 루스드라 주변의 평원은 두 개의 시내가 흐르는 매우 비옥한 지역으로 고대인들은 이 지역에 정착하여 농경으로 생을 영위하였다.

바울은 루스드라에 와서 전도할 때 나면서부터 발을 쓰지 못하는 앉은뱅이를 고치는 기적을 행했다(행 14:8-11). 그러나 그 후 비시디아의 안디옥과 이고니온에서 온 유대인들의 선동에 의해 무리들에게 돌을 맞아 죽을 지경에 이른 후 구사일생으로 회생되어 이곳으로부터 남동쪽으로 96㎞ 떨어진 더베로 가서 복음을 전했다(행 14:19-21).

텔 형태의 루스드라(행 14:8) 터키 하툰사라이

종교

제우스 (Zeus)**와 헤르메스** (Hermes)(행 14:12)

한글개역성경에는 쓰스와 허메로 번역했다. 제우스(또는 Zupiter)는 그리스 신화에서 하늘의 신으로 기후를 주관했으며 그의 무기는 벼락이었다. 그리스에서는 BC 776년부터 올리피아에서 제우스를 위해 4년마다 올림픽 게임이 개최되었다. 고대 그리스인들은 반드시 해야 할 일을 제우스의 이름으로 맹세했으며, 로마 장군들은 개선의 행진을 마친 후에 제우스 신전에서 제사를 드렸다.

헤르메스(또는 Mercury)는 제우스와 님프신 사이에서 태어난 아들로서 최고 신 제우스의 전령 역할을 했다. 발에 날개 달린 신을 신고 재빠르게 이동했다. 또한 고대 이방인들은 보편적으로 신이 사람의 형상을 입고 사람들에게 내려온다고 생각했다. 그들 사이에서는 제우스와 헤르메스의 두 신이 프리지아에서 노부부인 빌레몬과 바우시스만의 지지를 받아 제사장이 되었고 그 마을은 모두 홍수로 멸망했다고 전해온다. 이 이야기를 잘 알고 있던 루스드라 사람들은 말을 잘하는 바울을 웅변의 신인 머큐리, 곧 헤르메스(허메)로, 풍채가 좋은 바나바를 제우스(쓰스)라고 생각했다.

초대 교회의 박해 역사(행 14:19-20외)

대상	성경(행)	활동내용	장소
베드로 요한	3:1-4:22	체포된 후 공의회(공회)의 경고를 받고 풀려남	예루살렘 AD 30년
사도들	5:17-42	가말리엘 변호로 공의회(공회)에서 풀려남	예루살렘 AD 30년
스데반	7:54-60	공의회원들과 유대교도의 돌에 맞아 순교함	예루살렘 AD 30년
바울	9:23-25	회심 후 다메섹에서 핍박을 받아 예루살렘 거쳐 다소로 감	팔레스타인 AD 34년
야고보	12:1-2	헤롯 아그립바 1세의 박해 때 순교함	예루살렘 AD 44년
베드로	12:3-19	체포된 후 천사의 도움으로 감옥에서 구출	예루살렘 AD 44년
바울	14:19-20, 18:12-17, 20:3, 21:27-28:15	핍박, 위험, 배반, 심문, 위협, 매 맞음, 감옥에 갇힘 등	전도한 지역 AD 44년

하게 하신 것에서 증명됩니다.” [18] 이런 말로 간신히 무리를 말려 자기들에게 제사를 드리지 않게 했다.

행 14:19 한편, 유대인들이 비시디아의 안디옥에서 115㎞, 이고니온에서 35㎞ 떨어진 루스드라까지 와서 무리를 충동질하여 그들로 하여금 돌로 바울을 치게 했다. 그들은 바울이 돌에 맞아 죽은 줄로 알고 성 밖으로 끌어내쳤다. 율법에는 죄인을 죽일 때 성 밖에 끌어내어 죽이도록 규정되어 있다(신 17:5). [20] 그러나 제자들이 그 옆에 둘러섰을 때에 바울이 깨어나 그 성에 들어갔다가 이튿날 바나바와 함께 동쪽으로 96㎞ 떨어진 더베로 갔다.

행 14:21 바울과 바나바는 더베 성에서 복음을 전하여 많은 사람을 제자로 삼았다. 그리고 다시 오던 길로 되돌아가 루스드라와 이고니온과 비시디아의 안디옥으로 돌아가서 [22] 제자들의 마음을 강하게 하여 끝까지 믿음을 지키도록 권면했다. 또 “우리가 하나님의 나라에 들어가기 위해서는 많은 환난을 겪어야 할 것이라”고 했다. [23] 그리고 각 교회에 장로들을 선택하여 세웠고, 금식 기도하며 자신들이 믿는 주님께 장로들을 보호해주시기를 기도한 후 떠나 [24] 비시디아 지역의 중앙부를 지나 밤빌리아 지역에 이르러 [25] 말씀을 버가에서 전했다. 그리고 서남쪽 20㎞ 거리에 있는 앗달리아로 내려갔다. 그리고 [26] 그곳에서 배를 타고 수리아의 안디옥에 도착했으니 이곳은 두 사도에게 전도의 일을 맡겨 보낸 곳이다. [27] 그들이 수리아의 안디옥 교회에 도착하여 교회 신도들을 모이도록 한 후 이제까지 하나님이 함께 행하

성경지리 앗달리아(Attalia, 행 14:25)

앗달리아는 소아시아 남서쪽 연안에 있는 밤빌리아 지역 중에 가장 중요한 출구에 위치한 아담한 항구도시로 현재는 안탈리아이다. 이곳은 버가모의 아탈루스 2세(BC 159-138년)에 의해 설립되었고, 그의 이름을 따서 앗달리아라고 명명하였다. 바울은 제1차 전도 여행을 마치고 돌아오는 길에 밤빌리아와 버가를 다시 경유하여 이곳 앗달리아에 와서 전도한 후, 이곳 항구에서 배 타고 전도 여행의 출발지인 안디옥으로 귀환하였다(행 14:24-26).

앗달리아는 세계적인 휴양도시로 지금까지도 알맞은 규모로 성장하고 있으며, 항구는 삼면이 절벽으로 둘러싸인 아름다운 고대의 특징을 잘 보존하고 있다. 헬레니즘 시대의 방어 시설물들의 잔재가 아직도 남아 있는 것이 중세도시 성벽들에서 발견된다. 도시에는 하드리아누스 문이 남아 있다.

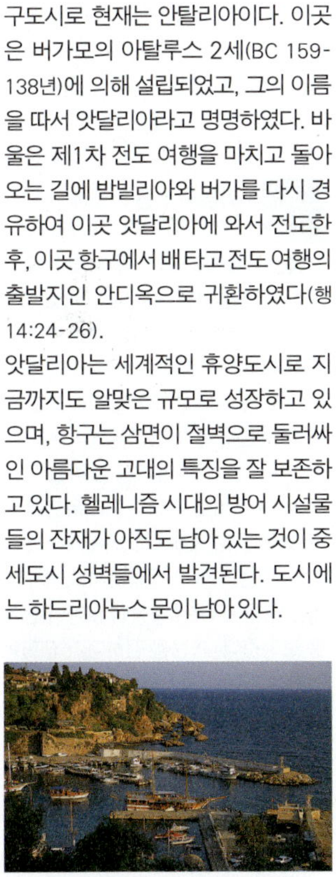

앗달리아 항구(행 14:25) 터키 안탈리아

바울의 1차 전도 여행 도시들(행 13:4-14:28)

❶ **구브로 섬의 바보** (행 13:4-12)
엘루마의 눈을 멀게 함, 바울은 이때 처음 이방 이름(바울)으로 불림, 바울이 바보의 총독을 그리스도에게 인도함

❷ **비시디아의 안디옥** (행 13:13-50)
처음으로 메시지를 전파함, 많은 이방인들과 소수의 유대인들은 그의 메시지를 받아들였으나 유대의 지도자들은 반대하여 바울을 마을 밖으로 쫓아냄

❸ **이고니온** (행 13:51-14:5)
많은 사람들이 복음을 받아들였으나 유대인들은 다시 말썽을 일으킴

❹ **루스드라** (행 14:6-25)
바울이 앉은뱅이를 고침, 자신을 그리스신 헤르메스로 알고 예배하려 함, 돌에 맞아 죽은 자같이 됨, 루스드라와 주변 도시에서 계속 복음을 전함

❺ **수리아의 안디옥** (행 14:26-28)
돌아와 전도 보고를 함, 갈라디아서를 안디옥에서 기록한 것으로 추정

신 모든 일과 이방인들에게 구원의 길(믿음의 문)을 여신 것을 보고했다. 28
두 사람은 제자들과 함께 오랫동안 수리아의 안디옥에 머물러 있었다.

† 예루살렘 공의회 소집과 결의 (행 15:1-35)

행 15:1 ●어떤 사람들이 유대 지역에서 수리아의 안디옥으로 내려와 믿는
형제들에게 "너희가 모세의 율법(법)대로 할례를 받지 않으면 결코 구원
을 받지 못할 것이다"라고 가르쳤다. 2 이로 인해 바울 및 바나바와 그들 사
이에 상당한 다툼과 논쟁이 일어났다. 그래서 교회의 신자(형제)들이 이
할례 문제에 대해 바울과 바나바와 및 그중의 몇 사람을 예루살렘에 있는
사도와 장로들에게 보내기로 결정했다. 3 이에 저들이 교회의 전송을 받고
610㎞ 정도나 떨어진 예루살렘으로 향해 올라가던 중 베니게와 사마리아
로 지나가면서 이방인들이 주님을 믿게 된 일을 말하여 믿는 형제들을 크
게 기쁘게 했다. 마침내 4 예루살렘에 도착하자(49년 말) 교회와 사도와 장
로들은 그들을 기쁘게 영접했고, 그들은 하나님이 자기들과 함께하시므
로 행하신 모든 일에 대해 보고했다.

행 15:5 이들의 말을 들은 바리새파 중에서 어떤 믿는 사람들이 일어나 말
했다. "이방인에게 할례를 행하고 모세의 율법을 지키라고 명령하는 것이

QT 바울의 복음 전도에 대한 열정(행 14:19-28)

바울은 루스드라에서 돌에 맞아 죽을 뻔한 위험을 당한 후에도 더베로 가서 복음을 전했다(행 14:19-28). 뿐만 아니라 더베에서 파송지인 수리아 안디옥으로 가지 않고 자기를 죽이려고 했던 루스드라와 이고니온과 비시디아 안디옥으로 되돌아가서 교회를 굳게 했다. 이는 바로 수리아 안디옥으로 가는 것보다 400㎞나 더 되는 거리였다. 이는 자신의 몸과 생명까지도 돌보지 않는 복음의 대한 열정이 얼마나 큰지를 보여준다. 복음을 전하다가 생활에 위협을 느낄 만큼 어려움을 받거나, 생명의 위험을 받은 후에는 다시 복음을 전할 용기를 내기가 쉽지 않다. 그러나 복음은 영혼을 살리는 가장 중요한 일이기에 결코 중단되어서는 안 된다. 그러므로 바울이 가졌던 복음의 열정을 달라고 기도하자.

당연하다." 6 그러자 사도와 장로들이 이방인의 할례 문제에 대해 의논하
기 위해 모였다. 7 많은 변론이 있은 후에 베드로가 일어나 말했다. "형제들
아, 너희도 아는 것처럼 하나님이 이방인들도 내 입에서 나오는 복음의 말
씀을 들음으로 믿게 하기 위해 오래전부터 너희 가운데서 나를 선택하셨
다. 8 또한 친히 사람의 마음을 아시는 하나님께서 우리에게 성령을 주신 것
과 똑같이 그들에게도 성령을 주어 증거하셨다. 9 주님은 믿음으로 그들의
마음을 깨끗하게 하심으로 그들이나 우리나 차별하지 않으셨다. 10 그런데
지금 너희가 어찌하여 하나님을 시험하여 우리 조상과 우리도 질 수 없던
짐(멍에)을 이방인 제자들의 목에 지우려고 하느냐? 11 우리는 그들이 우리
와 동일하게 주 예수의 은혜로 구원받는 줄을 믿는다."

행 15:12 온 무리가 바나바와 바울이 하나님께서 자기들로 인해 이방인 중
에서 행하신 기적(표적, 이적)과 놀라운 일(기사)에 관해 말하는 것을 조용
히 듣다가 13 말을 마치자 야고보가 대답했다. "형제들아, 내 말을 들으라. 14
하나님께서 이방인들을 돌보사 그들 가운데서 처음에 당신의 백성을 선택
하여 준 경위를 시므온(베드로)이 말했었다. 15 그런 사실은 선지자들의 말
씀과도 일치한다. 그곳에는 이렇게 기록되었다. 16 '이 일 후에 내가 다시 와
서 무너진 다윗의 장막을 다시 지을 것이다. 또 그 무너진 폐허 위에 다시
지어 일으킬 것이다. 17 이는 그 살아남은 사람들과 내 이름을 부르는 모든
이방인들로 하여금 주님을 찾게 하기 위함이다. 18 이것은 예로부터 알게
하신 주님의 말씀이다.'(암 9:11-12). 19 그러므로 내 의견은 이방인 중에서
하나님께로 돌아오는 자들을 더 이상 괴롭게 하지 말자는 것이다. 20 단지
우상의 더러운 음식을 먹지 말 것과 음행을 저지르지 말고 목매어 죽인 것과
피를 먹지 말라고 편지하는 것이 옳다. 21 이는 예로부터 각 성에서 모세의
율법을 전하는 자가 있어서 안식일마다 회당에서 그 글을 읽어왔다." 22 그
러자 사도와 장로와 온 교회는 믿는 형제 중에 지도자로 있는 '바사바'라 하
는 유다와 실라를 선택하여 바울과 바나바와 함께 수리아의 안디옥으로 보
내기로 결정했다. 그리고 23 그들 편에 이렇게 편지를 써서 보냈다.

"사도와 장로가 된 형제들은 수리아 지역과 그 지역 내에 있는 안디옥과
길리기아 지역에 있는 이방인 형제들에게 문안합니다. 24 우리는 우리 가

성경 상식 **할례 및 세례와 구원과의 연관성** (행 15:1, 5)

할례(circumcision)란 구약시대에 하나님이 아브라함 및 그 후손과 맺은 언약으로 이스라엘의 모든 남자들의 생식기 끝부분의 표피 일부를 잘라내는 것이다. 이는 선민임을 상징적으로 나타내는 가시적 증표였다. 이런 할례는 신체의 일부를 잘라버림으로 과거의 죄를 청산하고, 선민의 일원으로 참여함을 상징하였다. 한편 신약에 와서는 할례와 마찬가지로 과거의 죄를 청산하고 교회의 일원으로 새로 연합함을 상징하는 세례를 베풀게 되었다. 따라서 할례와 세례는 서로 연관성이 있으며 할례는 세례로 전환되었다고 보아야 할 것이다.
그런데 이 할례가 복음 전파의 초기에는 유대인들에 의해 구원을 받는 데 필수적인 것으로 여겨짐으로 이 문제를 해결하기 위해 예루살렘 회의가 열리기도 했다(다음의 '역사와 배경' 참조).

역사 배경 **1차 예루살렘 교회 회의 소집** (행 15:1-29)

바울과 바나바가 1차 전도 여행을 마치고 돌아왔을 때 수리아의 안디옥 교회에는 할례와 구원 문제로 인해 큰 다툼과 변론이 일어났다. 유대로부터 내려온 어떤 사람들은 이방인도 모세의 법대로 할례를 받아야 구원을 받을 수 있다고 가르쳤다. 그러나 바울과 바나바는 할례는 구원을 위해 반드시 필요한 것이 아니라고 주장했다. 결국 수리아의 안디옥 교회는 바울과 바나바와 몇 사람을 예루살렘에 있는 사도와 장로들에게 파송하며 할례와 구원 문제를 논의하도록 했다. 이 문제를 위해 예루살렘 교회에서 회의가 열렸다. 이에 베드로는 지키기 어려운 율법의 멍에를 이방인에게 지우지 말자고 했고, 바울과 바나바도 이방인에게 전도한 자신들의 경험을 말했다.

결국 주님의 형제인 야고보의 제안이 받아들여졌다. 그 내용은 이방인을 율법으로 괴롭게 하지 말고 단지 우상의 더러운 것과 음행과 목매어 죽인 것과 피를 멀리하라고 편지하도록 했다. 결국 AD 49년의 야고보의 제안이 채택된 예루살렘 회의는 기독교를 세계적인 종교로 발전시키는 중요한 계기가 되었다.

수리아 안디옥의 오늘날 모습(행 15:30, 35)
터키 안타키아, 베드로동굴교회에서 본 모습

운데 있던 어떤 사람들이 우리의 허락도 없이 나가서 말로 너희를 괴롭게
하고 마음을 혼란하게 한다는 소문을 들었습니다. 25 이에 사람을 선택하
여 주 예수 그리스도의 이름을 위해 생명까지도 아끼지 않는 우리가 사랑
하는 바나바와 바울과 함께 여러분에게 보내기를 만장일치로 결정했습니
다. 27 그리고 유다와 실라를 함께 보내니 그들도 이 일을 말로 전할 것입니
다. 28 성령뿐만 아니라 우리 역시 꼭 필요한 것들 외에는 어떤 짐도 이방인
형제들에게 지우지 않는 것이 옳은 줄 알았습니다. 29 단지 우상의 제물과
피와 목매어 죽인 짐승 고기를 먹는 것을 금하고 음행을 멀리하기 바랍니
다. 스스로 이런 것들을 삼가면 잘될 것이니 평안함을 원합니다."

행 15:30 그들이 예루살렘의 형제들과 작별하고 수리아의 안디옥으로 내려
가 그 교회의 성도들을 소집한 후 예루살렘에서 보낸 편지를 전하자(50년) 31
그것을 읽고 그 위로한 말(권면)로 인해 기뻐했다. 32 함께 온 유다와 실라도
선지자로서 여러 말로 형제를 위로(권면)하여 믿음을 굳게 했다. 33 얼마 후
바나바와 바울과 함께 온 자들은 수리아의 형제들로부터 "평안히 가라"는 전
송을 받고 자기를 보낸 예루살렘의 형제들에게 돌아갔다. 그러나 34 (없음,
그러나 어떤 사본에는 실라는 그들과 함께 머물기로 작정하고) 35 바울과 바나
바는 수리아의 안디옥에서 거주하며 많은 다른 사람들과 함께 주님의 말
씀을 가르치며 전파했다.

갈라디아서의 기록은 바울의 1차 전도 여행 후인 48-49년경 수리아의 안디옥에서 기록했다고 본다. 또는 3차 전도 여행 시 에베소에 도착하여 기록했다고 보기도 한다. 갈 1:6에 갈라디아 신도들이 그렇게도 속히 복음을 저버렸다고 했으니 에베소에 도착하자마자 그런 소식을 들었다는 뜻이 될 수 있다. 더구나 바울이 놀란 것으로 보아 고린도전서를 쓰기 전인 53-55년에 에베소나 마게도냐에서 본서를 기록했다고 본다. 여기서는 전자를 택했다.

바울이 쓴 갈라디아서는 그리스도인의 자유에 대한 책이다. 바울은 자신의 사도직이 예수 그리스도의 계시로 말미암았음을 밝힌 후, 회심 전부터 회심 후 다소에서 은둔 생활을 하기까지 있었던 일을 말한다.

갈라디아서의 수신자는 갈라디아 지역의 여러 교회들(갈 1:2)로 두 곳을 주장하고 있다. 첫째, 남갈라디아설로 바울이 제1차 전도 여행 중에 세운 갈라디아 남부 지역의 교회들, 즉 비시디아 안디옥, 이고니온, 루스드라, 더베에 게보낸 서신으로 본다. 다른 하나는, 북갈라디아설로 행 16:6, 18:23에 브루기아와 갈라디아 지방을 언급하며 이곳에 보냈다고 한다.

갈라디아 지역의 교회에 보낸 바울의 편지

† 갈라디아 교인들에게 인사함 (갈 1:1-5)

갈 1:1 ● 나 바울은 사람들에게서 난 것도 아니요, 사람으로 말미암은 것
도 아니라 오직 예수 그리스도와 죽은 자 가운데서 그를 살리신 하나님 아
버지로 인해 사도가 되었다. 나는 [2] 모든 형제와 함께 갈라디아 지역에 속한
여러 교회들에게 [3]우리 하나님 아버지와 주 예수 그리스도로부터 나오는
은혜와 평안이 있기를 기원한다. [4] 그리스도께서는 하나님 우리 아버지의
뜻을 따라 우리 죄를 대신 담당하셨다. 그분은 이 악한 세대에서 우리를
건지시기 위해 자기 몸을 주셨다. [5]그러므로 영광을 하나님께 영원히 올려
드립니다. 아멘.

† 변질된 신앙을 책망함 (갈 1:6-10)

갈 1:6 ● 하나님께서는 그리스도의 은혜로 너희를 부르셨으나 너희가 이같
이 그 하나님을 속히 떠나 다른 복음을 좇는 것을 내가 이상하게 여겼다. [7]
우리가 전한 복음 외에 다른 복음이 만일 있다면 그것은 어떤 사람들이 너희
를 혼란케 하여 그리스도의 복음을 변질시키기 위한 것이다. [8] 그러나 우
리나 혹은 하늘로부터 온 천사라 할지라도 우리가 너희에게 전한 복음 외
에 다른 복음을 전하면 저주를 받을 것이다. [9] 우리가 이전에 말했던 것처
럼 내가 지금 다시 말한다. 만일 누구든지 너희가 본래 받은 것 외에 다른
복음을 전하면 저주를 받을 것이다. [10] 이제 내가 사람들에게 비위를 맞출
것이냐? 아니면 하나님을 좋게 할 것이냐? 만일 내가 지금까지 사람에게
기쁨을 구했다면 나는 더 이상 그리스도의 종이 아니다.

† 바울이 사도가 된 내력 (갈 1:11-24)

갈 1:11 ● 형제들아, 내가 전한 복음은 사람의 뜻을 따라 된 것이 아닌 것임
을 알기 바란다. [12] 그것은 사람에게서 받은 것도 아니요, 배운 것도 아니라
오직 예수 그리스도의 계시로 된 것이다. [13-14] 내가 이전에 유대교에 있을
때에 행한 일을 너희가 들은 것처럼 나는 내 동족 중 나이가 비슷한 어떤

성경 지리

갈라디아 지역에 있는 핫투사 (갈 3:1)

갈라디아(Calatia)는 지리적으로 소아시아의 중앙 고원 북부에 위치한 지역을 말한다. 이곳을 기준으로 북쪽으로는 비두니아(Bithynia), 서남쪽으로는 브루기아(Pyrygia), 남동쪽과 동쪽은 갑바도기아(Cappadocia) 지역과 접해 있다. 그러나 정치적으로는 본도 일부와 브루기아, 비시디아, 루가오니아, 이사우리아 등이 포함된다. 사도 바울은 이 지역에 있는 이고니온과 루스드라와 더베 등에서 복음을 전했다(행 16:1).

자(연갑자)보다도 유대교에 깊게 빠져 있어(지나치게 믿어) 내 조상의 전통
(유전)을 지키려는 열정이 대단했다. 그래서 하나님의 교회를 심히 핍박
(잔해)했다. 15 그러나 내가 모태로부터 나오기도 전에 나를 선택(택정)하
시고 그의 은혜로 나를 부르신 이가 16 당신의 아들 예수 그리스도를 이방 지
역에 전하게 하기 위해 나에게 그의 아들을 기꺼이 나타내셨다. 그때 나는
인간적인 판단으로 행동하지 않고(혈육과 의논하지 않고) 17 또 나보다 먼저
사도 된 자들을 만나기 위해 예루살렘으로 가지 않고 다메섹과 인접한 아라
비아 사막 지역으로 갔다가 다시 다메섹으로 돌아갔다.

갈 1:18 그 후 3년 만에 나는 베드로(게바)를 만나기 위해 예루살렘에 올라
가서 그와 함께 15일을 머물고 있었다. 그때 19 주님의 형제 야고보 외에는
다른 사도들을 만나보지 못했다. 20 이제 내가 너희에게 이 편지를 쓰는 것
은 하나님 앞에서 거짓말이 아님을 분명하게 밝힌다. 21 그 후에 나는 수리
아와 길리기아 지역으로 갔었다. 그러나 그 지역 내에 있는 22 유대인의 교
회들이 나를 예수 믿는 사람으로(얼굴로는) 알아보지 못하고 23 단지 우리
를 박해하던 자가 전에 잔해(멸)하려던 그 믿음을 지금 전한다 하는 소식
을 듣고 24 나로 인해 하나님께 영광을 돌렸다.

† 예루살렘 교회와 이방인의 사도 (갈 2:1-10)

갈 2:1-2 ● 1차 전도 여행 후 예루살렘을 방문한 지 14년 후에 나는 바나바와
함께 에바브로 디도를 데리고 하나님의 계시를 따라 다시 예루살렘에 올라
가 내가 이방 지역에서 전하는 복음을 그들(유대인들)에게도 설명했다. 특
히 유명(유력)한 자들에게 개인적으로 설명한 것은 내가 하는 일(달음질)
이나 한 일이 헛된 것이 되지 않게 하기 위함이었다. 3 그러나 나와 함께 있
는 헬라인 에바브로 디도까지도 할례를 받도록 강요하지 않은 것은 4 은밀
히 들어온 거짓 형제들 때문이다. 저희가 은밀히 들어온 것은 그리스도 예
수 안에서 우리가 누리는 자유를 엿보고 우리를 다시 율법에 얽매이게 하는
종으로 삼기 위해서이었다. 5 우리는 그들에게 한순간도 굴복(복종)하지
않았으니 그것은 복음의 진리가 항상 너희 가운데 있게 하기 위한 것이다.

갈 2:6 지도자 자격이 있는 유명하다는 어떤 사람들도 새로운 사실을 알려

✣ 바울의 사도직과 소명 (갈 1장)

회심 이전의 바울

- 교회를 심히 핍박하고 잔해함(13)
- 유대교의 열심이 다른 사람보다 컸음(14)

바울의 사도직

- 조상의 유전에 열심이 있었음(14)
- 사람에게 받은 것이 아님(1, 12)
- 사람에게 배운 것도 아님(12)

바울의 소명

- 하나님 아버지로 말미암아 사도가 됨(1)
- 예수 그리스도의 계시로 사도가 됨(12)
- 모태로부터 선택받음(15)
- 이방인 사도로 부름을 받음(16)
- 혈육과 의논하여 받은 것이 아님(16)

바울의 사도직 변호(갈 1:1, 11-12)
갈라디아서에는 바울이 급하게 자신의 사도 신분에 대하여 변호하려는 의지가 뚜렷이 나타나 있다. 이는 바울이 그 문제를 얼마나 심각하게 생각하고 있는가를 보여준다. 이에 바울은 자신이 사도가 된 것은 사람이 아닌 예수 그리스도와 하나님에 의한 것이라고 강조한다.

다메섹 동쪽의 아라비아 사막(갈 1:17) 시리아 사막. 당시 아라비아는 페르시아 만에서부터 홍해까지를 일컫는 일반적인 말이었다. 따라서 바울이 회심 후 간 아라비아는 오늘날 사우디아라비아가 아니라 시리아 근처였다.

주지 못했다. (의무를 더하여 준 것이 없고) 나와 상관이 없다. 하나님은 사람을 겉모습으로 판단하지 않으신다. [7] 오히려 베드로에게 할례를 받은 자들에게까지 복음 전하는 일이 맡겨진 것처럼 나에게도 할례를 받지 않은 무할례자에게 복음 전하는 일이 맡겨진 것을 알았다. [8] 베드로에게 역사하사 그를 할례받은 자의 사도로 삼으신 이가 또한 나에게 역사하사 나를 이방인의 사도로 삼으셨다. [9] 또 기둥같이 중요하게 여기는 야고보와 베드로(게바)와 요한도 주님께서 내게 주신 은혜를 알고 있었기 때문에 나와 바나바에게 친교의 악수를 청했다. 이는 우리는 이방인에게로, 그들은 할례자에게로 가게 하기 위함이다. [10] 다만 그들은 우리에게 가난한 자들을 생각(기억)하도록 부탁했으니 이것은 나도 처음부터 힘써 행해온 것이다.

QT '다름(차이)'을 포용하는 자세가 중요하다(갈 2:7-9).

예루살렘을 방문한 바울은 이방인의 사도로서 유대인의 사도(야고보, 베드로, 요한)와 교제의 악수를 하는 아름다운 모습을 보인다(갈 2:7-9).
오늘날 성도들까지도(한국 교회) 나와 조금만 다르면 쉽게 정죄하는 병적인 문제를 안고 있지 않은가? 각각의 부름의 차이가 있고 쓰임받는 용도가 다르다. 본질은 변할 수 없으되 그 형태는 달라질 수 있음을 인정해야 한다. 바울이 야고보와 교제의 악수를 한 것처럼 복음 사역에 있어 좀 더 포용력 있는 자세를 갖자. 하나님은 사람이 보는 기준과 다르니 사람은 겉모습을 보나 하나님은 중심을 보고 판단하신다.

† 믿음으로 의롭게 되는 원리 (갈 2:11-21)

갈 2:11 ● 베드로(게바)가 수리아의 안디옥에 왔을 때에 책망받을 일이 있어 내가 그를 면전(대면)에서 책망(반대)했다. 그 내용은 이러했다. [12] 야고보가 보낸 어떤 이들이 도착하기 전에 베드로(게바)가 이방인과 함께 음식을 먹다가 그들이 오자 그가 할례를 주장하는 자들을 두려워하여 슬그머니 식사 자리에서 떠나갔다. [13] 이로 인해 남아 있던 유대인들도 베드로와 같이 형식적인 신앙(외식)에 빠졌고 바나바도 그런 신앙에 빠졌다(유혹되었다). [14] 그래서 나는 그들이 형식에 빠져 복음의 진리를 따라 바르게 행하지 않음을 보고 모든 자들 앞에서 베드로(게바)에게 말했다. "당신은 유대인으로서 이방인을 따르고 유대인답게 살지 않으면서 어찌하여 억지로 이방인을 유대인처럼 살도록 강요할 수 있습니까?"라고 말했다.

갈 2:15 본래 유대인으로 태어난 우리는 이방 죄인은 아니다. 그러나 [16] 사람이 의롭게 되는 것은 유대인으로서 율법을 지켰기 때문이(행위가) 아니라 오로지 예수 그리스도를 믿음으로 가능한 것인 줄 알기 때문에 우리도 예수 그리스도를 믿는 것이다. 이는 우리가 율법을 지킴으로써가 아니고 그리스도를 믿음으로 의롭다 함을 얻으려 함이다. 율법을 지킴으로(행위로써는) 의롭게 되는 사람(육체)은 없다. [17] 만일 우리가 그리스도 안에서 의롭게 되려고 힘쓰다가 죄인이라는 사실이 나타난다면 그것이 그리스도께

수리아 안디옥의 베드로(갈 2:11) 터키 안타키아, 베드로 동굴 교회

수리아 안디옥의 베드로동굴교회(갈 2:11) 터키 안타키아, 베드로의 안디옥 방문을 기념하여 바위로 된 산을 깎아 만든 교회이다.

서 죄를 짓게 하는 분이 되는 것인가? 그것은 결코 아니다. 18 만일 내가 헐
어버린 율법을 다시 가르친다면 내가 나를 스스로 죄짓는 자로 만드는 것
이다. 19 나는 이미 율법을 통해 율법에 따라 사는 것을 포기했다. 그것은 하
나님을 위해 살려고 했기 때문이다.

갈 2:20 나는 그리스도와 함께 십자가에 못 박혔다. 그러므로 이제부터는
내가 사는 것이 아니라 오직 내 안에 계신 그리스도께서 사는 것이다. 이후
로 내가 육신(육체) 가운데 사는 것은 나를 사랑하시고, 나를 위해 자기 자
신을 십자가에 버리신 하나님의 아들을 믿는 믿음 안에서 사는 것이다. 21 나
는 이런 하나님의 은혜를 헛되게(폐) 하지 않을 것이다. 만일 의롭게 되는
것이 율법으로 가능하다면 그리스도의 죽음은 헛된 것이 될 것이다.

† 율법에 속한 자와 믿음에 속한 자 (갈 3:1-22)

갈 3:1 ● 어리석은 너희 갈라디아 사람들아, 예수 그리스도께서 너희를 위
해 십자가에 못 박히신 것이 너희 눈앞에 생생하게 보이는데 누가 너희를
율법적인 사상으로 타락시키더냐? 2 나는 너희에게서 오로지 이것을 알기
원한다. 너희가 성령을 받은 것이 율법을 지켰기 때문이냐? 아니면 듣고
믿음으로 그 말씀을 받아들였기 때문이냐?(믿음으로 들음에서냐?) 3 너희가
성령으로 시작한 일을 이제는 육신(육체)의 일로 마치겠느냐? 너희는 이
같이 어리석으냐? 4 너희가 이같이 복음 때문에 당한 괴로움이 헛된 일이
었느냐? 5 너희에게 성령을 주시고(수응하고) 너희 가운데서 능력을 행하
시는 이의 일이 율법을 지킴으로냐? 아니면 믿음으로 말씀을 들었기 때문
이냐?

갈 3:6 아브라함은 하나님을 믿었고 그것으로 그는 의롭다고 인정함을 받
았다(창 15:6). 7 그러므로 믿음으로 사는 자들은 자신이 아브라함의 자손
인 줄 알아야 한다. 8 또 하나님께서는 이방인(족속)들을 믿음으로 인해 의
롭다고 인정하실 것을 성경이 미리 예견하고 먼저 아브라함에게 복음을
전하기를 "모든 이방인(족속)이 너로 인해 복을 받으리라(창 12:3)"고 했
다. 9 그러므로 믿음으로 사는 자는 믿음이 있는 아브라함과 함께 복을 받
는다.

율법과 복음(갈 3장)

율 법	복 음
행위에 속한 자들은 저주 아래	믿음에 속한 자들은 복음 아래
의롭게 되지 못함	의롭게 됨
약속의 자손이 오기까지	약속의 자손이 다시 오기까지
육체로 바침	성령으로 바침
성령을 받지 못함	성령을 받게 함

갈 3:10 무릇 율법을 행함(율법 행위)으로 의에 이른다고 하는 자들은 저주
아래에 있으니 그것은 "누구든지 율법 책에 기록된 대로 모든 일을 항상
행하지 않는 자는 저주 아래에 있는 자(신 27:26)"라고 기록된 것과 같다.
11 또 하나님 앞에서는 아무도 율법을 행함으로 의롭게 되지 못하는 것이
확실하다. 왜냐하면 "의인은 믿음으로 살리라(합 2:4)"라고 말씀했기 때문
이다. 12 율법은 믿음에서 온 것이 아니기 때문에 "율법을 행하는 자는 그
가운데서 살리라(레 18:5)"고 했다. 13 그리스도께서 우리를 위해 저주를
받음으로 우리를 율법대로 행하지 않으면 죽는다는 율법의 저주에서 건져주
셨다(속량하셨으니). 성경에 기록되기를 "나무에 달린 자마다 저주 아래에
있는 자(신 21:23)"라고 했다. 14 이는 그리스도 예수 안에서 아브라함의 복
이 이방인에게 미치게 하고, 또 우리로 하여금 믿음으로 인해 성령의 약속
을 받게 하기 위함이다.

갈 3:15 형제들아, 내가 세상(사람)의 경우를 들어 말한다. 사람이 맺은 약
속(언약)이라도 한 번 맺은 후에는 아무도 무효로 하거나 추가하지 못한
다. 16 하물며 이 약속들은 하나님께서 아브라함과 그 자손(씨)에게 말씀하
신 것(창 22:18)인데 여러 사람들을 가리킨 말인 "그 자손들에게"라는 말
을 사용하지 않고 오직 한 사람을 가리켜 "네 자손이라" 하셨으니 바로 그
리스도이시다. 17 나는 지금 이것을 말하고 있다. 곧 하나님께서 아브라함에
게 미리 정하신 약속(언약)을 430년 후에 생긴 율법이 결코 무효화하지 못
하고 그 약속을 헛되게 하지도 못한다는 것이다. 18 만일 율법에 의해서 그
유산(유업)을 받는 것이라면 그것은 약속에서 난 것이 아니다. 그러나 하
나님은 약속을 따라 아브라함에게 유산을 주셨다.

갈 3:19 그러면 율법을 주신 목적은 무엇인가? 그것은 죄가 어떤 것인지 깨
닫게 하기 위해 주어진 것이다. 따라서 천사들이 전해준 것을 한 중재자의
손을 통해 공표된 것이다. 율법은 약속하신 자손인 메시아가 오실 때까지
만 필요한 것이다. 20 그 중보자(모세)는 한 편만 위한 자가 아니다. 그런데
약속의 당사자는 하나님 한 분이시다(구원의 복음은 하나님이 직접 주신 것이
다). 21 그렇다면 율법이 하나님의 약속들과 상반(반대)되는 것이냐? 결코
그럴 수 없다. 만일 능히 살게 하는 율법을 주셨다면 의로움을 얻는 것은

난제 율법으로 구원을 얻지 못한다면 율법의 역할은 무엇인가(갈 3:19-20, 3:24)?

율법은 인간의 행동에 대한 기준을 제시하고 그에 따라 죄를 지적하고 정죄를 내리는 역할을 한다. 그렇기 때문에 율법은 인간이 그것을 지키지 못했을 때 처벌하는 데 그 목적이 있는 것으로 오해하기 쉽다. 그러나 율법의 목적은 처벌하는 데 있는 것이 아니라 인간으로 하여금 죄를 자각하게 함으로 인간에게 구원이 필요함을 알게 하는 데 있다. 따라서 율법을 지킴으로 구원을 얻을 수 없다. 그러나 무조건적인 은혜로 구원을 얻은 자로 하여금 타의적이 아닌 자발적으로 율법을 지키도록 한다. 즉 율법은 구원에 이르게는 못하지만 구원에 이르도록 인도해준다. 참고로 은혜로 구원받은 성도는 예수께서 율법의 요구를 모두 채워준 공로에 힘입어 율법의 형벌이 적용되지는 않는다. 그러므로 성도는 구원받기 위해 율법을 지키는 것이 아니라 구원받은 자로서 다 지키지는 못할지언정 스스로 지키려고 노력하는 삶을 사는 것이다.

반드시 율법으로 가능했을 것입니다. 22 그러나 율법(성경)은 모든 것을 죄 가운데 매이게 했다. 이는 예수 그리스도를 믿음을 통해 약속된 것을 믿는 자들에게 주기 위한 것이다.

† 하나님의 아들과 율법의 제한성 (갈 3:23-4:7)

갈 3:23 ●이런 믿음이 오기 전에 우리는 율법에 매여 있어 계시될 믿음의 때까지 갇혀 있었다. 24 이같이 율법은 우리를 그리스도께로 인도하는 후견인(초등 교사, 몽학 교사)이 되어 우리로 하여금 믿음으로 인해 의롭다 함을 얻게 했다. 25 이제 믿음이 왔기 때문에 이후로는 우리에게 후견인(초등 교사)이 필요 없게 되었다. 26 너희가 다 믿음으로 인해 그리스도 예수 안에서 하나님의 아들이 되었다. 그러므로 27 누구든지 그리스도와 연합하기 위하여 세례(침례)를 받은 자는 그리스도의 삶을 사는 자가 된 것이다(그리스도로 옷 입었느니라). 28 너희는 유대인이나 헬라인이나, 종이나 자유인이나, 남자나 여자나, 모두 그리스도 예수 안에서는 하나이다. 29 너희가 그리스도의 것이면, 곧 아브라함의 자손(씨)이요, 약속에 따라 유산(유업)을 상속받을 자가 되는 것이다.

갈 4:1 내가 다시 말하니 유산을 상속받을 자가 모든 것의 주인이지만 어렸을 때에는 종과 다름이 없기 때문에 2 그 아버지가 상속을 해줄 때까지는 후견인과 재산을 관리하는 청지기의 지시를 받는다. 3 이와 같이 우리도 어렸을 때에는 이 세상의 초등 학문(천체 숭배) 아래에 있어서 그것들을 숭배했다(종 노릇 했다). 4 그러나 이제는 때가 되어 하나님이 그 아들을 여자에게서와 율법 아래에서 나게 하셨다. 이는 5 율법 아래에 있는 자들을 대속(속량)하시고 우리로 하여금 그의 아들의 명분을 얻게 하려는 것이다. 6 너희가 아들이므로 하나님이 그 아들의 영을 우리 마음 가운데 보내사 '아빠 아버지라'고 부르게 하셨다. 7 그러므로 네가 이후로는 종이 아니라 아들이기 때문에 하나님으로 인해 유산을 받을 상속자가 된 것이다.

성경 상식

몽학 선생(후견인, 갈 9:24)

몽학 선생은 헬라어 '파이다고스'이다. 이는 어린아이를 시중 드는 사람을 의미하나 본래 이 말은 어린아이가 학교에 안전하게 도착하도록 책임진 노예를 가리키는 말이었다. 구체적으로 주인의 아들을 6,7세 때부터 12세(또는 15세) 때까지 돌보는 일을 하는 사람으로 주인의 아들이 집을 나가 돌아올 때까지 동행했다. 본문에서는 율법이 우리를 복음으로 인도하는 역할을 한다는 의미로 사용되었다.

아브라함과 그 자손(갈 3:29) 12세기, 스비니 성경 사본 삽화

† 갈라디아 교회에 대한 바울의 애정 (갈 4:8-31)

갈 4:8 ●너희가 어렸을(초등 학문) 때에는 하나님을 알지 못하여 본질상

하나님이 아닌 자들에게 종 노릇(숭배)했다. 그러나 9 이제는 너희가 하나님을 알고 하나님이 너희를 아신 바 되었다. 그런데 어찌하여 다시 약하고 헛된(천박한) 초등 학문으로 돌아가서 다시 그것들에게 종 노릇을 하려고 하느냐? 10 너희가 날과 달과 절기와 해를 엄격히 섬기니 11 내가 너희를 위해 수고한 것이 헛된 것이 될까 심히 염려(두려워)가 된다. 12 형제들아, 내가 너희와 같이 된 것처럼 너희도 나와 같이 되기를 구한다. 너희는 나에게 해롭게 하지 않았고 잘 대해주었다.

갈 4:13 내가 처음에는 육체의 약함 때문에 오히려 너희에게 복음을 전한 것을 너희는 잘 알고 있다. 14 너희의 시험거리가 나의 연약한 육체(질병) 때문에 너희에게 시험거리(짐)가 되었다. 그럼에도 내 질병으로 너희가 나를 업신여기지 않았고, 나를 버리지도 않았으며, 오직 나를 하나님의 천사와 그리스도 예수와 같이 영접했다.

갈 4:15 그런데 율법의 속박에서 벗어나 복음을 영접했을 때의 기쁨(복)이 지금 어디 있느냐? 내가 너희에게 증언하는데 너희가 할 수만 있었더라면 너희의 눈이라도 빼어 나에게 주었을 것이다. 16 그런즉 내가 너희에게 바른 말을 하므로(내가 정당히 너희를 대접하므로) 원수가 되었느냐? 17 율법주의 자들은 너희에 대해 처음에는 열심을 내지만 그것은 좋은 뜻이 아니라 오직 너희를 설득(이간)시켜 결국은 너희가 자기들에게 열심을 내게 하기 위함이다. 18 좋은 일에 대해 열심으로 사모함을 받는 것은 내가 너희를 대면했을 때뿐만 아니라 언제든지 좋다.

갈 4:19 나의 믿음의 자녀들아, 나는 너희 속에 그리스도의 형상을 이루기까지 다시 너희를 위해 해산하는 수고를 한다. 20 내가 지금이라도 너희와 함께 있어 내 음성을 높이려고 하는 것은 너희의 신앙적인 상태를 잘 알지 못하기 때문이다. 21 율법으로 살고자 하는 자들은 나에게 말하라. 너희는 율법에서 읽지 못했느냐?

갈 4:22 성경(율법)에 기록되기를 "아브라함에게 두 아들이 있으니 하나는 여종에게서, 하나는 자유한 여자에게서 났다(창 16:15)"라고 했다. 23 여종에게서는 육체를 따라 났고, 자유한 여자에게서는 약속으로 인해 낳았다(창 21:2). 24 이것은 비유로 이 여자들은 두 언약을 상징한다. 하나는 시내

사라의 웃음(갈 4:22) 13세기, 모자이크, 산마르코(마가)대성당, 베네치아
대접을 받은 천사는 늙어 경수가 끊어진 아브라함에게 자식이 있을 것을 예고한다. 이 말을 장막에서 들은 사라는 속으로 웃는다(창 18:12-15). 그러나 약속대로 사라는 90세에 약속의 아들 이삭을 출산한다.

사라가 남편 아브라함에게 하갈을 첩으로 줌(갈 4:22) 1699년, 판데르 베르프트 작.
사라는 아브라함을 통해 이스마엘을 낳았다(창 21:2). 하갈은 머리를 숙인 채 오른손으로 자신의 오른쪽 젖가슴을 가리고 있으나 왼쪽 젖가슴은 드러낸 채로 늙은 아브라함과 동침을 기다리고 있는 모습이다. 이때 아브라함 나이는 86세였다.

두 언약의 비유(갈 4:21-31)

옛언약	새언약
하갈의 소생	사라의 소생
(계집종, 여종)	(자유하는 여자)
이스마엘	이삭
육체를 따라 출생	약속에 의해 출생
시내 산으로부터	예루살렘으로부터
종 노릇	자유자
유업을 받지 못함	유업을 얻음

산으로부터 종을 낳은 자로 곧 하갈이다. [25] 이 하갈은 아라비아(당시 아라
비아는 페르시아만에서 홍해까지를 일컬었다)에 있는 시내 산으로서 지금 있
는 예루살렘과 같은 곳이니 그가 그 자녀들과 더불어 종 노릇했다. [26] 그러
나 오직 하늘(위)에 있는 예루살렘은 자유자니, 곧 우리 어머니이다.

갈 4:27 성경에 기록되기를 "잉태하지 못한 자여, 즐거워하라. 출산의 고통
(산고)을 모르는 자여, 소리 질러 외치라. 이는 홀로 사는 자의 자녀(광야의
자녀)가 남편 있는 자의 자녀보다 많기 때문이다(사 54:1)"라고 했다. [28] 형
제들아, 너희는 이삭과 같은 약속의 자녀이다. [29] 그러나 그때에 자연 출산
(육체)을 따라 난 자가 성령을 따라 난 자를 핍박(박해)한 것같이 지금도 그
러하다. [30] 그러나 성경은 어떻게 말하고 있느냐? "여종과 그 아들을 내어
쫓으라. 여종의 아들이 자유한 여자의 아들과 더불어 유산(유업)을 받지
못할 것이다(창 21:10, 12)"라고 했다. [31] 형제들아, 우리는 여종의 자녀가
아니라 자유한 여자의 자녀이다.

✣ 시내 산(갈 4:25)
시내 산은 여러 곳이 주장되고 있으나 대체로 시나이 반도 제벨 무사로 본다.

† 그리스도인의 자유와 사랑 (갈 5:1-26)

갈 5:1 ● 그리스도께서 우리를 자유하게 하려고 자유를 주셨다. 그러므로
굳세게 서서 다시는 율법(종)의 멍에를 메지 말라. [2] 나 바울의 말을 들어
라. 너희가 만일 할례를 받고 율법으로 다시 돌아간다면 그리스도는 너희
에게 아무 도움(유익)이 되지 못할 것이다. [3] 내가 할례를 받는 각 사람에게
다시 증언하니 그는 율법 전체를 행할 의무를 가진 자가 되는 것이다. [4] 율

하갈로 상징된 시내 산(갈 4:25) 이집트 제벨 무사

자유하는 여자로 비유된 예루살렘(갈 4:26) 이스라엘

법 안에서 의롭다 함을 얻으려고 한다면 너희는 그리스도에게서 끊어지
고 은혜에서 멀어진 자이다. [5] 그러나 우리는 성령을 힘입어서 믿음을 따
라 의롭다 함을 받는 이 소망을 기다린다. [6] 그리스도 예수 안에서는 할례
나 할례받지 않은 무할례나 그것이 중요하지 않다. 오직 사랑으로써 나타
나는(역사하는) 믿음이 중요하다.

갈 5:7 너희가 이제까지 믿음(달음질)을 잘 지켜오더니 누가 너희를 막아
진리를 따르지 않게 하느냐? [8] 그런 권면은 너희를 부르신 이에게서 온 것
이 아니다. [9] 그러므로 적은 누룩이 온 덩어리에 퍼져 부풀게 하는 것임을
조심하라. [10] 나는 너희가 그런 다른 마음을 품지 않을 줄을 주님 안에서 확
신한다. 그러나 너희를 거짓 교훈으로 혼란하게 하는 자는 누구든지 심판을
받을 것이다.

갈 5:11 형제들아, 내가 지금까지 할례를 받아야 구원을 받는다고 전했다
면 왜 지금까지 박해를 받았느냐? 아마 그렇게 했다면 십자가를 전하는
어려움(걸림돌)도 사라졌을 것이다. [12] 너희를 혼란스럽게 하는 자들은 차
라리 스스로 고자가 되기를(베어버리기를) 원한다. [13] 형제들아, 너희는 자
유인으로 부름을 받았다. 그러므로 그 자유를 육체의 욕망을 채우는 기회
로 삼지 말고 오직 사랑으로 서로 섬기는 종이 되라. [14] 모든 율법은 "네 이
웃 사랑하기를 네 자신같이 하라(레 19:18)"고 하신 말씀에 모두 포함되어
있다. [15] 만일 서로 해치고 비방한다면 피차 멸망할까 조심하라.

갈 5:16 나는 너희에게 말한다. 너희는 성령을 따라 행하라. 그러면 육체의
욕심을 따라 살지 않을 것이다. [17] 육체의 욕망(소욕)은 성령을 거스르고,
성령은 육체의 욕망을 거스르기 때문에 이 둘이 서로 대적함으로 너희가
원하는 것을 하지 못하게 하려고 한다. [18] 너희가 만일 성령께서 인도하는
대로 살면 율법 아래에 있지 않게 될 것이다. [19] 육체가 하는 일은 분명하
다. 음행, 더러운 것, 음란(호색), [20] 우상숭배와 술수(주술, 마술), 원수가 되
게 하는 것, 분쟁과 시기, 분노케 하는 것, 편 가르는(당파를 짓는) 것과 분
열시키는 것, 이단, [21] 투기, 술 취함과 방탕함과 또 그와 같은 것들이다. 이
전에 너희에게 경고(경계)한 것같이 경고하니 이런 일을 하는 자들은 하나
님의 나라를 유산(유업)으로 받지 못할 것이다.

✣ 그리스도인의 자유(갈 5:1–6)
어려서부터 가말리엘 밑에서 율법을 배우며, 율법의 멍에 아래에 있던 바울은 부활한 예수님을 만난 후 복음의 사역자가 되었다. 바울은 지난날의 자기와 같이 율법에 매여 있는 유대인들에게 예수 그리스도와 복음 안에서의 자유에 대해서 역설한다. 초기 교회 교인 중에는 이방인과 다수의 유대인이 있었다. 특히 유대인들은 신약성경도 없던 때에 율법 안에서 의롭다 함을 얻으려 했고, 할례도 필수적인 것으로 고집했다. 이런 상황 속에서 바울은 교회 성도들을 미혹하는 율법주의자들과 싸워야 했다.

✣ 육체의 소욕
(갈 5:17-21, 롬 1:29, 13:13-14)
시기, 더러움(추악) 투기와 분쟁, 분냄, 비방, 악의, 불의, 살인, 술 취함과 방탕, 술수, 교만, 음행, 호색 등.

신약에 나오는 열매

열매	내용(성경)
빛의 열매	착함, 의로움, 진실함(엡 5:9)
성령의 열매	사랑, 희락, 화평, 오래 참음, 자비, 양선, 충성, 온유, 절제(갈 5:22,23)
의의 열매	영광, 찬송, 화평(빌 1:11, 약 3:18)
입술의 열매	찬미의 제사(히 13:15)
부활 첫 열매	그리스도(고전 15:20)
거룩에 이르는 열매	영생(롬 6:22)
회개에 합당한 열매	진노를 피하기 위해(눅 3:8)
영생에 이르는 열매	뿌리는 자와 거두는 자가 함께 즐거워하게 하기 위해(요 4:36)

갈 5:22 그러므로 오직 성령의 열매는 사랑, 희락, 화평, 오래 참음, 자비, 양
선, 충성, 23 온유와 절제 등이니 이같은 것을 하지 못하게 하는 율법(법)은 없
다. 24 그리스도 예수께 속한 사람들은 육체와 함께 그 정욕과 욕심(탐심)을
십자가에 못 박았다. 25 만일 우리가 성령을 따라 살면 또한 성령으로 행할 것
이다. 26 헛된 영광을 구하여 서로 다투거나(노엽게) 서로 투기하지 말라.

† 성도의 실천적 생활 (갈 6:1-10)

갈 6:1 ● 형제들아, 너희 중에 범죄한 사람이 있다면 신령한 너희는 부드
러운 마음(심령)으로 그러한 자를 바로잡아주고 너 자신도 스스로 살펴보
아 너도 시험에 들지 않도록 조심하라. 2 너희는 짐(무거운 짐)을 서로 지라.
그것은 그리스도의 법을 이루는 것이다. 3 만일 아무것도 아닌 자가 무엇
이나 된 줄로 생각하면 그것은 스스로를 속이는 것이다. 4 각자 자기의 일
을 살피고 비교하지 마라. 그러면 자랑할 일이 남에게는 있지 않고 오직 자
기에게만 있을 것이다. 5 각자 자기의 짐(책임)은 자기가 질 것이다.

갈 6:6 하나님의 가르침을 배우는 사람은 말씀을 가르치는 자와 모든 좋
은 것을 나누기 바란다. 7 스스로를 속이지 말라. 하나님을 속일(업신여길)
수 없다. 사람이 무엇으로 심든지 그대로 거둔다. 8 자기의 육체를 위해 사
는 자(심는 자)는 결국 육체로부터 썩어질 것을 거두고, 성령을 위해 사는
자(심는 자)는 마침내 성령으로부터 영원한 생명을 거둔다. 9 그러므로 우
리가 선을 행할 때 낙심하지 말라. 끝까지 선을 행하면 때가 되면 거둘 것
이다. 10 그러므로 우리는 기회 있는 대로 모든 이에게 착한 일을 하되 특히

✣ 심는 자와 거두는 자(갈 6:7-8)
바울은 본문에서 심은 대로 거두는 생물학적인 원리를 종교적 실천윤리로 가르치고 있다. 바울은 본문에서 성경 말씀을 가지고 지식으로만 그치지 말고 실천하라고 교훈하는 것이다.

씨 뿌리는 사람(갈 6:7-8) 요르단

추수한 곡식단을 든 여인(갈 6:7-8) 이스라엘

믿음의 가정들에게 하라.

† 할례와 그리스도의 십자가 (갈 6:11-18)

갈 6:11 ● 내가 친필로 너희에게 이렇게 큰 글자로 쓴 것을 보라. [12] 억지로
너희에게 할례를 받게 하려고 하는 자들은 육체의 모양을 내어 꾸미기를
좋아하는 자들이다. 그들은 그리스도의 십자가의 원리를 따르게 되면 박
해를 받을까 두려워한다. [13] 할례를 받은 그들이라도 율법은 지키지 않고
너희에게 할례를 받게 하려는 것은 그들이 너희에게 한 일(육체)로 자랑하
기 위함이다. [14] 그러나 나에게는 우리 주 예수 그리스도의 십자가밖에는
결코 자랑할 것이 없다. 이는 세상이 그리스도의 십자가로 인해 나에 대해
죽었고(못 박혔고), 나 또한 세상에 대하여 죽었기 때문이다.
갈 6:15 할례를 받고 받지 않는 것은 중요한 것이 아니다. 그보다 더 중요한
것은 하나님의 자녀로 새로 지으심을 받는 것이다. [16] 무릇 이 규례를 행하는
자와 하나님의 백성 된 이스라엘에게 평안과 긍휼이 있기를 바란다. [17] 이
후로는 아무든지 나를 괴롭게 하지 말라. 나는 내 몸에 예수의 흔적을 지
니고 있다. [18] 형제들아, 우리 주 예수 그리스도의 은혜가 너희 심령에 있기
를 바란다. 아멘

Q&A 큰 글자로 쓴 이유는 (갈 6:11)?

바울은 본서를 끝맺는 인사를 하면서 특별히 친히 큰 글자로 썼다고 밝힌다. 바울이 쓴 편지 중에는 로마서처럼 바울의 이름으로 쓴 편지인데도 대서(代書)한 경우가 있는데 본서는 큰 글자로 썼다고 강조하는 것은 자신이 나이가 많아 손이 떨리고 눈이 잘 보이지 않아서 작은 글자로 쓰기가 어려웠음을 나타낸 것이다. 이는 그가 너무 육체적인 고난을 당한 것 때문이라고 생각된다.

† 바울과 바나바가 갈라짐 (행 15:36-41)

행 15:36 ● 여러 날 후에 바울이 바나바에게 말했다. "우리가 이전에 주님의
말씀을 전한 각 도시(성)로 다시 가서 믿음의 형제들을 방문하고 그들이 어

바울의 서신 기록 지역

떻게 지내는지 살펴보자." 37 이에 바나바는 '마가'라 하는 요한도 함께 데
리고 가기를 원했다. 38 그러나 바울은 밤빌리아 지역에 있는 버가에서 도중
에 자기들을 떠나 계속 동행하지(일하러 가지) 않은 자를 다시 데리고 가는
것이 옳지 않다 하여 반대했다. 39 이 일로 두 사람은 심하게 다투었고 결국
서로 갈라서고 말았다. 이에 바나바는 '마가'라 하는 요한을 데리고 배를
타고 지중해 동쪽에 있는 자기 고향 구브로(키프로스) 섬으로 갔고, 40 바울은
실라를 선택한 후에 형제들에게 주님의 은혜가 있기를 기도해주는 안디옥
교회의 환송을 받으며 떠나(50년 3월 말) 41 수리아(시리아) 지역과 길리기아
지역으로 다니며 교회들을 굳게 했다.

12 바울의 2차 전도 여행과 데살로니가전후서

바울이 환상을 본 드로아 항구 터, 터키

성경사

예수 탄생 (눅2:1-7)	바울 출생 (행22:3)	예수 승천 (행1:6-9)	바울 회심 (행9장)	바울 1차 전도 여행 (행13-14장)	바울 2차 전도 여행 (행16장-)	바울 3차 전도 여행 (행18:23-)	바울 로마행 (행27장-)	바울 순교	계시록 기록 (계시록)	사도 요한 죽음
BC4	AD5	29	33	46.3	50.3	53.6	59.8	67.6	81-96	100?

바울의 2차 전도 여행

성경지리 **더베(Derbe, 행 16:1)**
더베는 현재 카라만(Karaman)에서 북동으로 24㎞ 떨어진 중간 정도 크기의 주거지 구릉인 케르티 후유쿡(Kerti Huyuk)라는 유적지이다. 이곳은 남부 소아시아의 중심 지역에 있었던 한 도시로 남부 아나톨리아의 중부 지역에 있는 한 고원 지대인 루가오니아라는 지방의 한 도시이다.
당시 루가오니아 지방의 중심 도시는 이고니온이었다. 그러나 이고니온은 브루기아인들이 정주했던 중심지인 반면 더베와 루스드라는 다른 언어를 사용하는 루가오니아인들의 거주지였다(행 14:11). 더베는 바울이 첫 번째와 두 번째 전도 여행 중에 들렀다. 바울의 제자 중 가이오는 더베 사람이었다(행 20:4).

더베로 가는 로마 때 길(행 16:1) 터키

† 바울의 2차 전도 여행 출발 (행 16:1-5)

행 16:1 ●바울이 첫 번째 전도 여행 때 들린 더베와 루스드라에 도착하니 그 곳에는 '디모데'라고 하는 제자가 있었다. 그의 어머니는 믿는 유대 여자이고, 아버지는 헬라인이었다. [2] 디모데는 루스드라와 이고니온에 있는 형제들에게 칭찬을 받는 자였다. [3] 바울이 그를 데리고 함께 전도 여행을 떠나기 위해 그 지역에 있는 유대인으로 인해 그를 데려다가 할례를 행했다. 왜냐하면 그 지역 사람들이 그의 아버지가 헬라인인 줄 다 알고 있었기 때문이었다. 그래서 유대인들과 할례 문제로 다투지 않고 원만한 관계를 위해 할례를 베푼 것이다. [4] 이에 바울이 여러 도시(성)들로 다니면서 예루살렘에 있는 사도와 장로들이 믿는 이방인을 위해 예루살렘 교회에서 결정한 규정(행 15:20, 29)을 그들에게 가르쳐 지키게 했다. [5] 이에 여러 교회가 믿음이 더 굳건해지고 믿는 자의 수가 날마다 늘어갔다.

† 드로아에서 마게도냐인의 환상을 봄 (행 16:6-10)

행 16:6 ●바울 일행이 성령께서 소아시아 지역에서 말씀을 전하지 못하게 막으셨기 때문에 그들은 브루기아 지역과 갈라디아 지역으로 다닌 후 [7] 무시아 지역 앞까지 이르렀다. 그들은 그곳에서 북동쪽에 위치한 비두니아 지역으로 가려고 했으나 성령(예수의 영)께서 허락하지 않았다. [8] 그래서 무시아 지역을 통과하여 서남쪽의 에게해의 항구 도시인 드로아로 내려갔다. [9] 그날 밤에 바울은 배로 2일 걸리는 에게해 건너편 마게도냐 지역의 한 사람이 서서 자신을 향해 "마게도냐(그리스 북부)로 건너와서 우리를 도와주십시오"라고 간청하는 환상을 보았다. [10] 이에 바울은 그 환상이 하나님께서 마

드로아 항구 터(행 16:8-9) 터키 서부 해안

바울이 마게도냐 사람의 환상을 봄(행 16:9-10) 그리스 네압볼리(카발라), 니콜라스교회 앞. 마게도냐 사람이 칼을 찬 군인 복장을 하고 있다.

게도냐 지역에 있는 사람들에게 복음을 전하도록 우리를 부르신 줄로 알고 곧바로 마게도냐로 떠나기로 작정했다.

† 빌립보에서 루디아가 복음을 받아들임 (행 16:11-15)

행 16:11 ● 마침내 우리 일행이 드로아에서 배를 타고 떠나 160㎞ 떨어진 에게해 북쪽 지역에 위치한 사모드라게 섬으로 직행하였고, 이튿날 다시 90㎞를 항해하여 네압볼리에 도착했다. 12 그리고 그곳에서 16㎞ 떨어진 빌립보에 도착하니 그 도시는 마게도냐 지방의 첫(첫째가는) 성이요, 또 로마의 식민지였다. 우리 일행은 그 도시(성)에서 며칠 동안 머물렀다.

사모드라게 섬(행 16:11) 그리스

네압볼리 항구(행 16:11) 그리스

빌립보 바실리카(행 16:12) 그리스

네압볼리에서 빌립보로 가던 바울과 실라가 잠시 머문 곳에 세워진 실라 기념 교회(행 16:11-12)
그리스 네압볼리 외곽

행 16:13 우리 일행은 안식일에 기도할 적당한 장소가 있는지 알아보기 위해 문 밖 강가(시내)에 나갔는데 그곳에는 앉아서 모여 있는 여자들이 있어 그들에게 말씀을 전했다. 14 그들 중(그곳)에는 고대 리디아 지역이었던 두아디라 도시에 있는 자색 옷감 장사를 하는 하나님을 섬기는 '루디아'라고 하는 여자도 있었다.

성경 지리 **로마 때의 에그나티아 도로 (행 16:11-12)**

에그나티아 도로(Via Egnatia, 16:12)는 로마와 마게도냐와 소아시아를 연결하는 유명한 로마의 고속도로(Via Egnatia)이다. 도로의 폭이 6m이며 콘스탄티노플에서 로마에 이르는 800km 길이의 도로이다. 이 길은 네압볼리 항구에서 빌립보를 통해 데살로니가와 베뢰아를 거쳐 로마의 아피아 가도로 연결되었다. 또한 소아시아 으로는 비잔티움으로 연결되었다. 기독교의 복음은 그 당시 세계 언어가 된 그리스어의 옷을 입고 로마의 고속도로를 따라서 전파되었다. 때가 차매 하나님께서 복음 전파를 위해 이 모든 것을 준비하신 것이다. 바울의 그리스 전도 여행은 에그나티아 도로를 따라갔다.

네압볼리에서 빌립보로 가는 로마 때의 에그나티아 도로(행 16:11-12) 그리스

1 바울이 루디아에게 세례를 베푼 강가(행 16:13, 15) 그리스 빌립보
2 바울(좌)과 루디아(우)(행 16:13-15) 색유리, 그리스 빌립보, 루디아 기념 교회
3 자주색 옷감 장사였던 루디아의 출신지인 두아디라 교회 터 기둥(행 16:14) 터키

주님께서 그녀의 마음을 열어 바울이 전하는 말을 따르게 하였다. 15 그
리하여 그 집에 속한 자들이 모두 세례(침례)를 받고 우리에게 "만일 나를 주님을 믿는 자로 안다면 내 집에 들어와 머무르라" 하며 강권했고 우리 일행은 그의 집에 머물렀다.

† 바울과 실라의 투옥 (행 16:16-40)

행 16:16 하루는 우리가 기도하는 곳으로 가다가 귀신 들려 점치는 여종
하나를 만났는데 그녀는 점을 치는 일로 그 주인들에게 많은 수입(이익)을
주었다. 17 그가 바울 일행을 따라오면서 소리를 질렀다. "이 사람들은 지
극히 높은 하나님의 종으로서 구원의 길을 너희에게 전하는 자들이다." 18
이같이 여러 날 동안 따라다니며 외쳤다. 이에 바울이 심히 괴로워하여 그
귀신에게 명령하기를 "예수 그리스도의 이름으로 내가 네게 명령하니 그
에게서 나오라" 하자 귀신이 즉시 그 여종에게서 나왔다. 19 그러자 여종의
주인들은 자기들의 수입원이 사라진 것을 보고 바울과 실라를 붙잡아 시
장 터에 있는 관리들에게 끌고 갔다.

루디아기념교회(행 16:14) 그리스 빌립보

바울을 끌고 갔던 시장 터(행 16:19) 빌립보

바울이 갇혔던 깊은 곳의 감옥(행 16:24) 빌립보

행 16:20 그리고 다시 그들의 상관 앞으로 데리고 가서 말했다. "이 사람들은
유대인인데 우리 도시(성)를 심히 문란하게 하여 21 로마 사람인 우리가 받
아들이거나 행하지도 못할 풍속을 전하고 있다." 그러자 22 군중들이 일제
히 일어나 바울과 실라를 고발하였고 상관들은 "바울의 옷을 찢어 벗기고
매로 치라"고 명령했다. 23 이에 바울과 실라를 매로 많이 친 후에 감옥에 가
두고 간수에게 명령하여 단단히 지키라고 했다. 24 이에 간수가 명령에 따
라 그들을 깊은 감옥에 가두고 그 발에 쇠고리(차꼬)를 단단히 채웠다.

행 16:25 그러나 한밤중에 바울과 실라는 기도하며 하나님을 찬송했고 그
소리를 다른 죄수들이 들었다. 26 이에 갑자기 큰 지진이 일어나 감옥 터가
흔들리고 문이 즉시 열리며 죄수들의 매인 것이 다 풀어졌다. 27 간수가 자
다가 깨어나 감옥 문들이 열린 것을 보고 죄수들이 도망한 줄 생각하여 칼
을 빼 자결하려고 했다. 28 그때 바울이 큰 소리로 외쳤다. "네 몸을 상하게
하지 말라. 우리가 도망가지 않고 모두 여기 있다." 29 간수가 등불을 달라고
하여 뛰어 들어가 두려워 떨며 바울과 실라 앞에 엎드린 후 30 그들을 밖으
로 데리고 나가 말했다. "선생들이여, 내가 어떻게 해야 구원을 받을 수 있
습니까?" 31 바울이 말하기를 "주 예수를 믿으라. 그러면 너와 네 집이 구원
을 받을 것이다"라고 하며 32 주님의 말씀을 간수와 그 집에 있는 모든 사
람들에게 전했다.

행 16:33 그날 밤 그 시각에 간수가 그들을 데려다가 매 맞은 자리를 씻어
주고 자기와 그에 속한 가족이 세례(침례)를 받았다. 34 그리고 그들을 자
기 집으로 데리고 가서 음식을 대접했다. 그와 온 집안 사람들은 하나님을
믿게 됨으로 인해 크게 기뻐했다.

풍습

로마 시민권에 대해
(행 16:21, 37-38)

브루스(Bruce)에 의하면 로마인은 로마의 행정구역 안에서는 로마법에 보호를 받았다고 전한다(아우구스투스 황제의 발레리안 포르시안 법). 로마법에 의하면 로마 시민권을 가진 자는 죄를 범한 경우에도 죄가 확정되기 전까지는 쇠나 뼈조각이 달린 채찍으로 맞는 가혹한 심문을 당하지 않았다. 그래서 40대의 매를 맞지 않았고, 십자가의 형도 면죄되었다. 또 본인의 동의에 한해 해당 지역에서 재판을 받을 수 있었고, 재판이 마음에 들지 않는 경우에는 황제에게 직접 상소할 수도 있었다. 또 당시 로마법에는 제국 내의 각 민족들이 자신들의 신을 섬기는 것은 허용되었으나 타 민족에게 자신들의 종교를 강요하는 행위는 금지되었다. 로마 시민권은 돈을 주고 획득할 수 있었고, 상속도 되었다. 바울의 부친은 로마 군대에게 천막을 제공한 대가로 많은 부를 누릴 수 있었고 로마 시민권도 얻었다고 전해진다. 바울이 태어날 때부터 로마 시민권을 가졌다고 한 것(행 33:28)을 보면 바울의 로마 시민권은 상속받은 것으로 여겨진다.

행 16:35 날이 밝자 상관들이 신하(부하, 아전)를 간수에게 보내 바울과 실
라를 풀어주라고 했다. 36 이에 간수는 명령을 받은 대로 바울에게 말했다.
"상관들이 사람을 보내 너희를 풀어주라고 했으니 이제는 나가서 평안히
가라" 37 그러자 바울이 말했다. "로마 시민권(사람)을 가진 우리를 아무 죄
도 확증하지 않고 대중 앞에서 때리고 감옥에 가두었다가 이제는 은밀히
내보내고자 하느냐? 그렇게 할 수 없다. 그들이 친히 와서 우리를 데리고
나가야 할 것이다." 38 신하들이 바울의 말을 상관들에게 보고하자 그들이
로마 시민권을 가진 사람이라는 말을 듣고 두려워하여 39 와서 사정하여
데리고 나가 1.5㎞ 정도 떨어진 그 도시(성)에서 떠나기를 청했다. 40 이에
바울과 실라가 감옥에서 나와 루디아의 집으로 가서 믿는 형제들을 만나
보고 그들을 위로(권면)한 후 빌립보를 떠났다.

† 바울의 데살로니가 전도 (행 17:1-9)

행 17:1 ● 바울과 실라는 빌립보를 떠나 52㎞ 떨어진 암비볼리와 그곳에서
다시 45㎞ 떨어진 아볼로니아를 거쳐 또다시 60㎞를 가서 데살로니가에 도
착하자 그곳에는 유대인의 회당이 있었다. 2-3 바울이 자기가 평상시 하던
대로 그들에게로 들어가서 3주간 동안(세) 안식일에 성경을 가지고 그 뜻
을 풀어 강론하고 그리스도가 고난을 당하고 죽은 자 가운데서 다시 살아
나야 할 것을 증언하여 말하기를 "내가 너희에게 전하는 이 예수가 바로 그
리스도다"라고 했다. 4 이에 그중에 경건한 헬라인의 많은 무리와 상당한 귀
부인들이 권면을 받고 바울과 실라를 따랐다. 5 그러나 유대인들은 시기하
여 시장(저자)에 있는 어떤 불량한 사람들을 데리고 떼를 지어 도시(성)에
소란을 일으키기도 했다. 그러고는 야손의 집에 침입하여 바울과 그 일행들

성경인물 **야손** (Jason, 행17:5)

야손은 마게도냐 지역에 있는 데살로니가 교인으로 바울과 실라가 이곳에서 전도하는 동안 자신의 집을 제공한 사람이다. 그는 유대인들이 바울과 실라를 찾기 위해 자신의 집을 수색했으나 찾지 못하자 그들에 의해 은닉죄로 고발당하였고 읍장들에게 보석금을 내고야 벗어났다(행17:1-9). 후에 바울은 로마에 있는 믿음의 형제들에게 문안 인사 중 야손을 언급하였다(롬16:21). 그러나 로마서의 야손과 사도행전의 야손이 동일한지에 대해서는 확실하지 않다.

야손의 집터로 추정되는 곳에 세워진 교회 (행 17:5) 그리스 데살로니가

바울의 마게도냐(그리스 북부) 지역의 전도

암비볼리 교회 터(행 17:1) 그리스

데살로니가 성문(행 17:1, 10) 그리스

아볼로니아 비마 터(행 17:1) 그리스

을 백성들 앞으로 끌어내려고 찾았으나 6 발견하지 못했다. 대신에 야손과
몇명의 형제들을 붙잡아 그 도시의 관원(읍장)들 앞으로 끌고 가서 큰소리
로 말했다. "세상(천하)을 어지럽게 하던 이 사람들이 이곳에도 이르렀고, 7
그들을 야손이 자기집으로 맞아들였다. 이 사람들이 모두 로마 황제(가이사)
의 법(명)을 거역하여 말하기를 '예수라고 하는 다른 왕(임금)이 있다'라고
말했다." 8 그러자 무리와 도시의 관원(읍장)들이 그 말을 듣고 당황(소동)하
여 9 야손과 그 나머지 사람들에게 보석금을 받고 풀어주었다.

베뢰아의 회당 터(행 17:10) 그리스
바울의 전도 지역 중 유일하게 바울이 복음을 전한 회당이 확인된 곳이다. 회당 근처에는 회당장 집터가 있다. 베뢰아에는 십자가 교회를 비롯하여 수많은 옛 교회들이 남아 있다.

바울이 복음을 전했던 베뢰아의 비마(행 17:10) 그리스
바울이 올라가 복음을 전했다는 돌이 있다.

† 바울의 베뢰아 전도 (행 17:10-15)

행 17:10 ● 그날 밤에 믿는 형제들이 몰래 바울과 실라를 데살로니가에서 서
쪽으로 75㎞ 떨어진 베뢰아로 보냈고, 바울과 실라는 그곳에 있는 유대인
의 회당에 들어갔다. 11 베뢰아에 있는 사람들은 데살로니가에 있는 사람
들보다 더 너그러운 성품을 가졌기 때문에 사모하는 마음으로 말씀을 받
아들였다. 그리고 그것이 사실인지 알기 위해 날마다 성경을 연구(상고)했
다. 12 그래서 믿는 사람이 많고, 또 헬라의 귀부인과 남자도 상당수가 믿게
되었다. 13 그러나 데살로니가에 있는 유대인들은 바울이 하나님의 말씀을
베뢰아에서도 가르친다는(전하는) 사실을 알고 75㎞나 떨어진 베뢰아까지
와서 무리를 선동하여 소란이 일어나게 했다. 14 그러자 믿음의 형제들이
바울을 베뢰아에서 내보내 바다(에게해)까지 데리고 갔으나 실라와 디모
데는 베뢰아에 그대로 머물렀다. 15 바울과 함께(인도)하던 사람들이 바다

바울의 전도 여행 기간 동안 유대인들의 방해와 핍박(행 17장)

핍박장소	핍박내용	쫓아온 거리
비시디아	유력자들을 선동하여 박해하여 쫓아냄(행 13:50)	안디옥(115㎞)과 이고니온(35㎞)에서 루스드라까지 쫓아옴
안디옥	모욕하며 돌로 치려고 하여 도망함(행 14:5)	
루스드라	죽을 때까지 돌로 쳐 성 밖으로 내침(행 15:19)	
빌립보	매를 맞고 감옥에 갇힘(행 16:19-24)	
데살로니가	불량자들을 선동하여 도시를 소란케 함(행17:5).	데살로니가에서 (75㎞) 베뢰아까지 쫓아옴
베뢰아	데살로니가에서 와서 무리를 선동함(행 17:13)	
고린도	대적하고 비방함(행 18:6)	
에베소	바울과 함께하는 자들을 극장으로 끌고 감(행 19:29)	

에서 그를 데리고 배편을 통해 300㎞를 항해하여 아덴(아테네)까지 인도했다. 바울은 자기를 인도한 자들에게 실라와 디모데를 속히 아덴으로(자기에게) 오도록 하라는 부탁을 받고 베뢰아로 다시 돌아갔다.

† 바울의 아덴 전도 (행 17:16-34)

행 17:16 ● 바울이 아덴에서 실라와 디모데가 오기를 기다리는 동안 그 도시(성)에 우상이 만연해 있는 것을 보고 분한 마음이 일어났다. 17 회당에서는 유대인과 경건한 사람들과 변론하고, 시장 터에서는 날마다 만나는 사람들과 논쟁을 벌였다. 18 또 어떤 에피쿠로스 철학자들과 스토아 철학자들도 바울과 논쟁(쟁론)을 했는데 어떤 사람은 "이 말쟁이가 무슨 말을 하고자 하느냐?"라고 말하기도 하고, 어떤 사람은 "이방 신들을 전파하는 사람인가보다"라고 하기도 했다. 그들이 이렇게 말하는 것은 바울이 예수와 그의 부활을 전하기 때문이었다.

행 17:19 논쟁하던 자들은 바울을 붙잡아 '아레오바고'라고 하는 바위 언덕 위로 가며 말했다. "우리가 네가 말하는 이 새로운 사상(가르침)이 어떤 것인지 알 수 있겠느냐? 20 네가 무슨 이상한 것을 우리에게 들려주니 그 말이

Q&A 에피쿠로스와 스토아 학파란 (행 17:18)?

에피쿠로스(Epicurus)는?

헬레니즘 시대의 그리스 사상을 대표하는 학파 혹은 학파의 창시자이다. 에피쿠로스(BC 341-270년)는 마음의 혼란이 없는 지극히 평정한 상태(아타락시아, 쾌락)를 인생의 주요 목표로 보았다. 이 쾌락은 순간적인 만족이나 육적인 것이 아니라 공포, 죽음 등에 대한 두려움과 염려, 그리고 고통에서 벗어난 마음의 평정한 상태에 도달함으로 얻는 정신적인 행복을 말하고 있다. 그는 신의 존재는 인정하나 인간으로 하여금 쾌락에 도달하도록 도와주지는 못하는 존재로 보고 있다. 또 영혼도 원자들의 합성물로 보고 있다. 따라서 죽음 이후의 생에 관한 교의는 거짓이라고 가르친다. 그래서 바울이 전파한 부활에 대해 복음과 대치될 수밖에 없었기 때문에 아덴에서 바울은 이들과 쟁론을 벌였다(행 17:18).

스토아(Stoicus)는?

에피쿠로스 학파와 더불어 헬레니즘 시대의 그리스 사상을 대표하는 학파이다. 스토아는 BC 300년경 치티움의 제노(Zeno of Citium)가 창설한 헬라 철학의 한 파로 한글 개역 성경에는 스도이고로 번역되었다. 스토아라고 붙여진 것은 아테네의 아고라(고대 시장 터)에 있던 한 주랑이 있는 건물인 스토아 포이킬레(색칠된 주랑 건물)에서 제노가 강의한 것에서 유래했다. 이들 학파는 선을 이루는 것을 강조하며 삶을 어떻게 살아야 하는 것에 기본 초점을 두었다. 곧 선한 삶이란 자연과 함께 살아가는 것으로 생각했다. 이 학파는 헬라와 로마 세계에 가장 영향력 있는 철학이 되었는데 이 학파에 속한 철학자들은 바울이 아덴(아테네)에서 전도할 당시 청중 가운데 포함되어 있었다.

무슨 뜻인지 알고자 한다." 21 모든 아덴 사람과 그곳에서 나그네와 같이
사는 외국인들은 새로운 사상(것)이라면 서로 토론하는 것으로 대부분의
시간을 보내는 자들이었다.

행 17:22 바울이 아레오바고 바위 언덕 가운데에 서서 말했다. "아덴 사람들
아, 내가 너희를 보니 모든 면에서 종교심이 많다. 23 내가 여러 곳을 다니
며 너희가 섬기는 것들을 보다가 '알지 못하는 신에게'라고 새긴 제단도
보았다. 그래서 너희가 알지 못하고 섬기는 그것을 내가 이제 너희에게 알
게 해주겠다." 24 우주 만물을 창조하신 하나님께서는 천지의 주인(주재)이
시므로 사람의 손으로 지은 신전에 계시는 분이 아니다. 25 또 어떤 것이 부
족한 것처럼 사람의 손으로 섬김을 받으시는 분도 아니다. 왜냐하면 그분
은 만민에게 생명과 호흡과 만물을 친히 주시는 분이시기 때문이다. 26 그
분은 인류의 모든 족속을 한 사람(혈통)으로 창조하시고 온 땅에 살게 하
셨으며, 그들이 살아갈 시대(연대)를 정하시며, 지역의 경계를 정해주셨
다. 27 그 이유는 사람으로 하여금 하나님(신)을 찾아 발견하게 하려고 하
신 것이다. 그분은 우리 각 사람에게서 멀리 떨어져 존재하는 분이 아니
다. 28 우리는 그분으로 인해 살며, 움직이고(기동하며), 존재하는 것이다.
너희들의 시인 가운데 어떤 사람들이 말한 것과 같이 "우리가 그분의 소생
이라" 하지 않는가? 바로 그분이 하나님이시다.

행 17:29 이와 같이 하나님의 자녀(소생)가 되었기 때문에 하나님을 사람의
생각이나 손으로 만들어낼 수 있는 기술과 고안으로 금이나 은이나 돌 등에
새긴 우상들과 똑같이 여길 것이 아니다. 30 하나님을 알지 못하던 시대에는

성경 상식 **아레오바고 (Areopagus, 행 17:22)**

아레오바고(Areopagus)는 아덴(아테네)의 바위가 많은 언덕인 아크로폴리스와 포닉스 사이의 약간 북쪽에 있는 123m 정도의 언덕 바위이다.
여기에서 있었던 최초의 재판은 살인자 아레스(Ares) 신에 대한 것으로 그는 다른 신들 앞에서 살인죄에 대한 재판을 받았고 정당방위가 인정되어 무죄를 판정받았다. 그 후 이곳을 아레스의 언덕, 곧 그리스어로 아레오바고라 불리게 되었다. 이런 유래에서 아레오바고는 원래 살인죄를 범한 사람을 재판하는 장소였다. 바울은 이곳에서 예수의 부활을 전했다. 이 언덕을 오르는 계단 옆의 넓직한 비문에는 바울의 설교문이 언덕 북쪽 아래의 바위에 대리석으로 새겨져 놓았다. 그리고 이 언덕 아래에는 고대 아고라(시장) 터가 있고 그 안에 디오누시오 기념 교회가 세워져 있다.

아레오바고 언덕(행 17:22) 그리스 아덴

그리스의 신들(행 17:29) 그리스 고린도 박물관

디오누시오 기념 교회(행 17:34) 아덴의 고대 아고라(시장) 터에 디오누시오가 복음을 받아들인 것을 기념하여 세웠다.

난제 아덴에서 큰 전도의 성과가 없었던 이유는(행 17:32-33)**?**

바울은 아덴에서의 전도에 대한 자신감에 차 있었다. 왜냐하면 종교심이 많고 새로운 사상에 토론을 좋아하는 아덴 사람들이었기 때문에 헬라어에 능통하고 철학과 토론에 자신이 있는 바울에게는 자신감이 넘쳤을 것이다. 그러나 이런 지적 자만심으로 인해 부활을 인정하지 않는 헬라인들의 배타적이 태도로 말미암아 소수의 인원만이 복음을 받아들였다. 구원은 세상적인 학문이나 인간의 능력으로 되어지는 것이 아니다(마 18:3). 결국 바울은 아덴에서의 효과적인 사역이 되지 못한 이유를 직시하고 고린도로 행선지를 옮긴다(행 18:1). 그래서 고린도에서는 오직 십자가의 원리(도, 고전 2:2)만을 전하기로 결심한다.

성경인물 아굴라와 브리스길라 부부 (행 18:3)

아굴라(Aguila, 행 18:2, 롬 16:3, 딤후 4:19)는 소아시아 서북부 지역의 본도에서 출생한 유대인으로 아내인 브리스길라(브리스가, Prisca)와 로마에서 살다가 49년에 모든 유대인은 로마에서 떠나라는 글라우디오 로마 황제의 명령에 따라 고린도로 이주했다(행 18:2,18, 롬 16:3, 고전 16:19). 그는 고린도에서 바울을 만나 천막 짓는 일을 함께하며 바울로 자기 집에 거하도록 하여 그의 복음 전도를 도왔다(행 18:1-3). 후에 아볼로를 인도하여 가르치고(행 18:26), 글라우디오 황제의 박해가 끝난 후에는 다시 로마로 돌아갔다. 그래서 후에 바울은 로마 교회에 편지를 보내면서 아굴라 부부에게 문안하라고 기록하였다(롬 16:3).

아굴라 부부가 바울과 함께 장막업을 했던 고린도의 아고라 터(행 18:1-3) 그리스

하나님이 눈감아주셨지만(간과하셨지만) 이제는 어디든지 사람에게 회개
하라고 명령하셨다. 31 이것은 정하신 사람(예수)으로 하여금 세상을 공의
로 심판할 날을 작정하시고 이에 모든 사람에게 믿을 만한 증거로서 그를
죽은 자 가운데서 다시 살리셨다.

행 17:32 그들이 바울이 전하는 죽은 자의 부활을 듣고 어떤 사람은 조롱도
하고, 어떤 사람은 다시 바울의 말을 듣겠다고 하기도 했다. 33 이에 바울이
그들 가운데서 떠났는데 34 그중에 바울을 가까이하여 믿은 사람이 있었
는데 그중에는 아레오바고 관리인 디오누시오와 다마리라고 하는 여자와
그 외에 몇 사람이 있었다.

† 바울의 고린도 초기 사역 (행 18:1-11)

행 18:1 ● 그 후에 바울이 아덴을 떠나 육지로 남쪽 65㎞ 떨어진 고린도에 도
착했다. 2-3 바울은 아덴에서 아굴라라 하는 본도 지역에서 출생한 유대인
한 사람을 만났는데 그는 로마 황제 글라우디오(41-54년)가 모든 유대인
에게 로마에서 떠나라고 명령하므로 그가 그 아내 브리스길라와 함께 이
달리야(이탈리아)를 떠나 이곳 고린도로 와서 살고 있었다. 그때 아덴에서 온 바
울이 그들에게로 가서 함께 거주하며 일을 했는데 그것은 천막을 만드는
생업이 같았기 때문이었다.

행 18:4 바울은 안식일마다 회당에서 말씀을 강론하며 유대인과 헬라인들
을 설득(권면)했다. 5 그러던 중에 실라와 디모데가 마게도냐 지역에 속한
베뢰아에서 고린도로 내려오자 바울은 하나님의 말씀에 사로잡혀 유대인
들에게 '예수는 그리스도'라고 더욱 힘있게 증거했다. 6 그럼에도 고린도
사람들이 대적하고 비방하자 바울이 자기 옷을 털면서 말했다. "너희가 구
원을 받지 못한다면 그것은 너희 책임이다(너희 피가 너희 머리로 돌아갈 것
이다). 말씀을 전했으니 나에게는 잘못이 없다. 이후로는 내가 이방인에게로
갈 것이다." 7 그리고 회당에서 나와 회당 옆에 있는 하나님을 경외하는 디
도 유스도라 하는 사람의 집에 들어가 그곳에서 머물렀다. 8 그러나 회당
장 그리스보는 온 집안과 더불어 주님을 믿었고, 수많은 고린도 사람도 듣
고 믿어 세례(침례)를 받았다.

고린도 원경(행 18:11) 그리스

행 18:9 어느 날 밤 주님께서 환상 가운데 바울에게 말씀하셨다. "두려워하
여 침묵하지 말고 담대히 말하라. 10 내가 너와 함께 있으니 그 누구도 너를
대적하거나 해칠 자가 없을 것이니 이 성중에는 믿는 내 백성이 많이 있느
니라." 11 이에 바울은 고린도에서 1년 6개월 동안 머물면서 하나님의 말씀
을 가르쳤다.

데살로니가전서는 바울이 갈리오 총독(52-53년)의 법정에 선 사건이 언급되고 있는 것으로 보아 바울이 제2차 전도 여행(AD 50-52년) 중에 고린도에 머물고 있을 때 기록되었음을 알 수 있다. 후서는 전서보다 몇 개월 후에 쓰여진 것으로 추정된다. 수신자는 데살로니가 교회의 성도들로서 데살로니가는 그리스 북부의 아름다운 항구로 로마의 마게도냐 도(道)의 수도였다. 특히 이곳은 교통의 요지요 활발한 무역이 전개되던 곳이다. 바울은 설립된 지 2-3년 밖에 되지 않은 데살로니가 교회의 미숙한 신앙인들을 격려하고 그들로 하여금 말씀 위에서 온전한 성도로 자라도록 하기 위해 이 편지를 쓰게 되었다.

데살로니가에 보낸 바울의 첫 번째 편지 _고린도에서 52년경

† 데살로니가 교인들에 대한 인사와 그들의 믿음 (살전 1장)

살전 1:1 ● 바울과 실라(실루아노)와 디모데는 하나님 아버지와 주 예수 그
리스도 안에 있는 데살로니가 교회에 편지한다. 은혜와 평안이 여러분에
게 있기를 기원한다. 2 우리가 너희 무리를 인하여 항상 하나님께 감사하
며 기도할 때에 너희를 기억한다. 3 그것은 너희가 믿음으로 행한 일들과

데살로니가의 디미트리우스 교회(살전 1:1) 그리스

사랑의 수고와 우리 주 예수 그리스도 안에서 소망을 가지고 끝까지 인내
한 일들을 보며 하나님 아버지 앞에서 항상 기억하고 있기 때문이다.
살전 1:4 하나님의 사랑을 받은 형제들아, 하나님이 너희를 선택하셨다는
것을 우리는 알고 있다. 5 그것은 우리의 복음이 너희에게 말로만 전해진
것이 아니라 능력과 성령과 큰 확신으로 된 것이기 때문이다. 우리가 너희
와 함께 있을 때 우리의 생활이 어떠했는지는(어떤 사람이 된 것은) 너희가
잘 알고 있다.

아가야 지역(살전 1:7) 그리스 고린도 만 부근

마게도냐와 아가야(살전 1:7)

살전 1:6 또 너희는 많은 환난 가운데서도 성령이 주시는 기쁨으로 말씀을
받아들이고 우리와 주님을 본받은 자가 되었다. 7 그러므로 너희는 마게
도냐와 아가야 지역에 있는 모든 믿는 자에게 본이 되었다. 8 주님의 말씀
이 너희를 통해 마게도냐와 아가야 지역에만 들릴 뿐만 아니라 너희의 믿
음도 각처에 퍼졌다. 그래서 우리는 너희의 믿음에 대해 더 이상 할 말이
없게 되었다. 9 그들이 우리에게 말해주고 있다. 우리가 어떻게 너희를 방
문했는지, 너희가 섬기던 우상을 버리고 어떻게 살아 계시고 참되신 하나
님을 섬기는지, 10 또 죽은 자들 가운데서 다시 살리신 하나님의 아들이 하
늘로부터 다시 재림하실 것에 대해 너희가 어떻게 기다리고 있는지를 말
해주고 있다. 그분은 바로 장래에 있을 심판(노하심)에서 우리를 건지시는
예수이시다.

† 고난 중의 복음 전파 (살전 2장)

살전 2:1 ● 형제들아, 우리가 너희를 방문한 것이 결코 헛되지 않았음을 너
희가 친히 알고 있다. 2 너희가 아는 것같이 우리가 이전에 빌립보에서 고
난과 멸시(능욕)를 당했으나 우리 하나님의 도우심에 힘입어 많은 대적(싸
움) 중에도 하나님의 복음을 너희에게 담대히 전했었다. 3 우리가 전하는
말(권면)은 거짓(간사함)이나 악한 생각(부정)에서 나온 것이 아니요, 너희
에게 속임수로 하는 것도 결코 아니다. 4 그것은 오직 우리를 하나님께서 훈
련시키시고 우리에게 복음을 전하라고 위탁하신 것이다. 우리가 이와 같
이 말하는 것은 오직 우리 마음을 살피시는(감찰하시는) 하나님을 기쁘시
게 하려는 것이다. 5 너희도 아는 것처럼 우리가 어떤 때에도 아첨하는 말

이나 탐심의 탈을 쓰지 않았다는 것을 하나님은 알고(증언하고) 계신다. [6]
또한 우리는 너희에게나 다른 사람에게나 사람에게서는 결코 영광을 구
하지 않았다. [7] 우리는 그리스도의 사도로서 마땅히 권위를 주장할 수 있
지만(폐를 끼칠 터이나) 오히려 너희를 온유(유순)하게 대하여 유모가 자기
자녀를 양육하는 것과 같이 했다. [8] 우리가 이같이 너희를 사모하여 우리
의 목숨까지도 너희에게 주기를 기뻐하는 것은 하나님의 복음 때문만이
아니라 우리가 너희를 심히 사랑하기 때문이다.

살전 2:9 형제들아, 너희는 우리의 수고를 기억할 것이다. 너희 중 누구에게
도 짐(폐)이 되지 않게 하기 위해 밤낮으로 일하면서 너희에게 하나님의
복음을 전했다. [10] 우리가 너희 믿는 자들을 향해 거룩하고 흠 없이 바르게
살고자 했는지 너희 스스로가 잘 알고 있을 것이며 하나님도 그 일에 증인
이시다. [11] 너희도 아는 것처럼 우리는 너희 각 사람에게 아버지가 자기 자
녀에게 하듯 권면하고, 위로하고, 바른 길로 증거했다. [12] 이는 하나님께서
자기의 영광스러운 나라로 너희를 불러주셨기 때문이다. [13] 이러므로 우리
가 하나님께 언제나 감사하는 것은 너희가 우리에게 들은 대로 하나님의
말씀을 받아들을 때에 사람의 말이 아니라 하나님의 말씀으로 받아들이
기 때문이다. 또한 이 하나님의 말씀은 너희 믿는 자 가운데에서 힘 있게
살아 움직이고 있다.

살전 2:14 형제들아, 너희가 그리스도 예수 안에서 유대 지역에 있는 하나
님의 교회들을 본받은 자가 되었다. 그래서 그들이 유대인들에게 고난을
받은 것처럼 너희도 너희 동족에게서 같은 고난을 받았다. [15] 유대인은 주
예수와 선지자들을 죽이고, 우리를 쫓아내고, 하나님을 기쁘시게 하지도
않고, 모든 사람에게 원수(대적)가 되었다. [16] 그들은 우리가 이방인에게
말씀을 전하므로 구원을 받게하는 것을 방해함으로 자기 죄를 더 크게 했
기 때문에 하나님의 진노가 끝까지 그들에게 임했다.

살전 2:17 형제들아, 우리가 잠시 너희를 떠난 것은 얼굴이지 마음은 아니
다. 우리는 너희 얼굴 보기를 간절히 소원했다. [18] 그래서 나 바울은 한두
번 너희에게 가고자 힘썼지만 사탄이 우리가 너희에게 가고자 하는 것을
막았다. [19] 우리가 가진 소망이나, 기쁨이나, 자랑의 면류관이 무엇이냐? 바

✣ 데살로니가전서의 주제

본서의 메시지는 그리스도의 재림과 그에 따른 성도의 성결한 삶, 그리고 그리스도의 재림을 기대하는 자들은 방임과 자포자기의 인생관을 가져서는 안 된다는 것이다. 더 나아가 주의 재림의 날을 소망하며 더욱 근신하여 거룩한 인생을 살아갈 것을 권면하고 있다. 그래서 이러한 말로 서로 위로하라고 말하고 있다(고전 4:18).

바울이 디모데를 먼저 데살로니가로 보낸 아가야 지역에 속한 아덴의 아고라 터(살전 3:1) 데살로니가는 마게도냐 지역에 속해 있는데 오늘날 그리스에서 아덴 다음으로 큰 도시이다.

로 주님이 재림(강림)하실 때 우리 주 예수 앞에 서게 될 바로 너희들이 아
니냐? 20 그러므로 너희는 우리의 영광이요, 기쁨이다.

† 환난 중의 교제와 위로 (살전 3장)

살전 3:1 그래서 우리가 너희를 만나볼 때까지 기다리는 것을 참지 못해 우선
우리만 아덴에 머물기를 좋게 생각하고 2 대신에 우리의 형제요, 그리스도
의 복음을 전하는 하나님의 일꾼인 디모데를 먼저 너희에게 보낸다. 이는
그가 너희의 믿음을 굳세게 하고 너희 믿음 안에서 너희를 위로해줄 것이
기 때문이다. 3 또한 아무도 지금당하는 여러 환난 중에 흔들리지 않게 하
기 위함이다. 우리가 이것을 위해 세움 받은 줄을 너희가 친히 알 것이다. 4
우리가 너희와 함께 있을 때에 장차 받을 환난을 너희에게 미리 말했는데
실제로 그렇게 된 것을 너희가 알고 있다. 5 이러므로 나도 견디다 못해 너
희의 믿음을 알기 위해 디모데를 보내 혹시 시험(temptation)하는 자가 너
희를 유혹(시험)하여 우리가 너희를 위해 한 복음의 수고를 헛되게 하지 못
하도록 하는 것이다.

살전 3:6 지금은 디모데가 너희에게로부터 와서 너희의 믿음과 사랑에 대
해 좋은 소식을 우리에게 전해주었다. 또 너희가 언제나 우리를 좋게 생각
하여 우리가 너희를 보고 싶어 하는 것처럼 너희도 우리를 보고 싶어 한다
는 소식을 들었다. 7 그런 소식을 듣고 우리가 너희의 굳센 믿음으로 인해 모
든 궁핍과 환난 가운데서도 너희를 통해 위로를 받았다. 8 그러므로 너희
가 주님 안에서 굳게 서게 되는 것은 우리에게 큰 보람이다. 9 이로 인해 우
리가 우리 하나님 앞에서 크게 기뻐하게 되었으니 너희를 위하여 어떤 감
사로 하나님께 보답할 수 있을까? 10 그래서 너희의 얼굴을 보고 너희의 믿
음이 부족한 것을 채우기 위해 밤낮으로 간절히 간구한다. 11 하나님 우리
아버지와 우리 주 예수께서 우리가 너희에게로 갈 수 있도록 인도하실 것
이다. 12 또 주님께서는 우리가 너희를 사랑한 것같이 너희끼리만 아니라
모든 사람에 대한 사랑이 더욱 넘치게 하시며, 13 너희 마음을 굳세게 하시
고, 우리 주님 예수께서 그의 모든 성도와 함께 재림(강림)하실 때에 하나
님 우리 아버지 앞에서 거룩하고 흠이 없게 하실 것이다.

성경 지리 **데살로니가 (Thessalonica, 살전)**

데살로니가는 마게도냐 지방의 항구 도시로 오늘날 데살로니키라고 불리운다. 이곳은 마게도냐 왕인 칸산더가 BC 315년에 주위 26개 촌의 주민을 모아 새로운 도시를 만든 후 알렉산더의 이복 누이이자 아내인 테살로니카의 이름을 따서 데살로니가로 명명했다. BC 146년 이 도시가 로마에 편입될 때 로마 제국의 마게도냐 속주의 수도가 되었다. BC 42년에는 카이사르의 암살로 로마 정국이 혼란스러울 때 아우구스투스를 도운 공로로 로마의 자유시가 되었으며, 로마의 주요 간선 도로인 에그나티아 도로가 이곳을 지나가는 무역의 중심 항구로써 발전하였다. 바울은 제2차 전도 여행 때 이곳을 들렀으며 당시의 인구는 12만 정도로 추정된다.

† 정결한 생활을 권면함 (살전 4:1-9)

살전 4:1 ● 형제들아, 우리가 마지막으로 주 예수 안에서 너희에게 부탁하
고 권면한다. 너희가 어떻게 행해야 하며, 또 어떻게 하는 것이 하나님을
기쁘시게 할 수 있는지를 우리에게 배웠다. 그것은 바로 너희가 행하는 것
이니 이제 더욱 힘써 행하라. 2 너희는 우리가 주 예수의 이름으로 명령한
것을 잘 알고 있을 것이다. 3 하나님의 뜻은 너희가 성결하게 사는 것이다.
그것은 음란한 일을 버리고, 4 각자가 거룩함과 존귀함으로 자기의 아내를
대하며(자기 몸을 절제할 줄 알고), 5 하나님을 모르는 이방인과 같이 육체의
정욕(색욕)을 따르지 말고, 6 이런 죄(분수)를 넘어서 형제를 해하지 말라는
것이다. 이것은 우리가 너희에게 미리 말하고 경고(증거)한 것과 같이 이
모든 일에 주님께서 심판(신원)하실 것이다.

살전 4:7 하나님이 우리를 부르신 것은 부정하게 살도록 하신 것이 아니라
거룩하게 살도록 하신 것이다. 8 그러므로 그런 가르침을 거부(저버리는)
하는 자는 사람의 명령(가르침)을 저버림이 아니라 너희에게 성령을 주신
하나님을 저버리는 것이다.

살전 4:9 형제 사랑에 관해서는 너희에게 더 이상 쓸 것이 없다. 왜냐하면
너희들 자신이 이미 하나님의 가르침을 따라 서로 사랑하고 있기 때문이
다. 10 너희가 마게도냐 전 지역에 있는 모든 형제에 대해 과연 그렇게 행하
고 있다. 형제들아, 내가 권면하니 계속해서 더욱 그렇게 행하라. 11 또 너
희에게 명령한 것같이 조용히 자기 일을 하고 너희 손으로 일하기를 힘쓰
라. 12 이는 믿지 않는 자(타인, 외인) 앞에서 단정히 행하고, 또한 아무 부족
함이 없게 하기 위함이다.

† 주님의 재림과 부활 (살전 4:10-5:11)

살전 4:13 ● 형제들아, 죽은 자들에 관해서는 너희가 알기를 원한다. 이는
부활의 소망 없는 믿지 않는 이들과 같이 죽음을 슬퍼하지 않게 하기 위함
이다. 14 우리가 예수께서 죽으셨다가 다시 살아나신 것을 믿는 것같이 예
수 안에서 죽은 자들도(자는 자들을 예수로 인해) 하나님이 예수와 함께 다

✣ 분수를 넘어서(살전 4:6)
정상적인 결혼 관계를 넘어서서 색욕을 좇는 것을 가리킨다(5절).

✣ 신원(avenge, 伸寃, 살전 4:6)
심판, 법정에서 진실 여부를 명확하게 가려 억울함을 풀어주는 것을 말한다.

✣ 자기 일을 하고(살전 4:11)
남의 일에 불필요하게 간섭하지 말고 자기 일을 남에게 미루지도 말라는 뜻. 즉 각자 자신의 맡은 일을 성실히 수행하라는 말이다.

✣ 외인(살전 4:12)
교회 밖의 사람들, 즉 불신자들을 가리킨다.

QT 재림을 준비하며 살자 (살전 4:13-5:11)
예수께서 이 땅에 초림하실 때는 인간 구원을 위해 오셨기 때문에 인간의 몸으로 초라한 마굿간에 오셨다. 그러나 장차 도래할 재림에는 세상을 심판하고 구원을 완성하기 위해 오시기 때문에 만왕의 왕으로 영광 중에 오실 것이다(살전 4:16). 그러나 그 재림의 때가 언제인지는 아무도 모르며 오직 하늘에 계신 하나님만이 아신다(살후 5:1). 그래서 말세를 사는 성도들은 항상 깨어 재림을 준비하는 삶을 살아야 한다(5:4-8).

투구(살전 5:8) BC 400-300년경, 러시아 상트 페테르부르크, 에르미타주 박물관

시 살리실 것이다. 15 우리가 주님의 말씀으로 너희에게 이것을 말한다. 주
님께서 재림(강림)하실 때까지 지금까지 살아 남아 있는 우리도 이미 죽은
자보다 결코 먼저 주님을 만나지 못할 것이다. 16 주님께서는 천사장의 소
리와 하나님의 나팔 소리가 울리는 가운데 친히 하늘로부터 재림하실 것
이다. 그러나 그리스도를 믿다가 죽은 자들이 먼저 일어나고 17 그 후에 살
아 있던 남은 자들도 그들과 함께 구름 속으로 끌어 올려져 공중에서 주님
을 영접하게 될 것이다. 그리하여 우리는 모두가 영원히 주님과 함께 있게
될 것이다. 18 그러므로 너희는 이 여러 말로 서로 위로하라.

살전 5:1 형제들아, 때와 재림의 정확한 시기에 관해서는 너희에게 더 이상
쓸 필요가 없다. 왜냐하면 2 주님의 재림(날)이 도둑이 밤에 오는 것같이
올 줄을 너희 자신이 잘 알고 있기 때문이다. 3 왜냐하면 믿지 않는 자들이
"평안하다, 안전하다"라고 할 그때에, 임신한 여자에게 해산의 고통이 갑
작스럽게 찾아오는 것같이 멸망도 갑자기 그들에게 이를 것이기 때문이
다. 그들은 결코 멸망을 피하지 못할 것이다. 4 그러므로 형제들아, 너희는
어둠 가운데 있지 않기 때문에 그날이 도둑같이 너희에게 임하지 못할 것
이다. 5 주님을 믿는 너희는 다 빛의 아들이요, 낮의 아들이다. 우리가 밤이
나 어둠에 속하지 않았기 6 때문에 다른 이들과 같이 잠들어 있지 말고 정
신을 차려 깨어 있어야 한다. 7 자는 자들은 밤에 자고, 취하는 자들은 밤에
취한다. 그러나 8 우리는 낮에 속했으니 정신을 차리고 믿음과 사랑의 갑
옷을 입고(호심경을 붙이고) 구원에 대한 소망의 투구를 쓰자.

살전 5:9 하나님이 우리를 선택하신(세우신) 것은 벌을 주기(노하심) 위해
서가 아니라 오직 우리 주 예수 그리스도로 인해 구원을 받게 하기 위함이
다. 10 예수께서 우리를 위해 죽으심으로 우리로 하여금 깨어 있든지 자든
지 자기와 함께 살게 하셨다. 11 그러므로 서로 권면하고 서로 덕을 세우기
를 지금 너희가 하는 것같이 하라.

Q&A 때와 시기는 언제를 가리키는가?(살전 5:1)

본 절에서 때와 시기는 예수 그리스도의 재림의 때를 가리킨다. 초대 교회의 교인들은 대개 주님의 재림 시기에 대해 자신들의 세대에 그것도 속히 오리라고 생각했다. 그러나 주님의 재림의 때를 결정하는 것은 오직 하나님의 권한에 속한 일이다. 따라서 성도들은 언제라도 부끄럽지 않게 그때를 맞이할 수 있는 최선의 준비를 하며 사는 것이 도리일 뿐이다(행 1:6,7).

† 권면과 끝인사 (살전 5:12-28)

살전 5:12 ● 형제들아, 너희 가운데서 수고하고 주님 안에서 너희에게 말씀
을 가르치며 지도(권)하는 자들을 너희가 존경하라. 13 그리고 너희를 위해

수고하는 일(역사)로 인해 사랑 안에서 그들을 존귀하게 여기며 서로 화목
하라. 14 또 형제들아, 너희를 권면하니 게으른 자들을 훈계(권계)하며, 마
음이 약한 자들을 격려하고, 힘이 없는 자들을 붙들어주며, 모든 사람을
오래 참음으로 대하라. 15 누구에게든지 악으로 악을 갚지 말게 하고, 서로
모든 사람에게 선을 베풀도록 하라.

살전 5:16 항상 기뻐하라. 17 쉬지 말고 기도하라. 18 모든 일에 감사하라. 이
것이 곧 그리스도 예수 안에서 너희를 향한 하나님의 뜻이다. 19 성령을 소
멸하거나 20 예언을 멸시하지 말고, 21 모든 일을 살펴 좋은 것을 붙잡고, 22
악한 것은 어떤 모양이라도 버리라. 23 평안의 하나님이 친히 너희를 온전
히 거룩하게 하신다. 그러므로 너희의 온 영과 혼(목숨)과 몸이 우리 주 예
수 그리스도께서 재림(강림)하실 때에 아무런 흠이 없이 지켜주시기를 원
한다. 24 너희를 부르시는 이는 신실하시니(미쁘시니) 그가 그 일을 이루실
것이다. 25 형제들아, 우리를 위해 기도하라. 26 거룩한 입맞춤으로 모든 형
제들에게 문안하라. 27 내가 주님을 힘입어 너희에게 부탁(명령)하니 모든
형제에게 이 편지를 읽어주라. 28 우리 주 예수 그리스도의 은혜가 너희에
게 있기를 기도한다.

데살로니가전서는 바울이 갈리오 총독(52-53년)의 법정에 선 사건이 언급되고 있는 내용으로 보아 사도 바울의 제2차 전도 여행(AD 50-52년) 중에 바울이 고린도에 머물고 있을 때 기록되었음을 알 수 있다. 데살로니가후서는 전서보다 몇 개월 후에 쓰여진 것으로 추정된다.

데살로니가에 보낸 바울의 두 번째 편지 _고린도에서 52년

† 인사와 격려 (살후 1장)

살후 1:1 바울과 실라(실루아노)와 디모데는 하나님 우리 아버지와 예수
그리스도 안에 있는 데살로니가의 교회에 편지한다. 2 하나님 아버지와 주
님 되신 예수 그리스도로부터 은혜와 평안이 너희에게 있기를 기원한다.

살후 1:3 형제들아, 우리가 너희를 위해 항상 하나님께 감사드리는 것이 당
연하다. 왜냐하면 너희의 믿음이 계속 자라고 너희가 서로 사랑하는 것이

Q&A 바울이 쓴 서신서(편지)들은 누가 전했는가 (살후 1:1)

고대에는 멀리 떨어진 곳에 소식을 전하는 일을 여행자들에 의존했다. 초대회 당시 역시 대부분의 소식들은 여행자들 편에 의해 전해졌다.

신약성경 27권 중 서신서에 해당하는 21권 또한 여행자나 특정한 인편들을 통해 각 교회나 개인에게 전해졌다. 로마서는 뵈뵈에 의해 로마로 전해졌고(롬 16:1), 빌립보서는 에바브로 디도에 의해 로마에서 빌립보 교회에 전해졌다(빌 2:25). 두기고는 로마에서 골로새 교회에 바울의 서신서인 골로새서를 전달했다(골 4:7).

갈수록 넘치기 때문이다. 4 그러므로 우리는 모든 박해와 환난 중에서도
믿음으로 인내하는 것으로 인해 하나님의 여러 교회에서 우리가 친히 너
희를 자랑하고 있다. 5 이 모든 것이 하나님의 공의로운 심판의 증거요, 너
희로 하여금 하나님의 나라에 합당한 자로 여김을 받게 하려는 것이다. 그
래서 하나님 나라를 위해 너희가 고난을 받는 것이다.

살후 1:6 그러나 너희에게 괴로움과 고통(환난)을 준 자들에게는 그대로 갚
으신다. 7 반면 환난을 받는 너희에게는 우리와 함께 평안(안식)으로 보장
해주시는 것이 하나님의 공의이다. 그렇기 때문에 주 예수께서 능력 있는
천사들과 함께 하늘로부터 불꽃 가운데 내려오실 때에 8 하나님을 알려고
하지 않는 자들과 우리 주 예수의 복음에 순종하지 않는 자들에게는 형벌
을 내리실 것이다. 9 이런 자들은 주님의 얼굴과 그의 크신(힘의) 영광을 볼
수 없고 영원한 형벌을 받을 것이다.

살후 1:10 주님께서 재림(강림)하는 날에는 그를 찬양하는 성도들에게 주님
께서 영광을 받으실 것이다. 이는 우리가 전하는 복음의 증거를 너희가 믿
었기 때문이다. 11 이러므로 우리도 하나님께서 너희를 그 부르심에 합당
한 자로 여기시고 믿음 안에서 그분의 능력으로 모든 선한 일을 더욱 힘쓰
도록 항상 기도한다. 12 우리 하나님과 주님 되신 예수 그리스도의 은혜에
따라 예수의 이름이 너희를 통해 영광을 받으시고, 너희도 예수 그리스도
안에서 영광을 누리게 하기 위함이다.

예수 그리스도의 재림(살후 1:10, 2:1)
이요한 작

✣ 멸망의 아들(살후 2:3)
성도를 미혹하여 복음의 진리를 떠나 불의에 거하도록 하는 자로 사단이나 그 하수인에 해당하는 적그리스도를 가리킨다. 이들은 성도들을 미혹하여 멸망으로 인도하기 때문에 '멸망의 아들'이라고 불리우며, 전능한 하나님을 대적하기 때문에 '대적하는 자'로도 불리운다. 이들은 결국 하나님의 최후의 심판 날에 징벌을 받아 멸망을 당할 것이다.

† 멸망하는 자들과 재림의 소망 (살후 2장)

살후 2:1 ● 형제들아, 우리 주 예수 그리스도께서 다시 오심(강림, 재림)과
우리가 그분 앞에서 함께 모이게 될 것에 대해 말하고자 한다. 2 영(예언)이
나, 말씀으로나, 우리에게서 받았다고 하는 편지로나, 주님의 재림(날)이
이르렀다고 해서 쉽게 마음이 흔들리거나 두려워하거나 하지 말아야 한
다. 3 누가 무슨 말을 해도 속지(미혹하지) 말라. 먼저 하나님을 배반(배교)
하는 일이 있고 지옥(불법)에 속한 멸망의 아들이 나타날 때 비로소 주님
의 재림의 날이 임할 것이다. 4 그(그리스도를 대적하는 자)는 신이라고 불리
는 모든 것과 숭배를 받는 것에 대적하여 그 모든 것을 없애고 그 위에 자

기가 올라가 하나님의 성전에 앉아 자기를 하나님이라고 내세운다.

살후 2:5 이전에 내가 너희와 함께 있을 때에 이 일을 너희에게 말한 것을 기억하라. [6] 너희는 지금 악의 자녀가 어떤 힘에 사로잡혀 있지만 적절한 때가 되면 풀려나게 될 것을 알고 있다. [7] 사탄의 세력(불법의 비밀)이 이미 활동하고 있으나 지금은 그것을 막는 힘(자)이 있어 그 막는 힘이 다른 곳으로 옮겨질 때까지 사탄은 그렇게 할 것이다. [8] 그렇게 될 때가 되면 악한(불법한) 자가 나타날 것이나 주 예수께서 세상에 다시 오심으로 그 입의 기운으로 그를 죽일 것이다. [9] 악한 자가 나타나면 그는 사탄의 힘(활동)을 빌려서 큰 능력과 기적(표적)과 거짓 기적과 [10] 불의의 꾀임으로 행할 것이다. 이는 그들이 진리(참)를 사랑하거나 따르기를 거부하므로 구원함을 받지 못하기 때문이다. [11] 이러므로 하나님은 진리를 떠나 헛된 것을 좇도록 내버려 두셨다. [12] 결국 진리를 믿지 않고 불의를 좋아하여 죄를 짓는 모든 자들은 심판을 받게 될 것이다.

살후 2:13 주님의 사랑을 받는 형제들아, 우리는 하나님이 처음부터 너희를 선택하여 구원을 받게 하셨기 때문에 마땅히 하나님께 감사한다. 그것은 성령의 거룩하게 하심과 진리(참)를 믿음으로 된 것이다. [14] 하나님은 우리가 전한 복음을 통해 예수 그리스도의 영광을 얻게 하려고 너희를 부르셨다. [15] 그러므로 형제들아, 믿음에 굳게 서서 우리가 한 말이나 우리가 보낸 편지로 전했던 복음을 계속해서 간직하라(전통을 지키라). [16] 우리를 사랑하시는 주님 되신 예수 그리스도와 영원한 위로와 좋은 소망을 주신 하나님 우리 아버지께서는 [17] 너희 마음을 위로하고 모든 선한 일과 너희가 하는 모든 말에 더욱 힘이 되어주기를 기원한다.

† 기도와 게으름에 대한 권면과 축도 (살후 3장)

살후 3:1 ● 형제들아, 마지막으로 부탁한다. 너희는 우리를 위해 이렇게 기도하라. "주님의 말씀이 너희 가운데서 널리 펴져나간 것처럼 다른 사람에게도 널리 펴져 주님을 높여드리고 [2] 또한 우리를 악한 사람들에게서 건지시옵소서." 주님을 믿는 믿음은 모든 사람의 것이 아니다(모든 사람이 주님을 믿는 것은 아니다). [3] 주님은 신실하시기 때문에 너희의 믿음을 굳세게 하

데살로니가 성채에서 본 에게해안(살전후) 그리스

시고, 악한 자(것)에게서 너희를 보호해주실 것이다. [4] 우리는 우리가 명령
한 것을 너희가 행할 줄을 주님 안에서 의심하지 않는다. [5] 주님께서 너희
마음을 인도하여 하나님의 사랑과 그리스도의 인내를 잘 깨닫게 하시기
를 기도한다.

살후 3:6 형제들아, 우리 주 예수 그리스도의 이름으로 너희에게 명령한다.
게을러 일하기를 싫어하는 사람들에게서 떠나라. 그들은 우리가 전한 명
령(전통)을 지키지 않는 자들이다. [7] 너희는 어떻게 우리를 본받아야 할지
를 너희 스스로 잘 알게 되었다. 우리는 너희 가운데서 있을 때 게으르지
(무질서하게 행하지) 않았다. [8] 우리는 누구에게도 음식을 공짜로 먹지 않고
값을 치루었으며, 오직 수고하고 힘써 밤낮으로 일한 것은 너희 중 누구에
게도 짐(폐)을 지우지 않으려고 한 것이다. [9] 물론 우리가 너희에게 도와달
라고 할 수도 있었다. 그러나 그렇게 하지 않은 것은 오직 우리 스스로가
너희에게 본을 보여 우리를 본받게 하기 위함이었다. [10] 우리가 너희와 함
께 있었을 때에도 너희에게 "누구든지 일하기 싫어하거든 먹지도 말게 하
라"고 명령했다. [11] 그럼에도 너희 가운데 게을러 도무지 일하지 않고 일에
관섭만 하는 자들이 있다는 소식을 우리가 들었다. [12] 그러므로 우리는 이
런 자들에게 권면한다. "주 예수 그리스도 안에서 조용히 일하며 자기가
수고한 양식을 먹어라."

살후 3:13 형제들아, 너희는 바르게 살고 선한 일을 행하는 동안 낙심하지 말라. 14 누가 이 편지에서 한 우리 말을 순종하지 않거든 그 사람이 누구인지 기억(지목)하여 그와 사귀지 말고 그로 하여금 스스로 부끄러움을 느끼게 하라. 15 그러나 원수와 같이 생각하지 말고 형제에게 권면하듯 하라. 16 평안의 주님께서는 언제 어디서나 너희에게 평안(평안)을 주시고 그분이 너희 모든 사람과 함께하시기를 원하신다. 17 나 바울은 친필로 문안 인사를 한다. 이는 편지마다 이 글씨체(표시)를 보고 내가 쓴 것임을 알 수 있을 것이다. 18 우리 주 예수 그리스도의 은혜가 너희 무리에게 있기를 기도한다.

† 바울의 고린도 후기 사역 (행 18:12-17)

행 18:12 ● 갈리오가 그리스 남쪽에 있는 아가야 지역의 로마 총독이 되었을 때(52년)에 유대인이 일제히 일어나 고린도에 있는 바울을 대적하여 재판정(시장에 있는 비마)으로 끌고 가서 13 말했다. "이 사람이 율법을 어기면서 하나님을 경외하라고 사람들에게 유혹(권)하고 있다" 14 이에 바울이 말하고자 할 때 갈리오 총독이 유대인들에게 말했다. "너희 유대인들아, 만일 이것이 무슨 범죄한(부정한) 일이나 악한 행동이었으면 내가 너희 말을 들어주는 것이 옳다. 그러나 15 만일 그 문제가 언어와 명칭과 너희 종교법에 관한 것이라면 너희가 스스로 처리하라. 나는 이러한 일에 재판장이 되지

고린도 비마(행 18:12) 비마는 일종의 연설을 위해 만든 단을 말하며 재판이 이루어지기도 했다. 바울은 고린도에서 이 비마로 끌려갔다.

성경 인물

갈리오(Gallio, 행 18:12)

갈리오는 바울 당시 고린도에 있던 아가야 도(道)의 로마 총독이다(행 18:12-17). 그는 당시 유명한 웅변가인 세네카의 아들이며, 네로 황제의 가정교사였던 세네카의 형제였다. 본래 이름은 노바투스였으나 수사학자 갈리오의 양자가 된 후부터 갈리오라는 성(姓)을 사용하였다. 그는 고린도의 총독 재임 기간(51-53년) 중에 고린도에서 유대인들이 율법을 반대한다는 이유로 바울을 자기에게 데려오기도 했으나 종교적인 문제라는 이유로 관여하지 않았다. 65년 네로에 대한 반란으로 세네카가 목숨을 잃게 되었을 때 자살을 강요당하여 죽었다.

바울이 서원대로 머리를 깎은 겐그레아 교회 터(행 18:18) 그리스, 에 보이는 곳이 항구 터이다.

않겠다." 그리고 [16] 그들을 재판정(법정, 비마)에서 쫓아내었다. [17] 이에 모
든 유대인(사람)들이 바울 대신 회당장인 소스데네를 붙잡아 재판정 앞에
서 때렸으나 갈리오 총독은 그 일을 관여하지 않았다.

† 바울이 2차 전도 여행을 마침 (행 18:18-22)

행 18:18 ● 이 일 후 바울은 고린도에서 여러 날 더 머물다가 형제들과 작
별하고 배를 타고 수리아 지역으로 떠나갔다. 이때 브리스길라와 아굴라
부부도 바울과 함께 떠났다. 수리아 지역으로 가는 도중 바울은 일찍이 서
원한 대로 고린도 동쪽 10㎞에 있는 겐그레아에서 머리를 깎았다. [19] 바울은
겐그레아를 배로 떠나 400㎞의 항해 끝에 에베소에 도착했다. 그곳에서 바울
은 동행자들을 따로 머물게 하고 자기는 회당에 들어가서 유대인들과 토
론했다. [20] 이때 여러 사람이 에베소에서 더 오래 머물기를 요청했지만 허
락하지 않았다. 다만 [21] 작별하면서 "만일 하나님의 뜻이 있다면 너희에게
다시 돌아올 것이다"라고 말한 후 배를 타고 에베소를 떠나 [22] 이스라엘 해
안가에 있는 가이사랴에 상륙했다. 그리고 가이사랴에서 105㎞ 떨어진 예루살
렘으로 올라가 교회의 안부를 물은 후에 610㎞의 장거리 여행 후 파송지인 수
리아의 안디옥에 도착했다(53년 5월).

13 바울의 3차 전도 여행과 고린도전후서와 로마서

에베소의 아르키디아 길, 터키

성경사

예수 탄생 (눅2:1-7)	바울 출생 (행22:3)	예수 승천 (행1:6-9)	바울 회심 (행9장)	바울 1차 전도 여행 (행13-14장)	바울 2차 전도 여행 (행16장-)	바울 3차 전도 여행 (행18:23-)	바울 로마행 (행27장-)	바울 순교	계시록 기록 (계시록)	사도 요한 죽음
BC4	AD5	29	33	46.3	50.3	53.6	59.8	67.6	81-96	100?

바울의 3차 전도 여행

성경 인물

아볼로

(Apollos, 행18:24)

아볼로(딛 3:13)는 알렉산드리아의 유대인 출신으로 에베소에서 성장한 것으로 알려져 있다. 그는 고린도 교회의 주요 인물 중 하나로 사역했으며(고전 3:3,10), 바울은 그를 에베소에 두고가 이사라와 예루살렘으로 갔다. 그는 또 아굴라와 브리스길라 부부에게 성경을 더 자세히 배웠으며(행 18:26), 후에 아가야 지역으로 가서 믿는 자들에게 많은 유익을 주었다. 뿐만 아니라 예수를 강하게 증거하여 유대인들의 반대 주장을 물리쳤다(행 18:27-28). 후에 고린도 교회에 바울파와 게바(베드로)파와 아볼로파가 있을 만큼 그의 영향력이 대단했다(고전 1:12).

아볼로의 출신지인 알렉산드리아(행 18:24) 이집트

† 아볼로의 아가야 지역 전도 (행 18:23-28)

행 18:23 ● 2차 전도 여행을 마친 얼마 후 바울은 수리아의 안디옥을 떠나(53년
6월) 북서쪽에 위치한 갈라디아 지역과 브루기아 땅을 차례로 다니며 모든
제자들의 믿음을 굳건하게 했다.

행 18:24 한편, 이집트 지중해안가에 있는 알렉산드리아 출신인 아볼로라 하
는 유대인이 에베소에 왔다. 이 사람은 말주변이 좋고 성경을 잘 아는 자
였다. 25 그가 일찍부터 예수(주)에 관한 말씀(도)을 배워 열심으로 예수
에 관한 일들을 자세히 가르쳤다. 그러나 그는 요한의 세례(침례)밖에 몰
랐다. 26 그가 회당에서 담대히 말하기 시작했고 브리스길라와 아굴라 부
부가 그의 가르침을 듣고 그를 자기 집에 데려다가 하나님의 말씀(도)에 대해
더 자세한 설명을 들었다.

행 18:27 이후 아볼로가 에베소에서 그리스 남쪽의 아가야 지역으로 건너가고
자 하자 에베소의 믿음의 형제들은 그를 격려해주었다. 그리고 아가야 지역
에 있는 제자들에게 편지를 써서 그를 잘 영접하라고 부탁했다. 아가야 지역
에 도착한 아볼로는 그 지역에 있는 믿는 자들에게 많은 유익을 주었다. 28
이는 그가 성경을 사용하여 예수가 그리스도임을 증명함으로 많은 사람
들 앞에서 힘 있게 유대인의 반대 주장을 물리쳤기 때문이었다.

† 바울의 에베소 사역 (행 19:1-22)

행 19:1 ● 이후 아볼로가 아가야 지역에 속한 고린도 도시에 머물러 있는 동
안 바울은 북부(윗) 지역을 다니다가 소아시아 지역의 에베소에 도착하여
어떤 제자들을 만나 2 말했다. "너희가 믿을 때에 성령을 받았느냐?" 그들
이 대답했다. "아니다. 우리는 성령이 계신 것을 듣지도 못했다." 3 바울이
다시 말했다. "그러면 너희가 무슨 세례(침례)를 받았느냐?" 그들이 대답
했다. "세례자 요한의 세례를 받았다." 4 바울이 또 말했다. "세례자 요한이
회개케 하는 세례를 베풀며 백성에게 말하기를 '내 뒤에 오시는 이를 믿으
라' 했는데 그가 곧 예수이시다." 5 그 말을 들은 사람들은 주 예수의 이름
으로 세례를 받았다. 6 그리고 바울이 그들에게 안수하자 성령이 그들에게
임하여 그들이 방언도 하고 예언도 하니 7 모두 열두 명(남자)쯤 되었다.

항구에서 에베소 도시로 들어오는 아르카디아 길(행 19:1) 터키, 금은 항구가 충적토로 메워졌다.

[행 19:8] 바울이 회당에 들어가 3개월 동안 담대하게 하나님 나라에 관하여
강론하며 권면했다. [9] 그러자 마음이 굳은 어떤 사람들은 믿지(순종) 않고
무리들 앞에서 하나님 나라의 말씀(도)을 비방했다. 이에 바울이 그들을
떠나 믿는 제자들을 따로 세우고 두란노 서원에서 매일같이 말씀을 가르
쳤다. [10] 2년 동안 이같이 말씀을 가르치자(강론하자) 소아시아 지역에 사는
자는 유대인이나 헬라인이나 모두 주님의 말씀을 들었다.

[행 19:11] 하나님이 바울의 손을 통해 놀라운 기적(능력)들을 행하게 하셨
는데 [12] 심지어 사람들이 바울의 손수건이나 앞치마를 가져다가 병든 사
람에게 얹으면 그 병이 떠나고 악귀(악령)가 나가기도 했다. [13] 이에 사방
으로 돌아다니며 마술을 하는 어떤 유대인들이 시험 삼아(망령되이) 악귀
(악령) 들린 자들에게 주 예수의 이름을 사용하여 말하기를 "내가 바울이
전파하는 예수를 의지하여 너희에게 명령하노라"라고까지 말하기도 했
다. [14] 유대인의 제사장인 스게와의 7명의 아들들도 그 같은 일을 행하더
니 [15] 악한 귀신이 그에게 말했다. "내가 예수도 알고 바울도 알지만 너희

두란노 서원 자리에 세워진 것으로 알려진 셀수스 도서관(행 19:9) 터키 에베소
셀수스 도서관(The Library of Selsus)은 에베소 집정관이었던 셀수스 폴레마누스가 사망한 후 그 아들이 그의 무덤 위에 독서실로 세운 것이다. 처음 건물은 2세기에 만들어졌으나(110-135년) 260년 화재로 인해 정면을 제외한 나머지 부분들이 소실되었다. 이 도서관은 외부가 16m 높이에 넓이가 21m이고, 실내가 16m×10m인 대규모로서 건물의 중심 계단 양편에는 곡마사들의 동상이 받침대에 받쳐 있었다. 맨 꼭대기와 기둥의 아랫부분은 납판을 씌워 강한 지진에도 버틸 수 있게 했다. 당시 도서는 2만 권 이상의 책을 소장하고 있었다. 이 건물에 대한 복구는 1970년대에 시작하여 1978년에 끝났다. 이 도서관은 두란노 서원이 있던 자리에 세워진 것으로 알려진다.

QT 구원의 역사는 하나님이 하시는 일(행 19:11-20).

에베소의 유적을 통해 보면 복음이 들어가기가 얼마나 어려운지를 알 수 있다. 먼저 시대적으로 80년 차이는 있지만 셀수스 도서관의 규모를 보면 에베소가 학문의 도시임을 알 수 있고, 아데미 신전의 규모를 보면 우상숭배가 얼마나 큰 도시인지를 알 수 있다. 호화스런 수세식의 화장실을 통해 문명이 발달된 도시임을 알 수 있으며, 매음굴을 통해 성적으로 얼마나 타락한 도시인지를 알 수 있다. 그러나 이런 에베소도 하나님께서 역사하자 바울이 두 번째로 방문한 3차 전도 여행 때에는 수많은 능력과 마술사가 자기 책을 불태우고 복음을 받아들이는 역사가 일어났다.

구원의 역사는 사람의 손에 달린 것이 아니라 하나님의 역사에 있음을 기억하고 어떤 환경 속에서도 담대하게 복음을 전하는 전도자의 삶을 살자.

바울의 설교를 듣고 마술책을 불태우는 사람들(행 19:19) 르 쉬외르 와스타슈 작, 런던 국립 미술관

는 누구냐?" 하며 [16] 악한 귀신 들린 사람이 스게와의 아들들보다 힘이 세
어 그들을 때리고 옷을 찢어버리자 그들이 벗은 몸으로 그 집에서 도망했
다. [17] 이 일이 에베소에 사는 유대인과 헬라인들에게 알려지자 그들이 두
려워하며 주 예수의 이름을 높이고, [18] 믿는 사람들이 많이 와서 스스로 자
신의 행위를 고백했다. [19] 또 마술을 행하던 많은 사람들은 자신들의 책을
모아 가지고 와서 모든 사람들이 보는 앞에서 불살랐는데 그 책 값을 계산
해보니 노동자 170년 품삯에 해당하는 은 5만이나 되었다. [20] 이와 같이 주님
의 말씀이 능력이 있어 점점 더 힘 있게 퍼져나갔다.

행 19:21 이 일이 있은 후에 바울이 그리스 북부 지역인 마게도냐와 남부 지역
인 아가야 지역을 거쳐 예루살렘으로 가기로 작정하고 말했다. "내가 예루
살렘으로 갔다가 후에 로마도 가야 할 것이다." [22] 그리고 자기를 돕는 사
람 중에서 디모데와 에라스도 두 사람을 마게도냐 지역으로 보낸 후 자신
은 소아시아 지역에서 얼마 동안 더 남아 있었다.

바울은 제2차 전도 여행 중에 고린도 교회를 설립했다. 그러다가 제3차 전도 여행 중 3년간 에베소 교회를 사역하고 있는 가운데 고린도 교회의 문제점을 듣게 되었고, 그 문제들에 대한 신앙적 진단과 교훈을 하게 되었다. 이때는 바울의 에베소 교회 사역 말기에 해당하는 시기였다.
고린도는 세계적인 무역항을 가진 헬라 상업 도시로서 아가야 지역의 수도였다. 따라서 물질적으로 엄청난 부를 축적하게 되었다. 하지만 이로 인해 향락과 퇴폐가 도시를 가득 메우게 되었다. 또 세계 각 지역에서 들어오는 각종 우상과 이방 종교의 집산지 역할을 하게 되었다. 이러한 타락한 분위기는 고린도 교회를 심각한 위기로 몰아넣었다. 바울은 교리적인 문제 뿐만 아니라 윤리적인 문제들로 인해 심각한 위기 상황에 놓여 있던 고린도 교회 성도들을 향해 말씀 안에서 바른 경책과 교훈을 제시하고 성숙한 신앙으로 인도하기 위해 고린도전서를 쓰게 되었다.

바울이 고린도 교회에 보낸 첫 번째 편지 _에베소에서 55년 봄

† 인사와 감사 (고전 1장)

고전 1:1 ● 하나님의 뜻을 따라 그리스도 예수의 사도로 부르심을 받은 나
바울과 믿음의 형제된 소스데네는 [2] 고린도에 있는 하나님의 교회(그리스
도 예수 안에서 거룩해지고 성도로 부르심을 받은 자들)와 또 각처에서 우리의

주님 되신 예수 그리스도의 이름을 부르는 모든 자들에게 [3] 하나님 우리 아버지와 주 예수 그리스도로부터 은혜와 평안(평안)이 있기를 기원한다.

고전 1:4 나는 그리스도 예수 안에서 너희에게 주신 하나님의 은혜로 인해 항상 하나님께 감사한다. [5] 그것은 너희가 예수 안에서 말하는 것(언변)과 모든 지식 등 모든 면에서 풍성하게 되었기 때문이다. [6] 또한 그리스도의 증거(도)가 너희 중에 확고하게 되었으며, [7] 너희가 모든 은사에 부족함이 없이 받으며 주님 되신 예수 그리스도의 재림을 간절히 기다리고 있기 때문이다. [8] 주님께서는 너희를 세상 끝 날까지 우리 주 예수 그리스도의 날에 죗값을 받지 않는(책망할 것이 없는) 자로 견고하게 하실 것이다. [9] 너희를 불러 그의 아들인 예수 그리스도 우리 주님과 더불어 사귐을 갖게 하시는 하나님은 신실하신 분이시다.

고린도 유적지에 있는 교회 터(고전 1:1) 그리스

신고린도의 바울 기념 교회(고전) 그리스
이 교회에 있는 역대 교역자 명단에는 1대에 바울, 2대에 아볼로, 3대 실라가 기록되어 있다.

✣ 거룩해지고(고전 1:2)
문자적으로는 '주를 위해 구별되어진 것'을 뜻한다. 여기서는 성결케 되는 것을 의미한다.

† 고린도 교회의 분쟁과 하나님의 지혜 (고전 1장)

고전 1:10 ● 형제들아, 내가 우리 주 예수 그리스도의 이름으로 너희를 권면한다. 모두가 같은 말과 같은 마음과 같은 뜻으로 너희 가운데 분쟁이 없이 온전히 하나가 되라. [11] 내 형제들아, 글로에의 집에서 온 사람들을 통해 너희 가운데 분쟁이 있다는 말을 내가 들었다. [12] 그 내용은 이렇다. 너희가 저마다 말하기를 "나는 바울에게, 나는 아볼로에게, 나는 베드로(게바)에게, 나는 그리스도에게 속한 자다"라고 한다는 것이다.

고전 1:13 어찌 그리스도께서 나뉠 수 있겠느냐? 어찌 내(바울)가 너희를 위해 십자가에 못 박혔으며, 바울의 이름으로 너희가 세례(침례)를 받았느냐? [14] 나는 그리스보와 가이오 외에는 너희 중 아무에게도 내가 세례를 베풀지 않은 것을 감사한다. [15] 그것은 아무도 내 이름으로 세례를 받았다고 말하지 못하게 하기 위함이다. [16] 내가 또한 스데바나 집 사람에게 세례를 베풀었고 그 외에는 다른 누구에게도 세례를 베풀었는지 알지 못한다. [17] 그리스도께서 나를 보내신 것은 세례를 베풀게 하려는 것이 아니라 오직 복음을 전파하게 하려는 것이다. 또 내가 복음을 세상 말의 지혜로 하지 않은 것은 그리스도의 십자가가 헛되지 않게 하기 위함이다.

신고린도 교회 역대 교역자 명단(고전 1:12)
1대에 바울, 2대에 아볼로, 3대 실라가 있다.

고전 1:18 십자가에 관한 말씀(도)이 멸망당하는 자들에게는 미련한 것이

고린도 교회 문제(고전)

문제	관련 성경	세부 문제
당파 문제	1:10-17	바울파, 아볼로파, 게바(베드로)파, 그리스도파
불륜 사건	5:1-13	근친상간, 음행
소송 사건	6:1-11	성도 간 소송을 세상 법정에 제기
혼인 문제	7:1-40	독신자, 이혼 문제, 과부 재혼 문제
우상 제물문제	8:1-13	먹든지 마시든지 하나님의 영광을 위해
부인수건문제	11:1-16	교회에서 부인이 수건을 쓰느냐 문제
성찬 문제	11:17-35	성만찬의 무질서 문제
성령은사문제	12:1-14:40	은사 행함의 무질서 문제
부활 문제	15:1-58	부활 부인과 부활 형체에 대한 문제
헌금 문제	16:1-4	구제 헌금을 한꺼번에 하는 문제

지만 구원을 받는 우리에게는 하나님의 능력이 된다. [19] 성경에는 "내가 지
혜가 있다고 하는 자들의 지혜를 없애고, 지식(총명)이 있다고 하는 자들
의 지식(총명)을 없앨 것이다(사 29:14)"라고 기록되었다. 그러므로 [20] 지
혜 있는 자가 어디 있느냐? 학자(선비)가 어디 있느냐? 이 시대(세대)에 변
론가가 어디 있느냐? 하나님께서 이 세상의 지혜를 어리석게 하신 것이
아니냐? [21] 사람(자기)의 지혜로는 하나님을 알지 못하게 하신 것이 하나
님의 지혜이다. 그러므로 하나님께서는 우리가 전하는 어리석어 보이는
전도를 통해 믿는 자들을 구원하시기를 기뻐하셨다.

고전 1:22 유대인은 기적(표적, 이적)을 구하고, 헬라인은 지혜를 찾는다. 그
러나 [23] 우리는 십자가에 못 박힌 그리스도를 전파하니 그것은 유대인에
게는 걸려 넘어지게 하는 것이요, 이방인에게는 어리석은 것이다. [24] 그러
나 오직 하나님의 부르심을 받은 자들에게는 유대인이나 헬라인이나 그리
스도는 하나님의 능력이요, 하나님의 지혜가 된다. [25] 하나님의 어리석은
것이 사람의 지혜보다 지혜롭고, 하나님의 약하신 것이 사람의 강한 것보
다 강하다.

고전 1:26 형제들아, 하나님이 너희를 부르신 것을 보라. 세상(육체)의 기준
으로 볼 때는 지혜로운 자가 많지 않으며, 권력(능) 있는 자나 가문이 좋
은 자도 많지 않다. [27] 그러나 하나님께서 세상의 지혜 있는 자들을 부끄럽
게 하려고 세상의 미련한 것들을 선택했고, 세상의 강한 것들을 부끄럽게

하려고 세상의 약한 것들을 선택하사 강한 것들을 부끄럽게 하셨다. [28] 하나님께서는 세상에 있는 것들을 폐하기 위해 세상의 비천한 것들과 멸시받는 것들과 아무것도 아닌 것들을 선택하셨다. [29] 그 이유는 어떤 육체도 하나님 앞에서 자랑하지 못하게 하기 위함이다. [30] 그러나 너희는 하나님께로부터 나서 그리스도 예수 안에 있게 되었다. 이 예수는 하나님으로부터 와서 우리에게 지혜와 의로움과 거룩함과 구원함이 되셨다. [31] 그러므로 성경에 이렇게 기록되었다. "자랑하는 자는 주님 안에서 자랑하라(렘 9:23-24)."

† 십자가와 성령 (고전 2장)

고전 2:1 ● 형제들아, 내가 너희에게 하나님의 비밀(증거)를 전할 때에 말주변과 세상 지혜의 아름다운 것으로 하지 않은 것은 [2] 예수 그리스도와 그가 십자가에 못 박히신 것 외에는 아무것도 알지 않기로 작정했기 때문이다. [3] 내가 너희에게 갔을 때에 나는 약했고 심히 두려워 떨었다. [4] 내가 전하는 말과 전도가 설득력 있고 지혜의 말로 하지 않고 다만 성령의 나타나심과 능력으로 한 것은 [5] 너희가 가진 믿음을 사람의 지혜가 아니라 오직 하나님의 능력에 두려고 했기 때문이다. [6] 그러나 성숙한(온전한) 자들에게는 지혜로 말했다. 이 지혜는 세상의 지혜나 세상에서 없어질 통치자들의 지혜도 아니라 [7] 오직 은밀한(비밀한) 가운데 계신 하나님의 지혜를 말하는 것이다. 이것은 감추어졌던 것으로 하나님이 우리의 영광을 위해 창조(만세) 전에 미리 정하신 지혜이다. [8] 이 시대(세대)의 통치자들은 이 지혜를 한 사람도 알지 못했으니 만일 그 지혜를 알았다면 영광의 주님을 십자가에 못 박지 않았을 것이다.

고전 2:9 이에 대해 성경에는 이렇게 기록되었다. "하나님께서 자기를 사랑하는 자들을 위해 준비해둔 모든 것을 눈으로 보지 못하고, 귀로 듣지 못하고, 사람의 마음으로 생각하지도 못했다(사 64:4, 65:17)." [10] 오직 하나님이 성령을 통해서 이것을 우리에게 보이셨으니 성령은 모든 것을 통달하게 하신다. [11] 사람이 생각하고 있는 일을 그 사람의 속에 있는 영 외에는 누가 알 수 있겠는가? 이와 마찬가지로 하나님의 일도 하나님의 영(성령) 외

십자가에 못 박힌 예수(고전 2:2) 그리스 기오섬, 네아모니 수도원

QT **영적인 것을 추구하며 살자** (고전 2:14)

육에 속한 사람은 영의 것이 미련하게 보이며, 영의 것이 얼마나 귀한지를 분별하지 못한다(2:14). 당신의 가치평가 기준은 무엇인가? 바울은 부활한 예수를 만난 후에는 예수 그리스도를 아는 지식을 세상의 학문보다 더욱 귀하게 여겨 세상의 것들을 배설물로 여겼다. 그러므로 보이는 세상 것에 미련을 두지 말고 보이지 않는 영원한 것에 더욱 큰 가치를 두고 영원한 것, 영적인 것을 추구하며 사는 자가 되자.

✣ **세상의 영**(고전 2:12)
여기서는 인간의 죄악 된 본성을 가리킨다(롬 8:6-7).

✣ **분별**(고전 2:13, 14)
'해석하다', '판단하다'는 뜻이다.

에는 아무도 알지 못한다.

고전 2:12 우리는 세상의 영이 아니라 하나님의 영을 받았다. 그러므로 우
리는 하나님께서 우리에게 은혜로 주신 것들을 알게 되었다. 13 우리가 이
것을 말한 것은 사람의 지혜에서 배운 말로 하지 않고 오직 성령께서 가르
치신 것으로 말하는 것이다. 영적인 일은 영적인 것으로 분별한다. 14 따라
서 육신에 속한 사람은 하나님의 영(성령)이 하시는 일들을 받아들이지 않
는다. 그것은 그 일들이 육적인 그에게는 어리석게 보이기 때문이다. 또 그
는 그것들을 알 수도 없다. 왜냐하면 그러한 일은 영적으로만 분별되기 때
문이다. 15 하나님의 영에 속한 신령한 자는 모든 것을 판단하지만 자기는 아
무에게도 판단을 받지 않는다. 16 누가 주님의 마음을 알고 주님을 가르칠
수 있겠느냐? 그러나 우리는 그리스도의 마음을 가졌다.

† 육신에 속한 자들과 그리스도의 일꾼 (고전 3-4장)

고전 3:1 ● 형제들아, 내가 신령한 자들을 대하는 것같이 너희에게 말할 수
없기 때문에 너희를 그리스도 안에서 육신에 속한 어린아이들을 대하는
것같이 한다. 2 그래서 내가 너희를 우유(젖)로 먹이고 단단한 음식(밥)으
로 먹이지 않았다. 이는 내가 전하는 것을 너희가 깨닫지 못했고, 지금도
그것을 받아들일 준비가 되어 있지 못하기 때문이다. 3 너희는 아직도 세
상(육신)에 속한 자이다. 너희 가운데 여전히 시기와 분쟁이 있으니 그것
은 육신에 속한 세상 사람들처럼 행하는 것이다.

고전 3:4 어떤 이는 말하기를 "나는 바울에게 속했다" 하고, 다른 이는 "나
는 아볼로에게 속했다" 하니 너희가 육신에 속한 사람이 아니냐? 5 도대체
아볼로는 무엇이며, 바울은 무엇이냐? 그들은 단지 주님께서 각자에게 주
신 대로 너희로 하여금 예수를 믿게 하는 섬기는 자(집사)들일 뿐이다. 6 나
는 심었고, 아볼로는 물을 주었으되, 오직 하나님께서 자라게 하셨다. 7 그
러므로 심는 이나 물 주는 이는 아무것도 아니지만 오직 중요한 것은 자라
게 하시는 하나님이시다. 8 다만 심는 이와 물 주는 이는 하나의 목적을 위
해 일하는 것이요, 그들은 각각 자기가 일한 대로 자기의 상을 받을 것이
다. 9 이같이 우리는 하나님의 동역자들이요, 너희는 하나님의 밭이요, 하

나님의 집이 된다.

고전 3:10 나는 나에게 주신 하나님의 은혜를 따라 지혜로운 건축자와 같이 복음의 터를 닦아두면 다른 사람이 그 터 위에 세우게 된다. 그러나 각 사람은 어떻게 그 기초(터) 위에 세울까를 주의해야 할 것이다. [11] 이 닦아둔 복음의 터 외에 다른 터를 닦아 둘 자가 없으니 이 터는 곧 예수 그리스도이시다. [12] 만일 누구든지 금과 은과 보석이나, 나무나 풀이나 짚 등으로 이 터 위에 세우면 [13] 각 사람의 성과(공적, 공력)가 나타날 것인데 그날은 불로 나타나기 때문에 각자의 성과(공적)가 밝히 드러날 것이다. 그 불은 각 사람의 성과가 어떠한지 검증(시험)할 것이다. [14] 만일 누구든지 그 예수 그리스도의 터 위에 세운 성과(공적)가 그대로 있으면 상을 받을 것이고, [15] 그 성과가 불타버리면 그는 손해(해)를 받을 것이다. 그러나 자신은 구원을 받지만 불 가운데서 받은 것 같을 것이다.

고전 3:16 너희는 너희 자신이 하나님의 성전이 되어 하나님의 성령께서 너희 안에 계시는 것을 알지 못하느냐? [17] 누구든지 하나님의 성전을 파괴하면(더럽히게 되면, 멸하면) 하나님이 그 사람을 멸하실 것이다. 하나님의 성전은 거룩하기 때문에 너희도 거룩해야 한다. [18] 자신을 스스로 속이지 말라. 너희 중에 누구든지 이 세상에서 지혜가 있다고 생각한다면 오히려 어리석은 자가 되라. 그래야 참 지혜로운 자가 될 수 있다.

고전 3:19 이 세상의 지혜는 하나님이 보시기에 어리석은 것이니 그것은 성경에 기록된 것처럼 하나님은 "지혜 있는 자들로 하여금 자기 꾀에 빠지게 하시는 분이다(욥 5:13)"라고 했다. [20] 또 "주님께서는 지혜 있는 자들의 생각을 헛된 것으로 아신다(시 94:11)"라고 하셨다. [21] 그러므로 누구든지 사람을 관련하여 자랑하지 말라. 만물은 모두 너희 것이다. [22] 바울이나 아볼로나 베드로(게바)나, 세상(세계)이나, 생명이나 사망이나, 지금 있는 것이나 장래 것이나, 다 너희의 것이다. [23] 그리고 너희는 그리스도의 것이요, 그리스도는 하나님의 것이다.

고전 4:1 너희는 우리를 그리스도의 일꾼이요, 하나님의 비밀을 맡은 자로 여겨야 한다. 이는 당연한 일이다. [2] 그리고 맡은 자들에게 요구되는 것은 충성이다. [3] 나는 너희나 다른 사람에게나(헬, 사람의 날에게나) 판단받는

Q 난제 젖(우유)과 밥(단단한 음식)이 상징하는 것은(고전 3:2)?

바울은 고린도 교인들에게 단단한 음식에 해당되는 형태로 복음을 가르치고자 하지 않고 그들은 어린 신자로 여겨 그들이 수용할 수 있는 형태로의 진리를 표현하고자 젖으로 먹이고 밥으로 하지 않았다고 했다. 여기서 밥은 고기를 의미하는 말로 젖과 밥이 무엇을 가리키느냐에 대해서는 다음과 같은 여러 견해가 있다.

첫째, 젖은 성경의 가르침이고, 밥은 인간의 학문적 지식이다. 둘째, 동일한 그리스도가 어린 신자에게는 젖이 되고, 성숙한 신자에게는 밥이 된다는 견해이다. 셋째, 젖은 복음의 초보적 가르침을, 밥은 복음의 심오한 진리를 뜻한다는 견해이다. 넷째, 젖은 십자가의 도를, 밥은 하나님의 지혜를 가리킨다는 가장 설득력 있는 견해이다.

것이 내게는 큰 문제가 아니다. 나도 나를 판단하지 않는다. 4 나는 양심에
꺼리낌이 조금도 없다. 그렇다고 내가 흠이 없다는 말이 아니다. 다만 나
를 판단(심판)하시는 분은 오직 주님뿐이시다. 5 그러므로 주님께서 다시
오시기 전까지 아무것도 판단하지 말라. 그분은 어둠에 감추어진 것들을
드러내고, 마음속에 있는 생각(뜻)까지도 나타내실 것이다. 그때에는 각
사람에게 하나님으로부터 칭찬이 있을 것이다.

고전 4:6 형제들아, 나는 이 일에 나와 아볼로의 경우를 들어서 너희를 위
해 본을 보였다. 이는 너희로 하여금 기록된 말씀의 범위 밖으로 넘어가지
말라고 한 말의 의미를 배우게 하기 위함이다. 그러므로 너희는 우리에게
서 배운대로 서로 대적하여 교만한 마음을 가지지 말라. 7 누가 너희를 별
다르게 생각하고 있느냐? 너희에게 있는 것 중에 받지 않은 것이 무엇이
냐? 너희가 모든 것을 하나님께로부터 받았으니 어찌하여 받지 않은 것처
럼 자랑하느냐? 바울은 고린도 교회의 영적 상태를 정반대로 표현하면서 풍자적
으로 이렇게 말한다. 8 "너희가 이미 배 부르며, 이미 풍성하며, 우리가 없어
도 왕 노릇을 했다. 우리도 너희와 함께 왕 노릇 할 수 있도록 차라리 너희
가 왕이 되었으면 좋겠다." 9 내가 생각하기에 하나님은 사도인 우리를 마
치 죽이기로 작정된 자같이 맨 끝으로 내놓으신 것 같다. 그래서 우리는
세상과 천사와 사람들에게 구경거리가 되었다. 10 우리는 그리스도를 위
해 어리석은 사람이 되었으나 너희는 그리스도 안에서 지혜로운 사람이
되었다. 우리는 약하지만 너희는 강하고, 너희는 존경을 받지만 우리는 멸
시를 당한다. 11 그래서 지금 이 시각까지 우리가 주리고 목마르며, 헐벗고
매맞으며, 정처 없이 떠돌아 다니고, 12 수고하여 손수 일을 하며 지내고
있다. 뿐만 아니라 저주(모욕)를 받지만 축복하고, 박해를 받지만 인내하
고, 13 비방을 받지만 오히려 권면하니 우리는 지금까지 세상의 쓰레기(더
러운 것)와 만물의 찌꺼기같이 되었다.

고전 4:14 나는 너희를 부끄럽게 하려고 이 편지를 쓰는 것이 아니다. 오
직 너희를 내 사랑하는 자녀같이 훈계하기 위해 쓰는 것이다. 15 그리스도
안에서 너희에게 일만 스승이 있다 해도 아버지는 한 명밖에 없다. 바로 나
는 그리스도 예수 안에서 복음 때문에 너희의 아버지가 되었다(너희를 낳

QT 고난에도 불구하고 (고전 4:6-21)

분쟁하는 고린도 교회를 향해서 바울 자신은 고난과 치욕 속에서도 복음 전파에 전력하였음을 상기시킨다. 곧 바울은 자신을 예로 들어 서로 높아지려 고만 하는 교만으로 인해 분쟁하는 고린도 교인들의 잘못을 지적하고 있다. 사실 바울과 같이 하나님의 종으로서 최선을 다하는 지도자상이야말로 하나님 나라를 확장케 하는 원동력이 된다.

았다). 16 그러므로 내가 너희에게 권면하니 너희는 나를 본받으라. 17 이런 이유로 내가 주님 안에서 내 사랑하고 신실한 아들이 된 디모데를 너희에게 보냈다. 그는 너희에게 그리스도 예수 안에서 내가 여러 교회에서 가르치는 것을 생각나게 해줄 것이다.

고전 4:18 너희 중 어떤 이들은 내가 너희에게 다시 가지 않을 줄로 생각하여 스스로 교만해졌다. 19 그러나 주님께서 허락하시면(원하시면) 내가 빠른 시일에 너희를 방문하여 그 교만한 자들의 말이 아니라 오직 그들에게 능력이 있는지를 알아볼 것이다. 20 하나님의 나라는 말에 있는 것이 아니라 오직 능력에 있다. 21 너희가 무엇을 더 원하느냐? 내가 너희에게 갈 때 채찍(매)을 가지고 나가기를 원하느냐? 아니면 사랑과 온유한 마음(영)으로 나가기를 원하느냐?

† 음행, 세상 법정, 결혼, 과부, 우상숭배 (고전 5-8장)

고전 5:1 ● 너희 중에 음행이 있다는 소문까지 들린다. 어떤 사람은 계모(아버지의 아내)를 데리고 사는 사람도 있다고 하는데 그런 음행은 이방인 중에서도 없는 것이다. 2 그런 사실을 알면서도 너희가 오히려 자만해져서 그런 행위를 통분히 여기지 않고 그런 음행을 행하는 자를 너희 중에서 쫓아내지 않았다. 3 내가 몸으로는 너희와 떨어져 있지만, 영으로는 너희와 함께 있어 그곳에 있는 것같이 이런 음행을 행한 자를 이미 판단(심판)했다. 4 너희가 주 예수의 이름으로 내 영과 함께 모여서 우리 주 예수의 능력으로 5 이런 자의 육신을 사탄에게 내주었다. 이는 죄의 본성(육신)은 멸망당하더라도 영은 주 예수의 날(어떤 사본에는 주님의 날)에 구원을 받게 하려는 것이다.

신전에서의 음행의 성행했던 아크로 고린도 (고전 5:1-3) 아크로 고린도에는 미의 여신인 아프로디테 신전이 있었는데 당시 이곳에서는 수천 명의 여사제들이 종교의식의 명목으로 상업상 정보와 부의 획득을 위해 창녀 행위를 하고 있었다. 이에 바울은 몸의 성결을 강조했다.

고전 5:6 너희가 자랑하는 내용은 옳지 않다. 너희는 적은 누룩이 반죽 덩어리 전체에 퍼지는 것을 알지 못하느냐? 7 너희는 누룩 없는 자이니 새 반죽 덩어리가 되기 위해 묵은 누룩을 내버리라. 이를 위해 그리스도께서 유월절 양으로 희생하셨다. 8 이러므로 우리가 유월절(명절)을 지키되 묵은 누룩이나 악독과 악의에 찬 누룩으로 하지 말고, 오직 누룩이 없이 순전하고 진실한 빵(떡)으로 하자.

유월절을 위해 누룩 없는 빵을 사는 오늘날 유대인들(고전 5:8) 예루살렘

천사에 둘러싸인 성모 마리아와 아기 예수 (고전 6:3) 14세기, 터키, 이스탄불 코라 교회, 모자이크

고전 5:9 나는 이미 너희에게 쓴 편지에서 음행하는 자들을 사귀지 말라고
했다. 10 이 말은 이 세상의 음행하는 자들이나, 탐욕을 가진 자들이나, 남을
속여 빼앗는 자들이나, 우상숭배하는 자들과 전혀 어울리지 말라고 하는
뜻이 아니다. 만일 그렇게 하려면 너희는 세상 밖으로 나가야 할 것이다. 11
지금 내가 너희에게 쓰는 것은 이런 뜻이다. 만일 그리스도인(형제)이라고
말을 하는 자가 음행하거나, 탐욕을 부리거나, 우상숭배를 하거나, 욕설이
나 비방(모욕)을 하거나, 술에 취하거나, 남을 속여 빼앗거든 어울리지도
말고 그런 자와는 함께 음식도 먹지도 말라고 하는 뜻이지 그런 자가 사는 땅
에서 떠나라는 뜻이 아니다. 12 교회 밖에 있는 사람들을 판단하는 문제는 내
가 상관할 일이 아니다. 너희가 판단(심판)해야 할 사람들은 교회 안에서
죄를 짓는 사람들이다. 13 교회 밖에 있는 사람들은 하나님이 심판하실 것
이니 이 악한 사람들은 너희 중에서 내어 쫓으라.

고전 6:1 너희 중에 다른 사람과 다툼이 있을 때 성도 앞에서 해결해달라고
하지 않고 세상 법정(불의한 자들)에 고소하는 자가 누구냐? 2 너희는 성도
가 장차 세상을 심판(판단)하게 될 것을 알지 못하느냐? 너희가 세상을 심
판(판단)할 것인데 지극히 작은 문제도 직접 판단할 능력이 없느냐? 3 우
리가 장차 천사를 판단할 것을 너희가 알지 못하느냐? 하물며 세상의 일
을 판단할 능력이 없느냐? 4 그런데 너희는 세상에서 일상적인 다툼 문제
(세상 사건)가 있을 때에 교회에서 세상 사람들(경히 여김을 받는 자)을 재판
관으로 세우느냐? 5 나는 너희를 부끄럽게 하기 위해 이 말을 한다. 너희 가
운데 믿는 형제간에 다투는 일을 판단해줄 만한 지혜 있는 자가 이같이 한
명도 없느냐? 6 너희가 믿음의 형제끼리 고소하는 것도 부족해서 하나님을
믿지 않는 자들 앞에서 재판을 받게 하느냐? 7 너희가 서로 고소하는 일이
있다는 것은 너희 가운데 이미 뚜렷한 허물이 있다는 것이다. 그러니 차라
리 고소하는 것보다는 악한 일(불의)을 당하거나 속는 것이 더 낫지 않겠
느냐?

고전 6:8 너희는 불의를 행하며 믿는 형제끼리 서로 속이고 있다. 9 불의를
행하는 자는 하나님 나라를 유산(유업)으로 받지 못할 줄을 알지 못하느
냐? 그러므로 그런 자들에게 유혹(미혹)을 받지 말라. 음행과 우상숭배와 간

음하는 자, 남자로 몸을 파는(탐색하는) 자, 남색하는 자, 10 도적이나 탐욕
을 부리는 자, 술 취하는 자, 모욕하는 자, 남을 속여 빼앗는 자 등은 하나님
의 나라를 유산(유업)으로 받지 못할 것이다. 11 너희 중에는 이와 같은 자
들이 있었다. 그러나 너희는 주 예수 그리스도의 이름과 하나님의 성령 안
에서 죄를 씻음 받았고 또한 거룩함과 의롭다 하심을 받았다.

고전 6:12 내가 모든 것을 할 자유가 있다고 해서 다 유익한 것이 아니다. 또
모든 것을 할 자유가 있다고 하지만 나는 어떤 것에도 얽매이지 않을 것
이다. 13 음식은 배를 채우기 위해 있고, 배는 음식을 위해 있지만 언젠가
는 하나님께서 이것들을 필요 없게 만드실 것이다. 몸은 음행(음란)을 위
해 있는 것이 아니라 오직 주님을 위해 있으며, 주님은 몸을 위해 계신다.
14 하나님께서는 주님을 다시 살리셨고, 또한 그의 능력으로 우리를 다시
살리실 것이다. 15 너희 몸이 그리스도의 지체인 줄을 알지 못하느냐? 내
가 그리스도의 지체를 떼어 창녀와 한 몸(지체)을 만들겠느냐? 결코 그럴
수 없다. 16 창녀와 결합하는 자는 그와 한 몸인 줄을 알지 못하느냐? 성경
에 기록되기를 "둘이 한 몸(육체)이 될 것이다(창 2:24)"라고 했으니 17 주님
과 연합하는 자는 영적으로 하나가 된다.

고전 6:18 음행을 피하라. 사람이 범하는 죄들은 몸 밖에서 일어나지만 음
행하는 자는 자기 몸에 죄를 짓는 것이다. 19 너희 몸은 너희가 하나님께로
부터 받은 것이다. 그러기 때문에 너희는 너희 가운데 계신 성령이 거하는
성전인 줄을 알아야 한다. 너희는 너희 자신의 것이 아니다. 20 그것은 하나
님이 값을 치르고 산 몸이 된 것이다. 그러므로 너희 몸으로 하나님께 영광
을 돌려야 한다.

고전 7:1 너희가 내게 글로 써서 보낸 "결혼하지 않는 것(남자가 여자를 가까
이 는 것)이 좋다"는 문제(말)에 대해 말한다. 2 만연된 음행을 피하기 위해
남자마다 자기 아내를 두고, 여자도 자기 남편을 두라. 3 남편은 아내에 대
한 의무를 다하고(갚고), 아내도 그 남편에게 의무를 다하라. 4 아내는 자기
몸인 동시에 남편의 것이기도 하며, 남편도 그와 같이 자기 몸인 동시에
그 아내의 것이기도 하다. 5 그러므로 서로 방을 따로 쓰지 말라. 다만 기도
에 전념하기 위해 서로 합의하여 얼마 동안은 방을 따로 쓰되 다시 한 방

QT 성도 간의 송사 문제의 우선적인 해결 방법 (고전 6:1-7)

교회 내의 성도들 간에도 이해 관계가 발생하므로 분쟁의 합리적 해결을 위해 성경은 먼저 송사할 것이 아니라, 상대방에 대한 사랑으로 이를 덮으라고 교훈하고 있다(마 5:39). 특히 세상 법정에 서서 불신자들에게 이러한 문제를 맡기는 것은 하나님의 영광을 가리는 지혜롭지 못한 행위임을 밝힌다. 따라서 성도 간에 발생한 분쟁은 먼저 사랑의 측면에서 상호 해결을 위해 노력하며, 또한 각 지교회와 연합 교회 간에 이를 담당하는 각종 기구를 두어 선한 중재를 하도록 하여 교회 밖으로 분쟁이 노출되지 않도록 해야 한다. 그리고 궁극적으로는 심판자 되시는 하나님께 맡겨야 한다(약 4:11-12).

음란한 성행위(고전 6:15) 이탈리아 폼페이

을 쓰라. 이는 너희가 정욕에 약함(절제 못함)으로 인해 사탄이 너희를 유혹(시험)하지 못하게 하기 위함이다. 6 그러나 내가 하는 이 말은 충고(허락)이지 명령은 아니다. 7 나는 모든 사람이 나처럼 독신으로 지내기를 원한다. 그러나 각자 하나님께 받은 은사가 다르니 어떤 사람은 결혼하고, 어떤 사람은 독신으로 살기도 한다.

고전 7:8 내가 결혼하지 않은 자들과 과부들에게 말한다. "나처럼 그냥 독신으로 지내는 것이 좋다. 9 그러나 만일 정욕을 절제할 수 없다면 결혼하라. 욕정이 불같이 타는 것보다 결혼하는 것이 더 낫다." 10 결혼한 자들에게 내가 명령한다. 이 것은 내 명령이 아니라 주님의 명령이다. "여자는 남편과 헤어지지 말라. 11 만일 헤어졌다면 그대로 지내든지 아니면 다시 그 남편과 화합하든지 하라. 남편 역시 아내를 버리지 말라."

고전 7:12 그 나머지 사람들에게 내가 말한다. 이는 주님의 명령이 아니라 내 생각이다. "만일 어떤 믿는 남자(형제)에게 믿지 않는 아내가 있어 믿는 남편과 함께 살고 싶어 한다면 그를 버리지 말라. 13 또 어떤 믿는 여자에게 믿지 않는 남편이 있어 아내와 함께 살고 싶어 한다면 그 남편을 버리지 말라. 14 왜냐하면 믿지 않는 남편이 믿는 아내를 통해 거룩하게 되고, 믿지 않는 아내가 믿는 남편(형제)을 통해 거룩해지기 때문이다. 그렇지 못하면 너희 자녀도 깨끗하지 못할 것이다. 그러나 너희가 알다시피 믿는 너희의 자녀는 거룩하다." 15 혹시 믿지 않는 자가 헤어지기를 원하면 헤어지라. 믿는 형제자매는 이런 일에 얽매일(구애될) 필요가 없다. 그러나 하나

결혼에 대한 바울의 가르침(고전 7장, 공관복음은 마태복음, 마가복음, 누가복음을 말함)

성경구절	가르친 내용
2절	음행에 빠져 죄를 짓기보다는 신앙의 순결을 위해 결혼하라.
3-4절	남편은 아내에게, 아내는 남편에게 각자의 의무를 다하라.
5절	사탄이 유혹하지 못하도록 작정된 기도 기간 외에는 방을 따로 쓰지 말라.
10-16절	가능한 한 성도들끼리 결혼하라(10-16). 이혼보다는 화평을 추구하라(10-16).
	불신자와 결혼했을 경우 신앙을 갖도록 힘쓰라(14-16).
32-35절	결혼 때문에 신앙적 의무를 소홀히 하지 말라.
36-38절	다른 사람의 강요 때문에 결혼하지 말라.
39절	자신의 뜻에 따라 결혼하되 모든 것을 주님 안에서 하라.

결혼 서약서 작성(고전 7:8-15) 키프로스(구브로), 바울 채찍 기념 교회(영국 성공회)

님은 화평 중에서 너희를(어떤 사본에는 우리를) 부르셨기 때문에 될 수 있는
대로 헤어지지 않도록 하라.

고전 7:16 아내 된 자여, 네가 남편을 구원할는지 어찌 알 수 있으며, 남편
된 자여, 네가 네 아내를 구원할는지 어찌 알 수 있느냐? 17 오직 주님께서
각 사람에게 나눠주시고, 하나님이 부르신 그대로 행하라. 이는 내가 모든
교회에게 제시해준 기준(명령)이다.

고전 7:18 주님께로부터 부르심을 받을 때에 이미 할례받은 자가 있느냐?
그는 할례받은 것을 무효화시키지(무할례자가 되지) 말라. 또 주님께로부
터 부르심을 받을 때에 할례를 받지 않는 자가 있느냐? 구태어 할례를 받
으려고 하지 말라. 19 할례를 받는 것이나 받지 않는 것이나 그것은 그렇게
중요한 것이 아니다. 오직 하나님의 계명을 지키는 것이 중요하다. 20 그러
므로 각 사람은 주님의 부르심을 받은 그 부르심 그대로 살아가라. 21 네가
종(노예)으로 있을 때에 주님께로부터 부르심을 받았을 때 종으로 있던 것
으로 인해 염려하지 말라. 그러나 네가 자유롭게 될 수 있는 기회가 있다
면 그것을 잘 활용하라(자유할 수 있어도 그대로 지내라). 22 주님 안에서 부
르심을 받은 자는 종이라도 주님께 속한 자유인이요, 반면 자유인으로 있
을 때에 부르심을 받은 자는 그리스도의 종이다. 23 너희는 하나님이 값을
치르고 산 것이 되었으니 이후로는 사람들의 종이 되지 말라. 24 믿음의 형
제들아, 너희는 각자 하나님께 부르심을 받은 그 위치에서 벗어나지 말고
하나님께 책임을 다하라(함께 거하라).

Q 난제 부르심의 조건에는 할례가 문제가 되지 않는다 (고전7:18-24).

바울은 부르심을 받은 상황에서는 할례자(유대인)이든 무활례자(이방인)이든 그것이 중요한 것이 아니라 오직 하나님을 열정적으로 섬기는 것이 더 중요하다고 말하고 있다. 다시 말하면 하나님의 부르심에 의해 구원받은 새로운 피조물이 된 자는 할례가 문제가 되지 않는다. 왜냐하면 구원을 받는 것이 할례나 무할례에 있는 것이 아니라 믿음에 있기 때문이다. 할례는 형식에 있는 것이 아니라 약속의 표징에 의미가 있다. 그래서 안디옥 교회에서 이방인들도 할례를 받아야 구원을 받는다는 문제가 생겼을 때 예루살렘 교회에서는 이방인들에게 할례의 짐을 지우지 말 것을 결의하기도 했다. 그러므로 바울은 하나님의 부르심을 받은 그 자리에서 하나님을 섬기라고 권면하고 있다.

고전 7:25 처녀에 대해서는 내가 주님께로부터 받은 말씀(계명)이 없지만
주님의 자비하심을 힘입어 충성스러운 자가 된 내가 의견을 말한다. 26 내
생각에는 곧 다가올 환난을 생각한다면 사람이 그냥 독신으로 지내는 것
이 좋다. 27 아내가 있는 사람이 있느냐? 그와 헤어지려고 하지 말라. 아내
가 없는 사람이 있느냐? 아내를 얻으려고 하지 말라. 28 그러나 장가가거
나 처녀가 시집가도 죄를 짓는 것이 아니다. 단지 결혼한 사람들은 육신
에 고난이 있을 것이다. 나는 너희를 아끼기 때문에 이런 말을 한다. 29 형
제들아, 내가 하려고 하는 말은 이런 것이다. 주님의 재림이 얼마 남지 않았
기(단축하여졌기) 때문에 이후부터 아내가 있는 자들은 아내가 없는 자같

이 주님의 일에 더욱 힘쓰며 살라. [30] 우는 자들은 울지 않는 자같이 살며, 기쁜 자들은 기쁘지 않은 자같이 살라. 왜냐하면 물건을 사는(매매하는) 자들은 자기가 산 물건이 없는 자같이 살라. [31] 세상 물건을 쓰는 자들은 다 쓰지 못하는 자같이 살라. 이 세상의 보이는 것(외형)은 모두 지나가는 것이기 때문이다.

고전 7:32 너희가 세상에서 염려 없이 살아가기를 원한다. 장가가지 않은 자는 어떻게 해야 주님을 기쁘시게 할까를 염려하라. [33] 장가간 자는 어떻게 해야 아내를 기쁘게 할까를 염려하기 때문에 [34] 마음이 나뉘게 된다. 시집가지 않은 처녀는 세상 일보다 주님의 일을 염려하여 몸과 영을 다 거룩하게 하려고 애쓴다. 그러나 시집간 자는 세상 일을 염려하여 어떻게 해야 남편을 기쁘게 할까를 생각한다.[35] 내가 이런 말을 하는 것은 너희에게 유익을 주기 위한 것이지 너희를 속박(올무)하려는 것이 아니다. 곧 너희로 하여금 이치에 합당하게 하여 바르게(흐트러짐이 없이) 주님을 섬기게 하기 위함이다.

고전 7:36 그러므로 만일 누가 그의 강한 성욕으로 인해 자기의 약혼녀(처녀)에게 그릇된 것(강제 성관계)을 하지 않을까 하는 염려를 하게 된다면(합당하지 못하게 행동하고 있다는 생각이 들 때에), 그리고 그 약혼녀(처녀)의 혼기가 지날 만큼 나이가 들어 결혼해야 한다고 판단되면 네가 원하는 대로 결혼하라. 그것은 죄를 짓는 것이 아니니 두 사람은 결혼하는 것이 좋다. [37] 그러나 그가 결혼하지 않기로 마음을 정하고, 또 부득이한 일도 없고 자기 뜻대로 할 권리(욕정 억제 능력)가 있어서 그 약혼녀(처녀)와 결혼하지 않아도 잘하는 것이다. [38] 그러므로 결혼하는 자도 잘하는 것이고, 결혼하지 않는 자는 더 잘하는 것이다. [39] 아내는 그 남편의 생존 때에는 남편에게 매여 있다가 남편이 죽으면 자기가 원하는 대로 시집갈 수 있으나 주님을 믿는 사람이라야(주 안에서만) 할 것이다. [40] 그러나 내 생각에는 결혼하지 않고 그대로 지내는 것이 더욱 행복하다. 나도 또한 성령(하나님의 영)을 받은 줄로 생각한다.

고전 8:1 우상에게 제물로 바친 음식에 대해서는 우리가 다 잘 알고 있다고 하는 것은 사람을 교만하게 만든다. 그러나 사랑은 덕을 세운다. [2] 만일 아무든지 어떤 것이든 다 안다고 생각하면 아직도 마땅히 알아야 할 것을 알지 못하는 자이다. [3] 또 아무든지 하나님을 사랑한다면 하나님께서도 그런 사람을 알아주신다. [4] 그러므로 우상에게 바친 제물을 먹는 일에 대해서는 우리가 우상은 세상에서 아무것도 아니며, 오직 하나님은 한 분밖에 없는 줄 안다. [5] 비록 하늘과 땅에서 신이라고 불리는 존재(자)가 있고, 실제로 많은 신과 많은 주인이 있다. [6] 그러나 우리에게는 오직 하늘에 계신 하나님 아버지 한 분만이 계신다. 모든 만물이 그분으로 인해 창조되었고 우리도 그분을 위해 있다. 또한 한 주(主) 예수 그리스도께서 계시니 만물이 그로 인해 창조되었고 우리도 그로 인해 존재한다. [7] 그러나 모든 사람이 이런 진리(지식)를 아는 것은 아니다. 그러므로 믿는 사람들조차도 어떤 이들은 지금까지도 우상에 대한 습관이 남아 있어 우상에게 제물로 바친 음식이라고 생각하고 먹기 때문에 그들의 양심은 약해지고 더러워졌다. [8] 음식은 우리를 하나님 앞으로 가까이 가게 하지 못한다. 그렇기 때문에 우리가 음식을 먹지 않는다고 해서 더 못사는 것(손해)도 아니고, 음식을 먹는다고 해서 더 잘사는 것(이익)도 아니다. [9] 그러므로 너희가 가진 자유(권리)가 믿음이 약한 자들에게 거침(걸림돌)이 되지 않도록 조심하라.

고전 8:10 우상과 그 제물에 대해 지식이 있다는 네가 우상의 신전(집)에서 앉아 먹는 것을 믿음이 약한 자가 보게 되면 자신들도 우상 제물을 먹는 것에 대해 거침이 있음에도 불구하고 양심의 담력을 얻어 우상의 제물을 먹게 되지 않겠느냐? [11] 그렇게 되면 우상 제물에 대해 알고 있는 네 지식으로 인해 믿음이 약한 자가 멸망하게 될 것이다. 그는 그리스도께 죄를 짓는 것이 된다. [12] 이같이 너희가 형제에게 죄를 짓게 하므로 그의 약한 양심을 상하게 하여 실족케 하는 것은 그리스도에게 죄를 짓는 것이다. [13] 그러므로 만일 음식 때문에 내 형제를 실족하게 한다면 내 형제를 실족하지 않게 하기 위해 나는 영원히 고기를 먹지 않을 것이다.

† 사도의 권리와 하나님 영광 (고전 9장)

고전 9:1 ● 내가 자유인이 아니냐? 사도가 아니냐? 내가 주님을 보지 못했느냐? 너희 자신은 주님 안에서 행한 나의 수고의 결과가 아니냐? [2] 다른 사람

풍습

고린도와 고린도 교회의 우상 제물 문제가 발생한 배경(고전 8장)

고린도는 BC 44년 재건된 후 군사적 요충지와 세계적인 무역 항구의 중심지가 되었다. 특히 상품의 품질 결정은 고린도 신전에서 검증을 받은 후에 비로소 판매를 할 수 있었고 그 대가로 1/10을 신전에 바쳤다. 그래서 신전에서는 남아도는 수많은 제물로 드려진 짐승들을 시장에 내다 팔았기 때문에 시장에 유통되는 대부분의 고기들은 우상 제물로 바쳐진 것이었다. 고린도 발굴을 통해 식사 예배(한글 개역 성경에는 '우상의 제물 먹는 일')가 행해졌음이 밝혀졌다. 따라서 시장에서 고기를 사 먹는 신앙인들은 시장에서 파는 고기가 우상 제물이 아닌가 의심을 할 수밖에 없었다. 그러나 바울은 시장에서 파는 고기에 대해 다른 사람의 양심을 위해 의심하지 말고 사서 먹으라고 했다(고전 10:26). 그러나 우상에게 바친 제물로 생각하고 먹기 때문에 양심이 더러워졌다고 말한다(고전 8:7). 곧 모르고 먹은 것은 문제가 되지 않으나 알고는 먹지 말라는 뜻이다.

바울과 1차 전도 여행을 떠났던 바나바(고전 9:6)

바나바는 유대인 가족으로 살라미에서 태어나서 예루살렘에서 교육을 받았다. 그는 바울이 회심했을 때 그의 회심을 믿지 못하는 예루살렘의 사도들에게 변호해주었다. 그리고 후에는 바울과 함께 안디옥 교회의 파송을 받아 전도 여행을 떠났다. 이때 자신의 고향으로 가기 위해 실루기아로 내려가 거기서 배를 타고 구브로 섬의 살라미에 도착하여 여러 회당에서 하나님의 말씀을 전한 후 계속해서 바울과 1차 전도 여행을 함께했다(행 13:1-14:28). 이후 마가 요한의 동행 문제로 헤어진 후 요한을 데리고 다시 구브로로 전도 여행을 떠났다(행 15:39). 그는 바나바 서신을 기록했고 그의 고향인 살리미에서 전도하다가 순교했다고 전한다.

바나바의 무덤(고전 9:6) 키프로스 살라미

살라미에 있는 바나바 수도원(고전 9:6) 키프로스, 바나바의 고향인 살라미에 세워진 것이다.

들에게는 내가 사도가 아닐지 몰라도 너희에게는 내가 사도이다. 그것은
나의 사도 됨을 주님 안에서(인 친 것이 주님 안에 있는) 너희가 인정해주었
기 때문이다. 3 내가 사도가 아니라고 비판하는 자들에게 나의 변명은 이것
이다. 4 우리가 먹고 마실 권리가 없겠느냐? 5 우리가 다른 사도들과 주님
의 형제들과 베드로(게바)처럼 믿음으로 신자(자매)가 된 아내를 데리고 다
닐 권리가 없겠느냐? 6 왜 나와 바나바만 생계를 위해 일해야 하겠느냐?

고전 9:7 누가 자기 비용을 내면서까지 군 복무를 하겠느냐? 누가 포도 농
사를 지으면서 그 열매를 따먹지 않겠느냐? 누가 양 떼를 기르면서 그 양
에서 나는 젖을 먹지 않겠느냐? 8 내가 사람의 경우(예)대로만 이것을 말
하는 것이 아니라 율법에서도 이것을 말하고 있다. 9
모세의 율법에 "곡식을 밟아 떠는 소에게 망을 씌
우지 말라(신 25:4)"고 기록되었다. 이는 하나님
께서 소들을 위해 염려하신 것이 아니라 10 바로
우리를 위해 하신 말씀이 아니냐? 과연 율법은 우
리를 위해 기록된 것이니 밭을 가는 자는 수확을 기대
하면서 밭을 갈며, 곡식을 타작하는 자는 노력에 대한
대가를 함께 기대하며 일하는 것은 당연하다.

소 입에 씌운 망(고전 9:9) 한국 문경 부근

고전 9:11 우리가 너희에게 영적(신령한)인 것을 뿌렸으니 우리가 너희에게
있는 물질적(육적인)인 것을 거둔다고 해서 지나치다고 하겠느냐? 12 다른
사람들도 너희에게 이런 권리를 가졌다면 우리 역시 그런 권리가 있지 않
겠느냐? 그러나 우리가 이 권리를 주장하지 않고 모든 일에 참는 것은 그
리스도의 복음을 전하는 데에 아무런 방해가 되지 않게 하기 위함이다. 13
성전의 일을 하는 이들은 성전에서 나오는 음식을 먹으며, 제단에서 섬기
는 이들은 제단에 바쳐진 음식을 함
께 나누는 것을 너희가 알고 있다. 14
이와 같이 주님께서도 복음 전하는
자들이 복음을 전하는 일로 생활하라
고 정해주셨다(마 10:10). 15 그럼에도
나는 이런 권리를 하나도 행사하지

곡식을 밟아 떠는 소(고전 9:9) 이집트 카이로, 이집트 민속촌

않았고, 또 이 편지를 쓰는 것은 너희가 나에게 이같이 물질로 도와달라는 것도 아니다. 나는 내가 차라리 죽을지라도 누구든지 나의 이런 자부심(자랑)을 빼앗지 못하게 할 것이다.

고전 9:16 내가 복음을 전한다 해도 자랑할 것이 없는 것은 그것은 내가 당
연히(부득불) 해야 할 일이기 때문이다. 만일 내가 복음을 전하지 않으면
나에게 화가 있을 것이다. 17 내가 자원해서 이것을 행한다면 보수(상)를
받을 것이다. 그러나 내가 자원해서 하는 일이 아니라면 그것은 나에게 맡
겨진 사명을 다하는 일일 뿐이다. 18 그런즉 내가 받을 보상(상)이 무엇이
냐? 내가 복음을 전할 때에 아무런 대가 없이 전하고 복음으로 인해 내게
있는 권리를 다 사용하지 않는 이유가 바로 이것이다. 19 내가 모든 사람에
대해서 자유롭지만 스스로 모든 사람에게 종과 같이 된 것은 더 많은 믿음
의 사람을 얻기 위함이다.

고전 9:20 내가 유대인들에게 유대인과 같이 된 것은 유대인들을 믿게 하
기 위함이요, 율법 아래에 있는 자들을 대할 때 내가 율법 아래에 있지 않
지만 율법 아래에 있는 자와 같이 된 것은 율법 아래에 있는 자들을 믿게
하기 위함이다. 21 율법 없는 자에 대하여는 내가 하나님께는 율법 없는 자
가 아니요 도리어 그리스도의 율법 아래에 있는 자이다. 그러나 율법 없는
자처럼 된 것은 율법 없는 자들을 믿게 하기 위함이다. 22 약한 자들을 대
할 때 내가 약한 자와 같이 된 것은 약한 자들로 믿어 구원을 얻게 하기 위
함이다. 내가 여러 사람에게 여러 방법으로 대한 것은 어떻게 하든지 그들
중 몇 명이라도 구원하고자 한 것이다.

고전 9:23 내가 복음을 위해 어떤 것이든 행하는 것은 그 복음이 주는 축복
에 참여하기 위해서이다. 24 운동장에서 경주하는 자들이 다 달린다 해도
오직 상을 받는 사람은 한 사람인 것을 너희가 알고 있다. 너희도 상을 받
도록 이와 같이 달음질하라. 25 경기에서 이기기를 힘쓰는 자마다 모든 일
에 절제하지만 그들은 썩어질 승리자의 면류관(관)을 얻고자 한다. 그러
나 우리는 썩지 않는 면류관을 얻고자 한다. 26 그러므로 나는 목표(향방) 없
이 달음질하지 않고, 허공을 치는 것같이 싸우지 않는다. 27 내가 내 몸을
쳐서 굴복(복종)시키는 것은 내가 다른 사람에게 복음을 전했으나 정작 나

성경상식 **운동장**(race, 고전 9:24)
운동장에 해당되는 헬라어 '스타디온'은 본래 200m의 거리를 나타내는 단위였다. 이것이 후에 200m의 규격화된 운동장(경기장)을 만들면서 점차 경기장(stadium)을 뜻하는 말로 굳어졌다. 바울 당시 이미 그리스에서는 달리기를 비롯한 운동 경기가 경기장에서 행해지고 있었다. 그래서 바울은 그것을 보고 그리스도인의 삶을 운동장에서 달음박질하는 것으로 비유했다(고전 9:24).

고린도에 있는 달리기 출발점에서 출발 포즈를 취하는 순례자들(고전 9:24) 그리스 고린도 유적지

승리자의 면류관(고전 9:25)
운동 경기에서 우승한 자에게 주어지는 월계관을 가리킨다. 성경은 승리의 관은 잠시 후면 곧 시들지만 세상 마지막 날 하늘에서 상급으로 받는 금면류관은 영원히 사라지지 않는다고 가르치면서 하늘 면류관을 사모하라고 가르친다.

의인에게 내리는 면류관(고전 9:25) 그리스 밧모 섬 요한 수도원
이 40인들은 신앙을 지키기 위해 얼음 동굴 속에 갇혀 있는 형벌을 받다가 순교한 자들이다. 하늘에서 각 사람 머리 위에 면류관이 내려오고 있다.

자신은 버림을 당할까 두려워하기 때문이다.

† 우상숭배에 대한 경고와 하나님께만 영광 (고전 10장)

고전 10:1 ● 형제들아, 나는 너희가 모두 이와 같은 사실을 알기 바란다. 곧
우리 조상들이 다 구름 아래에 있었고(출 13:21), 바다 가운데로 지나며(출
14:21-29), 2 모세와 함께 다 구름과 바다에서 세례(침례)를 받고, 3 다 같
은 신령한(영적) 음식을 먹으며(출 16:4-35), 4 다 같은 신령한 음료를 마셨
다(민 20:7-11). 이는 그들을 따르는 신령한 반석으로부터 마신 것으로 그
반석은 궁극적으로 그리스도를 가리킨다. 5 그러나 그들 중 얼마는 하나님
이 기뻐하지 않았으며 그들은 광야에서 죽임을 당했다.

고전 10:6 이러한 일은 우리에게 본보기가 되어 우리는 그들처럼 악을 행한
것같이 우리도 악을 행하는 자가 되지 않게 하려는 것이다. 7 그러므로 너
희는 그들처럼 우상숭배하는 자가 되지 말라. 이에 대해 성경은 "백성이
앉아서 먹고, 마시며, 일어나서 뛰놀았다(출 32:6)"라고 기록하고 있다. 8
그들 가운데 어떤 사람들은 간음(음행)하다가 하루에 2만3,000명이나 죽
었으니(민 25:1-9) 우리는 그들과 같이 음행하지 말자. 9 그들 가운데 어떤
사람들이 하나님(주)을 시험(test)하다가 뱀에 물려 죽음을 당했으니(민
21:4-9) 우리는 그들과 같이 하나님을 시험(test)하지 말자. 10 그들 가운
데 어떤 사람들은 악한 말로 원망하다가 멸망시키는 자에게 멸망당했으니
(민 16장) 너희는 그들과 같이 원망하지 말라. 11 그들에게 일어난 이런 일
은 우리에게 본보기가 되고, 또한 세상 종말이 다가오는 시대에 살고 있는
(말세를 만난) 우리를 깨우치기 위해 기록되었다.

고전 10:12 그러므로 굳게 서 있다고 생각하는 자는 넘어질까 조심하라. 13
이제까지 너희는 사람이 감당할 수 있는 시험밖에는 너희가 당한 것이 없
다. 또 하나님은 신실하시기 때문에 너희가 이기지 못할 시험은 허락하지
않는다. 뿐만 아니라 시험당할 즈음에 피할 길을 주어 너희로 능히 빠져나
오게 하신다. 14 그러므로 나의 사랑하는 자들아, 우상숭배하는 일을 피하
라. 15 내가 이 말을 하는 것은 너희가 지혜 있는 자라고 생각하기 때문이
다. 그러므로 너희는 내가 하는 이 말에 대해 스스로 판단하라. 16 우리가

광야의 반석에서 물을 내는 모세(고전 10:4) 레기온, 바울 기념 교회

금송아지 숭배(고전 10:7) 1643년, 푸생 작, 런던 국립 미술관

뱀에 물린 자들을 위해 만든 놋뱀(고전 10:9) 바티칸 시스티나 예배당, 미켈란제로 작 원망하다가 뱀에 물린 자들을 위해 놋뱀을 만들어 그것을 쳐다봄으로 죽지 않도록 했다.

축복하는 잔은 그리스도의 피에 참여하는 것이 아니란 말이냐? 우리가 떼
는 빵(떡)은 그리스도의 몸에 참여하는 것이 아니란 말이냐? 17 빵(떡)이
하나이니 그 한 빵(떡)에 참여하는 우리 역시 한 몸이다.

고전 10:18 육신을 따라 난 이스라엘 백성들을 생각해보라. 제물을 먹는 자
들은 제단에 참여하는 자들이다. 19 그런즉 내가 무엇을 말하고 있느냐?
우상의 제물과 그 우상은 무엇이냐? 20 무릇 이방인이 제사하는 것은 귀신
에게 하는 것이요, 하나님께 제사하는 것이 아니다. 그러므로 나는 너희가
귀신과 사귀(교제)는 자가 되지 않기를 바란다. 21 너희는 주님의 잔과 귀
신의 잔을 동시에 마시지 못하고, 주님의 식탁과 귀신의 식탁에 동시에 참
여하지 못한다. 22 그렇다면 우리가 주님을 질투하게(노여워하게) 하겠느
냐? 과연 우리가 주님보다 강한 자란 말이냐? 그렇지 않다.

고전 10:23 모든 것이 허용되었다고 모든 것이 유익한 것은 아니며, 모든 것이
허용되었다고 그 모든 것이 덕을 세우는 것은 아니다. 24 그러므로 누구든지
자기의 유익을 구하기보다 다른 사람의 유익을 구하라. 25 시장에서 파는 것
은 그것이 우상 제물로 사용된 것인지 아닌지를 양심을 위해 묻지 말고 사서 먹으
라. 26 이는 땅과 그 위에 있는 모든 것들이 주님의 것이기 때문이다.

고전 10:27 불신자 중에 누가 너희를 식사에 초청할 때에 너희가 오기를 원
하거든 너희 앞에 차려놓은 음식은 무엇이든지 양심을 위해 우상 제물이
냐고 묻지 말고 먹으라. 28 그러나 누가 너희에게 이것이 우상 제물이라고
말하면 그렇게 말한 자와 믿음이 약한 자(그 사람)의 신앙 양심을 위해 먹
지 말라. 29 여기서 내가 말한 양심은 너희 자신의 양심을 말하는 것이 아
니라 다른 사람, 특히 믿음이 약한 자의 양심을 말하는 것이다. 어찌하여
내 자유가 다른 사람의 양심 때문에 판단을 받겠느냐? 30 만일 내가 감사
한 마음으로 음식을 먹으면서 어찌하여 내가 감사하며 먹은 음식에 대해
비난을 받겠느냐? 31 그런즉 너희는 먹든지 마시든지 무엇을 하든지 모든
것을 하나님의 영광을 위해 하라. 32 따라서 유대인과 헬라인에게나, 하나
님의 교회에나 걸림돌 같은(거치는) 자가 되지 말라. 오히려 33 나와 같이 자
신의 유익을 구하지 않고 많은 사람의 유익을 구하는 생활을 통해 그들이
구원을 받게 하라.

Q 난제 고전 10:29-30은 어떤 의미인가?

해설하기 어려운 구절이다. 이에 대한 것은 대체로 세 가지 견해가 있다.
첫째, 내가 감사함으로 먹는다면 내 자유가 다른 사람의 양심에 의해 판단을 받을 필요가 없다(Meyer).
둘째, 내 자유가 다른 사람의 양심에 의해 판단을 받아야 할 이유가 없고, 감사함으로 받는 것 때문에 비난을 받아야 하느냐(Robertson)?
셋째, 왜 내 자유가 다른 사람의 양심에 의해 판단을 받아야 하고, 감사함으로 받는 것 때문에 비난을 받아야 하느냐?
이 중에 두 번째 것이 가장 타당하다.

† 예배 때 여자의 두건 착용과 성만찬 제정에 대해 (고전 11장)

고전 11:1 ● 내가 그리스도를 본받아 그를 따르는 자가 된 것같이 너희는 나를 본받는 자가 되라. 2 너희가 모든 일에 나를 기억하고, 또 내가 너희에게 교회에서와 편지를 통해 가르친 대로 그 전통을 너희가 지키므로 너희를 칭찬한다. 3 그러나 나는 너희가 각 남자의 머리는 그리스도요, 여자의 머리는 남자요, 그리스도의 머리는 하나님이신 것을 알기 원한다.

고전 11:4 그러므로 남자로서 머리에 무엇을 쓰고 기도나 예언을 하는 자는 그 머리를 욕되게 하는 것이다. 5 반면, 여자로서 머리에 쓴 것을 벗고 기도나 예언을 하는 자는 그 머리를 욕되게 하는 것이니 이는 머리를 민 것과 다름이 없기 때문이다. 6 만일 여자가 머리를 가리지 않으려면 깎을 것이요, 만일 깎거나 미는 것이 여자에게 부끄러움이 된다고 생각하면 어떤 것으로든지 머리를 가릴 것이다.

고전 11:7 이렇게 말하는 이유는 남자는 하나님의 형상과 영광이 되기 때문에 그 머리를 마땅히 가리지 않지만 여자는 남자의 영광이 되기 때문에 가리는 것이다. 8 남자가 여자에게서 태어난 것이 아니라 여자가 남자에게서 태어났다. 9 또한 남자가 여자를 위해 지음을 받은 것이 아니라 여자가 남자를 위해 지음을 받은 것이다. 10 그러므로 여자는 창조 때 하나님을 돕는 일꾼으로 하나님과 함께 일한 천사들 때문에 권세 아래에 있는 표인 수건을 그 머리 위에 두어야 할 것이다. 11 그러나 주님 안에는 남자나 여자나 독자적으로 존재하지 않는다. 12 이는 여자가 남자에게서 태어난 것같이, 남자도 여자로 인해 태어났기 때문이다. 그리고 남녀 모두는 하나님으로부터 생겨났다. 13 너희는 스스로 판단해보라. 여자가 머리를 가리지 않고 하나님께 기도하는 것이 옳은 일이냐? 14 만일 남자에게 긴 머리가 있으면 자기에게 부끄러움이 된다는 생각이 너희에게는 자연적인 본능(본성)이 아니냐? 15 그러나 여자가 긴 머리를 하는 것은 오히려 자기에게 영광이 되니 그것은 긴 머리가 여자에게 머리를 가리는 것을 대신하기 때문이다. 16 만약 이 문제에 논쟁하려는 생각을 가진 자가 있다 해도 믿는 우리와 하나님의 모든 교회에는 이것 외에 다른 풍습을 받아들이지 않는 것이 사실이다.

고전 11:17 내가 명령하는 이 일에 대해서 너희를 칭찬하지 않는 것은 너희의 모임이 유익하지 않고 오히려 해가 되기 때문이다. [18] 먼저 너희가 교회에 모일 때에 너희 중에 파벌(분쟁)이 있다는 소리를 듣고 그것이 어느 정도 사실이라고 믿고 있다. [19] 너희 중에서 누가 하나님께 옳다고 인정받는 사람인지 분명하게 드러나게 하기 위해서는 다른 점이 있어야 한다. [20] 그렇기 때문에 너희가 교회에 함께 모여 하는 공동 식사는 주님의 만찬을 먹는 것이 아니다. [21] 그 이유는 너희가 먹을 때에 각자 자기의 음식(만찬)을 먼저 갖다 먹기 때문에 가난하여 음식을 준비하지 못한 사람은 굶주리고 어떤 사람은 술에 취하기까지 하기 때문이다. [22] 너희가 먹고 마실 집이 없느냐? 그래서 너희가 교회에서 음식을 먹음으로 하나님의 교회를 업신여기고 가난한 자들을 부끄럽게 하느냐? 내가 너희에게 무슨 말로 칭찬하겠느냐? 이것으로는 결코 칭찬하지 않겠다.

고전 11:23 내가 너희에게 전해준 것은 주님께 받은 것이다. 곧 주 예수께서 잡히시던 밤에 빵(떡)을 가지고 [24] 축사하신 후 떼어주시면서 말씀하셨다. "이것은 너희를 위하는 내 몸이다. 그러므로 이것을 행하여 나를 기념하라." [25] 식사 후에 또한 같은 방법으로 잔을 가지시고 말씀하셨다. "이 잔은 내가 흘린 피로 세운 새 언약이다. 그러므로 이것을 행하여 마실 때마다 나를 기념하라." [26] 그러므로 너희는 예수께서 제정하신 빵(떡, 떡덩이)을 먹으며, 이 잔을 마실 때마다 주님의 죽으심을 그분이 다시 오실 때까지 전해야 한다. [27] 그러므로 누구든지 주님의 빵(떡, 떡덩이)과 주님의 잔을 합당하지 않은 태도로 먹고 마시는 자는 주님의 몸과 피에 대해 죄를 짓는 것이다. [28] 따라서 사람이 자기를 살핀 후에야 예수께서 제정하신 빵(떡덩이)을 먹고 잔을 마셔야 한다. [29] 주님의 몸이라는 인식을 하지 못하고 먹고 마시는 자는 자기의 죄(심판)를 먹고 마시는 것과 같다. [30] 이런 까닭에 너희 중에 약한 자와 병든 자가 많고 죽은 자들도 상당이 있다.

고전 11:31 우리가 자신을 분별했으면 심판(판단)을 받지 않게 된다. 그러나 [32] 우리가 지금 주님께 심판(판단)을 받는 것은 그로 인해 회개하므로 장차 우리가 세상과 함께 심판(정죄함)을 받지 않게 하려는 것이다. [33] 그러므로 내 형제들아, 교회에서 함께 먹으려고 모일 때에는 음식을 준비했다고 먼저 먹지 말고 그렇지 못한 자와 함께 먹도록 서로 기다리라. [34] 만일 누구든지 시

역사 배경 **고린도 교회의 성찬 문제의 배경**(고전 11:17-34)

고린도 교회의 가장 큰 문제 중 하나는 성찬에 대한 것이었다. 당시 고린도 교회는 교제를 겸한 공동 식사의 형태로 이루어졌다. 엄격하게는 성찬과 애찬이 구분되었으나 이 둘은 대부분 함께 행해지고 있었다. 그런데 문제는 이런 성도의 친교를 도모하는 애찬이 본래의 의도를 상실하고 부한 자들은 음식을 가져와 가난한 자들이 오기 전에 함께 나누지 않고 먼저 먹고 취해버렸다. 더 나아가 애찬과 함께 행해지던 성찬식까지 불경건하게 되었다(고전 11:17-22). 이에 바울은 교회의 형제들에게 성찬은 애찬처럼 먹고 마시며 즐기는 것이 아니라 구원을 위한 예수 그리스도의 살과 피를 기념하는 엄숙하고 거룩한 예식임을 말한다.

는 선물로 주어지는 더욱 큰 은사를 사모하라. 내가 가장 좋은 길을 너희에
게 보여줄 것이다.

고전 13:1 내가 사람이 하는 방언(외국어)과 천사와 같은 말을 할지라도 사
랑이 없다면 그것은 구리로 만든 소리 나는 악기와 시끄러운 소리를 내는 꽹
과리에 불과하다. 2 내가 예언하는 능력이 있어 모든 비밀과 지식을 알고,
또 산을 옮길 만한 믿음이 있다 해도 사랑이 없다면 나는 아무것도 아니
다. 3 내가 가진 모든 재물(것)로 구제를 베풀고, 또 내 몸을 불사르게 내어
줄지라도 사랑이 없으면 그것은 나에게 아무 유익이 없다.

고전 13:4 사랑이란? 오래 참고, 온유하며, 시기하지 않고, 자랑하지 않고, 교
만하거나 5 무례하게 행하지 않고, 자기의 유익(것)을 구하지 않고, 성내지
않고, 악한 것을 생각하지 않으며, 6 불의를 기뻐하지 않는다. 오히려 진리와
함께 기뻐하고, 7 모든 것을 참고 믿으며, 모든 것을 소망하며 견디게 한다.

고전 13:8 예언은 있다가 사라지고, 방언도 있다가 그치고, 지식도 결국은
없어지지만 사랑은 영원하다. 9 우리가 아는 것은 부분적인 것이요, 예언
도 부분적인 것이기 때문에 10 온전한 것이 올 때에는 부분적으로 하던 것
이 사라지게 된다. 11 내가 어렸을 때에는 말하고, 깨닫고, 생각하는 것이
모두 어린아이와 같다가 성인이 되어서는 그런 유치한 것들을 버렸다. 12
우리가 지금은 거울로 보는 것같이 희미하게 보지만 그때에는 얼굴과 얼
굴을 마주 대하여 보는 것처럼 분명하게 볼 것이다. 지금은 내가 부분적으로
알지만 그때에는 주님께서 나를 아신 것같이 내가 온전히 알게 될 것이다.
13 그러므로 믿음, 소망, 사랑, 이 세 가지는 항상 있어야 하는데 그중에서
가장 위대한 것(제일, 더 큰 것)은 사랑이다.

고전 14:1 형제들아, 사랑을 추구하며, 영적인(신령한) 것들을 간절히 바라고
무엇보다 예언을 하려고 하라. 2 방언은 알아듣는 자가 없고 영으로 비밀
을 말하는 것이다. 그것을 말하는 자는 사람에게 하지 않고 하나님께 하는
것이다. 3 반면, 예언을 하는 자는 사람에게 말하는 것이다. 그는 사람에게
덕을 세우며, 용기(권면하며)와 위로를 주는 말을 한다. 4 따라서 방언을 말
하는 자는 자기의 덕을 세우고, 예언하는 자는 교회의 덕을 세운다.

고전 14:5 나는 너희가 모두 방언으로 말하기를 원하지만 무엇보다 예언하

구리로 만든 거울(고전 13:12)
그리스, 고린도박물관
고대에는 구리로 거울을 만들었기 때문에 피사체가 희미하게 보였다. 그래서 바울은 믿는 자의 바라는 것이나 영적인 지식 등이 지금은 구리 거울에 비친 것처럼 희미하다고 말하고 있다.

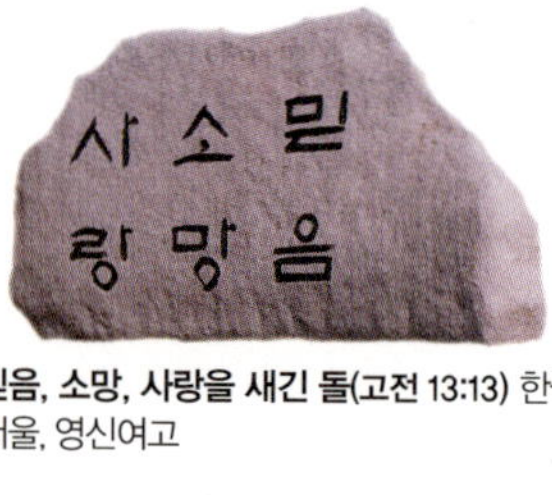

믿음, 소망, 사랑을 새긴 돌(고전 13:13) 한국 서울, 영신여고

기를 더 바란다. 만일 방언으로 말하는 자가 그 방언을 통역하여 교회의
덕을 세우지 않으면 예언하는 자만 못하다. 6 그러므로 형제들아, 내가 너
희에게 방언으로 말하고 있지만, 지식이나, 예언이나, 가르치는 것으로 말
하지 않는다면 알아듣지 못하는 방언으로 말하는 것이 너희에게 무슨 유익
이 되겠느냐? 7 마찬가지로 피리(저)나 거문고와 같이 생명 없는 악기가
소리를 낼 때에 악보대로 구별되는 소리를 나타내지 않으면 피리(저)를 부
는 것인지, 거문고를 타는 것인지 어떻게 알 수 있겠느냐? 8 만일 나팔이
분명하지 않는 소리를 내면 누가 싸움을 준비할 수 있겠느냐? 9 이와 같이
너희도 혀로써 알아 듣기 쉬운 말을 하지 않으면 그 말하는 것을 어떻게
알 수 있겠느냐? 그것은 허공에 말하는 것에 불과하다. 10 이와 같이 세상
에는 여러 종류의 소리가 있으나 의미 없는 소리는 없다.

고전 14:11 그러므로 내가 그 소리의 의미를 알지 못하면 나는 그 사람에게
말을 알아듣지 못하여 외국인(야만인)이 되고, 말하는 자도 나에게 말을 알
아듣지 못하는 외국인(야만인)이 된다. 12 그러므로 너희가 영적인 것을 사
모하는 자라면 교회의 덕을 세우기 위해 선물로 주어지는 그런 은사가 풍
성하기를 구하라. 13 또한 방언을 말하는 자는 통역하기를 기도하라. 14 내
가 만일 방언으로 기도하면 나의 영은 기도하는 것이지만 나의 마음은 아
무런 열매가 없다. 15 그러면 어떻게 해야 하는가? 내가 영과 마음으로 기
도하며, 영과 마음으로 찬송해야 한다. 16 그렇지 않고 영으로만 하나님께
감사의 기도를 한다면 그 뜻을 알지 못하는 상황에 있는 자(은사를 받지 못
한 자)는 네가 무슨 말을 하는지 알지 못하고 네가 하는 감사의 기도에 어찌
'아멘'이라고 말하겠느냐? 17 너희가 감사한 것 자체는 잘했으나 다른 사
람에게는 덕을 세우지 못할 것이다. 18 내가 너희 모든 사람보다 방언을 더
말하는 것에 대해 하나님께 감사한다. 19 그러나 교회에서 네가 남을 가르
치기 위해 일만 마디 방언으로 말하는 것보다 깨달은 마음으로 다섯 마디
말을 하는 것이 낫다.

고전 14:20 형제들아, 지혜에는 아이가 되지 말고 장성한 사람이 되라. 반면
악에는 어린아이가 되라. 21 율법에 기록되기를 "주님께서 이르시기를 내가
다른 방언과 다른 입술로 이 백성에게 말할지라도 그들이 여전히 듣지 않을

성경 상식 **예언(Prophecy)에 대하여** (고전14:1, 31)

예언은 헬라어 '프로페테이아'로 하나님으로부터 직접 계시된 것을 받아 사람들에게 전하는 것을 말한다. 예언은 고대 사회에서도 행해졌으나 성경에서 말하는 이스라엘에서는 하나나님으로부터 들은 내용들을 백성에게 전한다는 기능이 예언의 본질이었다. 특히 그리스도의 탄생과 부활까지의 전 생애에 대한 예언은 성경 도처에 나타나 있으며 예수에 대한 모든 예언이 성취되었다. 초대 교회에서는 그리스도교의 선지자 활동이 중요한 지위를 차지하고 있었다(행 11:28, 고전 14:1-5). 신약에서 예언은 대개의 경우 성령의 감동을 받아 하나님의 경륜을 말하는 데 씌여졌다(고전 14:1-5).

성경 상식 **방언(Language)에 대하여** (고전14:13, 26-27)

방언은 표준어와는 다른 어떤 지역이나 지방에서 쓰이는 말이다. 그러나 성경에서는 하나님의 역사와 성령 충만의 직접적인 결과로 생기는 무아경에서의 영적 언어를 말한다. 그것은 말하는 사람이 의식적으로나 이성적으로는 억제하지 못한다는 것이 신약성경의 방언에 대한 교리이다. 특히 오순절날 마가의 다락방에 모인 무리들은 성령을 받아 자신들이 알지 못했던 방언으로 말하는 역사가 일어났다. 바울은 방언과 예언의 차이를 구분하면서 방언은 성령의 은사 중 하나로 개인의 덕을 세운다고 했다. 본 절에서는 방언하는 자가 많을 경우에는 두 사람, 많아야 세 사람이 차례를 따라 하라고 권면하고 있다.

✣ **다른 방언**(고전 14:21)
사 28:11,12을 인용한 구절로 그곳에서 '다른 방언'이란 앗수르 방언을 말한다. 그것은 곧 앗수르의 이스라엘 침략을 예고해주는 표징이었다. 마찬가지로 본 절의 의미는 현재 성도들이 행하는 방언은 불신자들에게 장차 임할 하나님의 진노의 심판을 예고해주는 표징이라는 뜻이다.

것이다(사 28:11-13)"라고 하였다. 22 그러므로 방언은 믿는 자들보다 믿지
않는 자들을 위하는 기적(표적)이지만, 예언은 믿지 않는 자들보다 믿는 자
들을 위한 것이다. 23 그러므로 만일 온 교회가 함께 모여 다 방언으로 말하면
방언 은사를 받지 못한 자(그것을 알지 못하는 자)들이나 믿지 않는 자들이 들
어와서 그 소리를 듣고 너희를 미쳤다고 말할 것이다. 24 그러나 모든 사람이
예언을 하고 있는데 믿지 않는 자들이나 예언 은사를 받지 못한(그것을 알지
못하는) 자들이 들어와서 예언하는 사람들에게 책망과 판단을 받고, 25 그 마
음속에 있는 비밀들이 드러나게 되면 그 때문에 그들이 엎드려 하나님께 경
배하며 하나님이 참으로 너희 가운데 계신다고 전파할 것이다.

고전 14:26 그러므로 형제들아, 너희가 어떻게 해야 하는가? 너희가 모일 때
에 찬송시와 가르치는 말씀과 계시와 방언과 방언 통역함도 있으니 그 모
든 것들은 덕을 세우기 위해 하라. 27 만일 누가 방언으로 기도하면 두 사
람이나 많아야 세 사람이 순서대로 하고 한 사람은 통역할 것이다. 28 만일
통역하는 자가 없으면 교회에서는 방언을 하지 말고 자기와 하나님께만
조용히 기도할 것이다. 29 예언하는 자는 두세 명이 말하고 다른 사람들은
그것을 분별할 것이요, 30 만일 곁에 앉아 있는 다른 이에게 계시가 있으면
먼저 하던 자는 예언을 멈추라.

고전 14:31 너희는 모든 사람이 배우고 권면을 받게 하기 위해 한 명씩 돌아
가며 예언할 수 있다. 32 예언하는 자들의 영은 예언하는 자들에게 통제를
받는다. 왜냐하면 33 하나님은 무질서의 하나님이 아니시요 오직 화평의
하나님이시기 때문이다. 모든 성도가 교회에서 하는 것같이(모든 성도의
교회에서 그러하다) 34 여자는 공적인 모임이 있는 교회에서 조용히 있으라.
그들에게는 말하는 것을 교회에서 허락한 적이 없으니 율법에서 말한 것과
같이 여자들은 오직 복종할 것이다(창 3:16). 35 만일 여자가 무엇을 배우
기 원하면 집에서 자기 남편에게 물을 것이요, 여자가 교회의 공적인 모임
에서 말하는 것은 부끄러운 일이다.

고전 14:36 하나님의 말씀이 너희로부터 나왔느냐? 아니면 너희에게만 임
한 것이냐? 37 만일 누구든지 자기를 선지자나 혹은 영적인(신령한) 사람
으로 생각한다면 내가 너희에게 보내는 이 편지가 주님의 명령인 줄 알라.

38 만일 누구든지 이런 사실을 인정하지 않으면 자신도 인정받지 못할 것
이다. 39 그러므로 내 형제들아, 예언하기를 사모하며 방언으로 말하는 것
을 금하지 말라(어떤 사본에는 알지 못하는 대로 두라). 40 다만 모든 것을 절
제 속에 조화롭게(품위 있게) 하고 순서(질서)대로 하라.

† 그리스도의 부활과 죽은 자의 부활 (고전 15장)

고전 15:1 ● 형제들아, 내가 너희에게 전한 복음을 너희에게 알려준다. 그
것은 너희가 이미 받은 것이요, 또 그 가운데 굳게 선 복음이다. 2 너희가 만
일 내가 전한 복음을 굳게 지키고 목적이나 계획성이 없이(헛되이) 믿지
않았으면 그로 인해 구원을 받을 것이다. 3 나는 내가 받은 복음을 먼저 너
희에게 전했다. 이는 성경에 기록된 대로 그리스도께서 우리 죄를 위해 죽
으시고 4 장사 지낸 바 되셨다가 성경대로 3일 만에 다시 살아나사 5 베드
로(게바)에게 보이신 후 열두 명의 제자에게와 6 그 후에 500여 명의 형제
에게 한순간에 보이신 것이다. 그중에 어떤 사람은 죽었으나 대다수의 사
람들은 지금까지 살아 있다. 7 또 그 후에 야고보와 모든 사도에게와 8 맨
나중에 조산자 같은 나에게도 나타나셨다.

부활한 예수를 만나 말에서 떨어진 바울(고전 15:8) 시리아 다메섹, 아나니아 기념 교회

고전 15:9 그러므로 나는 사도 중에 가장 작은 자이다. 나는 과거에 하나님
의 교회를 핍박했기 때문에 사도라고 불릴 자격이 없는 자이다. 10 그러나
지금 내가 복음의 전파자(나, 사도)가 된 것은 하나님의 은혜로 된 것이다.
내게 주신 그분의 은혜가 결코 헛되지 않았기에 내가 모든 사도보다 더 많
이 수고했으나 그것은 내가 한 것이 아니라 오직 나와 함께하신 하나님의
은혜로 된 것이다. 11 그러므로 내가 전하든 그들이 전하든지 전파한 것을
너희도 믿었다.

고전 15:12 그리스도께서 죽은 자 가운데서 다시 살아나셨다는 것이 이미
전파되었는데 너희 중에서 어떤 사람들은 죽은 자의 부활이 없다고 말한
다. 13 만일 죽은 자의 부활이 없다면 그리스도께서도 다시 살아나지 못하
셨을 것이다. 14 만일 그리스도께서 다시 살아나지 못하셨다면 우리가 전
파하는 것은 허무한 것이요, 또 너희가 믿는 것도 헛된 것이다. 15 또 그렇
게 되면 우리는 하나님의 거짓 증인이 될 것이니 그것은 우리가 하나님이

예수의 부활(고전 15:12-24) 바티칸, 사도 박물관, 부활한 예수의 손에는 승리를 상징하는 깃발이 들려져 있고 옆에는 병사들이 부활의 사실을 모른 채 깊은 잠에 빠져 있다.

그리스도를 다시 살리셨다고 증거(증언)했기 때문이다. 만일 죽은 자가 다
시 살아나는 일이 없다면 하나님께서는 그리스도를 다시 살리지 않았을
것이다. [16] 만일 죽은 자가 다시 살아나는 일이 없다면 그리스도도 다시 살
아나신 일이 없었을 것이요, [17] 그렇게 되었다면 예수를 믿음으로 부활한다
는 너희의 믿음도 헛되고 너희가 여전히 죄 가운데 있을 것이다. [18] 뿐만 아
니라 그리스도 안에서 죽은(잠자는) 자도 멸망했을 것이다. [19] 만일 우리의
소망이 그리스도 안에서 오직 이 세상의 삶뿐이라면 우리는 모든 사람 가
운데서 가장 불쌍한 자이다.

고전 15:20 그러나 이제는 그리스도께서 죽은 자 가운데서 다시 살아나시
므로 죽은 자들의 부활의 첫 열매가 되셨다. [21] 사망이 아담 한 사람으로 왔
으니 죽은 자의 부활도 예수 그리스도 한 사람으로 오게 되었다. [22] 아담으
로 인해 모든 사람이 죽은 것같이 그리스도로 인해 모든 사람이 구원(삶,
부활)을 얻게 될 것이다. [23] 그러나 순서대로 될 것이다. 첫 번째는 부활의
첫 열매인 그리스도요, 그다음에는 그가 세상에 다시 올 때 그에게 속한 자
들이며, [24] 그 후에 마지막으로는 그가 세상의 모든 통치와 권세와 능력을
멸하시고 그의 나라를 아버지 하나님께 바치게 될 때이다.

고전 15:25 예수께서 모든 원수를 그 발 아래에 둘 때까지 그분은 당연히 왕
노릇 하실 것이니 [26] 맨 나중에 그리스도로부터 멸망받을 원수는 죽음(사
망)이다. [27] 성경에서 "만물을 그의 발 아래에 두셨다(시 8:6)"라고 기록되
었는데 여기서 "만물을 그 발 아래에 둔다"라고 할 때 하나님은 그 안에 포
함되지 않는 것이 분명하다. [28] 하나님께서 만물을 그의 아들에게 복종하게
할 때에는 아들 자신도 만물을 자기에게(아들도 그때에 스스로 만물을 자기
에게) 복종하게 하신 하나님에게 복종하게 될 것이다. 이는 하나님은 모든
만물의 주인으로서 모든 만물 안에 계시기 때문이다.

고전 15:29 만일 죽은 자들이 다시 살아날 가능성이 전혀 없다면 죽은 자들
을 위해 대신하여 세례(침례)를 받는 자들은 무엇 때문에 그들을 위해 세례
(침례)를 받겠느냐?

고전 15:30 또한 무엇 때문에 우리가 그리스도를 위해 때마다 위험을 감당하
겠느냐? [31] 형제들아, 내가 그리스도 예수 우리 주님 안에서 가지고 있는

만물 위에 계시며 우주의 주인 되신 예수 그리스도(고전 15:25-28) 이요한 작

너희에 대한 나의 자랑을 두고 분명히 말하는데 나는 날마다 죽는다. 32 내가 인간적인 방법으로 에베소에서 맹수와 싸웠다면 그것이 나에게 무슨 유익이 되겠는가? 죽은 자가 다시 살아나지 못한다면 "내일 죽을 것이니 오늘은 먹고 마시자"라고 할 것이다. 33 그러므로 이런 일에 속지 말라. 악한 친구들을 사귀면 좋은 습관(선한 행실)도 나쁘게 된다. 34 그러므로 깨어 옳은 일(의)을 행하고 죄를 짓지 말라. 너희 중에 하나님을 모르는 자가 있기 때문에 내가 너희를 부끄럽게 하기 위해 말하는 것이다.

고전 15:35 어떤 자들은 "죽은 자들이 어떻게 다시 살아나며 어떠한 몸으로 부활하느냐?"라고 묻는 자가 있을 것이다. 36 그러나 어리석은 자여, 네가 뿌리는 씨가 죽어야 다시 살아나고, 37 또 네가 뿌리는 것은 다 자란 것(장래의 형체)이 아니라 다만 밀이나 다른 곡식의 씨(알맹이)일 뿐이다. 38 하나님께서는 그분의 계획(뜻)대로 뿌린 씨에게 형체를 주시되 각 종자에게 그 형체를 주신다.

고전 15:39 모든 육체는 다 같은 것이 아니다. 하나는 사람의 육체요, 그 외에는 짐승의 육체, 새의 육체, 물고기의 육체 등이 있다. 40 하늘에 속한 형체도 있고, 땅에 속한 형체도 있다. 영광 역시 하늘에 속한 것의 영광이 있고, 땅에 속한 것의 영광이 있다. 41 해와 달과 별의 영광이 각각 다르니 별과 별 사이의 영광도 다르다. 42 죽은 자의 부활도 이와 같아 썩을 것으로 심지만 썩지 않을 것으로 다시 살아나게 되며, 43 비천한 것(욕된 것)으로 심고 영광스러운 것으로 다시 살아나게 되며, 약한 것으로 심고 강한 것으로 다시 살아나게 될 것이다. 44 육체로 심고 영적인(신령한) 몸으로 다시 살아나게 될 것이니 육의 몸이 있는 것처럼 영의 몸도 있다.

고전 15:45 성경에 기록된 것처럼 "첫 사람 아담은 살아 있는 사람(생령)이 되었다(창 2:7)" 함과 같이 마지막 아담은 살려주는 영이 되었다. 46 그러나 영적인 몸(신령한 사람)이 먼저 있었던 것이 아니라 자연적인 육의 몸(사람)이 먼저 있었던 것이요, 그다음에 신령한 몸(사람)이다. 47 첫 사람 아담은 흙(땅)에서 났으니 흙에 속한 자이지만, 둘째 사람 예수는 하늘에서 오셨다. 48 무릇 흙에 속한 아담은(자들은) 저 흙에 속한 아담의 후손과(자와) 같고, 무릇 하늘에 속한 예수 그리스도는(자들은) 저 하늘에 속한 그의 백

Q&A 죽은 자의 세례는? (고전 15:29)

본 절로 보아 당시 고린도 교회에는 세례받지 못하고 죽은 자들을 위하여, 대신 세례를 받는 교인들이 있었던 것 같다. 이는 아마 죽은 자들에게 유익을 끼치기 위한 기대 심리에서 그렇게 했을 것이다. 그러나 그것은 죽은 자들을 위해 제사 지내는 것과 마찬가지로 무익한 행위이다.

아담(위)과 하와(아래)의 창조(고전 15:47-48)
바티칸, 미켈란젤로 작

성과(자와) 같다. [49] 따라서 우리가 흙에 속한 자의 형상을 입은 것같이 또
한 하늘에 속한 자의 형상을 입을 것이다.

고전 15:50 형제들아, 내가 이것을 말한다. "육체와 피(혈과 육)는 하나님 나
라를 상속받을 수 없다. 또한 썩는 것은 썩지 않는 것을 유산(유업)으로 받
지 못한다" [51] 보라, 내가 너희에게 비밀을 말한다. "우리가 모두 잠잘 것이
아니라 마지막 재림의 나팔이 불 때는 순식간에 모두 변화될 것이다. [52] 재
림의 나팔 소리가 나면 죽은 자들이 다시는 썩지 않을 것으로 다시 부활하
고 우리도 그렇게 변화될 것이다. [53] 지금 있는 이 썩어질 몸이 반드시 썩지
않는 몸으로 덧입어야 하겠고, 이 죽을 몸이 다시는 죽지 않는 몸으로 덧
입을 것이다. [54] 그때는 "사망을 삼키고 이겼다(사 25:8)"라고 기록된 말씀
이 이루어질 것이다.

고전 15:55 사망아, 너의 승리가 어디 있느냐? 사망아, 네가 찌르는 가시채
(독침)가 어디 있느냐?(호 13:14) [56] 사망이 찌르는(공격하는) 것은 죄요, 죄
는 율법에 의해 힘을 발휘한다(죄의 힘은 율법이다). [57] 그러나 우리는 우리
주 예수 그리스도로 인해 우리에게 승리를 주시는 하나님께 감사한다. [58]
그러므로 내 사랑하는 형제들아, 믿음에 굳게 서서 흔들리지 말고 항상 주
님의 일에 더욱 힘쓰는 자들이 되라. 지칠 정도로 주님을 위해 애쓴 너희의 수
고가 주님 안에서 헛되지 않은 것임을 기억하라.

고린도전서 15장의 대조적인 개념(첫 번째 아담과 두 번째 아담)

제목	장
살아 있는 생령(15:45, 창 2:7)	살려주는 영(15:45)
흙에서 나서(15:47)	하늘에서 오심(15:47-48)
흙에 속함(15:47)	하늘에 속함(15:47-48)
흙에 속한 아담의 후손 같음(15:48)	하늘에 속한 백성 같음(15:48)
흙에 속한 형상을 입음(15:49)	하늘에 속한 형상을 입음(15:49)
썩을 것(15:42)	썩지 않을 것(15:42)
욕된 것과 약한 것(15:43)	영광스러운 것과 강한 것(15:43)
육의 몸(15:44)	신령한 몸(15:44)
사망(15:21)	죽은 자의 부활(15:21)

† 연보와 권면과 마침 인사 (고전 16장)

고전 16:1 ● 성도를 돕기 위한 헌금(연보)에 관해서는 내가 갈라디아 교회들에게 명령한 것같이 너희도 그렇게 하라. 2 매주 첫날에 너희 각자의 수입에 따라 미리 모아둠으로 내가 방문할 때에 헌금(연보) 때문에 부담을 갖지 않도록 하라. 3 내가 너희를 방문할 때에 너희가 믿을 만한 사람에게 편지를 주어 너희가 모은 헌금(은혜)을 예루살렘으로 가지고 가게 할 것이다. 4 만일 나도 가는 것이 더 좋다면 그들이 나와 함께 갈 수 있을 것이다. 5 내가 그리스 북부 지역인 마게도냐를 지나갈 계획인데 마게도냐 지역을 통과한 후에 너희에게 가서 6 혹 너희와 함께 머물며 겨울을 지낼 수도 있다. 그런 뒤에는 너희가 나를 내가 가고자 하는 곳으로 보내주기 바란다. 7 지금은 지나가는 길이지만 너희를 보지는 않을 것이다. 이는 만일 주님께서 허락하시면 상당 기간 동안 너희와 함께 머물기를 바라기 때문이다. 8-9 에베소에는 나를 대적하는 자들이 많이 있지만 내가 오순절까지 그곳에 머물려고 하는 것은 그곳은 많은 일을 할 수 있는 큰 문이 열려 있기 때문이다.

고전 16:10 디모데가 고린도에 있는 너희에게 오거든 너희는 그로 하여금 두려움이 없이 너희 가운데 있도록 하라. 왜냐하면 그도 나와 같이 주님의 일을 힘쓰는 자이기 때문이다. 11 그러므로 누구든지 그를 무시하지 말고 나에게 평안한 마음으로 오게 하라. 나는 그가 형제들과 함께 에베소로 오기를 기다리고 있다. 12 형제 아볼로에게는 형제들과 함께 너희에게 가라고 내가 많이 권했으나 지금은 갈 계획이 전혀 없음을 알았다. 그러나 기회가 되면 아볼로도 너희에게 갈 것이다. 13 너희는 깨어 있어 믿음에 굳게 서서 남자답게 용감하고 강건하라. 14 너희는 모든 일을 사랑으로 행하라.

고전 16:15 형제들아, 나는 너희에게 스데바나의 집안 사람을 추천한다. 그 이유는 그가 그리스 남쪽 지역인 아가야에서 제일 먼저 그리스도를 믿은 집안(첫 열매)이요, 또 성도 섬기기로 작정한 줄을 너희가 알고 있기 때문이다. 16 너희는 이와 같은 사람들과 함께 일하며 수고하는 모든 사람에게 순종하라. 17 내가 스데바나와 브드나도와 아가이고가 온 것을 기뻐하는 것은 그들이 너희의 부족한 것을 채워주었기 때문이다. 18 그들이 나와 너희 마음을 만족(시원)하게 했으니 그러므로 너희는 이런 사람들을 인정해주라.

헌금함(고전 16:1) 예루살렘 스코푸스 산, 루터 교회

성경 인물 스데바나 (고전 16:15), 브드나도와 아가이고 (고전 16:17)

스데바나(Stephanas)는 고린도에 거주하고 있던 자로 바울의 전도에 의해 아가야 지역에서 처음으로 그리스도인이 된 사람이다. 바울은 그의 가족에게 세례를 베풀었다(고전 1:16, 16:15). 그는 고린도 교회가 바울에게 쓴 편지를 갖고 에베소에 방문했으며 그 답장으로 고린도전서를 가지고 귀환한 것으로 여겨진다(고전 16:17).

아가이고(Achaicus)는 고린도 교회의 신자이며(고전 16:17), 아가야 출신의 노예로 추정된다. 스데바나와 브드나도와 함께 에베소에 있는 바울을 방문했으며 고린도전서를 가지고 돌아온 자로 여겨진다.

성경 상식

입맞춤(kiss)의 종류 (고전 16:20)

성경에서 언급한 입맞춤은 특별한 경우(아 1:2, 8:1)를 제외하고는 보통 친척들 간에 입맞춤하는 것을 말한다. 곧 아버지와 아들 사이의 입맞춤(창 27:26-27), 아들과 그 부모 사이의 입맞춤(왕상 19:20), 사위와 그 장인 사이의 입맞춤(출 18:7) 등이다. 친척의 범위를 벗어난 입맞춤으로는 다윗과 요나단 간의 입맞춤(삼상 20:41)과 같은 진실한 것과 압살롬의 경우처럼 위선적인 입맞춤이 있고(삼하15:5), 가룟 유다가 예수께 한 것처럼 배반을 가장한 입맞춤도 있다. 이 외에 사랑의 입맞춤(롬 16:6, 벧전 5:14), 낭만적인 남녀 간의 입맞춤(아 1:2, 8:1), 의례적인 입맞춤(창 29:11, 출 4:27, 삼하 20:9) 등이 있다.

바울이 에베소에서 사람의 손으로 만든 것은 신이 아니라고 말한 에베소의 아데미 신상 (행 19:24) 터키

고전 16:19 소아시아 지역에 있는 교회들이 너희에게 문안하고, 아굴라와 브
리스가 부부와 그 집에서 모이는 교회가 주님 안에서 너희에게 진심으로
문안한다. 20 모든 형제도 너희에게 문안하니 너희는 거룩한 입맞춤으로
서로 문안하라.

고전 16:21 나 바울은 친필로 너희에게 문안한다. 22 만일 누구든지 주님을
사랑하지 않으면 저주를 받을 것이다. "우리 주여, 오시옵소서(우리 주님
께서 임하셨다. 아람어로는 마라나타)." 23 주 예수 그리스도의 은혜가 너희와
함께하고 24 나의 사랑이 그리스도 예수 안에서 너희 모든 무리와 함께하
기를 기원한다(어떤 사본에는 할지어다. 아멘).

† 에베소에서 바울과 은 세공업자와의 마찰 (행 19:23-41)

행 19:23 ● 그 무렵 에베소에서는 예수에 대한 도(道)로 인해 적지 않은 소동
이 일어났다. 24 당시 데메드리오라 하는 어떤 은 세공인(은장색)은 은으로 아
데미의 신상 모형을 만들어 자신뿐만 아니라 직공인들에게도 많은 돈을 벌게
하고 있었다. 25 그러던 그가 그 직공들과 그 신상을 판매하는 자들을 모아놓
고 말했다. "여러분도 아는 바와 같이 우리가 아데미 신상을 만드는 생업을
통해 풍요로운 생활을 누렸다. 그런데 26 이곳에 온 바울이 에베소뿐만 아니
라 소아시아 지역에 사는 수많은 사람들을 설득(권유)하여 말하기를 '사람의
손으로 만든 것들은 신이 아니다'라고 하니 이같은 사실은 그대들도 보고 들
었다. 27 이로 인해 이제 신상을 판매하는 우리의 이 영업이 우습게 여겨질 뿐
아니라 큰 여신 아데미 신전도 무시당하게 되고 온 소아시아 지역과 온 세상
사람들이 섬기는 아데미의 위엄도 땅에 떨어질까 염려된다."

행 19:28 그들이 이런 데메드리오의 말을 듣고 크게 분노하여 "위대하도
다, 에베소 사람의 아데미여"라고 외치자 29 온 에베소 시내가 소란에 빠
졌다. 이에 성 사람들은 바울과 함께 다니는 마게도냐 지역의 사람 가이오와
아리스다고를 붙잡아 야외 극장(연극장)으로 데리고 들어갔다. 30 그러자
바울도 그 군중 속으로 들어가려고 했으나 제자들이 말렸다. 31 또 소아시
아 지역의 관리 중에 바울의 친구 된 어떤 이들은 바울에게 사람을 보내(통
지하여) 연극장에 들어가지 말라고 강권했다.

아데미 신전 터(행 19:27) 터키 에베소
BC 7세기에 세워진 에베소의 아데미 신전은 건물의 평면이 56.7X112m으로 파르테논 신전보다 크다. 이오니아 양식의 신전의 총 기둥은 133(127)개였고 그 크기는 직경이 1.85m, 높이 18.6m나 되어 건축미의 웅장성과 아름다움을 자랑했다. 지금은 한 개만 남아 있다. 이 아데미 신전은 고대 세계 7대 불가사의 중 하나이다.

행 19:32 야외 극장(연극장)에 모인 사람들 중에 어떤 이는 이런 말을, 또 어
떤 이는 다른 말로 외치자 군중들이 혼란스러워했다. 그중에 절반의 사람
들은 왜 모였는지도 알지 못했다. 33 이에 유대인들이 무리 가운데서 알렉
산더를 권하여 앞으로 밀쳐내자 알렉산더가 손짓으로 사람들에게 조용히
하라고 한 후 모인 사람들에게 변명하려고 했다. 34 그때 모인 무리들은 그
가 유대인인 줄 알고 다 한 소리로 "위대하다. 에베소 사람의 아데미여"라
고 두 시간 동안이나 외쳤다. 35 그러자 에베소 시의 서기장이 군중들을 진
정시킨 후에 말했다. "에베소 시민들이여, 에베소시가 큰 아데미와 하늘
(제우스)에서 내려온 우상의 신전을 지키는 곳이 된 것을 누가 알지 못하
겠느냐? 36 이것은 모두가 다 부인할 수 없는 사실이다. 그러므로 너희는
경솔한 행동을 하지 말고 가만히 있으라. 37 그들은 신전의 물건을 도둑질
하지도 않았고, 우리 여신을 비방하지도 않았는데 너희가 붙잡아왔다. 38
만일 데메드리오와 그와 함께 있는 직공들이 누구에게 고소할 것이 있으
면 재판할 날도 있고 마침 총독들도 이곳에 있으니 피차 고소하면 될 것이
다. 39 만일 그 외에 원하는 것이 더 있다면 정식으로 공식적인 모임 기관인
민회에서 결정하면 될 것이다. 40 오늘은 아무 이유도 없는 이 일에 우리가
소요 사건의 책임을 추궁받을 위험이 있고, 이 불법 집회에 관하여 보고할
자료도 없다"라고 말한 후 41 그 모임을 해산시켰다.

성경 상식

민회(행 19:39)
바울 당시 에베소에 있던 공식적인 모임 기관인 시의 행정관이 소집하는 지방 의회와 같은 곳이다. 바울이 "사람의 손으로 만든 것들은 신이 아니다(행 19:26)"라는 말로 인해 에베소에 큰 소란이 일어나 극장에 모이자 에베소 시의 서기장은 그 집회가 불법 집회인 것을 알고 바울에 대해 고소할 것이 있으면 정식으로 민회에서 결정하도록 하여 모임을 해산시켰다.

에베소 야외 극장(대극장, 행 19:29, 32)
대극장은 3단 형태의 구조로 각 단은 22단계로 되어 있다. 이 극장은 반원형 로마식 건축으로 2만4,000명 수용의 노천극장(현재의 종합 운동장과 같음)으로 경마, 격검, 씨름, 죄수 사형, 인수상투극 등을 거행하였다.

† 바울이 마게도냐와 헬라 지역을 다님 (행 20:1)

행 20:1 ● 에베소에서의 소요 사태가 그치자 바울은 제자들을 불러 격려(권면)한 후에 작별하고(56년 오순절 이후) 바다 건너 마게도냐 지역으로 떠났다.

바울은 제3차 전도 여행 중 에베소에서의 사역 말기에 고린도전서를 기록했고, 뒤이어 일명 '슬픔의 편지'(2:4:7:8)라는 서신을 써서 디도 편에 고린도 교회에 보냈다. 그러나 디도의 귀환이 늦어졌고, 그동안 바울은 에베소 사역을 마치고 드로아를 거쳐 마게도냐 지역으로 나아가게 되었다. 그리고 아마 마게도냐 지역의 빌립보에서 디도를 만난 바울은 고린도 교회 소식을 전해 들은 후에 다시 고린도후서를 쓰게 되었다. 그러나 일부는 56년 오순절 이전에 에베소에서 기록했다고도 본다.
바울이 보낸 편지는 대부분의 고린도 교회 성도들에게 큰 깨우침으로 전해졌으나 첫 번째 서신의 엄격한 어조로 인해 마음이 상했을 성도들도 있었을 것이며, 바울의 사도권을 흠집 내려는 거짓 교사들도 있었을 것이다. 이에 바울은 자신의 사도로서의 소명과 사도권에 대한 기원과 정당성에 대한 변증을 하게 된다. 또한 사도 바울은 고린도 교회 성도들을 향해 일면 사랑의 권면으로, 또한 일면으로는 엄중한 책망으로 편지하게 되었다.

바울이 고린도 교회에 보낸 두 번째 편지 _에베소에서 56년 가을

신고린도 교회(고후 1:1) 그리스

† 고린도와 아가야의 교회에 하는 감사 인사 (고후 1장)

고후 1:1 ● 하나님의 뜻을 따라 그리스도 예수의 사도로 부르심을 받은 바
울과 형제 된 디모데는 그리스 남쪽 지역의 고린도에 있는 하나님의 교회와
아가야 지역에 있는 모든 성도에게 편지합니다. 2 하나님 우리 아버지와 주
예수 그리스도로부터 은혜와 평안(평강)이 있기를 기원합니다.

고후 1:3 우리 주 예수 그리스도의 하나님을 찬송합니다. 그분은 자비와 모
든 위로의 하나님이시며, 4 우리가 당한 여러 환난 중에서 우리를 위로하
시고 우리가 받은 그 위로로 모든 환난 중에 있는 자들을 위로하게 하시는
분이시다.

고후 1:5 그리스도의 고난이 우리에게 넘친 것같이 그리스도로 말미암아
받은 위로가 우리에게 넘치게 되었다. 6 우리가 환난을 당한다면 그것은
너희를 위로하고 구원받게 하기 위함이다. 반면 우리가 위로를 받는다면
너희로 위로를 받게 하려는 것이다. 이 위로는 우리가 받는 것 같은 고난
을 너희도 능히 참고 견디게 하는 힘이 있다. 7 너희를 향한 우리의 소망은
확고하다. 그것은 너희가 우리가 당하는 고난에 동참한 것처럼 위로에도
그러할 줄을 알기 때문이다.

고후 1:8 형제들아, 우리가 소아시아 지역에서 당한 환난을 너희가 알기 원
한다. 그때 우리는 힘에 부치도록 혐한 고난을 당해 살 소망까지 끊어지
고, 9 심적으로는 사형 선고를 받았다는 느낌까지 들었다. 이렇게 된 것은
우리로 하여금 자신을 의지하지 말고 오직 죽은 자를 다시 살리시는 하나
님만을 의지하게 하신 것이다. 10 예수께서는 이같이 두려운 사망에서 우
리를 건지셨고, 이 후에도 계속해서 건져주실 것이라는 소망을 갖고 있다.
11 그러므로 너희도 우리를 위해 기도로 도우라. 이는 우리가 여러 사람의
기도로 얻은 은사로 인해 많은 사람이 하나님께 감사하게 될 것이다.

QT 고난과 위로(고후 1:3-7)
그리스도의 고난은 그를 믿는 자들에게 큰 위로가 되었다. 그 가장 큰 이유는 그분의 고난을 통해 우리가 구원을 받았기 때문이다. 주님이 징계를 받음으로 우리가 평화를 누리고, 채찍에 맞음으로 우리가 나음을 받았다(사 53:5). 그래서 바울도 자신이 당한 환난을 당한다면 그것은 고린도교인들에게 위로하기 위함이라고 말했다. 그리고 그런 위로는 고난을 능히 참고 견디게 하는 힘이 있다고 말하고 있다(고후 1:6). 나의 고난이 다른 사람에게 위로가 된다면 나를 위해 고난받으신 주님을 생각하며 고난을 극복하자.

† 바울이 고린도 교회 방문을 연기함 (고후 1:12-2:4)

고후 1:12 ● 우리가 하나님으로부터 오는 거룩함과 진실함으로 세상에서

성경 지리 **아시아**(Asia, 고후 1:8)

성경에서 말하는 아시아(행 2:9, 롬 16:5, 계 1:4)는 오늘날 아시아 대륙의 일부로 특히 신약에서는 오늘날 터키 서부 지역인 아시아의 속주를 가리킨다. 그래서 소아시아라고 부른다. 사도 시대의 아시아 일곱 개 교회인 에베소, 버가모, 사데, 두아디라, 빌라델비아, 서머나, 라오디게아 교회 등은 이 지역에 속해 있다. 이 지역을 중심으로 북쪽으로는 무시아, 비두니아가 있고, 동북쪽으로는 갈라디아가, 동쪽으로는 갑바도기아가 있다.

성경 인물 **실라**(실루아노, 고후 1:19)

실라(Silas)는 바울 서신에서 실루아노로 불린 자와 동일 인물로 초대 예루살렘 교회의 지도자 중의 한 사람이다. 예언자 중의 한 사람이기도 한(행 15:22, 32) 그는 예루살렘 교회의 결정을 안디옥 교회에 전해주기 위해 바울과 함께 공적으로 보내졌고(행 15:22), 안디옥 교회에 권면한 후 예루살렘 교회로 돌아왔다. 이후 그는 바울의 1차 전도 여행 후 바나바와 헤어진 후 2차 전도 여행 때 바울과 동행했으며 함께 빌립보 감옥에 투옥되기도 했다(행 16:19 이하, 살전 2:1-2). 바울과 함께한 전도 여행 후에는 본도와 갑바도기아 지역으로 간 것으로 추측된다.

특별히 너희에 대해 행할 때 세상(육체)의 지혜로 하지 않고 하나님의 은
혜로 행한 것은 우리의 자랑이 되었다. 이 같은 사실은 우리의 양심이 증
거하고 있다. 13 우리는 오로지 너희가 읽고 이해할 수 있는 것 외에는 쓰
지 않는다. 너희가 온전히 알기를 내가 바라는 것은 이것이다. 14 곧 너희
는 우리를 부분적으로밖에 알지 못했으나 우리 주 예수께서 다시 오시는
날에는 우리가 너희를 자랑스럽게 생각한 것처럼 너희도 우리를 자랑스
럽게 여길 수 있다는 것을 알게 되리라는 것이다.

고후 1:15 나는 이런 확신이 있기 때문에 너희로 두 배(두 번)의 은혜를 얻게
하기 위해 먼저 너희를 방문할 계획을 세운 것이다. 16 나는 마게도냐 지역
으로 가는 길에 너희를 방문하고 마게도냐 지역에서 돌아오는 길에 다시
너희를 방문하여 너희의 도움을 받아 유대 지역으로 갈 계획을 세웠다. 17
이런 계획이 경솔히 했다고 생각하느냐? 아니면 인간적인 동기로 계획을
세워 마음으로는 '아니라'고 하면서 말로는 '그렇다'라고 한 것 같으냐? 18
하나님이 신실하신 것처럼 우리가 너희에게 한 말은 '예'라고 하고 동시에
'아니라'라고 한 적이 없다.

고후 1:19 나와 실라(실루아노)와 디모데를 통해 너희 가운데 전파된 하나
님의 아들인 예수 그리스도는 '예' 하고 동시에 '아니오'가 되시는 분이 아
니시다. 그분에게는 오직 '예'만 있었다. 20 하나님의 모든 약속은 그리스
도 안에서 '예'가 되었기 때문에 우리는 그로 인해 '아멘' 하여 하나님께 영
광을 돌리게 되었다. 21 하나님께서는 우리를 너희와 함께 그리스도 안에서
굳게 세우시고 우리에게 기름을 부으셨다. 22 또한 우리가 그분의 소유라
는 표시로 도장(인)을 찍고 그 보증으로 우리 심령에 성령을 주셨다.

고후 1:23 나는 내 목숨을 걸고 하나님을 내 증인으로 모시고 말하는 것이
다. 내가 다시 고린도에 가지 않은 것은 너희를 아끼는 마음 때문이다. 24
우리가 너희 믿음을 우리 마음대로 하려는 것이 아니다. 오직 너희가 믿음
에 굳게 서 있기 때문에 너희 기쁨을 돕는 자가 되려고 하는 것이다.

고후 2:1 나는 다시 너희의 마음을 아프게 하지 않기 위해 다시는 방문하지
않겠다고 스스로 결심했다. 2 내가 또다시 너희의 마음을 아프게 한다면 내
가 근심하게 한 너희 외에 누가 나를 기쁘게 할 수 있겠느냐? 3 내가 지난

번 편지에 이같이 쓴 것은 내가 너희에게 갈 때에 마땅히 나를 기쁘게 해줄 사람으로부터 오히려 근심을 할까 염려했기 때문이다. 또 너희 모두에 대한 나의 기쁨이 동시에 너희 모두의 기쁨이라는 것을 확신하기 때문이다.
4 지난번에는 내가 심적인 고통과 걱정으로 인해 많은 눈물로 너희에게 썼다. 그것은 오직 내가 너희를 얼마나 사랑하는지 너희에게 알게 하기 위해서였지 결코 너희로 근심하게 하려고 쓴 것이 아니다.

† 용서, 일꾼, 보배 (고후 2:5-4:15)

고후 2:5 ● 나를 가슴 아프게 한 자가 있었다 해도 그것은 나를 가슴 아프게 한 것이라기보다 어느 정도는 너희 모두를 근심하게 한 것이다. 내가 어느 정도라고 한 것은 내가 너무 심하게 말하지 않았다는 뜻이다.
6 나를 가슴 아프게 한 사람은 많은 사람에게서 비난받는(벌을 받는) 것이 마땅하다.
7 그러므로 너희는 오히려 그런 자를 용서하고 위로하라. 그가 너무 많은 근심에 잠길까(삼키울까) 염려된다.
8 그러므로 너희를 권하니 그런 자들에게 너희의 사랑을 보여주라.
9 너희가 모든 일에 순종하는지 그것을 시험하기 위해 내가 이 편지를 너희에게 썼다.
10 너희가 어떤 일에든지 그를 용서하면 나도 그렇게 하고, 내가 만일 용서한 일이 있으면 그것은 너희를 위해 그리스도 앞에서 한 것이다.
11 이는 우리가 용서와 자비를 베풀므로 사탄에게 속지 않게 하려는 것이다. 우리는 사탄의 여러 궤계(계책)를 잘 알고 있다.

고후 2:12 내가 이전에 그리스도의 복음을 전하는 중 드로아에 갔을 때 주님은 복음을 전할 수 있는 길(문)을 나에게 열어주셨다.
13 그때 내가 내 형제 에바브로 디도를 만나지 못함으로 내 마음(심령)이 편치 못해 그들과 작별하고 마게도냐 지역으로 갔었다.
14 하나님께서는 항상 우리를 그리스도 안에서 승리의 발걸음이 되게 하시고, 우리로 인해 다니는 곳마다 그리스도를 아는 지식의 향기(냄새)를 나게 하신다. 나는 그런 하나님께 감사를 올린다.
15 우리는 구원받는 자들과 망하는 자들 모두에게 하나님 앞에서 그리스도의 향기가 된다.
16 망하는 자들에게는 사망에 이르게 하는 사망의 냄새가 되고, 구원받는 자들에게는 생명에 이르게 하는 생명의 향기(냄

디도가 목회를 했던 고르티스(고후 2:13) 그리스 그레데 섬

성경 상식 **추천장(고후 3:1)**

추천장(추천서)은 당시 교회를 돌아다니면서, 교인들을 미혹하던 거짓 교사들과 구분하기 위해, 교회 지도자가 교사들에게 발급해주던 소개장이나 일종의 신분 증명서를 가리킨다. 당시 추천장는 오늘날보다 더 강한 의미가 있는데 이는 이것을 소지한 사람은 때로 추천한 사람의 직분과 권한 대행의 신임장과 같은 역할도 했기 때문이다.

성도의 신분에 대한 묘사들

- 그리스도의 종(고전 7:22)
- 그리스도의 향기(고후 2:15)
- 그리스도의 편지(고후 3:3)
- 그리스도의 신부(엡 5:23)
- 그리스도의 군사(딤후 2:3)
- 그리스도의 제자(마 5:10)
- 그리스도의 증인(요 15:27)

새)가 된다. 그러면 누가 이런 일을 담당하겠는가? 17 우리는 많은 사람들과
달리 돈을 벌기 위해 하나님의 말씀을 전하지 않고(하나님의 말씀을 혼잡하
게 하지 않고) 하나님의 보내심을 받은 사람답게 하나님 앞과 그리스도 안
에서 진실되게 말한다.

고후 3:1 우리가 다시 스스로 칭찬(자천)하기를 시작했다고 생각하느냐?
우리가 어찌 일반 사람들처럼 추천장을 너희에게 보내거나 혹은 너희에
게 받거나 할 필요가 있겠느냐? 2 너희는 우리의 편지와 같다. 그것은 너희
자신이 우리의 마음속에 쓴 것이요, 이는 모든 사람이 알고 읽고 있는 우
리의 편지이다. 3 너희는 우리로 인해 나타난 그리스도의 편지다. 그 편지
는 먹으로 쓴 것이 아니라 오직 성령(살아 계신 하나님의 영)으로 쓴 것이다.
또 돌판에 쓴 것이 아니요, 오직 육의 마음판에 쓴 것이다.

고후 3:4 우리는 그리스도로 인해 하나님을 향해 이같은 확신이 있으니 5
우리는 무슨 일이든지 그 일을 할 수 있는 자격이 있다고 스스로 만족할
것이 아니다. 우리의 자격(만족)은 오직 하나님으로부터 나온 것이다. 6 하
나님께서는 우리를 문자로 된 율법 조문으로 하지 않고, 오직 성령(영)으로
새 언약의 일꾼에 합당한 자격을 주셨다. 율법 조문은 죽이는 것이요, 영
은 살리는 것이다. 7 돌에 새긴 죽음에 이르게 하는 율법 조문에 의한 직분
도 영광스럽다. 그래서 이스라엘 자손들은 비록 사라질 영광의 광채이긴
하지만 모세의 얼굴에 나타난 광채 때문에 그 얼굴을 똑바로 쳐다보지 못
했다. 8 그렇다면 성령의 사역(영의 직분)은 얼마나 더 영광이 크겠느냐? 9
사람들에게는 죄의 유무를 판정하는 재판장과 같은 직분도 영광이 있다면
의를 가져다주는 직분의 영광은 더욱 크지 않겠느냐? 10 이전의 영광되었
던 것이 더 큰 영광으로 인해 이전의 것은 더 이상 영광될 것이 없다. 11 결
국에는 사라질 것도 영광스럽다면, 영원한 것은 더욱 영광스러울 것이다.

고후 3:12 우리에게는 이같은 소망이 있기 때문에 담대히 말한다. 13 우리는
모세가 이스라엘 자손들에게 얼굴의 광채가 결국에는 사라져가는 것을 주
목하지 못하게 하려고 자기 얼굴에 수건을 쓴 것같이 하지는 않는다. 14 그
러나 그들은 고집이 세어 오늘까지도 구약 성경을 읽을 때에 그 마음을 가
리는 수건이 벗겨지지 않고 있으니 그 수건은 바로 그리스도 안에서 없어

율법(구약)을 읽는 오늘날 유대인들(고후 3:14-15) 이스라엘 나비삼월, 사무엘 가묘

질 것이다. [15] 그들은 오늘까지도 모세의 글을 읽을 때에 마음속에 수건이 덮여 있다. [16] 그러나 언제든지 주님께로 돌아가기만 하면 그 수건은 벗겨질 것이다. [17] 주님은 영이시니 그의 성령이 계신 곳에는 자유가 있다. [18] 우리는 모두 수건을 벗은 얼굴로 주님의 영광을 본다. 이렇게 해서 우리는 주님의 영(성령)으로 주님과 같은 형상으로 변화하여 점점 더 큰 영광에 이르게 된다.

고후 4:1 그러므로 우리는 하나님의 긍휼하심을 힘입어 직분을 감당하기 때문에 낙심하지 않는다. [2] 그래서 드러내지 못하는 부끄러운 일들을 끊어 버리고, 속임수를 쓰지 않고, 하나님의 말씀을 왜곡(혼잡)시키지 않는다. 우리는 오직 진리(참)만을 밝히 드러냄으로 하나님 앞에서 각 사람의 양심을 향해 스스로를 내세운다(추천한다). [3] 만일 우리가 전하는 복음이 가려졌다면 그것은 멸망하는 자들에게 가려진 것이다. [4] 이 세상의 신이 믿지 않는 자들의 마음을 어둡게(혼미) 하여 그리스도의 영광의 복음의 광채가 비치지 못하게 하는 것이다. 그리스도는 하나님의 형상이다.

고후 4:5 우리는 우리 자신을 전파하는 것이 아니라 오직 그리스도 예수께서 주님이 되시는 것과 또 예수를 위한 일로 인해 우리가 너희의 종이 된 것을 전파하는 것이다. [6] "어두운 곳에 빛이 비치라"라고 말씀하셨던(창 1:3) 그 하나님께서 우리 마음에 예수 그리스도의 얼굴에 있는 하나님의 영광을 아는 빛을 비추셨다. [7] 우리가 이런 복음의 보배를 질그릇과 같은 육체에 가졌으니 이것은 심히 큰 능력이 우리에게 있는 것이 아니라 하나님께 있다는 것을 알게 하기 위함이다.

고린도전서 4장에서의 원인(이유)과 결과

원 인(이유)	결 과
하나님의 긍휼을 힘입어 직분을 감당하므로	낙심하지 않는다(1).
진리만을 밝히 드러냄으로	각 사람의 양심을 향해 스스로 내세운다(2).
세상의 신이 믿지 않는 자들의 마음을 어둡게 하여	복음의 광채가 비치지 못하게 한다(4).
예수의 죽음을 우리 몸에 짊어지는 이유는	예수의 생명이 우리 몸에 나타나게 하기 위해(10)
살아 있지만 예수를 위해 항상 우리 몸을 죽음에 내맡기고 있는 것은	예수의 생명이 죽을 우리 육체에 나타나게 하기 위함이다(11)
많은 사람의 감사로 인해 은혜가 더욱 넘침으로	하나님께 영광을 돌리게 하기 위함이다(15)

바울의 순교(고후 4:10-11) 로마, 세분수 교회

고후 4:8 우리는 사방에서 압박(욱여쌈)을 당해도 아직은 궁지에 몰린 상태
가 아니며, 빠져나가지 못한 상태에도(답답한 일을 당해도) 낙심하지 않고,
9 핍박(박해)을 받아도 버림을 받지 않으며, 매를 맞아 넘어져도 망하지 않
는다. 10 우리가 항상 예수의 죽음을 우리 몸에 짊어지는 이유는 예수의 생
명이 우리 몸에 나타나게 하기 위해서이다. 11 우리는 살아 있지만 예수를
위해 항상 우리 몸을 죽음에 내맡기고 있는 것은 예수의 생명이 죽을 우리
의 육체에 나타나게 하기 위함이다. 12 그러므로 사망은 우리 안에서 활동
하고 있지만 생명은 너희 안에서 활동하고 있는 것이다.

고후 4:13 성경에 기록되기를 "내가 믿었기에 내가 말했다(시 116:10)"라고
한 것같이 우리가 동일한 믿음의 마음을 가졌으니 우리 또한 성경의 말씀
대로 믿었기에 또한 말한다. 14 주님 되신 예수를 다시 살리신 하나님께서
예수와 함께 우리도 다시 살리시고 너희와 함께 그 앞에 서게 하실 줄을
알고 있다. 15 이 모든 것이 너희를 위한 것이니 많은 사람의 감사로 인해
은혜가 더욱 넘침으로 하나님께 영광을 돌리게 하기 위함이다.

† 속사람과 화목 (고후 4:16-6:11)

고후 4:16 ● 그러므로 우리가 낙심하지 않는 것은 결국은 죽을 우리의 겉사
람은 낡아지나 믿음으로 새로운 피조물이 된 우리의 속사람은 날마다 새로
워지기 때문이다. 17 우리가 지금 잠시 받는 가벼운 환난은 장차 주어질 지
극히 크고 귀한 영원한 영광을 우리에게 가져다준다. 18 그러므로 우리의 시
선은 보이는 것이 아니라 보이지 않는 것에 있다. 보이는 것은 순간이지만
보이지 않는 것은 영원하다.

고후 5:1 만일 땅에 있는 우리의 천막(장막)집이 무너지면 하나님께서 지으
신 하늘에 있는 영원한 집이 우리에게 있는 줄을 우리가 알고 있다. 그 집
은 사람의 손으로 지은 것이 아니다. 2 그래서 우리는 땅에 있는 이 천막집에
살면서 탄식하지만 하늘에 있는 우리의 집(처소)으로 덧입기를 간절히 사
모한다. 3 이렇게 덧입게 되는 것은 우리가 벗은 자의 부끄러운 모습으로 보
여지지 않게 하려는 것이다.

고후 5:4 우리가 이 세상의 천막집에 사는 동안 무거운 짐에 눌려 탄식하는

QT **겉사람, 속사람(고후 4:16)**

세월이 지날수록 육체를 가진 겉사람은 낡아지기 마련이다. 우리가 그런 겉사람에 미련을 가지면 낙심하지 않을 수 없다. 그러나 어차피 세월이 흐를수록 부패할 수밖에 없는 육신을 입은 겉사람에 미련을 갖기보다 영적인 속사람에 관심을 갖고 날마다 속사람이 새롭게 되기 위하여 항상 기도하고 말씀을 묵상하는 일에 힘쓰는 자가 되자.

것은 세상의 집을 벗어버리려고 하려는 것이 아니라 오히려 그 위에 하늘
의 집을 덧입고자 하는 것이다. 곧 죽을 것이 생명에게 삼킴을 당하게 하
려고 하는 것이다. [5] 하나님은 이것을 우리에게 준비하게(이루게) 하시고
그 보증으로 성령을 우리에게 주셨다. [6] 그러므로 우리의 마음이 늘 강하
다. 몸으로 있을 때에는 주님과 떨어져 있는 줄을 알고 있다. [7] 이는 우리가
믿음으로 행하고 보는 것에 따라 행하지 않기 때문이다.

고후 5:8 우리는 죽음을 두려워하지 않는다. 그러므로 담대하지만 차라리 몸을
떠나 주님와 함께 있는 그것을 원한다. [9] 그래서 우리는 살든지 죽든지 주
님을 기쁘시게 하는 자가 되기를 힘쓴다. [10] 왜냐하면 우리는 모두 반드시
그리스도의 심판대 앞에서 각자 행한 것에 따라 선악 간에 보응을 받게 될
것이기 때문이다.

고후 5:11 우리는 주님이 두려우신 분임을 알기 때문에 심판대에 있는 심령
으로 사람들을 권면한다. 하나님께서는 우리가 어떤 사람인지 알기 때문
에 너희의 양심에도 우리가 어떤 사람인지 알았으면 하는 것이다. [12] 우리
가 다시 너희에게 스스로 칭찬하는 것이 아니라 오직 우리로 인해 자랑할
기회를 너희에게 주어 마음이 아니라 외모로 자랑하는 자들에게 대답하
게 하려는 것이다. [13] 만일 우리가 미쳤어도 하나님을 위한 것이요, 정신이
온전해도 너희를 위한 것이다. [14] 그리스도의 사랑이 우리를 사로잡고 있
다(강권한다, 끄는도다). 우리는 한 사람이 모든 사람을 대신하여 죽었기 때
문에 모든 사람이 죽은 것이라고 확신한다. [15] 예수께서 모든 사람을 대신
하여 죽으신 것은 살아 있는 자들로 하여금 다시는 자기 자신을 위해 살지
않고 오직 자기를 위해 대신 죽었다가 다시 살아나신 자를 위해 살게 하려
는 것이다.

고후 5:16 그러므로 우리는 그리스도께서 죽으시고 부활한 사실을 깨달은 때부
터 어떤 사람도 인간적인(육신) 지식에 따라 알지 않을 것이다. 비록 우리
가 그리스도도 육신을 따라 알았으나 이제부터는 그 같은 세상의 관점으
로는 알지 않겠다. [17] 그러므로 누구든지 그리스도 안에 있으면 새로운 피
조물이 된다. 이전 것은 지나갔으니 이제는 새 것이 되었다. [18] 이 모든 것
이 하나님께로서 왔으니 하나님께서는 그리스도를 통해 우리를 자기와

심판자 예수 앞에 선 자들(고후 5:10) 파리, 노틀담성당 부조. 가운데에 심판자인 예수를 중심으로 오른쪽에 천사와 구원받은 자가 있고, 왼쪽에 사탄과 멸망받을 자가 있다.

화목하게 하셨다. 뿐만 아니라 우리에게 화목하게 하는 직분도 주셨다. 19
곧 하나님께서는 그리스도 안에서 세상을 자기와 화목하게 하셨다. 그리
고 사람의 죄를 그들에게 묻지 않으시고 오히려 화목하게 하는 말씀을 우
리에게 부탁하셨다. 20 그러므로 이제 우리는 그리스도를 대신하여 그분의
일을 하는 사신이 되어 하나님이 우리를 통해 너희를 권면하시는 것같이
그리스도를 대신하여 간구하신다. 너희는 하나님과 화목하라. 21 하나님
께서 죄를 알지도 못하신 그 아들 그리스도를 우리를 위해 죄가 있게 하신
것은 우리로 하여금 그 안에서 하나님의 의가 되게 하려는 것이다.

고후 6:1 우리는 하나님과 함께 일하는 자로서 너희에게 권면한다. 하나님
의 은혜를 헛되이 받지 말라. 2 하나님이 말씀하시기를 "내가 은혜받을 만
한 때에 너에게 듣고, 구원의 날에 너를 도왔다(사 49:8)"라고 하셨다. 그러
나 보라, 예수 그리스도께서 재림 때까지는 은혜를 받을 만한 때요, 구원
의 날이다. 3 우리가 주님을 위해 하는 이 사역(직분)이 비난을 받지 않게
하려고 그 누구에게도 흠이 되지 않기를 힘썼다.

고후 6:4 그래서 오직 모든 일에 하나님의 일꾼답게 인내했으며, 환난과 역
경(궁핍)과 고난과 5 매 맞음과 감옥에 갇힘과 난폭으로 인한 위험(난동)과 복
음 전파의 수고로움과 먹지 못하고 잠자지 못하는 가운데서도 6 정결함과
지식과 인내와 자비함과 성령의 능력받음(감화)와 순수한 사랑과 7 진리
(참)의 말씀과 하나님의 능력으로 의의 무기를 양손에 가지고 다녔다. 8 우
리는 영광과 모욕도 함께 받았으며, 비난(악한 이름)과 칭찬(아름다운 이름)
도 함께 받았다. 우리는 속이는 자로 취급받았으나 진실했다. 9 무명인 취
급을 받았으나 실제는 유명한 자요, 죽은 자같이 여겨졌으나 실제로 우리
는 살아 있고, 매(징계)를 맞았으나 죽지는 않았다. 10 근심하는 자같이 취
급받았으나 항상 기뻐했고, 가난한 자 같았으나 많은 사람을 부요하게 했
으며, 아무것도 없는 자 같으나 모든 것을 가진 자이다.

✣ 거짓된 일꾼과 참된 일꾼
(고후 6:8-10)

- 속이는 자 같으나 참되고
- 무명(無名)한 자 같으나 유명한 자이고
- 죽는 자 같으나 산 자이고
- 징계받은 자 같으나 죽임을 당하지 고
- 근심하는 자 같으나 항상 기뻐하고
- 가난한 자 같으나 사람을 부요케 하고
- 없는 자 같으나 모든 것을 가진 자이다

고후 6:11 고린도 성도들아, 우리가 너희에게 모든 것을 말했고 우리의 마
음도 열어놓았다. 12 그러나 여러분을 향한 우리 마음이 닫아진 것이 아니
라 너희가 마음을 닫아놓은 것이다. 13 이제 내가 자녀에게 하는 것처럼 말
하니 너희도 보답하는 마음으로 너희의 마음을 열라.

† 하나님의 성전과 고린도 교회의 회개 (고후 6:14-7:16)

고후 6:14 ● 너희는 믿지 않는 자와 멍에를 함께 메지 말라. 의로움과 불법이 어찌 함께하며, 빛과 어둠이 어찌 사귈 수 있겠는가? [15] 그리스도와 악마의 왕 벨리알이 어찌 조화되며, 그리스도 안에 있는 믿는 자와 그렇지 않는 자가 어찌 같은 것을 나눌 수 있겠으며(상관하며), [16] 하나님의 성전과 우상이 어찌 어울릴 수 있겠는가? 우리는 살아 계신 하나님의 성전이니 그것은 하나님께서 이같이 말씀하신 바와 같다. "내가 그들 가운데 함께 살며 두루 행하여 나는 그들의 하나님이 되고, 그들은 내 백성이 될 것이다(레 26:12, 출 29:45, 겔 37:27)." 또 전능하신 주님께서 말씀하셨다. "너희는 그들 중에서 나와서 구별되이 하여 부정한 것은 손도 대지 말라. 그러면 내가 너희를 받아들일 것이다(사 52:11). 나는 너희 아버지가 되고, 너희는 내 자녀가 될 것이다(호 1:10, 사 43:6)." 고후 7:1 그러므로 사랑하는 자들아, 이런 약속이 우리에게 있으니 하나님을 두려워하므로 그 거룩함을 온전히 이루어 몸(육)과 영혼(영)을 더럽히는 온갖 것에서 자신을 깨끗하게 하자.

고후 7:2 너희는 마음을 열고 우리를 영접하라. 우리는 아무에게도 불의를 행하거나 해롭게 하지 않고, 속여 빼앗은 일이 없다. [3] 내가 이런 말을 하는 것은 너희를 책망(정죄)하기 위해서가 아니다. 내가 이전에 말한 것같이 너희가 우리 마음속에 있어 함께 죽고 함께 살기도 하기 위함이다. [4] 나는 너희를 향한 큰 확신(담대함)이 있어 너희를 자랑스럽게 여긴다. 나는 모든 환난 가운데서도 많은 위로와 기쁨이 넘치고 있다.

고후 7:5 우리가 마게도냐 지역에 도착했을 때에도 쉴 여유가 없었고 사방으로 환난을 당했다. 밖으로는 다툼이 있었고, 안으로는 두려움이 있었다. [6] 그러나 낙심한 자들을 위로하시는 하나님은 디도가 찾아옴으로 우리를 위로하셨다. [7] 에바브로 디도가 우리에게 온 것만 위로가 된 것이 아니라 너희가 에바브로 디도를 위로해주었다는 말을 들음으로 우리는 더 큰 위로를 받았다. 곧 너희가 나를 사모한다는 것과 나에게 잘못한 것에 대해 애통해한다는 것과 나를 위해 열심 있는 것을 우리에게 보고함으로 나를 더욱 기쁘게 했다. [8] 그러므로 내가 지난번 편지로 인해 너희를 가슴 아프게 한 것을 후회했었으나 지금은 그렇지 않다. 나는 지난번 편지가 너희로 잠시 동

성경 상식 **벨리알(고후 6:15)**

벨리알(Belial)은 히브리어 '벨리야알'의 음역으로 문자적인 뜻은 '무가치함', '사악함'이다. 본래는 사회에서 해악만 끼치는 불량배들을 가리켰다. 유대 문학에서는 악마의 왕을 일컫는 말로 사용되었다. 영적인 측면에서는 하나님의 백성을 괴롭히고 하나님의 거룩한 사역을 방해라는 사탄이나 그 하수인들을 지칭한다.

안만 가슴 아프게 한 줄을 알고 있다. 9 이제 내가 기뻐하는 것은 너희를 가
슴 아프게 한 것 때문이 아니라 도리어 너희가 그런 근심함으로 회개를 하
게 되었기 때문이다. 너희가 하나님이 원하는 뜻대로 근심하게 되었기 때
문에 우리 때문에 아무런 상처(해)도 받지 않았다. 10 하나님이 원하는 뜻
대로 하는 근심은 회개하여 구원에 이르게 하기 때문에 후회할 것이 없다.
그러나 세상 근심은 사망을 가져온다.

고후 7:11 보라, 하나님이 원하는 뜻대로 하게 된 이 근심이 너희로 하여금
어떤 결과를 주었는가? 너희가 더욱 진지(간절)하게 되었고, 더욱 더 이상
죄가 없음을 더 변증하게 했고, 어떤 것에는 더욱 분노하고 더 두렵게 했다.
또 어떤 것을 더 사모하고, 더 열심 있게 하고, 또 많은 경각심(벌)을 갖게
되었다. 너희가 이 모든 일에 대해 너희 자신의 죄가 없다는 것(깨끗함)을
보여주었다. 12 그러므로 내가 이전에 너희에게 보낸 편지는 그런 불의를
행하거나 그 불의를 당한 자를 위해 쓴 것이 아니니다. 그것은 오직 우리를
향한 너희의 마음이 얼마나 간절한지를 하나님 앞에서 너희에게 나타나
게 하기 위함이었다. 13 이로 인해 우리가 위로를 받았고 더욱이 너희에 대
해 에바브로 디도를 통해 전해준 기쁨으로 우리가 더 크게 기뻐한 것은 그
의 마음(영)이 너희 무리로 인해 안정을 되찾았기 때문이다.

고후 7:14 내가 에바브로 디도에게 너희에 대해 자랑했지만 여러분은 나를
부끄럽게 하지 않았다. 우리가 너희에게 이른 말이 모두 참된 말을 한 것
같이 디도 앞에서 우리가 너희를 자랑한 것도 진실이었음이 밝혀졌다. 15
나는 너희 모든 사람들이 두렵고 떨리는 마음으로 에바브로 디도를 맞아준
것을 기억(생각)하고 너희를 향한 나의 심정이 더욱 깊어졌다. 16 이제 나
는 모든 일에 너희를 신뢰하게 된 것을 기뻐한다.

에바브로 디도의 초상(고후 7:13-15) 그리스 그레데 섬 고르티스

디도가 목회했던 그레데 섬의 고르티스(고후 7:14) 그리스

† 풍성한 헌금과 디도와 그 동역자 (고후 8:1-9:15)

고후 8:1 ● 형제들아, 하나님께서 마게도냐 지역에 있는 교회들에게 주신 은혜를 우리가 너희에게 알려주고자 한다. 2 그들은 많은 환난과 시련 가운데서도 기쁨이 넘쳤으며, 극심한 가난 속에서도 풍성한 헌금을 하도록 했다. 3 내가 확실하게 말할 수 있는 것은 그들은 자원하여 힘에 넘치도록 헌금을 드렸다. 4 곧 마게도냐 지역의 교회는 이런 은혜와 성도 섬기는 일에 자기들도 참여하게 해달라고 우리에게 간절히 구했다. 5 이는 우리가 바라던 것 이상으로 그들이 먼저 자신을 주님께 드린 후에 하나님의 뜻을 따라 우리에게도 주었던 것이다. 6 그러므로 우리는 에바브로 디도가 이미 너희 가운데서 시작한 이 은혜로운 일을 그대로 완수하도록 그에게 권했다. 7 오직 너희는 믿음뿐만 아니라 말과 지식과 모든 사모함과 우리를 사랑하는 이 모든 일에 뛰어난 것같이 이 은혜의 헌금에도 풍성하기를 기원한다. 8 이것은 내가 명령으로 하는 말이 아니라 다만 다른 사람들의 간절한 마음과 비교하여 너희들의 사랑이 얼마나 진실한지를 알고 싶을 뿐이다. 9 너희가 우리 주 예수 그리스도의 은혜를 아는 것처럼 그가 부요하신 분이지만 너희를 위해 가난하게 되신 것은 그분 자신이 가난하게 됨으로 인해 너희를 부요하게 하려는 것이다. 10 이 일에 관하여 나의 의견(뜻)을 알리는 것은 너희에게 유익한 일이다. 너희가 1년 전에 헌금을 먼저 시작했을 때부터 지금까지 스스로 자원하기도 했다. 11 그런즉 이제는 하던 일을 마무리하고 마음에 원하던 대로 마무리하되 이제까지 하던 대로 간절한 마음으로 하라.

고후 8:12 마음이 원하는 대로 바치면 하나님께서 받으실 것이요, 너희가 있지도 않는 것을 바치는 것은 받지 않으실 것이다. 13 이 말은 다른 사람들에게 부담을 주지 않고(다른 사람들은 평안하게 하고) 너희만 어렵게(곤고하게) 하려는 것이 아니라 오직 공평(균등)하게 하려는 것이다. 14 이제 너희가 가진 풍성한 것으로 그들의 부족한 것을 채워주는 것은 후에 그들이 풍성할 때 그 풍성한 것으로 너희의 부족한 것을 보충하여 서로 공평하게 될 수 있기 때문이다. 15 이것은 성경에 기록된 것같이 "많이 거둔 자도 남지 않았고, 적게 거둔 자도 모자라지 않았다(출 16:18)"라고 한 것과 같다.

성경 지리 **마게도냐 지역에 속한 베뢰아의 십자가 교회(고후 8:1)**

마게도냐 지역에 속한 성경의 도시로는 네압볼리를 비롯하여 빌립보, 암비볼리, 아볼로니아, 데살로니가, 베뢰아 등이 있다. 그중에서 베뢰아(Berea, 행 17:10)는 데살로니가에서 남서쪽으로 약 80㎞ 떨어진 곳의 베르미오스산 기슭에 자리 잡고 있는데 다른 곳과는 달리 이곳에는 역사가 오래된 수많은 교회들이 지금까지도 남아 있으며 유일하게 바울이 말씀을 전했던 회당 터가 확인되었다. 베뢰아는 바울이 제2차 선교 여행 시 들린 곳으로 이곳 사람들은 신사적이어서 성경 상고를 모범적으로 했다. 실제로 이곳 사람들은 바울의 전도를 잘 받아 신자가 많이 생겼다. 그러나 이곳에서도 박해가 일어나 바울은 배편을 통해 아덴으로 도피했다(행 17:10-15). 바울의 아시아 선교 동행자 중 부로의 아들 소바더가 이곳 출신이다(행 20:4).

디도가 목회했던 고르티스의 디도기념교회 (고후 8:16, 23) 그리스 그데데 섬 고르티스

성경인물

에바브로 디도

(Titus, 고후 8:16, 23)

에바브로 디도는 이방인으로 바울을 도운 심복이며 동역자이다. 그는 바울이 개종한 후 두 번째로 예루살렘을 방문했을 때 바나바와 동행했다(갈 2:1-10). 이때 예루살렘의 유대인 그리스도인들은 디도가 할례를 받아야 한다고 주장했으나 바울은 그들의 주장에 굴복하지 않았다. 바울은 고린도 교인들이 자신의 사도권에 대한 적대적 감정이 있다는 사실을 확인하기 위해 자신보다 먼저 디도를 고린도로 보냈다. 그리고 고린도에서 출발한 에바브로 디도는 드로아에서 바울을 만나지 못하고 마게도냐에서 만나 고린도의 소문이 사실이 아니었음을 듣게 되었다(고후 7:6). 후에 바울은 그데데 섬에서 목회를 하고 있는 디도에게 디도서를 써서 그의 목회를 도왔다. 딛 1:5에 의하면 바울은 디도를 그레데에 보내 바울의 이름으로 그곳에 있는 교회들의 부족한 일을 바로잡고 장로를 세우도록 했다. 그리고 바울은 두기고를 그레데에 있는 디도에게 보내 니고볼리에 있는 자기에게로 오라고 했다(딛 3:12).

고후 8:16 내가 너희에게 가졌던 간절함을 에바브로 디도의 마음에도 주신
하나님께 감사한다. 17 그는 우리의 부탁을 받고 더욱 간절한 마음으로 자
원하여 너희를 찾아갔다. 18 또 그와 함께 복음으로써 모든 교회에서 칭찬
을 받는 다른 믿음의 형제도 보냈다. 19 그뿐만 아니라 에바브로 디도는 동
일한 주님의 영광과 우리의 간절한 마음을 담은 헌금을 전달하는 일을(나타
내기) 위해 여러 교회에서 선택함을 받은 우리와 동행하는 자들이 되었다.
20 우리는 우리가 맡은 이 거액의 헌금에 대해 아무도 우리를 비방하지 못
하게 하려고 이 좋은 일에도 매우 조심했다. 21 이는 우리가 주님 앞에서뿐
만 아니라 사람들 앞에서도 선한 일을 바르게 하려고 조심하려는 것이다.
22 또 마게도냐 지역의 여러 교회에서 칭찬을 받는 그들과 함께 고린도 교회에 대
해 열심을 가진 우리의 한 형제를 보냈으니 우리는 그가 여러 가지 일에 열
심이 있는 자임을 여러 번 확인했다. 더욱이 그는 너희에게 큰 신뢰를 받
고 있기 때문에 더욱 열심을 낼 것이다. 23 에바브로 디도는 나의 동료요, 너
희를 위해 일하는 나의 동역자요, 우리 믿는 형제들로 말하면 여러 교회의
대표자(사자, 사도)들이요 그리스도의 영광이 되는 자들이다. 24 그러므로
너희는 이들에게 너희의 사랑과 우리가 너희를 자랑한다는 표시를 그들에
게 보여주라.

고후 9:1 성도를 섬기는 일에 대해서는 내가 너희에게 쓸 필요가 없을 정
도이다. 2 이는 너희가 돕고자 하는 마음이 있다는 것을 내가 알기 때문이
다. 내가 너희를 위해 그리스 북쪽 마게도냐 지역의 사람들에게 그리스 남쪽
아가야 지역에서는 일 년 전부터 헌금을 준비했다는 것을 자랑했는데 과
연 너희의 열심이 많은 사람들로 하여금 분발하게 했다. 3 따라서 마게도냐
에서 사절단으로 파견된 디도와 이 형제들을 고린도에 있는 너희에게 보낸 것
은 헌금하는 일에 너희를 자랑한 우리의 자랑이 헛되지 않고, 또 내가 이
미 말한 것같이 헌금을 준비하게 하려는 것이다. 4 혹시 마게도냐 지역의 사
람들이 나와 함께 가서 너희가 헌금을 준비하지 않은 것을 보면 너희는 물
론이고 우리가 너희를 믿었던 것까지도 부끄러움을 당할 것이다. 5 그래서
나는 마게도냐의 믿는 형제들이 먼저 너희에게 가서 너희가 1년 전에 약속
한 헌금(복)를 미리 준비하게 하도록 권면하는 것이 필요한 줄로 생각했

다. 이렇게 준비해야 참 헌금(연보, 복)답고 억지로(탐심)로 하는 헌금이 아
니다. 6 이것이 바로 적게 심는 자는 적게 거두고, 많이(복을) 심는 자는 넘
치도록(복으로) 거둔다고 하는 말이다. 7 각자 그 마음이 결정한 대로 할 것
이요, 인색하거나 억지로는 하지 말라. 왜냐하면 하나님은 즐거운 마음으
로 바치는 자를 사랑하시기 때문이다.

고후 9:8 하나님은 모든 은혜를 너희에게 넘치게 주시는 분이다. 이는 너희
로 하여금 모든 일에 필요한 것은 언제나 다 가지고 그것으로 모든 착한
일을 넘치게 하려는 것이다. 9 성경에 기록된 것처럼 "그가 가난한 자들에
게 후하게 주었으니 그의 의가 영원토록 있느니라(시 112:9)" 한 것과 같
다. 10 씨를 뿌리는 자에게 씨앗을 주시고, 또한 먹을 양식을 주시는 하나님
께서는 너희에게 심을 것을 주어(공급하사) 그것을 자라나게 하시고, 너희
의의 열매를 많아지게 하신다. 11 너희는 이 모든 일에 부유하여 넉넉하게
헌금을 하게 될 것이며, 헌금을 받는 자들은 우리로 인해 하나님께 감사하게
될 것이다. 12 이러한 봉사는 성도들에게 필요한 것을 채워줄 뿐만 아니라
사람들이 하나님께 많은 감사를 드리게 될 것이다. 13 너희가 행한 이 구제
헌금의 직무는 너희가 그리스도의 복음을 진실히 믿고 순종하는 것과 너
희의 후한 헌금으로 인해 그들이 하나님께 영광을 돌리게 되는 것이다. 14
또 그들은 너희를 위해 기도하며, 하나님이 너희에게 주신 지극한 은혜로
인해 너희에게 깊은 애정을 갖게 될 것이다. 15 그러므로 나는 하나님이 주
신 말할 수 없는 은사(봉사)로 인해 하나님께 감사하노라.

† 바울의 사도직과 거짓 사도들 (고후 10:1-11:33)

고후 10:1 ●나는 너희를 보면 유순하고, 떠나 멀리 있으면 너희에 대해 담대
해진다. 그래서 이제 그리스도의 온유와 넓은 아량으로 친히 너희를 권면
한다. 2 또한 우리를 세상(육신) 사는 방식으로 행하는 자로 여기는 자들에
대해 내가 강하게 대하는 것같이 너희와 함께 있을 때에 나로 하여금 우리
를 그렇게 헐뜯는 자들을 대하는 것 같이 너희를 그런 태도로 대하지 않
게 되기를 구한다. 3 우리는 육신으로 행하지만 세상 방식(육신)에 따라 싸
우지 않는다. 4 우리가 싸우는 무기는 세상(육신)의 것이 아니라 오직 어떤

QT 하나님이 보시는 헌금의 기준은 (고후 9:7)?

구약시대의 헌금 기준은 십일조이다. 그래서 마 23:23을 들어 오늘날에도 똑같이 십일조가 헌금의 기준이라고 해석하는 사람들이 있다. 그러나 그런 해석은 시대 상황을 고려하지 않은 잘못된 해석이다. 왜냐하면 십일조는 구약을 따라야 할 때 바리새인과 서기관들에게 한 말씀이지 신약시대에 해당되는 것은 아니다. 신약시대의 헌금의 기준은 고후 9:7에 바울이 말한 대로 각각 그 마음이 결정한 대로 하는 것이다. 이는 십일조라는 율법적인(법적) 의무에 의해 헌금을 하는 것이 아니라 감사한 마음으로 정해진 액수 없이 드리는 것이다. 하나님께서는 그런 마음으로 헌금을 드리는 자를 사랑하시기 때문이다.

생활비 전부를 드린 과부의 두 렙돈의 헌금 (고후 9:7) 6세기, 이탈리아 라벤나, 산타폴리나레 누오보 성당의 모자이크

견고한 요새(진)도 무너뜨리는 하나님의 능력이다. 이 무기는 모든 세상
이론들을 파기하고 5 또 하나님을 아는 지식에 대적하는 교만한 것들을 다
허물고, 모든 생각을 사로잡아 그리스도에게 복종시킨다. 6 우리는 하나님
께 복종하지 않는 모든 것을 벌하기 위해 준비하고 있다. 그때가 되면 너희
의 복종이 완전하게 될 것이다.

고후 10:7 너희는 겉모습만 보고 있다. 누구든지 자기가 그리스도에게 속한
사람이라고 믿는다면 자기가 그리스도에게 속한 자같이 우리도 그리스도
에게 속한 자인 줄을 다시 한 번 생각해봐야 할 것이다. 8 주님께서 주신 능
력(권세)은 너희를 넘어뜨리려고 하신 것이 아니라 도리어 너희를 세우려
고 하신 것이다. 그러므로 내가 이것에 대해 지나치게 자랑하여도 부끄럽
지 않을 것이다. 9 이는 내가 편지를 보내 너희를 놀라게 한다고 생각하지
않도록 하기 위함이다.

고후 10:10 나는 너희들 중에서 "그(바울)의 편지들은 무게가 있고 힘이 있지
만 막상 그의 겉모습을 볼 때에는 약하고 말주변도 없다"라고 하는 자들이
있다고 들었다. 11 그러나 이런 사람들은 우리가 떨어져 있을 때에 편지들
로 말하는 것이나, 함께 있을 때에 행하는 일과는 아무런 차이 없음을 알
아야 한다. 12 우리는 스스로 자기를 칭찬하는 어떤 자들처럼 비춰지거나
그들과 비교될 생각은 전혀 없다. 그러나 그들이 자기의 기준으로 자기를
재거나 자기를 비교하니 그들은 지혜가 없는 자들이다. 13 그러므로 우리
는 정도를 넘어 자랑을 하지 않는다. 오직 하나님이 우리에게 주신 그 범
위 안에서 자랑하는 것이니 이 범위는 너희에게까지 미쳤다. 14 우리는 하
나님이 정해주신 범위를 넘어 너희에게 간 것이 아니라 그리스도의 복음
으로 너희에게까지 간 것이다. 15 우리는 남이 수고한 것을 가지고 정도를
넘어 자랑하는 것이 아니다. 그것은 오직 너희 믿음이 커질수록 우리의 사
역 범위도 너희 가운데서 더욱 확장되기를 바랄 뿐이다. 16 이는 다른 사람
이 자기 지역에서 이미 이루어놓은 것(규범)을 가지고 자랑하지 않고 다만
너희 지역을 넘어 복음을 전하기 위함이다. 17 "자랑하는 자는 주님 안에서
자랑할 것이다(렘 9:24)." 18 그것이 '옳다'라고 인정을 받는 자는 스스로 자
기를 칭찬하는 자가 아니라 오직 주님께서 칭찬하시는 자이다.

난제 **바울의 외모에 대하여**
(고후 10:10)

바울의 외모에 대해서는 성경에서 간접적인 언급밖에 없다. 그의 외모에 대해 유일하게 알 수 있는 것은 테크라 행전 3장에 나온다. 테크라는 이고니온 출신의 귀족 출신 처녀로 테크라 행전은 2세기경에 기록된 외경이다. 그곳의 기록을 보면 오네시포루스는 이고니온에서 바울을 접대했다. 그는 바울이 오는 것을 보고 키가 작고, 머리는 대머리요, 다리는 안짱다리에, 눈썹은 붙었고, 코는 매부리코이며, 어떻게 보면 사람 같고 어떻게 보면 천사의 얼굴을 가졌다고 했다. 고후 10:10에서도 그의 편지는 힘이 있지만 그 외모는 약하고 말주변도 없다고 비난했다.

바울 상(고후 10:10) 터키 다소, 바울 생가

하와와 아담을 미혹하는 뱀(고후 11:3) 이스라엘 나사렛, 마리아수태고지교회 청동문 부조, 뱀은 "아니다"라는 대답을 하도록 "동산의 모든 나무의 실과를 따먹지 말라고 했느냐?"라고 교묘한 질문을 던진다.

고후 11:1 너희는 내가 조금 어리석어 보이더라도 용납하기를 바란다. 그런데 나에 대해 잘 참고 있다(너희가 나를 용납하라). 2 나는 하나님의 열심으로 너희를 위해 열심을 내고 있다. 내가 너희를 순결한 처녀로 한 남편 된 그리스도께 드리기 위해 중매했다. 그러나 나는 3 뱀이 그 간사한 속임수로 하와를 미혹한 것같이 그리스도를 향하는 너희 마음이 진실하고 순수함에서 떠나 변질될까 염려하고 있다. 4 그런데 너희는 우리가 전파하지 않은 다른 예수를 전파하거나, 혹은 너희가 이전에 받은 영과 다른 영을 받게 한다거나, 혹은 너희가 받지 않은 다른 복음을 듣게 될 때에는 잘 받아들인다.

고후 11:5 나는 사도들보다 결코 부족하지 않다고 생각한다. 6 내가 비록 말주변은 없지만 지식에는 그렇지 않다. 이 같은 사실은 이미 내가 가진 모든 지식을 너희에게 나타내 보인 바와 같다. 7 내가 너희를 높이기 위해 나를 낮추어 하나님의 복음을 아무런 대가 없이 너희에게 전한 것이 죄가 되느냐? 8 내가 너희를 섬기기 위해 다른 여러 교회에서 받은 비용이 탈취한 것이냐? 9 또 내가 너희와 함께 있을 때 비용이 부족했지만 아무에게도 폐를 끼치지 않은 것은 마게도냐 지역에서 온 형제들이 나의 부족한 것을 보충해주었기 때문이었다. 내가 모든 일에 너희에게 폐를 끼치지 않기 위해 스스로 조심했고 앞으로도 그렇게 할 것이다.

고후 11:10 그리스도의 진리(참)가 내 속에 있으니 그리스 남쪽 지역인 아가야에서 나의 이런 자랑을 막지 못할 것이다. 11 내가 무엇 때문에 그렇게 했겠느냐? 바로 너희를 사랑하지 않았기 때문에 그렇게 했겠느냐? 그렇지 않은 것을 하나님은 아신다. 12 나는 내가 이제까지 해온 그대로 앞으로도 그렇게 할 것이다. 그것은 나와 같은 일을 한다고 자랑하는 자들이 그 자랑할 기회를 주지 않기 위함이다. 13 그런 자들은 거짓 사도들이며, 자기를 그리스도의 사도로 가장하는 속이는 일꾼들이다. 14 이것은 이상하게 여길 일이 아니다. 왜냐하면 사탄도 자기를 광명의 천사로 가장하기 때문이다. 15 그러므로 사탄의 일꾼인 것처럼 자기를 의의 일꾼으로 가장하는 것 역시 대단한 일이 아니다. 그러나 그들의 최후 운명은 그 행한 대로 결정될 것이다.

거짓 사도들의 행태 (고후 11:1-21)

- 성도의 마음을 부패케 함(3)
- 사도가 전하지 않은 예수를 전파함(4)
- 예수와 다른 영을 받게 함(4)
- 성도들을 교묘히 속임(13)
- 그리스도의 사도로 가장(13)
- 의의 일꾼인 것처럼 가장(15)
- 육체의 일을 자랑함(18)
- 율법의 멍에로 옭아맴(9)
- 스스로 높이며 교만함(20)

바울이 40에 하나 모자란 매를 맞은 곳으로 전해지는 기둥(고후 11:24) 키프로스 바보(파포스) 바울은 40에 하나 감한 매를 다섯 번 맞았으며 태장으로도 맞았다.

바울이 바다의 위험을 당한 곳으로 알려진 사모드라게 섬 앞의 에게해(고후 11:26) 그리스 에게해, 사모드라게 섬은 드로아와 네압볼리 사이의 에게해에 있다.

고후 11:16 내가 다시 말한다. 누구든지 나를 어리석은 자로 취급하지 말라.
만일 그렇다고 해도 내가 조금 자랑할 수 있도록 어리석은 자로 받아주라.
17 내가 말하는 것은 주님의 권위를 가지고 하는 말이 아니라 오직 어리석
은 자와 같이 기탄없이 자랑하는 것이다. 18 여러 사람이 세상(육신) 것으
로 자랑하니 나도 세상 것으로 자랑하겠다. 19 너희가 지혜로운 자라고 하
니 어리석은 자들을 기쁘게 봐주라. 20 누가 너희를 종으로 삼거나, 너희를
이용하거나(빼앗거나), 스스로 높이거나, 뺨을 쳐도 너희가 잘 참고 있다.

고후 11:21 나는 부끄러움을 감수하며 말하는데 우리가 약하다는 사실을
인정한다. 만일 누가 무슨 일에 자랑할 것이 있다면(담대하면) 어리석은 말
같으나 나도 자랑(담대)할 것이다. 22 그들이 히브리인이냐? 나도 그렇다.
그들이 이스라엘인이냐? 나도 그렇다. 그들이 아브라함의 후손이냐? 나
도 그렇다. 23 "그들이 그리스도의 일꾼이냐?" 내가 정신 없는 말을 하는 것
같으나 나는 더욱 그런 사람이다. 내가 수고를 힘에 부치도록 하고, 감옥
에 더 많이 갇히고(행 16:24), 매도 수없이 맞고, 여러 번 죽을 뻔했다. 24 유
대인들에게 사십에서 하나 모자란 매를 다섯 번이나 맞았으며, 25 세 번 몽
둥이(태장)로 맞고(행 16:22-23), 한 번은 돌로 맞고(행 15:19), 세 번이나
파선하고, 밤낮 7일 동안을 깊은 바다에서 표류했다. 26 또 많은 여행 중에
범람한 강물로 인한 위험과, 강도들에게 당한 위험과, 동족에게 받은 위험
(행 9:23, 29, 14:5, 19)과, 이방인에게 당한 위험(행 16:19-39, 19:13-41)과,
도시(시내)에서 당한 위험(행 16:21, 19:27, 20:23)과, 광야의 위험과, 바다
의 위험과, 거짓 형제 중의 위험을 당했다. 27 뿐만 아니라 수고하며 애쓰
고, 여러 번 자지 못하고, 목마르고, 여러 번 굶고, 춥고, 헐벗었다.

고후 11:28 이상의 고초와 위험은 고사하고 아직 나는 매일같이 내 속에 눌리
는 일이 있다. 바로 모든 교회에 대한 염려이다. 29 누가 약해지면 나도 약
해지지 않았느냐? 누가 실족하게 되면 내 마음이 애타지 않더냐? 30 내가
부득이 자랑한다면 나의 약한 것을 자랑하겠다. 31 주 예수의 아버지, 영원
히 찬송받으실 하나님은 내 말이 진실된 것임을 알고 계신다. 32 다메섹에
서 헤롯 안디바의 장인인 아레다 왕의 고관(방백)이 나를 잡기 위해 다메섹
성을 지켰으나 33 나는 광주리를 타고 들창문을 통해 성벽을 타고 내려가

Q 난제 바울이 바다의 위험을 만난 곳은 어디인가?(고후 11:26)

본 절에서 바울은 전도 여행 중 당한 고난을 말하는 가운데 바다의 위험을 말하고 있다. 그러나 바다의 위험을 어디에서 당했는지에 대해서는 성경에서 언급하고 있지 않다. 그러나 행 20:6에 보면 빌립보에서 드로아로 갈 때에는 배로 5일이 걸렸다. 그런데 2차 전도 여행 때 드로아에서 배를 타고 사모드라게까지 가서 이튿날 네압볼리로 갔다는 기록을 보면(행 16:11) 드로아에서 네압볼리까지는 2일이 걸린 셈이다. 곧 당시 배로 2일이면 갈 수 있는 거리를 3차 전도 여행 때 5일이 걸린 것을 보면 이때 바다의 위험을 당했다고 볼 수 있다. 특히 귀로길에는 겐그레아에서 바로 배를 타고 아시아로 오려고 했으나 항구를 지키는 유대인들로 인해 귀로를 변경하여 육로로 마게도냐로 갔다가 네압볼리에서 배를 타고 드로아로 갔다. 그러나 당시 네압볼리에는 항구가 없었기 때문에 작은 배를 이용했을 것이고, 그러다보니 속도도 느리고 작은 파도에도 고생했음이 틀림없다.

그 방백의 손에서 벗어났었다.

† 바울이 본 환상과 계시 (고후 12:1-10)

고후 12:1 ● 유익하지 않지만 내가 부득이 자랑하니 주님의 환상과 계시를
말하겠다. 2 나는 14년 전에 셋째 하늘에 이끌려간 한 사람을 알고 있다.
그는 그리스도 안에 있는 사람이었다(그가 몸 안에 있었는지 몸 밖에 있었는
지 나는 모르지만 하나님은 아신다). 3 또 내가 이런 사람을 알고 있는데(그가
몸 안에 있었는지 몸 밖에 있었는지 나는 모르지만 하나님은 아신다). 4 그는 낙
원으로 이끌려가서 말로는 표현할 수도 없는 말을 들었는데 그것은 사람
이 말해서도 안 되는 그런 말이었다. 5 내가 이런 사람에 대해서는 자랑하
겠다. 그러나 나 자신을 위해서는 약한 것들 외에는 자랑하지 않을 것이
다. 6 내가 만일 자랑하고자 해도 어리석은 자가 되지 않는 이유는 나는 진
실을 말하기 때문이다. 그러나 어떤 사람이 나를 보고 나에게 들은 것 이
상으로 나에 대해 생각할까 두려워하여 더 이상 말하지 않겠다.

고후 12:7 여러 계시를 받은 것이 지극히 크기 때문에 나로 하여금 너무 교
만하지 않게 하시기 위해 내 육체에 사탄의 사자인 고통스런 가시를 주셨
다. 8 이것이 나에게서 떠나가게 하기 위해 세 번 주님께 간절히 기도했다.
9 그때 주님이 나에게 말씀하시기를 "내가 너에게 준 은혜가 너에게 충분하
다. 그 이유는 내 능력은 약한 데서 오히려 온전해지기 때문이다"라고 하
셨다. 이에 내가 도리어 크게 기뻐하는 가운데 나의 여러 약한 것들에 대
해 자랑하는 것이다. 내가 그렇게 하는 것은 그리스도의 능력이 계속해서
나에게 머물게(장막으로 덮게) 하려는 것이다. 10 그러므로 내가 그리스도
를 위해 약한 것들과 능욕과 궁핍과 박해와 어려움을 오히려 기뻐하는 것
은 그로 인해 내가 약한 그때에 강하게 되기 때문이다.

† 교회에 대한 염려와 마침 인사 (고후 12:11-13:13, 행 20:2-30a)

고후 12:11 ● 너희는 나를 억지로 어리석은 자처럼 되게 했다. 사실 나는 너
희에게 칭찬을 받는 것이 당연하다. 나 자신은 아무것도 아니지만 지극히
크다는 사도들보다 조금도 뒤지지 않다. 12 내가 너희 가운데서 모든 것을

역사 배경 **바울의 환상과 계시에 대하여**(고후 12장)

바울은 고린도후서를 쓰면서 14년 전(고후 12:2)에 환상을 보았다고 말한다. 이때는 41-42년이다. 이는 바울이 회심한 후 6-7년 되었을 때로 이방인을 위한 사명을 받기 이전이다. 그는 환상을 말하면서 "셋째 하늘에 올라갔다"고 했는데 이는 하나님 앞을 뜻하는 유대적인 표현이라고도 본다. 고대인은 하늘을 여러 층으로 되어 있다고 믿었는데 셋째 하늘은 그중에 가장 높은 하늘이다. 바울이 본 환상은 다메섹 도상에서의 환상(행 9:4 이하), 유다 집에서의 환상(행 9:12), 드로아에서의 환상(행 16:9-10), 예루살렘 성전에서의 환상(행 22:17 이하) 등이 있다.

바울이 마게도냐인의 환상을 본 드로아(고후 12:2) 터키 알렉산드로 드로아, 로마 때 목욕탕 터

QT **가시와 은혜** (고후 12:7-9)

바울은 자신의 육체적 가시(질병)로 인해 세 번 간구했으나 하나님은 바울에게 "내 은혜가 네게 족하도다"라고 하셨다(고후 12:7-9). 하나님은 우리가 교만하여 넘어지지 않고, 온전한 믿음을 위해 때때로 우리에게 적절한 고통과 어려움을 허락하신다. 그것은 하나님의 넘치는 은혜이다. 가시를 통해 주시는 하나님의 은혜의 섭리를 깨닫는 자가 될 때 고통 속에서 원망하는 대신에 오히려 감사할 수 있고, 약한 중에 강함을 체험할 수 있다.

참고 기적(표적, 이적)과 기사와 능력을 행한 것을 통해 바로 내가 사도임
을 보여주는 것이다. 13 내 자신이 너희에게 부담을 주지 않은 것 외에 다
른 교회에 비해 너희에게 하지 못한 것이 무엇이냐? 만일 너희에게 부담
을 주지 않게 한 것이 공평하지 못한 것이라면 나를 용서하라.

고후 12:14 보라, 내가 이제 세 번째 너희를 방문할 계획을 했으나 너희에게
부담을 주지 않을 작정이다. 내가 너희에게 구하는 것은 너희의 재물이 아
니라 오직 너희의 마음이다. 어린아이가 부모를 위해 재물을 모으는 것이
아니라 부모가 어린아이를 위해 재물을 모은다. 15 내가 너희 영혼을 위해
크게 기뻐하기 때문에 내가 가진 것뿐만 아니라 내 자신까지도 내어줄 것
이다. 너희를 더욱 사랑할수록 나는 너희에게 더 사랑을 받아야 하지 않겠느
냐? 16 어쨌든 어떤 이들은 내가 너희에게 부담을 지우지는 않았더라도 교
활한 자가 되어 속임수로 너희를 사로잡았다고 말하고 있다 하니 17 내가
너희에게 보낸 사람들 중에 누구가를 시켜 너희를 속여 재물을 취했느냐?

고후 12:18 내가 에바브라 디도를 권하여 그와 함께 한 형제를 보냈는데 그
가 너희의 재물을 취했느냐? 우리가 같은 심정(성령)으로 행하지 않더냐?
우리가 같은 길을 걸어오지(동일한 보조로 하지) 않았느냐? 19 너희는 지금까
지도 우리가 자기 변명을 하는 줄로 생각하고 있다. 우리는 그리스도 안에

고린도 유적지 근교에 최근에 세워진 바울 기념 교회(고후 12:14, 13:1) 그리스 고린도

서 하나님 앞에 말한다. 사랑하는 형제들아, 우리가 행하는 모든 것은 너희
의 덕을 세우기 위함이다. [20] 내가 다시 갈 때에 너희를 내가 기대했던 것과
같이 보지 못하고, 또 내가 너희가 원하지 않는 것과 같이 여겨질까 두렵
다. 또 다툼과 시기와 분 냄과 당파를 만드는 것과 비방과 남의 말을 하는
것과 거만함과 무질서가 있을까 두렵다. [21] 또 내가 다시 갈 때에 하나님께
서 나를 너희 앞에서 낮추실까 두렵고, 그뿐 아니라 내가 전에 죄를 지은
여러 사람이 행한 추하고 음란함과 방탕한 생활(호색)을 회개하지 않은 것
때문에 슬퍼할까 두렵다.

고후 13:1 내가 이번에 가면 세 번째 너희를 방문하는 것인데 모든 사건은 율
법에 따라 두세 명의 증인으로 말마다 확증할 것이다(신 19:15). [2] 내가 이
미 두 번째 방문했을 때 말했던 것처럼 이전에 죄지은 자들과 그 남은 모든
사람에게 미리 말한다. 내가 이번에 가면 그들을 용서하지 않을 것이다. [3]
그것은 그리스도께서 내 안에서 말씀하시는 증거를 너희가 요구하고 있
기 때문이다. 그리스도께서는 너희를 대할 때 약하지 않으셨고 오히려 너
희 안에서 능력을 나타내신다. [4] 그리스도께서는 약하심으로 십자가에 못
박히셨으나 하나님의 능력으로 살아 계신다. 그러므로 우리도 그리스도
안에서 약하지만(어떤 사본에는 그와 함께 약하나) 너희를 위해 하나님의 능
력으로 그리스도와 함께 살 것이다.

고후 13:5 너희는 너희 자신을 점검하여 믿음 안에 있는가 너희 자신을 시
험(test)하라. 너희는 예수 그리스도께서 너희 안에 계신 줄을 스스로 알지
못하느냐? 그렇지 않다면 너희는 버림받은 자이다. [6] 나는 우리가 버림받
은 자가 되지 않은 것을 너희가 알기를 바란다. [7] 우리는 하나님께서 너희
가 작은 악이라도 행하지 않게 하시기를 기도한다. 이는 우리가 옳은 자라
는 것을 드러나게 하기 위함이 아니다. 그것은 오직 우리는 비록 버림받은
자 같을지라도 너희는 선을 행하게 하기 위함이다. [8] 우리가 진리를 거슬
러가면서까지 할 수 있는 것은 아무것도 없고 오직 진리를 위할 뿐이다. [9]
우리가 연약한 가운데서도 오히려 너희의 강한 것을 기뻐하고, 또 너희가
온전하게 되기를 기도한다. [10] 그러므로 내가 너희를 떠나 있을 때에 이렇
게 쓰는 것은 너희를 만날 때 주님께서 나에게 주신 권한으로 너희를 엄하

게 다루지 않기 위함이다.

고후 13:11 이제 마지막으로 말한다. 형제들아, 기뻐하라. 온전하게 되며, 위
로를 받으며, 한마음이 되도록 힘쓰며, 평안하기를 기도한다. 또 사랑과
평안의 하나님이 너희와 함께 계시기를 바란다. 거룩한 입맞춤으로 서로
문안하라. 12 모든 성도가 너희에게 문안한다. 13 주 예수 그리스도의 은혜
와 하나님의 사랑과 성령의 친밀(교통)하심이 너희 무리와 함께 있기를 기
원한다.

행 20:2 바울은 그리스 북쪽의 마게도냐 지역으로 다녀가며(56년 가을) 여러
말로 제자들에게 권면하고 그리스 남쪽의 헬라 지역에 이르러 행 20:3a 그곳에
서 3개월 동안 머물렀다.

사도 바울은 AD 53년경 수리아의 안디옥에서 제3차 전도 여행을 시작하여 에베소에서 3년간 목회를 한 후 마게도냐를 거쳐 고린도에서 약 3개월간 머무르게 된다. 바울은 고린도에서 앞으로 있게 될 로마 방문을 염두에 두고 본서를 기록했다.
로마 본토에는 BC 2세기부터 유대인 거류민들이 있었다. 그러다가 유대가 로마에 합병된(BC 63년) 후 유대 거류민은 급속히 늘어났다. 사도행전에서는 로마에서 온 유대인들이 교회가 태동될 당시에(AD 33년경) 예루살렘에 있었음을 보고하고 있다(행 2:10). 그들은 분명 베드로의 설교와 오순절 성령 대강림의 역사를 로마에 전했을 것이다. 그 결과 일찍부터 그리스도인들의 작은 세력이 로마에 형성되었을 것이다.

바울이 로마에 있는 성도들에게 보낸 편지 _고린도에서 57년 초

† 로마에 있는 형제들에게 하는 인사와 로마 방문 계획 (롬 1:1-17)

롬 1:1 ● 예수 그리스도의 종 된 나 바울은 사도로 부르심을 받아 하나님의
복음을 위해 선택함을 받았다. 2 이 복음은 하나님께서 이미 오래전에 선지
자들을 통해 그의 아들 예수 그리스도에 관하여 성경에 약속하신 것이다. 3
그 아들은 인간의 족보(육신)로는 다윗의 혈통(후손, 씨)에서 나셨고, 4 거
룩하게 하는 영으로는 죽은 자들 가운데서 부활하심으로(죽은 자의 부활
로) 능력 있는 하나님의 아들로 선포되셨으니 바로 우리 주 예수 그리스도

나뭇가지로 표현한 예수의 족보(롬 1:3) 이스라엘 베들레헴, 예수 탄생 교회 밖
예수께서는 다윗의 혈통(후손)에서 나셨다.

이시다. 5 그분으로 인해 우리가 은혜와 사도의 직분을 얻어 그의 이름을
위해 모든 이방인들로 하여금 그를 믿어 순종하게 하는 것이다. 6 너희도
그들 중에서 예수 그리스도의 사람이 되었다. 7 로마에서 하나님의 사랑을
받고 성도로 부르심을 받은 모든 자에게 하나님 우리 아버지와 주 예수 그
리스도께서 은혜와 평안이 내리기를 기원한다.

롬 1:8 우선 내가 예수 그리스도로 말미암아 너희 모든 사람에 대해 하나
님께 감사한다. 그것은 너희의 믿음이 온 세상에 전파되기 때문이다. 9 내
가 하나님의 아들의 복음 안에서 내 전심(심령)으로 섬기는 하나님이 나
의 증인이 되신다. 나는 기도 중에 빠지지 않고 너희를 위해 간구하며, 10
어떻게 하든지 하나님의 뜻이 있다면 내가 너희를 만날 수 있는 좋은 길
이 열리기를 기도한다. 11 내가 너희를 만나기를 소망하는 것은 어떤 신령
한 은사를 너희에게 나누어주어 너희의 믿음을 견고하게 하기 위함이다. 12
그 이유는 너희와 나의 믿음으로 인해 서로 위로를 얻기 위함이다. 13 형제
들아, 내가 몇 번이나 너희에게 가려고 계획했던 것을 너희가 알기를 바란
다. 이는 너희 중에서도 다른 이방인 중에서와 같이 믿는 자들(열매)을 얻
기 위해서였다. 그러나 지금까지는 길이 막혀 있었다.

롬 1:14 헬라인이나 헬라어를 사용하지 않는 야만인이나, 지혜 있는 자나 어리
석은 자에게 나는 복음을 전할 의무가 있다(빚진 자다). 15 그러므로 나는 할
수만 있다면 로마에 있는 너희에게도 복음 전하기를 간절히 바라고 있다.
16 나는 복음 전하는 것을 부끄러워하지 않는다. 이는 복음이 모든 믿는 자

베드로대성당에서 본 로마(롬 1:15) 이탈리아

에게 구원을 주시는 하나님의 능력이 되기 때문이다. 먼저는 유대인에게요 그다음은 헬라인에게로다. 17 복음에는 하나님의 의로움이 나타나 처음 고백된 믿음에서부터 더 성숙한 믿음에 이르게 한다. 이는 성경에 기록되기를 "오직 의인은 믿음으로 인해 살 것이다(합 2:4)"라고 한 것과 같다.

† 불경건, 불의, 심판, 율법, 죄, 의 (롬 1:18-2:16)

롬 1:18 ●하나님의 진노가 하늘로부터 나타나 불의한 행동으로 진리를 거스르는 사람들이 하는 모든 불경건한 것들을 치실 것이다. 19 이는 하나님을 알 만한 것들을 그들 속에 주어 그들에게 보이셨기 때문에 20 세상이 창조된 때로부터 하나님의 보이지 않는 성품들, 곧 그의 영원하신 능력과 신적인 성품은 그가 창조한 만물을 보고 알 수 있게 하셨기 때문이다. 그러므로 그들은 하나님이 계시지 않는다고 핑계 대지 못할 것이다(이는 그들로 핑계하지 못하게 하심이다). 21 그들은 하나님을 알지만 하나님을 영화롭게 하거나 감사하지도 않고 오히려 헛된 것을 생각했으며, 어리석은 마음은 어둠으로 가득 차 있다. 22 그들은 스스로 지혜가 있다고 하지만 어리석게 되어 23 썩지 않는 하나님의 영광을 죽음으로 썩어질 사람과 새와 짐승과 기어다니는 동물 모양의 우상으로 바꾸어버렸다. 24 그러므로 하나님께서 그들을 마음이 원하는 정욕대로 행동하도록 내버려두셨다. 이제 사람들은 죄를 짓고 그로 인해 그들의 몸은 더럽혀졌다. 25 이는 그들이 하나님의 진리를 거짓된 것으로 바꾸어버렸기 때문이다. 그래서 피조물을 창조주(조물주)보다 더 경배하고 섬겼다. 그러나 주님은 영원히 찬송을 받으실 분이시다. 아멘.

롬 1:26 하나님께서는 그들을 자신의 부끄러운 욕망에 사로잡혀 살도록 내버려두셨다. 곧 그들의 여자들도 순리대로 남자와의 관계가 아닌(순리) 여자와의 성관계(역리)를 갖는 것으로 바꾸어버렸다. 27 남자들 역시 순리대로 여자와의 성관계를 버리고 음욕이 불 일듯 하여 남자가 남자와 더불어 부끄러운 성관계를 행하여 그들의 잘못에 합당한 징벌을 그들 자신이 받았다.

롬 1:28 또한 그들이 마음(지식)에 하나님 믿기를(알기를) 싫어하자 하나

님께서는 그들을 그 상실된 마음대로 내버려둠으로 그들로 하여금 합당
하지 못한 일을 하게 하셨다. 29 곧 그들은 모든 불의와 악행(추악)와 탐욕
과 악의가 가득한 자요, 시기와 살인과 분쟁과 속임(사기)과 악한 의도 등
이 가득한 자요, 남의 말을 하는 자요, 30 비방하는 자요, 하나님을 미워하
는(하나님께서 미워하시는) 자요, 잔인한(능욕하는) 자요, 교만하고 자랑하
는 자요, 악을 도모하는 자요, 부모를 거역하는 자요, 31 양심도 없는 자(우
매한 자)요, 약속을 어기는 자(배약자)요, 친절하지도 않고(무정한 자이고)
동정심도 없는 자(무자비한 자)들이다. 32 그들은 그 같은 일을 행하는 자는
사형에 해당한다고 하는 하나님께 정하신 것을 알고 있음에도 불구하고
스스로 그런 일을 행할 뿐 아니라 또한 그런 일을 행하는 자들을 옳다고도
말한다.

롬 2:1 그러므로 다른 사람을 판단하는 사람도 변명할 수 없게 되었다. 왜
냐하면 남을 판단하는 너도 같은 일을 행하고 있기 때문이다. 그것은 이미
자기 자신을 스스로 판단(정죄)하는 셈이기 때문이다. 2 하나님의 심판은
이런 일을 행하는 자에게 공의(진리)로 되는 줄 우리가 안다. 3 그런 일을
행하는 자를 판단하고도 똑같은 일을 행하는 사람에게 묻는다. "네가 하
나님의 심판을 피할 수 있다고 생각하느냐? 4 혹 네가 하나님의 자비로움
(인자하심)이 너희를 회개하도록 이끄심을 알지 못해 그분의 자비와 용납
하심과 길이 참으심이 크심을 멸시하는 것이냐?" 5 다만 그것은 네 고집과
회개하지 않는 마음으로 인해 하나님의 의로우신 심판이 나타나는 진노
의 날에 임할 진노를 네가 스스로 쌓고 있는 것이다.

최후의 심판(롬 2:2) 러시아 상트페테르부르크, 심판자 예수를 중심으로 오른쪽에는 구원받은 자들이 있고 왼쪽에는 멸망받은 자들이 있다.

하나님의 심판(롬 3:6-12): 각 사람이 행한 대로 심판하심(롬 2:6)

성경구절	심판내용	심판결과
롬 3:7	인내하며 선을 행하여 영광과 존귀와 썩지 않는 것을 구하는 자	영원한 생명을 주심
롬 3:8	파당을 지어 진리를 따르지 않고 불의를 따르는 자	진노와 불의를 내리심
롬 3:9	악을 행하는 모든 자(먼저는 유대인, 다음은 헬라인)	환난과 고통이 있을 것임
롬 3:10	선을 행하는 각 사람(먼저는 유대인, 다음은 헬라인)	영광과 존귀와 평안이 있음
롬 3:12a	율법을 모르고 범죄한 자	율법과 상관없이 망함
롬 3:12b	율법을 알고 범죄한 자	율법에 따라 심판을 받음

성경 상식 **율법(Law, 롬 2:12, 17)**

율법(출 13:9, 신 31:26, 갈 5:3)으로 번역된 히브리어는 토라이다. 실제적이고 구체적인 율법은 모세에 의하여 선포된 율법을 말하나 관습적으로는 모세 이전에 히브리인들 사이에서 존재했다. 모세 이전의 법이나 관습으로는 제물을 바치고 제단을 사용하는 것(창세기), 기둥의 종교적인 사용(창 28:18), 제사를 위한 정결 작업(창 35:2), 거룩한 맹세(창 14:22) 등이 있다. 요 1:17의 말씀처럼 율법은 모세로 말미암아 주신 것이요, 예수 그리스도로 말미암아 사랑 안에서 율법은 완성되었다.

오늘날 유대인이 사용하는 율법책(롬 2:12)
예루살렘, 통곡의 벽

롬 2:6 하나님께서는 사람이 행한 그대로 되갚아주신다. 7 인내하며 선을
행하여 영광과 존귀와 썩지 않는 것을 구하는 자들에게는 영원한 생명을
주신다. 그러나 8 오직 파당을 지어 진리를 따르지 않고 불의를 따르는 자
들에게는 진노와 분노를 내리실 것이다. 9 악을 행하는 모든 사람에게는
외적인 환난과 내적인 고통이 있을 것이다. 먼저는 유대인에게요 그다음은
헬라인에게 있다. 10 반면 선을 행하는 각 사람에게는 영광과 존귀와 평안
이 있을 것이다. 먼저는 유대인에게요, 그다음은 헬라인에게다. 11 이는 하
나님께서 겉모습으로 사람을 차별하지 않기 때문이다.

롬 2:12 율법을 모르고 범죄한 자는 또한 율법과 상관없이 망할 것이고, 율
법을 알고 범죄한 자는 율법에 따라 심판을 받을 것이다. 13 하나님 앞에서
는 의롭다고 인정을 받는 자는 율법을 듣는 자가 아니라 오직 율법을 지켜
행하는 자이다. 14 율법을 모르는 이방인이 본능(본성)에 따라 율법을 행할
때에는 이 사람은 율법이 없어도 자기가 자신에게 율법이 된다. 15 이런 자
들은 자신의 양심이 그것들의 증거가 되어 그 생각이 자신의 잘못을 고소
하기도 한다. 결국 그들은 변명하기도 하여 그 마음에 새긴 율법의 행위를
나타낸다. 16 곧 내가 전한 복음대로 하나님이 예수 그리스도로 인해 사람
들이 은밀하게 행한 것을 심판하시는 그 날이다.

† 유대인의 죄성과 율법과 하나님의 의 (롬 2:17-3:31)

롬 2:17 ●유대인이라고 칭함 받는 네가 율법을 의지하고, 하나님을 자랑
하며, 18 모세의 율법의 가르침을 받았기 때문에 하나님의 뜻을 알고, 어느
것은 옳은지를 분별한다고 여긴다(능히 같지 않은 점을 분별하라). 19 또 너
희는 앞을 보지 못하는 자의 길을 인도하는 자요, 어둠에 있는 자의 빛이
요, 20 율법에 있는 지식과 진리를 터득한 자라고 생각하여 자신을 어리석
은 자의 교사요, 어린아이의 선생이라고 스스로 믿고 있다. 21 그러면 다른
사람을 가르치는 네가 네 자신은 가르치지 않느냐? 도둑질하지 말라고 가
르치면서(선포하는) 네가 도둑질하느냐? 22 간음하지 말라고 가르치는 네
가 오히려 간음하느냐? 우상을 혐오하게 여기는 네가 신전 물건을 도둑질
하느냐? 23 율법을 자랑하는 네가 율법을 지키지 않으므로 하나님을 불명

예스럽게 하느냐?
롬 2:24 성경에 기록되기를 "너희 때문에 하나님의 이름이 이방인 중에서
모욕을 받는다(사 52:5)"라고 하였다. [25] 네가 율법대로 행하면 할례가 유
익하지만, 만일 율법을 어기면 네 할례는 할례를 받지 않는 자처럼 된다.
[26] 그러므로 할례를 받지 않는 자가 율법의 명령들을 지키면 그 할례받지
않는 것을 할례받은 것같이 여기지 않겠느냐? [27] 또한 본래 할례받지 않는
자가 율법을 온전히 지키면 율법 조항(조문)과 할례를 가지고 율법을 어기
는 너를 오히려 율법을 파괴하는 자라고 판단하지 않겠느냐? [28] 그러므로
겉모습만 유대인이라고 다 유대인이 아니며, 몸(육신)에만 할례를 받았다
고 다 할례가 아니다. [29] 오직 내면적(이면적)인 유대인이 유대인이다. 할
례는 율법 조항(조문)이 아니라 마음에 해야 진정한 할례이다. 그런 사람
은 사람에게가 아니라 하나님에게 칭찬을 받는다.

롬 3:1 그렇다면 유대인이 이방인보다 나은 것이 무엇이며 할례를 받는 가
치가 무엇이냐? [2] 모든 면에서 많지만 그중에 제일 큰 것(우선된 것)은 그
들이 하나님의 말씀을 맡은 것이다. [3] 만일 유대인들 중에 어떤 자들이 하
나님을 믿지 않았다면 어떻겠느냐? 믿지 않는다고 해서 하나님의 신실하
심을 없애겠느냐? [4] 그럴 수 없다. 사람이 다 거짓말을 하더라도 오직 하
나님은 진실되시다고 할 것이다. 성경에 기록되기를 "주님께서 주님의 말
씀에 의롭다 함을 나타내시고, 심판(판단)하실 때에 이기려 하심이라(시
51:4)"라고 함과 같다.

롬 3:5 그러나 우리의 불의 때문에 하나님의 의로움이 드러나게 될 경우에
는 무엇이라고 말할 수 있겠는가? 내가 사람의 말하는 대로 말한다. 우리
에게 진노를 내리시는 하나님이 불의하시다고 말하겠는가? [6] 결코 그렇지
않다. 만일 그렇다면 하나님께서 어떻게 세상을 심판하시겠는가? [7] 그러
나 "나의 거짓말로 하나님의 진실이 더욱 드러나 그의 영광이 되었다면 왜
내가 죄인처럼 심판을 받아야 하는가?"라고 말하는 사람도 있을 것이다. [8]
그러나 그것은 마치 "선을 이루기 위해 악을 행하자"라고 하는 것과 같다.
어떤 이들이 이렇게 우리를 비방하여 우리가 이런 말을 한다고 하는데 그
들은 정죄받는 것이 당연하다.

QT **유대인의 특권과 책임**
(롬 2:17-29)

유대인들에게 율법은 참 하나님을 경배할 수 있게 하며 그의 뜻을 알게 하는 것으로 여겨져 자신들을 선민(選民)으로 생각하게 했다. 그러나 바울은 율법이 유대인들에게 더욱 무거운 책임을 부여한다는 점을 지적한다. 즉 비록 유대인이라 할지라도 율법을 지키는 한에서만 하나님 앞에서 유익이 있는 것이며 율법을 어기는 유대인은 율법 없는 이방인보다 나을 것이 없다고 공박한다. 이는 율법의 근본 정신을 망각한 채 그 형식만 준수하는 형식주의의 허상을 폭로하는 것이다.

율법을 읽는 오늘날 유대인(롬 2:28-29) 예루살렘, 통곡의 벽

롬 3:9 그러면 우리 유대인들은 이방인들보다 나으냐?(그들만 못하냐?) 결
코 아니다. 유대인이나 헬라인이나 다 죄 아래에 있다고 우리가 이미 말
했다. 10 성경에 기록되기를 "의인은 없으니 하나도 없으며, 11 깨닫는 자나
하나님을 찾는 자도 없고, 12 모두 곁길로 빠져 무익하게 되고, 선을 행하
는 자가 하나도 없다." 13 "그들의 목구멍은 열린 무덤과 같고(시 5:9), 그 혀
로는 사람을 속이며, 그 입술에는 독사의 독이 있고(시 140:3b), 14 그 입에
는 저주와 독설(악독)이 가득하고(시 10:7), 15 그 발은 사람을 죽이는 데 빠
르게 움직이고(사 59:7), 16 그들이 가는 곳은 멸망과 고생이 있어 17 평안
의 길을 알지 못했고(사 59:8), 18 그들의 눈 앞에는 하나님을 두려워함이
없다(시 36:1)"라고 함과 같다.

롬 3:19 우리가 아는 것처럼 무릇 율법이 말하고자 하는 것은 율법을 지켜
야 한다는 자들에게 말하는 것이다. 그래서 아무든지 변명을 하지 못하게
하고, 온 세상은 하나님의 심판(정죄) 아래에 있게 하려는 것이다. 20 그러
므로 율법을 지키는 것으로는 하나님 앞에서 의롭다고 인정받을 사람(육
체)이 없다. 왜냐하면 율법은 단지 우리가 죄인임(죄)을 깨닫게 하기 때문
이다. 21 그러나 이제는 율법 이외에 하나님의 한 의가 나타났다. 그것은
율법과 선지자들도 증언한 것이다. 22 곧 예수 그리스도를 믿음으로 인해
모든 믿는 자에게 주어지는 하나님의 의로서 아무에게나 차별이 없다는
것이다.

화목 제물로 십자가에 달린 예수(롬 3:25)
1514년, 라이볼리니 작, 파리, 루브르 박물관

롬 3:23 모든 사람이 죄를 범했기 때문에 하나님의 영광에 도달하지 못했
었다. 그런데 24 그리스도 예수 안에 있는 속죄(속량)를 통해 하나님의 은
혜로 아무런 대가 없이 의롭다고 인정함을 받았다. 25 하나님은 이 예수를
화목케 하는 제물(그의 피)로 내어주셨다. 그러므로 누구든지 그의 피를
믿음으로 죄 용서함을 받게 되었다(그의 피를 믿음으로 인해 화목 제물로 세
우셨으니). 하나님께서는 이전에 사람들이 지은 죄에 대해 오래 참으심으
로 자기의 의로우심을 보이셨다. 26 곧 그때에 자기가 의롭다는 것을 보이
신 것은 자신도 의로울 뿐만 아니라 예수를 믿는 자들도 의롭게 하심을 보
이기 위해서였다.

롬 3:27 그러므로 사람이 자랑할 것은 아무것도 없다. 왜냐하면 무슨 법이

나 어떤 행위로도 의롭게 될 수 없고, 오직 믿음의 법으로만 의롭게 될 수
있기 때문이다. [28] 따라서 사람이 의롭다고 인정함을 받는 것은 율법을 지
킴으로 얻는 것이 아니라 믿음으로 되는 줄 우리가 인정한다. [29] "하나님은
유대인의 하나님만이냐? 이방인의 하나님은 아니시냐?" 참으로 이방인의
하나님도 되신다. [30] 할례를 받은 자나 할례를 받지 않은 자나 모두 믿음으
로 인해 의롭다고 하실 분은 하나님 한 분뿐이시다. [31] 그렇다고 우리가 믿
음 때문에 율법을 무효화시키느냐? 그럴 수 없다. 오히려 믿음을 통해 율
법을 더 굳게 세운다.

† 아브라함의 믿음과 그로 인한 언약 (롬 4:1-25)

롬 4:1 ● 그렇다면 육신으로 우리 조상인 아브라함이(우리 조상 아브라함이
육으로) 무엇을 얻었다고 할 수 있겠느냐? [2] 만일 아브라함이 행하는 것으
로 의롭다고 인정을 받았다면 자랑할 것이 있겠지만 하나님 앞에서는 자
랑할 것이 없다. [3] 성경은 "아브라함이 하나님을 믿으니 그것이 그에게 의
로 여겨졌다(창 15:6)"라고 말하고 있다. [4] 일하는 자에게는 그 품삯이 은
혜로 여겨지지 않고 대가(보수)로 여겨진다. 그러나 [5] 일을 하지 않아도 경
건하지 않은 자를 의롭다 하시는 이를 믿는 자에게는 그의 믿음을 의롭다
고 여기신다. [6] 그래서 일한 것이 없는데도 하나님으로부터 의롭다고 여기
심을 받는 사람의 복에 대해 다윗이 이렇게 말했다. [7] "자기의 죄가 용서함
을 받고 그 죄가 가려짐을 받는 사람들은 복이 있고, [8] 주님께서 죄가 없다
고 하는 사람은 복이 있도다(시 32:1-2)."

롬 4:9 그런즉 이런 복이 할례를 받은 자에게냐? 아니면 할례를 받지 않은
자에게도 주어지는 것이냐? 무릇 우리는 앞에서 아브라함에게는 "그 믿음
이 의로 여겨졌다"라고 말했다. [10] 그러므로 아브라함이 의로 여김을 받은
것이 할례를 받을 때냐? 할례를 받기 전이냐? 바로 할례를 받기 전이다. [11]
그가 할례의 표시를 받은 것은 할례를 받기 전에 믿음으로 의롭다 함을 받
은 것이다. 이는 할례를 받지 않은 자로서 믿는 모든 자의 조상이 되어 그
들도 할례가 아니라 믿음으로 의롭다고 여김을 받게 하려는 것이다. [12] 그러
나 동시에 아브라함은 할례받은 자의 조상이 되었다. 곧 할례받을 자에게

교리 의롭다 함을 얻는 것은 믿음이다(롬 4:9, 11).

의롭다 하심을 얻는 것(이신득의)은 신학적으로는 '칭의' 또는 '의인'(義認)이라고 한다. 구약에서 최초로 믿음으로 의롭다 함을 받은 자는 아브라함이었다(창 15:6). 신약에서의 칭의는 그리스도를 믿음으로 인간이 하나님께 의롭다 함을 받는 것을 말한다. '의인은 믿음으로 말미암아 살리라'(합 2:4)는 선언은 구원 사역에서 하나님의 절대 주권을 확증한다. 바울은 할례를 언급하면서 아브라함이 의롭게 여김을 받은 것은 할례 전으로 행위나 할례를 받았기 때문이 아니라 믿음으로 된 것이라고 가르치고 있다(롬 4:1-12).

뿐만 아니라 우리 조상 아브라함이 할례받기 전에 가졌던 믿음의 자취를
따르는 자들에게도 똑같이 그러하다.

롬 4:13 아브라함이나 그 후손(씨)에게 세상을 물려받을 상속자가 될 것이
라고 한 계약(언약)은 율법을 통해서가 아니라 오직 믿음으로 얻은 의로
말미암은 것이다. 14 만일 율법을 지키는 사람들이 상속자이면 믿음은 아
무런 소용이 없게 되고 약속도 파기되고 말 것이다. 15 율법은 하나님의 진
노를 일으키니 율법이 없는 곳에는 율법을 어기는 죄도 없다. 16 그러므로
상속자가 되는 것은 믿음으로 되는 것이다. 이는 그 약속을 그 모든 후손
(씨)에게 은혜로 주시기(굳게 하기) 위해서이다. 율법에 속한 자에게뿐만
아니라 아브라함처럼 그의 믿음을 따라 사는 자에게도 그러하다. 아브라
함은 우리 모든 사람의 조상이다.

롬 4:17 성경에 기록되기를 "내가 너를 많은 민족의 조상으로 세웠다(창
17:5)"라고 한 것과 같다. 아브라함이 믿은 하나님은 죽은 자를 살리시며
없는 것을 있는 것으로 부르시는 분이시다. 18 아브라함은 소망이 전혀 없
는 상태에서 "네 후손(씨)이 이와 같이 많아질 것이다(창 15:5)"라고 하는
하나님의 말씀을 믿었다. 곧 19 그가 100세나 되어 자기 몸이 거의 죽은 자
같고, 사라의 태가 죽은 것 같아 잉태할 수 없음을 알고도 믿음이 약해지
지 않았다. 20 그는 하나님의 약속을 의심하지 않고 믿음으로 견고해져서
하나님께 영광을 돌렸으며, 21 약속한 그것을 능히 이루어주실 줄을 확신
했다. 22 그러므로 그것이 그에게 의로움으로 여겨졌다. 23 그에게 의로움
으로 여겨졌다고 기록된 것은 아브라함만을 위한 것이 아니라 24 의로 여
기심을 받은 우리도 위함이다. 곧 우리 주님 되신 예수를 죽은 자 가운데
서 살리신 하나님을 믿는 자들도 위한 것이다. 25 예수는 우리가 범죄한 것
때문에 죽음에 내어줌이 되었고, 또한 우리를 의롭다 하시기 위해 다시 살
아나셨다.

† 하나님과의 화평의 삶 (롬 5:1-11)

롬 5:1 ● 우리가 믿음으로 말미암아 의롭다고 인정함을 받았으니 우리 주
예수 그리스도로 인해 하나님과(믿음으로 서 있는 이 은혜에 들어감을 우리

로 얻게 하신 우리 주 예수 그리스도로 인해 하나님으로 더불어) 화평을 누리자.
2 또한 예수로 인해 우리는 지금 믿음으로 서 있는 이 은혜의 자리에 있게
되었기 때문에 하나님의 영광을 바라고 즐거워하는 것이다. 3 그것뿐만 아
니라 우리가 환난을 당해도 기뻐하는 것은 환난은 인내를, 4 인내는 성숙
한 인격(연단)을, 성숙한 인격은 소망을 이루는 줄을 알기 때문이다. 5 이
소망이 우리의 기대를 저버리지 않는 것은 우리에게 주신 성령을 통해 하
나님의 사랑을 우리 마음에 부어주셨기 때문이다.

롬 5:6 우리가 아직 연약할 때에 그리스도께서 약속한 대로 경건하지 않은
자들을 위해 죽으셨다. 7 의인을 위해 죽는 자가 거의 없고, 선한 사람을 위
해 용감히 죽는 자가 간혹 있다. 그러나 8 우리가 아직 죄인인 상태에 있었
을 때에 그리스도께서 우리를 위해 대신 죽으심으로 하나님께서는 우리에
대한 자기의 사랑을 나타내 보이셨다. 9 그러므로 우리가 그리스도의 피로
인해 의롭다 함을 받았으니 더욱 하나님의 진노에서 구원을 받을 것이다.
10 곧 우리가 하나님과 원수 되었을 때에 그의 아들의 죽으심을 통해 하나
님과 화목하게 되었다. 그러므로 하나님과 화목하게 된 자는 더욱 예수 그
리스도의 살아나심으로 인해 구원을 받을 것이다. 11 더 나아가 우리는 이
제 하나님과 화목하게 하신 우리 주 예수 그리스도로 인해 하나님 안에서
기뻐한다.

Q&A 하나님과 누리는 화평과 화목은 어떤 것인가(롬 5:1, 10-11)?

화평(rejoice, 和平)은 마음의 평안이란 의미를 넘어 하나님과 맺은 새로운 관계를 가리킨다. 하나님과 화목한 관계를 이룸으로써 얻는 참 평안을 의미한다. 이는 하나님 나라의 특성 중 하나로서 하나님의 거룩한 백성들이 누리는 축복이다.

화목(joy, 和睦)은 '교환', '화해'라는 뜻으로, '속죄를 통한 은총의 회복'를 가리킨다. 이는 처음 관계를 회복하는 것으로 죄인이 그리스도의 대속 사역으로 의롭게 되는 것을 가리킨다. 바울은 하나님과 화목케 하신 예수 그리스도로 인해 기뻐한다고 했다.

† 첫째 아담과 둘째 아담의 비교와 성도와의 연합 (롬 5:12-6:12)

롬 5:12 ● 그러므로 한 사람으로 인해 죄가 세상에 들어오고, 그 죄를 통해
사망이 들어왔다. 이런 경로로 모든 사람이 죄를 지었기 때문에 사망이 모
든 사람에게 이르게 되었다. 13 죄가 율법이 있기 전에도 세상에 있었지만
율법이 없었을 때에는 죄를 죄로 여기지 않았다. 14 그러나 사망은 아담 때
부터 모세까지, 아담의 범죄와 같은 죄를 짓지 않은 자들까지도 사망이 지
배(왕 노릇)했다. 아담은 장차 오실 자의 예표(모형)이다. 15 그러나 하나님
이 주시는 은혜(은사)는 아담이 지은 죄와 같지 않다. 곧 한 사람의 범죄로
인해 많은 사람이 죽었다면 하나님과 또한 한 사람 예수 그리스도의 은혜
로 인한 선물은 많은 사람에게 더욱 넘쳤다.

아담과 하와의 범죄(롬 5:14-19) 뉴졸파 교회, 이란 이스파한

롬 5:16 또 하나님의 선물은 한 사람의 범죄로 인한 것과 같지 않다. 왜냐
하면 심판은 한 사람으로 인해 왔지만 은혜(은사)는 많은 범죄로 인해 의
롭다 하심에 이르렀기 때문이다. 17 한 사람의 범죄로 인해 사망이 그 한
사람을 통해 그를 지배했듯이(왕 노릇 했듯이), 하나님의 은혜와 의로움의
선물을 넘치게 받는 자들은 한 분 예수 그리스도를 통해 생명 안에서 더욱
왕 노릇 할 것이다. 18 그러므로 한 사람의 범죄로 인해 많은 사람이 심판(정
죄)에 이른 것같이, 한 의로운 행위로 인해 많은 사람이 생명에 이르게 하
는 의롭다 하심을 받았다. 19 한 사람이 불순종하므로 많은 사람이 죄인이
된 것같이, 한 사람이 순종함으로 많은 사람이 의인이 되었다. 20 율법이
들어온 것은 범죄를 더 증가시키기 위해서이다. 그러나 죄가 많아진 곳에
은혜가 더욱 넘쳤다. 21 이는 죄가 사망 안에서 왕 노릇 한 것같이, 은혜 또
한 의로 인해 왕 노릇 하여 우리 주 예수 그리스도를 통해 영원한 생명에
이르게 하기 때문이다.

롬 6:1 그렇다면 우리가 무슨 말을 할 수 있겠는가? 은혜를 더하게 하려
고 죄를 계속 지어야 하겠느냐? 2 결코 그럴 수 없다. 죄에 대해 죽은 우리
가 어찌 그 죄 가운데 계속해서 살겠는가? 3 무릇 그리스도 예수와 연합
케 하는 세례(침례)를 받은 우리는 그의 죽으심과 연합한 세례를 받은 줄
을 알지 못하느냐? 4 그러므로 우리가 그의 죽으심과 연합하여 세례를 받
음으로 그와 함께 장사되었다. 이는 그리스도께서 아버지의 영광으로 인
해 죽은 자 가운데서 살아나신 것처럼 우리도 새 생명 가운데서 살게 하
기 위함이다.

롬 6:5 만일 우리가 예수와 연합하여 그분의 죽으심과 같은 모양으로 연합
한 자가 되었다면 또한 그의 부활과 같은 모양으로 연합한 자가 될 것이
다. 6 우리가 아는 것처럼 우리의 옛 사람이 예수와 함께 십자가에 못 박힌
것은 죄의 몸이 무력하게 되어 다시는 우리가 죄에게 종 노릇 하지 않게
하려는 것이다. 7 이는 죽은 사람은 죄의 세력에서 벗어나 의롭다 함을 얻었
기 때문이다. 8 만일 우리가 그리스도와 함께 죽음에 참여했다면 또한 그
와 함께 살 줄을 믿는다. 9 이는 그리스도께서 죽은 자 가운데서 살아나셨
기에 다시는 죽는 일이 없고 사망이 또다시 그를 지배(주장)하지 못할 줄

두 강도와 함께 십자가에 못 박힌 예수(롬 6:6)
안드레아 만테냐(1430-1506년) 작, 파리, 루브르 박물관, 목탄화

을 알기 때문이다. 10 예수께서 죽으신 것은 죄에 대해 단번에 죽으신 것이
요, 그가 살아나신 것은 하나님께 대하여 살아나신 것이다. 11 이처럼 너희
도 너희 자신을 죄에 대하여는 죽은 자요, 그리스도 예수 안에서 하나님께
대하여는 살아 있는 자로 생각해야 할 것이다.

롬 6:12 그러므로 너희는 죽게 될 너희 죽을 몸을 죄가 지배하지 못하게 하
여 몸의 욕심을 따라 살지 않도록 하라. 13 또한 너희 지체를 불의를 행하
는 도구(무기)로 죄에게 내주지 말고 오직 너희 자신을 죽은 자 가운데서
다시 살아난 자같이 하나님께 드리며, 너희 지체를 의를 행하는 도구(무
기)로 하나님께 드리라. 14 그러면 죄가 너희를 지배(주장)하지 못할 것이
다. 그것이 가능한 것은 너희가 율법 아래에 있지 않고 은혜 아래에 있기
때문이다.

QT 구원받은 자의 성결한 삶 (롬 6:12-14)

바울은 구원받은 자는 마땅히 성화(聖化)의 삶을 살아야 하며 성화를 위한 삶을 위해서는 성도의 몸을 하나님께 의의 병기로 드리고(롬 6:12-14), 하나님께 대한 순종과 헌신을 통해 죄의 종에서 의의 종으로 변화되어야 한다(롬 6:15-23)고 말하고 있다. 이처럼 성도는 자신들 속에 거하시는 성령의 역사하심에 순종하여 자신을 의의 병기로 삼아 죄악과 싸운다면 죄에서 해방됨은 물론 풍성한 성령의 열매를 맺게 되는 것이다(6:12-23). 이것이 가능한 것은 율법 아래에 있지 않고 은혜 아래에 있기 때문이다.

† 의의 종과 율법의 정죄로부터의 자유 (롬 6:15-7:25)

롬 6:15 ●그러면 어떻게 해야 하겠는가? 우리가 율법 아래에 있지 않고
은혜 아래에 있으니 죄를 지어도 된다는 말인가? 아니다. 결코 그럴 수 없
다. 16 너희 자신을 누구에게든 종으로 내주어 그에게 순종하든지 그의 종
이 되는 줄을 너희가 알지 못하느냐? 죄의 종으로 사망에 이르든지, 아니
면 순종의 종으로 의에 이르게 된다. 17 하나님께 감사하는 것은 너희가 본
래 죄의 종이었으나 너희에게 전해준 바(너희를 맡은 바) 가르침의 본에 마
음으로 순종하여 18 죄의 지배로부터 해방되어 의에게 종이 되었기 때문
이다. 19 너희가 육신이 약하기 때문에 내가 일상적인 예(사람의 예)를 들어
말한다. 믿기 전에는 너희가 너희 지체를 더러운 것과 불법에 내주어 그
종이 되어 불법을 행한 것같이, 이제는 너희 지체를 의에게 종으로 내주어
거룩함에 이르라. 20 너희가 죄의 종이 되었을 때에는 의롭게 행해야 된다

믿기 전과 믿은 후의 차이(롬 6:15-23)

성경 구절	믿기 전	믿은 후
6:15-16	율법 아래에 있음, 죄의 종으로 사망에 이름	은혜 아래에 있음, 순종의 종으로 의에 이름
6:19, 21-22	불법을 행함, 마지막이 사망	거룩함에 이름, 마지막이 영원한 생명
6:23	죄의 대가(삯)는 사망	하나님의 은사는 영원한 생명

는 것에 아무 제약이 없었다. [21] 그런데 너희가 그때에 어떤 열매를 맺었느냐? 이제는 너희가 그렇게 행한 일을 부끄러워하는 것은 그 마지막이 사망이기 때문이다. [22] 그러나 이제는 너희가 죄의 지배로부터 해방되고 하나님의 종이 되어 거룩함에 이르는 열매를 맺었으니 그 마지막은 영원한 생명이다. [23] 죄의 대가(삯)는 사망이나 하나님의 선물(은사)은 그리스도 예수 우리 주님 안에 있는 영원한 생명이다.

롬 7:1 형제들아, 내가 율법을 아는 자들에게 말한다. 너희는 그 율법이 사람이 사는 동안에만 그를 지배(주관)하는 줄 알지 못하느냐? [2] 결혼한 여인이 그 남편이 살아 있는 동안에는 법에 의해 남편에 매여 살지만 그 남편이 죽으면 남편에 매여 살던 법에서 벗어나게 된다. [3] 그러므로 만일 그 남편 생전에 다른 남자와 재혼을 하면 그는 간음한 여자이다. 그러나 만일 남편이 죽으면 그런 법에서 자유롭게 되어 다른 남자에게 재혼을 해도 간음한 여자가 되지 않는다. [4] 그러므로 내 형제들아, 이와 같이 너희도 그리스도의 몸으로 인해 율법에 대해 죽었기 때문에 이제는 다른 분, 곧 죽은 자 가운데서 살아나신 이에게 가서 그분의 사람이 되었다.

롬 7:5 우리가 육신에 있어 죄의 성품에 사로잡혀 살았을 때에는 율법이 우리 몸에서 죄의 정욕을 일으켜 우리로 하여금 사망을 위해 열매를 맺게 했다. [6] 그러나 이제는 우리가 사로잡혀 있던 율법에 대해 죽음으로 율법의 제약에서 벗어났으니 이러므로 우리가 묵은 율법의 조항(조문)이 아니라 성령의 새롭게 하시는 것으로 섬길 것이다. [7] 그렇다면 우리가 무슨 말을 하겠는가? 율법이 죄인가? 그것은 아니다. 우리는 율법이 있기 때문에 죄를 알게 된다. 다시 말하면 율법이 "탐내지 말라(출 20:17, 신 5:21)"고 하지 않았다면 내가 탐내는 것을 알지 못했을 것이다. [8] 그러나 죄는 이 계명(율법)을 이용하여 기회를 엿보다가 내 속에서 온갖 탐심을 일으켰다. 율법이 없으면 죄는 죽은 것이나 다름없다.

롬 7:9 이전에 율법(법)과 상관이 없었을 때(깨닫지 못했을 때)에는 나는 살아 있었다. 그러나 율법(계명)이 들어오자 죄는 살아나고 나는 죽었다. [10] 생명에 이르게 할 그 계명이 도리어 나에게 사망에 이르게 하는 것이 되었다. [11] 죄가 율법(계명)을 이용하여 기회를 엿보다가 나를 속이고 그 계명으로 나를 죽였다. 12 이런 사실로 보면 율법은 거룩하고, 의롭고, 선하다.
13 그렇다면 선한 것이 나에게 사망을 가져다주었느냐? 그것은 아니다. 오
직 죄가 죄인 것으로 드러나기 위해서는 죄는 선한 율법을 이용하여 나를
죽게 만들었다. 그것은 율법(계명)을 통해 죄는 더 죄가 어떤 것인지 그 모
습을 드러내게 된 것이다.

롬 7:14 우리가 율법은 신령한 것인 줄 알지만 나는 육신에 속하여 죄의 노
예가 되었다. 15 나는 내가 행하는 것을 내 자신도 알지 못한다. 그것은 바
로 내가 원하는 선한 것은 행하지 않고 도리어 내가 미워하는 악을 행하는
그것이다. 16 만일 내가 원하지 않는 악을 행한다면 나는 그것을 통해 율법
이 선하다는 것을 시인한다. 17 그러나 이제는 악을 행하는 자가 내가 아니
라 내 속에 거하는 죄이다. 18 그러므로 죄악 된 내 육신에 선한 것이 존재
하지 않았음을 알고 있다. 곧 선을 행하려는 것은 나에게 있지만 선을 행하
는 것은(행할 능력은) 없다. 19 내가 원하는 선은 행하지 않고 오히려 원하
지 않는 악을 행한다. 20 만일 내가 원하지 않는 것을 행하면 그것을 행하
게 하는 자는 내가 아니라 내 속에 거하는 죄이다.

롬 7:21 그러므로 내가 한 법칙을 깨달았다. 그것은 선을 행하려고 하는 마
음은 있지만 동시에 나에게 악이 함께 있다는 사실이다. 22 내 마음의 중
심(속사람)으로는 하나님의 법을 즐거워하지만, 23 내 지체 속에는 또 다른
한 법이 있어 내 마음의 법과 싸워 내 지체 속에 있는 죄의 법으로 나를 사
로잡는다. 24 아하, 나는 참으로 고난을 많이 겪은(곤고한) 사람이다. 이 사
망의 몸에서 누가 나를 건져낼 수 있겠는가? 25 우리 주 예수 그리스도로
인해 하나님께 감사를 드린다. 그러므로 내 자신이 마음으로는 하나님의
법에 복종하지만, 육신으로는 죄의 법에 복종하고 있다.

두 가지의 법(롬 7:21-8:11)

하나님의 법	죄의 법
자신의 마음으로 좇으려 함	육신으로 좇으려 함
성령의 법	죄와 사망의 법
영을 좇아 영의 일을 함	육신을 좇아 육신의 일을 함
결과는 생명과 평안	결과는 사망
하나님을 기쁘게 함	하나님과 원수

예수 탄생(롬 8:3) 베들레헴, 예수 탄생 교회

† 생명의 성령의 법에 속한 자의 삶 (롬 8:1-17)

롬 8:1 ●그러므로 이제 그리스도 예수와 함께 사는 자들은 결코 정죄를
받지 않는다. 2 그것은 그리스도 예수 안에 있는 생명을 주는 성령의 법이
죄와 사망를 가져다주는 법에서 너를(어떤 사본에는 나를) 해방했기 때문
이다. 3 연약한 육신으로는 율법을 행할 수 없었던 그것을 하나님은 행하
셨다. 곧 죄를 없애기 위해 자기 아들을 죄가 있는 육신의 모양으로 세상
에 보내 육신의 죄에 대해 유죄 판결을 내리셨다. 4 그래서 더 이상 육신,
곧 죄의 본성을 따라 살지 않고 성령(영)을 따라 행하는 우리에게 율법이
요구하는 것을 이루어지게 하셨다.

롬 8:5 육신을 따라 사는 자는 육신의 일을, 성령(영)을 따라 사는 자는 성
령이 원하시는 일을 생각한다. 6 육신의 생각은 사망이지만, 성령의 생각
은 생명과 평안이다. 7 육신의 생각은 하나님과 원수가 되게 한다. 왜냐하
면 그것은 하나님의 법에 복종하지 않을 뿐 아니라 그렇게 할 수도 없기
때문이다. 8 육신을 따라 사는 자들은 하나님을 기쁘시게 할 수 없다. 9 만
일 너희 속에 성령(하나님의 영)이 계신다면 너희는 육신의 지배를 받지 않
고 성령(영)의 지배를 받게 된다. 누구든지 그리스도의 영이 없으면 그는
그리스도께 속한 사람이 아니다. 10 또 그리스도께서 너희 안에 계시면 몸
은 죄 때문에 죽은 존재이지만 영은 의로 인해 살아 있는(생명) 것이다. 11
예수를 죽은 자 가운데서 살리신 하나님의 영이 너희 안에 계시면 그리스
도 예수를 죽은 자 가운데서 살리신 하나님이 너희 안에 계시는 그의 영을
통해 너희의 죽을 몸도 다시 살리실 것이다.

롬 8:12 그러므로 형제들아, 우리는 죄의 본성에 빚을 진 자이니 더 이상
육신에게 굴복하여 육신에 따라 살 것이 아니다. 13 너희가 육신에 따라 살
면 반드시 죽을 것이다. 그러나 영의 도우심을 받아 몸의 악한 행실을 죽
인다면 살 것이다. 14 무릇 하나님의 영으로 인도함을 받는 자는 하나님의
아들이다. 15 너희는 다시 두려움에 이르게 하는 종의 영을 받지 않고 하나
님의 자녀가 되게 하는 양자의 영을 받았기 때문에 우리가 '아빠 아버지'
라고 부를 수 있다. 16 성령께서는 친히 우리의 영과 함께 우리가 하나님의
자녀인 것을 증거하신다. 17 하나님의 자녀이면 그리스도와 함께한 상속자

성경 상식 **양자, 하나님의 자녀가 되는 신분** (롬 8:15, 9:4)

양자란 법적으로는 입양에 의해 아들의 지위를 취득한 자를 가리킨다. 혈통적으로는 친자가 아니나 법적으로는 아들의 신분을 가진 자로 아버지의 상속을 이어 받을 수 있는 자를 가리킨다. 성경에서 하나님 아버지의 양자가 되었다는 것은 하나님의 자녀가 되는 신분을 얻은 것을 말한다. 이는 우리가 아들이 될 아무런 자격이나 공로가 없음에도 불구하고 하나님으로 말미암아 구원을 누리게 된 사실을 가리킨다. 곧 그리스도를 믿는 성도는 양자의 영을 받아 하나님의 아들이 되었다.

가 되는 것이다. 따라서 우리가 그리스도와 함께 영광을 받기 위해 고난도
함께 받아야 할 것이다.

† 현재의 고난과 장래의 영광, 하나님의 사랑 (롬 8:18-39)

롬 8:18 ● 현재에 받는 고난은 장차 우리에게 나타날 영광과 비교할 수 없
다고 나는 생각한다. 19 모든 피조물이 하나님의 아들들이 나타나는 것을
간절히 기다리고 있다. 20 피조물이 제 역할을 하지 못하게(허무한 데 굴복
하게) 된 것은 피조물이 원해서 된 것이 아니라 오직 하나님(굴복하게 하시
는 이)의 뜻으로 된 것이다. 21 그러나 소망이 있다. 그것은 피조물도 썩어지
는 것에 종 노릇 하던 자리에서 해방되어 하나님의 자녀들의 영광스런 자
유에 참여하게 된다는 소망이다. 22 모든 피조물이 이제까지 함께 탄식하
며, 함께 고통을 겪고 있는 것을 우리가 알고 있다. 23 뿐만 아니라 하나님
의 첫 선물로 성령을 받은 우리까지도 속으로 신음(탄식)하여 양자 될 것
을, 곧 우리 몸이 구원(구속)될 것을 기다리고 있다. 24 우리가 이 소망 안에
서 구원을 얻었으니 눈에 보이는 소망이 참된 소망이 아니다. 보이는 것을
누가 소망하겠는가? 25 만일 우리가 보지 못하는 것을 바란다면 인내함으
로 기다려야 할 것이다.

롬 8:26 이처럼 성령께서도 우리의 연약함을 도우신다. 그러므로 우리는
어떻게 기도할지를 알지 못하지만 오직 성령께서는 말할 수 없는 간절함
(탄식)으로 우리를 위해 친히 간구하신다. 27 마음까지도 꿰뚫고 계시는 이
가 성령의 생각도 아시기 때문에 성령께서는 하나님의 뜻대로 성도를 위
해 간구하시는 것이다. 28 우리가 아는 것처럼 하나님을 사랑하는 자, 곧
그분의 목적대로 부르심을 입은 자들에게는 모든 것이 합력하여(어떤 사
본에는 하나님이 모든 것을 합하여) 선을 이룬다. 29 하나님은 미리 아신 자들
을 그 아들과 같은 형상을 갖게 하기 위해 미리 정하셨다. 그리고 하나님
의 아들을 많은 형제 중에서 맏아들이 되게 하셨다. 30 또 미리 정하신 그
들을 부르시고, 부르신 그들을 의롭다고 인정하시고, 의롭다고 인정한 그
들을 영화롭게 하셨다.

롬 8:31 그러므로 이 일에 대해 우리가 무슨 말을 할 수 있겠는가? 만일 하

수많은 기독교인들이 사자밥이 되어 순교당한 콜로세움(롬 8:35-39) 이탈리아 로마
본래의 명칭은 '플라비우스가의 원형극장'이다. 티투스 황제 80년에 성별되었다. 외벽은 3층이며 이오니아식, 도리아식, 코린트식 반원주로 장식되었다. 중앙 무대는 나무 바닥이며 나무 밑 지하에는 동물들을 넣어 두었다. 5만여 명을 수용할 수 있는 둘레 527m의 타원형 원형극장이다. 관람석은 방사선 계단식으로 되어 있다. 로마 시민의 여흥을 위해 수많은 인명이 이곳에서 살상되었으며 초기 기독교인들이 순교를 당했다.

나님이 우리를 돌보시면 누가 우리를 대적할 수 있겠는가? 32 우리 모든
사람을 위해 자기 아들을 아끼지 않으시고 십자가(죽음)에 죽도록 내어주신
이가 어찌 그 아들과 함께 모든 것을 우리에게 주시지 않겠느냐? 33 누가
감히 하나님께서 선택하신 자들을 고발할 수 있는가? 의롭게 하시는 분은
하나님이시다. 34 누가 우리를 죄가 있다고 정죄하겠는가? 죽으셨을 뿐만
아니라 다시 살아나신 이는 그리스도 예수시니 그는 하나님 우편에 계신
자요, 우리를 위해 간구하시는 분이시다. 35 누가 우리를 이런 그리스도의
사랑에서 끊을 수 있겠는가? 환난이나, 극한 어려움(곤고)이나, 박해나, 기
근이나, 헐벗음(적신)이나, 위험이나, 칼로도 결코 끊을 수 없다.
롬 8:36 성경에 기록되기를 6 "우리가 온종일 주님을 위해 죽임에 직면하
고, 도살당할 양같이 대접을 받았나이다(시 44:22)"라고 함과 같다. 37 그러
나 우리는 그런 가운데서도 우리를 사랑하시는 이의 도움으로 넉넉히 이
긴다. 38 나는 사망이나 생명이나, 천사들이나 권세자들이나, 현재 일이나
장래 일이나, 능력이나 39 높은 것이나, 깊은 것이나, 다른 어떤 피조물이
라도 우리를 우리 주 그리스도 예수 안에 있는 하나님의 사랑에서 끊을 수

예수를 믿는 신앙을 위해 칼로 순교당하는 야고보(롬 8:35) 11세기, 바실리우스 2세의 순교 성자력 세밀화, 바티칸 도서관 소장
헤롯 대왕의 손자인 헤롯 아그립바는 과격파 유대인의 환심을 사기 위해 세베대의 아들 야고보를 죽인다. 그는 야고보를 모독자처럼 돌로 쳐 죽이지 않고 정치범처럼 목을 잘라 죽인다. 목을 자를 때 나오는 피가 야고보의 발 앞에 거의 직선적으로 떨어지도록 강렬하게 표현하고 있다.

없다는 것을 확신한다.

† 약속의 자녀 (롬 9:1-18)

롬 9:1-2 ●나는 그리스도 안에서 진실된 말만 하고 거짓말을 하지 않는다.
나에게 큰 근심이 있는 것과 계속되는 마음의 고통이 있는 것을 내 양심이
성령 안에서 나와 더불어 확증(증언)한다. 3 언약의 백성인 나의 동족, 곧 골
육 친척을 위한 것이라면 내 자신이 저주를 받아 그리스도에게서 끊어질지
라도 그렇게 되기를 원한다. 4 그들은 이스라엘 백성(사람)으로서 그들에게
는 하나님의 자녀가 되는 신분을 얻었다. 또한 그들에게는 하나님의 영광
과 하나님과 맺은 계약(언약)들이 있고, 율법과 예배와 약속들이 있다.

롬 9:5 족장(조상)들도 그들의 조상이요, 혈통(육신)으로는 그리스도께서
그들에게서 나셨으니 그분은 만물 위에 계시는 하나님이시다. 그분은 영
원히 찬양을 받으실 분이시다. 아멘(만물 위에 계신 하나님께 세세에 찬양이
있으리로다) 6 그러나 하나님이 그들에게 하신 말씀이 없어졌다는 것이 아
니다. 이스라엘에게서 태어난 사람이라고 해서 다 이스라엘 백성이 아니
다. 7 또한 아브라함의 자손(씨)이라고 해서 다 그의 자녀가 아니다. 성경은
"오직 약속의 자녀인 이삭으로부터 난 자라야 네 자손이라고 불릴 것이다
(창 21:12)"라고 하셨다. 8 곧 자연적인 출생으로 태어난 육신의 자녀가 하나
님의 자녀가 아니라, 오직 약속의 자녀가 하나님의 자녀(씨)로 여김을 받
는다.

롬 9:9 약속의 말씀은 이것이다. 곧 "명년 이때쯤에 내가 올 것이니 사라에
게 아들이 있을 것이다(창 18:10)"라고 한 것이다. 10 그뿐만 아니라 리브가
가 우리 조상 이삭 한 사람으로 인해 임신했는데 11-12 그 자식들이 아직 태
어나지도 않고 어떤 선이나 악을 행하지 않은 때에 리브가에게 "큰 자가
어린 자를 섬기리라(창 25:23)"고 하셨다. 이렇게 선택함을 따라 되는 하
나님의 뜻은 행위로가 아닌 오직 부르시는 이의 뜻에 달려 있음을 보여주
는 것이다.

롬 9:13 성경에 기록되기를 "내가 야곱은 사랑하고 에서는 미워했다(말
1:2-3)"라고 한 것과 같다. 14 그러므로 우리가 무슨 말을 할 수 있겠느냐?

이삭에게 축복받는 야곱(롬 9:13) 게르브란트 반 데에크우트(Gerbrand van Eeckhiut) 작, 뉴욕, 메트로폴리탄 미술 박물관
늙어 눈이 어두워진 이삭은 장자인 에서보다 야곱을 더 사랑하는 리브가에게 속아 야곱에게 그의 마지막 축복을 해주었다. 이삭은 말년을 아버지 아브라함이 살았던 헤브론의 마므레에서 지냈고, 그곳에서 죽었으며, 아브라함 곁에 장사되었다.

하나님께 불의가 있느냐? 결코 그렇지 않다. 15 모세에게 이르시되 "내가
긍휼히 여길 자를 긍휼히 여기고, 불쌍히 여길 자를 불쌍히 여기리라(출
33:19)"고 하셨다. 16 그러므로 모든 것이 사람의 요구나 노력(달음박질)으
로 되는 것이 아니라 오직 긍휼히 여기시는 하나님에게 달려 있다. 17 이런
이유 때문에 하나님께서는 일찍이 바로에게 "내가 이 일을 위해 너를 왕으
로 세웠으니 곧 너를 통해 내 능력을 보이고 내 이름이 온 천지에 전파되
게 하려는 것이다(출 9:16)"라고 말씀하셨다고 성경은 말하고 있다. 18 그
런즉 하나님께서는 자신의 뜻대로 어떤 자는 긍휼히 여기고, 어떤 자에게
는 완고하도록 내버려두시기도 하신다.

† 하나님의 진노와 긍휼 (롬 9:19-29)

롬 9:19 그러면 혹 너희들 중에는 나에게 이렇게 말할지도 모른다. "그러
면 왜 하나님께서는 자신이 임의대로 하시면서 우리의 허물을 책망하느냐?
누가 하나님의 뜻을 대적할 수 있겠는가?" 20 그러나 이 사람아, 네가 어떤
자이기에 감히 하나님께 반문하느냐? 만들어진(지음받은) 물건이 그것을
만드는 자에게 "왜 나를 이같이 만들었느냐?"라고 반문할 수 있겠느냐? 21
토기장이가 똑같은 진흙 한 덩어리로 하나는 귀하게 사용할 그릇을, 하나
는 천하게 사용할 그릇을 만들 권한이 없느냐?

롬 9:22 만일 하나님께서 그의 진노를 나타내시고 그의 능력을 알게 하기
를 원하셨음에도 불구하고 멸망하기로 준비된 진노의 그릇을 오래 참음
으로 관용을 베풀었다면 어떻게 하겠느냐? 23 반면 하나님이 그렇게 하신
것이 영광의 자리에 들어가도록 미리 준비한 긍휼의 그릇들에게 그분의
영광의 풍성한 것을 알게 하기 위해 그렇게 하셨다면 어떻게 하겠느냐? 24
그 그릇은 바로 우리를 가리킨다. 곧 유대인 중에서뿐만 아니라 이방인 중
에서도 부르신 자들을 말한다.

롬 9:25 호세아 선지자의 글에도 기록되기를 "내가 내 백성 아닌 자를 내 백
성이라, 사랑하지 않은 자를 사랑한 자라고 부를 것이다(호 2:23). 26 너희
는 내 백성이 아니라고 한 그곳에서 그들이 살아 계신 하나님의 아들이라
고 일컬음을 받을 것이다(호 1:10)"라고 한 것과 같다. 27 또 이사야 선지자

이사야서 26장 단편 사본(롬 9:27) BC 125-100년경, 1946년 쿰란 동굴에서 발견, 이스라엘 고고학 박물관

가 이스라엘에 관하여 외치기를 "이스라엘 자손들의 수가 비록 바다의 모래와 같이 많을지라도 남은 자만 구원을 받을 것이니 28 주님께서 땅 위에서 그 말씀을 신속하게 시행하고 이룰 것이다(사 10:22-23)"라고 하셨다. 29 또 이사야 선지자가 미리 말하기를 "만일 만군의 주님께서 우리에게 후손(씨)을 남겨두지 않았다면 우리가 소돔과 고모라와 같이 아주 멸망당했을 것이다(사 1:9)"라고 함과 같다.

† 믿음으로 인한 의와 하나님의 말씀 (롬 9:30-10:21)

롬 9:30 ● 그러므로 의를 따르지 않던 이방인들이 믿음으로 의를 얻었으니 우리가 무슨 말을 하겠는가? 31 그러나 의의 율법을 추구한 이스라엘은 율법에 도달하지 못했다. 32 왜 그렇게 되었느냐? 그것은 그들이 믿음을 의지하지 않고 그 의가 행위에서 나오는 것으로 생각하여 그 행위의 걸림돌에 걸려 넘어졌기 때문이다. 33 성경에 기록되기를 "보라, 내가 시온에 걸림돌과 걸려 넘어지게 하는 바위를 두었으나 그를 믿는 자는 부끄러움을 당하지 않을 것이다(사 28:16)"라고 함과 같다.

롬 10:1 형제들아, 내 마음의 소원을 하나님께 간구하는 것은 이스라엘이 구원을 받게 하기 위함이다. 2 내가 확실히 말할 수 있는 것은 그들이 하나님께 열심은 있지만 그 열심이 올바른 지식을 따른 것이 아니다. 3 그들은 하나님의 의가 무엇인지 모르고 자기 의로움만을 세우려고 노력했기 때문에 하나님의 의에 복종하지 않았다. 4 그리스도께서는 모든 믿는 자에게 의를 이루기 위해 율법의 요구를 충족시켰다(마침이 되셨다). 5 모세가 기록하기를 "율법을 행하는 사람은 그 율법으로 살리라(레 18:5)"고 했지만 6 믿음으로 주어지는 의는 이같이 말한다. "너는 마음속으로 누가 하늘에 올라가겠느냐 하지 말라(신 30:12)." 여기서 "올라가겠느냐?"라는 것은 "그리스도를 모셔 내리라"는 뜻이다. 7 "혹은 누가 지옥(무저갱)에 내려가겠느냐? 하지 말라" 하니 여기서 "내려가겠느냐?"라는 것은 "그리스도를 죽은 자 가운데서 모셔 올리라"는 뜻이다.

롬 10:8 그러면 성경은 무엇을 말하고 있느냐? "말씀이 네 입에 가까이 있으며 네 마음에 있다(신 30:14)"라고 했으니 그것은 바로 우리가 전파하는

Q 난제 그리스도께서 율법의 마침(율법의 요구를 충족시킴)이 되신다는 것은 무엇인가? (롬 10:4)

율법의 마침이란 율법의 완성이란 뜻이다. 율법의 시대는 언젠가는 끝나야 했다. 왜냐하면 누구도 율법이 요구하는 것을 완전히 이룰 수 없기 때문이다. 율법은 단지 인간들로 하여금 자신의 죄를 깨닫고, 구원자를 갈망하게 할 뿐이다. 따라서 이제 하나님의 구원을 성취하실 완전한 인간으로서의 그리스도가 오셔야 했다. 그는 복음으로써 인간을 율법의 굴레에서 벗어나게 하셨고, 그러므로 그는 모든 믿는 자를 위해 율법의 마침표를 찍으셨다. 모든 믿는 자에게 율법은 선민 이스라엘에게 특권으로 주어진 것과는 달리 값없이 은혜로 주어진 것이다.

율법을 기록하는 모세(롬 10:5) 17세기 사본 삽화, 작가 미상의 이디오피아 화가

신명기 사본(롬 10:8) 사해 근교 쿰란 발견, 이스라엘 고고학 박물관 내 사해 사본 연구소

믿음의 말씀을 가리킨다. 9 네가 만일 네 입으로 예수를 주님이라고 고백
(시인)하고, 또 하나님께서 예수를 죽은 자 가운데서 살리신 것을 네 마음
에 믿으면 구원을 받을 것이다. 10 사람이 마음으로 믿어 의에 이르고, 입
으로 고백(시인)하여 구원에 이른다.

롬 10:11 성경에 이르기를 "누구든지 그를 믿는 자는 부끄러움을 당하지
않을 것이다(사 28:16)"라고 했으니 12 그것은 유대인이나 헬라인이나 똑
같이 적용된다(차별이 없다). 홀로 한 분이신 주님께서 모든 사람의 주님이
되신다. 그 주님은 자신을 부르는 모든 사람에게 큰 부요함이 되신다. 13
"누구든지 주님의 이름을 부르는 자는 구원을 받을 것이다(욜 2:32)." 14 그
러므로 그들이 믿지 않는 이를 어떻게 부를 수 있겠는가? 듣지도 못한 이
를 어찌 믿을 수 있겠으며, 전파하는 자가 없이 어찌 들을 수 있겠는가? 15
보내심을 받지 않았다면 어찌 전파하겠는가? 그것은 성경에 기록된 대로
"아름답도다. 좋은 소식(복음)을 전하는 자들의 발이여(사 52:7)"라고 말한
것과 같다.

롬 10:16 그러나 이스라엘이 다 복음을 받아들인 것은 아니다. 이사야 선지
자가 말하기를 "주님, 우리가 전파한 것을 누가 믿었습니까?(사 53:1)"라고
했다. 17 그러므로 그리스도의 말씀을 들음으로 믿음이 생기는 것이다. 18
그러나 내가 묻겠다. "이스라엘이 좋은 소식(복음)을 듣지 않았느냐?" 그렇
지 않다. 그들은 분명히 들었다. "그 소리가 온 땅에 퍼졌고, 그 말씀이 땅 끝
까지 이르렀도다(시 19:4)"라고 성경은 말하고 있다. 19 그러므로 내가 다시
묻는다. "이스라엘이 알지 못했느냐?" 이에 모세가 말했다. "내가 내 백성이
아닌 자를 통해 너희를 시기하게 하며, 미련한 백성을 통해 너희를 노엽게
할 것이다(신 32:21)." 20 이사야 선지자는 더욱 담대하게 말했다. "내가 나를
찾지 않던 자들에게 내가 만나주고, 나에게 묻지 않던 자들에게 내가 나타
났다(사 65:1)." 21 또 이스라엘에 대해 이르기를 "순종하지 않고 거역하는
백성에게 내가 온종일 내 손을 내밀었다(사 65:2)"라고 하였다.

† 이스라엘의 남은 자와 이방인의 구원 (롬 11:1-36)

롬 11:1 ● 그러므로 내가 다시 말한다. 하나님이 자기 백성을 버리셨느냐?

그렇지 않다. 나도 이스라엘 사람이요, 아브라함의 후손(씨)이요, 베냐민 지파에 속한 자이다. 2 하나님이 미리 선택한 자기 백성을 버리지 않았으니 너희는 성경이 엘리야 선지자를 가리켜 말한 것을 알지 못하느냐? 그가 이스라엘을 하나님께 고발하기를 3 "주님, 그들이 주님의 선지자들을 죽이고, 주님의 제단들을 헐어버렸고, 나만 홀로 남았는데 나까지도 죽이려고 합니다(왕상 19:10)"라고 했다. 그때 4 하나님께서는 그에게 어떤 대답을 하였느냐? "내가 나를 위해 바알에게 무릎을 꿇지 않은 사람 7,000명을 남겨두었다(왕상 19:18)"라고 하셨다. 5 그러므로 이와 같이 지금도 하나님의 은혜로 선택함을 받은 남은 자가 있다.

롬 11:6 만일 은혜로 된 것이라면 행위에 의한 것이 아니다. 반대로 행위에 의한 것이라면 은혜는 더 이상 은혜가 되지 못한다. 7 그러면 무엇인가? 이스라엘이 구하는 것을 얻지 못하고 오직 선택함을 입은 자가 얻었다. 얻지 못하고 남은 자들은 우둔해졌다. 8 성경에 기록되기를 "하나님이 지금까지 그들에게 혼미한 영(심령)과 보지 못하는 눈과 듣지 못하는 귀를 주셨다(사 29:10)"라고 함과 같다. 9 또 다윗이 말하기를 "이스라엘의 식탁이 올무와 덫과 걸려 넘어지게 하는 것과 멸망(보응)당하게 하시고 10 이스라엘의 눈은 흐려 보지 못하고, 그들의 등은 항상 굽게 하소서(시 69:22 이하)"라고 했다. 11 그러므로 내가 묻는다. "이스라엘이 넘어져 완전히 실족했느냐?" 그것은 아니다. 그들의 죄 때문에(넘어짐) 구원이 이방인에게 이르게 되었고 그로 인해 이스라엘은 시기심이 생겼다. 12 이스라엘의 범죄(넘어짐)가 오히려 세상에 풍성한 복을 가져다주었고, 그들의 실패 또한 이방인에게 풍성한 복이 되었다. 그렇다면 이스라엘 모두가 하나님 앞에 돌아올 때 그들의 풍성함은 얼마나 크겠느냐?

롬 11:13 내가 이방인인 너희에게 말한다. 나는 이방인의 사도로서 내가 받은 직분을 영광스럽게 여긴다. 14 이는 아무쪼록 내 동족(골육)인 유대인들로 하여금 시기심이 생기게 하여 그들 중에서 얼마를 구원하기 위함이다. 15 내 동족(골육) 유대인이 하나님께 버림을 받게 되어 세상이 하나님과 화목이 되었다면 이스라엘을 하나님이 받아들일 때에는 죽은 자 가운데서 살아나는 것과 같을 것이다.

바알 상(롬 11:4) 후기 청동기, 은제

QT **이 시대에 순수한 신앙의 소유자가 되자**(롬 11:4-5).

이스라엘은 제7대 왕 아합의 때(BC 874-853)에 바알 숭배는 극에 달했고 하나님을 섬기는 자는 찾아보기 힘들었다. 이에 선지자 엘리야는 심한 좌절감과 고독감에 사로잡혀 있었다. 그러나 이때 하나님은 엘리야 외에도 7,000명이나 되는 순수한 신앙의 소유자가 곳곳에 숨어 있음을 밝히며 엘리야를 위로했다(왕상 19:18). 인본주의와 세속의 범람으로 오늘날에도 신앙을 지키려는 성도들은 위축되기 쉽다. 그러나 역사의 주관자가 하나님이심을 기억하라. 하나님은 오늘도 순수한 신앙을 가진 남은 자를 세계 곳곳에 준비하고 계신다. 다만 내가 그 대열에 낄 수 있는 자격을 구비하고 있느냐가 중요하다(롬 11:4-5).

올리브(감람) 나무 가지에 붙은 열매(롬 11:17-20) 이스라엘

올리브(감람) 나무(롬 11:21-24) 이스라엘 세바스티에(사마리아)

시온으로 나온 예루살렘(롬 11:26) 좁은 의미로는 오늘날 시온 산 지역을 말한다.

롬 11:16 제사에 올려지는 처음 익은 곡식 가루가 거룩하다면 그 가루로 만
든 떡덩이 역시 거룩하다. 뿌리가 거룩하다면 그에 붙은 가지 역시 거룩하
다. 17 또한 가지 중 얼마가 꺾였는데 돌올리브(감람) 나무인 네가 참올리
브(감람) 나무의 가지에 접붙임이 되어 참올리브(감람) 나무 뿌리의 진액
을 함께 공급받는 자가 되었으니 18 그 참올리브(감람) 나무 가지들을 향해
자랑하지 말라. 설사 자랑한다 해도 네가 뿌리를 보전하는 것이 아니라 뿌
리가 너를 보전하는 것이다. 19 그러면 너희는 이렇게 말할 수 있다. "가지
들이 꺾인 것은 나로 참올리브(감람) 나무에 접붙임을 받게 하려는 것이다."
20 그 말이 옳다. 그 가지 된 이스라엘은 믿지 않았기 때문에 꺾이고, 너는 믿
었기 때문에 참올리브(감람) 나무에 붙어 있게 되었다. 그러므로 교만한 마
음을 품지 말고 도리어 다시 꺾일까 두려워하라.

롬 11:21 하나님이 원 가지 된 이스라엘도 아끼지 않았으니 너도 아끼지 않
을 것이다. 22 그러므로 하나님의 자비하심과 엄위하심을 보라. 넘어지는
자들에게는 하나님의 엄위하심이 있다. 너희가 만일 하나님의 자비하심에
머물러 있으면 그 자비하심이 너희에게 있을 것이다. 그렇지 않으면 너도
찍히게 될 것이다. 23 이스라엘도 잘려나간 가지가 다시 믿게 되면(믿지 않
는 데 머무르지 아니하면) 그들도 참올리브(감람) 나무에 접붙임을 받을 것이
다. 이는 그들을 접붙이실 능력이 하나님께 있기 때문이다. 24 이방인인 너
는 본래 돌올리브(감람) 나무에서 찍힘을 받고 너희가 속한 종자와는 다른(본
성을 거슬러) 좋은 올리브(감람) 나무에 접붙임을 받았다. 하물며 원 가지
인 이 이스라엘 사람들이야 얼마나 더 자기 올리브(감람) 나무에 접붙임을
받겠느냐?

롬 11:25 형제들아, 너희가 스스로 지혜 있다고 하니 이런 신비스런 비밀을
너희가 알기 원한다. 이 신비스런 비밀은 이방인의 충분한(충만히) 수가
하나님께로 돌아오기까지 이스라엘 중의 얼마는 완악(우둔)한 채로 있게
된다는 사실이다. 26 그러나 마침내 온 이스라엘은 구원을 얻을 것이다. 성
경에는 "구원자가 시온에서 나오사 야곱의 자손에게서 경건하지 않은 것
을 제거할 것이다(사 59:20 이하)"라고 기록되었다. 또 27 "내가 그들의 죄
를 제거할 때 그들에게 이루어질 내 계약(언약)이 이것이다(사 27:9)"라고

함과 같다. [28] 복음의 관점에서 보면 이스라엘은 너희 때문에 원수 된 자요, 하나님의 선택의 관점에서 보면 조상들 때문에 하나님의 사랑을 입은 자이다.

롬 11:29 하나님의 선물(은사)과 부르심에는 후회하심이 없다. [30] 너희가 이전에는 하나님께 순종하지 않더니 이스라엘의 불순종으로 인해 이제는 긍휼을 입게 되었다. [31] 이같이 이스라엘 사람들이 순종하지 않는 것은 너희에게 베푸시는 하나님의 긍휼로 이제는 이스라엘에게도 긍휼을 얻게 하기 위함이다. [32] 하나님이 모든 사람을 불순종하는 가운데 내버려두신 것은 모든 사람에게 긍휼을 베풀려고 하기 때문이다.

롬 11:33 참으로 하나님의 지혜와 지식(부요와 지혜와 지식)의 풍성함이 깊다. 그분의 판단은 헤아릴 수 없으며, 그분의 길은 아무도 찾을 수가 없다. [34] 누가 주님의 마음을 알겠느냐? 누가 그의 의논자(모사)가 되었느냐? [35] 누가 주님께 먼저 무엇을 드려 하나님의 답례(갚으심)를 받겠느냐? [36] 그것은 만물이 주님에게서 나오고, 주님으로 인해 주님에게로 돌아가기 때문이다. 주님께 영광을 영원토록 돌려드립니다. 아멘.

† 성도의 사회적 의무와 새 생활 (롬 12:1-13:14)

롬 12:1 ● 그러므로 형제들아, 내가 하나님의 모든 자비하심으로 너희를 권면한다. 너희 몸을 하나님을 기쁘게 하는 거룩한 살아 있는 제물로 드리라. 이는 너희가 드려야 할 합당한(영적) 예배이다. [2] 너희는 이 시대(세대)를 따르지 말고 오직 마음(전 인격)을 새롭게 함으로 변화를 받으라. 그리고 하나님의 선하시고, 기뻐하시고, 온전하신 뜻이 무엇인지 분별하도록 하라.

롬 12:3 나는 하나님이 나에게 주신 은혜에 힘입어 너희 각 사람에게 말한다. 자신에 대해 마땅히 생각할 것을 생각하고 다른 생각을 품지 말라. 오직 하나님께서 각 사람에게 나누어주신 새롭게 변화된 사람의 영적 능력(믿음)의 분량대로 지혜롭게 생각하라. [4] 우리가 한 몸에 많은 지체를 가졌으나 모든 지체가 같은 기능을 가진 것이 아닌 것처럼 [5] 우리도 여럿이지만 그리스도 안에서 한 몸이 되었고, 한 사람 한 사람이 서로 지체로 연결되었다.

섬기는 자의 자세(롬 12:6-13)

섬김내용	섬김의 자세	
예언	믿음의 분량대로	[공 통] 게으르지 않음, 악을 미워하고 선에 속함, 열심을 품고 주를 섬김, 소망 중에 인내함, 기도에 항상 힘씀
구제	성실함으로	
다스림	부지런함으로	
긍휼 베풂	즐거움으로	
존경	서로 먼저	

롬 12:6 하나님이 우리에게
은혜에 따라 주신 은사(선
물)는 각각 다르다. 예컨대
예언의 은사를 받은 자는
믿음의 분량대로 새롭게 변
화된 사람의 영적 능력을 사
용하고, 7 섬기는 은사를 받은 자는 섬기는 일로, 가르치는 은사가 있는 자
는 가르치는 일로, 8 위로하는 은사를 받은 자는 위로하는 일로, 구제하는
은사를 받은 자는 성실함으로, 다스리는 은사를 받은 자는 부지런함으로,
긍휼을 베푸는 은사를 받은 자는 즐거움으로 할 것이다. 9 사랑에는 거짓
이 없어야 한다. 악을 미워하고 선에 속하라. 10 형제를 사랑하여 서로 우
애하고, 먼저 존경하며, 11 부지런하여 열심을 품고 주님을 섬기라. 12 소망
을 가지고 기뻐하며, 환난 가운데 인내하며, 항상 기도에 힘쓰며, 13 성도
들이 필요한 것을 나눠주며, 나그네(손) 대접하기를 힘쓰라.

롬 12:14 너희를 박해하는 자를 오히려 축복하고 저주하지 말라. 15 기뻐하
는 자들과 함께 기뻐하고, 애통하는 자들과 함께 울어주라. 16 서로 한 마
음을 갖고 교만한 마음을 갖지 말며, 도리어 낮은 데 처하고 스스로 지혜
있는 체하지 말라. 17 누구에게든지 악을 악으로 갚지 말고, 모든 사람이
보기에 선한 일에 힘쓰라. 18 할 수 있는 대로 너희는 모든 사람과 더불어
화목하게 지내라. 19 나의 사랑하는 자들아, 너희 자신이 친히 원수를 갚
으려고 하지 말고 하나님의 진노하심에 맡기라. 성경에 기록되기를 "원수
갚는 것이 나에게 있으니 내가 갚으리라(신 32:35)"고 주님께서 말씀하셨
다. 20 "네 원수가 굶주려 있으면 먹이고, 목마르거든 마시게 하라. 그렇게
하는 것이 네가 숯불을 그 원수의 머리에 쌓아놓는 것이 된다(잠 25:21 이
하)" 21 악에게 굴복하지 말고 선으로 악을 이기라.

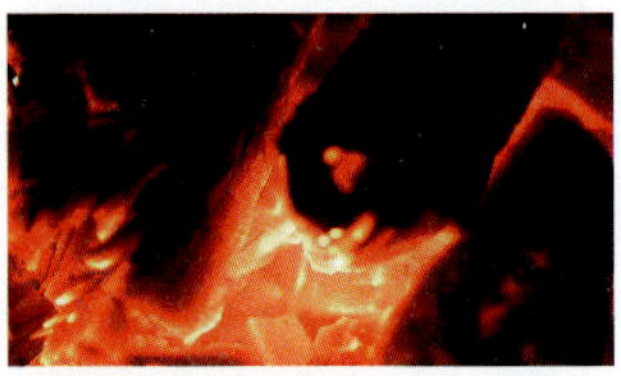
숯불(롬 12:20)

롬 13:1 모든 사람은 위에 있는 국가의 권세들에게 복종하라. 국가의 권세는
하나님으로부터 나온 것이니 모든 국가의 권세는 다 하나님으로 말미암은
것이다. 2 그러므로 하나님이 허락한 국가의 권세를 반대하는 자는 하나님
의 명령을 거스르는 것이니 그들은 심판을 받게 될 것이다. 3 세상 권세(다

스리는 자)는 선한(의로운) 일을 하는 자들에게 두려움의 대상이 되지 않지
만, 악한 일을 행하는 자들에게는 두려움의 대상이 된다. 네가 세상 권세
를 두려워하지 않으려면 선을 행하라. 그러면 그에게 칭찬을 받을 것이다.
4 그런 사람은 하나님의 일꾼(사역자)이 되어 너에게 선을 베푸는 자이다.
그러나 네가 악을 행한다면 스스로 두려워하라. 그가 공연히 칼을 차고 있
는 것이 아니다. 곧 그는 하나님의 일꾼(사역자)이 되어 악을 행하는 자에
게 하나님의 진노를 집행하는 자이다. 5 그러므로 세상 권세에 복종하라. 단
지 벌(진노)을 받는 것 때문이 아니라 양심 때문에 복종해야 한다. 6 너희가
나라에 세금을 바치는 것도 이런 이유 때문이다. 세상 통치자들도 하나님
의 일꾼이 되어 바로 이 일에 항상 힘쓰는 것이다. 7 모든 사람에게 해야 할
의무를 다하라. 세금 징수원에게 세금을 바치고, 관세를 받을 자에게 관세
를 바치고, 두려워할 자를 두려워하며, 존경할 자를 존경하라.

롬 13:8 사랑하는 빚 외에는 누구에게든, 아무런 빚도 지지 말라. 다른 사
람을 사랑하는 자는 율법을 다 이룬 것이나 다름없다. 9 "간음하지 말라, 살
인하지 말라, 도둑질하지 말라, 이웃의 것을 탐내지 말라 한 것과 그 외에 다
른 계명이 있을지라도 네 이웃을 네 자신과 같이 사랑하라(출 20:13-17)"
고 하신 그 말씀 가운데 모두 포함되어 있다. 10 사랑은 이웃에게 악을 행
하지 않는다. 그렇기 때문은 사랑은 율법의 완성이 된다.

롬 13:11 또한 너희가 지금이 어떤 때인지 알고 있는 것처럼 지금이야말로
자다가 깰 때가 되었다. 이제 우리의 구원이 처음 믿을 때보다 가까웠졌
다. 12 밤이 깊어졌고 낮이 가까웠으니 그러므로 우리가 어둠의 행실(일)을
벗어버리고 빛의 갑옷을 입자. 13 낮에 활동하는 사람들처럼 단정히 행하
고, 방탕하거나 술 취하지 말며, 음란하거나 퇴폐적인 생활(호색)을 하지
말며, 다투거나 시기하지 말고, 14 오직 주 예수 그리스도로 옷(그리스도 성
품) 입고 정욕을 위해 육신의 일을 추구하지 말라.

성령의 열매와 육신의 도모 (롬 13:13, 14)

성령의 열매(갈6:22~24)	육신의 도모 (롬13:13, 14)
사랑	시기(시기)
희락	추악(방탕)
화평	탐욕, 분쟁(쟁투)
오래 참음	악의(음란)
자비	불의(호색)
양선	살인
충성	사기
온유	비방
절제	교만(방탕)

† 비판 금지에 대한 권고와 선을 이루는 덕 (롬 14:1-15:13)

롬 14:1 ● 믿음이 약한 자를 너희가 받아들이고 그들의 의견에 대해 비판
하지 말라. 2 어떤 사람은 자신의 믿음에 따라 어떤 음식이든 먹지만 그렇

QT 믿음이 연약한 자를 비판하지 말라(롬 14:1-23).

바울은 자신이 복음 안에서 누리는 자유로 인해 다른 사람들을 실족케 해서는 안 된다고 말한다. 사실 믿음이 강한 자는 믿음이 약한 자를 같은 성도로서 받아들이며 저들의 연약한 부분을 충분히 이해해야 한다. 그리고 성도 각 개인의 판단과 양심에 관계되는 문제들에서는 화평과 덕을 세우기에 힘써야 한다. 즉 우리는 모든 사람에게 자유하나 스스로 종의 자리에 들어감으로써 많은 사람들에게 복음을 증거할 수 있어야 한다.

난제 롬 14:16의 선한 것은?

선한 것은 히브리어로 '토아가돈'으로 이것이 무엇인지에 대해서는 믿음의 구원(Meyer)을 가리킨다고 보는 견해와 믿음이 강한 자들이 누리는 신앙 생활의 자유함(Calvin)을 뜻한다는 두 가지 견해가 있다. 전자의 경우에는 믿음, 하나님 나라, 신앙과 복음 등을 가리킨다고 본다.

지 않고 믿음이 약한 자는 채소만 먹는다. 3 모든 것을 먹는 자는 채소만 먹
는 사람을 업신여기지 말고, 채소만 먹는 자는 모든 것을 먹는 자를 비판
하지 말라. 이는 하나님이 그들 모두를 받으셨기 때문이다. 4 남의 가정 노
예(하인)를 비판하는 너는 어떤 자냐? 그 가정의 노예가 서고 넘어지는 것
이 모두 자기 주인의 권한에 있으니 그가 서 있게 된다면 그것은 주님께서
그를 세우시기 때문이다.

롬 14:5 어떤 사람은 이날보다 저 날을 더 낫게 여기고, 어떤 사람은 모든
날을 똑같이 생각하니 각각 자기 마음으로 결정하면 된다. 6 어느 한 날을
중요하게 여기는 자도 주님을 위해 그날을 중요하게 여기라. 어떤 음식을
먹든지 그는 주님을 위해 먹는 것이니 이는 하나님께 감사할 일이요, 채소
만 먹는 자도 주님을 위해 먹는 것이니 그는 하나님께 감사할 일이다. 7 우
리 중에는 누구든지 자신만을 위해 사는 자가 없고, 자기를 위해 죽는 자
도 없다. 8 우리가 사나 죽으나 주님을 위한 것이요, 주님의 것이다. 9 이를
위해 그리스도께서 죽었다가 다시 살아나셨다. 곧 죽은 자와 산 자의 주님
이 된 것이다.

롬 14:10 너는 어찌하여 네 형제를 비판하고 업신여기느냐? 우리는 모두
하나님의 심판대 앞에 서게 될 것이다. 11 성경에 기록되기를 "주님께서 말
씀하기를 내가 살아 있으니 모든 사람(무릎)이 내 앞에서 무릎을 꿇을 것
이요, 모든 혀가 하나님께 자백(찬양)하리라(사 45:23)"고 했다. 12 이러므
로 장차 우리 각 사람이 자기 일을 하나님께 사실대로 자백하게 될 것이
다. 13 그러므로 다시는 서로 비판하지 말라. 도리어 형제 앞에 넘어지게 하
는 걸림돌이나 장애물을 놓지 않도록 주의(판단)하라. 14 나는 주 예수 안에
서 알고 확신한다. 어떤 것이든 자체적으로 부정한 것(음식)은 없다. 다만
부정하게(속되게) 여기는 그 사람에게는 그 음식이 부정한 것이 된다. 15 만
일 음식 문제로 네 형제가 상처(근심)를 받게 된다면 그것은 네가 사랑으
로 행하지 않았기 때문이다. 그리스도께서 대신하여 죽으신 형제를 네 음
식 문제로 인해 멸망당하지 않게 하라. 16 그러므로 너희의 선한 것이 비방
을 받지 않도록 조심하라.

롬 14:17 하나님의 나라는 먹고 마시는 것이 아니라 오직 성령 안에서 누리

는 의와 평안과 기쁨(희락)이다. 18 이런 마음으로 그리스도를 섬기는 자는 하나님을 기쁘시게 할 뿐만 아니라 사람들로부터도 칭찬을 받는다. 19 그렇기 때문에 우리가 화평을 조성하는 일과 서로 덕을 세우는 일을 힘쓰는 것이다. 20 음식 문제로 하나님의 일(사업)을 무너뜨리지 말라. 모든 음식(만물) 자체는 깨끗하지만 그 음식이 상황을 무시하고 남용될 때에는(거리낌으로 먹는) 사람에게 악한 결과를 가져온다. 21 그러므로 고기를 먹거나 포도주도 마시거나, 그 무엇으로도 네 형제를 실족하게(거리끼게) 하지 않는 것이 아름다운 일이다. 22 네가 가지고 있는 믿음을 자신과 하나님 앞에서만 스스로 간직하고 있으라. 자기가 옳다고 하는 일을 할 때 자기를 정죄하지 않는 자는 복이 있다. 23 의심을 하면서 먹는 자는 정죄를 받은 것이다. 왜냐하면 그것은 믿음을 따라 하지 않았기 때문이다. 믿음을 따라 하지 않는 것은 다 죄가 된다.

롬 15:1 믿음이 강한 우리는 자기를 기쁘게 하는 것보다 믿음이 약한 자의 약점을 담당하는 것이 마땅하다. 2 우리 각 사람은 이웃을 기쁘게 하되 유익을 주고(선을 이루고) 덕을 세우도록 할 것이다. 3 그리스도께서도 자기를 기쁘게 하지 않으셨다. 성경에 기록되기를 "주님을 모욕(비방)하는 자들의 모욕이 나에게 미쳤나이다(시 69:9)"라고 함과 같다. 4 어떤 것이든 이전에 기록된 것은 우리를 가르치기 위해 기록된 것이다. 그것은 우리로 하여금 인내와 성경의 위로를 통해 소망을 갖게 하기 위함이다. 5 이제 인내와 위로를 주시는 하나님께서 너희로 하여금 그리스도 예수를 본받아 서로 한뜻이 되게 해주사 6 한마음과 한 입으로 우리 주 예수 그리스도의 하나님 아버지께 영광을 돌리게 하려고 하신다.

롬 15:7 그러므로 그리스도께서 우리를 용납하신(받아주신) 것처럼 너희도 서로 받아들이라. 그것이 하나님께 영광을 돌리는 것이다. 8 내가 말한다. 그리스도께서 하나님의 진실하심을 위해 친히 할례를 받음으로 할례받은 자의 종(추종자)이 되셨다. 이는 조상들에게 주신 약속들을 더욱 분명(견고)하게 하시고, 9 이방인들도 그 긍휼하심으로 인해 하나님께 영광을 돌리게 하기 위함이다. 성경에 기록되기를 "그러므로 내가 세상 나라 중에서 주님께 감사하고 그의 이름을 찬송하리로다(시 18:49)"라고 함과 같다.

나무로 표현된 이새의 아들인, 수금 타는 다윗(롬 15:12) 파리, 노틀담성당. 다윗 밑에 왕관을 쓴 모습의 메시아를 그려넣었다.

10 또 이르기를 "세상 나라들이 주님의 백성과 함께 즐거워하라(신 32:43)"
고 했다. 11 또 "모든 세상 나라들아, 주님을 찬양하며, 모든 백성들아, 그를
찬송하라(시 117:1)"고 했다. 12 이사야 선지자도 이르기를 "이새의 뿌리, 곧
세상 나라를 다스리기 위해 일어나시는 이가 있을 것이니 세상 나라가 그
에게 소망을 두리라(사 11:10)"고 하였다. 13 소망을 주시는 하나님께서 모
든 기쁨과 평안을 믿음 안에서 너희에게 충만하게 주어 성령의 능력으로
소망이 넘치게 하시기를 기원한다.

† 복음에 대한 제사장 직분 (롬 15:14-21)

롬 15:14 ● 내 형제들아, 나는 너희가 스스로 선함이 가득하고 완전한 지식
이 있어 서로 권면할 만한 능력이 있다고 믿고 있다. 15 그러나 하나님께서
나에게 주신 은혜 때문에 내가 너희로 다시 생각나게 하기 위해 더욱 담대
히 너희에게 몇 가지 일로 이 편지를 썼다. 16 이 은혜는 나로 하여금 이방인
을 위해 그리스도 예수의 일꾼이 되어 하나님의 복음을 전하는 제사장 직
분을 담당하게 하였다. 그것은 이방인들이 성령을 통해 거룩하게 되고, 그
들이 하나님께서 받으실 만한 제물이 되게 하는 것이다. 17 그래서 나도 그
리스도 예수 안에서 하나님의 일에 대해 자랑할 만하다. 그러나 18 그리스
도께서 나의 말과 행동을 통해 이방인들이 하나님께 순종하게 된 것 외에
는 내가 감히 말하지 않겠다.

롬 15:19 이방인이 하나님께 복
종하게 된 것은 기적(표적)과
놀라운 능력과 성령의 능력
으로 이루어졌다. 그리하여
내가 예루살렘으로부터 아드
리아 해 동쪽에 위치한 일루리
곤 지역까지 두루 행하여 그리스도의 복음을 두루 전했다(채웠다). 20 그리
고 나는 이미 복음이 전해져 그리스도의 이름을 부르는 곳에는 복음을 전하
지 않기를 힘썼다. 그 이유는 다른 사람이 이미 닦아놓은 복음의 터 위에는
건축하지 않으려고 하기 때문이다. 21 이것은 성경에 기록되기를 "주님에

대한 소식을 받지 못한 자들이 볼 것이요, 듣지 못한 자들이 깨달을 것이
다(사 52:15)"라고 함과 같다.

† 바울의 로마 방문 계획과 문안 인사와 찬양 (롬 15:22-16:27)

롬 15:22 ● 그래서 내가 여러 번 너희를 방문하려고 했지만 가지 못한 이유
가 여기에 있다. 23 그러나 이제는 이 그리스 남부의 아가야 지역에서는 더 이
상 일할 곳이 없고, 또 몇 년 전부터 스페인(서바나)으로 가게 될 때에 잠시
너희에게 가기를 희망했었다. 24 그것은 지나가는 길에 너희를 보고 먼저
너희와 교제를 통해 얼마 동안 지내면서 기쁨을 가진 후에 너희가 스페인
(서바나)으로 나를 보내주기를 바라기 때문이다. 25 그러나 이제는 내가 성
도를 섬기는 일, 곧 구제 헌금을 전하기 위해(참조, 갈 2:10) 예루살렘으로 간
다. 26 이는 마게도냐와 아가야 지역의 사람들이 예루살렘에 있는 성도들
중 가난한 자들을 위해 기쁜 마음으로 얼마의 헌금을 했기 때문이다. 27 저
희가 기쁜 마음으로 헌금을 했지만 사실 그들 또한 예루살렘 성도들에게
복음의 빚을 진 자이다. 만일 이방인들이 예루살렘 성도들이 가진 신령한
(영적인) 것을 나눠 가졌으면(것으로 동정을 받았으면) 물질로(육적으로) 그
들을 섬기는 것이 마땅하다. 28 그러므로 내가 헌금 전하는 일을 마치고 이
방인들이 주는 이 헌금(열매)을 그들이 받을(인 친 후에) 것이라고 확신한
다. 그리고 그 후에 로마에 있는 너희에게 들렀다가 스페인(서바나)으로 갈
것이다. 29 내가 너희를 방문할 때는 그리스도의 넘치는 복을 가지고 갈 줄
을 안다.

롬 15:30 형제들아, 내가 우리 주 예수 그리스도와 성령의 사랑으로 인해
너희에게 부탁한다. 내가 너희를 위해 기도하듯이 너희도 나를 위해 하나
님께 간구하여 31 나로 하여금 유대 지역에서 믿지 않는 자들에게서 건져
주시고, 또한 예루살렘에서 내가 섬기는 일, 곧 구제 헌금을 성도들이 기쁘
게 받아들이게 하라. 그러면 32 나는 하나님의 뜻을 따라 기쁨 마음으로 너
희에게 가서 너희와 함께 편히 쉴 수 있을 것이다. 33 평안의 하나님께서 로
마에 있는 너희 모든 사람과 함께하시기를 기도한다. 아멘.

롬 16:1 내가 그리스 남부 아가야 지역에 있는 겐그레아 교회의 여성 일꾼(집

성경 지리 **서바나** (스페인, 롬 15:23, 28)

서바나는 오늘날 포르투갈과 스페인 지역을 가리킨다. 이 지역을 기준으로 북쪽으로는 피레네 산맥과 비스케 만, 서쪽으로는 대서양, 동쪽과 남동쪽으로는 지중해로 둘러싸여 있다. 이곳은 동쪽에서 서쪽으로 뻗어나가는 산맥이 지중해 연안까지 이르러 급경사를 이룬다.
서바나는 바울이 그토록 가고 싶어 했으나 가지 못한 곳이다(롬 15:22-24). 그러나 클레멘트는 바울이 AD 95년경 로마에서 고린도에 보내는 편지에서 "서쪽 끝에 와 있다"라고 써 있다고 말하고 있다. 또 1세기 이후의 무라토리 정경에는 "사도 바울이 그 도시로부터 떠나 스페인으로 여행하였다"라고 서술했다. 스페인의 전승에 의하면 사도 야고보가 스페인을 가장 먼저 전도했다고 전한다. 이곳은 요나가 욥바에서 배를 타고 도망가려고 했던 다시스로 주장되는 지역 중에 한 곳이다.

서바나 지역의 맨 서쪽에 있는 로카곶(롬 15:23, 28) 포르투갈

성경 지리 **겐그레아**(Cenchrea, 롬 16:1)
겐그레아는 고린도 동남쪽 10㎞ 떨어진 곳의 그리스 남쪽 사론 만에 있는 항구였다. 스트라보는 겐그레아가 고린도에서부터 약 10㎞ 떨어진 곳에 소재하는 항구인데 동쪽에 고린도인들의 해군 기지가 있었다고 기록했다. 바울은 겐그레아에서 유월절을 지키기 위해 수리아로 향하기 전에 그의 서원대로 머리를 깎았다(행 18:18). 그리고 고린도에서 머무는 동안 겐그레아에 교회를 세웠는데 뵈뵈는 이 교회의 집사였다(롬 16:1). 현대 마을은 폐허지의 근방에 위치해 있는데 케크리아이스(Kechriais)라고 부른다.

겐그레아 교회 터(롬 16:1) 그리스

소바더의 출신지 베뢰아(행 20:4) 그리스

가이오의 출신지 더베(행 20:4) 터키

사)인 우리 자매 뵈뵈를 로마에 있는 너희에게 추천한다. 2 너희는 주님 안
에서 성도들의 사랑(합당한 예절)으로 그를 영접하고 무엇이든지 그에게
필요한 것을 도와주라. 그는 나뿐 아니라 여러 사람의 보호자가 되었다.
3 너희는 그리스도 예수 안에서 나의 동역자들인 브리스가와 아굴라에게
안부를 전하라. 4 그들은 내 목숨을 죽음을 무릅쓰고 구해주었다. 그래서
나뿐 아니라 이방인의 모든 교회도 그들에게 감사하고 있다. 5 또 브리스
가와 아굴라의 집에 있는 교회에도 문안하라. 내가 사랑하는 에배네도에
게도 문안하라. 그는 소아시아 지역에서 그리스도를 믿는 첫 번째 사람(열
매)이다.

롬 16:6 너희를 위해 수고를 많이 한 마리아에게 문안하라. 7 내 친척이요,
나와 함께 감옥에 갇혔던 안드로니고와 유니아에게 문안하라. 이 두 사람
은 사도들 사이에서도 존중히 여김을 받고, 나보다 먼저 그리스도를 믿은
사람이다. 8 또 주님 안에서 내가 사랑하는 암블리아에게 문안하라. 9 그리
스도 안에서 우리의 동역자인 우르바노와 내가 사랑하는 스다구에게 문
안하라. 10 그리스도 안에서 인정함을 받은 아벨레에게 문안하라. 아리스
도불로의 집안 사람(권속)들에게도 문안하라. 11 내 친척 되는 헤로디온에
게 문안하라. 나깃수의 가족 중에 주님을 믿는 자들에게 문안하라. 12 주님
을 위해 수고한 드루배나와 드루보사에게 문안하라. 주님 안에서 많이 수
고하고 내가 사랑하는 버시에게 문안하라. 13 주님의 선택하심을 입은 루
포와 그의 어머니에게 문안하라. 그의 어머니는 곧 내 어머니와 같은 분이
다. 14 아순그리도와 블레곤과 허메와 바드로바와 허마와 및 그들과 함께
있는 믿는 형제들에게 문안하라. 15 빌롤로고와 율리아와 또 네레오와 그
의 자매와 올름바와 그들과 함께 있는 모든 성도에게 문안하라. 16 너희가
거룩한 입맞춤으로 서로 문안하라. 그리스도의 모든 교회가 모두 로마에
있는 너희에게 문안한다.

롬 16:17 형제들아, 내가 너희에게 권면하니 너희가 배운 바 그 교훈을 거
슬러 분쟁을 일으키고 믿음의 장애물을 놓는(거치게 하는) 자들을 경계하
여 그들에게서 떠나라. 18 그 같은 자들은 우리 주님 되신 그리스도를 섬기
지 않고 오직 자기들의 배만 채운다. 그들은 교활하고 듣기 좋은 말로 순

진한 자들의 마음을 미혹한다. 19 너희가 말씀에 순종하는 생활을 한다는
소문이 모든 사람에게 들렸다. 그러므로 내가 너희로 인해 기뻐한다. 너희
가 선한 것에는 지혜롭고 악한 것에 미련하기를 원한다. 20 평안의 하나님
께서는 빠른 시일에 사탄을 너희 발 아래에서 짓밟히게 하실 것이다. 우리
주 예수의 은혜가 너희에게 있기를 기원한다.

롬 16:21 나와 함께 일하는 동역자인 디모데와 나의 친척인 누기오와 야손
과 소시바더가 너희에게 문안한다. 22 이 편지를 받아 대신 기록하는 나 더
디오도 주님 안에서 너희에게 문안한다. 23 나와 온 교회를 돌보는 가이오
도 너희에게 문안하고, 이 고린도 성의 재무관(청지기) 에라스도와 믿는 형
제 구아도도 너희에게 문안한다. 24 (없음, 어떤 사본에는 우리 주 예수 그리
스도의 은혜가 너희 모든 이에게 있기를 기원한다. 아멘) 25 내가 전파한 복음
과 예수 그리스도를 전파하는 것은 아주 오래전부터 숨겨졌다가 26 이제
는 나타났다. 이 복음은 영원하신 하나님의 명령을 따라 선지자들의 글을
통해 모든 민족이 믿어 순종하게 되었다. 그렇게 된 것은 신비스런 계시를
따라 된 것이다. 이 복음으로 너희를 능히 견고하게 하시는 27 지혜로우신
하나님께 예수 그리스도를 통해 영광을 영원히 올려드립니다. 아멘.

† 바울이 3차 귀로 여정을 변경함 (행 20:30b-6)

행 20:3b ● 우리는 고린도에서 3개월을 지낸 후 배를 타고 바로 수리아 지역
으로 갈 계획을 세웠다. 그러나 그때에 유대인들이 나를 해치려고 서로 모
의하고 있음을 알고 북쪽의 마게도냐 지역을 거쳐 돌아가기로 계획을 변경
했다. 4 이때 소아시아 지역까지 함께 가는 자는 베뢰아 출신 부로의 아들
소바더, 데살로니가 출신 아리스다고 및 세군도, 더베 출신 가이오 및 디
모데, 아시아 사람 두기고와 드로비모 등이었다. 5 그들은 나보다 먼저 출
발하여 소아시아 지역에 있는 드로아에서 우리를 기다리고 있었다. 6 우리
는 무교절 후에 마게도냐 지역의 빌립보에서 배로 떠나 5일 만에 소아시아
지역의 드로아 항구에 있는 그들에게 가서 7일 동안 머물렀다.

성경 인물 **바울의 로마서 문안 인사에 나타난 인물들** (롬 16:6-16, 21-23)

- 마리아(고린도 교회를 위해 수고함)
- 안드로니고와 유니아(바울의 친척이요, 감옥에 함께 갇혔던 자, 사도들 사이에서 존중히 여김을 받고, 바울보다 먼저 믿음)
- 암블리아와 스다구(바울이 사랑함)
- 우르바노(그리스도 안에서 바울의 동역자)
- 아벨레(그리스도 안에서 인정함을 받음)
- 아리스도불로의 집안 사람(권속)들
- 헤로디온(바울의 친척)
- 나깃수의 가족 중에 주님을 믿는 자
- 안드로니고와 유니아(주님을 위해 수고함)
- 버시(주님 안에서 많이 수고하고 바울이 사랑함)
- 루포와 그의 어머니(주님의 선택하심을 입음)
- 아순그리도와 블레곤과 허메와 바드로바와 허마와 및 그들과 함께 있는 믿음의 형제들
- 빌롤로고와 율리아와 또 네레오와 그의 자매와 올름바와 그들과 함께 있는 모든 성도
- 디모데(바울의 동역자)
- 누기오(바울의 친척)
- 야손과 소시바더
- 더디오(로마서를 대신 기록함)
- 가이오(바울과 온 교회를 돌봄)
- 에라스도(고린도 성의 재무관)
- 구아도(믿음의 형제)

에라스도라는 이름이 새겨진 돌조각 (롬 16:23) 그리스 고린도

바울이 유두고를 살린 드로아의 교회 터(행 20:7) 터키

† 바울이 죽은 유두고를 살림 (행 20:7-12)

행 20:7 ●드로아에서 7일이 지난 안식일 다음 날에 우리가 교제의 떡을 떼
기 위해 모였다. 그때 바울은 다음 날 출발을 위해 그들에게 밤중까지 말
씀을 계속하여 강론했다. 8 우리가 모인 윗다락방에는 등불이 많이 켜져
있었는데 9 유두고라는 청년이 창문틀에 걸터 앉아 있었다. 그가 졸음에
빠져 있다가 바울의 강론이 오랫동안 계속되자 졸음을 견디지 못하고 3층
다락방에서 떨어졌다. 그를 일으켜보니 죽었는지라. 10 바울이 윗층에서 내
려가서 그 청년 위에 엎드려 그 몸을 안고 말했다. "떠들지 말라. 아직 그에
게 생명이 붙어 있다." 그리고 11 다시 윗층으로 올라가 떡을 떼어 먹고 날
이 새기까지 오랫동안 이야기를 나눈 후 배를 타고 드로아를 떠났다. 12 사람
들은 살아난 청년을 데리고 가서 위로를 많이 받았다.

드로아 항구 터(행 20:13-14) 터키

† 드로아에서 밀레도까지 항해 후 에베소 장로를 만남 (행 20:13-38)

행 20:13 ●우리는 드로아에서 먼저 배를 타고 출발하여 앗소에서 바울을
태우려고 그리로 내려갔다. 그것은 바울이 드로아에서 32㎞떨어져 있는 앗
소까지 걸어서 가기를 원했기 때문이다. 14 우리는 앗소에서 바울을 만나
그를 배에 태우고 50㎞ 거리에 있는 맞은편의 미둘레네 섬으로 갔다. 15-16
그리고 미둘레네 섬을 떠나 이튿날 남쪽으로 80㎞를 항해한 후 기오 섬의 기

뒤로 미둘레네 섬이 보이는 앗소 항구(롬 20:13-16)
터키와 그리스(뒤에 있는 섬)

에베소에서 밀레도로 오는 길(행 20:17) 터키, 바울의 초청을 받아 에베소에 있는 장로들이 밀레도까지 온 거리는 60㎞로 2일이 걸리는 거리에 있다.

오 항구 앞에 도착했다. 그 이튿날 기오 항구를 출발하여 남쪽으로 다시 80㎞를 항해하여 사모 섬에 도착했다. 그리고 다음 날 사모 섬을 출발했다. 바울은 될 수 있는 대로 오순절 안에 예루살렘에 도착하기 위해 사모 섬에서 35㎞ 떨어져 있는 에베소를 들리지 않고 바로 배를 타고 출발하여 밀레도에 도착했다.

[행 20:17] 밀레도에 도착한 바울은 사람을 북쪽으로 60㎞ 떨어져 있는 에베
소로 보내 그 교회 장로들을 밀레도로 내려오도록 불렀다. [18] 그들이 오자
바울이 그들에게 말했다. "소아시아 지역에 온 첫날부터 지금까지 3년 동안
(행 20:31) 내가 어떻게 여러분들에게 행했는지를 여러분도 잘 알고 있다.
[19] 곧 나는 모든 겸손과 눈물로 주님을 섬겼다. 유대인의 모함(간계)으로
당한 시험을 참으며 주님을 섬긴 것과 [20] 유익하다고 생각한 것은 어떤 것
이든지 대중 앞에서나 각 집에서나 주저 없이 여러분에게 가르쳤다. [21] 바
로 유대인과 헬라인들에게 하나님께 돌아올 것과 우리 주 예수 그리스도
를 믿으라고 증거한 것이다.

[행 20:22] 보라, 이제 나는 성령에 사로잡혀 예루살렘으로 올라가는데 그곳
에서 어떤 일을 당할는지 알지 못한다. [23] 오직 내가 아는 것은 내가 어느
성을 가든지 결박과 환난이 나를 기다리고 있다는 것을 성령께서 나에게
경고하신다는 사실뿐이다. [24] 그러나 나는 내가 달려가야 할 길과 주 예수
께로부터 받은 사명인 하나님의 은혜의 복음을 전파(증언)하는 일을 마치
려고 하는 것에는 내 생명조차도 아끼지 않을 것이다. [25] 보라, 내가 여러
분과 함께 있는 동안 하나님의 나라를 전파했으나 이제는 누구든 내 얼굴
을 다시는 보지 못할 것이다. [26] 그러므로 오늘 여러분에게 확실히 말한다.

성경지리 **밀레도 (Miletus, 롬 15: 23, 28)**

밀레도(행 20:15, 딤후 4:20)는 마이안데르 강의 하구가 있는 라트미안 만의 남쪽 해변이 돌출해 나온 한 곳에 위치하고 있다. 소아시아 서해안에 있는 유명한 헬라의 항구 도시인 밀레도에는 네 개의 부두가 있었으며 근해의 여러 섬들에 가리워서 숨겨진 위치에 소재하였다. 그럼에도 교역에는 매우 유리한 입지 조건과 상당한 수의 인구를 부양하기에 충분한 능력을 지니고 있었다. 그러나 세월이 흐르면서 마이안데르 강에서 실려 나오는 침적토 때문에 끊임없이 변화되어 현대에는 이 라트미안 만의 입구가 닫혀져 해안선을 형성하고 있으며, 만 자체는 내륙의 한 호수로 변해버렸다. 결국 마이안데르 강의 줄기는 그 흐름이 바뀌어졌다. 그래서 밀레도의 폐허는 현재 해안에서 내륙으로 8㎞ 들어간 곳에 있다. 바울은 밀레도에서 에베소 교회 장로들을 불러 자기가 떠난 후에 흉악한 이리가 들어와 교회를 해칠까 염려스러우니 잘 관리하라고 부탁하고 눈물의 석별을 한 후 고스 섬으로 갔다(행 20:17-38).

물에 잠긴 밀레도의 아고라 터(행 20:13-14) 터키, 아고라는 고대 시장으로 바울은 주로 회당과 시장에서 복음을 전했다.

나는 구원받지 못한 사람(사람의 피)에 대해 책임이 없다. 27 왜냐하면 내가
주저하지 않고 하나님의 뜻을 모두 여러분에게 전했기 때문이다.
행 20:28 그러므로 여러분에게 맡겨진 모든 양 떼를 잘 보살펴라. 성령께서
는 여러분을 그들의 감독자로 삼고 하나님이(어떤 사본에는 주님께서) 자
기 아들 예수 그리스도의 피로 사신 교회를 돌보도록 하셨다. 29 이제 내가 떠
난 후에 사나운 이리와 같은 자들이 여러분에게 들어와서 그 양 떼(성도)
를 해칠 것이다. 30 또한 여러분 중에서도 제자들을 유혹하여 자기를 따르
게 하기 위해 진리를 왜곡하는(어그러진 말을 하는) 사람들이 일어날 줄을
내가 알고 있다. 31 그러므로 여러분은 항상 경각심을 갖고 있되 내가 3년
동안이나 밤낮으로 쉬지 않고 눈물로 각 사람을 교훈했던 것을 기억하라.
32 이제 내가 다시 여러분을 주님과 그 은혜로운 말씀으로 부탁한다. 그 말
씀이 여러분을 능히 굳게 세우고 거룩한 성도들 가운데 유산(기업)이 있게
할 것이다.
행 20:33 나는 누구 것이든 은이나 금이나 의복을 탐내지 않았다. 34 여러분
이 아는 것처럼 내 손으로 나와 동행하는 자들에게 필요한 것들을 충당했
다. 35 모든 일에 여러분에게 모범을 보여준 것과 같이 여러분들도 약한 사
람들을 돕는 일에 수고하고, 또 주 예수께서 친히 말씀하신 "주는 것이 받
는 것보다 더 복이 있다"라고 하신 말씀을 기억해야 한다. 36 이 말을 한 후
무릎을 꿇고 함께한 모든 사람들과 합심하여 기도하니 37 모두 크게 울며
바울의 목을 안고 입을 맞췄다. 38 그리고 다시는 그 얼굴을 보지 못할 것
이라는 말 때문에 더욱 근심하며 배에까지 따라와 바울을 전송했다.

밀레도의 옛 인공 항만 터(행 21:1) 터키

바울이 도착한 로도의 린도스 항구(행 21:1) 그리스, 항구 옆에 바울 도착 기념 교회가 있다.

† 바울이 예루살렘으로 올라감 (행 21:1-16)

행 21:1 ● 우리 일행이 에베소 장로들과 작별한 후 밀레도에서 배를 타고 바
로 남쪽으로 70㎞ 항해하여 고스 섬으로 갔다. 이튿날 고스 섬을 떠나 다시 배
로 85㎞를 항해한 후 로도 섬 동쪽 해안 남쪽에 도착하고, 또다시 그곳을 출발
하여 85㎞ 떨어진 바다라까지 항해했다. 2 그리고 그곳에서 베니게(오늘날
레바논)로 건너가는 배를 만나서 타고 출발했다. 3 배는 구브로 섬 남쪽(왼
편에 두고)으로 항해하여 수리아 지역으로 가다가 무려 600㎞나 되는 오랜 항

해 끝에 배의 짐을 풀기 위해 두로에 상륙했다. [4] 두로에서 제자들을 만나 7일을 머무는 동안 그 제자들이 성령의 감동에 이끌려 바울더러 예루살렘으로 올라가지 말라고 부탁했다. [5] 두로에서 여러 날을 지낸 후 우리가 떠날 때 두로에 있는 제자(형제)들이 그 처자와 함께 모두 성문 밖까지 전송 나왔다. 이에 우리가 바닷가에서 무릎을 꿇어 기도하고 [6] 서로 작별한 후 우리는 배에 올랐고 그들은 자기 집으로 돌아갔다.

행 21:7 배편을 이용하여 두로를 떠나 44㎞의 항해를 다 마치고 돌레마이(악고)에 도착하여 그곳 믿는 형제들에게 안부를 묻고 그들과 함께 하루를 머물렀다. [8] 이튿날 돌레마이를 떠나 55㎞ 떨어진 가이사랴에 도착하여 일곱 명의 집사 중 한 명인 전도자인 빌립의 집에 들어가서 머물렀다. [9] 그에게는 네 명의 딸이 있었는데 모두 처녀로 예언하는 자였다.

행 21:10 가이사랴에서 여러 날 머무는 동안 아가보라 하는 선지자가 유대 지역으로부터 내려와 [11] 우리 일행을 찾아와 바울의 허리띠를 가져다가 자기 수족에 묶고 이렇게 말했다. "성령이 말씀하시기를 예루살렘에서 유대인들이 이같이 이 띠의 주인을 결박하여 이방인의 손에 넘겨줄 것이다." [12] 우리가 그의 말을 듣고 함께한 사람들과 바울에게 예루살렘으로 올라가지 말라고 강하게 말렸다. [13] 이에 바울이 대답했다. "여러분이 어찌하여 그렇게 울며 슬퍼하므로 내 마음을 아프게 하느냐? 나는 주 예수의 이름을 위해 결박당할 뿐 아니라 예루살렘에서 죽을 것도 각오했다." [14] 바울이 그들의 강청함을 받아들이지 않으므로 우리 일행은 "주님의 뜻대로 이루어지기를 원한다" 하고 더 이상 말리지 않았다.

행 21:15 결국 가이사랴에서 여러 날을 지낸 후에 바울과 그 일행이 짐을 꾸려 예루살렘으로 올라갈 때 [16] 가이사랴에 있는 몇 명의 제자와 오래전에 믿은 구브로 섬 출신(사람) 나손을 데리고 동행했다. 이는 우리가 예루살렘에 있는 그의 집에 머물기 위해서였다.

† 바울과 야고보와의 만남 (행 21:17-26)

행 21:17 ● 바울과 그 일행이 예루살렘에 도착하자(57년 5월 오순절 전) 믿는 형제들이 우리를 반갑게 영접했다. [18] 그 이튿날 바울이 우리 일행과 함

성경지리 바울이 3차 전도 여행 귀로에 들린 돌레마이(행 21:7-8)

돌레마이는 구약에서 악고(삿 1:31)로 나온다. 돌레마이는 두로 남쪽 35㎞ 지점이요, 두로에서 가이사랴까지의 중간에 있다. 돌레마이(Ptolemais)라고 이름이 붙여진 것은 알렉산더 대왕의 왕국이 네 등분으로 분할되었을 때 첫째 왕국을 차지한 톨레미 장군의 이름에서 유래한 것이다. 현재는 악크레(Acre 또는 Akka)라고 불리며, 인구는 만 명 정도 된다.
바울은 제3차 전도 여행 귀로에 두로를 떠나 수로를 통해 이곳 돌레마이에 기항하여 형제들의 안부를 묻고 하루를 지낸 후 이튿날 가이사랴로 갔다(행 21:7-8). 이곳은 십자군이 점령했던 요새였으나 1291년 이 성의 함락과 동시에 십자군 전쟁이 끝났다. 이 항구의 만 내에 하이파(Haifa)라는 이스라엘의 최대 항구가 생겨서 지금은 이스라엘 나라의 제3도시로 번창하였다. 오늘날 하이파는 북쪽의 고대 악고 항구와 마주 대하고 있으며 실질적으로는 하나가 되어 있다.

악고 항구(행 21:7-8) 이스라엘

께 야고보를 찾아가니 장로들도 함께 모여 있었다. [19] 바울이 그들에게 문
안 인사를 하고 하나님께서 자기의 선교(사역)를 통해 이방 가운데서 하신
일을 자세히 보고했다. [20] 그들이 바울의 보고를 들은 후 하나님께 영광을
돌리고 바울에게 말했다. "형제여, 그대도 보는 것처럼 유대인 중에 믿는 자
가 수만 명이나 있으니 모두 모세의 율법을 열성적으로 지키는 자들이다.
[21] 네가 이방에 있는 모든 유대인에게 모세를 배반하고 아들들에게 할례를
행하지 말고, 또 전통(관습)을 지키지 말라고 가르친다는 말을 그들이 들
었다. [22] 그들은 그대가 예루살렘에 온 것을 분명히 들었을 것인데 이제 어
떻게 하면 좋겠는가? [23] 그러니 우리가 말하는 대로 하라. 하나님께 서원한
네 명이 우리에게 있으니 [24] 모세의 율법과 조상의 전통은 존중한다는 것을 보여
주기 위해 그들을 데리고 가서 함께 영육을 정결케 하기 위해 행하는 정결 의식
(결례)을 행하라. 그리고 그들의 머리를 깎는 비용을 지불하라. 그렇게 하면
당신에 대해 들은 말들이 사실이 아니고 그대도 율법을 지켜 행하는 자로
알 것이다. [25] 주님을 믿는 이방인에게는 우리가 우상의 제물과 피와 목매
어 죽인 것과 음행을 피할 것을 결의하고 편지했다(행 15:20)."

행 21:26 이에 이튿날 바울이 하나님께 서약한 이 네 사람을 데리고 그들과
함께 정결 의식(결례)을 행했다. 그런 뒤에 성전 뜰로 가서 정결 의식이 끝
나는 날짜와 그날에 각 사람을 위해 예물(제사)을 드릴 날짜를 신고했다.

예수 당시 헤롯 성전의 뜰(마 21:23)

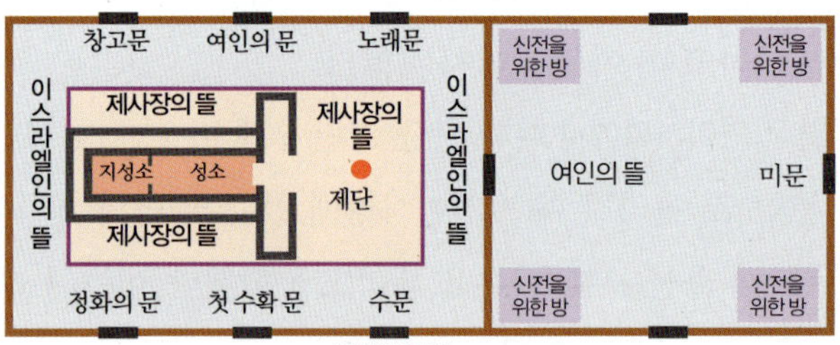

† 바울의 붙잡힘과 변명 (행 21:27-22:29)

행 21:27 ● 정결 의식 기간인 7일이 끝나갈 즈음 소아시아 지역에서 온 유대
인들이 성전에서 바울을 보고 모든 무리를 충동질하여 그를 붙들고 [28] 외

성경 인물 **세 명의 야고보** (행 21:18)

세베대의 아들 야고보
(마 4:21, 행 1:13)
세베대의 아들로 요한과 형제지간이며 예수의 열두 제자가 된 사람이다(마 4:21). 예수님은 그에게 요한과 함께 보아너게(막 3:17)라는 칭호를 주었다. 특히 예수께서는 베드로와 요한과 더불어 특별한 곳에는(변화 산, 겟세마네 동산) 동행했다(마 17:1, 마 26:37). 그러나 헤롯 아그립바 1세에 의해 순교를 당했다(행12:1-3).

알패오의 아들 야고보
(마 10:3, 눅 6:15, 행 1:13)
예수의 열두 제자 중 한 사람으로 세베대의 아들 야고보와는 다른 인물이다(막 3:18).

예수의 동생 야고보
(마 13:55, 막 6:3, 약 1:1)
예수의 동생 중 한 사람이나 그는 예수의 공생애 기간 중에는 신자가 아니었다(마12:46-50). 그러나 이후 예수의 부활의 증인이 되었고(고전15:7), 예루살렘 교회의 지도자 중의 한 사람이 되었다. 그리고 예수를 믿는 이방인들에게 할례의 짐을 지우지 말자고 예루살렘 회의에서 건의했다(행 15:13-21). 전승에 의하면 그는 나실인으로 지냈으며 예루살렘 교회의 첫 번째 감독이 되었다. 그는 유대 전쟁 발발 무렵 순교 당한 것으로 알려진다.

쳤다. "이스라엘 사람들아, 이 사람 바울은 각 지역에서 우리 유대인(백성)과 율법과 성전을 비방하여 모든 사람을 가르친 그자다. 또 이방인인 헬라인을 데리고 성전의 이스라엘인 뜰까지 들어가서 이 거룩한 곳을 더럽혔다." 그러니 이자를 잡도록 우리를 도우라. [29] 그들이 그렇게 외치는 것은 전에 에베소 사람 드로비모가 바울과 함께 예루살렘 시내에 있는 것을 보고 바울이 헬라인을 성전의 이스라엘인 뜰까지 데리고 들어갔다고 생각했기 때문이었다. [30] 이에 예루살렘 성에 소란이 일어나 백성들이 달려와 바울을 붙잡아 성전 밖으로 끌고 나갔고 성문들은 곧 닫혔다.

행 21:31 그들이 바울을 죽이려고 할 때에 예루살렘에 큰 소란이 있다는 소문이 군대의 천부장에게 들렸다. [32] 그러자 천부장 수하에 있는 백부장은 군인들을 거느리고 바울에게로 달려 내려갔다. 유대인들은 천부장과 그 군인들을 보고 바울을 때리는 것을 멈췄다. [33] 이에 천부장이 바울에게 가까이 가서 그를 잡아 두 쇠사슬로 결박하라고 명령하고 그들에게 "그가 누구이며, 무슨 일을 했느냐?"라고 물었다. [34] 그러자 무리 중 어떤 이는 이런 말로, 어떤 이는 다른 말로 외쳤다. 이에 천부장이 소란으로 인해 그 진상을 알 수 없게 되자 그를 병영 안으로 데리고 가라고 명령했다. [35] 바울이 병영으로 들어가는 층계에 이를 때에 무리들이 바울에게 폭행을 가하려고 하자 군사들의 호위를 받아 끌려 들어갔다. [36] 무리들은 계속해서 따라가며 바울을 죽이려고 했다.

행 21:37 바울을 데리고 병영 안으로 들어갈 때에 바울이 천부장에게 말했다. "내가 당신에게 말할 수 있느냐?" 그가 말하기를 "네가 헬라 말을 아느냐? [38] 그러면 혹시 네가 이전에 폭동을 일으켜 자객 4,000명을 거느리고 광야로 나간 애굽인이 아니냐?" 하자 [39] 바울이 대답했다. "나는 유대인이다. 길리기아 지역에 있는 큰 도시 다소 시의 시민이니 내가 백성에게 말할 수 있도록 허락하라" [40] 이에 천부장이 허락하자 바울이 층계 위에 서서 백성에게 손짓으로 조용히 시킨 후에 히브리 말로 말했다. 행 22:1 "나의 아버지와 형제가 되는 자들아, 내가 지금 여러분 앞에서 해명하는 말을 들으라." [2] 무리들이 바울이 히브리 말로 말하는 것을 듣고 매우 조용했다. 이어 바울이 말했다.

난제 바울이 정결의식을 행한 것은 그의 가르침과 배치되는 것인가 (롬 21:26)?

예루살렘 장로들은 바울이 할례를 행하지 말고 유대인의 전통(관습)을 지키지 말라고 전했다는 오해를 풀기 위해 서원한 네 명을 데리고 가서 정결 의식(결례)를 행하도록 했다(롬 21:20-24). 당시 결례는 육신과 영을 정결케 하기 위해 드리는 의식으로 마지막 날에는 예물을 드렸다(민 6:13-20). 이때 드리는 짐승과 그 외의 예물에 대한 비용을 바울이 담당했다. 그리고 결례가 끝난 것을 신고했다. 구약의 의식법의 성취 폐기를 주장했던 바울이 이런 구약의 율례를 행한 것은 오직 유대인들을 얻기 위해 유대인과 같이 되고, 율법 아래 있는 자들을 얻기 위해 율법 아래 있는 자같이 되었다는 원칙(고전 9:20)에 따른 것이다. 그는 자유로우나 스스로 모든 사람에게 종이 된 것이다(고전 9:19).

바울 당시 로마 병영이 있던 안토니아 요새의 모형(행 21:37) 이스라엘 고고학 박물관

오늘날 안토니아 요새가 있던 곳인 아랍인 초등학교(행 21:37) 빌라도 법정이 있던 곳이다.

다메섹 도상에서 예수를 만나 말에서 떨어지는 사울(행 22:6-8) 로마, 바울 무덤 교회

행 22:3 "나는 유대인으로 길리기아 지역의 다소에서 태어났고(5년경) 그
성에서 13세까지 성장했다. 그리고 예루살렘으로 올라와 가말리엘의 문하에
서 우리 조상들의 율법에 대해 엄격한 교육(교훈)을 받았으며, 오늘 너희
들처럼 하나님께 대해 대단한 열심이 있었다. 4 그래서 내가 예수의 '도'를
핍박하여 그 도를 따르는 자들을 죽이기까지 하고 남녀를 결박하여 감옥에
넘기기도 했다. 5 이런 사실은 대제사장과 모든 장로들이 사실이라는 것
을 말해줄 것이다. 또 내가 산헤드린 공의회(그들)에게서 다메섹에 있는 형
제들에게 가는 공문서를 받아 가지고 그곳에 있는 예수를 믿는 자들도 결
박하여 예루살렘으로 끌어다가 형벌을 받게 하려고 했었다(33년). 6 그런
데 내가 다메섹에 가까이 갔을 때에 낮 12시쯤 되어 갑자기 하늘로부터 큰
빛이 나를 둘러 비치면서 소리가 났는데 7 내가 땅에 엎드러져 그 소리를
들으니 '사울아, 사울아, 네가 왜 나를 핍박하느냐?'라고 하였다. 8 내가 대
답하기를 '주님, 당신은 누구십니까?' 하니 그가 말하기를 '나는 네가 핍박
하는 나사렛 예수다'라고 하였다.

행 22:9 나와 동행한 자들은 빛은 보면서도 나에게 말씀하시는 자의 소리
는 듣지 못했다. 10 그때 내가 대답했다. '주님 내가 무엇을 해야 합니까?'
주님께서 말씀하시기를 '일어나 다메섹으로 들어가라. 그러면 네가 무엇
을 해야 할지를 그곳에서 누군가 너에게 말해줄 것이다'라고 하였다. 11 나
는 그 빛으로 인해 앞을 볼 수 없게 되어 나와 동행한 자들의 손에 부축되
어 다메섹 성으로 들어갔다. 12 다메섹에는 모세의 율법에 따라 사는 경건한
사람으로 그곳의 모든 유대인들에게 칭찬을 듣는 아나니아라 하는 자가
있었다. 13 그는 나에게 찾아와 서서 말했다. '형제 사울아, 다시 눈을 떠보
라(쳐다보라).' 그 순간 내 눈이 떠져 그를 쳐다볼 수 있었다. 14 그가 또 나에
게 말하기를 '우리 조상들의 하나님께서 너를 선택하여 너로 하여금 자기
의 뜻을 알게 하셨고, 그 의로운 분을 보게 하셨으며, 그의 입에서 나오는
음성을 듣게 하셨다. 15 그리고 너는 그(예수)를 위해 모든 사람 앞에서 지
금 네가 보고 들은 것을 전하는 증인이 될 것이다. 16 그러므로 이제는 주저
하지 말라. 일어나 주님의 이름을 부르고 세례(침례)를 받으라. 그래서 너의
죄를 씻으라'고 했다.

행 22:17 ● 이후에 나는 예루살렘으로 다시 돌아와서(35년경) 성전에서 기도할 때 환상을 보게 되었다. 그때 18 주님께서 내게 말씀하셨다. '서둘러 예루살렘을 빠져나가라. 그들은 나에 대해 증언하는 너의 말을 듣지 않을 것이다.' 19 그때 내가 말했다. '주님, 내가 주님을 믿는 사람들을 감옥에 가두고, 여러 회당에서 때리고, 20 주님을 증거한 스데반이 피를 흘리며 죽어갈 때에 내가 그 곁에 서서 그는 죽어 마땅하다고 찬성하고, 그 증인의 표시로 그를 죽이는 사람들의 옷을 지킨 줄 그들도 알고 있습니다.' 그때 21 주님께서 나에게 말씀하셨다. '이제 가라. 내가 너를 멀리 떨어져 있는 이방인에게로 보낼 것이다.'

행 22:22 그들이 이렇게 말하는 것까지 듣고 있다가 소리를 질렀다. '이런 자는 결단코 살려두어서는 안 된다.' 23 그들이 고함을 지르며 울분의 표시로 자기들의 옷을 벗어 던지고 먼지(티끌)를 공중에 날렸다. 24 그러자 천부장이 바울을 병영 안으로 데려가라고 명령하고 그들이 무슨 일로 그에 대해 울분하며 소리 지르는지 알아보기 위해 바울을 채찍질하며 심문하도록 했다. 25 이에 로마 군인들이 가죽 줄로 바울을 묶어매자 바울이 곁에 서 있는 백부장에게 말했다. "너희가 로마 시민 된 나를 죄가 있는지 확정하기도 전에 채찍질할 수 있느냐?" 26 백부장이 그 말을 듣고 천부장에게 가서 말했다. "이자는 로마 시민이니 우리가 어떻게 처리해야 하겠습니까?" 27 천부장이 바울에게 다시 와서 말했다. "네가 로마 시민인지 나에게 말하라?" 바울이 대답하되 "내가 그렇다." 28 천부장이 대답했다. "나는 많은 돈을 주고 이 시민권을 얻었다." 바울이 말했다. "나는 태어나면서부터다." 29 심문하려던 사람들이 곧 그에게서 물러가고 천부장도 그가 로마 시민인 줄 알고 그 결박한 것 때문에 두려워했다.

† 바울의 공의회 증언과 그를 죽이려는 계획 (행 22:30-23:30)

행 22:30 ● 이튿날 천부장은 유대인들이 무슨 일 때문에 바울을 고소하는지 그 진상을 알기 위해 그 결박을 풀고 제사장들과 산헤드린 공의회(공회)를 소집하도록 명령하고 바울을 데리고 내려가서 산헤드린 공의회 앞에 세웠다. 행 23:1 그러자 바울이 산헤드린 공의회를 주목하며 말했다. "여러분 형

풍습

성경 시대의 감정 표현 (행 22:23)

성경에서는 여러 가지 감정에 대한 표현이 있다. 옷을 찢거나 혹은 벗거나, 티끌이나 재를 덮어쓰는 행동은 극한 감정의 상태를 나타내는 것이었다. 특히 구약에서는 수치나 울분, 애통함을 나타내는 행동으로 자주 언급된다(창 37:29, 삼하 16:13, 욥 2:12, 계 18:19). 본문에서는 그(바울)를 반드시 죽여야 겠다는 자신들의 의사를 이루겠다는 강한 표시로 옷을 벗어 던지고 티끌을 공중으로 날려버렸다.

풍습 **회칠한 담**(행 23:3)

회칠한 담(whited wall)은 겉에 흰 회칠을 하여 행인들로 하여금 부정함을 입지 않게 하기 위한 것이다. '회칠한 무덤'과 유사한 표현이다. 유대에서는 유월절이 가까이 오면 순례자들이 부지중에 무덤에 접근하여 부정하게 되는 것을 방지하기 위해 아달월에 무덤을 희게 칠하는 습관이 있었다. 바울은 예수께서 하신 회칠한 무덤을 상기하듯 위선을 책망하는 데 '회칠한 담'(행 23:3)이라는 말을 쓰고 있다. 이 말은 성경 문학적으로 더럽고 부패한 내부를 가진 자로서 겉만 포장하는 외식주의자를 가리킬 때 쓴 표현이다.

성경 상식 **천부장**(행 23:10)**과 백부장**(행 23:17)

천부장(leader of units of a thousand, 출 18:21, 행 21:31)은 1,000명의 군사를 지휘하는 군대의 지휘관(민 31:14) 혹은 백성을 판결하는 재판관을 말한다. 출애굽한 이스라엘은 광야에서 방랑할 때 이드로의 제안에 의해 모세는 부장 제도를 두었다(출 18:21). 로마 때 천부장은 일반적으로 600명의 군사로 이루어진 보병대를 통솔하는 군대의 지휘관이었다. 예수 당시 천부장은 헤롯 대왕의 생일 잔치에 초청될 정도로 고위 관직이었다(막 6:21).

백부장(출 18:25, 행 10:1)은 로마 군대에서 명목상 100명의 보병으로 구성된 군대의 지휘관을 가리킨다. 보통 한 보병대에는 10명의 백부장(약 1,000명)이 있었다. 신약 시대에 백부장 중에는 회당을 건축해준 사람이 있었으며, 하인의 병을 고치기 위해 예수께 나온 자도 있었다. 그리고 예수의 십자가 처형을 맡았던 백부장도 있었다(마 27:54). 사도 시대에 가이사랴에 있던 백부장은 베드로를 청했고, 바울은 로마로 압송되어갈 때 백부장에게 맡겨졌다(행 27:1).

제들아, 오늘까지 나는 모든 일에 양심을 따라 하나님을 섬겼다(하나님께
백성 노릇을 했다)." 2 그 소리를 들은 아나니아 대제사장이 바울 옆에 서 있
는 사람들에게 그 입을 치라고 명령했다. 3 이에 바울이 말했다. "회칠한 담
이여, 하나님이 너를 치실 것이다. 네가 나를 율법대로 심판한다고 앉아서
율법을 어기면서 나를 치라고 하느냐?" 4 곁에 선 사람들이 말하기를 "하
나님의 대제사장을 네가 욕하느냐?" 하니 5 바울이 대답했다. "형제들아,
나는 그가 대제사장인 줄 몰랐다. 성경에 기록되기를 '너의 백성의 관리를
비방하지 말라'(출 22:28)라고 했다."

행 23:6 바울이 모인 회중 중 일부가 사두개인이요, 또 일부는 바리새인인
줄 알고 공의회에서 외쳐 말했다. "여러분 형제들아, 나는 바리새인이요,
또 내 아버지도 바리새인이었다. 죽은 자의 소망인 부활로 인해 내가 심문
을 받고 있다." 7 그 말을 하자 바리새인과 사두개인 사이에 다툼이 생겼고
무리가 나누어졌다. 8 왜냐하면 사두개인은 부활도 없고, 천사도 없고, 영
도 없다고 믿고 있지만 바리새인은 모두 있다고 믿기 때문이었다. 9 두 무리
들이 큰 소리로 떠들자 바리새인 편에서 율법교사(서기관) 몇 명이 일어나
다투어 말했다. "우리가 이 사람을 보니 악한 것이 없다. 혹 영이나 천사가
그를 통해 말했다면 우리가 어찌하겠느냐?" 10 이에 큰 분쟁이 생기자 천
부장은 바울이 그들에게 상할까 하여 부하(군인)에게 명령하여 바울을 모
인 무리 가운데서 데리고 나가 병영 안으로 들어가라고 명령했다. 11 그날
밤, 주님께서 바울 옆에 서서 말씀하셨다. "용기를 내라. 너는 예루살렘에
서 나의 일을 증거한 것같이 로마에서도 증거해야 할 것이다."

행 23:12 날이 밝자 유대인들이 무리(당)를 지어 "바울을 죽이기 전에는 먹
지도, 마시지도 않겠다"고 맹세했는데 13 이같이 맹세한 동맹자가 40여 명
이나 되었다. 14 그들이 대제사장들과 장로들에게 가서 말했다. "우리가 바
울을 죽이기 전에는 아무것도 먹지 않기로 굳게 맹세했습니다. 그러니 15
이제 당신들과 산헤드린 공의회(공회)에서는 천부장에게 찾아가서 바울이
한 일에 대해 더 자세히 물어볼 것이 있으니 그를 당신들에게로 데리고 내
려오도록 요청하십시오. 그러면 우리는 그가 가까이 오기 전에 죽일 것입
니다."

행 23:16 바울의 조카(생질)가 그들이 바울을 죽이기 위해 매복해 있다는 소식을 듣고 와서 병영 안으로 들어가 바울에게 알렸다. 17 이에 바울이 한 백부장을 불러 말하기를 "이 청년을 천부장에게로 안내하라. 그가 무슨 할 말이 있다" 하니 18 그를 천부장에게로 데리고 가서 말했다. "죄수 바울이 나를 불러 이 청년이 당신께 할 말이 있다고 하여 데리고 왔습니다." 19 천부장이 그 청년의 손을 잡고 물러가서 조용히 묻기를 "나에게 할 말이 무엇이냐?" 20 그가 대답했다. "유대인들은 그들이 바울에 대해 더 자세한 것을 묻기 위해 내일 그를 데리고 산헤드린 공의회로 내려오기를 당신께 요청할 것입니다. 그리고 그를 데리고 나올 때 바울을 죽이려는 공모를 하고 있습니다. 21 그러니 당신은 그들의 요청을 허락하지 마십시오. 그들 중에는 바울을 죽이기 전에는 먹지도 않고 마시지도 않기로 맹세한 자 40여 명이 그를 죽이기 위해 숨어서 지금 다 준비를 마치고 당신의 허락만을 기다리고 있습니다." 22 이에 천부장이 청년을 보내며 단단히 주의시키며 말했다. "이 일을 나에게 알렸다고 아무에게도 말하지 말라." 23 이에 두 명의 백부장을 불러 이렇게 명령했다. "밤 9시(제삼 시)에 가이사랴까지 갈 보병 200명과 기마병 70명과 창을 든 병사 200명을 준비시키라. 24 또 바울을 태워 벨릭스 총독에게로 안전하게 보내기 위해 그를 태울 짐승도 준비하라."

행 23:25 그리고 천부장은 다음과 같이 총독에게 편지했다. 26 "글라우디오 루시아는 벨릭스 총독에게 문안합니다. 27 이 사람 바울이 유대인들에게 잡혀 죽게 된 것을 내가 로마 시민권이 있는 사람인 줄 알고 군대를 동원하여 그를 구해다가 28 유대인들이 무슨 일로 그를 고발하는지 알고자 하여 그들의 산헤드린 공의회로 데리고 내려갔었습니다. 29 그런데 알고 보니 고소하는 내용이 그들의 율법 문제에 관한 것뿐이고 죽이거나 결박할 사유가 전혀 없는 것을 발견했습니다. 30 그러나 이 사람을 죽이려는 모의가 있다고 누가 나에게 알려주기에 곧바로 총독께로 이 사람을 보냅니다. 또한 고소하는 사람들도 당신 앞에서 그에 대해 말하라고 했습니다."

정치 **성경 시대의 총독 제도** (행 23:25, 24:10)

총독이란 식민지 또는 어떤 통치가 필요한 관할 구역에 군사적, 행정적 업무를 통괄하는 관직을 말한다. 이는 고대 페르시아(바사) 제국에서는 각 도를 관할하는 벼슬의 칭호였으며(스 8:36), 스룹바벨(학 1:1)과 느헤미야(느 8:9)가 총독으로 있었다. 로마 시대에도 총독이 있었는데 총독에 대한 원어로는 페하, 티르샤타, 헤게몬 등이 있다. 특히 헤게몬이 총독으로 번역되는 경우에는 유다 총독을 가리키는데 이는 치안이 극히 불안정한 속주에 황제가 직접 파견하는 총독을 가리킨다. 그 임기는 정해져 있지 않았다. 유다 지역은 늘 불안정한 가운데 있었기 때문에 이런 총독(헤게몬)이 가이사랴에 파송되었는데 이에는 빌라도 총독(마 27:2), 벨릭스 총독(행 23:24), 베스도 총독(행 26:30) 등이 있다.

† 바울의 가이사랴 감옥 생활 (행 23:31-24:27)

행 23:31 ● 보병은 천부장의 명령을 받은 대로 밤 9시경에 바울을 데리고 예

성채가 보이는 바울을 호송했던 안디바드리
(행 23:31) 이스라엘, 구약시대의 아벡이다.

루살렘에서 서북쪽으로 50㎞ 떨어진 안디바드리(아벡)로 호송했다. [32] 그리고
이튿날 기마병으로 하여금 바울을 가이사랴로 호송하게 하고 보병은 예루
살렘에 있는 병영 안으로 돌아갔다. [33] 보병들은 가이사랴에 도착하여 예
루살렘에 주둔해 있는 천부장이 보낸 편지를 총독에게 드리고 바울을 그 앞
에 세웠다. [34] 총독은 편지를 읽은 후 바울에게 어느 지역의 출신인지를 물
은 후 그가 길리기아 지역 출신인 줄 알고 [35] 말했다. "너를 고소하는 사람
들이 오면 그때에 너의 말을 들을 것이다." 그리고 그를 헤롯 궁에 가두고
지키라고 명령했다.

행 24:1 바울이 가이사랴로 호송된 지 5일 후에 아나니아 대제사장이 장로
몇 명과 변호사인 더둘로와 함께 예루살렘에서 가이사랴로 내려와 벨릭스
총독 앞에서 바울을 고소했다. [2] 이에 바울을 이끌어내자 더둘로가 고소하
여 말했다. [3] "벨릭스 각하여, 우리가 당신의 덕택으로 태평을 누리고 있습
니다. 또한 우리 민족이 당신의 공로(선견) 덕분에 여러 가지가 좋게 개선
된 것을 우리가 인정하며 크게 감사하고 있습니다. [4] 이제 당신을 더 이상
귀찮게 하지 않기 위해 우리가 간단히 말씀드리겠습니다. 너그럽게 들어
주시기를 바랍니다.

행 24:5 우리가 보니 이 사람 바울은 전염병 같은 자입니다. 그는 온 천지
에 흩어져 사는 유대인들을 선동(소요)하게 하는 자요, 나사렛 이단의 두
목(우두머리)입니다. [6] 그가 또 성전을 더럽게 하려고 해서 우리가 붙잡았

바울이 압송되어온 가이사랴 (행 24:1) 이스라엘

습니다(6절 하반절-8절 상반절 없음. 그러나 어떤 사본에는 우리는 우리의 법으로 그를 재판하려고 했지만 천부장 루시아가 그를 우리에게서 강제로 빼앗아 갔습니다. 그러고는 그를 고소하는 자들에게 각하께 직접 고소하라고 했습니다)
[8] 그러므로 총독께서 직접 그를 심문하시면 우리가 고소하는 모든 내용을 아실 것입니다." [9] 유대인들도 그 말에 동조하여 그 말이 옳다고 주장했다.

행 24:10 벨릭스 총독이 바울에게 머리를 끄덕이며 "말하라"고 하자 그가
말했다. "나는 당신이 여러 해 전부터 우리 민족의 재판장이 된 것을 알고 있기에 나와 관련된 사건에 대해 기쁜 마음으로 해명합니다. [11] 내가 지금
부터 말하는 것은 당신도 알 수 있는 사실입니다. 나는 예루살렘으로 예배하러 올라간 지 12일밖에 안 되었습니다. [12] 그들은 내가 성전에서 누구와
변론하는 것이나 회당이나 성안에서 무리를 선동하게 하는 것을 보지 못했습니다. [13] 그러므로 나를 고발하는 모든 일에 대해 그들은 능히 당신 앞
에 증거를 내놓지 못합니다. [14] 그러나 나는 이것을 고백합니다. 나는 그들이 이단이라 하는 예수의 '도'를 따라 내 조상의 하나님을 섬기고 율법과
선지자들의 글에 기록된 것을 모두 믿습니다. [15] 또한 그들이 기다리는 바
하나님을 향한 소망을 나도 가졌습니다. 곧 의인과 악인의 부활이 있으리
라는 것입니다. [16] 이런 이유 때문에 나도 하나님과 사람 앞에서 항상 깨끗한 양심을 지키려고 힘쓰고 있습니다.

행 24:17 몇 년 만에 내가 내 민족을 위해 구제할 것과 헌금(재물)을 가지고
예루살렘으로 와서 [18] 가나한 자들에게 그것을 드리는 중에 내가 정결 의식(결례)을 행했으며, 주위에는 어떤 모임(모인 군중)도 없고 소란도 없이 성전에 있는 것을 그들도 보았습니다. 그 자리에는 소아시아 지역에서 온 어떤
유대인들도 있었습니다. [19] 그들이 만일 나에 대해 고소(반대)할 내용이 있
었다면 마땅히 당신 앞에 와서 고소했을 것입니다. [20] 그렇지 않으면 이 사람들에게 내가 산헤드린 공의회 앞에 섰을 때에 옳지 않은 것을 보았다면
그것을 말하라고 하십시오. [21] 오직 내가 그들 가운데 서서 말하기를 '내가 죽은 자의 부활에 대해 오늘 너희 앞에서 심문을 받는다'라고 한 이 소리만 있었을 뿐입니다."

행 24:22 벨릭스 총독은 이 예수의 '도'에 관한 것을 자세히 알고 있기 때문

성경인물 **벨릭스 (행 24:3, 10)와 베스도 총독 (행 24:27)**

벨릭스(Felix, 행 23:24)는 글라우디오 로마 황제의 총애를 받아 노예에서 자유민이 되어 유대의 총독까지 오른 자이다. 그는 자주 일어나는 유대의 폭동을 잔인하게 진압했으며 대제사장 요나단을 죽이기도 했다. 이때 예루살렘에 갇혀 있던 바울은 가이사랴에 있던 벨릭스에게 보내졌으며, 벨릭스는 그의 무죄함을 알고도 2년 동안이나 투옥시켰다가 결국 바울이 가이사에게 상소함으로 로마로 소환되었다(행 24:24-27).

베스도(Festus, 행 24:27)는 벨릭스의 뒤를 이어 유대 지역의 총독이 된 자이다(행 24:27). 그는 가이사랴에서 바울을 만났으며 바울이 가이사에게 상소한 후에 가이사랴를 방문한 아그립바 2세와 버니게와 함께 바울의 말을 들을 수 있는 기회를 마련했다. 이때 바울에게 투옥하고 죽일 만한 혐의를 발견하지 못했으나(행 26:30-32) 바울은 가이사에게 상소하므로 이후 로마로 보내졌다.

에 고소 사건의 심리를 연기하며 말했다. "천부장 루시아가 내려오거든 너희 일을 처리할 것이다" 하고 [23] 백부장에게 "바울을 지키되 자유를 주고 그의 친구들이 그를 보살피는 것을 막지 말라"고 명령했다.

행 24:24 몇 일 후에 벨릭스 총독이 그 아내 유대인 여자 드루실라와 함께 와서 바울을 불러 그리스도 예수를 믿는 원리(도)에 대해 들었다. [25] 이때 바울은 의와 절제와 장차 도래할 심판에 대해 강론했고, 벨릭스는 두려워하여 대답하기를 "지금은 이만하고 가라. 내가 기회가 있으면 다시 너를 부르겠다"라고 했다. [26] 동시에 바울에게서 돈을 받을까 하여 더 자주 불러 이같이 이야기했다. [27] 2년이 지난 후 보르기오 베스도가 벨릭스의 총독 직무를 이어받으니 벨릭스가 유대인의 마음을 얻고자 하여 바울을 그대로 구류해두었다.

† 바울이 로마 황제 가이사에게 상소함 (행 25:1-12)

가이사랴(행 25:6) 이스라엘

행 25:1 ● 베스도가 유대 총독으로 부임한 지 3일 후에 가이사랴에서 136㎞ 떨어진 예루살렘으로 올라갔다. [2] 그러자 대제사장들과 유대인 중 장로(높은 사람)들이 바울을 다시 고소했다. [3] 그들은 베스도 총독에게 호기심을 사가며 바울을 예루살렘으로 이송토록 요청했다. 이는 예루살렘으로 오는 길에 매복했다가 바울을 죽이고자 했기 때문이다. [4] 그럼에도 불구하고 베스도 총독은 "바울이 가이사랴에 구류되어야 할 것과 자기도 조만간 총독직에서 사임하고 떠나갈 것이다"라고 말했다. [5] 또 "너희 중 유력한 자 몇 사람은 나와 함께 가이사랴로 내려가서 만약 그 사람에게 불의한 일이 있다면 그를 고소하라"고 했다.

행 25:6 베스도 총독이 그들 가운데서 8일이나 10일을 지낸 후 예루살렘에서 가이사랴 항구로 내려가서 이틀날 재판 자리에 앉고 바울을 데려오도록 명령했다. [7] 바울이 재판석으로 나오자 예루살렘에서 내려온 유대인들이 둘러서서 여러 중대한 사건으로 바울을 고소했지만 증거는 제시하지 못했다. [8] 그러자 바울이 변호하여 말했다. "유대인의 율법이나 성전이나 로마 황제(가이사)에게나 나는 전혀 죄를 범하지 않았다."

행 25:9 베스도 총독이 유대인에게 환심을 사기 위해 바울에게 물었다. "네

바울이 로마로 가기 전까지 2년 동안 구류되었던 헤롯 궁전 터(행 24:24) 이스라엘 가이사랴

로마 황제 가이사 아구스도 상(행 25:10)
그리스, 고린도 박물관

가 예루살렘에 올라가서 이 사건에 대해 내 재판정에서 심문을 받겠느
냐?" 10 바울이 대답하기를 "내가 로마 황제(가이사)의 재판정 앞에 섰으니
마땅히 그곳에서 심문을 받을 것입니다. 총독도 잘 아는 것처럼 나는 유대
인들에게 불의를 행한 일이 없습니다. 11 만일 내가 불법을 행하여 무슨 죽
을 죄를 지었다면 죽기를 마다하지 않을 것입니다. 그러나 만일 이 사람들
의 고소가 모두 거짓이라면 누구도 나를 저들에게 넘겨줄 수 없습니다. 나
는 로마 황제(가이사)께 상소합니다" 하였다. 12 베스도 총독이 배석자들과
상의한 후 말했다. "네가 로마 황제(가이사)에게 상소했으니 로마 황제에
게 보내질 것이다."

† 바울이 아그립바 왕과 버니게 앞에서 변명함 (행 25:13-26:32)

행 25:13 ● 며칠 후에 갈릴리 북부 지역을 통치(48-70년)하는 아그립바 2세
왕과 그의 누이인 버니게가 베스도 총독에게 문안하기 위해 가이사랴로 내
려와 14 여러 날을 지낸 후에 유대 총독 베스도가 바울의 일로 아그립바 2세
에게 보고했다. "이전 총독인 벨릭스가 한 사람을 구류해두었는데 15 내가
예루살렘에 있을 때 유대인의 대제사장들과 장로들이 그를 고소하여 유
죄 판결(정죄)를 요구했었다. 그때 16 내가 대답하기를 '무릇 피고가 원고
들 앞에서 고소 사건에 대해 변호할 기회가 있기 전에 넘겨주는 것은 로마

Q&A 가이사는 고유명사(한 명)인가? 보통명사(여러 명)인가(행 25:12, 25)?

성경에 나오는 가이사(Caesar)는 본래 로마의 원로 공화정치를 제1차 삼두 정치로 바꾼 율리우스 카이사르(Gaius Julius Caesar, BC 101-44년)의 이름이었다.그러나 그의 양자인 옥타비아누스(BC 27-AD 14년)가 원로원으로부터 로마의 초대 황제로 등극한 이래 로마 황제를 가리키는 일반적인 칭호(보통명사)로 사용되었다. 이는 애굽에서 사용된 바로(보통명사, 왕)와 같은 개념이다. 바울이 가이사랴 법정에서 상소했을 때 로마 황제(가이사)는 네로(AD 54-68년)였다. 참고로 예수 당시의 황제는 가이사 아구스도였다.

성경 인물

아그립바 왕

(Agrippa, 48-70년, 행25:13,23)

아그립바(행 25:13)는 헤롯의 후손으로 아그립바 2세를 가리킨다. 아그립바 1세(행 12:1, 헤롯)의 아들로 헤롯의 마지막 왕이다. 그는 부친과 같이 로마에서 교육을 받았으며 17세에 아버지 사후 아버지를 계승하지 말도록 주위의 권고를 받아들여 유대는 총독이 지배하게 되었다. 대신 로마의 글라우디오 황제는 47년에 그에게 칼키스의 헤롯(Herod of Chalcis)이라는 작은 왕국을 주었다. 얼마 후 이 왕국을 더 큰 영토와 바꾸었고 네로 황제 때에는 갈릴리와 베레아 지역까지 다스렸다. 바울은 가이사랴에 온 아그립바 2세에게 자신의 회심 동기를 설명하면서 전도하였다(행 25:22-27). 행 12:20에 나오는 헤롯은 헤롯 아그립바로 아그립바 1세를 가리킨다.

법이 아니다'라고 했다. 17 그러자 그들이 예루살렘에서 나와 함께 이곳 가
이사랴로 왔기에 내가 지체하지 않고 이튿날 재판정에 앉아 명령하여 그
사람을 데려왔다. 18 그러나 내가 예상했던 것만큼 악한 혐의는 하나도 제
시하지 못했다. 19 다만 자기들의 종교와 죽은 예수라 하는 자가 살아났다
고 바울이 주장하는 그 일에 관한 문제로 고소하는 것뿐이었다.

행 25:20 내가 이 사건에 대해 어떻게 심리해야 할지 몰라 바울에게 '네가 예
루살렘에 올라가서 이 일에 심문을 받으려느냐?'라고 물었다. 그러나 21 바
울은 로마 황제의 판결을 받기까지 자기를 지켜주기를 호소하여 내가 그를
로마 황제(가이사)에게 보내기까지 감옥에 두라고 명령했다." 22 이에 아그
립바 2세 왕이 베스도 총독에게 말했다. "나도 이 사람의 말을 듣기를 기대
한다." 베스도 총독이 대답했다. "그러면 내일 들을 수 있다."

행 25:23 ● 이튿날 아그립바 2세 왕과 그의 누이 버니게가 화려한 행렬로(위
엄을 갖추고) 와서 천부장들과 성안에 있는 유지(높은 사람)들과 함께 재판
(접견)정으로 들어오고 베스도 총독의 명령으로 바울을 끌고 왔다. 24 이에
베스도 총독이 말했다. "아그립바 2세 왕과 재판정에 함께 있는 여러분이
여, 당신들이 보는 이 사람은 유대의 모든 무리가 "죽여야 한다"고 크게 외
치면서 예루살렘과 이곳 가이사랴에서도 나에게 청원했다. 25 그러나 내
가 심문해보니 죽일 만한 죄를 범한 일이 없었다. 하지만 그가 로마 황제
(아구스도)에게 상소했기 때문에 내가 황제에게 보내기로 결정했다. 26 그
러나 나는 그에 대해 황제께 상소할 내용이 없기 때문에 그를 심문한 후
혹 상소할 자료가 있을까 하여 당신들과 특히 아그립바 2세 왕 당신 앞에
그를 법정에 세웠다. 27 죄목도 밝히지 않은 상태에서 죄수를 로마(황제 앞)
로 이송하는 것이 무리한 일인 줄 안다."

행 26:1 아그립바 2세가 바울에게 말했다. "너를 위해 나에게 해명할 기회
를 주겠다." 이에 바울이 손을 들어 변호하기를 2 "아그립바 2세 왕이여, 유
대인이 고소하는 모든 사건을 오늘 당신 앞에서 변명하게 된 것을 다행이
라고 생각합니다. 3 특히 당신이 유대인의 모든 풍속과 문제를 아시니 더
욱 다행입니다. 그러므로 내 말을 끝까지(너그러이) 들어주시기를 바랍니
다. 4 그들(유대인)들은 내가 예루살렘에 온 소년 때(처음)부터 내 민족과 함께

예루살렘에서 젊었을 때 생활한 상황을 자세히 알고 있습니다. [5] 그들은
소년때(일찍, 13세)부터 나를 알고 있었기 때문에 내가 우리 종교의 가장
엄격한 종파를 따라 바리새인의 생활을 했다고 증언할 것입니다. [6] 지금도
여기에 서서 심문받는 내용은 하나님이 우리 조상에게 약속하신 메시아
(것)를 바라기 때문입니다. [7] 그 약속은 바로 우리 조상의 12지파가 밤낮으
로 열심히 하나님을 섬기면서 얻기를 바라는 것입니다. 아그립바 2세 왕
이여, 이 소망으로 인해 내가 유대인들에게 고소를 당하는 것입니다.

행 26:8 당신들은 하나님께서 죽은 사람을 살리는 분이심을 왜 믿지 못하
는 일이라고 생각하십니까? [9] 나도 처음에는 나사렛 예수의 이름을 대적
하는 일에 온 힘을 다해야 한다고 스스로 생각했습니다. [10] 그래서 예루살
렘에서 대제사장들에게서 권한을 받아 예수를 믿는 많은 성도를 감옥에 가
두며, 또 그들을 죽이는 일에 찬성 투표를 했습니다. [11] 또 예수를 믿는 자
들에게 모든 회당에서 여러 차례 형벌을 주었고, 강제로 예수님을 저주(모
독)하는 말을 하도록 하고, 그들에 대해 심히 분노하여 다른 외국 도시까
지 가서 핍박했습니다. [12] 그 일로 대제사장들에게 권한을 위임받아 다메
섹으로 갔었습니다(행 9:2, 22:5).

행 26:13 아그립바 2세 왕이여, 내가 다메섹으로 가는 도중 한 낮이(정오가)
되어 길에서 보니 하늘로부터 해보다 더 밝은 빛이 나와 내 일행들을 비추
었습니다. [14] 그 빛으로 우리가 다 땅에 엎드러졌는데 그때 나는 히브리 말
로 '사울아, 사울아, 네가 왜 나를 핍박하느냐? 가축을 앞으로 몰기 위한 끝이
뾰족한 막대기인 가시채를 뒷발질해봐야 너만 고생이다'라는 소리를 들었
습니다. [15] 그래서 내가 대답했습니다. '주님 당신은 누구십니까?' 주님께
서 말씀하시기를 '나는 네가 핍박하는 예수다'라고 하셨습니다. [16] 주님께
서 다시 말씀하셨습니다. '너는 일어나 서라. 내가 너에게 나타난 것은 지
금 나를 본 일과 앞으로 내가 나타낼 일을 통해 너를 종과 증인을 삼으려
고 한다. [17] 곧 내가 너를 이스라엘과 이방인들에게서 구원할 것이다. 그리
고 너를 이방인에게로 보내 [18] 그들의 영적인 눈을 뜨게 하여 어둠에서 빛
으로, 사탄의 세력(권세)에서 벗어나 하나님께로 돌아오게 하고, 죄를 용서
받는 것과 나를 믿음으로 거룩하게 된 무리들과 한자리에 들게 하겠다(기

✣ 회당에서 여러 차례 형벌을 (행 26:11)
유대인 회당에는 소법정이 구성되어 있어 회당에 나오는 사람들을 징계하는 권한을 가지고 있었다. 여기서 주로 가해지는 형벌은 태장이었으며 바울은 자신이 그리스도인이 된 후 이런 태장을 여러 번 맞았다고 고백했다(고후 11:24).

✣ 가시채(행 26:14)
말을 듣지 않는 짐승 혹은 중죄인에게 가하는 가시나 쇠붙이가 달린 가죽 채찍을 말함

업을 얻게 하리라).'
행 26:19 그러므로 아그립바 2세 왕이여, 하늘로부터 받은 이 환상에서 보
이신 것을 내가 복종하지 않을 수 없었습니다. 20 그래서 먼저 다메섹과 예
루살렘에 있는 사람들과 유대 온 지역과 이방인에게까지 가서 돌이켜 뉘
우치고(회개하고) 하나님께로 돌아와서 그(회개)에 합당한 일을 하라고 전
했던 것입니다. 21 이 일로 유대인들이 성전에서 나를 잡아 죽이려고 했습
니다. 22 그러나 하나님의 도우심으로 내가 오늘까지 이곳에 서서 모든 사
람 앞에서 증언하는 것입니다. 나는 선지자들과 모세가 장차 반드시 일어
나리라는 것을 말한 것밖에 없습니다. 23 그것은 바로 그리스도가 고난을
받으실 것과 죽은 자 가운데서 먼저 다시 살아나 이스라엘과 이방인들에
게 빛을 전할 것을 예언한 것입니다."
행 26:24 바울이 이같은 말로 변호하자 베스도 총독이 큰 소리로 말했다.
"바울아, 네가 미쳤다. 너의 많은 학문이 너를 미치게 한다." 25 이에 바울이
대답했다. "베스도 총독(각하)이여, 내가 미친 것이 아니라 나는 지금 진실
되고 바른 말을 하는 것입니다. 26 아그립바 2세 왕께서는 이 일에 대해 모
두 알고 있는 줄 믿습니다. 그래서 내가 왕께 분명하게 말합니다. 이 일은
어느 한 구석에서 행한 것이 아닙니다. 27 아그립바 2세 왕이여, 선지자를
믿으십니까? 나는 왕이 믿는 줄 압니다."
행 26:28 아그립바 2세가 바울에게 말했다. "네가 짧은 시간(적은 말)에 나를
설득하여 그리스도인이 되게 하려고 한다." 29 그러자 바울이 대답했다. "시
간이 짧으나 기나(말이 적으나 많으나) 당신뿐만 아니라 오늘 이 자리에서 나
의 말을 듣는 모든 사람도 내가 이렇게 결박된 것 외에는 나와 같이 되기를
하나님께 소원합니다"라고 하였다. 30 아그립바 2세 왕과 그의 누이 버니게,
그리고 유대 총독 베스도와 함께 앉은 사람들이 다 일어나서 31 재판정에서
물러가 서로 말하기를 "이 사람은 사형이나 결박을 당할 만한 행위가 없다"
라고 했다. 32 이에 아그립바 2세가 베스도 유대 총독에게 말했다. "이 사람이
만일 가이사에게 상소하지 않았다면 석방될 수 있을 뻔했다."

14 바울의 로마행과 야고보서

미항, 그리스 그레데 섬

성경사

예수 탄생 (눅2:1-7)	바울 출생 (행22:3)	예수 승천 (행1:6-9)	바울 회심 (행9장)	바울 1차 전도여행 (행13-14장)	바울 2차 전도여행 (행16장-)	바울 3차 전도여행 (행18:23-)	바울 로마행 (행27장-)	바울 순교	계시록 기록 (계시록)	사도 요한 죽음
BC4	AD5	29	33	46.3	50.3	53.6	59.8	67.6	81-96	100?

바울의 로마행(행 27:1-28:31)

† 바울의 로마 압송과 풍랑을 만남 (행 27:1-44)

행 27:1 ● 바울과 그와 함께하는 자들이 배를 타고 이달리야(이탈리아)에 가
기로 결정되자 베스도 유대 총독은 바울과 다른 죄수 몇 사람을 아우구스투

성채에서 본 시돈 항구(행 27:3) 레바논

무라 항구 터(행 27:5) 터키. 지금은 충적토로 인해 옛 항구 터는 내륙으로 들어와 있다.

니도 앞바다(행 27:7) 터키

그레데 최동쪽의 살모네 해안(행 27:7) 그리스

스 로마 황제의 군대 소속인 아구스도대의 백부장 율리오라는 사람에게 로마
이송의 일을 맡겼다. 2 소아시아 해변 각 지역으로 가려고 하는 '아드라뭇데
노'라는 배(상선)에 우리가 승선하여 항해할 때 마게도냐 지역에 있는 데살
로니가 출신인 아리스다고도 함께했다. 3 가이사랴를 출발한 배는 이튿
날 지중해안가로 122㎞ 떨어진 시돈 항구에 정박했다. 이때 백부장 율리오는
바울에게 호의를 베풀어 그의 친구들에게 가서 대접받도록 허락해주었다.
행 27:4 얼마 후 시돈에서 우리를 태우고 떠난 배는 북서쪽으로 항해하다가
맞바람을 피하기 위해 구브로(키프로스) 해안에 근접하여 항해하여 5 길리
기아 지역과 구브로 북쪽 끝에서 230㎞ 떨어진 밤빌리아 지역 앞의 바다(지중
해)를 지나 그곳에서 다시 140㎞ 떨어진 루기아 지역에 있는 무라 항구(무라
시)에 도착했다. 6 그곳에서 백부장 율리오는 이달리야(이탈리아)로 가려
는 '알렉산드리아'라는 곡물선 배를 만나 우리를 승선시켰다. 7 무라를 출
발한 배는 풍랑으로 인해 천천히 항해하여 여러 날 만에 간신히 208㎞ 떨
어진 니도 맞은편에 이르렀다. 그러나 바람이 더 세게 불어 160㎞ 떨어진
살모네 앞을 지나 그레데 해안을 바람막이로 삼고 항해하여 8 간신히 그 연
안을 지나 라새아 시에서 8㎞ 떨어진 미항이라는 곳에 도착했다.
행 27:9 미항까지 오는 동안에 예정보다 항해에 여러 날이 걸렸고, 이미 7
월 10일부터(태양력 9-10월) 시작되는 금식하는 절기가 지나 풍랑이 심해졌
기 때문에 계속해서 항해하기가 위태로웠다. 이에 바울이 그들에게 충고
했다. 10 "여러분이여, 내가 보니 이번 항해가 배뿐만 아니라 배의 짐(하물)
에도 많은 손해를 끼칠 것입니다. 또한 우리의 생명까지도 잃을 수 있습니
다." 11 그러나 책임을 맡은 백부장 율리오는 선장과 선주(배 주인)의 말을 바

성경 지리 **바울이 겨울을 보내기를 제안한 미항** (행 27:9-10)

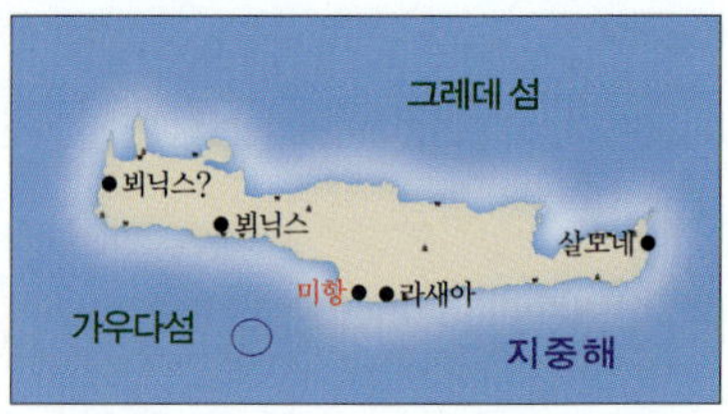

미항(Fair Havens, 美港)은 지중해 그레데 섬의 남쪽에 위치한 항구 도시이다. 리더노스 갑(岬)의 동쪽에 있는 하나의 만(灣)과 동일시한다. 이 항구의 정박소는 동쪽과 남동쪽으로 열려 있다. 1853년에 스프레트 선장은 항구가 내려다보이는 한 언덕 위에서 바울과 관련된 한 교회의 유적을 발견하였다(행 27:8). 바울은 로마로 압송되어가는 도중 배가 이곳 미항에 정박해 있는 동안 이곳에서 겨울을 지나기를 바랐으나 백부장은 선장과 선주의 말을 듣고 미항을 떠나 뵈닉스로 가다가 풍랑을 만났다(행 27:7-15).

울의 말보다 더 믿었다. 12 대부분의 사람들은 미항은 겨울을 지내기에 불
편하여 미항을 떠나 아무쪼록 뵈닉스에 가서 겨울을 지내자고 했다. 뵈닉
스는 지중해의 그레데 섬 남쪽에 있는 항구로 한쪽은 서남쪽을, 한쪽은 서
북쪽을 향하고 있었다.

행 27:13 배가 미항에 정박해 있는 동안 남풍이 약하게 불자 선장과 선주들은
자신의 생각이 맞는 줄(뜻을 이룬 줄) 알고 닻을 감아 올린 후 그레데 섬 남
쪽 해안을 끼고 항해했다. 14 그러나 몇 시간도 안 되어(얼마 안 되어) 그레데
섬 가운데로부터 '유라굴로'라는 광풍이 크게 일어났다. 15 배는 밀려 바람
부는 대로 그냥 떠밀려가다가 16 미항에서 55㎞, 뵈닉스에서 35㎞ 떨어진 가
우다라는 작은 섬 아래로 지나갈 때는 간신히 줄로 매달아 끌고 왔던 구명정
인 거룻배를 잡아 17 끌어올렸다. 그리고 줄을 가지고 선체를 둘러 감고 모
래톱(스르디스)에 걸릴까 두려워하여 연장을 내리고 그냥 바람에 떠밀려
갔다. 18 우리가 풍랑 때문에 심히 애쓰다가 이튿날에는 사공들이 짐을 바
다에 던져버렸다. 19 3일째 되는 날에는 배의 기구들까지도 바다에 던져버
렸다. 20 여러 날 동안 밤낮으로 해와 별은 보이지 않았고, 큰 풍랑도 계속해
서 불어 살아남을 수 있다는 희망은 사라져버렸다. 21 여러 사람이 오랫동
안 먹지 못했다. 이때 바울이 배 가운데 서서 말했다. "여러분이여, 내 말을
듣고 그레데에서 떠나지 않았어야 했습니다. 그렇게 했다면 이런 손해와
물건을 잃지 않았을 것입니다. 22 그러나 내가 여러분에게 말하니 이제는
안심하십시오. 오직 배만 손상을 입을 뿐 여러분 중 누구도 목숨은 잃지
않을 것입니다. 23 내가 믿고 내가 섬기는 하나님의 사자가 어제 밤에 내
곁에 서서 이렇게 말했습니다. 24 '바울아, 두려워하지 말라. 네가 가이사
(로마 황제) 앞에 설 것이고, 또 하나님께서 너와 함께 항해하는 자를 다 너

미항에서 가까운 라새아 해안(행 27:8) 그리스

미항 항구(행 21:8-9) 그리스 그레데 섬 남쪽 해안

바울이 탄 배가 가려고 했던 뵈닉스(행 27:12)

그레데 섬의 남쪽 해안(행 27:13) 그리스

성경 지리

풍랑을 만난 바울이 탄 배가 거룻배(구명정)를 올린 가우다 섬 (행 27:9-10)

가우다(Cauda) 섬은 그레데 섬 남쪽에 있는 작은 섬으로 그리스의 최남단에 있다. 오늘날의 그리스(희랍)어로는 가브도스(Gavdos)라고 하며, 이탈리아어로는 고조(Gozzo)라고 한다. 현재 아프리카와 가장 가까운 곳에 있는 이 섬은 아직 개발되지 않는 청결한 곳을 찾는 관광객들이 찾아오고 있다. 2002년도 이 섬에는 50여 가구가 살았다. 바울이 탄 배가 로마로 항해하던 그레데 남쪽 해안을 따라 항해하면서 가우다 섬 남쪽 아래쯤 왔을 때(행 27:16) 유라굴로라는 광풍을 만났다.

가우다 섬의 항구(행 21:7-8) 그리스

풍랑을 만난 바울이 탄 배(행 27:14-26) 멜리데 섬, 바울 피난 교회

에게 맡겨주었다'라고 했습니다. 25 그러므로 여러분이여, 안심하십시오. 나는 나에게 말씀하신 그대로 될 것이라고 하나님을 믿습니다. 26 그러므로 우리는 반드시 한 섬에 도착할 것입니다."

행 27:27 풍랑을 만난 지 14일째 되는 날 밤에 우리가 아드리아 바다에서 이리저리 떠밀려가다가 한밤중(자정쯤)에 사공들이 어떤 섬(육지)에 가까워지고 있음을 느끼고 28 바다(물)의 깊이를 재어보니 40m(스무 길)가 되었다. 조금 가다가 다시 재니 30m(열다섯 길)였다. 29 암초에 걸릴까 하여 배 뒷편에 고물로 닻 네 개를 내리고 날이 밝기를 기다렸다. 30 이때 선원(사공) 몇 명이 배에서 빠져나가기 위해 배 앞쪽(이물)에서 닻을 내리는 척하고 구명정(거룻배)을 바다에 내려놓았다. 31 이를 본 바울이 백부장과 군인들에게 말했다. "이 사람들이 배 안에 있지 않으면 너희가 살아남지 못할 것이다." 32 이에 군인들이 구명정을 묶은 줄(거룻줄)을 끊어 구명정을 본선에서 떼어버렸다.

행 27:33 날이 밝아오자 바울이 여러 사람에게 음식을 먹으라고 권하며 말했다. "너희가 오랫동안 기다리며 먹지 못한 지가 오늘까지 벌써 14일이나 되었으니 34 음식을 먹으라. 그래야 너희가 살 수 있을 것이며 너희 중 머리카락 하나도 잃지 않을 것이다." 35 이에 바울이 빵(떡)을 가져다가 모든 사람 앞에서 하나님께 감사 기도(축사)를 하고 떼어주자 그들이 먹기를 시작하여 36 받아 먹었다. 37 배에 있는 사람의 수는 모두 276명이었다.

멜리데 섬의 옛 항구의 항만 유적(행 27:38) 말타(몰타), 바울이 도착한 곳 옆에 있는 것으로 행 27:38에 나오는 항만으로 여겨진다.

[행 27:38] 배 안의 사람들이 배부르게 먹은 후 배에 있던 밀을 바다에 던져 배를 가볍게 했다. [39] 날이 밝자 어느 땅인지 알지 못했지만 경사진 해안 밑에 항만이 눈에 보였다. 이에 배를 그곳에 정박시킬 수 있는지 의논한 후 [40] 닻줄을 끊어 닻을 바다에 버리고 키를 풀어 늦춘 다음 돛을 달았다. 그런 후에 바람을 타고 해안을 향해 접근했지만 [41] 두 개의 물살이 만나는 곳을 만나 배가 걸리고 말았다. 뱃머리(이물)는 부딪쳐 움직일 수 없을 정도가 되었고 배 뒤쪽(고물)은 큰 파도(물결)에 부딪쳐 깨어져갔다. [42] 이에 군인들은 죄수들이 헤엄쳐서 도망갈까 염려하여 그들을 죽이려는 계획을 세웠다. [43] 그러자 백부장이 바울을 살리기 위해 군인들의 계획을 막고 헤엄칠 수 있는 사람들에게 명령하여 먼저 물에 뛰어내려 육지로 올라가게 했다. 그리고 [44] 배에 남아 있는 사람들은 널조각이나 배에 있는 물에 뜰 수 있는 물건을 이용하여 육지로 나가게 하니 마침내 모든 사람이 육지에 상륙하여 구조되었다.

† 멜리데 섬에서의 사건 (행 28:1-10)

[행 28:1] ● 우리가 구조된 후에 보니 그 섬은 이달리아(이탈리아) 시실리 섬 남쪽 96㎞ 떨어져 있는 멜리데였다(59년 11월 중순). [2] 이날은 비가 오고 날이 춥자 섬의 원주민들이 우리에게 특별한 동정을 베풀며 불을 피워 우리를 다 영접했다. [3] 바울이 나무 한 묶음을 모아다가 불에 넣자 뜨거움으로 인

풍랑을 만난 바울이 탄 배가 도착한 멜리데 섬의 바울 섬(행 28:1)
말타(몰타). 섬 위에 바울 도착 기념상이 세워져 있다.

풍습 멜리데 섬과 뱀 이야기 (행 28:1-6)

바울 섬이라고 부르는 이 섬 위에는 바울 도착 기념 동상이 서 있다. 현지인의 말에 의하면 이 섬에는 독사가 많았는데 바울이 이 섬에 도착하여 독사에 물렸으나 죽지 않은 사건 이후에는 이 섬에 뱀이 사라졌다고 전한다.

바울이 뱀에 물린 곳에 세워진 바울 피난 교회(행 28:3) 말타(몰타)

바울이 보블리오를 만난 곳에 세워진 교회 (행 28:7) 말타(몰타). 앞에 밭이 있다는 성경의 기록처럼 오늘날에도 밭이 있다.

보블리오 부친의 열병을 고치는 바울(행 28:8) 말타(몰타). 바울 피난 교회

해 독사가 땅속에서 나와 바울의 손을 물었다. 4 원주민들이 독사(짐승)가
바울의 손에 매달려 있는 것을 보고 서로 말했다. "참으로 이 사람은 살인
한 자다. 바다에서는 구조를 받았지만 정의와 복수의 여신이(공의가) 그를
살지 못하게 한다"라고 했다. 5 그러나 바울이 그 독사(짐승)를 손에서 떼
어내 불속에 떨어버렸으나 아무 해도 없었다. 6 섬의 원주민들은 그가 붓든
지 혹은 갑자기 쓰러져 죽을 줄 알고 기다렸다가 시간이 지나도 그에게 아
무런 일이 없는 것을 보고 다르게 생각하여 말하기를 "그는 사람이 아니라
신이다"라고 했다.

행 28:7 이 섬의 추장(가장 높은 사람)인 보블리오라 하는 자가 있었는데 그
의 집 근처에는 토지가 있었다. 그가 우리를 영접하여 4일 동안이나 자기
집에 머물도록 친절을 베풀었다. 8 그러던 중 보블리오의 부친이 열병과
이질에 걸려 누워 있었는데 바울이 그에게로 들어가서 기도하고 안수하여
낫게 했다. 9 이를 본 섬에 있는 다른 병든 사람들도 바울에게 찾아와 그에
게 고침을 받았다. 10 그들은 후하게 우리를 대접하고 우리가 떠날 때에는
우리에게 필요한 것들을 배에 실어주었다.

성경인물 보블리오

(Publius, 행 28:7)

보블리오는 배가 난파당한 후 바울이 도착한 멜리데 섬에서 가장 높은 사람이다. 그는 난파 당한 바울과 선원들을 친절히 대접하였고 그들이 떠날 때도 필요한 물품들을 제공해주었다. 열병에 걸린 그의 부친은 바울이 고쳐주었다.

바울이 멜리데 섬에서 3개월을 보낸 곳에 세워진 바울 기념 교회(행 28:11) 말타(몰타). 교회 옆 지하에는 바울이 갇혔던 지하 동굴이 있는데 바위에 구멍을 뚫어 죄수를 묶어놓은 홈도 남아 있다. 그리고 그 옆에는 바울의 카타콤으로 불리는 지하 공동묘지도 있다.

† 바울의 로마 도착과 전도 (행 28:11-31)

행 28:11 ● 멜레데(몰타) 섬에 도착한 지 3개월 후인 2-3월경에 우리가 그
섬에서 겨울을 지낸 또 다른 알렉산드리아 배를 타고 떠나니 그 배의 머리
장식에는 '디오스구로'(제우스의 쌍둥이 아들 신)라는 표식이 있었다. 12 멜
리데 섬을 떠나 144(154)㎞ 떨어진 시실리 섬의 동쪽에 있는 수라구사 항구에
배를 대고 3일을 정박한 후 13 출항하여 140㎞ 항해 끝에 레기온에 도착했

보블리오 기념 교회(행 28:7) 멜리데 섬 발레타 바울이 로마로 압송되어가던 도중 그가 탄 배는 유라굴로라는 광풍을 만나 14일간 표류하게 된다. 그러나 하나님이 바울에게 말씀하신 대로 배에 있던 모든 사람들은 멜리데 섬에 무사히 상륙하였다. 그리고 그 섬에 머무는 동안 바울은 그 섬의 가장 높은 보블리오의 부친과 여러 병자들을 고쳐주었다. 이를 기념하여 멜리데 섬의 발레타에는 보블리오 기념 교회가 세워졌다.

다. 그리고 그곳에서 하루를 머문 후 남풍이 일어나 이튿날 레기온에서 340㎞ 떨어진 보디올에 도착했다. [14] 그곳에서 바울은 믿는 형제들을 만나 그들의 초청을 받고 7일을 그들과 함께 머물렀다. 그리고 우리는 로마로 향했다. [15] 로마에 있는 믿는 형제들이 우리가 로마로 온다는 소식을 듣고 로마에서 남쪽으로 69㎞에 있는 압비오 광장과 '세 여관'이란 뜻의 트레이스 타베르네까지 마중을 나왔다. 이곳은 로마에서 53㎞ 거리에 있다. 이에 바울이 그들을 보고 하나님께 감사하고 용기를 얻었다.

행 28:16 우리가 보디올에서 220㎞를 육지로 가서 마침내 60년 봄에 로마로 들어갔다. 바울에게는 자기를 지키는 한 군인과 함께 따로 있어도 된다고 허락되었다. [17] 로마에 도착한 지 3일 후에 바울은 유대인 중 지도층에 있는 사람들을 초청하여 그들에게 말했다. "여러분 형제들아, 나는 이스라엘 백성이나 우리 조상의 관습을 거스른 적이 없는데 예루살렘에서 로마인의 손에 죄수로 넘겨준 바 되었다. [18] 로마인은 나를 심문한 후 사형에 해당하는 죄목이 없어 석방하려고 했지만 [19] 유대인들이 반대했기 때문에 내가 마지못해 로마 황제(가이사)에게 상소한 것이지 내 민족을 고발하려는 것은 아니었다. [20] 그래서 너희를 만나 함께 이야기하려고 초청했다. 나는 이스라엘의 소망 때문에 이 쇠사슬에 매인 바 되었다."

행 28:21 바울의 말을 들은 유대인 지도자층에 있는 자들이 말했다. "우리

바울이 압송되어온 아피아 가도 (행 28:15) 이탈리아 로마

✣ 디오스구로(행 28:11)
그리스 신화에 나오는 카스토르와 폴룩스 형제를 가리킨다. 이들은 선원들의 수호신으로 숭배되었다. 그리고 '쌍둥이 자리'라는 별자리와도 연관되며 고대인들은 폭풍 가운데 이 별빛이 보이면 좋은 징조로 여겼다.

수라구사 항구(행 28:12) 이탈리아 시실리 섬 동쪽

레기온 항구(행 28:13) 이탈리아

아피아 가도의 양 떼(행 28:15) 이탈리아 로마

✣ 트레이스 타베르네(행 28:15)
로마의 남동쪽 압피아 가도에서 약 48km 정도 떨어진 곳으로 여행객 숙소가 있었다.

바울이 로마에서 처음 갇힌 마메르틴 감옥 (행 28:16-23) 이탈리아 로마, 포로 로마노

는 유대 지역으로부터 너에 관한 편지도 받은 일이 없다. 뿐만 아니라 그 누
구도 너에 대해 이야기한 일도 없다. 22 이에 우리는 네가 가진 사상이 어
떤 것인지 듣고자 한다. 왜냐하면 네가 전한 종파에 대해서는 어디서든지
반대하는 사람이 많은 줄 우리가 알기 때문이다."

행 28:23 그들이 날짜를 정해서 바울이 유숙하는 집(셋집)에 많이 찾아오니
바울이 하루 종일 하나님 나라에 대해 강론했다. 또한 모세의 율법과 선지자
의 글(말)을 통해 예수에 대하여 권면했다. 24 이에 그 말을 믿는 사람도 있고
믿지 않는 사람도 있었는데 25 서로 의견이 맞지 않아서 흩어질 때에 바울이
말했다. 이는 "성령이 이사야 선지자를 통해 너희 조상들에게 말씀하신 것이
었다. 26 성경에 기록되기를 '이 백성에게 가서 말하기를 너희가 들어도 깨
닫지 못하며, 보아도 알지 못하는도다. 27 이 백성들의 마음이 무감각(우둔)
해져서 그 귀로는 둔하게 듣고 그 눈은 감겼다. 이는 눈으로 보고, 귀로 듣고,
마음으로 깨달아 내게 돌아와 고침을 받지 못하게 하려는 것이다'(사 6:9-
10)라고 하였다. 28 그러므로 너희는 하나님의 이 구원이 이방인에게도 전파
된 줄을 알라. 그들은 그것을 들을 것이다." 29 (없음, 그러나 어떤 사본에는 그가
이 말을 마칠 때에 유대인들이 서로 큰 쟁론을 하며 물러가더라.) 30 바울이 꼬박 2
년 동안(60년 봄-62년 봄) 자기가 유숙하는 집(셋집)에 머물면서 자기를
찾아오는 사람을 모두 영접하고, 31 하나님의 나라를 전파하며, 주 예수 그리
스도에 관한 모든 것을 아무런 방해 없이 힘 있게 가르쳤다.

1 또 다른 바울의 셋집으로 주장되는 곳(행 28:16-23) 이탈리아 로마
2 바울의 셋집으로 주장되는 두 곳 중의 한 곳(행 28:16-23) 이탈리아 로마 트레비 분수 근교

스데반 집사의 순교를 계기로 유대 율법주의자들의 박해가 심화되자 예루살렘 교회 성도들은 로마 제국 전역으로 흩어지게 되었다. 그러나 예루살렘을 떠나 사도들의 직접적인 도움 없이 신앙생활을 하기란 결코 쉬운 일이 아니었다. 이처럼 외부의 박해와 내부의 미숙한 신앙으로 어려움 당하고 있던 성도들에게 야고보는 시련의 이유와 실천적 믿음의 중요성과 간구의 필요성을 역설함으로써 그들을 온전한 신앙으로 인도하고자 했다.

흩어져 있는 성도를 위한 야고보의 편지 _62년경

† 인사와 믿음의 간구, 행함과 경건 (약 1:10-27)

약1:1 ● 하나님과 주 예수 그리스도의 종 야고보는 세계 각처로 흩어져 있
는 열두 지파에게 문안한다. 2 내 믿음의 형제들아, 너희가 여러 가지 시험
(test)을 당하더라도 오히려 기뻐하라. 3 왜냐하면 너희 믿음의 시련을 통
해 인내의 사람이 되는 줄을 너희가 알기 때문이다. 4 너희가 참고 견디게
되면 조금도 부족함이 없고 완전하고 성숙한 사람이 된다. 5 너희 중에 누
구든지 지혜가 부족하다고 생각하면 모든 사람에게 넉넉하게 주시고 꾸
짖지 않으시는 하나님께 구하라. 그러면 그가 주실 것이다. 6 오직 믿음으
로 구하고 조금도 의심하지 말라. 의심하는 자는 바람에 밀려 요동치는 바
다 물결 같기 때문에 7 이런 사람은 주님께 얻기를 기대하지 말라. 8 그는
두 마음을 품었기 때문에 모든 일에 흔들리는 사람이다.

약1:9 물질적으로나 사회적으로 비천한 성도(낮은 형제)는 오히려 영적으로
부요함(높음)을 자랑하라. 10 반면 세상 것으로 부요한 성도(부한 형제)는
오히려 믿음 때문에 겸손해진(낮아짐) 것을 자랑하라. 왜냐하면 세상의 것
은 풀의 꽃과 같이 결국 사라질 것이기 때문이다. 11 해가 돋고 뜨거운 바
람이 불면 풀은 마르고 꽃은 떨어져서 그 모양의 아름다움이
없어지는 것처럼 세상의 부요한 자도 그 가진 재물을 관리하
다가 죽는 것이다.

약1:12 시련(시험)을 견디는 자는 복이 있다. 왜냐하면 주님께
서 시련을 견딘 자에게 약속하신 생명의 면류관을 주시기 때
문이다. 13 사람이 유혹(시험, tempation)을 받을 때에 "내가 하

야고보 당시 흩어져 있던 유대인(약 1:1)

이 되지 못한다. 17 이와 같이 행함이 따르지 않는 믿음은 죽은 것이다.
약 2:18 어떤 사람은 "너는 믿음이 있고 나는 행함이 있으니 행함이 없는
네 믿음을 나에게 보이라. 나는 행함으로 나의 믿음을 너에게 보이겠다"라
고 말했다. 19 너희가 하나님은 한 분이신 줄을 믿느냐? 옳은 일이다. 그러
나 귀신들도 하나님을 믿고 두려워 떤다. 20 아아, 어리석은(허탄한) 사람
아, 행함이 따르지 않는 믿음이 아무 쓸모가 없는 것인 줄을 알지 못하느
냐? 21 우리 조상 아브라함은 아들 이삭을 제단에 바칠 때에 행함으로 의
롭다 하심을 받았다. 22 너희가 알고 있듯이 믿음에는 그에 따른 행함이 있
고, 행함으로 인해 믿음은 완전하게 된다. 23 이에 성경에 기록되기를 "아
브라함이 하나님을 믿으니 이것을 그의 의로 인정하셨다(사 41:8, 대하
20:7)"라는 말씀이 이루어졌고 그는 하나님의 친구라고 칭함을 받았다. 24
이런 사실로 보면 사람이 행함으로 의롭다고 인정을 받고 반드시 믿음으
로만은 아닌 것을 알 수 있다. 25 마찬가지로 여리고 성에 살던 기생 라합이
이스라엘의 정탐꾼(사자)들을 자기 집으로 숨겨주었다가(접대하여) 빠져나
갈 다른 길로 나가게 할 때에(수 2:1-21) 행함으로 의롭다 하심을 받았다.
26 그러므로 영혼 없는 몸이 죽은 것같이 행함이 따르지 않는 믿음은 죽은
것이다.

† 말과 지혜와 다툼, 비방, 허탄한 생각 등에 대해 (약 3:1-4:17)

약3:1 내 형제들아, 너희는 선생 된 우리가 더 엄격한 심판을 받을 줄 알
고 모두 다 선생이 되지 말라. 2 왜냐하면 우리가 예외 없이 다 실수가 많기
때문이다. 만일 말에 실수가 없는 자라면 그는 완전한 사람이다. 그런 사
람은 모든 행동까지도 복종시킬 수 있다(온몸도 다스릴 수 있는 굴레를 씌울
수 있다). 3 우리가 말(horse)들의 입에 재갈 물리는 것(굴레 씌우는 것)은 우
리에게 복종하도록 그 짐승(온몸)을 다스리게 하려는 것이다. 4 또 배를 생
각해보라. 그렇게 큰 배가 광풍에 밀려갈 때 지극히 작은 키로써 사공의 뜻
대로 방향을 잡아 운행한다. 5 이와 같이 혀도 전체 몸에서 작은 지체지만
큰 일을 담당함으로 자랑한다. 보라, 작은 불씨가 얼마나 많은 나무(큰 수
풀)를 태우는가?

오늘날 유대인 랍비(선생, 약 3:1)
랍비는 선생이란 뜻, 예루살렘 통곡의 벽

약3:6 혀는 곧 불과 같고, 악(불의)의 세계라고 할 수 있다. 왜냐하면 혀는 우리 지체 중 하나이지만 온 몸을 더럽히고 생명까지(삶의 수레바퀴)도 불살라버리는 불씨가 되기 때문이다. 그 불씨(사르는 것)는 지옥 불에서 나온 것이다. 7 온갖 종류의 짐승과 새와 벌레와 바다의 생물은 모두 사람이 길들일 수 있고, 또 길들여왔다. 그러나 8 혀는 능히 길들일 사람이 없다. 그것은 멈출 줄 모르는 악이요, 죽이는 독이 가득한 것이다. 9 그런데 그런 혀로 우리는 주님 되신 아버지 하나님을 찬송하고, 동시에 그것으로 하나님의 형상대로 지음을 받은 사람을 저주하고 있다. 10 한 입에서 찬송과 저주가 나온다. 내 형제들아, 이것은 마땅치 않다. 11 어찌 한 샘에서 단 물과 쓴 물을 동시에 내겠느냐? 12 내 형제들아, 어찌 무화과나무가 올리브(감람) 열매를, 포도나무가 무화과 열매를 맺겠느냐? 이와 같이 짠 물이 나는 샘에서 단 물을 마시지 못한다.

약3:13 너희 중에 참된 지혜와 총명이 있는 자가 있느냐? 그런 자가 있다면 착한 행실을 통해 그 행함을 보여야 한다. 14 그러나 너희 마음속에 악한 시기와 당파를 지어 다툼이 있다면 자랑하지 말라. 그런 자랑은 진리를 숨기고 거짓말하는 것이 된다. 15 이런 지혜는 하늘로부터 내려온 것이 아니라 땅의 것이다. 그것은 정욕적이고, 마귀의 것이다. 16 시기와 다툼이 있는 곳에는 무질서와 모든 악한 일이 있다. 17 오직 하늘로부터 온 지혜는 먼저 순결(성결)하고, 다음에 화평하고, 너그러우며(관용), 순종(양순)하며, 자비(긍휼)와 선한 열매가 가득하고, 편견과 위선(거짓)이 없다. 18 화평을 조성하는 자들은 화평을 통해 의의 열매를 맺는다.

약4:1 너희 중에 싸움과 다툼이 일어나는 원인이 무엇인지 아느냐? 너희 지체 속에서 싸우려는 정욕 때문이다. 2 너희는 욕심을 내어도 얻지 못하기 때문에 살인하며, 시기해도 능히 취하지 못하기 때문에 서로 다투고 싸운다. 너희가 얻지 못하는 것은 하나님께 구하지 않기 때문이요, 3 구해도 받지 못하는 것은 정욕으로 쓰려고 잘못 구하기 때문이다. 4 간음하는 여인(사람)들아, 세상적인 것과 친구 된 것이 하나님과는 원수가 되는 것임을 알지 못하느냐? 그러므로 누구든지 세상적인 것과 친구가 되고자 하는 자는 스스로 하나님과 원수가 되는 것이다.

배의 키(약 3:4) 아랍에미리트 두바이

식물 **올리브 (감람) 나무** (olive tree, 약 3:12)

한글 번역의 감람나무(창 8:11, 삿 9:8, 계 11:4)는 한문 번역에서 온 것으로 올리브 나무와는 다른 것이다. 올리브 나무는 히브리어 '자이트', 헬라어 '엘라이아로'이다. 이 나무는 높이 4.5-6m 정도까지 자라는 사철나무로 열매를 맺는데 개량된 좋은 품종을 얻기 위해서는 품종이 좋은 가지에 접붙임을 한다. 굵은 마디가 적고 뒤틀린 줄기에 펑퍼짐한 달걀형의 가지가 많은 것이 특징이다. 일반적으로 5월에 작고 흰꽃이 피며 5-6개월 만에 열매가 익는다. 재배가 간단하여 가끔 흙을 흩뿌려주기만 하면 되고 거의 물이 필요하지 않기 때문에 가뭄에도 잘 견디며 그래서 물이 부족한 팔레스타인과 중동 지역에서 폭넓게 재배된다. 이스라엘에서는 헤브론, 베들레헴, 세겜 등 중앙 고원 지대에서 많이 재배되고 있다. 열매는 식료품과 연료와 점화 물질과 연고 및 의약용 등 다양하게 사용된다. 성경 시대에서는 주로 의약용과 등불의 기름과 식품으로 사용되는 필수품이었다(레 24:2). 올리브 나무는 평화(창 8:11, 느 8:15)와 우정의 상징이며 히브리인들에게는 약속된 가나안 땅의 번영의 일부로 묘사되고 있다. 뿐만 아니라 우월성과 하나님의 축복(삿 9:8-9), 번식(시 128:3), 아름다움과 참신함(렘 11:16)의 상징이었다.

Q&A **싸우는 정욕이란?(약 4:1)**
'싸움을 즐기는 악행'이란 뜻이다. 여기서는 단순히 성적 욕구를 뜻하지 않고, 하나님의 뜻과 상반되는 인간의 뜻과 욕심을 말한다. 즉 교회 안의 분쟁이 개개인의 마음속에 내재된 다툼을 일으키려는 욕망과, 싸움을 좋아하는 악한 기질 때문이라는 것이다.

QT **대적할 자와 가까이할 분 (약 4:7-8)**
야고보서의 수신자들의 싸움과 다툼은 대부분 마귀의 영향을 받은 행동이었다. 그러므로 본문에서는 소극적으로는 하나님께 순복하고, 적극적으로는 마귀를 대적하라고 말하고 있다. 마귀는 타협을 하는 존재가 아니다. 오직 예수 그리스도의 이름으로 대적할 뿐이다. 반면 하나님은 가까이해야 할 분이다. 왜냐하면 그분은 우리를 창조한 분이요, 우리를 사랑하사 독생자까지 세상에 보내 우리를 구원하신 분이기 때문이다. 누구를 대적하고 누구를 가까이해야 할 것인가는 신앙인에게 가장 중요한 일 중 하나이다.

마귀를 물리치는 예수(약 4:7) 이요한 작

약 4:5 하나님이 우리 속에 거하게 하신 성령께서는 "우리를 질투(시기)하
기까지 사랑(사모)한다"는 말씀을 하찮은 말로 생각하느냐? 6 그러나 하나
님은 더 큰 은혜를 우리에게 주셨다. 그래서 성경에서 이르기를 "하나님은
교만한 자를 대적하시고 겸손한 자에게 은혜를 주신다(잠 3:34)"라고 했
다. 7 그러므로 너희는 하나님께 복종하고 마귀를 대적하라. 그러면 마귀는
너희를 피할 것이다. 8 하나님을 가까이하라. 그러면 하나님은 너희를 가까
이하실 것이다. 죄인들아, 행실(손)을 깨끗이 하라. 두 마음을 품은 자들아,
깨끗한 마음을 가지라. 9 슬퍼 애통하며 울어라. 너희 웃음을 애통으로, 즐
거움을 근심으로 바꾸라. 10 주님 앞에서 스스로를 낮추라. 그러면 주님께
서는 너희를 높여주실 것이다.

약 4:11 형제들아, 서로 대적하는(비방하지) 말을 하지 말라. 형제를 대적
(비방)하거나 판단하는 자는 율법을 대적(비방)하고 판단한다. 네가 만일
율법을 판단하면 율법을 행하는 자가 아니라 율법의 재판장이 되는 것이
다. 12 입법자와 재판장은 오직 한 분뿐이시다. 그분은 능히 구원하기도 하
시며 멸하기도 하신다. 그런데 네가 어떤 자이기에 이웃을 판단하느냐?

약 4:13 너희 중에 "오늘이나 내일이나 우리가 어느 도시에 가서 1년간 머
물면서 장사하여 돈을 벌겠다"라고 말하는 자들아, 내 말을 들으라. 14 너
희는 내일 무슨 일이 일어날지 알지 못한다. 너희 생명이 무엇이냐? 너희
는 잠깐 보이다가 없어지는 안개에 불과하다. 15 그러므로 너희는 이렇게
말해야 한다. "주님의 뜻이면 우리가 살기도 하고, 이것저것을 할 것이다."
16 그런데 지금도 너희는 허영에 사로잡혀 자랑을 하고 있다. 그러한 자랑
은 다 악한 것이다. 17 따라서 사람이 선을 행할 줄 알면서도 그것을 행하
지 않으면 죄가 된다.

† 부요한 자에 대한 경고 (약 5:1-6)

약 5:1 ● 부요한 자들은 들으라. 너희에게 고난(고생)이 있을 것이니 그로
인해 울고 통곡하라. 2 너희의 재물은 썩었고, 너희 옷은 좀먹었다. 3 너희
의 금과 은은 녹슬었으니 이 녹이 너희에게 쓸모없게 된 재물에(잘못에)
대한 증거가 되어 그것이 불같이 너희의 살을 먹을 것이다. 너희는 세상

의 마지막 때에 재물을 쌓고 있다. [4] 보라, 너희 밭에서 추수한 품꾼에게 지불하지 않은 품삯이 소리 지르며, 그 추수한 품꾼의 울부짖는 소리가 만군 되신 주님의 귀에 들렸다. [5] 너희는 땅에서 사치하고 방탕한 생활로 마치 도살장에 끌려가기 직전(살륙의 날)의 짐승처럼 자기 배만 채웠다(너희 마음을 살찌게 했다). [6] 너희는 의인에게 죄를 뒤집어씌워 죽였으나 그들은 너희에게 대항하지 않았다.

추수하는 사람들(약 5:4) 터키

살륙의 날(약 5:5)
잔치 준비를 위한 날카로운 칼로써 짐승을 잡는 때를 염두에 둔 표현이다. 이 때를 위해 도륙당하는 짐승에게 운동을 줄이고 사료를 많이 줌으로써 살찌우게 한다.

† 참음과 기도 (약 5:7-20)

약 5:7 그러므로 형제들아, 주님의 재림(강림) 때까지 참으라. 보라, 농부가 땅에서 나는 귀한 열매를 기대하며 이른 비와 늦은 비를 인내하며 기다리는 것처럼 [8] 너희도 끝까지 참고 마음을 강하게 하라. 주님의 재림이 가까워졌다. [9] 형제들아, 서로 원망하지 말라. 그래야 심판을 면할 것이다. 보라, 심판자가 가까이(문 밖에) 계신다. [10] 형제들아, 주님의 말씀(이름)을 전하던 선지자들이 당한 고난과 오래 참은 것을 본받으라. [11] 보라, 우리는 인내하는 자를 행복한 자라고 말한다. 너희가 욥의 인내를 들었고, 주님께서 고난 받은 후에 그에게 주신 좋은 마지막을 알고 있다. 이처럼 주님은 크신 자비와 긍휼을 베푸시는 분이시다.

약 5:12 내 형제들아, 맹세하지 말라. 하늘과 땅, 그 어떤 것으로도 맹세하지 말라. 오직 너희는 그렇다고 생각하는 것은 '그렇다'라고 하고, 아니라고 생각하는 것은 '아니다'라고 하여 정죄함을 받지 말라.

약 5:13 너희 중에 고난당하는 자가 있다면 그는 기도하라. 즐거워하는 자가 있다면 그는 찬송하라. [14] 너희 중에 병든 자가 있느냐? 그는 교회의 장로들을 초청하라. 그들은 주님의 이름으로 기름을 바르며, 그를 위해 기도할 것이다. [15] 믿음으로 하는 기도는 병든 자를 능히 낫게 할 것이니 주님께서 그를 고쳐주실 것이다. 혹시 그가 죄를 범했을지라도 용서함을 받을 것이다. [16] 그러므로 너희 죄를 서로 고백하며 병이 치료되기를 위해 서로 기도하라. 의인의 기도는 능력이 있다.

약 5:17 엘리야 선지자는 우리와 인간적인 본성(성정)이 같은 사람이다. 그럼에도 그가 비가 오지 않기를 간절히 기도하자 3년 6개월 동안 땅에 비

야고보가 순교한 자리에 세워진 야고보 교회(약) 예루살렘 아르메니아 구역

가 오지 않았고(왕상 17:1), [18] 그가 다시 기도하자 하늘이 비를 주고(왕상
18:42-45) 땅의 식물들이 열매를 맺었다. [19] 내 형제들아, 너희 중에 누가
미혹에 빠져 진리에서 떠난 자를 돌아서게 하면 [20] 그는 그의 영혼을 사망
에서 건져낼 것이며 수많은 죄가 용서함을 받을 것이다.

죄수의 신분으로 로마에 도착한 바울은 로마 황제(가이사) 앞에서 재판을 받기 위해 기다리는 2년 동안의 연금 생활(61-63년)을 하게 된다. 골로새서는 다른 옥중 서신(에베소서, 빌립보서, 빌레몬서)과 함께 이 기간 동안(62년경)에 기록되었다. 골로새는 로마의 속주인 브루기아 도(道)의 한 도시로, 라오디게아와 히에라볼리 등과 함께 소아시아 서남쪽 리쿠스 계곡에 위치해 있었다. 원래 이곳은 동서를 잇는 가교요 주요 무역항이었으나 계곡 하류에 있는 다른 두 도시의 급속한 성장으로 인해 지난날의 화려함을 잃어가고 있었다. 이곳에 있는 교회는 바울의 3차 전도 여행 중에 바울의 제자요, 동역자인 에바브라 디도에 의해 설립되었다. 사도 바울은 불완전한 신앙관을 가진 골로새 교인들을 향해 참 신앙의 도리를 가르치고자 골로새서를 기록했다.

감옥에서 골로새 성도에게 보낸 바울의 편지 _62년경

† 골로새 교인에게 하는 인사와 하나님께 드리는 감사 (골 1:1-23)

골 1:1 ● 하나님의 뜻을 따라 그리스도 예수의 사도로 부르심을 받은 바울
과 믿음의 형제 된 디모데는 [2] 소아시아 지역의 골로새에 있는 그리스도 안

성경 지리

골로새(골 1:1)

골로새는 라오디게아에서부터 리쿠스(Lycus) 계곡을 따라 약 16㎞ 올라간 곳에 있었다. 라오디게아에서는 17.6㎞, 히에라볼리에서는 20.8㎞ 떨어진 이곳은 고대로부터 서방과 동방을 잇는 관문으로, 오늘날에는 철도와 고속도로가 이곳을 통과한다.
헬라 시대에는 라오디게아, 히에라볼리와 함께 경쟁을 했던 세 도시로, 로마 시대에는 여전히 이 지역이 직물 공업 중심지였다. 바울은 이곳을 방문한 일이 없는 것 같으나 로마 옥중에서 이곳에 골로새서를 써서 보냈다(골 1:4, 2:1). 그 후 이곳을 방문하고자 하는 그의 소원(몬 1:22)은 오랜 시간이 흐른 뒤에 이루어졌다. 그의 종인 오네시모(골 4:9)는 초기 골로새 교회 교인이었다. 골로새 교회는 유대인과 헬라인, 브루기아인이 섞여 있었다.

에서 신실한 성도(형제)들에게 편지한다. 우리 아버지 하나님으로부터 은
혜와 평안(평안)이 너희에게 있기를 기원한다. 3 우리가 너희를 위해 기도
할 때마다 우리 주 예수 그리스도의 하나님 아버지께 감사한다. 4 그 이유
는 그리스도 예수 안에 있는 너희의 믿음이 크고, 모든 성도를 향한 사랑
이 풍성하다는 것을 들었기 때문이다. 5 또 그것은 너희를 위해 하늘에 쌓
아둔 소망 때문이기도 하다. 너희는 이전에 참된 복음의 말씀을 들었다. 6
이 복음이 이미 너희에게 전해질 때 너희가 듣고 하나님의 은혜를 깨달은
날부터 너희뿐만 아니라 복음이 전해지는 곳마다 믿음과 사랑의 열매가
맺어지고 자랐다. 7 이와 같이 너희는 우리와 함께 종 된 사랑하는 에바브
라 디도에게 배웠다. 그는 너희를 위한 그리스도의 신실한 일꾼이다. 8 그
는 바로 성령 안에서 너희의 사랑을 우리에게 전해준 자이다.

골 1:9 이로써 우리도 에바브라 디도를 통해 너희의 신앙을 들었던 날부터
너희가 모든 신령한 지혜와 총명으로 하나님의 뜻을 분별하게 되기를 위
해 계속 기도했다. 10 그리하여 주님께 합당하게 행하여 모든 일에 그를 기
쁘시게 하고, 모든 선한 일에 좋은 결과가 오게 하시며, 하나님에 대해 더
많이 알아가게 하시고, 11 그의 영광의 능력으로 더욱 강하게 붙들어주시
고, 어떤 어려움 속에서도 기쁨으로 오래 참고 견딜 수 있게 하시기를 기도
했다. 12 우리로 하여금 빛 가운데서 살아가는 성도를 위해 유산을 준비해
두신 아버지 하나님께 감사의 고백을 드립니다. 13 그분은 우리를 어두움
의 권세에서 건져내시고 그의 사랑하는 아들의 나라로 옮겨주셨다. 14 바
로 그 아들의 피로 우리의 모든 죄에 대해 대신 값을 치르셨으며, 이로 말
미암아 우리가 죄 사함을 얻은 것이다.

골 1:15 예수 그리스도는 보이지 않는 하나님의 모습(형상)이요, 모든 피조
물보다 먼저 존재하신 분이다. 16 만물은 그가 창조하셨고 하늘과 땅의 보
이는 것들과 보이지 않는 것들을 창조하셨으며, 왕권 같은 세상의 모든 권
세와 주권은 모두 예수 그리스도로 인해 창조되었으며, 동시에 그를 위해
창조되었다. 17 또한 그리스도는 만물보다 먼저 존재하셨고, 만물이 그분
에 의해 보존되고 있다. 18 그는 자신의 몸인 교회의 머리가 되신다. 그분
으로부터 모든 것이 시작되었으며, 죽은 자들 가운데서 가장 먼저 살아나

하늘과 땅을 창조하시는 하나님(골 1:16) 바티칸, 성경 삽화, 사도 박물관

셨다. 이는 그분이 친히 만물의 으뜸이 됨을 보여주신 것이다.
골 1:19 하나님 아버지께서는 자신에게 속한 모든 것을 예수 안에서 살아
가도록 하신다. 20 하나님은 예수의 십자가의 피로 원수 된 우리와 화평을
이루셨다. 곧 하나님은 땅과 하늘에 있는 것들이나 만물이 모두 그로 인해
자기와 화목하게 되기를 기뻐하신다. 21 이전에는 악한 행실로 인해 하나
님과 멀리 떠나 마음으로는 예수와 원수가 되었다. 22 그러나 이제는 예수
께서 자신의 육체의 죽음을 통해 너희를 하나님과 화목하게 하심으로 거
룩하고, 흠 없고, 책망할 것이 없는 자로 그 앞에 세우고자 하셨다. 23 그러
므로 만일 너희가 믿음에 거하고 그 믿음의 바탕(터) 위에 굳게 서서 너희
가 들은 복음의 소망에서 흔들리지 않게 되면 그렇게 될 것이다. 이 복음
은 모든 창조물(천하 만민)에게 전파되었으며 나 바울은 이 복음을 전하는
일꾼이 되었다.

† 교회를 위한 바울의 사역, 그리스도 안에서 행함 (골 1:24-3:17)

골 1:24 ● 나는 이제 너희를 위해 받는 고난을 오히려 기뻐한다. 그리스도
께서 겪어야 할 고난의 남은 부분을 그의 몸 된 교회를 위해 나는 기쁜 마
음으로 견딜 것이다. 25 내가 교회의 일꾼이 된 것은 하나님께서 너희를 위
해 나에게 주신 직분을 따라 하나님의 말씀을 전파하는 것이다. 26 이 비밀
은 세상이 창조된 처음부터 숨겨졌던 것이었다. 그러나 이제는 그의 성도
들에게 나타난 바 되었다. 27 하나님은 성도들로 하여금 이방인이 구원을 받
게 되는 이 비밀스런 영광이 이방인 가운데 얼마나 풍성하게 나타났는지
를 알게 하셨다. 이 진리(비밀)는 바로 너희 안에 계신 그리스도이시다. 그
는 영광스런 소망이 되신다.
골 1:28 우리가 그리스도를 전파하여 각 사람에게 권면하고 모든 지혜로
각 사람을 가르치는 것은(모든 지혜로 각 사람을 권면하고) 그들을 그리스도
안에서 성숙한(완전한) 자로 하나님 앞에 서게 하기 위함이다. 29 이를 위
해 나도 내 속에서 능력으로 역사하시는 그리스도를 의지함으로 더욱 힘
을 다해 애쓰고 있다.
골 2:1 내가 너희와 소아시아 지역의 라오디게아에 있는 자들과 무릇 내 얼

라오디게아 집터(골 2:1) 터키

굴을 보지 못한 자들을 위해 얼마나 애쓰는지를 너희가 알기 원한다. 2 이는 그들이 마음에 위로를 얻고, 사랑으로 하나가 되고, 하나님의 비밀스런 진리인 그리스도를 더욱 확실하게 깨닫게 하는 것이다. 3 그리스도 안에는 모든 지혜와 지식의 보화가 감추어져 있다. 4 내가 이것을 말하는 것은 누구도 그럴듯한 말로 너희를 속이지 못하게 하기 위함이다. 5 비록 내가 육신으로는 너희를 떠나 있지만 마음(심령)으로는 너희와 항상 함께 있어 너희가 질서 있는 생활을 하고, 그리스도를 믿는 너희 믿음이 굳게 선 것을 들으니(모습을 보니) 매우 기쁘다.

골 2:6 그러므로 너희가 그리스도 예수를 주님으로 믿었으니 그분 안에서 살아가라. 7 그분 안에 깊게 뿌리를 내리고 그 위에 살아가기를 바란다. 그분의 가르침을 받은 대로 믿음에 굳게 서서 흔들리지 말고 더욱 감사하는 생활을 하라. 8 누가 헛된 속임수인 철학으로 너희를 사로잡지 않도록 주의하라. 그것은 하나님으로부터 오지 않는 사람의 교훈(전통)과 낮고 거짓된 세상의 초등학문을 따르는 것이요, 그리스도를 따르는 것이 아니다. 9 하나님의 거룩한 성품(신성)은 이 땅에 육체로 거하신 예수 그리스도 안에서 완전히 나타났다. 10 그리고 너희도 그 예수 안에서만 완전한 삶을 누릴 수 있다. 왜냐하면 그분은 모든 세상의 통치자와 권세자들의 머리가 되시기 때문이다. 11 또 그 예수 안에서 너희가 손으로 베풀지 않는 할례를 받았다. 그것은 육체적인 죄의 몸을 벗어버리는 그리스도의 할례이다.

골 2:12 너희가 세례(침례)를 통해 그리스도와 함께 죽었고, 그 믿음을 통해 죽은 자들 가운데서 그를 다시 살리신 하나님의 역사를 믿는 것이다. 13 또한 범죄와 할례를 받지 않은 죽었던 너희의 육체를 하나님이 예수와 함께 살리시고 우리의 모든 죄를 용서하셨다. 14 예수 그리스도께서는 우리가 대적하고 따르지 않은 율법의 법조문에 기록된 것들을 지우시고 없애 버리사 십자가에 못 박으셨다. 15 반면 세상의 통치자들과 권세들을 꺾어버리고 구경거리로 삼으시고 그들에게 십자가로 승리함을 보여주셨다.

골 2:16 그러므로 먹고 마시는 것과 절기나 매월 첫날이나 안식일을 지키는 문제로 누구든지 너희를 비판하지 못하게 하라. 17 이것들은 장차 오실 그리스도를 보여주기 위한 그림자에 불과한 것이다. 18 아무도 일부러 겸

손으로 쓴 오늘날 율법 책(골 2:14) 이스라엘 헤브론 아브라함 대사원 내

역사 배경

골로새 교회의 이단적 요소 (골 2:11, 18, 29, 3:11)

유대교의 의식주의: 할례(골2:11, 3:11), 음식에 관한 규례, 절기(2:16-17) 등 율법적인 의식들을 중시하는 유대교적인 사상이 골로새교회를 위협했다.

거짓 철학: 초기 영지주의(Gnostics)는 자신들의 체험(2:18)과 사람의 유전(2:8)에 근거하여 영적 지식(헬, 그노시스)을 내세우면서 교인들을 진리로부터 벗어나도록 유혹하였다. 그들은 스스로 영적 비밀을 깨달은 자로 자처하면서 그리스도의 충만하신 신성과 주권을 부인하였다.

금욕주의: 거짓 교사들은 엄격한 규율을 육체에 적용함으로써 육신의 욕망을 억눌러야 한다고 가르쳤다(2:21). 그들은 자신들의 몸을 괴롭게 하는 등 스스로 지어낸 방법으로 하나님을 숭배코자 했으며 그렇게 함으로써 스스로 경건하고 겸손한 자인 체하였다(골 2:18, 23).

천사 숭배: 천사를 숭배한다기보다 '천사의 숭배'에 참여한다는 말이다(골 2:18). 즉, 거짓 교사들은 천사들이 하나님께 드리는 경배에 자신들도 참여한다는 뜻에서 천사들의 경배들을 흉내 내고자 했다. 자신들은 천사와 직접 교통할 수 있으며, 하나님과 사람 사이에 중보자가 반드시 필요한 것은 아니라고 했다.

손한 체하는 것과 천사를 숭배하는 것으로 너희에게 죄가 있다고 말하지
못하게 하라. 그들은 자신이 그 본 환상에 근거하여 육신의 생각을 따라
헛되이 과장하여 말하고 있다. 19 온몸은 머리로 인해 마디와 힘줄로 공급
함을 받고 연합하여 하나님께서 자라게 하시는 것이다. 그러나 그들은 머
리 되신 그리스도를 따르지 않는다.

골 2:20 너희가 낮고 거짓된 세상의 초등학문에서 그리스도와 함께 죽었으
면서 어찌하여 세상에 사는 사람들처럼 행동하느냐? 21 그런 것들은 붙잡
지도 말고, 맛보지도 말고, 만지지도 말라고 하는 규칙들이다. 22 그런 규
칙들은 한때 적용되다가 사라지는 것들이다. 그런데도 사람의 명령과 가
르침을 따라 살아가느냐? 23 이런 것들은 사람들이 만들어낸 종교적인 관
습들이다. 이것은 겸손과 몸을 괴롭게 하는 데는 지혜롭게 보일지 모르지
만 오직 마음속에 파고드는 악한 욕망과 죄를 이기게 하는 데는 조금도 유
익이 되지 못한다.

골 3:1 그러므로 너희가 그리스도와 함께 다시 살리심을 받았다면 하늘에
있는 것에 마음에 두라. 그곳에는 그리스도께서 하나님 우편에 앉아 계신
다. 2 하늘의 것을 마음에 두고 땅의 것에 집착하지 말라. 3 이는 너희 옛사
람은 죽었고 너희 생명이 그리스도와 함께 하나님 안에 감추어졌기 때문
이다. 4 우리의 생명 되신 그리스도께서 다시 강림하실 그때에 너희도 그
와 함께 영광 중에 나타날 것이다.

골 3:5 그러므로 땅에 있는 죄악 된 지체들을 죽이라. 그것은 곧 성적인 죄
(음란), 부정, 사욕, 악한 생각(정욕), 탐심 등이다. 탐심은 우상숭배이다. 6
이것들로 인해 하나님의 진노가(어떤 사본에는 순종하지 않은 자식들에게)
임한다. 7 너희도 이전에는 그런 악행을 행했을지 모른다. 8 그러나 이제
너희는 그 모든 것을 몰아내라. 곧 분한 생각, 노여움, 악한 계획, 중상모략
(비방), 너희 입의 부끄러운
말 등이다. 9 거짓말을 하지
말라. 너희는 옛 사람과 그
행위를 벗어버리고 10 새 사
람이 되었다. 이는 자기를 창

땅에 있는 지체(3:5)		벗어버려야 할 것(3:8)	
음란	막7:21	분(분노)	고전7:35
부정	롬6:19	악의	엡4:31
사욕	딤후4:3	훼방	엡4:31
정욕	골3:5	부끄러운 말	골3:8
탐심	눅12:15	거짓말	딛1:12

조하신 자의 형상을 따라 하나님을 아는 참된 지식에까지 새롭게 하심을
입은 자가 된 것이다. 11 새롭게 함을 입는 것은 헬라인이나 유대인이나,
할례를 받아야 구원을 받는다고 하는 할례파나 그렇지 않은 무할례파나, 야만
인이나 흑해 주변의 유목민인 스구디아인이나, 종이나 자유인에게 아무런
차이가 없다. 오직 그리스도는 만물의 근원(만유)이시요, 만물 안에 계신
다.

골 3:12 너희는 하나님의 선택을 받았다. 그러므로 그분의 사랑받는 자처
럼 긍휼과 자비와 겸손과 온유와 오래 참음으로 다른 사람을 대하라. 13 너
희가 누구에게든 불만이 있다면 서로 용납하고 용서하기를 주님께서 너
희를 용서하신 것같이 하라. 14 그리고 이 모든 일을 하되 사랑하는 것이
더욱 중요하다. 왜냐하면 사랑은 모든 것을 온전하게 묶어주는 띠와 같기
때문이다. 15 너희는 평화(평안)를 위해 한 몸으로 부르심을 받았다. 그러
므로 그리스도의 평화가 너희 마음을 다스리게 하라. 또한 너희는 항상 감
사하는 생활을 하라. 16 그리스도의 말씀으로 너희 생활을 풍성하게 하고,
모든 지혜로 서로 가르치며 권면하고, 시와 찬송과 신령한 노래를 부르며,
감사하는 마음으로(은혜로) 하나님을 찬양하라. 17 또 말에나 일에나 무엇
을 하든지 다 주 예수의 이름으로 하고, 그분을 인하여 하나님 아버지께
감사하라.

† 각 계층의 사람들에 대한 권면과 마침 인사 (골 3:18-4:18)

골 3:18 ●아내들이여, 남편에게 복종하라. 그것은 주님을 믿는 자에게 당
연한 일이다. 19 남편들이여, 아내를 사랑하며 부드럽게 대하라. 20 자녀들
아, 모든 일에 부모에게 순종하라. 그것은 곧 주님을 기쁘시게 하는 것이
다. 21 부모들아, 너희 자녀를 엄하게 책망하지(노엽게 하지) 말라. 그 엄한
책망 때문에 낙심할까 염려된다. 22 종들아, 모든 일에 육신의 주인(상전)
들에게 순종하되 사람을 기쁘게 하는 자와 같이 주인이 볼때만 열심히 하
는 척하지 말고 오직 주님을 두려워하듯 성실한 마음으로 하라. 23 무슨 일
을 하든지 사람에게 하듯하지 말고 성심으로 주님께 하듯 하라. 24 이는 주
님이 그의 백성에게 약속한 유산(기업)을 상으로 주실 것을 알기 때문이

QT **기도와 성결된 삶**
(골 3:18-4:1)

성도가 마땅히 힘써야 할 삶에 대해 언급한 바울(골 3:18-4:1)은 이제 그와 관련, 기도의 중요성을 얘기한다. 즉 기도 없이는 성결된 생활이 지속될 수 없음을 지적하면서, 성도들이 불신자들 앞에서 세월을 아끼는 지혜로운 삶을 살 것과 복음 전파에 힘쓸 것을 힘주어 말하고 있다. 이처럼 성숙한 성도의 삶을 지속하기 위해서는 늘 깨어 기도함으로써 전능자의 능력을 힘입어야 한다(골 4:2-6).

다. 너희는 주님 되신 그리스도를 섬기는 자이다(그리스도께 종 노릇 한다).
25 불의를 행하는 자는 불의의 대가(보응)를 받을 것이다. 주님은 사람을
겉모습으로 대하시는 분이 아니시다. 골 4:1 주인(상전)들아, 너희는 종들을
공정하게 대하라. 너희에게도 하늘에 상전이 있다는 것을 명심하라.

골 4:2 기도를 멈추지 말고, 깨어 기도할 때마다 감사하라. 3 또한 우리를 위
해 기도하되 하나님이 우리에게 전도할 수 있는 기회(말씀의 문)를 열어주
어 그리스도의 비밀을 말할 수 있도록 기도하라. 나는 이 일 때문에 로마 감
옥에 갇혀 있다. 4 내가 이 비밀을 명확하게 전하도록 기도하라. 5 믿지 않는
자(외인)들을 대할 때는 지혜롭게 행동하고 기회를 잘 활용하라(세월을 아
끼라, 기회를 사라). 6 너희 말을 항상 감사하는(은혜) 가운데 소금으로 맛을
내는 것과 같이하라. 그러면 그 사람에게 맞는 대답을 하게 될 것이다.

골 4:7 이 편지를 전달하는 두기고가 내 모든 사정을 너희에게 알려줄 것이
다. 그는 내가 사랑하는 믿는 형제요, 신실한 일꾼이요, 주님 안에서 나와
함께 그리스도의 종이 된 자이다. 8 내가 두기고를 특별히 너희에게 보내는
것은 감옥에 갇힌 우리 사정을 너희에게 알게 하고, 너희 마음을 위로하려
는 것이다. 9 또한 신실하고 우리의 사랑을 받는 형제 오네시모를 함께 보
낸다. 그도 역시 너희에게 사랑받는 믿음의 형제이다. 그들이 이곳의 상황
을 모두 너희에게 알려줄 것이다.

골 4:10 나와 함께 로마의 감옥에 갇힌 데살로니가 출신 아리스다고와 바나
바의 조카 마가 요한과(이 마가에 대해서는 너희가 명령을 받았으니 그가 너희
에게 도착하면 그를 영접하라.) 11 유스도라는 별명을 가진 예수도 너희에게
문안한다. 그들은 할례를 받아야 구원을 받는다고 주장하는 할례파이지만 이
들만은 하나님의 나라를 위해 함께 일(역사)하는 자들이니 이런 사람들이
나에게 위로가 되었다.

골 4:12 그리스도 예수의 종이 된 너희에게서 온 에바브라(에바브로) 디도
가 너희에게 문안한다. 그는 너희가 하나님의 모든 뜻 가운데서 신앙이 성
숙해지기를 계속해서 기도하고 있다. 13 그가 너희와 소아시아 지역의 라오
디게아에 있는 자들과 히에라볼리에 있는 자들을 위해 수고를 많이 한 것
을 내가 확실히 알고 있다. 14 사랑을 받는 의사 누가와 데마가 너희에게

성경인물

두기고(Tychious, 골4:7)
아킵보(Archippus(골4:17)

두기고(골 4:7, 행 20:4, 엡 6:21)는 바울의 절친한 동역자요 조력자인 아시아계 그리스도인이다(행 20:4). 그는 바울이 로마의 감옥에 첫 번째와 두 번째 갇혀 있을 때에 모두 그와 함께했으며 에베소와 골로새에 보내는 바울의 서신을 오네시모와 동행하는 가운데 전달하였다(엡 6:21, 골 4:7-9). 특히 바울은 그레데에서 목회를 하고 있는 디도에게 두기고를 보내주겠다고 했다(딛3:12).

아킵보(골 4:17, 몬 1:2)는 골로새 교회의 신자요(골 4:17) 빌레몬 가족의 일원으로 보인다(몬 1:2). 그는 에바브라와 라오디게아 교회에서 사역을 한 것으로 보이는데 바울은 그를 향해 우리와 함께 군사 된 자라고 칭했다(골 4:17).

히에라볼리(골 4:13) 터키, 라오디게아 방향

바울 당시의 지도(괄호 속은 골로새서 구절)

문안한다. 15 라오디게아에 있는 믿는 형제들과 눔바와 그 여자의 집에 있
는 교회에 문안한다. 16 이 편지를 너희가 읽은 후에 15㎞ 떨어진 라오디게
아인의 교회에서도 읽게 하고, 또 라오디게아로부터 오는 편지를 너희도
읽으라. 17 빌레몬의 아들로 여겨지는 아킵보에게 "주님 안에서 받은 직분을
잘 감당하라"고 이르라. 18 나 바울은 친필로 문안 인사를 하니 내가 로마
감옥에 갇힌 것을 생각하라. 은혜가 너희에게 있기를 기원한다.

빌레몬서는 다른 옥중 서신들(에베소서, 빌립보서, 골로새서)처럼 바울이 로마에서 1차 연금되어 있을 당시인 61-63년경에 빌레몬에게 도망 나와 바울에게 온 노예 오네시모를 주인인 빌레몬에게 돌려보내면서 그를 용서하고 믿음의 형제로 맞이해줄 것을 권고하기 위해 기록한 것이다.

† 감옥에서 빌레몬에게 보낸 바울의 편지 (몬 1:1-23)

몬 1:1 그리스도 예수를 위해 감옥에 갇힌 자 된 바울 및 형제 디모데는
함께 일하는 동역자인 우리가 사랑하는 빌레몬과 2 자매 압비아와 우리와
함께 군사(병사) 된 아킵보와 그대(빌레몬)의 집에 있는 교회에 편지를 쓴
다. 3 하나님 우리 아버지와 주 예수 그리스도의 은혜와 평안이 너희에게
있기를 기원한다. 4 내가 항상 하나님께 감사하고 기도할 때마다 너에 대
해서도 기도하는 것은 5 주 예수와 모든 성도에 대한 너의 사랑과 믿음을
들었기 때문이다. 6 이로써 네 믿음의 교제가 그리스도 안에서 우리가 누

바울이 로마에서 첫 번째로 갇힌 마메르틴 감옥(몬 1:1) 이탈리아 로마

성경 인물

오네시모

(Onesimus, 몬1:15)

오네시모(골 4:9)는 빌레몬의 종으로 물건을 훔쳐 도망하여 바울을 만나 그의 수종자가 된 사람이다(몬:1). 바울은 오네시모를 돌려보내면서 내 심복을 보낸다고 하면서 그를 용납하고 자기를 돕도록 부탁했다. 오네시모는 유용함이란 뜻이다(몬 10:11-12). 후에 그는 바울이 골로새의 성도들에게 보낸 편지와 빌레몬에게 보낸 편지를 지니고 두기고와 함께 여행했다(골 4:7-9).

오네시모(몬 1:15) 터키 갑바도기아

리는 복(선)을 그대가 알고 누리기를 기도한다. 7 나의 믿음의 형제여, 네가
성도들에게 베푼 사랑으로 성도들의 마음이 평안을 얻었다. 나 또한 많은
기쁨과 위로를 받았다.

몬1:8 이러므로 내가 그리스도 안에서 너에게 마땅한 일로 당당하게 명령
할 수도 있지만 9 그렇게 하지 않고 사랑으로써 부탁한다. 이제 나이가 많
은 나 바울은 지금 다시 예수 그리스도를 위해 로마 감옥에 갇힌 자가 되었
다. 10 그러나 감옥에 갇힌 중에서 믿음으로 낳은 아들 오네시모를 위해 너에
게 부탁한다. 11 그가 전에는 너에게 쓸모없는 종이었지만 이제는 나와 너
모두에게 유익한 사람이 되었다. 12 나의 분신(심복, 심장)과도 같은 그를
너에게 다시 돌려보낸다. 13 그를 내 곁에 계속 머물도록 하여 내가 복음을
위해 감옥에 갇힌 중에서 너 대신에 나를 섬기게 하기를 원한다. 14 그러나
너의 허락이 없이는 내가 그에 대해 아무것도 하기를 원하지 않는다. 그렇
게 하는 이유는 너의 선한 일이 억지로 하는 것같이 되지 않고 스스로 하
기를 바라는 마음 때문이다.

몬1:15 오네시모가 잠시 너를 떠나게 된 것은 아마 그를 네 곁에 영원히
두게 하기 위함인지 모른다. 16 그러니 이후로는 그를 종과 같이 취급하지
말고 사랑받는 믿는 형제로 네 곁에 두라. 나는 그를 소중하게 여기지만 너
는 주님 안에서 더욱 그를 소중하게 여길 것으로 믿는다. 17 그러므로 네가
나를 함께 일하는 동역자로 안다면 그를 영접하기를 나에게 하듯 하라. 18
그가 만일 너에게 불의를 행했거나 너에게 빚진 것이 있다면 그것은 내가
갚을 것이다.

몬1:19 나 바울은 친필로 이 편지를 쓰니 내가 반드시 갚을 것이다. 그 외
에 네 자신이 나에게 은혜로 빚진 것은 내가 아무 말도 하지 않겠다. 20 믿
는 형제여, 나로 하여금 주님 안에서 내 부탁을 들어줌으로 너로 인해 기쁨
을 얻게 하고 내 마음이 그리스도 안에서 평안하도록 협조해주라. 21 나는
네가 내 부탁을 들어줄 것을 확신하기 때문에 너에게 이 편지를 썼지만 너
는 내가 말한 것보다 더 잘할 줄을 알고 있다. 22 오직 너는 나를 위해 숙소
를 마련해두라. 너희 기도로 내가 너희를 만날 수 있기를 원한다.

몬1:23 그리스도 예수를 위해 나와 함께 감옥에 갇힌 자 된 에바브라(빌

2:25, 에바브로)와 24 또한 나의 동역자 마가 요한, 아리스다고, 데마, 누가가
문안한다. 25 우리 주 예수 그리스도의 은혜가 너희와 함께 있기를 기원한
다.

> 에베소서는 바울이 로마의 연금 상태에 있을 때 기록된 것이다. 즉 사도 바울은 제3차 전도 여행을 마치고 예루살렘에서 체포되어 가이사랴에서 2년여의 억류 상태에 머무르게 된다(행 24:27). 그 후 로마로 호송되어 61년 봄에 로마에 도착하게 된다. 로마 도착 후 바울은 가이사 앞에서의 재판을 위해 다시 2년간 연금 상태에 있게 되는데, 본서는 이때 다른 옥중 서신들과 함께 기록되었다.
> 에베소서의 기록 목적은 첫째, 제3차 전도 여행 기간 중 3년에 걸쳐 설립하고 양육시켰던 에베소 교회와 그 인근 교회들을 권면하고 신앙의 바른 도리를 깨우치게 하기 위해서였다. 둘째, 에베소 교회 안에서 생겨난 분란의 조짐을 막고 그리스도 안에서 모두 한 몸임을 깨우치기 위해서이다.

감옥에서 에베소 성도에게 보낸 바울의 편지 _62년경

† 인사와 찬양과 기도 (엡 1:1-23)

엡 1:1 ● 하나님의 뜻에 따라 그리스도 예수의 사도가 된 바울은 소아시아
지역의 에베소에 있는 성도들과 그리스도 예수를 믿는 신실한 자들에게
편지한다. 2 하나님 우리 아버지와 주 예수 그리스도의 은혜와 평안이 너
희에게 있기를 기원한다. 3 하나님을 찬송한다. 우리 주 예수 그리스도의
아버지께서 그리스도 안에서 하늘에 속한 모든 신령한 복을 우리에게 주
셨다. 4 그것은 세상이 창조되기 전에 우리로 그리스도의 사랑 안에서(사
랑으로) 그분 앞에 거룩하고 흠이 없게 하시기 위해 그리스도 안에서 우리
를 선택하신 것이다. 5 하나님께서는 그 기쁘신 뜻에 따라 예수 그리스도로
인해 자기의 아들들이 되도록 하셨다. 6 그렇게 한 것은 하나님이 사랑하
시는 그리스도 안에서 우리에게 아무 대가 없이 그의 은혜의 영광을 찬송
하게 하기 위함이다.

엡 1:7 우리는 그리스도 안에서 그의 풍성한 은혜를 따라 그의 피로 인해
죄를 용서받았다. 8 이는 예수께서 모든 지혜와 지식(총명)을 우리에게 넘
치게 하므로 9 그 뜻의 비밀을 우리에게 알게 하셨기 때문이다. 그것은 하
나님께서 그리스도를 통해 우리를 구원하시려는 뜻을 갖고 계신다는 것

성경 지리 **에베소(Ephesus, 엡 1:1)**

에베소(Ephesus)는 에게해 안에서 5㎞ 들어간 카이스터 강구에 위치해 있다. 당시 정치적으로 로마 제국이 소아시아를 지배할 때 수도로 로마, 알렉산드리아, 안디옥과 더불어 로마 제국의 4대 도시 중의 하나였다. 에베소는 알렉산드리아, 고린도와 함께 지중해에 인접한 3대 도시의 하나로 각지의 물산이 이합집산되는 무역 항구요, 교통상으로 동서양을 연결시키는 요지이다. 신약시대에 에베소는 자유도시로서 민회와 의원을 가지고 있었다. 바울은 제2차 전도 여행 시 이곳에서 잠시 동안 전도하였고(행 18:19), 제3차 전도 여행 때에는 마술객들은 마술 책을 불사르고 예수를 믿는 역사가 일어났다(행 19:1-10).

에베소의 고대 시장인 아고라(엡 1:1)

난제 **선택과 예정**(엡 1:4, 11)

선택에 해당하는 헬라어 '엑셀렉사토'는 기본형 '에클레고'는 '에크'와 '레고'가 결합된 말로 문자적 의미는 '골라내다', '집어내다'이다. 이는 어떤 사람을 어떤 장소나 사물로부터 불러 밖으로 끄집어내었다는 의미이다. 따라서 엑셀렉사토는 자기 자신을 위해 어떤 장소나 사물에 속해 있던 것을 불러서 밖으로 끄집어내어 구별시켰다는 의미를 갖는다. 그러므로 본 절(엡 1:4)에서는 하나님이 자기 자신을 위해 자기 백성들을 세상으로부터 불러내어 구별해두었다는 뜻이다.
한편 엡 1:11에 나오는 예정은 성도들이 구원을 받아 천국 기업을 받게 된 것은 하나님의 절대 주권에 의한 것임을 말한다. 이런 예정 교리는 하나님의 절대적인 주권을 강조한 데서 기인한다.

하나님 우편에 앉으신 예수(엡 1:20) 13세기, 파리, 생트 주느비에브 도서관

이었다. 10 때가 되면 하나님은 하늘과 땅에 있는 것이 모두 그리스도 안에
서 하나가 되게 하실 것이다. 11 모든 일을 자신이 결정한 대로 일하시는
하나님은 그의 계획을 따라 우리를 오래전에 예정해놓으셨다. 12 이는 그
리스도 안에서 오래전부터 바라던 소망을 가진 우리를 통해 하나님께서
영광과 찬양받기를 원하시기 때문이다. 13 너희가 예수 그리스도 안에서
진리의 말씀인 구원의 복음을 듣고 그것을 믿었을 때 그 표징으로 약속한
성령(약속의 성령)을 보내주셨다. 14 성령께서는 하나님이 약속하신 것을
우리가 받을 것이라고 보증해주셨다. 그리고 그의 백성이 구원을 받음으
로 하나님의 영광을 찬송하게 하려는 것이다.

엡 1:15 이로 인해 주 예수 안에서 너희 믿음과 모든 성도를 향한 너희의 사
랑을 나도 전해들었다. 그래서 16 내가 기도할 때에 너희를 기억하며 하나
님께 넘치는 감사를 하고 있다. 17 우리 주 예수 그리스도의 영광의 하나님
아버지께서 지혜와 계시의 영을 너희에게 주어 하나님을 알게 했다. 18 또
한 너희 마음을 밝혀 그가 우리를 부르신 소망이 무엇이며, 성도 안에서
그 유산(기업)의 영광이 얼마나 풍성한 것인지, 19 믿는 우리에게 베푸신
지극히 큰 능력이 어떠한 것인지를 너희에게 알게 하시기를 간구한다. 20
그분의 능력은 그리스도를 죽은 자들 가운데서 다시 살리시고, 그를 하늘
에서 자기의 오른편에 앉게 하신 것이다. 또한 21 모든 세상의 통치와 권세
와 능력과 주권뿐만 아니라 앞으로 오게 될 세상에서도 모든 이름 위에 뛰
어나게 하셨다. 22 또 만물로 하여금 그의 발 아래에 복종하게 하시고, 그
리스도를 교회의 머리로 삼으셨다. 23 교회는 그리스도의 몸이니 모든 것
(만물)을 채워주시는 분이 계신 곳이다.

† 그리스도 안에서의 새 생명과 십자가의 화목 (엡 2:1-22)

엡 2:1 ● 그리스도는 불순종(허물)과 죄 때문에 죽었던 너희를 살리셨다.
2 그때에 너희는 세상 사람들과 같이 행하여 세상(세대) 풍속를 따르고, 땅
위의 공중의 권세 잡은 사탄의 세력에 순종했다. 그들은 바로 지금도 하나
님께 불순종하는 자들의 마음속에서 활동(역사)하는 영이다. 3 전에는 우
리도 다 그들과 같이 우리 육체의 욕심대로 살았다. 또한 육체와 마음의

원하는 대로 하여 다른 세상 사람들과 같이 본래부터 진노를 받을 수밖에
없는 자녀였었다. 4 그러나 긍휼이 풍성하신 하나님께서 우리를 지극히 사
랑했기 때문에 5 불순종의 죄(허물)로 인해 죽은 우리를 그리스도와 함께
살리셨다(너희는 은혜로 구원을 받은 것이다). 6 또 그와 함께 다시 살리사 하
늘에 계신 그리스도 예수 옆에 우리를 앉혀주셨다. 7 그렇게 하신 것은 그
리스도 예수 안에 있는 우리에게 자비를 베푸심으로 그분의 은혜가 지극
히 풍성하다는 것을 다가오는 모든 세대에 보여주시기 위함이다. 8 너희는
그런 은혜에 의하여 믿음으로 인해 구원을 받았다. 그러므로 구원은 너희
스스로가 얻은 것이 아니라 하나님의 선물이다. 9 그것은 선한 행위에서
얻은 것이 아니기 때문에 누구든지 자랑할 수 없다.

엡 2:10 우리는 하나님이 창조하셨다. 곧 그리스도 예수 안에서 선한 일을
위해 지으심을 받은 자이다. 이 일은 하나님이 오래전부터 계획해놓으신
것으로 우리로 하여금 선한 삶을 살도록 하기 위함이다.

엡 2:11 그러므로 너희는 그때에 육체로는 이방인으로 태어났으며 유대인
(손으로 육체에 행한 할례를 받은 무리라 칭하는 자)들로부터 할례를 받지 않
은 무리라(무할례자)고 칭함을 받는 자들이었음을 생각하라. 12 그때에 너
희는 그리스도와 아무 상관이 없었고 이스라엘 국민도 아니었다. 너희는
약속의 계약(언약)들에서 제외되었고, 세상에서는 소망이 없고, 하나님도
없는 자였다. 13 그러나 이제는 전에 하나님과 떨어져 있던 너희가 그리스
도 예수 안에서 그리스도께서 흘린 피로 인해 하나님과 가까워졌다. 14-15
예수 그리스도는 둘을 하나로 만드사 원수 된 것, 곧 중간에 막힌 담을 자
기 육체를 내어줌으로 헐어버리셨다. 또 그분은 법조문으로 된 율법의 계
명을 폐기하셨다. 그것은 유대인과 이방인을 갈라놓았던 율법을 없애므
로 이 둘이 그리스도 안에서 하나가 되어 새 사람이 되게 하셨다. 그래서
예수는 우리의 화평이 되셨다.

엡 2:16 또 예수 그리스도께서는 십자가의 죽으심으로 유대인과 이방인을
하나(한 몸)가 되게 하여 하나님과 화목하게 하셨다. 그분은 하나님과 원수
된 것을 십자가로 소멸하셨다. 17 또 그분은 먼 데 있는 너희에게 찾아오
사 평안을 전하시고 하나님을 믿는 유대인(가까운 데 있는 자)들에게도 찾

QT **그리스도 안에서**(엡 2:7, 10)

에베소서의 특징적 용어는 '그리스도 안에'(엡 1:3, 7, 9, 12, 2:10)라는 말이다. 이 말은 모든 그리스도인에게 가장 축복된 말이다. 하나님은 그리스도 안에서 각양 신령한 복을 주시며(3), 은혜를 베푸시고, 그 안에서 구속의 은혜를 베푸셨다(7). 그러므로 우리는 항상 세상으로 나가지 않고 그리스도 안에 거하는 자가 되기 위해 언제, 어느 때, 무엇을 하든지 예수를 생각하자.

언어 **그리스도 예수 안에서**(엡 2:7, 10)

바울에게 가장 중요한 신앙 표현 중에는 '그리스도 안에'라는 말과 '그리스도로 말미암아'라는 말이다. 이 중에서 에베소서는 교회의 일치와 연합을 강조하고 있는 옥중서신으로 어느 서신보다도 '그리스도 안에'(엔 크리스토)라는 말을 핵심 단어로 사용하고 있다. 바울 서신 가운데서 '그리스도 안에'라는 말은 모두 164회나 나오며 6장밖에 없는 에베소서에도 35회나 사용되었다. 본서에 사용된 '그리스도 안에'라는 말은 그리스도께서는 교회의 존재와 구원의 근원이 되시며, 교회 일치와 연합의 근거가 되심을 보여주는 표현이다.

지성소와 성소 사이의 휘장(엡 2:14) 이스라엘 팀나 공원. 예수의 죽음으로 이 휘장이 찢어져 하나님과 사람 사이의 막힌 담이 헐어졌다.

십자가에 달린 예수와 네 명의 사람들(엡 2:16) 12세기, 도자기에 새긴 칠보의 거룩한 유물 상자, 독일 다름시다트(다름쉬타트) 미술관, 예수께서 십자가에 돌아가심으로 모든 사람을 하나 되게 하셨다.

아와 평안을 주셨다. 18 이는 우리 모두가 그리스도를 통해 한 성령 안에서
아버지 하나님께 나아감을 얻게 하려는 것이다. 19 그러므로 이제부터는 너
희가 낯선 사람도 아니요, 나그네도 아니라 오직 하나님의 거룩한 백성(성
도)들과 동일한 하늘의 시민이요, 하나님께 속한 가족(권속)이다.

엡 2:20 너희는 사도들과 선지자들이 닦아놓은 기초 위에 세워진 하나님
의 집이다. 그리스도 예수께서는 친히 그 집의 모퉁잇돌이 되셨다. 21 그러
므로 모퉁잇돌 되시는 예수 안에서 건물마다 서로 연결되어 주님 안에서
성전으로 지어져가고, 22 너희도 성령 안에서 하나님이 거하실 처소가 되
기 위해 그리스도 예수 안에서 함께 지어져가는 것이다.

† 복음을 위해 헌신한 바울 (엡 3:1-21)

엡 3:1 ● 그리스도 예수의 일로 너희 이방인을 위해 감옥에 갇힌 나 바울
이 말한다. 2 하나님께서는 그 은혜를 너희에게 나타내시기 위해 나에게
그 일을 맡긴 것을 너희는 들어 알고 있다. 3 곧 계시를 통해 나에게 그 비
밀스런 계획을 알게 하신 것은 내가 이전에 보낸 편지에서도 간단히 기록
한 것과 같다. 4 그 편지를 읽으면 내가 그리스도의 비밀을 깨달은 것을 너
희가 알 수 있을 것이다. 5 이제 그의 거룩한 사도들과 선지자들에게 성령
으로 나타내셨으나 그 이전 세대에서는 불순종(사람)의 아들들에게 알리
지 않으셨다. 6 이는 이방인들도 복음으로 인해 그리스도 예수 안에서 유대
인과 함께 상속자가 되고, 그들과 함께 지체가 되고, 함께 약속에 참여하는
자가 되었기 때문이다. 7 나는 하나님의 능력과 은혜의 선물을 따라 복음
을 전하는 일꾼이 되었다.

엡 3:8 모든 성도 중에 지극히 작고 보잘것없는 나에게 이런 은혜를 주신
것은 말로 표현할 수 없는 그리스도의 부요함을 이방인에게 전하게 하기
위함이다. 9 또 모든 사람에게 영원부터 만물을 창조하신 하나님 속에 감
추어졌던 이방인과 유대인 모두에게 구원에 동참하게 된 비밀의 경륜이 어떤
것인지를 전하도록 하려는 것이다. 10 뿐만 아니라 이제 교회로 인해 하늘
에 있는 통치자들과 권세자들에게 하나님의 각종 지혜를 알게 하기 위함
이다. 11 그것은 영원부터 우리 주 그리스도 예수 안에서 예정하신 계획

성경상식 **경륜**(dispensation, 엡 3:9)

경륜은 헬라어 '오이코노미아'로, 원래는 '목적', '뜻'이란 말이다. 이 단어는 신약성서에 열아홉 번 나오는 중에 에베소서에 세 번 나온다. 곧, 때가 찬 경륜(엡 1:9), 하나님의 은혜의 경륜(엡 3:2), 비밀의 경륜(엡 3:9) 등이다. 경륜은 가사를 관리하고 꾸려나가는 것으로 '인간이 특별히 계시된 하나님의 뜻에 복종하는가에 대하여 시험받는 기간'(스코필드 성경)이라고 정의하기도 한다. 성경에서 사용되는 경륜은 청지기 직분, 다른 사람의 재산에 대한 감시, 혹은 경영을 말한다. 결국 경륜은 하나님의 뜻을 성취할 때의 두드러진 섭리이다.

(뜻)에 따라 하신 것이다. 12 우리는 예수 안에서 그를 믿음으로 인해 담대
함과 확신을 가지고 하나님께 나아갈 수 있다. 13 그러므로 나는 너희를 위
해 당하는 나의 여러 환난 때문에 낙심하지 말라고 기도한다. 그것은 오히
려 너희에게 영광이 된다.

엡 3:14 이러므로 내가 하늘과 땅에 있는 각 족속에게 15 참 생명의 이름을
주신 하나님 아버지 앞에 무릎을 꿇고 간구한다. 16 그분의 풍성한 영광을
따라 그의 성령을 통해 너희 속사람을 능력으로 강하게 해주시기를 기도
한다. 17 곧 믿음으로 인해 그리스도께서 너희 마음에 항상 머물게 하시고
너희가 사랑의 뿌리를 내리고 기반이 다져져서 18-19 능히 모든 성도와 함
께 그리스도의 사랑이 얼마나 큰지를 깨닫기 바란다. 19 그래서 그 사랑의
너비와 길이와 높이와 깊이가 어떠함을 깨달아 하나님의 모든 충만함이
너희 마음속에 넘치기를 간구한다. 20 우리 가운데서 일(역사)하시는 하나
님께서는 우리가 구하고 생각하는 모든 것보다 더 넘치도록 채워주시는
능력 있는 분이시다. 21 교회와 그리스도 예수를 통해 구원을 이루시는 하
나님께 영광이 영원무궁하기를 기원한다. 아멘.

† 하나 되게 하시는 성령과 새 사람의 생활 (엡 4:1-5:20)

엡 4:1 ●그러므로 주님의 일을 위해 감옥에 갇힌 나 바울이 너희에게 권
면한다. 너희가 하나님의 백성으로 부르심을 받았으니 하나님의 백성답게
살아가라. 2 항상 겸손하고, 온유와 오래 참음으로 사랑 가운데서 서로 용
납하고, 3 성령을 통해 평안의 매는 줄로 하나가 되었으니 그대로 살아가
기를 힘쓰라. 4 몸이 하나요, 성령도 한 분이시니 이와 같이 너희가 한 소망
안에서 하나님의 백성으로 부르심을 받았다. 5 주님도 한 분이시요, 믿음과
세례(침례)도 하나이다. 6 하나님도 만물의 주인이신 한 분뿐인 아버지이
시다. 그분은 만물(만유, 모든 것) 위에 계시고, 만물을 통일하시고, 만물 가
운데 계신다.

엡 4:7 하나님은 우리 각 사람에게 그리스도의 선물의 분량대로 은혜를 주
셨다. 8 그러므로 성경에 기록되기를 "그가 하늘로 올라가실 때에 사로잡
혔던 자들을 이끄시고 자기의 사람들에게 선물을 주셨다(시 68:18)"라고

하늘로 승천하시는 예수(엡 4:8-10) 바티칸, 태피스트리(직물화)

난제 **그리스도께서 땅 아래 내려간 곳에 대한 해석은? (엡 4:9)**

그리스도께서 땅 아래로 내려갔다는 (4:9) 말의 뜻에 대해서는 다음과 같은 견해가 있다.
첫째, 이어지는 문맥상으로 볼 때 오순절 성령 강림을 의미한다는 견해이다.
둘째, 벧전 3:19과 관련하여 그리스도께서 음부로 내려간 것을 가리킨다는 견해이다.
셋째, '땅 아래'는 단지 '땅'을 의미하는 것으로 보아 그리스도의 성육신을 가리킨다는 견해이다.
넷째, 그리스도의 죽음과 장례를 가리킨다는 견해 등이 있다. 대부분의 학자들은 셋째 것을 지지하고 있다.

성경상식 **목사와 교사(엡 4:11)**

목사로 번역된 헬라어 '포이멘'은 '목자'란 뜻으로 목자장 되시는 예수의 양 무리를 맡아 영적 양식을 먹이고 외부로부터 오는 위험에서 보호하는 직분을 맡은 자를 가리킨다.
교사는 헬라어 '디다스칼로스'로 이는 '가르치다'란 뜻의 '다다스코'에서 유래되었는데 목사와 거의 비슷한 뜻을 가진다. 목사(포이멘)는 직분의 관점에서, 교사(디다스칼로스)는 목사가 가르치는 일을 하는 측면에서 반복하여 기록한 것으로 보인다. 원문에는 목사와 교사 앞에 관사가 하나밖에 없다는 것을 근거로, 한 직분을 달리 표현한 것이라고도 주장한다.

함과 같다. 9 "올라가셨다"라는 말은 그리스도께서 먼저 이 땅에 오셨다는
뜻이다(땅 아래 낮은 곳으로 내리가셨던 것이 아니면 무엇이냐?) 10 땅 아래로
내려오셨던 그분이 곧 하늘 위로 오르신 분이니 이는 만물을 그의 것으로
완성시키려는(충만하게 하려는) 것이다.

엡 4:11 그 예수께서 어떤 사람은 사도로, 어떤 사람은 선지자로, 어떤 사
람은 복음 전하는 자로, 어떤 사람은 목사와 교사로 삼으셨다. 12 이는 성
도를 준비시켜(온전하게 하여) 봉사의 일을 하게 하며, 그리스도의 몸인 교
회를 더욱 강하게 세우기 위함이다. 13 우리가 하나님의 아들을 믿는 것과
그를 아는 일에 모두 하나가 되고 또한 성숙한(온전한) 사람이 되어 그리
스도의 장성한 분량(충만한 신장의 분량)까지 이를 것이다. 14 이는 우리가
이제부터는 어린아이가 되지 않고 속임수와 간사한 유혹에 빠지게 하는
온갖 새로운 가르침(교훈의 풍조)에 넘어가 흔들리지 않게 하기 위함이다.
15 그러므로 너희는 오직 사랑 안에서 참된 생활을 하여 모든 일에 그리스
도에게까지 성숙해야(자라야) 할 것이다. 모든 일에 머리 되시는 분은 그
리스도이시다. 16 그에게서 온 몸이 각 마디를 통해 도움을 받아 서로 연결
되고 결합되어 각 지체의 분량대로 역사하여 그 몸을 자라게 하라. 그러면
사랑 안에서 더욱 굳게 서게 될 것이다.

엡 4:17 그러므로 내가 주님 안에서 강하게 권면한다. 이제부터 너희는 이
방인처럼 허무한 생각에 따라 생활하지 말라. 18 그들은 하나님을 아는 지
식(총명)은 어두워지고 그들 가운데 있는 무지함과 그들의 마음은 완악해
져서 하나님의 생명에서 떠나 있다. 19 그들은 부끄러운 일에 무감각하여 자
신을 방탕하도록 방치하여 더러운 욕심대로 행한다. 20 그러나 너희는 그리
스도를 그렇게 배우지 않았다. 21 진리가 예수 안에 거하는 것같이 너희가
그에게서 듣고, 또한 그 안에서 가르침을 받았다면 22 너희는 한없는 욕심
의 유혹에 빠져 스스로를 파괴시키는(썩어져가는) 옛 행실(구습)을 따르는
옛 사람대로 살지 말라. 23 오직 너희의 마음(심령)을 새롭게 하여 24 하나님
의 성품처럼 의로움과 진리의 거룩함으로 창조된 새 사람으로 살아가라.

엡 4:25 너희는 거짓말을 하지 말고, 그 이웃에게 진실만을 말하라(슥 8:16).
왜냐하면 우리는 서로 지체가 되었기 때문이다. 26 화(분)를 내도 죄를 짓는

데까지 가지 말며, 해가 지도록 화(분)를 품어(시 4:4) 27 마귀에게 기회(틈)
를 주지 말라. 28 도둑질하는 자는 다시 도둑질하지 말고 돌이켜 자기 손으
로 수고하여 가난한 자를 도와주는 선한 일을 하라. 29 무릇 험담하는(더러
운) 말은 너희 입 밖에도 내지 말고, 오직 덕을 세우는 데 유익한 선한 말을
하라. 그래서 듣는 자들에게 은혜를 끼치게 하라. 30 하나님의 성령을 슬프
게 하지 말라. 성령께서는 마지막 구원의 날까지 너희가 하나님의 자녀임
을 보증해주셨다. 31 너희는 원한을 품거나(악독) 화내거나 떠들고 비방하
는 말을 하지 말라. 32 오히려 서로 친절히 대하고, 불쌍히 여기며, 하나님이
그리스도 안에서 너희를 용서하신 것과 같이 서로 용서하라.

엡 5:1 그러므로 하나님의 사랑을 받는 자녀답게 너희는 하나님을 본받으
라. 2 그리스도께서 너희를 사랑하신 것같이 너희도 사랑으로 행하라. 그
는 우리를 위해 자신을 향기로운 제물과 희생 제물로 하나님께 드리셨다.
3 그러므로 음행과 온갖 더러운 것과 탐욕은 너희 중에서 그 이름조차도
부르지 말라. 그것은 성도가 마땅히 행해야 할 것이다. 4 더러운 말(누추함)
이나 추한 농담(어리석은 말이나 희롱의 말)을 하지 말고 오히려 감사하는
말을 하라. 5 너희도 음행하는 자나 더러운 자나 욕심이 가득한 자, 곧 우상
숭배자는 모두 그리스도와 하나님의 나라를 유산(기업)으로 받지 못한다
는 것을 알고 있다. 6 누구든지 그런 거짓말(헛된 말)로 너희를 속이지 못하
게 하라. 그로 인해 하나님의 진노가 불순종하는 자들에게 임한다. 7 그러
므로 그런 사람들과는 사귀지 말라.

이제는 주 안에서 빛이라(엡 5:8) 이집트 홍해

해시계(엡 5:16) BC 1세기, 터키, 이스탄불 고고학 박물관

엡 5:8 너희가 이전에는 어둠 가운데 행했다. 그러나 이제는 주님 안에서
빛이 되었으니 빛의 자녀들처럼 행하라. 9 빛은 모든 착함과 의로움과 진
실함의 열매를 맺게 한다. 10 어떻게 해야 주님을 기쁘게 할 수 있는지를
생각하라. 11 너희는 열매 없는 어둠의 일에 속한 자처럼 행동하지 말고 도
리어 그 일을 배격(책망)하라. 12 어둠에 있는 자들이 은밀하게 행하는 것
들은 입에 담기도 부끄러운 것들이다. 13 그러나 빛이 오면 책망을 받는 모
든 것들이 밝히 드러나게 될 것이다. 14 그러므로 성경에서도 이르기를 "잠
자는 자여, 깨어서 죽은 자들 가운데서 일어나라. 그리스도께서 너에게 비
추실 것이다(참조, 사 26:19)"라고 했다.

엡 5:15 그러므로 너희는 어떻게 행동해야 할지 주의 깊게 살펴보고 오직
지혜 있는 자같이 하여 16 세월을 아끼라(기회를 놓치지 말라, 기회를 사라).
때가(그날들이) 악하다. 17 너희는 어리석은 자가 되지 말라. 오직 주님의
뜻이 무엇인지 배우도록 하라(이해하라). 18 술 취하지 말라. 그것은 방탕하
게 만든다. 오히려 성령으로 충만해지도록 하라. 19 시와 찬송과 영적인(신
령한) 노래들로 서로 대화하며, 마음으로 주님께 노래하며 찬송하라. 20 모
든 일에 우리 주 예수 그리스도의 이름으로 아버지 하나님께 항상 감사하
며, 21 그리스도를 경외함으로 서로 복종하라.

† 아내와 남편, 자녀와 부모, 종과 상전에 대한 권면 (엡 5:22-6:9)

엡 5:22 ●아내들이여, 자기 남편에게 복종하기를 주님께 하는 것처럼 하
라. 23 왜냐하면 남편이 아내의 머리가 되는 것같이, 그리스도께서는 교회
의 머리 됨과 같기 때문이다. 그리스도는 교회의 구세주가 되셨다. 24 그러
므로 교회가 그리스도에게 순종하듯 아내들도 모든 일에 자기 남편에게
순종하라.

엡 5:25 남편들아, 아내를 사랑하되 그리스도께서 교회를 사랑하시고 그
교회를 위해 자신을 주신 것같이 하라. 26 그리스도께서는 교회를 물로 씻
고, 말씀으로 깨끗하게 하여 거룩하게 하셨다. 그것은 27 자기 앞에 영광스
러운 교회로 세우사 얼룩(티)이나 주름 잡힌 것이 없이 거룩하고 흠이 없
게 하시기 위함이다. 28 이와 같이 남편들도 자기 아내를 자기 몸과 같이 사

랑하라. 자기 아내를 사랑하는 자는 자기를 사랑하는 것이다.

엡 5:29 자기 몸(육체)을 미워하는 자는 한 사람도 없다. 사람들은 그리스
도께서 교회를 양육하고 보호하는 것처럼 자기 몸을 그렇게 한다. 30 우리
는 그리스도의 몸인 교회의 지체들이다. 31 성경에서도 "그러므로 사람이 부
모를 떠나 그 아내와 연합하여 그 둘이 한 몸(육체)을 이룰 것이니 32 이 비
밀이 크도다(창 2:24)"라고 말하고 있다. 그래서 나는 그리스도와 교회에
대하여 말하는 것이다. 33 너희는 각자 자기의 아내를 자신같이 사랑하고,
아내도 자기 남편을 존경하라.

엡 6:1 자녀들아, 주님을 믿는 사람으로서 너희 부모에게 순종하라. 그
것은 당연하고 옳은 일이다. 2 성경에도 "네 부모를 공경하라(출 20:12, 신
5:16)"고 말하고 있다. 이것은 약속이 있는 첫 계명이다. 3 그렇게 하면 네
가 잘되고 땅에서 장수할 것이다. 4 또 아비들아, 너희 자녀를 노엽게 하지
말고 오직 주님의 가르침(교훈)과 훈계로 양육하라.

엡 6:5 종들아, 두려워하고 떨며 성실한 마음으로 그리스도께 하는 것처럼
너희 상전에게 순종하라. 6 사람을 기쁘게 하는 자처럼 주인이 볼 때만 잘
하지 말고 그리스도의 종들처럼 마음(목숨)으로 하나님의 뜻을 행하라. 7
기쁜 마음으로 섬기기를 주님께 하듯 하고 사람들에게 하는 것처럼 하지
말라. 8 너희는 각 사람이 무슨 선한 일을 행하든지 종이나 자유인이나 주
님은 그가 행한 대로 보답해주시는 분임을 너희가 알고 있다.

엡 6:9 상전(주인)들아, 너희도 똑같이 종들에게 잘해주고 위협하지 말라.
이는 너희의 종들인 동시에 그들의 상전이 하늘에 계시기 때문이다. 그분
은 사람을 겉모습만 보고 판단하지 않는 줄을 너희가 알고 있다.

† 마귀의 대적과 마침 인사 (엡 6:10-24)

엡 6:10 ● 끝으로 너희가 주님의 능력으로 강건해지기를 바란다. 11 마귀
의 간교한 속임수(간계)에 빠지지 않기 위해 하나님의 무기(전신 갑주)
로 무장하라. 12 우리의 싸움(씨름)은 이 땅에 있는 사람들(혈과 육)을 상
대하는 것이 아니라 세상의 어두운 세력(통치자)과 땅 위에 권세 잡은 자
들과 이 어둠의 세상 주관자들과 하늘에 있는 악한 영들을 상대하는 것

✣ 전신 갑주(엡 6:11)
모든 무기로 완전 무장한 상태를 가리킨다. 한 손에 창과 다른 한 손에 방패, 몸에는 갑옷, 머리에는 투구, 허리에는 띠를 띤 고대 로마 군인의 복장에서 유래한 표현이다. 영적으로는 원수 마귀를 대적하는 성도들이 하나님의 말씀으로 완전 무장한 상태를 상징한다.

이다. 13 그러므로 하나님의 무기(전신 갑주)로 무장하라. 이는 마귀가 시험
(temptation)하는 악한 날에 너희가 마귀를 대적하고 하나님의 영적 무기로
무장한 후에도 굳게 서기 위해서이다.

엡 6:14 그러므로 굳게 서서 진리로 너희 허리 띠를 띠고, 가슴에 의의 흉배
(호심경)를 붙이고, 15 발에는 평안의 복음을 전할 신발을 신으라. 16 그리고
이 모든 것 위에 능히 악한 자의 모든 불화살을 막아낼 믿음의 방패를 가
지라. 17 머리에는 구원의 투구를 쓰고, 다른 한 손에는 성령의 검인 하나님의
말씀을 가지라. 18 항상 성령 안에서 기도와 간구를 하라. 이를 위해 깨어
간구하기를 항상 힘쓰며, 여러 성도를 위해 간구하라. 19 또 나를 위해서는
"내게 말씀을 주사 나로 하여금 입을 열어 복음의 비밀을 담대히 전파하게
하옵소서"라고 기도하라. 20 이 일을 위해 내가 쇠사슬에 매인 전권대사(사
신)가 되었다. 나로 하여금 이 일에 당연히 할 말을 담대히 말하도록 기도
하라.

엡 6:21 내가 무엇을 하는지 너희에게도 내 사정을 알리려고 한다. 내가 사
랑하는 형제요, 주님 안에서 진실한 일꾼인 두기고가 모든 일을 너희에게
알릴 것이다. 22 그는 우리 사정을 에베소에 있는 너희에게 알리고 또 너희 마
음을 위로하기 위해 내가 특별히 그를 너희에게 보내는 것이다. 23 아버지
하나님과 주 예수 그리스도의 평안과 믿음 안에서 사랑이 형제들에게 있
기를 기원한다. 24 하나님의 은혜가 예수 그리스도를 변함 없이 사랑하는 모
든 자에게 있기를 기원한다.

로마 때 투구(엡 6:17) 러시아 상트 페테르부르크, 에르미타주 박물관

검을 든 바울(엡 6:17) 바티칸

방패를 들고 싸우는 앗수르 군인(엡 6:16) 앗수르 니므롯 궁전 벽화, 런던, 대영 박물관

예루살렘에서 체포되어 가이사랴를 거쳐 로마에 호송된 사도 바울은 로마 황제(네로) 앞에서 재판을 받기 위해 기다리는 동안 2년간의 연금 생활을 하게 된다(61-63년). 바울은 이 기간에 여러 교회들에게 편지를 통하여 교훈을 주게 된다. 이 편지들을 가리켜 '옥중 서신'이라 칭한다. 본서는 연금 생활의 말기인 63년경에 기록된 것으로 추정된다.
빌립보 교회는 바울의 제2차 전도 여행 중 유럽에 최초로 세워진 교회이다. 이곳은 마게도냐 지역의 제1 도시로서 소아시아에서 유럽으로 들어가는 관문이며, 군사 도로인 에그나티아 도로가 있다. 빌립보서는 빌립보 교회 성도들에게 바울이 보낸 서신들 가운데 가장 깊은 애정과 감사의 마음이 깃든 편지이다.

감옥에서 빌립보 교인에게 보낸 바울의 편지 _63년경

† 인사와 간구, 바울의 갇힘과 복음 전파 (빌 1:1-30)

빌 1:1 ●그리스도 예수의 종 된 바울과 디모데는 그리스도 예수를 믿는 빌립보에 사는 모든 성도와 지도자(감독)들과 집사들에게 편지한다. 2 하나님 우리 아버지와 주 예수 그리스도의 은혜와 평안이 너희에게 있기를 기원한다. 3 나는 너희를 생각할 때마다 나의 하나님께 감사하며, 4 기도할 때마다 너희 무리를 위해 기쁨으로 항상 간구한다. 그것은 5 너희가 복음을 받아들인 첫날부터 지금까지 내가 전하는 복음을 위해 도움을 주었기 때문이다. 6 너희 안에서 선한 일을 시작하신 이가 그리스도 예수께서 다시 오시는 날까지 그 선한 일을 완성할 것을 우리는 확신한다.

빌 1:7 그러므로 내가 너희 무리를 위해 이와 같이 생각하는 것이 당연하다. 그것은 너희가 내 마음에 항상 있기 때문이다. 너희는 내가 감옥에 갇혀 있을 때에도 내가 복음을 지키고 말씀을 전파하는 일(변명함과 확정함)에 너희 모두가 나와 함께해주었다. 8 내가 예수 그리스도의 심정(심장)으로 너희 무리를 얼마나 사모하는지 하나님께서는 알고 계신다. 9 그러므로 나는 너희의 사랑으로 더욱 풍성한 지식과 통찰력을 갖게 되기를 기도한다. 10 또한 너희가 지극히 선한 것(같지 않은 것)과 악한 것을 분별할 줄 알며, 또 그리스도께서 다시 오실 날까지 진실하여 흠 없는 모습으로 서게 되기를 기도한다. 11 예수 그리스도로 인해 의로운 열매가 풍성하여 하나님께 영광과 찬송을 올려드리기를 기원한다.

빌 1:12 형제들아, 내가 감옥에 갇힌 일이 도리어 복음 전파에 더 많은 도

성경 지리 **빌립보(Philippii, 빌 1:1)**
빌립보는 마게도냐 왕 필립 2세(재위 BC 359-336년)가 이 지역을 크게 확장하고 자기 이름을 따서 빌립보라고 바꾸었다. 빌립보 교인들은 바울에게 받은 신앙의 유산을 잘 간직하여 바울이 마게도냐를 떠날 때와 데살로니가에 있을 때에 여러 번 도왔고(빌 4:15-16), 로마 옥중에 있을 때에도 에바브로 디도 편에 위문품을 보냈다(빌 4:18). 이에 바울은 빌립보서를 써서 그들을 위로하였다.

빌립보의 바실리카(교회) B(빌 1:1)

움이 된 줄을 너희가 알기를 원한다. 13 이러므로 내가 그리스도를 믿었다
는 것 때문에 감옥에 갇혔다는 사실이 나의 감금과 관련된 모든 시위대에 있
는 사람들과 그 밖에 있는 모든 사람에게 나타났다. 14 그래서 믿는 형제(주
님 안의 형제들) 중에 상당수는 나의 갇힘으로 인해 주님을 믿는 확고한 신
앙으로 겁 없이 하나님의 말씀을 더욱 담대히 전하게 되었다.

빌 1:15 어떤 이들은 나를 투기하고 시기하는 마음 때문에 복음을 전하고,
어떤 이들은 나를 돕고자 하는 선한 뜻으로 그리스도를 전파하고 있다. 16
순수한 마음으로 나를 돕는 자들은 내가 복음을 지키기(변증하기) 위해 세
우심을 받은 줄 알고 사랑으로 복음을 전한다. 17 그러나 그렇지 않은 사람
들은 내가 감옥에 갇힌 괴로움을 더 갖게 할 생각으로 시기와 질투하는 순
수하지 못한 마음으로(다툼으로) 그리스도를 전파한다.

빌 1:18 그러면 이 둘은 무엇이냐? 질투심(겉치레)으로 하나 진실됨으로
하나 어떤 방편으로 하든지 전파되는 것은 그리스도니 나는 이로 인해 기
뻐하고 계속 기뻐할 것이다. 19 나는 너희의 기도와 예수 그리스도의 성령
의 도우심으로 내가 감옥에서 풀려나올 줄 확신한다. 그러므로 20 나의 간
절한 소망을 따라 어떤 일에도 부끄러워하지 않고 지금처럼 언제나 용기
를 갖고 살든지 죽든지 내 몸에서 그리스도가 존귀하게 되기를 힘쓴다. 21
그것은 나는 그리스도를 위해 살고, 또한 그를 위해 죽는 것도 유익하기
때문이다. 22 그러나 만일 죽지 않고 육신으로 사는 동안 사람들을 그리스
도에게로 인도할 수 있다면(내 일의 열매) 나는 사는 것과 죽는 것 중에 무
엇을 선택해야 할지 잘 알지 못하겠다.

빌 1:23 내가 살고 죽는 것, 그 둘 중에 어느 것을 선택해야 할지 나는 결정하
기 어렵다. 왜냐하면 나 자신은 차라리 세상을 떠나 그리스도와 함께 있는
것이 더 좋기에 그렇게 하고 싶다. 그러나 24 내가 살아서 육신으로 있는
것이 너희를 위해 더 유익하다. 25 나는 아직 내가 살아서(거할 것과) 너희
의 믿음이 자라고 기쁨을 누리도록 도와줄 필요가 있음을 확실히 알고 있
다. 26 내가 감옥에서 나와 다시 너희와 함께 있기를 바라는 것은 그리스도
예수를 믿는 너희 자랑이 나로 인해 더 풍성하게 하려는 것이다.

빌 1:27 그러므로 오직 너희는 그리스도의 복음을 받아들인 자로서 그에

합당한 생활(시민 노릇)을 하라. 나는 내가 너희와 함께 있으나 떠나 있으
나 너희가 한마음(영, 정신)과 한뜻으로 복음의 신앙을 위해 서로 돕는 소식
을 듣기 원한다. 28 또 무슨 일에든지 너희를 대적하는 자들 때문에 두려워하
지 말라. 반대하는 사람이 있다는 것은 믿지 않는 자들에게는 멸망의 증거가
되는 것이요, 너희에게는 구원의 증거가 되니 이 모든 것은 하나님께로부
터 말미암은 것이다. 29 그리스도를 위해 너희에게 믿는 특권(은혜)을 주신
것은 다만 그를 믿을 뿐 아니라 또한 그를 위해 고난도 받게 하려는 것이
다. 30 너희는 내가 당하는 고난을 보았고 이제도 그 고난을 들었으니 그와
같은 고난(싸움)이 너희에게도 있다.

† 그리스도의 겸손과 하나님 자녀의 삶 (빌 2:1-18)

빌 2:1 ●너희는 그리스도를 믿는 믿음 안에 서로 권면을 하고 있느냐? 사
랑으로 위로하며, 성령 안에서 교제나 긍휼이나 자비가 있다고 믿는다면
2 한마음과 같은 사랑을 가지고 뜻을 합하며 같은 마음을 품으라. 그리하
여 3 아무 일에든지 다툼이나 교만한 마음(허영)으로 하지 말라. 오히려 겸
손한 마음으로 각각 자기보다 남을 더 존중히 여기라. 4 각자 자기 일을 돌
볼 뿐아니라 또한 각각 다른 사람들의 일도 보살핌으로 나의 마음에 기쁨
이 충만하게 하라.

빌 2:5 너희 안에 그리스도 예수의 마음을 가지라. 6 그는 본래 하나님과
같은 분(본체, 형체)이시나 하나님과 같은 자리에 있기를(보류하기를) 원하
지 않으셨다. 7 오히려 자기를 비워 종의 형체(본체)를 가져 사람들과 같이
되셨다. 8 곧 사람의 모양으로 나타나사 자기를 낮추시고 십자가에 죽기까
지 복종하셨다. 9 이러므로 하나님께서는 예수 그리스도를 지극히 높여 모
든 이름 위에 뛰어난 이름을 주셨다. 그래서 10 하늘과 땅과 땅 아래에 있
는 자들까지 모든 무릎을 예수의 이름에 꿇게 하셨다. 11 또한 모든 입으로
예수 그리스도를 주님이라고 시인하여 하나님 아버지께 영광을 돌리게
하셨다.

빌 2:12 나의 사랑하는 자들아, 항상 순종하는 마음을 가지라. 너희는 나와
함께 있을 때나 떨어져 있을 때에도 두렵고 떨리는 마음으로 너희 구원의

QT 그리스도 예수의 마음을 가지라 (빌 2:5)

"너희 안에 그리스도 예수의 마음을 가지라(엡 2:5)"로 이어지는 빌 2:6-10은 '그리스도의 찬가'이다. 이 찬가는 하나님의 아들이 하늘의 영광을 버리고 인간의 비천한 처지로 내려와서 십자가의 죽음이라는 극한의 낮은 자리에 이르기까지 걸어가신 삶의 길을 서술한다. 이 찬가는 그리스도가 걸어가신 길에 대한 하나님의 응답을 지적한다. 그것은 곧 그리스도를 모든 사람 위에 주님으로 높이신 것이다(2:9-11).
그리스도께서는 스스로 피조물로서의 인간 존재의 한계를 취하시고 인간의 간고와 죽음을 떠맡으심으로써 죄와 죽음의 세력을 꺾으셨으며(롬 5:12-19) 만유의 지배자가 되셨다. 이 주님께 그리스도인들은 굴복하게 되었다.
하나님께서 그리스도를 통해 하신 일은 그리스도인들에게도 타당하다.
그리스도께서 걸으신 길은 그리스도인들의 삶의 근거, 힘, 모범이 되어야 하는 것이다(2:5). 그리고 남을 위해 살아야 한다. 6절의 '본체'와 7절의 '형체'는 단지 외적인 모습만 아니라 존재 양태를 표시한다.

완성을 위해 계속 나아가라. [13] 하나님은 너희 안에서 일하시는 분이시다.
그분은 너희 안에서 자기의 기쁘신 일(뜻)을 하도록 너희에게 힘과 능력
(소원)을 주신다. [14] 그러므로 모든 일에 원망과 불평(시비)이 없도록 하라.
[15] 그렇게 하면 너희가 흠이 없고 순전하여 악한 성향을 가진(어그러지고
거스르는) 이 세대에 너희가 흠 없는 하나님의 자녀로 세상에서 그들 가운
데 빛처럼 빛날 것이다.

빌 2:16 너희가 생명(생)의 말씀을 세상에 전하게 되면(붙들어) 복음을 위
한 나의 수고(달음질)가 헛되지 않게 될 것이다. 그러면 나에게는 그리스
도가 다시 오시는 날에 자랑할 것이 있게 될 것이다. [17] 만일 너희가 믿음
으로 드리는 제물과 섬김 위에 내가 나의 피를(전제로) 드릴지라도 나는
기뻐하고 너희 무리와 함께 기뻐할 것이다. [18] 이와 같이 너희도 기뻐하고
나와 함께 기뻐하게 되기를 원한다.

디모데(좌)와 바울(우)(빌 2:19) 그리스 빌립보, 루디아 기념 교회

디모데의 고향인 루스드라(빌 2:25) 터키 킬리스트라

디도 무덤 교회(빌 2:25) 그리스 그레데 고르티스, 디도의 무덤 위에 세워진 최초의 교회

디도가 목회했던 그레데 섬의 고르티스의 원경(빌 2:25) 그리스 그레데 섬

† 디모데와 에바브로 디도 (빌 2:19-30)

빌 2:19 ● 내가 주님의 뜻 안에서 디모데를 속히 너희에게 보내기를 바라
는 것은 너희의 사정을 듣고 위로를 받기 위함이다. [20] 이는 뜻을 같이하여
너희 사정을 걱정하고 염려해줄 자가 디모데밖에 나에게 없기 때문이다.
[21] 다른 사람들은 다 자기 일에만 열중하고 그리스도 예수의 일에는 관심
을 갖지 않는다. [22] 디모데의 인품(연단)을 너희가 알고 있는 것처럼 그는
자식이 아버지에게 하는 것같이 나와 함께 복음을 위해 수고한 자이다. [23]
그러므로 내가 내 일이 결정되는 대로 디모데를 너희에게 보낼 것이다. [24]
그리고 나도 속히 가게 되리라고 주님 안에서 확신한다.

빌 2:25 그러나 에바브로 디도 역시 너희에게 보내는 것이 필요한 줄로 생
각한다. 그는 나의 믿음의 형제요, 함께 수고한 동역자요, 함께 복음을 위해
군사 된 자요, 내가 필요한 것을 돕도록 너희가 보낸 사자이다. [26] 그가 너
희를 간절히 사모하고 자신이 병든 사실을 너희가 들은 줄을 알고 심히 걱
정했다. [27] 그가 병들어 죽게 되었으나 하나님이 그와 또한 나를 긍휼히 여
기사 나와 에바브로 디도에 대한 근심을 덜게 해주셨다. [28] 그러므로 에바
브로 디도를 더욱 급히 너희에게 보낸 것은 너희가 그를 다시 보고 기뻐

하게 하며 내 근심도 덜기 위함이다. [29] 이러므로 너희가 주님 안에서 그를
기쁘게 영접하고 또 그와 같은 자들을 존귀하게 여기라. [30] 그가 죽을 지경
에 이르렀어도 자기의 목숨을 돌보지 않고 그리스도의 일을 위해 일한 것
은 나를 섬기는 너희의 일에 부족함이 없게 하기 위해서이다.

† 하나님으로 말미암은 의와 하늘의 시민권 (빌 3:1-21)

빌 3:1 ● 나의 형제들아, 주님 안에서 기뻐하라. 너희에게 같은 말을 여러
번 쓰는 것이 내게는 귀찮은 일이 아니다. 왜냐하면 그것은 너희를 위한 것
이기 때문이다. [2] 육체의 할례를 받아야 구원을 얻는다고 하는 개 같은 자
들을 조심하고, 행악하는 자들을 삼가며, 자기 몸을 스스로 자해하는 일을
하지 말라. [3] 하나님의 성령(영)으로 봉사(예배)하며, 그리스도 예수 안에
서(예수만) 자랑하고, 육체를 믿지(신뢰하지) 않는 우리가 곧 진정한 할례
파이다. [4] 그러나 나도 육체로만 보면 스스로 신뢰할 만하다. 만일 누구든
지 인간적인 조건(육체)을 완벽하게 갖춘 줄로 생각하면 나는 그들보다 더
욱 인간적인 조건을 갖춘 자이다.

빌 3:5 나는 8일 만에 할례를 받고, 이스라엘 족속으로 베냐민 지파에 속
한 자요, 히브리인 중의 히브리인이요, 율법에 대해서는 바리새인만큼 박
식하다. [6] 또 율법을 지키는 열심으로는 교회를 핍박하기까지 했으며, 율
법을 지키고 따르는 점에서는(의로는) 흠 잡을 것이 없는 자다. [7] 그러나 무
엇이든지 이전에 나에게 유익하던 세상적인 것들을 내가 그리스도를 위
해 모두 해로운 것으로 여겼다. [8] 그 이유는 내 주 그리스도 예수를 아는 지
식이 가장 가치가 있기(고상하기) 때문이다. 나는 그리스도를 위해 세상적
인 것들을 모두 잃어버리고 배설물 같이 여긴다. 그 이유는 그로 인해 그
리스도께서 주시는 기쁨을 얻고, [9] 그의 재림 때에 그 안에서 자신이 발견되
기 위함이다. 내가 가진 의(구원)는 율법을 지킴으로 얻어진 것이 아니라,
오직 그리스도를 믿음으로만 가능한 것이다. 곧 믿음으로 하나님께로부
터 난 의이다.

빌 3:10 내가 소망하는 것은 그리스도를 알고, 그의 부활의 능력을 체험하
고, 그의 고난에 동참(교제)하고, 그와 함께 죽음으로 인해 [11] 어떻게 해서

Q&A 그리스도의 십자가의 원수란(빌 3:18)?

십자가의 원수가 누구를 가리키느냐에 대한 것은 할례를 받아야 구원을 얻는다는 손할례당과 같은 유대주의적 율법주의자들이라는 견해와 반도덕주의자들을 가리킨다는 또 다른 견해가 있다. 이 중에 반도덕주의자들은 복음의 자유를 오해하고 쾌락을 사랑하여 방종의 이름으로 실제 십자가의 원수가 되었다는 점에서 후자의 경우가 지지된다. 사실 세상의 쾌락을 추구하는 자들은 인류 구속을 위해 죽으신 그리스도의 십자가를 헛되게 하는 원수인 것이다.

십자가에 달린 그리스도(빌 3:18) 파리, 루브르 박물관

듣지 죽은 자 가운데서 나도 부활하는 것이다. [12] 내가 이미 하나님이 원하
시는 것을 얻었다는 것도 아니요, 또 그것을 완전히 이루었다는 것도 아니
다. 오직 그리스도 예수께 잡힌 바 된 그것을 잡으려고 쫓아가고 있다. [13]
형제들아, 나는 아직 그것을 잡은 줄로 여기지 않고 오로지 과거의 것(뒤
에 있는 것)은 잊어버리고 앞에 있는 목표만을 향해 달려가고 있다. [14] 나는
목적지(푯대)를 향해 그리스도 예수 안에서 하나님께서 그리스도 예수를
통해 주시고자 하시는 부름의 상을 위해 달려간다. [15] 그러므로 성숙한(온
전한) 사람으로서 우리 모두는 좀 더 신중하게 생각해야 한다. 만일 너희
가 어떤 일에 있어 나와 다르게 생각하면 하나님이 그 부분도 너희에게 가
르쳐주실 것이다. [16] 그러니 우리가 영적인 성숙 단계에(어디까지) 이른 만
큼 그 단계에 맞춰 행할 것이다.

빌 3:17 형제들아, 너희는 나를 본받는 자가 되라. 그리고 너희가 우리를
본받은 것처럼 그와 같이 행하는 자들을 살펴보라. [18] 내가 여러 번 너희에
게 말한 것처럼 지금도 눈물을 흘리며 말하는 것은 여러 사람들이 그리스
도의 십자가의 원수가 되어 살아가기 때문이다. [19] 그들은 결국 멸망을 당
하게 될 것이요, 그들이 섬기는 신은 육체의 욕망(배)이요, 그 영광은 그들
의 수치이다. 그들은 오직 세상(땅) 일만 생각하는 자들이다. [20] 그러나 우
리의 시민권은 하늘에 있기에 거기로부터 구원자인 주 예수 그리스도를
기다린다. [21] 예수께서는 만물을 자기에게 복종하게 하실 수 있는 자의 능
력(역사)으로 우리의 낮은 몸을 자기 영광의 몸의 형체와 같이 변화시킬
것이다.

† 삶에 대한 권면과 바울의 감사와 마침 인사 (빌 4:1-23)

빌 4:1 ● 그러므로 내가 사랑하고 보고 싶은 믿음의 형제들아, 너희는 나의
기쁨이요, 면류관인 사랑하는 자들이다. 그러므로 내가 말한 대로 주님 안
에서 굳게 있으라. [2] 내가 유오디아와 순두게를 권면하니 주님 안에서 같
은 마음을 품어 서로 화해하라. [3] 또 나와 함께 일하는 동역자인(나와 멍에
를 같이한) 너희들에게 부탁한다. 나와 함께 복음 전파에 수고한 여인들을
도와주고, 또한 글레멘드와 그 외에 나와 함께 일한 동역자들을 도우라.

성경인물 글레멘드 (Clement, 빌 4:3)

이름의 뜻은 '온순하다'이다. 글레멘드는 빌립보에 살던 사람으로 바울과 함께 사역한 동역자이다. 바울이 그의 이름이 생명책에 기록되었다고 언급할 만큼 바울에게 중요한 위치에 있던 자였다. 바울은 빌립보 교회에 서신을 보내 그를 도와주라고 했다. 초기 교부인 로마의 클레멘트와는 시기상 맞지 않는 다른 인물이다.

그 이름들이 생명책에 기록되어 있다.

빌 4:4 주님 안에서 항상 기뻐하라. 내가 다시 말하니 기뻐하라. 5 너희의
선함과 친절한 것(관용)을 모든 사람들에게 알게 하라. 주님께서 다시 오
실 날이 가까워졌다. 6 아무것도 염려하지 말고 오직 모든 일에 기도와 간
구로 너희가 구할 것을 감사하는 마음으로 하나님께 말씀을 드리라. 7 그
러면 측량할 수 없는(지각에 뛰어난) 하나님의 평안이 그리스도 예수 안에
서 너희 마음과 생각을 지켜주실 것이다.

빌 4:8 형제들아, 마지막으로 말한다. 무엇에든지 진실되고 경건하며, 바
르며, 정결하며, 사랑과 칭찬을 받을 만하든지 거기에 미덕이나 칭찬할(기
릴) 만한 것이 있다면 앞서 말한 모든 것들을 생각하라. 9 너희는 나에게 배
우고, 받고, 듣고, 본 그대로(내 안에서 본 것대로) 행동으로 옮기라. 그러면
평안의 하나님이 너희와 함께 계실 것이다.

빌 4:10 내가 주님 안에서 크게 기뻐하는 것은 너희가 나를 기억하고 도왔
던 것들이 이제 다시 관심(싹)을 갖게 되었기 때문이다. 또한 너희가 이를
위해 생각은 있었지만 그것을 표현할 기회가 없었다. 11 이렇게 말하는 것

바울 서신의 분류

여행 서신	로마서, 고린도전서, 고린도후서, 갈라디아서, 데살로니가전서, 데살로니가후서
옥중 서신	에베소서, 빌립보서, 골로새서, 빌레몬서
목회 서신	디모데전서, 디모데후서, 디도서

바울이 로마 감옥에서 석방된 후 들린 니고볼리의 바실리카(교회) 그리스 니고볼리. 바울은 디모데전서를 로마 석방 후에 썼다.

마게도냐 지역에 속한 네압볼리와 빌립보를 연결했던 바울 당시의 로마 때 길인 에그나티아(빌 4:15) 그리스 네압볼리(카발라) 외곽

은 내가 궁핍하기 때문에 도와달라고 하는 것이 아니다. 나는 어떤 형편에든
지 스스로 만족(자족)하는 것을 배웠다. 12 나는 가난(비천)을 이겨낼 줄도
알고, 풍요로움을 누릴 줄도 알았기에 배부름과 배고픔과 풍부와 궁핍에
도 그 모든 것들을 극복하는 일체의 비결을 배웠다.

빌 4:13 나는 나에게 능력 주시는 그리스도 안에서 모든 것을 할 수 있다.
14 그런데 너희가 나의 괴로움에 함께 참여(교제)했으니 잘했다. 15 빌립보
사람들아, 너희는 내가 처음 그곳에 복음을 전할 때를 기억하고 있을 것이
다. 내가 너희가 있는 마게도냐 지역을 떠날 때 서로 도움을 주고받는 교회는
너희밖에 없었다. 16 너희보다 서쪽으로 205㎞나 떨어져 있는 데살로니가에
있을 때에도 너희는 두 차례나 내가 필요한 것을 보내주었다.

빌 4:17 내가 이 말을 하는 것은 너희에게 또다시 선물을 바라기 때문이 아니
다. 그것은 오직 나에게 베푸는 큰 기쁨이 너희에게 풍성하기를 바라기 때
문이다. 18 나에게는 부족한 것이 없다. 에바브로 디도 편에 너희가 준 선
물을 이미 받았다. 그렇기 때문에 지금은 내가 풍족하니 그것은 하나님이
받으실 만한 향기로운 제물이요, 하나님을 기쁘시게 한 것이다. 19 나의 하
나님께서는 너희에게 모든 필요한 것들을 풍성히 채워주실 것이다. 20 하
나님 우리 아버지께 영원무궁토록 영광을 돌립니다. 아멘.

빌 4:21 그리스도 예수 안에 있는 빌립보 성도들에게 각각 문안한다. 나와
함께 있는 믿는 형제들이 너희에게 문안하고, 22 모든 성도들이 너희에게
문안 인사를 한다. 특히 로마 황실에 있는 가이사의 집 사람들 중 몇 명의 성
도들이 너희에게 문안한다. 23 주 예수 그리스도의 은혜가 너희 마음에 있
기를 기원한다.

디모데전서는 사도 바울이 2년간의 로마의 연금 생활에서 63년에 일단 석방된 후 67년에 다시 투옥되기 전까지 그사이에 기록되었다. 후서는 전서보다 2년 뒤에 기록된 것으로 추정된다. 당시 디모데가 목회하고 있던 에베소 지역은 지중해 연안의 항구도시로 이단 사상들이 집결하는 영적으로 혼탁한 도시였다. 거기에 디모데의 연소함으로 인해 그가 교회를 효과적으로 인도하기에 힘이 부치는 상황이었다. 디모데전서는 그런 디모데를 위해 바울이 보낸 것이다.

바울이 디모데에게 보낸 첫 번째 편지 _64년경

† 인사와 가르침에 대한 권면 (딤전 1:1-11)

딤전 1:1 ● 우리의 구세주 되신 하나님과 소망 되신 그리스도 예수의 명령
에 따라 그리스도 예수의 사도 된 바울은 2 믿음 안에서 영적인 아들이 된
디모데에게 편지한다. 하나님 아버지와 그리스도 예수 우리 주님의 은혜
와 긍휼과 평안이 너에게 있기를 기원한다. 3 내가 로마에서 석방된 후 에베
소를 떠나(63년 이후) 그리스 북쪽의 마게도냐 지역으로 갈 때에 너에게 일러
준 대로 에베소에 머물라고 한 것은 그곳에 있는 몇몇 사람들이 내가 전한
것과 다른 교훈을 가르치는 것을 하지 못하도록 하기 위해서였다.

바울이 디모데에게 잠시 머물도록 한 에베소의 시장 터(딤전 1:3) 터키 에베소

딤전 1:4 신화와 족보 이야기에 너무 집착하지 않도록 하라. 그런 것들은 믿
음 안에 있는 하나님의 일(경륜)을 이루는 것보다 도리어 논쟁거리로 만든
다. 5 내가 이렇게 말하는 것은 청결한 마음과 선한 양심과 거짓이 없는 믿
음을 가질 때 나오는 사랑을 갖게 하기 위함이다. 6 그런데 사람들은 이런
것들을 생각하지 않고 헛된 말에 빠져 7 율법의 선생이 되려고 한다. 그러
나 그들은 자기가 무슨 말을 하는지, 무엇을 주장하는지도 깨닫지 못한다.

딤전 1:8 그러나 우리는 사람이 율법을 바르게 사용하기만 하면 그것이 선
한 것임을 알고 있다. 9 바로 우리가 알아야 할 것은 이것이다. 곧 율법은
바르게 사는 사람을 위해 주어진 것이 아니다. 그것은 오직 율법을 지키지
않는 자와 그것에 복종하지 않는 자, 경건하지 않은 자, 죄인과 거룩하지
않은 자, 하나님을 모독하는(망령된) 자, 부모를 죽이는 자, 살인하는 자, 10
음행하는 자, 동성연애(남색하는) 자, 인신매매를 하는 자, 거짓말하고 거
짓 맹세하는 자, 기타 바른(건전한) 가르침(교훈)을 거스르는 자 등을 위해
있는 것이다. 11 이런 율법에 대한 가르침은 복되신 하나님께로부터 나온
것이다. 주님은 나에게 이런 영광의 복음을 전하도록 맡기셨다.

오늘날 토론식으로 율법을 공부하는 유대인들(딤전 1:8-11) 이스라엘 헤브론 아브라함 대사원

† 바울의 간증과 기도에 대한 가르침 (딤전 1:12-2:15)

딤전 1:12 ● 나는 나를 충성되이 여겨 나에게 직분을 맡기시고 능력을 주신
그리스도 예수 우리 주님께 감사한다. 13 내가 전에는 예수를 비방하고, 박

해하고, 그를 믿는 자를 폭행했던 자였다. 그러나 지금은 오히려 그분에게
긍휼을 입은 것은 그때는 내가 믿지 못해 알지 못하고 행했기 때문이다.
14 우리 주님의 은혜가 그리스도 예수 안에 있는 믿음과 사랑과 함께 나의
마음속에 풍성히 넘쳤다. 15 신실하도다. 이 말이여, 모든 사람이 받을 만
한 말이다. 그리스도 예수께서는 죄인을 구원하시기 위해 이 세상에 오셨
다. 나는 죄인 중에 괴수이다. 16 그러나 내가 긍휼을 입은 이유는 예수 그
리스도께서 나에게 먼저 오래 참으시고, 후에 나로 하여금 주님를 믿게 하
여 영원한 생명 얻는 자들에게 본이 되게 하려고 하신 것이다. 17 썩지 않
고 보이지도 않고, 홀로 하나이신 영원한 하나님께 존귀와 영광을 영원무
궁토록 올려드립니다. 아멘.

딤전 1:18 믿음으로 낳은 아들 디모데야, 내가 너에게 이 교훈으로써 명령한
다. 이전에 너에 대해 말했던 예언과 같은 명령을 따라 그것으로 선한 싸
움을 싸우며, 19 믿음과 착한 양심을 가지라. 어떤 이들은 이 양심을 버렸
고 그 믿음을 잃어버렸다. 20 그런 사람 중에 후메내오와 알렉산더가 있다.
내가 그들을 내버려 둔 것은(사탄에게 내준 것은) 그들이 하나님(신성)을 모
독하지 못하게 하려는 것이었다.

딤전 2:1 그러므로 너희는 모든 사람을 위해 간구와 기도와 중보 기도(도고)
와 감사를 하라. 이것은 내가 우선적으로 권면하는 것이다. 2 특히 임금들과
높은 지위에 있는 모든 사람을 위해서 하라. 그렇게 하므로 우리가 하나님
을 예배하고 경외하며(경건과 단정함으로) 조용하고 평안한 생활을 할 수 있
기 때문이다. 3 이것은 우리 구주 하나님께서 선하고 기쁘시게 받으실 만한
것이다. 4 하나님은 모든 사람이 구원을 받고 진리를 알기 원하신다.

딤전 2:5 하나님은 한 분이시요, 또 하나님과 사람 사이에 중재자(중보자) 역
할을 하는 분도 한 분이시니, 곧 사람이신 그리스도 예수이시다. 6 예수 그
리스도께서는 모든 사람을 위해 자기를 속제 제물로 대신 주셨다. 그것은
정하신 때가 되어 주신 증거이다. 7 이를 위해 내가 그것을 전파하는 자와
사도의 직분을 받은 것은 사실이다. 나는 믿음과 진리 안에서 이방인의 스
승이 되었다.

딤전 2:8 나는 교회의 공적 모임(각처)에서 남자들이 분노와 다툼이 없이 손

Q&A 목회 서신이란(딤전 1:18)?

목회 서신은 바울의 서신서 중에서 디모데전서, 디모데후서, 디도서 등 세 권의 책을 말한다. 디모데전서는 젊은 목회자인 디모데를 격려하고 훈계하는 동시에 영지주의 이단을 경계하도록 하기 위해 쓴 서신이다. 디모데후서 역시 에베소 교회의 장로(목회자)인 디모데에게 용기를 주기 위해 마지막으로 격려하기 위해 쓴 서신이다. 그리고 디도서는 그레데 섬의 교회들을 감독하는 직분과 그 의무에 대해 쓴 바울의 서신이다. 이 세 서신은 모두 목회자인 디모데와 디도에게 보낸 서신이기 때문에 목회 서신으로 구분된다.

을 들어 경건하게 기도하기를 원한다. 9 마찬가지로 여자들도 단정하게 옷
을 입고 땋은 머리와 금이나 진주나 값진 옷이 아니라 정숙한 몸가짐으로
자기를 단장하라. 10 오직 선한 일 하기를 힘쓰라. 이것은 하나님을 경외하
는 자들에게 마땅한 것이다. 11 여자는 순종하는 가운데 조용히 배우라. 12
여자에게는 가르치는 것과 남자를 지배(주관)하는 것을 허락하지 않았으
니 오직 조용히 있어야 한다. 13 이는 아담이 먼저 지음을 받고 하와가 그
후에 지음을 받았기 때문이다. 또 14 아담이 여자에게 속은 것이 아니고 여
자가 뱀에게 속아 죄에 빠졌기 때문이다. 15 그러나 여자들이 만일 정숙함
으로써 믿음과 사랑과 거룩함 가운데 행하면 그는 자녀를 낳고 기르는 가
운데 구원을 얻을 것이다.

고대에 여자들이 단장을 위해 사용했던 참빗 (딤전 2:9) 이집트 고고학 박물관

하와의 창조(딤전 2:13) 이탈리아 피렌체, 두오모 성당의 청동문 부조

† 감독과 집사의 자격과 경건의 비밀 (딤전 3:1-16)

딤전 3:1 누구든지 감독의 직분을 얻기를 원하는 자마다 선한 일을 사모
해야 한다는 말은 진실이다(미쁘다). 2 그러므로 감독의 자격은 비난(책망)
받는 일이 없으며, 오직 성실한 한 아내의 남편이 되며, 절제하며, 모든 일
을 깊이 생각하며(신중하며), 단정하며, 나그네를 대접하며, 가르치기를 잘
해야 한다. 3 또 술을 즐기지 않고, 싸우거나 때리지 않고, 오직 너그러우며
(관용하며), 돈을 사랑하지 말아야 한다. 4 뿐만 아니라 자기 집을 잘 다스
려 자녀들로 하여금 아버지를 공경하고 복종하도록 훈계하는 자라야 한
다. 5 사람이 자기 집을 잘 다스리지 못하면서 어떻게 하나님의 교회를 돌
볼 수 있겠느냐? 6 교회에 등록한 지 얼마 되지 않은 입교한 자는 감독이 될 수
없다. 왜냐하면 그런 사람은 교만해지기 쉬워 마귀가 받은 것과 같은 심판
(정죄)에 빠지기 쉽기 때문이다. 7 또한 감독은 교회 밖의 외인은 될 수 없
고, 교회 밖의 사람으로부터 존경을 받는(선한 증거를 얻는) 자라야 한다.
그렇지 않으면 비방과 마귀의 올무에 빠지기 쉽기 때문이다.

딤전 3:8 집사의 자격도 신중하게 행동(정중)하고, 한 입으로 두 말을 하지
않고, 술을 즐기지 않고, 남을 속여 자신의 이익을 챙기지 않아야 한다. 9
그는 깨끗한 양심에 믿음을 통해 옳다고 판단하는 것을 행하는 자라야 한
다. 10 이런 이유로 이 사람들을 먼저 시험(test)해본 후에 책망받을 것이

집사로 안수받는 스데반(딤전 3:8-13, 행 6:5)
이스라엘 엔간님, 성 스데반 교회, 엔간님은 스데반의 고향이다.

성경 상식

감독과 감독의 자격(딤전 3:1-7)

성경에서 감독은 교회 또는 국가나 군대의 감독, 조사 등 다양한 의미로 사용되었다. 애굽의 감독자들은 이스라엘의 고역을 감독하였고, 느헤미야는 자신을 도울 감독자를 거느렸다(느 11:9). 신약에서 감독은 장로의 별칭으로 그 직무의 성격을 강조한 이름이다. 이들은 교회를 치리하고 감독하며, 설교하는 일을 맡았다. 특히 이 말은 그리스도 자신에게 적용되기도 했다(벧전 2:25).

감독의 자격은?

①책망할 것이 없어야 함(딤전 3:2, 10, 딛 1:6-7)
②한 아내의 남편이 됨(딤전 3:2,12, 딛 1:6)
③절제하고 근신해야 함(딤전 3:2)
④아담하고 단정해야 함(딤전 3:2, 8, 딛 1:7)
⑤나그네를 잘 대접해야 함(딤전 3:2, 딛 1:8)
⑥가르치기를 잘해야 함(딤전 3:2, 5:17, 딛 1:9)
⑦술을 즐겨서는 안 됨(딤전 3:3, 8, 딛 1:7)
⑧너그러움(관용)이 있어야 함(딤전 3:3, 딛 1:7)
⑨다투지 않아야 함(딤전 3:3, 딛 1:7)
⑩돈을 사랑하지 않아야 함(딤전 3:3)
⑪자기 집을 잘 다스려야 함(딤전 3:4, 12)
⑫새로 입교한 자는 불가함(딤전 3:6)
⑬타인에게도 선한 증거를 얻어야 함(딤전 3:7)
⑭더러운 이익(이득, 수입)을 탐하지 말아야 함(딤전 3:8, 딛1:7)
⑮믿는 자녀를 두어야 함(딤전 3:4, 12, 딛 1:6)

성경 상식

집사(Deacon)에 대하여(딤전 3:8-13)

집사(행 21:8, 딤전 3:8)는 오순절 성령 강림 후 초대 교회에서 사도들의 과중한 업무를 돕기 위해 안수하여 선출한 교회 직분 중 하나이다. 이들은 어느 정도 자격이 갖추어져야 했는데 최초 일곱 명의 집사는 성령과 지혜가 충만하고 사람들로부터 칭찬을 받는 자들이어야 했다(행 6:3). 그리고 후에는 신중하고, 한 입으로 두 말을 하지 않고, 술을 탐하지 않고, 부정한 이득을 탐내지 않으며, 깨끗한 양심과 믿음의 비밀을 간직해야 하는 구체적인 자격 요건이 제시되었다(딤전 3:8-9). 초기에 이들은 구제 물품들을 관리하고 수집하는 역할을 담당했으며 점차 복음 전도와 기타 그 직무가 확대되었다.

없으면 그때 집사의 직분을 맡게 할 것이다. 11 여자들도 마찬가지로 정숙
하고, 모함하지 않고, 절제하며, 모든 일에 충성된 자라야 할 것이다. 12 집
사들은 오직 성실한 한 아내의 남편이 되어 자녀와 자기 집을 잘 다스리는
자라야 한다. 13 집사의 직분을 잘 감당한 자들은 자랑스런(아름다운) 지위
와 그리스도 예수 안에 있는 믿음에 큰 담대함을 얻는다.

딤전 3:14 내가 하루빨리 너에게 가기를 바라지만 우선 이것을 너에게 쓰는
것은 15 만일 내가 늦게 가게 되면 너로 하여금 하나님의 집에서 어떻게 행
해야 할지를 너에게 먼저 알게 하기 위함이다. 이 집은 바로 살아 계신 하
나님의 교회요, 진리의 기둥과 토대(터)이다. 16 예배하는(경건한) 삶의 비
밀은 크고 놀라운 것이다. 이것에 대해 이의를 제기하는 자는 없다. 주님
은 육신의 몸으로 이 세상에 오셨고, 영으로 인해 의롭다 하심을 받으셨다.
그분은 천사들에게 나타나시고, 만국에 전파되셨으며, 세상 사람들이 그
를 믿었다. 그리고 마침내 영광 가운데서 하늘로 올라가셨다.

† 참 교사에 대한 가르침 (딤전 4:1-16)

딤전 4:1 ● 성령께서 분명하게 말씀하셨다. "장차 어떤 사람들은 믿음에서 떠나 미혹케 하는 거짓 영을 따르고 귀신의 가르침을 따를 것이다." 2 그러니 그들은 자기 양심에 불도장(화인)을 맞아서 위선(외식함)으로 거짓말하는 자들이다. 그들은 3 혼인을 금하고 어떤 음식물은 먹지 말라고 말한다. 그러나 모든 음식물은 하나님이 만드신 것이므로 믿는 자들과 진리를 아는 자들이 감사한 마음으로 먹으면 된다. 4 하나님께서 만드신 모든 것은 선한 것이니 감사한 마음으로 받으면 버릴 것이 하나도 없다. 5 하나님의 말씀과 기도는 우리를 거룩하게 한다.

딤전 4:6 네가 이 모든 말로 형제를 깨닫게 하면 그들은 그리스도 예수의 좋은 일꾼이 되어 복음(믿음)의 말씀과 네가 어려서부터 따르는 선한 가르침으로 양육을 받을 것이다. 7 경건하지 않은 무가치한(망령되고 허탄한) 신화를 버리고 하나님을 경배케 하는 경건에 이르도록 네 자신을 단련(연단)시키라. 8 육체의 단련은 약간의 유익이 있지만, 하나님을 경배케 하는 경건은 모든 일에 유익하니 그것은 이 세상과 다가올 세상에서의 복도 약속해 준다. 9 이 말은 모든 사람들이 받아들일 만한 것이다. 10 이를 위해 우리가 수고하고 애쓰는 것은 우리의 소망을 살아 계신 하나님께 두기 때문이다. 그분은 모든 사람, 특히 믿는 자들의 구세주가 되신다. 11 너는 이것들을 명령하고 가르치라.

딤전 4:12 누구든지 네가 젊다고 사람들이 너를 업신여기지 못하게 하라. 너는 오직 말과 행실과 사랑과 믿음과 순결하고 깨끗한 삶을 통해 믿는 자에게 본이 되라. 13 내가 갈 때까지 성경을 읽는 것과 권면하는 것과 가르치는 일에 전념하라. 14 또한 장로의 회에서 안수받을 때에 네 속에 임했던 예언을 통해 받은 것을 가볍게 여기지 말라. 15 그리고 이 모든 일에 온 마음과 힘을 다해 네가 성숙하다는 것을 모든 사람에게 보여주라. 16 너는 네 삶(자신)과 가르침을 주의하면서 항상 이 일을 계속하라. 그런 행함을 통해 네 삶(자신)과 너의 말을 듣는 자는 구원을 받을 것이다.

QT **직분자의 자세**(딤전 4:12-14)
바울은 목회 현장에 있는 디모데에게 '이 모든 일' 곧 하나님의 직분에 전심전력하라고 권면하고 있다. 하나님은 각자에게 필요한 은사를 주신다. 직분의 크고 작음보다 먼저 작은 일이라도 충실하게 봉사하는 자가 되자. 또한 직분자는 말과 행실과 사랑과 믿음과 정절에 있어 모든 믿는 자에게 본이 되어야 한다.

† 성도를 대하는 자세 (딤전 5:1-6:2)

딤전 5:1 ●나이 많은 사람에게 화를 내지 말고 아버지에게 하듯 권면하며,
젊은이에게는 형제를 대하듯 하고, 2 늙은 여자에게는 어머니를 대하듯 하
며, 젊은 여자에게는 온전히 깨끗함으로 자매에게 대하듯 하라. 3 믿는(참)
과부를 잘 대해주라. 4 만일 어떤 과부에게 자녀나 손자들이 있다면 그들로
하여금 먼저 자기 집에서부터 효를 행함으로 부모에게 보답하는 것을 배우
게 하라. 이것은 하나님이 기뻐하시는 것이다. 5 믿는(참) 과부로서 홀로 사
는 자는 하나님께 소망을 두고 밤낮으로 항상 기도와 간구를 한다. 그러나 6
향락을 좋아하는 자는 몸은 살아 있지만 실상은 죽은 것과 다름이 없다.

딤전 5:7 너는 이 모든 것을 가르쳐서(명령하여) 그들로 하여금 책망받을 것
이 없도록 하라. 8 누구든지 자기 친척과 가족을 돌보지 않으면 믿음을 저
버린 자요, 믿지 않는 자보다 더 악한 자다. 9 과부의 명부에 올릴 자는 60
세가 넘고, 한 남편의 아내였던 자로서 10 자녀를 양육하거나, 나그네를 대
접하거나, 성도들의 발을 씻어주거나, 환난당한 자들을 구제하거나, 선한
행실의 증거가 있는 자이어야 한다. 11 젊어서 과부 된 자는 과부의 명단에
올리지 말라. 그 이유는 정욕으로 재혼하기 위해 그리스도를 떠나는(배반
하는) 경우가 있기 때문이다. 12 그렇게 되면 처음에 가졌던 믿음을 저버렸
기 때문에 사람들에게 비난(정죄)을 받게 될 것이다. 13 또 그들은 점점 게
을러져서 이 집 저 집으로 돌아다니면서 쓸데없는 말을 하고, 다른 사람의
일에 관섭하고, 하지 말아야 될 말을 하고 다니며 시간을 보낸다. 14 그러므
로 젊어서 과부 된 사람은 재혼을 해서 아이를 낳고, 집을 다스리므로 사
람들로 비방할 기회를 조금도 주지 않도록 하라. 15 어떤 과부들은 이미 사
탄을 따르는 자도 있다. 16 만일 믿는 여자에게 과부 된 친척이 있거든 그
여자가 직접 과부를 도와주고 교회가 부담(짐)을 지지 않게 하라. 이는 믿
음의(참) 과부를 도와주게 하려는 것이다.

딤전 5:17 교회를 잘 다스리는 장로들은 배나 존경하고, 말씀과 가르침에
수고하는 이들에게도 더욱 존경하라. 18 성경에 기록되기를 "곡식을 밟아
떠는 소의 입에 망을 씌우지 말라(신 25:4)"라고 하였다. 또 "일꾼이 그 품
삯을 받는 것은 당연하다(마 10:10)"라고 했다. 19 장로에 대한 고소는 두세

명의 증인이 없으면 그 고소하는 말을 듣지 말라. [20] 범죄한 자들을 모든 사람 앞에서 책망하므로 나머지 사람들에게 경고가 되게 하라.

딤전 5:21 하나님과 그리스도 예수와 선택을 받은 천사들 앞에서 내가 엄숙히 명령한다. 너는 누구에게든지 편견을 갖지 말고 어떤 일에도 공평하게 하라. [22] 누구에게나 함부로 손을 얹고 안수하지 말고, 다른 사람의 죄에 함께 빠지지 말고, 네 자신을 거룩(정결)하게 지키라. [23] 이제부터는 물만 마시지 말고 네 위장병과 자주 발생하는 병을 위해서는 포도주를 조금씩 마시라. [24] 어떤 사람들의 죄는 분명하게 드러나 먼저 심판에 서게 되고, 어떤 사람들의 죄는 그때까지 들어나지 않는 경우도 있다. [25] 선행 역시 밝히 드러나기도 하고, 그렇지 않고 숨겨지는 경우도 있지만 결국에는 다 알게 된다.

딤전 6:1 무릇 종의 신분(멍에 아래에 있는 종)을 가진 자들은 자기 상전들을 모든 일에서 마땅히 존경할 자로 알아야 한다. 이는 하나님의 이름과 우리의 가르침으로 비방을 받지 않게 하려는 것이다. [2] 믿는 상전을 모시고 있는 자들은 그 상전을 믿음 안에서 한 형제라고 생각하여 가볍게 여기지 말고 더 잘 섬기도록 하라. 왜냐하면 종에게 섬김을 받는 주인이 믿는 자요, 사랑을 받는 자이기 때문이다. 너는 이런 내용들을 가르치고 권면하라.

† 말씀과 경건과 믿음의 선한 싸움 (딤전 6:3-21)

딤전 6:3 ● 누구든지 그리스도에 대해 다른 가르침을 하거나 우리 주 예수 그리스도의 말씀과 경건에 관한 가르침(교훈)을 따르지 않으면 [4] 그는 교만하여 아무것도 알지 못하고 변론과 말다툼만을 좋아하는 자이다. 이런 일은 시기와 분쟁과 훼방과 악한 생각을 가져온다. [5] 다툼은 마음이 부패해지고 진리를 잃어버려 하나님 섬기는 일(경건)을 돈 버는 수단(방도)으로 생각하는 자들에게서 일어난다. [6] 그러나 지금 있는 것에서 만족하는 마음이 있으면 그 경건은 큰 도움이 된다.

딤전 6:7 우리가 세상에 아무것도 가지고 온 것이 없으니 또한 세상을 떠날 때 아무것도 가지고 가지 못할 것이다. [8] 그러므로 우리는 먹고 입을 것이 있는 것으로 만족할 것이다. [9] 부자가 되려고 하는 자들은 유혹(시험)과 덫

난제 바울이 디모데에게 포도주를 조금씩 마시라고 한 이유는(딤전 5:23)?

율법에서는 나실인이나 레갑인이 독주나 포도주를 마시지 않았던 것처럼(민 6:3, 렘 35:5-9) 디모데도 이러한 것들을 마시지 않음으로 성결한 삶을 위해 노력했을 것이다(딤전 5:22). 그러나 디모데는 위장병이 있었기 때문에 바울은 디모데의 성결한 삶을 위해 노력하는 것을 인정하는 동시에 위장병 치료를 위해 포도주를 약으로 사용하도록 권면하고 있다.

성경의 배경이 되는 중동 지역에서는 맑은 물이 있는 우리나라와는 달리 도수가 낮은 포도주 같은 것을 더 상용적으로 마셨다. 그래서 바울도 디모데에게 물만 마시지 말고 포도주도 조금씩 마시라고 했다. 여기서 조금씩이라는 말은 술을 약으로 사용하기 위해 조금 마시라는 것이지 유흥을 위해 다량으로 마시라는 뜻이 아님을 밝히기 위해 한 말이다.

(올무)과 여러 가지 재물에 대한 해를 끼치는 욕심에 빠져 죽음(파멸)과 멸
망에 빠지게 된다. 10 돈을 사랑하는 것은 수많은(일만) 악의 근본(뿌리)이
되기 때문에 이것을 탐내는 자들은 미혹을 받아 믿음에서 떠나 많은 근심
과 고통을 당하게 된다.

딤전 6:11 너는 하나님의 사람이다. 그러므로 이런 것들을 피하고 의와 하
나님 섬김(경건)과 믿음과 사랑과 인내와 온유함을 가지라. 12 믿음의 선한
싸움을 싸워 영원한 생명을 차지하라. 이를 위해 네가 부르심을 받았고 많
은 증인 앞에서 네 신앙을 고백(선한 증언)했다. 13 만물에게 생명을 주시는
하나님 앞과 본디오 빌라도 총독을 향해 선한 증거를 하신 그리스도 예수
앞에서 내가 너에게 명령한다. 14 우리 주 예수 그리스도께서 다시 오실 때
까지 점(흠)이나 책망 받을 것이 없도록 이 명령을 잘 지키라. 15 때가 되면
하나님이 그리스도를 다시 보내실 것이니 하나님은 복의 근원이시며, 유
일하신 통치자(주권자)로서 만왕의 왕이시며, 모든 만물(주인) 중의 주인
이시다. 16 오직 하나님에게만 생명이 있고, 접근하지 못할 강한 빛에 거하
시고, 어떤 사람도 그분을 보지 못했고, 또 볼 수도 없는 분이시다. 그러므
로 그 영광과 권능이 영원히 하나님께 있습니다. 아멘.

딤전 6:17 너는 이 세상의 부자들에게 이 말을 전하라. 교만하지 말고, 재물
에 소망을 두지 말고, 오직 우리에게 모든 것을 후히 주어 누리게 하시는
하나님께 소망을 두라. 18 선을 행하고, 선한 사업에 힘쓰고, 베풀기를 좋
아하며, 너그러운 자가 되게 하라. 19 이것이 장차 자기를 위해 좋은 터를
쌓아 영원한(참된) 생명을 취하는 것이다. 20 디모데야, 너에게 부탁한 것
을 지키기 위해 망령되고 헛된 말과 거짓된 지식에서 나오는 변론을 피하
라. 21 그와 같은 것을 따르는 사람들은 믿음에서 벗어난 자들이다. 하나님
의 은혜가 너희와 함께하기를 기원한다.

빌라도 앞의 예수(딤전 6:13) 1566-1567년, 틴토레토 작, 이탈리아 베네치아, 스쿠라 그라데 산 로코 미술관
군중의 아우성 속에 빌라도가 얼굴을 돌리고 손을 씻고 있으며 그 앞에 막 사형 선고를 받은 예수께서 두 손이 묶인 채 조용히 서 계신다. 빌라도는 예수께 사형 선고를 내릴 만한 죄가 없음을 알고 있었음에도 불구하고 군중의 폭동에 두려움을 느껴 예수께 사형을 선고하고 예수를 군중에게 내어주었다. 그의 재판은 하나님보다 사람을 더 두려워한 것이었다.

단지 속에 모아둔 동전(딤전 6:17) 요르단, 제라시 박물관

디도서는 AD 65년경 말에 기록되었다. 디도서의 배경이 된 에바브로 디도의 목회지인 그레데는 지중해 상에서 네 번째로 큰 섬으로 유럽과 소아시아를 연결하는 무역의 요지요 문화의 중심지였다. 바울은 디도를 이곳 목회자로 남겨 두었다. 그리고 본서는 에바브로 디도에게 교회 조직과 질서를 바로잡게 하기 위해 보낸 바울의 목회 편지이다.

바울이 디도의 목회 격려를 위해 보낸 편지 _65년 말경

† 인사와 그레데에서의 디도의 사역 (딛 1:1-16)

딛 1:1 ●하나님의 종이요, 예수 그리스도의 사도인 나 바울은 하나님이
선택하신 자들의 믿음과 경건함에 속한 진리의 지식과 2 영원한 생명의 소
망을 위해 사도가 되었다. 이 영원한 생명은 거짓이 없으신 하나님께서 영
원 전부터 약속하신 것인데 3 하나님이 정하신 때에 전도를 통해 자기의
말씀을 나타내셨다. 이 전도는 우리의 구세주 하나님께서 명령하신 대로
나에게 맡기신 것이다. 4 나는 같은 믿음 안에서 신앙의 아들이 된 에바브로
디도에게 편지한다. 하나님 아버지와 그리스도 예수 우리 구세주로부터
은혜와 평안이 너에게 있기를 기원한다.

딛 1:5 내가 너를 지중해 가운데에 있는 그레데 섬에 남겨둔 이유는 부족했
던 일을 바로잡고, 내가 명령한 대로 각 성에 장로들을 세우게 하기 위함
이다. 6 장로의 자격은 책망할 것이 없고, 한 아내의 남편이며, 방탕하거나
불순종하는 일이 없는 믿는 자녀를 둔 자이어야 한다. 7 감독의 자격은 하나
님의 청지기로서 책망할 것이 없고, 자기 고집대로 하지 않으며, 성급하게
화를 내지 않고, 술을 즐기지 않고, 싸우지(구타) 않으며, 남을 속여 더러운
이익을 채우지 않는 자이어야 한다. 8 오히려 나그네를 대접하며, 선행을
좋아하며, 모든 일에 깊이 생각(신중)하며, 의로우며, 거룩하며, 절제하며,
9 믿음으로 우리가 가르치는 말씀대로 행하는 자이어야 한다. 또한 능히
바른(건전한) 가르침으로 권면하고, 진리를 거슬러 말하는 자들을 책망하
고, 바르게 잡아줄 줄도 알아야 한다.

딛 1:10 불순종하고 터무니없는 말을 하며 속이는 자는 할례를 받아야 구원
을 받는다고 주장하는 할례파 가운데 많다. 11 그러므로 그들의 입을 막아 그
런 말을 하지 못하도록 하라. 그런 자들이 더러운 이득을 얻기 위해 거짓
된 것을 가르쳐 온 가정을 망가뜨린다.

딛 1:12 그레데 섬에 사는 사람들 중 어떤 선지자가 말했다. "그레데인들은
언제나 거짓말하는 자들이며, 악한 짐승과 같으며, 자기 배만 채우는 게으
름뱅이다." 13 그 말은 사실이다. 그러므로 네가 그들을 엄하게 꾸짖으라.

성경 인물

에바브로 디도

(Titus, 딛1:4, 2:1)

디도(고후 2:13, 갈 2:1, 딛 1:4)는 이방인으로 바울을 도운 심복이며 동역자이다. 그에 대한 자료는 대부분 갈라디아서와 고린도 후서에서 얻을 수 있다. 그는 바울이 개종한 후 두 번째로 예루살렘을 방문했을 때 바나바와 함께했다(갈 2:1-10). 이때 예루살렘의 유대인인 그리스도인들은 디도가 할례를 받아야 한다고 주장했으나 바울은 그들의 주장에 굴복하지 않았다. 바울은 고린도 교인들이 자신의 사도권에 대한 적대적 감정이 있다는 사실을 확인하기 위해 자신보다 먼저 디도를 고린도에 보냈다. 그리고 고린도에서 출발한 디도는 드로아에서 바울을 만나지 못하고 마게도냐에서 만나 고린도의 소문이 사실이 아니었음을 듣게 되었나(고후 7:6). 후에 바울은 그레데 섬 고르티스에서 목회를 하고 있는 디도에게 디도서를 써서 그의 목회를 도왔다. 딛 1:5에 의하면 바울은 디도를 그레데에 보내 바울의 이름으로 그곳에 있는 교회들의 부족한 일을 바로잡고 장로를 세우도록 했다. 그리고 바울은 그레데에 있는 디도에게 두기고를 보내 니고볼리에 있는 자기에게로 오라고 했다(딛 3:12).

디도의 상(딛 2:1) 그리스 고르티스, 디도 무덤 교회

바울이 디도를 남겨둔 디도의 목회지
그레데 섬(딛 1:5) 그리스

그래서 그들로 하여금 바른 믿음을 갖게 하고, 14 신화와 같은 유대인의 지어
낸 이야기와 진리를 거부하는 사람들의 명령을 따르지 않도록 하라. 15 깨
끗한 자들에게는 모든 것이 깨끗하지만 죄에 빠져(더럽고) 믿지 않는 자들
에게는 깨끗한 것이 전혀 없고 오직 그들의 마음과 양심이 더러울 뿐이다.
16 그들은 말로는 하나님을 시인하지만 행동으로는 부인한다. 그들은 가증
스런 자요, 진리에 순종하지 않는 자요, 모든 선한 일을 포기한 자들이다.

† 가르침에 합당한 말 (딛 2:1-15)

딛 2:1 ● 너는 바른(건전한) 교훈에 맞는 것을 말하라. 2 나이 많은 남자에
게는 절제하며, 존경할 만하게 하며(경건하며), 깊이 생각하게(신중하게)
하며, 믿음과 사랑과 인내로 굳게(건전하게) 서도록 하라. 3 나이 많은 여자
에게는 경건한 생활을 하도록 하게 하며, 남을 모함하지 말며, 술을 좋아
하여 술에 빠지지 않게 하고, 선한 것을 가르치는 자들이 되게 하라. 4 그
래서 그들의 행함을 통해 젊은 여자들이 교훈을 받아 그 남편과 자녀를 사
랑하며, 5 순결하고 근신하여 집안 일의 도리를 다하며, 친절(선)하며, 자기
남편에게 순종하는 자가 되게 하라. 그렇게 하므로 하나님의 말씀이 비방
을 받지 않게 하라.

딛 2:6 너는 이와 같이 젊은 남자들에게도 절제하도록(신중하도록, 지혜롭

게 하도록) 권면하라. 7 모든 일에 네 자신이 선한 일의 본을 보임으로써 너
의 가르침(교훈)이 변질되지 않음과 진지함(단정함)과 8 책망할 것이 없는
바른 말을 하게 하라. 그러면 우리를 반대하려는 사람들이 우리를 악하다
고 할 것이 없어 그들 스스로가 부끄러워할 것이다.

딛 2:9 종들은 자기 상전들에게 모든 일에 순종하여 주인을 기쁘게 하고,
주인과 말다툼을 하지 말라. 또 10 주인의 것을 훔치지 말고 오히려 자신이
참되고 신실한 사람임을 보여주게 하라. 그것은 모든 일에 우리 구세주 되
신 하나님의 가르침을 빛나게(단장하게) 하려는 것이다.

딛 2:11 모든 사람에게 구원을 베푸시는 하나님의 은혜가 우리에게 나타
났다. 12 그러므로 그런 은혜를 받은 우리는 불신앙(경건하지 않은 것)과 이
세상 정욕을 다 버리고 대신에 절제하고 바르고 경건하게 이 세상을 살아
가야 한다. 13 우리의 위대하신 하나님 구주 예수 그리스도께서는 영광 가
운데서 나타날 재림을 기다리게 하셨다. 14 예수 그리스도께서 우리를 대
신하여 자신의 생명을 주신 것은 우리를 모든 악(불법)에서 구해(속량)주
시고, 우리를 깨끗하게 하사 선한 일을 열심히 하는 자기 백성이 되게 하
기 위함이다. 15 너는 이 같은 사실을 널리 전하고 권면하며, 그런 권위를
가지고 책망하여 아무도 너를 업신여기지 못하게 하라.

† 성도의 대인 관계와 마침 인사 (딛 3:1-15)

딛 3:1 ● 너는 성도들로 하여금 권세 잡은 통치자들에게 복종하며, 모든
선한 일을 행할 수 있도록 준비하게 하라. 2 또한 누구도 비방하거나 싸우
지 말며, 오히려 너그럽게 대하며, 친절하게 대하도록 가르치라. 3 왜냐하면
우리도 이전에는 어리석고 하나님을 거역하던 자요, 거짓에 속은 자요, 여
러 가지 정욕과 육체의 즐거움(행락)에 종 노릇 한 자요, 악독과 시기(투기)
를 일삼은 자요, 가증스러운 자요, 서로 미워한 자였기 때문이다. 4 그러나
우리 구주 하나님의 자비와 사랑이 우리에게 나타나 5 우리를 구원하셨다.
곧 우리가 행한 의로움으로 구원받지 않고 오직 그의 긍휼하심을 따라 다
시 태어나는(중생의) 씻음과 성령의 새롭게 하심으로 구원하셨다.

딛 3:6 하나님께서는 우리 구주 예수 그리스도를 통해 우리에게 그의 성령

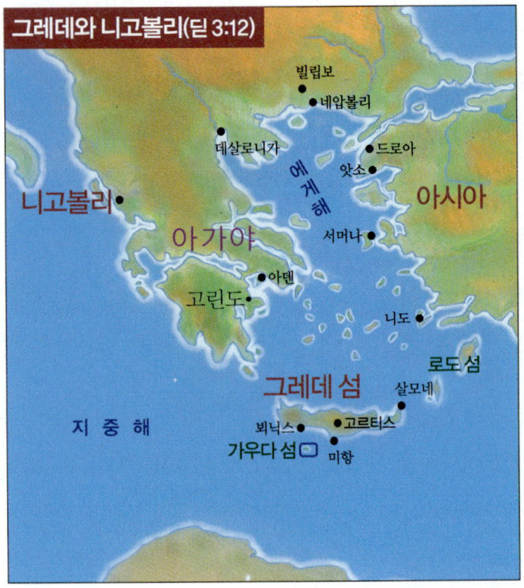

(영)을 풍성히 부어주셨다. 그래서 7 우리로 하여금 그분의
은혜를 힘입어 의롭다 하심을 얻어 우리가 소망하던 영원한
생명을 상속받는 자가 되게 하셨다. 8 이 모든 말은 신실되다.
너는 하나님의 사랑, 은사, 영생의 소망 등 이 여러 것에 대해 확
신 있게 말하라. 이는 하나님을 믿는 자들로 하여금 깊이 생
각하여 선한 일에 앞장서도록 하려는 것이다. 그것은 아름다
우며 사람들에게 유익한 것이다. 9 그러나 어리석은 논쟁(변
론)과 족보 이야기와 분쟁과 율법에 대한 다툼은 피하라. 그
것은 무익하고 헛된 것이다. 10 바른 교훈을 거역하고 자신이 만
든 교리로 분파를 만드는 이단에 속한 사람을 한두 번 훈계한
후에는 그와 관계를 끊어라. 11 네가 아는 것처럼 이러한 사람
은 부패하여 스스로 잘못(정죄)한 것을 알면서도 계속해서 죄를 짓는다.
딛 3:12 내가 아데마나 두기고를 그레데 섬에 있는 너에게 보내니 그들이 도
착하면 너는 서둘러 니고볼리로 오라. 이곳은 배로 650㎞ 이상 떨어진 그리
스 서쪽 해안에 있다. 내가 거기서 겨울을 보내기로 작정했다. 13 그러나 율
법교사 세나와 아볼로를 먼저 나에게 보내되 그들로 부족한 것이 없도록
챙겨주라. 14 또 우리 모두는 주님의 일에 수고하는 사람이 필요한 것을 준
비하는 좋은 일에 힘쓰기를 배워야 한다. 그러면 열매 맺는 뜻있는 생활이
될 것이다. 15 나와 함께 있는 자가 다 너에게 문안 인사를 한다. 그러니 너
도 믿음 안에서 우리를 사랑하는 자들에게 문안하라. 하나님의 은혜가 너
희 무리에게 있기를 기원한다.

성경 지리 **니고볼리**(딛 3:12)

니고볼리의 뜻은 '승리의 도시'이다. 니고볼리는 아우구스투스가 그리스 서부 해안에 있는 암브라시옷트만(Ambraciot Gulf)에 건설한 고대 그리스 나라 중에 하나인 에피루스(Epirus)의 수도이다. 오늘날 지명도 니코폴리스(Nicopolis)이며 니오호리(Niohori)라는 작은 마을이 형성되어 있다.
바울이 전도 여행 중에 아데마 혹은 두기고를 그레데에 있는 디도에게 보낼 때 디도로 하여금 겨울을 보내기로 작정한 니고볼리로 오도록 했다(딛 3:12).
BC 31년에 있었던 악티움(Actium) 전쟁의 야영지이기도 한 니고볼리는 로마의 아우구스투스 황제가 마크 안토니(Mark Antony)에게 승리한 것을 기념하기 위해 에피루스의 수도로 건설되었다. 이곳은 아우구스투스 황제가 창설한 악티움 경기가 열리는 것으로 유명했다.
니고볼리는 아르타(Arta), 에피라(Efyra), 카소피(Kassopi), 프레베자(Preveza) 등과 더불어 로마 시대에 세워진 것으로 알려진 기둥과 주거지들이 많이 발굴되었다. 오늘날 이곳 바실리카 A에서 보면 악티움 해전이 일어났던 바다가 보인다.

니고볼리의 바실리카(교회) A 외경 그리스

니고볼리의 바실리카(교회) B 그리스

니고볼리의 바실리카 A 바닥에 새겨진 모자이크 띄어쓰기가 없는 고대 헬라어로 되어 있다.

니고볼리의 초기 기독교인의 성벽 그리스

디모데전서는 사도 바울이 로마의 연금 생활에서 AD 63년에 일단 방면된 후 AD 67년에 다시 투옥되기 전까지 기간 중에 기록되었다. 후서는 전서보다 2년 후인 AD 66(67)년경에 기록된 것으로 추정된다.
디모데가 목회하고 있던 에베소 지역은 지중해 연안의 항구 도시로 이단 사상들이 집결하는 영적으로 혼탁한 도시였다. 거기에 디모데의 연소함으로 인해 그는 교회를 효과적으로 인도하기에 힘이 부치는 상황이었다. 에베소 교회의 젊은 목회자 디모데는 온전한 신앙과 신실한 인품은 나무랄 데 없었으나 나이의 연소(年少)함과 소심한 성격으로 목회에 여러 애로점을 안고 있었다. 디모데후서는 바로 그런 디모데에게 보낸 바울의 목회 서신이다.

바울이 디모데에게 보낸 두 번째 편지_로마 감옥에서 66년 가을

† 인사와 복음과 함께한 고난 (딤후 1:1-18)

딤후 1:1 그리스도 예수 안에 있는 생명의 약속을 전하라는 하나님의 뜻
에 따라 그리스도 예수의 사도 된 바울은 2 사랑하는 믿음의 아들 된 디모데
에게 이 편지를 쓴다. 하나님 아버지와 그리스도 예수 우리 주님의 은혜

성경 인물

디모데에 대하여

(딤전후)

디모데(딤후 2:14) 그리스 네압볼리, 바울 도착 기념 교회

디모데는 바울의 2차 전도 여행 시 더베와 루스드라에서 바울의 제자가 되었다. 디모데는 헬라인(그리스인)인 아버지와 유대인인 어머니 사이에서 태어났다. 후에 그는 바울의 가장 사랑받는 제자가 되었고 그가 목회를 할 때 바울은 사랑에 찬 권면으로 그의 목회를 적극적으로 지도해 었다. 특히 바울은 이방인이 할례를 받는 것에 대해 반대를 했으나 오직 디모데에게만 할례를 베풀었다(행 16:3). 아마 그것은 더베와 루스드라 지방에 사는 유대인들이 극히 보수적임을 알고 있었기에 할례 문제로 그들과 쓸데없는 충돌을 피하기 위해서였을 것이다.

여러 종류의 질그릇(딤후 2:20) 터키 아바노스

하나님을 훼방하는 헛된 말은 버리라. 그런 말을 하는 자들은 하나님을 섬
기는 일(경건)에 더 멀어져 갈 뿐이다. 17 그들의 말은 암(악성 종양)이 퍼져
나가는 것과 같다. 그런데 그중에는 후메내오와 빌레도가 있다. 18 그들은
진리의 말씀에서 떠났기에 "부활은 이미 옛날에 일어난 일에 불과하다"라
고 말하므로 사람들의 믿음을 무너뜨리고 있다. 19 그럼에도 하나님의 견
고한 터전인 교회는 무너지지 않는다. 그 위에는 이런 말이 성경에 기록되
어 있다. "주님께서 자기 백성을 아신다(민 16:5)." 또 "주님의 이름을 부르
는 자마다 불의에서 떠날지어다(사26:13)"라고 했다.

딤후 2:20 큰 집에는 금과 은 그릇뿐만 아니라 나무와 질그릇도 있어 귀하
게 쓰는 것도 있고 천하게 쓰는 것도 있다. 21 그러므로 누구든지 자기를
깨끗하게 하면 귀하게 쓰는 그릇이 되어 주인의 쓰심에 합당하며 모든 선
한 일에 쓰일 수 있는 준비된 사람이 되는 것이다.

딤후 2:22 너는 청년의 정욕을 피하고 깨끗한 마음으로 주님을 부르는 자
들과 함께 의와 믿음과 사랑과 화평을 추구하라. 23 어리석고 무식한 논쟁
을 버리라. 그런 것에서 다툼이 일어난다. 24 주님의 종은 다투지 않고, 모
든 사람에 대해 친절하며, 가르치기를 잘하며, 참으며, 25 진리를 거역하는
자들에게도 부드럽게(온유함으로) 가르치라 그러면 혹 하나님께서도 그들
에게 회개케 하여 진리를 깨닫게 해주실 것이다. 26 또 그들로 깨어 마귀의
덫(올무)에서 벗어나 하나님께 사로잡혀 그 뜻을 따라 살게 하실 것이다.

† 마지막 날에 대한 가르침과 마침 인사 (딤후 3:1-4:22)

딤후 3:1 ● 너는 마지막 날(말세)에는 고통하는 때가 있다는 것을 알라. 2
그때는 사람들이 자기 자신과 돈을 사랑하며, 자기를 자랑하며, 교만하며,
남을 헐뜯고, 부모를 거역하며, 감사하지 않으며, 거룩하지 않으며, 3 사랑
도 없고(무정하며), 원한을 풀지 않고, 모함하며, 절제하지 못하고 잔인하
며, 선한 것을 좋아하지 않으며, 4 가까운 자를 배신하며, 조급하게 행동하
며, 스스로 교만하며, 하나님보다 쾌락을 더 사랑한다. 5 겉으로는 하나님
을 섬기는 것 같으나 실상은 그렇지 않으니 너는 이 같은 자들과 멀리하
라. 6 그들 중에는 남의 집에 몰래 들어가 어리석은 여자를 유인하는 자들

† 하나님의 종과 같은 생활과 그리스도의 고난의 모본 (벧전 2:11-25)

벧전 2:11 ● 그러므로 사랑하는 자들아, 나그네와 행인 같은 너희에게 권면
한다. 영혼을 대적하여 싸우는 육체의 정욕을 멀리하라. 12 너희는 이방인
앞에서 선한 행실을 보여 너희가 악행을 저지른다고 비방하는 자들로 하
여금 너희의 착한 일을 보고 예수께서 재림(심판)하시는 날에 하나님께 영
광을 돌리게 하라. 13 주님를 위해 인간의 모든 제도에 순종하라. 다만 위
에 있는 왕이나 14 혹은 왕이 악행하는 자를 징벌하고 선행하는 자를 포상
하기 위해 보낸 총독에게 그렇게 하라. 15 이는 선행으로 어리석은 사람들
이 하는 무식한 말을 하지 못하게 하는 것이다. 16 너희는 자유자이다. 그
러나 그 자유를 악을 행하는 데 이용하지 말고 오직 하나님의 종과 같이
하라. 17 그래서 모든 사람을 존경하며, 형제를 사랑하라. 하나님을 두려워
하며, 왕을 존귀히 여기라.

벧전 2:18 종(사환)들아, 모든 일에 두려워함으로 주인들에게 복종하라. 선
하고 너그러운 주인에게만 아니라 완고하고 까다로운 주인들에게도 그렇
게 하라. 19 아무런 이유 없이(애매히) 고난을 받아도 하나님을 생각하면서
슬픔을 참으면 그것은 아름다운 것이다. 20 그러나 죄가 있어 매를 맞고 참
는다면 무슨 칭찬이 있겠는가? 그러므로 선을 행함으로 고난을 받아도 참
는다. 그것은 하나님 앞에 아름다운 것이다. 21 이것을 위해 너희가 하나님
의 부르심을 받았다. 그리스도께서도 너희를 위해 고난을 받으사 너희에
게 모본을 보여 그 자취를 따라오게 하셨다.

벧전 2:22 예수께서는 죄를 범하지 않으시고 그 입에서 거짓을 말하지도
으셨다. 23 그분은 모욕을 당해도 같이 대항하여 욕하지 않으셨으며, 고난
을 당했지만 위협하지 않으시고, 오직 공정하게 심판하시는 하나님에게
그 보응을 부탁하셨다. 24 그는 친히 나무에 달려 자기 몸으로 우리가 받아
야 할 죄의 대가를 대신 담당하셨다. 이는 우리로 하여금 죄에 대하여 죽
고, 의에 대하여 살게 하려고 하신 것이다. 그가 채찍에 맞음으로 너희는
나음을 얻었다. 25 너희가 이전에는 양과 같이 길을 잃고 헤맸으나 이제는
너희 영혼의 목자와 감독 되신 예수께로 돌아왔다.

교리 **예수에 대한 상징적인 단어 (벧전 2장)**

- **보배로운 산 돌(4)**
  생명을 주는 귀중한 돌
- **신령한 집(5)**
  성령께서 거하시는 성도를 상징
- **모퉁잇돌(6)**
  유대인과 이방인을 연결시키는 그리스도의 구속 사역을 상징함
- **건축자들이 버린 돌(7)**
  유대인들이 배척한 예수 그리스도를 상징
- **부딪히는 돌, 걸려 넘어지게 하는 바위(8)**
  그리스도에 대적하는 자들을 향한 그리스도의 상징적 표현
- **영혼의 목자(25)**
  영혼을 생명의 길로 인도하는 그리스도
- **감독 되신 이(25)**
  감독은 거의 목자와 동의어로 목자의 기능을 가리킴

벗김과 모욕을 당하는 예수(벧전 2:23-24) 러시아 상트페테르부르크, 에르미타주 박물관

✣ 단장(adorning, 丹粧, 벧전 3:3)
'질서 있는', '단정한'이란 뜻이다. 이는 여자가 얼굴과 몸을 치장하는 것을 가리키는데, 성경에서는 외적인 치장보다 여성의 아름다움을 지켜나가는 것을 의미한다. 그렇기 때문에 내면의 아름다움, 곧 '마음의 단장'이란 표현을 사용하고 있다.

† 아내와 남편에 대한 가르침 (벧전 3:1-7)

벧전 3:1 아내들아, 자기 남편에게 순종하라. 그러면 믿지 않는(말씀을 순종하지 않는) 남편이라도 말로가 아니라 그 아내의 행실로 인해 믿게 될(구원될) 것이다. 2 그것은 너희가 하나님을 두려워하는 중에서 행하는 정결한 행실을 보기 때문이다. 3 너희는 머리를 꾸미고, 금으로 치장하고, 화려한 옷을 입는 겉모습으로 단장하지 말라. 4 오직 진정한 아름다움은 내면의 아름다움을 가진 사람이다. 그런 사람은 남편에게 온유하고 평화로움을 나타낸다. 이는 하나님 앞에 귀한 것이다. 5 이전에 하나님께 소망을 두었던 거룩한 부녀들도 이와 같이 자기 남편에게 순종함으로 자기를 단장했다. 6 사라가 아브라함을 주님이라고 부르며 순종한 것같이 너희도 선을 행하고 어떤 두려운 일에도 놀라지 말라. 그러면 사라처럼 아름다운 그녀의 딸이 된 것과 같다.

벧전 3:7 남편들도 이와 같이 아내를 자기보다 더 연약한 그릇같이 여겨 지식을 따라 생명의 은혜를 함께 이어받을 자로 알아 귀하게 여기라. 이는 너희 기도가 방해를 받지 않게 하려는 것이다.

† 선을 위한 고난과 선한 양심 (벧전 3:8-22)

벧전 3:8 마지막으로 부탁한다. "너희가 한마음으로 이해(동정)하며, 형제를 사랑하며, 불쌍히 여기며, 겸손하며, 9 악을 악으로, 욕을 욕으로 갚지 말고 오히려 복을 빌어주라. 이를 위해 너희가 하나님의 부르심을 받았다. 이는 너희로 복을 누리게 하려는 것이다. 10 그러므로 성경은 "생명을 사랑하고 즐겁게 살기를 원하는 자는 혀를 함부로 놀리지 말라. 악한 말을 그치며, 그 입술로 거짓을 말하지 말고, 11 악에서 떠나 선을 행하고, 화평을 추구하라. 12 주님의 눈은 의인을 향하고, 그의 귀는 의인의 간구를 경청하며, 주님의 얼굴은 악행하는 자들을 멀리하신다(시 34:12-16)"라고 하였다.

벧전 3:13 또 너희가 힘을 다해 선을 행하면 누가 너희를 해치겠느냐? 14 그러나 옳은 일을 위해 고난을 받으면 복이 있는 자니 그들이 두려워하는 것을 두려워하거나 근심도 하지 말라. 15 너희 마음에 주님 되신 그리스도를 거룩하게 모시라. 또 너희가 가진 소망에 대해 이유를 묻는 자에게는 온유

와 두려움으로 대답할 것을 항상 준비하라. 16 선한 양심을 품고 살아라. 이
는 그리스도 안에 있는 너희의 착한 행실을 욕하고 헐뜯는 자들로 하여금
오히려 그 일에 부끄러움을 당하게 하기 위함이다. 17 선을 행함으로 고난
받는다면 그것은 하나님의 뜻이니, 악을 행하다가 고난받는 것보다 낫다.
벧전 3:18 그리스도께서는 우리를 위해 단 한 번 죽으심으로(어떤 사본에는
고난을 받으사) 우리의 죄를 담당하셨다. 그는 죄 없는 분(의인)으로서 죄인
(불의한 자)을 대신하여 돌아가셨다. 이는 우리를 하나님 앞으로 인도하기
위함이다. 그는 육체로는 죽임을 당하셨으나 영으로는 살리심을 받았다.
19 그는 옥에 갇혀 있는 영들에게 영으로 찾아가 말씀을 선포하셨다. 20 그
들은 오래전에 노아가 방주를 준비할 동안 하나님이 오랫동안 참고 기다
리실 때에 복종하지 않았던 자들이다. 물로 멸망을 받을 때 방주에 들어가
구원을 얻은 자는 겨우 여덟 명뿐이었다. 21 노아 때의 홍수(물)는 예수 그리
스도께서 부활하심으로 인해 이제 너희를 구원하는 세례(침례)의 표징(실
체)이 되었다. 이는 육체의 더러운 것을 깨끗하게 씻는 것이 아니라 오히
려 선한 양심을 갖고 하나님께 자신의 삶을 정결하게 드리겠다는 약속이
다. 22 그리스도는 하늘로 올라가 하나님 우편에 계시니 천사들과 권세들
과 능력들이 그에게 복종한다.

방주에 있는 노아의 여덟 명의 가족과 까마귀를 내보내는 노아(벧전 3:20) 14세기, 프랑스 사본 삽화

노아와 방주(벧전 3:20) 요르단, 느보 산 모자이크 박물관

† 하나님의 선한 청지기와 고난에 대해 (벧전 4:1-19)

벧전 4:1 ● 그리스도께서 이미 육체의 고통을 겪으셨으니 너희도 같은 마
음 가짐으로 무장(갑옷)하라. 이는 육체의 고난을 받은 자는 죄와 단절했기
때문에 2 이후로는 다시 사람의 정욕을 따라 살지 않고 하나님의 뜻을 따
라 남은 생애를 살게 하려는 것이다. 3 너희가 불신자(이방인)들의 뜻에 따
라 음란과 정욕과 술 취함과 방탕과 향락과 우상숭배를 한 것은 지나간 때
로 충분하다. 4 이제 불신자들은 너희가 자신들과 방탕한 일에 함께 어울
리지 않는 것을 이상히 여겨 비방한다. 그러나 5 그들은 살아 있는 자와 죽
은 자를 심판하기로 예비하신 하나님 앞에서 자신들의 행위에 대해 사실
대로 말하게 될 것이다. 6 이를 위해 죽은 자들에게도 복음이 전파되었다.
그 이유는 육체로는 모든 사람처럼 심판을 받지만, 영으로는 하나님의 뜻

Q&A 만물(세상)의 마지막 때는 언제를 가리키는가(벧전 4:7)?

헬라어 원문에는 앞에 '그러나'라는 접속사가 있기 때문에 앞의 부분과 연결하여 이해해야 한다. 곧 여기서 만물의 마지막이란 당시 그리스도인을 박해하는 자들에 대한 대외적인 관계에서 이제는 종말을 기다리는 성도의 삶의 문제로 바뀌고 있는 모습을 보여준다. 이는 "너희를 박해하고 훼방하던 자들에 대한 심판과 더 나아가 이 땅의 모든 시련이 끝나는 때가 가까웠으니 하나님을 만날 준비를 하라"는 말이다. 이러한 확신은 일차적으로는 초대 교회의 일반적인 것이었으며, 이차적으로 현재에 사는 우리들에게는 항상 종말론적인 자세로 경건한 삶을 살아야 함을 말하고 있는 것이다.

에 따라 살게 하기 위함이다.

벧전 4:7 세상(만물)의 마지막 때가 가까이 왔으니 그러므로 너희는 정신을 차리고 근신하여 기도하라. 8 무엇보다도 뜨거운 사랑을 나누라. 사랑은 허다한 죄를 덮어준다. 9 서로 불평하지 말고 대접하며, 10 각자 받은 은사가 무엇이든지 하나님의 여러 가지 은혜를 맡은 선한 관리인(청지기)같이 서로 봉사하라. 11 만일 누가 말을 하려고 하면 하나님의 말씀을 하는 것같이 하고, 누가 봉사하려면 하나님이 주시는 힘으로 하는 것같이 하라. 이는 모든 일에 예수 그리스도로 인해 하나님이 영광을 받으시게 하려는 것이다. 그에게 영광과 권능을 영원무궁토록 올려드립니다. 아멘.

벧전 4:12 사랑하는 자들아, 너희를 연단시키려고 찾아오는 불같은 시련(시험)을 이상한 일을 당하는 것같이 놀라지 말라. 13 오히려 너희가 그리스도의 고난에 동참하는 것으로 기뻐하라. 그 이유는 그리스도께서 영광 가운데 재림하실 때에 너희로 기뻐하게 하기 위함이다. 14 너희가 그리스도의 이름 때문에 모욕을 당한다면 복이 있는 자이다. 하나님의 영광스런 영(성령)이 너희 위에 계신다.

벧전 4:15 너희는 누구든지 살인이나 도둑질이나 악행이나 남의 일을 간섭하는 것으로는 어려움을 당하지 않게 하라. 16 그러나 만일 그리스도인 때문에 고난을 받으면 부끄러워하지 말고 오히려 그 이름으로 하나님께 영광을 돌리라. 17 하나님의 심판은 먼저 하나님의 집에서 시작된다. 만일 하나님의 심판이 우리에게 먼저 있다면 하나님의 복음을 순종하지 않는 자들의 그 마지막 심판은 얼마나 크겠는가? 18 또 의인이 간신히 구원을 받으면 하나님을 믿지 않는(경건하지 아니한) 자와 죄인이 설 자리는 어디에 있겠는가(보이겠느냐)? 19 그러므로 하나님의 뜻에 따라 고난을 받는 자들은 선을 행하는 가운데에 그 영혼을 신실하신 창조주께 맡기라.

† 하나님의 양 무리의 본과 마침 인사 (벧전 5:1-14)

벧전 5:1 ● 너희 중 장로들에게 권면한다. 나는 너희처럼 장로 된 자요, 그리스도의 고난에 대한 증인이요, 장차 나타날 그리스도의 영광에 동참할 자이다. 2 너희는 하나님의 양 무리를 치되 억지로나 더러운 이득을 위해

하지 말고 하나님의 뜻을 따라 기쁜 마음으로 하라. [3] 여러분에게 맡겨준 성도(양 떼)들에게는 지배하려는 자세로 하지 말고 성도(양 무리)의 본이 되라. [4] 그러면 목자장 되신 예수께서 재림하실 때에 시들지 않는 영광스런 면류관을 받을 것이다.

벧전 5:5 젊은 자들아, 장로들에게 순종하고 겸손한 마음으로 서로 섬기라(허리를 동이라). 하나님은 교만한 자를 대적하지만 겸손한 자들에게는 은혜를 주신다. [6] 그러므로 하나님의 전능하신 손 아래에서 겸손하라. 때가 되면 하나님께서 너희를 높여주실 것이다. [7] 너희 모든 염려를 주님께 맡기라. 그분은 너희를 돌봐주신다.

벧전 5:8 경계심을 갖고 깨어 있으라. 너희 대적 마귀(훼방자)가 울부짖는 사자같이 두루 다니며 삼킬 자를 찾고 있으니 마음을 강하게 하라. [9] 너희는 믿음에 굳게 서서 마귀를 대적하라. 이런 말을 하는 것은 세상에 있는 너희 형제들도 너희와 같은 고난을 당하는 줄을 내가 알고 있기 때문이다. [10] 모든 은혜를 주시는 하나님, 곧 그리스도 안에서 너희를 부르사 자기의 영원한 영광에 들어가게 하신 하나님께서 잠시 동안 고난을 당한 너희를 친히 온전하고 굳건하게 하시며, 강하게 하실 것이다. [11] 권능을 영원무궁토록 그분께 올려드립니다. 아멘.

벧전 5:12 내가 신실한 믿음의 형제로 알고 있는 실라(실루아노)를 통해 너희에게 간단히 써서 권면한다. 이것이 하나님의 참된 은혜임을 증언하니 너희는 이 은혜에 굳게 서라. [13] 너희와 함께 선택함을 받은 바벨론(로마?)에

양 무리를 치는 목자(벧전 5:2-3)
시리아 고산 근교

난제 인간이 신의 거룩한 성품에 참여한다는 것은(벧후 1:4)?

인간이 신의 거룩한 성품에 참예한다는 말은 본 절에만 나온다. 문제는 인간이 어떻게 신의 성품에 참예할 수 있느냐는 것이다. 이는 인간이 신과 같은 존재가 된다는 뜻이다. 그래서 신비주의자들은 어떤 신비한 체험을 통해서 신과 합일(合一)한 상태에 이를 수 있다고 주장하기도 한다. 그러나 이방 종교에서 말하는 것처럼 인간은 결코 신과 같은 존재가 되는 것은 아니다. 따라서 인간이 신의 성품에 참예한다는 본 절은 중생한 성도가 성화의 발전에 따라 점차 신의 성품, 곧 의롭고 거룩한 성품을 닮아가는 것을 뜻한다. 곧 예수 그리스도의 재림 때 부활하여 썩지 않을 영원한 생명을 가진 몸으로 덧입는 것을 가리킨다고 보아야 한다. 이때에도 성도는 결코 신성 자체를 소유하는 것은 아니다.

있는 교회(여자)가 너희에게 문안하고 내 믿음의 아들 마가 요한도 문안한
다. [14] 너희는 사랑의 입맞춤으로 서로 문안하라. 그리스도 안에 있는 너희
모든 이에게 평안이 있기를 기원한다.

베드로가 흩어진 성도들에게 보낸 두 번째 편지 _68년경

† 인사와 부르심과 선택과 재림 준비 (벧후 1:1-21)

벧후 1:1 ● 예수 그리스도의 종이며, 사도인 시몬 베드로는 우리 하나님과
구주 예수 그리스도의 의를 통해 보배와 같은 믿음을 우리와 함께 받은 자
들에게 편지한다. [2] 하나님과 우리 주 예수를 아는 지식으로 그의 은혜와
평안이 너희에게 더욱 넘치기를 기원한다. [3] 그리스도께서는 하나님의(신
기한) 능력으로 생명과 그 열매인 경건에 속한 모든 것을 우리에게 주셨다.
그것은 자기의 영광과 선(덕)으로써 우리를 부르신 자를 알았기 때문이
다. [4] 이로써 그리스도께서는 가장 소중하고 중요한 약속을 우리에게 주셨
고 그 약속으로 인해 너희가 세상에서 썩어질 것을 피하여 거룩한 성품에
참여하는 자가 되게 하셨다.

벧후 1:5 그러므로 너희는 너희의 믿음에 덕을, 덕에 지식을, [6] 지식에 절제
를, 절제에 인내를, 인내에 경건을, [7] 경건에 형제 우애를, 형제 우애에 사
랑을 더하는 데 더욱 힘쓰라. [8] 이런 모든 것들이 너희의 삶 가운데 넘쳐난
다면 너희는 우리 주 예수 그리스도를 알기에 게으르지 않고 더욱 풍성한
삶을 사는 자가 된다. [9] 그러나 이런 것들이 없는 자는 앞 못 보는 자과 같
아 멀리 보지 못하고, 과거에 지은 자기 죄가 깨끗하게 된 것을 잊어버린
다. [10] 그러므로 형제들아, 하나님께서 너희를 부르신 것과 선택하심을 견고
하게 하라. 너희가 이것을 행하면 언제든지 실족하지 않을 것이다. [11] 그러
면 큰 환영 속에서 우리 주님 되신 구세주 예수 그리스도의 영원한 나라에
들어갈 것이다.

벧후 1:12 그러므로 너희가 이런 사실을 알고 이미 진리에 서 있지만 한 번
더 내가 너희에게 이 진리를 생각나게 하려고 한다. [13] 내가 이 세상(장막)
에 살아 있는 동안에 너희에게 이렇게 생각나게 하는 것이 옳은 줄로 여긴

다. [14] 이는 우리 주 예수 그리스도께서 나에게 미리 말씀하신 것같이 나도 세상(장막)을 떠날 때가 가까이 온 줄을 알고 있기 때문이다. [15] 나는 너희가 내가 죽은 후에라도 어느 때나 이런 것을 생각나게 하려고 한다. [16] 우리 주 예수 그리스도의 능력과 재림을 너희에게 알게 한 것은 그럴듯하게 지어낸 이야기를 따른 것이 아니다. 우리는 예수 그리스도의 크신 위엄의 모습을 친히 본 자이다. [17] 이전에 지극히 큰 영광 중에서 이러한 소리가 예수께 났다. "이는 내 사랑하는 아들이요, 내 기뻐하는 자라(마 3:17)." 그때 그가 하나님 아버지께 영광과 존귀를 받으셨다. [18] 이 소리는 우리가 그와 함께 거룩한 산(헬몬 산?)에 있을 때에 하늘로부터 난 것을 들은 것이다. [19] 또 우리에게는 더 분명한 예언이 있다. 그것은 어두운 데를 비추는 등불과 같다. 그 빛은 너희의 마음속에 날이 새어 샛별 되는 그리스도께서 너희 마음에 떠오르기까지 너희의 마음을 밝혀줄 것이다. [20] 그러므로 먼저 알아야 할 것은 성경의 모든 예언은 마음대로 해석할 것이 아니다. [21] 예언은 사람의 뜻으로 기록해놓은 것이 아니라 오직 성령의 감동을 받은 사람들이 하나님께 받아 기록한 것이다.

예수께서 베드로와 야고보와 요한과 함께 있을 때 변화한 산으로 주장되는 거룩한 산(벧후 1:18) 이스라엘 헤르몬 산(헬몬 산)

† 거짓 선지자와 거짓 선생의 출현에 대해 (벧후 2:1-22)

벧후 2:1 ● 그러나 백성 가운데 거짓 선지자들이 일어난 것처럼 너희 중에도 거짓 선생들이 나타날 것이다. 그들은 멸망하게 할 이단을 은밀히 끌어들여 살아 계신 주님(상전)을 부인하고 스스로 임박한 멸망의 길을 자초해서 가는 자들이다. [2] 여러 사람이 그들의 악한 길(호색)을 따를 것이다. 이로 인해 구원의 길인 진리의 도가 비방을 받을 것이요, [3] 그들이 욕심을 채우기 위해 지은 말을 가지고 너희에게서 돈(이득)을 취하려고 한다. 그러므로 하나님의 심판은 옛적부터 지체되지 않고 그들의 멸망은 결국 이루어질 것이다.

벧후 2:4 하나님은 범죄한 천사들을 용서하지 않으시고 지옥에 던져 캄캄한 구덩이에 두어 심판 때까지 지키게 하셨다. [5] 또한 하나님은 노아 당시 하나님을 거역했던 사람(옛 세상)들을 용서하지 않으시고 홍수로 심판하셨다. 오직 의를 전파하는 노아와 그 일곱 명의 식구를 보존하시고 경건하지

노아 때의 홍수 심판(벧후 2:5) 바티칸, 미켈란젤로 작, 시스티나 예배당 프레스코화

유황불로 멸망당한 소돔(벧후 2:6) 요르단 밥 에드 드라

롯의 탈출(벧후 2:7) 이탈리아, 밀라노 두오모 성당 부조

발람 문서(벧후 2:15) 요르단 숙곳(텔 데이르 알라) 출토, 요르단, 암만 박물관, 발람은 출애굽한 이스라엘을 저주하도록 부탁받은 자이다.

브올의 아들 발람을 언급하고 있는 아람어 비문으로 숙곳(데이르 알라)의 제의 센터에서 발견된 석회 파편이다. 이 문서는 BC 9세기 것으로 추정되며 잉크로 기록된 아람어 방언이다. 석회 파편에서 재구성한 본문은 브올의 아들 발람이라는 선견자를 묘사한다. 이 문서에는 엘이라는 이름이 나타난다.

않은 자들의 세상에 홍수를 내리셨다. 6 또 소돔과 고모라 성을 멸망시켜
잿더미가 되게 하사 훗날 믿지 아니할(경건하지 아니할) 자들에게 본보기
로 삼으셨다. 7 그때 법을 거역하는 자들의 변태적인 성적(음란한) 행실로
인해 어려움을 겪는 믿음을 가진(의로운) 롯을 건지셨다. 8 이는 롯이 그들
중에 거하면서 날마다 성 사람들이 저지르는 불법한 행실을 보고 들음으로
그 믿는(의로운) 심령이 괴로워했기(상했기) 때문이었다.

벧후 2:9 하나님께서는 자신을 믿는(경건한) 자를 시련(시험)에서 건지시지
만 불의한 자는 심판 날까지 계속 형벌을 받게 하는 방법을 알고 계신다.
10 특히 육체의 더러운 정욕에 이끌려 행하며, 만물을 주관하시는 하나님을
멸시하는 자들에게는 형벌을 내릴 것이다. 이들은 자기 마음대로 행동(당
돌)하고, 교만(자긍)하며, 두려워 떨지 않고, 영광 가운데 있는 자(천사)들
을 비방한다. 11 사람들보다 더 큰 능력을 가진 천사들도 주님 앞에서는 그
들을 헐뜯거나 비방하는 말을 하지 않는다. 12 그러나 이 사람들은 처음부
터 잡혀 죽기 위해 태어난 이성 없는 짐승 같아서 알지도 못하면서 비방한
다. 결국 이들은 멸망을 당하며, 13 불의의 대가(값)로 자신들이 불의를 당
하며, 낮에 즐기고 노는 것을 기쁘게 여기는 자들이다. 이들은 너희들 가
운데 끼어 있는 점과 티와 같은 자들이다. 그래서 너희와 함께 먹을(연회)
때에 자신들의 속임수(어떤 사본에는 애찬)로 즐기고 논다.

벧후 2:14 그들은 음란한 마음이 가득한 눈을 가지고 계속 범죄하며 약한
영혼들을 유혹하는 탐욕이 습관화된 마음을 가진 저주의 자식이다. 15 그
들은 미혹에 빠져 바른 길을 떠나 브올의 아들 발람의 길(민 22-24장)을
그대로 따른다. 발람은 불의의 방법으로 얻은 재물에 눈이 멀었다. 16 그래
서 자기의 불법으로 인해 책망을 받았지만 말 못하는 나귀가 사람의 소리
로 말하여 이 거짓 선지자 발람의 미친 행동을 가로막았다. 17 그러므로 이
런 저주의 사람들은 물 없는 샘이요, 광풍에 밀려가는 안개와 같다. 그들
에게는 칠흑같은 어둠이 예비되어 있다. 18 왜냐하면 그들은 헛된 말로 자
랑하며 잘못된 길(사람)에서 간신히 피한 자들을 다시 음란으로 꾀어 육
체의 정욕으로 끌고 가려고 유혹하기 때문이다. 19 그들은 자유를 주겠다
고 말은 하지만 자신들조차도 자유하지 못하는 멸망의 종들이다. 누구든지

정복당한 자는 정복자의 종이 되는 것이다. [20] 만일 그들이 우리 주님 되신 구주 예수 그리스도를 아는 지식으로 세상의 더러움에서 피한(해방된) 후에 다시 그 악한 생활에 얽매여 지내게 되면 그 나중 형편이 처음보다 더 심하게 된다. [21] 바른 의의 원리(도)인 복음을 안 후에 받은 영적인(거룩한) 명령을 저버리는 것보다는 처음부터 알지 못하는 것이 차라리 낫다. [22] 속담에 이르기를 "개는 그 토했던 것을 다시 먹고, 돼지는 씻은 후에 다시 더러운 구덩이에 눕는다(잠 26:11 일부)" 하는 말이 그들에게 딱 맞는다.

† 주님의 날 (벧후 3:1-18)

벧후 3:1 ● 사랑하는 자들아, 내가 이제 이 두 번째 편지를 너희에게 쓴다.
이 두 편지로 너희의 진실된 마음이 다시 일깨워지기를 바란다. [2] 곧 거룩
한 선지자들이 예언한 말씀과 주님 되신 구주께서 너희의 사도들을 통해
명령하신 것을 기억하게 되기를 바란다. [3] 먼저 세상 끝 날에는 정욕대로
사는(조롱하는) 사람들이 일어나 너희를 비웃을 것임을 알라. [4] 그들은 "주
님께서 재림한다는 약속이 어디 있느냐? 조상들이 죽은 후로부터 지금까
지 만물은 처음 창조될 때와 같이 그대로 있다"라고 말한다. [5] 또한 그들은
하나님의 말씀으로 하늘이 옛날부터 있는 것과 땅이 물에서 나와 물로 창
조된 사실도 일부러 잊으려고 한다. [6] 그 후 하나님은 홍수로 세상을 멸망
시키셨다. [7] 이제 그 동일한 하나님의 말씀으로 하늘과 땅을 불사를 것이
다. 다만 믿지(경건하지) 않는 사람들은 심판과 멸망을 당하는 마지막 날까
지 보존해두실 뿐이다.

벧후 3:8 사랑하는 자들아, 주님께는 하루가 천년 같고, 천년이 하루 같다
는 이 한 가지 사실을 기억하라. [9] 주님의 약속은 어떤 자들이 생각하는 것
처럼 더딘 것이 아니다. 오직 주님께서는 너희를 위해 오래 참으사 아무도
멸망하지 않고 모두 회개하기를 원하시는 것이다. [10] 그러나 주님의 마지막
심판의 날은 도둑같이 올 것이다. 그날에는 하늘이 큰 소리를 내며 사라지
고, 하늘에 있는 것(물질)들은 뜨거운 불에 녹아질 것이다. 또한 땅과 그중
에 있는 모든 것(일)은 불타버리게(드러나게) 될 것이다(어떤 사본에는 타지
리라) . [11] 이 모든 것이 불타버릴 것인데 너희가 어떠한 사람이 되어야 하

겠느냐? 오직 거룩한 행실과 경건함으로 12 하나님의 날이 속히 오기를 간
절히 사모하라. 그날에 하늘이 불에 타서 없어지고 하늘에 있는 것(물질)
들도 뜨거운 불에 녹아질 것이다. 13 그러나 우리는 그의 약속대로 정의만
이 있는 새 하늘과 새 땅을 바라본다.

벧후 3:14 그러므로 사랑하는 자들아, 너희가 이것을 바라본다면 주님 앞에
서 점과 티(흠)도 없이 평안 가운데서 살아가기를 힘쓰라. 15 또 우리 주님
께서 오래 참으신 것은 너희를 구원하기 위한 것임을 알라. 우리가 사랑하
는 형제 바울도 하나님께 받은 지혜로 너희에게 이같이 썼다. 16 또 그 모
든 편지에도 이런 일에 관해 말했다. 그러나 그중에는 이해하기 어려운 것
이 더러 있어 무식한 자들과 굳세지 못한 자들이 다른 성경과 같이 그것도
억지로(교묘하게) 해석하다가 스스로 멸망에 이르렀다. 17 그러므로 사랑
하는 자들아, 너희는 이것을 미리 알았으니 거짓 교사(무법한 자)들의 잘못
된 가르침(미혹)에 이끌려 너희가 믿음의 굳센 데서 떨어질까 조심하라. 18
오직 우리 주님 되신 구주 예수 그리스도의 은혜와 그를 아는 지식에서 믿
음을 키우라. 주님께 이제와 영원한 날까지 영광이 있기를 기원합니다(어
떤 사본에는 마지막에, 아멘).

역사 배경

베드로의 순교와 베드로대성당(벧전후서)

베드로대성당은 로마 가톨릭교회의 총본산으로 안쪽 길이 210m, 가장 넓은 부분의 폭이 135m의 규모를 가진 장대하고 화려한 대건축물이다. 최초의 바실리카식 교회는 콘스탄틴 대제가 사도 베드로의 무덤 위에 건립하여 326년에 헌당했다. 현재의 건물은 1926년에 헌당된 라틴 십자가형의 회당식 대성당이다. 대리석의 돔은 직경 42m, 꼭대기까지의 높이는 132m로 거장 미켈란젤로가 설계한 것이다. 타원형 광장 중앙의 오벨리스크는 원래 이집트의 헬리오폴리스에서 운반되어 온 것으로 그곳이 바로 베드로가 순교한 장소이다. 1940-1949년 성당의 지하에서 이루어진 고고학적 발굴로 그곳이 베드로의 무덤 터임이 확인되었다.

베드로 대성당(벧전후서) 바티칸

유다서는 예루살렘 멸망이 기록되지 않았다는 점 때문에 기록 연대를 AD 70년 이전으로 보기도 한다. 반대로 본서에 언급된 영지주의 사상을 통해 사도 시대 후기에 나타난 AD 2세기의 상황으로 보기도 한다. 그러나 여러 가지 정황으로 볼 때, 본서는 1세기 후반에 기록된 것으로 볼 수 있다. 즉 본서의 저자인 예수의 동생 유다의 생존 시기가 1세기를 넘어갈 수 없고, 본서의 교훈들을 받는 대상이 사도들의 가르침을 직접 받은 자들이라는 점에서 1세기를 넘길 수 없다.

† 이단들을 대처하라는 유다의 편지 (유 1:1-25)

유 1:1 ● 예수 그리스도의 종이요, 하나님의 부르심을 받은 야고보의 형제
인 유다는 하나님 아버지의 사랑을 받고 예수 그리스도의 보호하심을 받
은 자들에게 편지한다. 2 자비(긍휼)와 평안과 사랑이 너희에게 더욱 넘치
기를 기원한다. 3 사랑하는 자들아, 우리는 모든 사람들이 누리는 구원에
관하여 내가 너희에게 편지를 쓰려는 생각이 간절했다. 그런던 차에 편지
를 써야 할 이유가 생겼다. 그것은 성도에게 한 번에 주신 믿음의 원리(도)

인 그리스도의 복음을 지키기 위해 힘써 싸워야 할 필요성이 생긴 것이다. 4 그것은 바로 너희 가운데 은밀히 들어온 몇 사람 있기 때문이다. 그들은 하나님을 대적하고(경건하지 아니하여) 우리 하나님의 은혜를 죄짓는(방탕한) 것으로 바꾸고, 홀로 한 분이신 통치자 예수 그리스도를 부인하는 자들이다. 이들은 옛적부터 벌을 받기로 판결된 자이다.

유 1:5 너희가 처음부터 이 모든 사실을 알고 있었으나 이제 내가 너희로 다시 생각나게 하려고 한다. 주님께서 자기 백성을 애굽에서 구출해내시고 그 후에는 믿지 않는 자들을 멸하셨다. 6 또 자기 지위를 지키지 않고 자기 위치를 이탈한 천사들을 최후(큰 날)의 심판 날까지 영원한 결박으로 흑암에 가두셨다. 7 소돔과 고모라와 그 주위 도시들도 그들과 같이 음란하여 동성(다른 육체)연애를 따라가다가 영원한 불의 형벌을 받음으로 멸망의 본보기(거울)가 되었다(창 19:1-25). 8 이는 여러분 가운데 몰래 들어온 자들도 마찬가지다. 그들은 꿈으로 인도함을 받고 있으며, 소돔과 고모라와 같이 육체를 더럽히며, 하나님의 권위를 업신여기며, 하나님의 영광을 비방하고 있다.

유 1:9 천사의 우두머리인 미가엘조차도 모세의 시체를 가져가려고(시체에 관하여) 마귀와 다투어 논쟁할 때에 감히 훼방하는 판결을 내리지 않고 다만 말하기를 "주님께서 너를 책망하기를 바란다"라고만 했다(위경, 모세의 승천기). 10 그런데 하나님의 영광을 훼방하는 이 사람들은 무엇이든지 그 알지 못하는 영의 일을 훼방한다. 또 그들은 이성 없는 짐승같이 본능으로 아는 그것 때문에 멸망당할 것이다.

유 1:11 화가 있을 것이다. 경건치 못한 자들아, 너희는 동생을 살인한 가인의 길로 행했고, 자신의 삯을 위해 발람의 어그러진 길로 몰려 갔으며(민 31:16), 모세를 반역한 고라의 패역을 따라가다가 멸망을 받았다(민

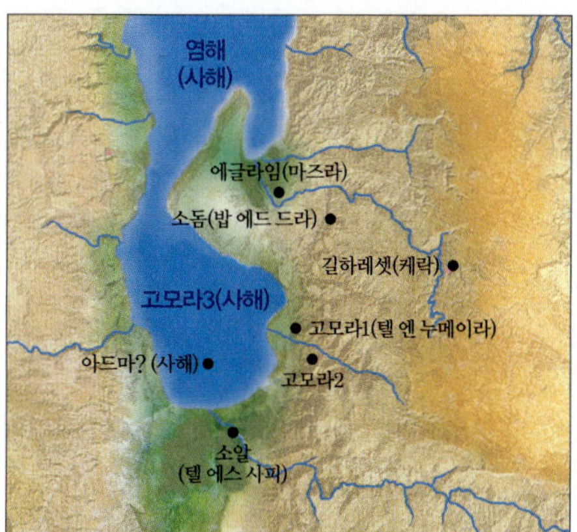

소돔과 고모라와 주위 도시(유 1:7)

QT **이단을 경계하라(유다서).**
4절의 "은밀히 들어온 사람"은 영지주의자(그노시스)들이다. 이들의 사상은 영만이 선하고 물질은 본질적으로 악하다고 한다. 그러므로 인간이 자기 육체로 행하는 일은 문제가 되지 않으며, 육체는 악한 것이기 때문에 그의 욕구를 마음껏 충족시켜도 좋다고 주장한다. 초대 교회는 이런 부도덕한 이단 사상과 싸워야 했듯이 오늘의 교회도 다양한 이단 사상과의 싸움으로부터 교회를 지키는 데 경계심을 늦추어서는 안 된다.

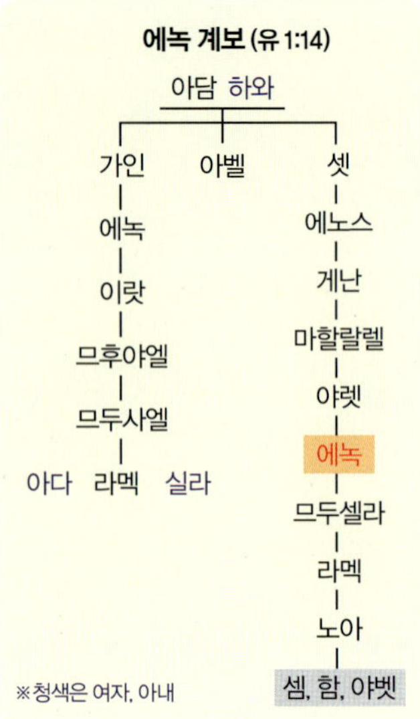

16:1-35). 12 그들은 아무런 거리낌 없이 하나님의 사랑 가운데 함께 나누
는 애찬에 끼어든 너희의 암초다. 또 자기의 욕심(이익, 몸)만 채우는 목자
요, 바람에 밀려가는 물 없는 구름이요, 계속 죽어 뿌리까지 뽑힌 열매 없
는 가을 나무이다. 13 뿐만 아니라 그들은 자기의 부끄러움을 거품처럼 뿜
어내는 바다의 거친 물결이요, 영원히 예비된 칠흑같은 흑암 속을 방황하
는 별들과 같은 자들이다.

유1:14 아담의 7대 손인 에녹이 이 사람들에 대해서도 예언했다. "보라, 주
님께서 그 수만의 거룩한 자와 함께 임하셨다. 15 이는 모든 경건하지 않은
자가 행한 모든 일과 또 경건하지 않은 죄인들이 주님을 거슬러 한 모든
완악한 말에 대해 그들을 심판하기 위함이다." 16 이런 불경건한 사람들은
원망과 불만을 토하는 자들이며, 자기의 정욕대로 행하는 자들이다. 그들
은 입으로 자랑하는 말을 하며, 자기 이익을 위해 아첨한다.

유1:17 사랑하는 자들아, 너희는 예수 그리스도의 사도들이 미리 한 말을
기억하라. 18 그들이 너희에게 말하기를 "마지막 때에는 경건하지 않은 정
욕에 이끌려 살며 조롱하는 자들이 있을 것이다(벧후 3:2-3)"라고 했다. 19
이 사람들은 분열을 조장하는 자며, 육에 속하며, 성령이 없는 자들이다. 20
그러므로 사랑하는 자들아, 너희는 너희가 가진 지극히 거룩한 믿음 위에
자신을 굳게 세우며, 성령으로 기도하라. 또 21 하나님의 사랑 안에서 자신
을 지키며, 영원한 생명에 이르도록 우리 주 예수 그리스도의 자비를 기다
리라. 22 그리고 믿음을 굳게 하지 못하고 의심하는 자들을 불쌍히(긍휼히)
여기라. 23 또 불 속에 있는 자들을 끌어내어 구원하라. 또 그 육신의 정욕
으로 인해 더럽혀진 자들은 그들의 옷까지도 미워하되 동시에 두려운 마음
으로 그를 불쌍히 여기라.

유1:24 하나님은 능히 너희를 보호하사 걸려 넘어지지 않게 하시고, 너희
로 그 영광 앞에 흠 없이 기쁨으로 서게 하실 분이다. 25 곧 우리 구세주가
되시고 유일하신 하나님께, 우리 주 예수 그리스도로 인해 영광과 위엄과
권력과 권세를 영원 전부터 이제까지 영원토록 돌려드립니다. 아멘

> 히브리서는 본서의 내용 중 디모데의 석방에 관련된 기사(히 13:23)와 기독교에 대한 로마 당국의 박해가 극에 달한 사실, 그럼에도 아직 예루살렘 멸망 사건(AD 70년)이 전혀 거론되지 않고 있다는 측면에서 네로 황제의 통치 말기인 AD 60년대 후반에 기록된 것으로 볼 수 있다.
> 히브리서는 누가 기록했는지 알 수 없으며 바울이 기록했다고 주장하기도 한다. 내용을 살펴보면 히브리서는 유대인 신자에게 믿음의 확신과 미래의 소망을 통해 기독교 신앙의 위대성을 확신시켜주기 위해 기록되었다. 특히 예수를 대제사장으로 말하고 있다.

대제사장 되신 예수에 대한 편지인 히브리서

† 하나님이 아들을 통해 말씀하심 (히 1:1-14)

히 1:1 ● 옛날에는 하나님이 선지자들을 통해 여러 방편으로 우리 조상들
에게 말씀하셨다. 2 그러나 이제 마지막 때에는 그의 아들을 통해 우리에
게 말씀하셨다. 하나님은 그의 아들을 만물의 상속자로 세우시고, 또 그로
인해 모든 세계를 지으셨다. 3 그 아들은 하나님의 영광의 광채이며, 그 근
본 성품(본체)의 형상이시다. 그의 능력의 말씀으로 만물을 유지하시며,
죄를 깨끗하게 하시고, 지극히 높은 곳에 계신 하나님 우편에 앉으셨다. 4
그분은 천사보다 월등히 뛰어나고 더욱 아름다운 이름을 유산(기업)으로
받으셨다.

히 1:5 하나님께서는 어떤 때에 어느 천사에게도 다음과 같은 말씀을 하신
적이 없다. 성경에 기록되기를 "너는 내 아들이다. 오늘 내가 너를 낳았다
(시 2:7)"라고 하셨다. 또다시 "나는 그에게 아버지가 되고, 그는 내게 아들
이 되리라(삼하 7:14)"고 하셨다. 6 또 그분이 맏아들을 세상에 다시 재림하
도록 하실 때에 "하나님의 모든 천사들은 그에게 경배할지어다(시 97:7, 벧
전 3:22)"라고 말씀하셨다. 7 또 천사들에 대해서는 성경에 기록되기를 "그
는 그의 천사들을 바람(영)으로, 그의 사역자들을 불꽃으로 삼으셨다(시
104:4)"라고 하셨다.

히 1:8 아들에 대해서는 성경에 기록되기를 "하나님이여, 주님의 보좌는
영원하며, 주님의 나라의 왕권(규, 홀)은 공평한 주권(규)입니다. 9 주님께
서는 의를 사랑하시고 불법을 미워하셨습니다. 그러므로 주님의 하나님

홀과 발등상(히 1:8, 13) 이란 페르세폴리스, 손에는 왕권을 상징하는 규(홀, 지팡이)를 들고 발등상에 발을 놓고 보좌에 앉아 있는 바사(페르시아)의 왕

성경상식 **발등상에 대하여(footstool, 히 1:13)**

발등상(대하 9:18, 히 1:13, 시 110:1)은 왕좌나 고관의 좌석 앞에 놓여진 발을 올려놓는 발판대를 가리킨다. 옥좌에 놓여 있어 대부분 금을 입힌 발등상이 마련되어 있었다(대하 9:18).
비유적으로는 하나님의 발등상으로 땅에 대해(사 66:1, 마 5:35), 언약궤에 대해(대상 28:2), 성전에 대해(시 99:5), 메시아의 적에 대한 승리에 대해(시 110:1, 눅 20:43) 사용되었다. 일반적으로는 복종을 비유하거나 상징하는 것으로 표현되었다.

이 기쁨을 주는 기름을 주님께 부어 주님을 그 누구(동류)보다도 뛰어나게
하셨도다(시 45:6-7)"라고 하였다. [10] 또 "주님, 태초에 주님께서 땅의 기초
를 두셨으며 하늘도 주님의 손으로 지으셨도다(시 102:25). [11] 천지만물(그
것들)은 사라질 것이지만 오직 주님은 영원히 존재하신다. 그것들은 다 옷
처럼 낡아지기 때문에 [12] 의복처럼 갈아입게 될 것이다. 그것들은 옷과 같
이 변할 것이나 주님은 여전하여 그의 날(연대)은 끝이 없을 것이다"라고
하였다 [13] 또 어떤 때에 어느 천사에게 "내가 네 원수를 너에게 굴복시킬
때까지(발등상이 되게 하기까지) 너는 내 우편에 앉아 있으라(시 110:1)"라
고 하셨느냐? [14] 그것은 모든 천사들은 섬기는 영으로서 구원받을 상속자
들을 위해 섬기라고 보내신 것이 아니냐?

† 불순종하는 자에 대한 심판과 성육신 하신 예수 (히 2:1-18)

히 2:1 ● 그러므로 우리는 들은 말씀을 더욱 마음속 깊이 간직하여 신리에
서 벗어나지 않도록 하는 것이 마땅하다. [2] 천사들을 통해 하신 말씀이 확
고하게 되어 그 말씀을 범하고 순종하지 않은 사람은 공정한 벌(보응)을
받게 될 것이다. [3] 우리가 이같이 큰 구원을 소홀히 여기면 어찌 그 벌(보
응)을 피할 수 있겠는가? 이 구원은 처음에 주님께서 말씀하신 것이요, 그
것을 들은 자들이 우리에게 확실히 증거(증언)한 것이다. [4] 하나님도 기적
(표적, 이적)들과 놀라운 일(기사)들과 여러 가지 능력 및 자기의 뜻을 따라
성령이 나누어주신 것으로써 그들의 증거를 뒷받침해주었다.

히 2:5 하나님께서는 우리가 말하는 장차 도래할 세상을 천사들에게 다
스리도록(복종) 하지 않으셨다. [6] 그러나 성경에서 누군가가 이렇게 증거
했다. "사람이 무엇이기에 주님께서 이렇게 생각하시며, 사람의 아들(인
자)이 무엇이기에 주님께서 그렇게 돌보십니까? [7] 그를 잠시(조금) 천사보
다 못하게 하셨으나, 영광과 존귀로 관을 씌우셨고(어떤 사본에는 끝에, 또
한 주님의 손으로 만드신 것 위에 그를 세우시고), [8] 만물을 그 발 아래에 복종
하게 하셨다(시 8:4-6)." 만물로 그에게 복종하게 하셨으니 복종하지 않은
것이 하나도 없어야 할 것이다. 그러나 지금은 우리가 만물이 아직 그(그
리스도)에게 복종하고 있는 것을 보지 못한다. [9] 오직 우리가 천사들보다

도표로 보는 히브리서의 개요

<table>
<tr><th>1–2장</th><th>3–4장</th><th>5–7장</th><th>8–10장</th><th>11–13장</th></tr>
<tr><td>천사보다</td><td>선지자(모세) 보다</td><td>제사장보다</td><td>율법보다</td><td rowspan="2">믿음 생활의 본이 되신 그리스도</td></tr>
<tr><td colspan="4">우월하신 그리스도</td></tr>
<tr><td colspan="2">우월성 강조, 우월하신 그리스도</td><td colspan="2">참된 희생, 우월하신 제사장</td><td>완전한 충족과 삶</td></tr>
<tr><td colspan="5">흩어져 있는 유대 그리스도에게 : 68년 말경</td></tr>
</table>

잠시(조금) 낮아졌으나 죽음의 고난을 받은 것으로 인해 영광과 존귀로 면
류관을 쓰신 예수를 본다. 이것을 보면 이를 행하시는 것은 하나님의 은혜
로 인해 모든 사람을 위해 죽음을 맛보게 하려는 것임을 깨닫게 된다.

히 2:10 그러므로 만물을 창조하시고 주관하시는 하나님께서 많은 믿음의
자녀(아들)들을 이끌어 영광에 들어가게 하시기 위해 예수의 고난을 통해
그를 완전한 구원의 창시자로 하신 것은 당연한 일이다. 11 거룩하게 하시
는 예수와 거룩하게 함을 입은 사람들이 모두 한 근원에서 나왔기에 예수
님은 우리를 형제라고 부르시기를 부끄러워하지 않으시고 12 말씀하셨다.
"내가 주님의 이름을 내 형제들에게 선포하고 내가 주님을 교회 중에서 찬
송하리라(시 22:22)"고 하셨다. 13 또다시 말씀하시기를 "내가 그를 의지
하리라(사 8:17)"고 하셨다. 또다시 "볼지어다. 나와 및 하나님께서 나에게
주신 자녀를 보라(사 8:18)"고 하셨다.

히 2:14 이 자녀들은 피와 살(혈과 육)을 가졌으니 예수께서도 또한 같은
모양으로 피와 살(혈과 육)을 함께 지니신 것은 육체의 죽음을 통해 죽음의
세력을 잡은 마귀를 멸하시기 위해서이다. 15 또 죽음을 두려워하여 한평
생 사탄에 매여 그에게 종 노릇 하는 모든 자들을 해방시키려고 하신 것이
다. 16 이는 천사들을 붙들어주려고 하신 것이 아니라 오직 아브라함의 자
손(후손, 씨)을 붙들어주려고 하신 것이다. 17 그러므로 예수께서 모든 일에
육신을 가진 자기 형제들과 같이 된 것이 마땅하다. 그것은 하나님의 일에
자비하고 신실한 대제사장이 되어 백성의 죄를 대신 갚아주기 위함이다.
18 예수께서 시험(temptation)을 받아 고난을 당하셨기 때문에 그는 능히
시험(temptation)받는 자들을 도우실 수 있다.

† 하나님이 약속하신 안식 (히 3:1-4:13)

히 3:1 ●그러므로 함께 하나님의 부르심을 받은 거룩한 형제들아, 우리가
신앙(믿는 도리)의 사도이시며, 대제사장이신 예수를 깊이 생각하자. 2 그
는 모세가 하나님의 온 집에서 충성한 것과 같이 자기를 세우신 하나님에
게 신실하게 충성하셨다. 3 마치 집을 건축한 자가 그 집보다 더욱 존귀함
과 같이 예수께서는 모세보다 더 큰 영광을 받으실 만하다. 4 집마다 건축
한 자가 있으니 만물을 창조하신 이는 하나님이시다. 5 또한 모세는 하나님
께서 장래에 말씀하실 것을 증거하기 위해 하나님의 온 집에서 종으로서
신실하게 충성했다. 6 그리스도는 하나님의 집을 맡은 아들로서 그와 같이
충성하셨다. 그러므로 우리가 가진 소망과 자랑을 끝까지 굳게 잡고 있으
면 우리도 그의 집이다.

히 3:7 그러므로 성령이 말한 것같이 성경에 이르기를 "오늘 너희가 그의
음성을 듣거든 8 광야에서 시험하던 때에 거역하던 것같이 너희 마음을 강
퍅하게 하지 말라. 9 거기서 너희 조상(열조)이 나를 시험하여 떠보고 40년
동안 내가 행한 일(행사)을 보았다. 10 그러므로 내가 그 세대에게 분노하
여 이르기를 '그들이 항상 마음이 미혹되어 내 길을 알지 못하는도다'라고
했다. 또 11 내가 분노하여 맹세한 것과 같이 '그들은 내 안식에 들어오지
못하리라'고 하였다(시 95:7-11)."

히 3:12 형제들아, 너희는 혹시라도 믿지 않는 악한 마음을 품지 말라. 그
것은 살아 계신 하나님에게서 멀리 떨어지게 만든다. 13 오직 오늘이라는
이 시간에 매일매일 피차 권면하여 너희 중에 누구든지 죄의 유혹으로 너
희 마음이 강퍅하게 되지 않도록 하라. 14 우리가 시작할 때에 가졌던 믿음
(확신한 것)을 끝까지 지키라. 그러면 그리스도와 함께 모든 것을 누리는
(참여한) 자가 될 것이다.

히 3:15 성경에 기록되기를 "오늘날 너희가 그의 음성을 듣거든 분노케 했
던 것같이 너희 마음을 강퍅하게 하지 말라(시 95:7)"고 했으니 16 말씀을
듣고도 하나님을 분노케 하던 자가 누구였느냐? 바로 모세를 따라 애굽에
서 나온 모든 사람이었다. 17 또 하나님이 40년 동안 누구에게 분노하셨느
냐? 범죄하여 그 시체가 광야에 엎드려진 자들에게가 아니냐? 18 또 하나

님이 누구에게 그의 안식에 들어오지 못하리라고 맹세하셨느냐? 곧 순종하지 않던 자들에게가 아니냐? 19 이런 사실로 보면 그들이 하나님이 약속한 안식처에 들어가지 못한 것은 믿지 않았기 때문이다.

출애굽 여정에 나타난 원망과 반역 (히 3:8-9)

히 4:1 그러므로 우리가 두려워해야 할 것이 있다. 바로 그의 안식처에 들어갈 약속이 있어도 그곳에 들어가지 못할 자가 있을까 하는 것이다. 2 그들과 같이 우리도 복음 전파의 사명을 받은 자들이다. 그러나 그 전한 말씀을 들은 그들에게 유익하지 못한 것은 듣는 자가 믿음으로 받아들이지 않았기 때문이다. 3 이미 믿는 우리들이 저 안식처에 들어가는 것은 하나님께서 말씀하신 것과 같다. "내가 분노하여 맹세한 것과 같이 그들이 내 안식처에 들어오지 못하리라 하셨다(시 95:11)"라고 했다. 그러나 이 일은 세상을 창조할 때부터 이루어졌다. 4 제7일에 관해서는 성경 어딘가에 이렇게 기록되었다. "하나님은 제7일에 그의 모든 일을 마치고 쉬셨다(창 2:2)." 5 또다시 성경에 기록되기를 "그들이 내 안식에 들어오지 못하리라(시 95:11)"고 하였다. 6 그럼에도 안식처에 들어갈 자들이 아직 남아 있는 것은 복음 전함을 먼저 받은 이스라엘(자들)이 불순종함으로 들어가지 못한 것이다.

히 4:7 모세 이후 약 500년이 지난 오랜 후에 다윗의 글에 다시 어느 한 날을 정하여 '오늘'이라고 미리 이같이 일렀다. "오늘 너희가 그의 음성을 듣거든 너희 마음을 강퍅하게 하지 말라(창 2:2)." 8 만일 여호수아(히브리어, 예수)가 그들에게 참된 안식처를 주었다면 그 후에 하나님은 다른 날을 말씀하지 않으셨을 것이다. 9 이런 사실을 통해 아직 하나님의 백성을 위한 안식의 때가 남아 있음을 알 수 있다. 10 한편, 이미 그의 안식처에 들

성경 상식 **안식에 대하여**(히 4:1-11)

구약에서 안식을 나타내는 히브리어로는 '편하다', '안식하다'란 뜻의 '누아흐'와 '평강'이란 뜻과 연관된 '라가'와 '쉬다'란 뜻의 '사바드' 등이 있다. 이 모든 용어들은 영적인 의미라기보다는 모두 육적인 의미로 사용된다.

구약에서 최초로 언급되는 안식은 약속의 땅에 안전하게 거하는 것이었으며 그것은 전쟁으로부터의 자유를 의미한다(수 23:1). 즉, 구약에서의 안식은 내적인 평강이나 마음의 평정이란 의미로 사용된 경우가 없다. 한편 신약에서 안식에 대해 언급된 귀절은 드물다. 다만 안식에 대해 가장 많이 언급되는 히 3:7-4:11에서는 복음을 진실로 믿는 사람들이 하나님의 안식으로 들어가는 것에 대해 말하고 있다. 결론적으로 안식의 일차적인 의미는 이스라엘 백성이 가나안 땅에 안전히 거하는 것으로 이미 성취되었다. 이차적인 의미는 하나님의 백성 된 자들이 영원하고 참된 안식처인 영적 가나안, 곧 하나님 나라에 들어가는 것이며 그것은 장차 이루어질 것이다.

어간 사람들은 하나님이 자기의 일을 마치고 쉬심과 같이 그들도 자기의
일을 마치고 쉬고 있는 것이다. 11 그러므로 우리가 저 안식처에 들어가기
를 힘쓸 것이다. 이는 누구든지 저 불순종하는 본에 빠지지 않게 하려는
것이다.

히 4:12 하나님의 말씀은 살아 있고 힘(활력)이 있어 좌우에 날카로운 어떤
검보다도 예리하기 때문에 혼과 영과 및 관절과 골수를 찔러 쪼개기까지
한다. 또 하나님의 말씀은 사람의 마음의 생각과 뜻이 무엇인지를 파악한다.
13 지음 받은 것은 모두 그 앞에 나타날 것이고, 만물은 우리의 모든 것에
대한 결과를 판단하실 분의 눈앞에 벌거벗은 것같이 드러나게 될 것이다.

† 대제사장 되신 예수와 멜기세덱 (히 4:14-5:10, 7:1-8:13)

히 4:14 그러므로 우리에게 큰 대제사장이 계신다. 그분은 승천하신 하나
님의 아들 예수이시다. 우리는 교회가 공적으로 고백한 구원의 원리(믿는 도
리)를 굳게 잡아야 한다. 15 우리에게 있는 대제사장은 우리의 연약함을 아
시는 분이요, 모든 일에 우리와 똑같이 유혹(시험, temptation)을 받으신 분
이시나 죄는 없으시다. 16 그러므로 우리는 자비함을 받고 때를 따라 도우
시는 은혜를 얻기 위해 하나님의 은혜의 보좌 앞에 담대히 나아가야 한다.

히 5:1 대제사장은 사람 가운데 뽑힌 자이므로 하나님께 속한 일에 사람을
대표하여 예물과 속죄하는 제사를 드리게 한다. 2 대제사장 역시 약한 존
재이기 때문에 무식하고 미혹에 빠진 자를 능히 너그럽게 대할 수 있는 것
이다. 3 그러므로 백성을 위해 속죄제를 드리는 것과 같이 또한 자신을 위
해서도 속죄제를 드리는 것이 마땅하다. 4 이런 대제사장이 되는 존귀한
직책은 그 누구도 자기 마음대로 되는 것이 아니라 오직 아론과 같이 하나
님의 부르심을 받은 자라야 할 것이다. 5 또한 그와 같이 그리스도께서 대
제사장이 되신 것도 스스로의 영광을 취하신 것이 아니다. 오직 말씀하신
하나님이 그에게 이르시기를 "너는 내 아들이니 내가 오늘 너를 낳았다(시
2:7)"라고 하셨다. 6 또한 이와 같이 성경의 또 다른 곳에 기록되기를 "네가
영원히 멜기세덱의 계열를 따르는 제사장이라(시 110:4)"라고 하였다.

히 5:7 그는 사람의 몸을 입고 육체에 계실 때에 자기를 죽음에서 능히 구

원하실 하나님께 심한 통곡과 눈물로 기도와 소원을 올렸다. 그의 경건하심으로 인해 그 기도와 소원이 이루어졌다. 8 그는 하나님의 아들임에도 불구하고 고난을 통해 순종함을 배워서 9 완전하게 되셨다. 이로 인해 자기에게 순종하는 모든 자에게 영원한 구원의 근원이 되셨다. 10 또한 하나님께로부터 멜기세덱의 계열(반차)에 속한 대제사장이란 호칭을 받으셨다.

히 7:1 여기서 말한 멜기세덱은 살렘 왕이요, 지극히 높으신 하나님의 제사장이다(창 14:18). 그는 메소포타미아의 여러 왕을 쳐서 죽이고 돌아오는 아브라함을 만나서 복을 빈 자이다. 2 아브라함은 전리품(모든 것)의 10분의 1을 멜기세덱에게 나누어주었다(창 14:17-20). 멜기세덱의 이름을 해석하면 먼저는 '의의 왕'이요, 그다음은 '살렘 왕'이니, 곧 '평안의 왕'이다. 3 그는 부모도 없고, 족보도 없고, 태어난 날이나 죽는 날도 없어 하나님의 아들 예수 그리스도와 닮아서 영원한 제사장으로 있게 된다. 4 이 멜기세덱이 얼마나 높은 분인지를 생각해보라. 조상 아브라함조차도 전리품(노략물) 중에 10분의 1을 그에게 주었다.

히 7:5 야곱의 열두 아들 중 레위의 아들들 가운데 제사장의 직분을 받은 자들은 율법에 따라 아브라함의 후손이라도 자기 형제인 백성에게서 10분의 1을 받도록 명령을 받았다. 6 그런데 레위 족보에도 들지 않은 멜기세덱은 아브라함에게서 그의 전리품 중 10분의 1을 받고 약속을 받은 그를 위해 복을 빌었다. 7 이는 일반적으로 논란의 여지 없이 낮은 자가 높은 자에게서 축복을 받은 것이다. 8 또 결국은 죽을 세상에 있는 제사장들도 10분의 1을 받지만 성경에서 말한 대로 영원히 살았다는 증거를 얻은 멜기세덱도 10분의 1을 받았다. 9 또한 10분의 1을 받는 레위도 아브라함으로 인해 10의 1을 바쳤다고 할 수 있다. 10 이는 멜기세덱이 아브라함을 만날 때에 레위는 아직 태어나지 않았기(이미 자기 조상의 허리에 있었기) 때문이다.

히 7:11 이스라엘 백성들은 레위 계통의 제사 직분을 통해 율법을 받았다. 그렇다면 어찌하여 아론의 혈통(반차)을 따르지 않고 멜기세덱의 계통(반차)을 따르는 또 다른 한 제사장을 세울 필요가 있겠느냐? 12 그러나 제사 직분이 바꾸어졌으니 율법도 반드시 바꾸어져야 한다. 13 이것은 그리스

대제사장 복장(히 4:14, 7:1, 15) 이스라엘 팀나공원내

교리 **예수의 제사장직 (히 5:1-10)**

구약시대의 제사장은 인간을 대표해서 일하는 자였기 때문에 제사장 자신 역시 인간인 동시에 인간을 이해해야 했으며 하나님의 부름을 받아야 했다. 본문에서 예수 그리스도는 그러한 제사장직 사역에서도 전혀 결격 사유가 없는 분임을 밝히고 있다. 곧, 예수는 하나님의 뜻에 따라 제사장이 되었으며, 더 나아가 성육신 후 인간과 더불어 갖은 고초를 겪으셨으니 그야말로 우리가 온전히 믿고 의탁할 수 있는 중보자이다.

도는 레위 지파가 아닌(유다 지파) 다른 지파 사람이었다는 사실에서 이루어
졌다. 그런데 그 지파에서 나온 사람들 중 한 사람도 제사장으로 섬긴 사람
은 없다.

히 7:14 우리 주님께서는 유다 지파로부터 태어나신 것이 사실이다. 그런
데 모세는 이 유다 지파에 대해 말할 때 제사장들에 대해 말한 것이 하나
도 없다. 15 멜기세덱과 같은 특별한 한 제사장인 예수 그리스도께서 일어난
것을 보면 그런 사실은 더욱 분명하다. 16 예수께서는 육신에 속한 한 계명
의 법에 따라 대제사장이 되신 것이 아니라 오직 결코 없어지지 않는 생명
의 능력을 따라 대제사장이 되었다. 17 그래서 성경에서 증언하기를 "네가
영원히 멜기세덱의 계열를 따르는 제사장이다(시 110:4)"라고 했다.

히 7:18 이전에 있던 옛 계명은 쓸모없어(연약하고 무익하므로) 폐지되었다.
19 율법은 아무것도 완전하게 못한다. 그래서 우리는 율법보다 더 좋은 소망
을 갖게 되고 이것으로 우리가 하나님께 가까이 가게 된다. 20 또 하나님께
서는 예수님을 대제사장으로 세우실 때 맹세하셨지만 21 다른 사람들이
제사장이 될 때는 맹세 없이 되었다. 이처럼 예수는 자기에게 말씀하신 하
나님으로 인해 맹세로 되신 것이다. 성경에 기록되기를 "주님께서는 '네가
영원히 제사장이라'라고 맹세하시고 그 마음을 바꾸지 않으실 것이다(시
110:4)"라고 하셨다. 22 이와 같이 예수는 더 좋은 계약(언약)의 보증이 되
셨다. 23 예수 이전에 제사장 된 자들이 많은 것은 제사장이 죽으면 또 다른
제사장이 있어야 하기 때문이었다. 24 그러나 예수께서는 영원히 계시므
로 그 제사장 직분도 바뀌지 않는다. 25 그러므로 예수는 자기를 힘입어 하
나님께 나아가는 자들을 완전히 구원하실 수 있으니 이는 그가 영원히 살
아 계시므로 그들을 위해 중보 기도를 하시기 때문이다.

히 7:26 이러한 대제사장은 우리에게 없어서는 안 될 분이다. 그는 거룩하
고, 악이나 더러움이 없고, 죄인에게서 떠나 하늘보다 높은 곳에 계신 분
이다. 27 예수 그리스도는 세상의 대제사장들이 먼저 자기 죄를 위해 희생
제사를 드리고 난 다음에는 백성의 죄를 위해 날마다 희생 제사를 드리는
것과 같이 할 필요가 없다. 왜냐하면 그는 단 한 번에 자기를 희생 제물로
드려 그 일을 끝냈기 때문이다. 28 율법은 약점을 가진 사람들을 제사장으

성경 인물

멜기세덱과 대제사장직(히 5:1, 7:1-4,15-17, 15-17)

살렘 왕이자 제사장으로 이름의 뜻은 '의의 왕'이다. 구약에서는 아브라함이 그돌라오멜의 동맹군을 물리치고 내려오는 도중에 아브라함을 만나 그에게 떡과 포도주로 영접하고 축복한 후에 아브라함으로부터 탈취물의 십일조를 받았다.

특히 시 110편에서는 제사장적 왕과 다윗적 메시아와 결합되며 다윗 계통의 왕의 원형으로 나타난다. 그리고 신약에서는 히브리서에만 나타나는데 그리스도는 바로 이 멜기세덱의 반차에 따른 대제사장으로 묘사되고 있다. 멜기세덱이 역사적인 인물인가라는 의문이 생기는 이유는 히브리서 기자가 그를 가리켜 "아비도, 어미도, 족보도, 시작한 날도, 생명의 끝도 없는(히 7:3)" 사람으로 소개하고 있기 때문이다. 그러나 아브라함과의 만남의 사건을 기록하고 있는 창 14장의 기록은 그가 역사적인 인물임을 분명히 밝혀준다. 참고로 대부분의 유대인 학자들은 멜기세덱을 노아의 장자인 셈의 후손으로 추측하고 있다.

빼앗긴 탈취문을 찾아오는 아브라함을 영접하는 멜기세덱(히 7:1) 루벤스 작, 파리, 루브르 박물관

로 세웠다. 그러나 율법 후에 하나님의 아들 예수께서는 하나님께서 맹세 하신 말씀을 통해 영원토록 완전한 대제사장이 되셨다.

히 8:1 지금 우리가 하는 말의 핵심은 그런 대제사장이 우리에게 있다는 사실이다. 예수 그리스도는 바로 하늘에서 지극히 크신 하나님의 보좌 우편에 앉으신 분이요, 2 하나님의 참 장막(성소)에서 섬기는 분이다. 이 장막은 주님께서 세우신 것이요, 사람이 세운 것이 아니다. 3 모든 대제사장은 예물과 제사를 드리기 위해 세운 자이기 때문에 대제사장 되신 예수께서도 무엇인가 하나님께 드릴 것이 있어야 한다. 4 예수께서 만일 땅에 계셨다면 제사장이 되지 않았을 것이다. 왜냐하면 율법을 따라 예물을 드리는 제사장이 따로 있기 때문이다. 5 땅에 있는 제사장들이 섬기는 것은 하늘에 있는 것의 모형과 그림자이다. 그것은 모세가 장막을 지으려 할 때에 지시하심을 받은 것과 같다. 성경에 이르기를 "삼가 모든 것을 산에서 네게 보이던 양식을 따라 지으라(출 25:40)"고 함과 같다. 6 그러나 이제 그는 더 우월한(아름다운) 직분을 얻으셨다. 곧 그는 더 좋은 약속으로 세우신 더 좋은 계약(언약)의 중재자이시다.

히 8:7 저 첫 번째 계약(언약)이 흠이 없었다면 두 번째 것을 요구할 일이 없었을 것이다. 8 따라서 그들의 잘못을 아시고 성경에서 말씀하시기를 "주님께서 이르시되 '보라, 때가 되면 내가 이스라엘과 유다 집과 더불어 새로운 계약(언약)을 맺을 것이다.'(렘 31:31 이하) 9 또 이르시되 '이 계약(언약)은 내가 그들의 조상(열조)의 손을 잡고 애굽 땅에서 이끌어내던 날에 그들과 맺은 계약과 같지 않다. 그들은 내 계약을 지키지 않았기 때문에 내가 그들을 돌보지 않았다.' 10 또 주님께서 이르시되 '장차 도래할 메시아 시대(그날) 이후에 내가 이스라엘 집과 맺을 계약(언약)은 이것이다. 곧 내 법을 그들의 생각에 두고 그들의 마음판에 이것을 기록할 것이다. 나는 그들에게 하나님이 되고 그들은 내 백성이 될 것이다.' 11 또 각자 자기 나라 사람과 각자 자기 형제에게 주님를 알라고 말할 필요가 없는 것은 그들이 작은 자로부터 큰 자까지 이미 다 나를 알기 때문이다. 12 내가 그들의 죄(불의)에 대해 자비(긍휼)를 베풀고 그들의 죄를 다시 기억하지 않을 것이다"라고 하셨다. 13 새 계약(언약)이라고 말씀하셨으니 첫 번째 계

번제단에서 제사를 드리는 제사장(히 8:3) 강문호 제작, 한국

약은 낡은 것으로 여긴 것이다. 그리고 낡아지고 오래된 것은 결국 없어
져 가는 것이다.

† 성숙한 신앙 권고, 소망 중의 인내 (히 5:11-6:20)

히 5:11 ● 멜기세덱에 대해서는 우리가 할 말이 많다. 그러나 너희가 영적
으로 깨닫는 것이 둔하기 때문에 설명하기가 어렵다. [12] 너희는 믿은 지 오
래되었기 때문에 마땅히 선생이 되어야 한다. 그러나 너희는 아직도 다시
하나님의 말씀의 기초적인 원리에 대해 가르침을 받아야 할 형편이다. 너
희는 단단한 음식을 먹지 못하고 젖을 먹어야 할 처지가 되었다. [13] 젖을
먹는 자는 어린아이이다. 그는 그리스도의 심오한 말씀을 경험하지 못한 자
다. [14] 그러나 장성한 사람은 단단한 음식을 먹을 수 있으니 그들은 깨닫는
능력이 있어 계속적인 훈련을 받아 선악을 분별하는 자들이다.

히 6:1 그러므로 너희는 그리스도의 도(말씀)의 기초를 넘어 영적으로 성숙
한 어른이 되라. 곧 죽은 행실을 회개하고 하나님께 대한 신앙과 [2] 세례(침
례)들과 안수와 죽은 자의 부활과 영원한 심판에 관한 가르침의 기초(터)
를 다시 닦지 말고 성숙한 단계로 나아가라. [3] 하나님께서 허락하시면 우
리가 이런 영적인 어른이 될 수 있다. [4] 한때 하나님의 빛 가운데 살고, 하
늘의 은사를 맛보고, 성령을 체험하고, [5] 하나님의 선한 말씀(말씀의 선하
심)과 내세의 능력을 경험했음에도 [6] 타락한 자들은 다시 새롭게 하여 회
개하게 할 수 없다. 왜냐하면 그들은 하나님의 아들을 다시 십자가에 못
박아 공공연하게 수치를 당하게 했기 때문이다. [7] 땅이 자주 내리는 비를
흡수하여 밭 가는 자들에게 유익한 채소를 내면 하나님께 복을 받고 [8] 만
일 가시와 엉겅퀴를 내면 버림을 당하고 마침내는 불사름이 될 것이다.

히 6:9 사랑하는 자들아, 우리가 말은 이같이 하지만 너희에게는 우리가
말하는 것보다 구원에 속한 더 좋은 것이 있음을 확신한다. [10] 하나님은 공
평하신 분이기 때문에 너희가 하나님의 사랑으로 이미 성도를 섬긴 것과
지금까지도 섬기고 있는 것을 결코 잊지 않으신다. [11] 우리는 너희 각 사람
이 부지런히 그 일을 끝까지 잘해나가기 때문에 너희가 소망하던 것을 풍
성하게 얻게 될 것을 간절이 소원한다. [12] 게으르지 않고 믿음과 인내를 가

가시(히 6:8) 이스라엘 욧바

엉겅퀴(히 6:8) 터키 밀레도

지고 나가면 하나님이 약속한 것들을 유산(기업)으로 받게 될 것이다.
히 6:13 하나님께서는 아브라함에게 약속하실 때에 자기보다 더 큰 이가
없기 때문에 자기 이름으로 맹세하셨다. 14 그에 대해 성경에서 이르기를
"내가 반드시 너에게 복을 주며 계속해서 번성하게 하리라(창 22:16)"고
하셨더니 15 아브라함이 이같이 오래 참음으로 약속을 받았다.
히 6:16 사람들은 맹세할 때 자기보다 더 큰 자의 이름으로 맹세한다. 그러
므로 맹세는 그들이 다투는 모든 일을 더 이상 다투지 않게 한다. 17 하나
님은 약속을 유산(기업)으로 받는 자들에게는 자신의 계획을 결코 변경하
지 않는다는 것을 보여주시기 위해 그 일을 맹세로 보증하셨다. 18 하나님
은 거짓 맹세나 거짓말을 하실 수 없는 분이시다. 그러므로 우리는 변하지
않는 이 두 가지 사실 때문에 하나님께 피난처를 찾는 우리에게는 큰 위로
와 소망을 갖게 하는 힘을 준다. 19 우리가 이런 소망을 갖고 있는 것은 마
치 영혼의 닻처럼 튼튼하고 견고하여 그 소망을 통해 하늘에 있는 지성소의
커텐(휘장) 안으로 들어갈 수 있기 때문이다. 20 예수께서는 대제사장인 멜
기세덱의 계열(반차)을 따라 영원한 대제사장이 되어 우리를 위해 먼저 휘
장 안으로 들어가셨다.

지성소로 들어가기 위해 지나야 하는 휘장 (히 6:19) 한국 두레 마을
휘장 앞의 왼쪽에는 등잔대가 있고, 중앙에는 분향단이 있으며, 오른쪽에는 진설병을 놓는 상이 있다(히 9:2).

† 새 언약의 모형과 옛 언약 (히 9:1-22)

히 9:1 ● 첫 번째 계약(언약)에도 섬기는 예법과 세상에 속한 성소가 있었
다. 2 예비한 첫 장막이 있고 '성소'라 일컫는 첫째 칸 안에 등잔대와 상과
진설병이 있었다. 3 또 둘째 칸 휘장 뒤에 있는 장막을 '지성소'라 일컬었
다. 그 속에는 4 금 향로(대하 26:19)와 사면을 금으로 싼 언약궤가 있고, 그
안에 만나를 담은 금 항아리와 아론의 싹 난 지팡이와 계명을 새긴 언약의
두 돌판이 있었다. 5 그 언약궤 위에는 속죄소를 덮는 영광의 그룹들이 있
으니 이것들에 대해서는 이제 자세히 말하기가 어렵다. 6 이 모든 것을 이
같이 예비했으니 제사장들이 매일같이 첫째 칸 장막인 성소에 들어가 섬
기는 예식을 행했다. 그러나 7 오직 둘째 칸 장막인 지성소에는 대제사장이
혼자 일 년에 한 번 들어가되 자기와 백성의 허물을 위해 드리는 피 없이
는 결코 그곳에 들어갈 수 없었다.

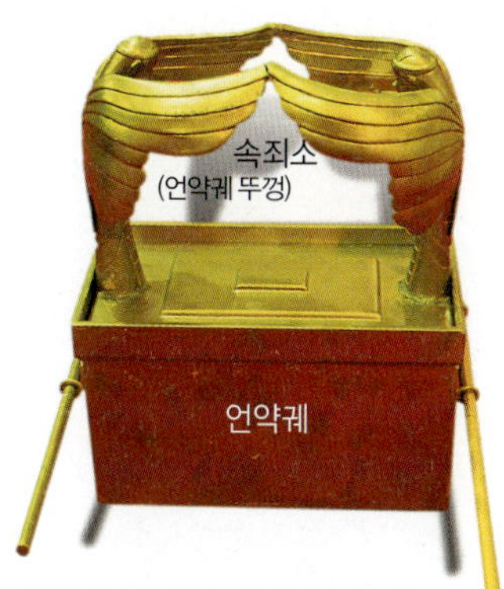

언약궤와 속죄소(히 9:5) 강문호 제작, 한국

히 9:8 성령이 이로써 보이신 것은 첫째 칸 장막인 성소에 서 있을 동안에는 지성소에 들어가는 길이 아직 나타나지 않은 것이다. 9 이 장막은 현재까지의 비유이다. 이에 따라 드리는 예물과 제사는 섬기는 자를 그 양심상 완전하게 할 수 없다. 10 이런 것은 다만 먹고 마시는 것과 여러 가지 씻는 것과 함께 외적인 의식(육체의 예법)일 뿐이며, 하나님의 새 예법이 올 때까지 임시로 사용한(맡겨둔) 것이다.

히 9:11 그리스도께서는 장래 좋은 일의 대제사장으로 오셨다. 그래서 손으로 짓지 않고 이 세상(창조)에 속하지 않은 더 크고 완전한 장막으로 인해 12 염소와 송아지의 피가 아닌 오로지 자기의 피로 영원한 속죄를 이루시기 위해 단 한 번 지성소에 들어가셨다. 13 염소와 황소의 피와 및 암송아지의 재를 깨끗하지 못한 자에게 뿌려 그 육체를 깨끗하게 하여 거룩하게 한다면, 14 하물며 영원하신 성령으로 인해 흠 없는 자신을 하나님께 드린 그리스도의 피는 너욱 너희 양심을 죽게 하는 행실에서 깨끗하게 하고 살아 계신 하나님을 섬기게 한다. 15 이로 인해 그리스도는 새 언약의 중재자가 되신다. 이는 첫 언약 때에 범한 죄에서 구원(속량)하기 위해 죽으심으로 하나님의 부르심을 입은 자로 하여금 영원한 유산(기업)의 약속을 받게 하기 위함이다.

히 9:16-17 유언(언약)은 그 사람이 죽은 후에야 효력이 있다. 따라서 유언(언약)한 자가 살아 있는 동안에는 효력이 없는 것이다. 18 이러므로 첫 언약도 피로써 효력을 갖게 되었다. 19 모세가 율법대로 모든 계명을 온 백성

성막 단면도(히 9:1-9)

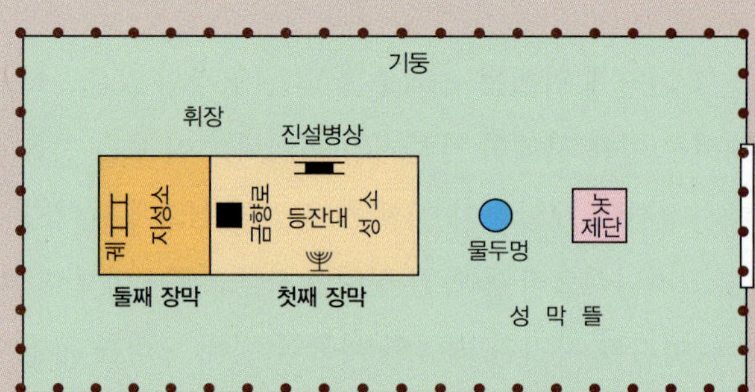

금향로(히 9:4) 이스라엘 팀나 공원 내

만나와 싹 난 지팡이(히 9:4) 이스라엘 팀나 공원 내

에게 선포한 후에 송아지와 염소의 피를 물과 붉은 양털과 우슬초를 취하
여 자신의 두루마리와 온 백성에게 뿌리며 [20] 이르기를 "이는 하나님이 너
희에게 명령한 언약의 피(출 24:8)"라고 하였다. [21] 또한 이와 같이 그 피를
성막(장막)과 섬기는 일에 쓰는 모든 그릇에 뿌렸다. [22] 율법을 따라 대부
분의 물건이 피로써 깨끗하게 되니 피 흘림이 없으면 죄 사함도 없다.

우슬초(히 9:19) 이집트 시나이 반도

† 그리스도의 희생으로 완성된 속죄와 믿음의 소망 (히 9:23-10:39)

히 9:23 ● 그러므로 모세의 성막이나 제사 제도 같은 하늘에 있는 것들의 모
형은 짐승의 피로써 깨끗하게 할 필요가 있었다. 그러나 하늘에 있는 그런
것들은 짐승의 피보다 더 좋은 제물이 필요하다. [24] 그리스도께서는 참 성
소의 모형(그림자)인 사람의 손으로 만든 성소에 들어가지 않으시고 곧바
로 그 하늘에 들어가사 이제 우리를 위해 하나님 앞에 나타나셨다. 그러므
로 그리스도는 [25] 대제사장이 해마다 다른 짐승의 피로써 성소에 들어가는
것같이 때마다 자기를 드리기 위해 하늘로 올라가신 것이 아니다. [26] 만일
그렇다면 그가 세상을 창조한 때부터 때때로 고난을 받았어야 했을 것이
다. 그러나 이제는 자기를 단 한 번의 희생 제물로 드려 죄를 없이 하기 위
해 세상 마지막 날에 나타나셨다. [27] 한 번 죽는 것은 사람에게 정해진 운
명이요, 죽은 후에는 심판이 있을 것이다. [28] 이와 같이 그리스도도 많은
사람의 죄를 담당하기 위해 단 한 번에 드리신 바 되셨다. 그리고 자기를

심판자로 오신 예수(히 9:27-28) 러시아 상트페테르부르크, 에르미타주 박물관

기다리는 자들을 구원에 이르게 하기 위해 죄와 상관없이 두 번째 세상에
오실 것이다.

히 10:1 율법은 장차 올 좋은 일의 그림자에 불과하고 참 실체(형상)가 아
니기 때문에 해마다 늘 드리는 같은 제사로는 제사를 드리러 나아오는 자
들을 항상 완전하게 할 수 없다. 2 그것이 불가능했다면 섬기는 자들이 한
번으로 깨끗하게 되어 다시는 죄를 깨닫는 일(죄의식)이 없을 것이며, 다
시 제물로 드리는 일도 그쳤을 것이다. 3 그러나 이 짐승의 제물로 드리는
제사들에는 해마다 죄를 기억하게 하는 것이 있다. 4 그것은 황소와 염소
의 피가 결코 죄를 없이 하지 못하기 때문이다. 5 그러므로 주님께서 세상
에 오셨을 때에 이렇게 말씀하셨다. "하나님이 제사와 예물을 원하지 않
으시고 오직 나를 위해 한 몸을 예비하셨도다. 6 하나님께서는 번제와 속죄
제를 기뻐하지 아니하신다. 7 이에 내가 말하기를 '하나님이여, 보십시오.
두루마리 책에 나를 가리켜 기록된 것과 같이 하나님의 뜻을 행하러 왔나
이다(시 40:6-8)'"라고 하셨다.

두루마리로 된 시편 사본(히 10:7) 이스라엘 고고학 박물관 내 성경 사본 연구소

히 10:8 이 말씀에서 주님께서는 "제사와 예물과 번제와 속죄
제는 원하지도 않고 기뻐하지도 않는다"라고 하셨다(이는 모
두 율법이 요구하는 것이다). 9 그 후에 말씀하시기를 "보십시오.
내가 하나님의 계획을 행하러 왔습니다"라고 하셨다. 그 첫 번째 것을 폐
하신 것은 두 번째 것을 세우기 위함이다. 10 이 계획을 따라 예수 그리스
도께서 자신의 몸을 단 한 번에 드리심으로 우리가 거룩함을 얻었다. 11 모
든 제사장은 날마다 서서 섬기며 자주 반복되는 동일한 제사를 드렸다. 그
러나 이런 제사는 결코 죄를 없애지 못한다. 12 그러나 그리스도는 죄를 위
해 한 영원한 제사를 드리시고(한 제사를 드리고 영원히) 하나님 우편에 앉
으셨다. 13 그 후에는 자기 원수들이 자기 발등상 아래에 무릎을 꿇을 때
까지 기다리신다. 14 그는 거룩하게 된 자들을 단 한 번의 제사로 영원히
또 완전하게 하셨다. 15 또한 성령이 우리에게 증거하셨다. 16 "주님께서
이르시기를 그날 후로는 그들과 맺을 계약(언약)은 이것이라 하시고 내
법을 그들의 마음에 새기고 그들의 생각에 기록하리라(렘 31:33)." 그러
고 난 후에 17 또 "그들의 죄와 불법을 내가 다시 기억하지 않을 것이다(렘

31:34)"라고 하셨다. [18] 그러므로 이것들을 용서했으니 다시 죄를 용서(구속)받기 위해 또 다른 제사를 드릴 필요가 없는 것이다.

히 10:19 그러므로 형제들아, 우리가 예수의 피를 힘입어 당당하게(자유롭게) 하늘의 성소에 들어갈 용기를 얻었다. [20] 지성소로 들어가는 길은 우리를 위해 커텐(휘장) 가운데로 열어놓으신 새로운 생명의 길이요, 커텐(휘장)은 그리스도의 육체이다. [21] 또 하나님의 집을 다스리는 큰 제사장이 계신다. [22] 우리가 마음이 깨끗하게 되고, 악한 양심으로부터 벗어나고, 몸은 깨끗한 물로 씻음을 받았으니 참 마음과 완전한 믿음으로 하나님께 나아가자. [23] 또 약속하신 분은 신실하시다. 그러므로 우리가 교회가 공적으로 고백한 구원의 원리(믿는 도리)의 소망을 굳게 잡고, [24] 서로 돌아보아 사랑과 선행을 격려하라. [25] 교회의 모임에 빠지는 어떤 사람들의 습관처럼 하지 말라. 오직 권면하여 예수의 재림 날이 가까이 오는 것을 볼수록 더욱 그렇게 하자.

히 10:26 우리가 구원의 진리를 아는 지식을 받은 후에 고의로 죄를 범하면 다시 속죄하는 제사가 없다. [27] 거기에는 오직 무서운 마음으로 심판을 기다리는 것과 대적하는 자를 소멸시킬 맹렬히 타는 불만 있을 뿐이다. [28] 모세의 율법에도 율법을 어긴(폐한) 자도 두세 명의 증인이 있으면 불쌍히 여김을 받지 못하고 사형을 당했다. [29] 하물며 하나님의 아들을 짓밟고 자기를 거룩하게 한 계약(언약)의 피를 부정한 것으로 생각하여 은혜의 성령을 하찮게 여기고 모독하는(욕되게 하는) 자가 받을 형벌은 얼마나 더 무겁겠느냐? 이것을 너희는 생각하라. [30] "원수 갚는 것은 내게 속한 일이니 내가 갚을 것이다(신 32:35-36)"라고 하시고, 또다시 주님께서는 "그의 백성을 심판하리라" 말씀하신 것을 우리가 알고 있으니 [31] 살아 계신 하나님의 심판의 손에 들어가는 것이 얼마나 무서운 일인가!

히 10:32 너희가 진리의 말씀을 받은 후에 고난의 큰 싸움을 견딘 것을 생각하라. [33] 그때 너희는 조롱과 환난을 받아 사람에게 구경거리가 되고 그런 같은 형편에 있는 자들과 사귀는 자가 되었다. [34] 너희가 감옥에 있는 자를 동정하고 너희 재산을 빼앗기는 것도 기쁘게 당한 것은 더 낫고 영원한 유산이 있는 줄을 알기 때문이다. [35] 그러므로 그때 가졌던 너희의 담대

제사장들이 제물을 드리기 전에 몸을 씻었던 물두멍(히 10:22) 이스라엘 팀나 공원 내

✣ 진리의 말씀을 받은 후에(히 10:32)
한글 개역 개정에는 "빛을 받은 후에"로 번역했다. 그리스도의 복음의 빛을 가리킨다.

✣ 재산(10:34)
한글 개역에는 '산업'으로, 한글 개역 개정에는 '소유'로 번역했다. 이는 성도가 장차 내세인 하나님 나라에서 받을 상급을 가리킨다.

✣ **약속하신 이**(10:37)
한글 개역 개정에는 '오실 이'로 번역했다. 이는 그리스도께서 초림하신 것처럼 장차 반드시 재림하실 것을 가리킨다.

✣ **멸망받을**(perdition, 10:39)
한글 성경에는 '침륜'으로, 한글 개역 성경에는 '멸망할'로 번역했다. 곧 물에 빠져 가라앉듯 멸망하는 것을 말한다. 이는 신앙의 퇴보를 암시하기도 한다. 여기서는 과거로 돌아가서 멸절되는 상태를 가리킨다. 예수 그리스도께서 베푼 은혜 속에서 사는 성도는 구약의 불완전한 제사로 돌아갈 수 없다.

QT **믿음은 하나님 나라를 보게 한다**(히 11:1).
요셉은 이스라엘 자손이 장차 가나안 땅을 차지하게 될 것을 믿음으로 보았기 때문에 훗날 자신의 주검을 반드시 가나안 땅에 묻어달라고 부탁했다(창 50:25). 믿음이란 눈에 보이는 것을 믿는 것이 아니다. 그것은 보이지 않는 것들의 증거이다. 그러므로 우리가 믿음을 가질 때만이 아직 완전히 도래하지 않은 보이지 않는 천국을 소망하고 나갈 수 있는 것이다.

함을 버리지 말라. 이것이 큰 상을 얻게 한다. 36 너희에게 인내가 필요한
것은 너희가 하나님의 뜻을 행한 후에 약속하신 것을 받기 위함이다. 37 성
경에 기록되기를 "잠깐 후면 다시 오겠다고 약속하신 이가 속히 오실 것
이다. 38 의인은 믿음으로 인해 살리라. 또한 다시 죄악의 자리로 돌아가면
(뒤로 물러가면) 내 마음이 그를 기뻐하지 않을 것이다(합 2:3 이하)"라고 하
셨다. 39 우리는 뒤로 물러가 다시 죄악에 빠져 멸망받을 자가 아니요, 오직
영혼을 구원으로 이끄는 믿음을 가진 자이다.

† 믿음의 조상들 (히 11:1-40)

히 11:1 ● 믿음은 우리가 바라는 것들에 대해 확신하는 것(실상)이며, 보이
지 않는 것들이지만 그것이 있다는 사실을 아는 것(증거)이다. 2 믿음의 조
상들은 이런 믿음으로써 인정(증거)을 받았다. 3 믿음을 통해 우리는 모든
세계가 하나님의 말씀으로 창조된 줄을 알 수 있다. 우리가 보고 있는 것
은 보이는 것으로 만들어진 것이 아니라 보이지 않는 어떤 것으로 만들어진
것이다.

히 11:4 믿음으로 아벨은 가인보다 온전한 제사를 하나님께 드림으로 의
로운 자라는 인정(증거)을 받았으니 하나님이 그 제사(예물)에 대해 말씀
하셨다. 아벨은 죽었지만 그의 믿음으로써 지금도 말하고 있다. 5 믿음으
로 에녹은 죽지 않고 하늘로 올라갔으니 하나님이 그를 하늘로 옮기심으
로 다시 보이지 않았다. 그는 하늘로 올라가기 전에 하나님을 기쁘시게 하
는 자라는 인정(증거)을 받았다.

히 11:6 믿음이 없이는 하나님을 기쁘게 하지 못하기 때문에 하나님께 나
아가는 자는 반드시 그가 계신 것과 또한 그가 자기를 찾는 자들에게 상을
주시는 분임을 믿어야 한다. 7 믿음으로 노아는 세상을 멸하겠다(창 6:13)는
아직 보이지 않는 일에 경고하심을 받아 두려운 마음(경외함)으로 방주를
준비하여 그 가족(집)을 구원했다. 그로 인해 노아는 세상에 죄가 있음을
선언하고 믿음을 따르는 의의 상속자가 되었다.

히 11:8 믿음으로 아브라함은 고향을 떠나라는 부르심을 받았을 때에 순종
함으로 장래의 유산(유업)으로 받을 땅에 나아갈새 어디로 가야 할지 알지

못하고 나아갔다. [9] 그는 믿음으로 자기가 이방인의 땅에 있는 것같이 약속의 땅에 살면서 같은 약속을 유산으로 함께 받은 이삭과 그 아들 야곱과 더불어 장막에서 살았다. [10] 그가 그렇게 한 것은 하나님이 친히 계획하시고 세운 하늘의 터가 있는 성을 바라고 있었기 때문이었다. [11] 믿음으로 아브라함의 아내 사라도 나이가 많아 자식을 낳을 수 없었으나 잉태할 수 있는 힘을 얻었다. 이는 약속하신 하나님이 신실한 분인 줄 알았기 때문이었다. [12] 이러므로 죽은 자와 같은 늙은 아브라함 한 사람으로 인해 헤아릴 수 없는 하늘의 별과 또 셀 수 없는 해변의 모래와 같이 많은 후손이 나왔다.

히 11:13 이 사람들은 모두 믿음을 따라 죽었으며, 약속을 받지 못했지만 그 약속들을 멀리서 보고 환영했다. 또 땅에서는 외국인과 나그네에 불과하다는 것을 고백했다. [14] 그들이 이같이 말하는 것은 자기들이 본향 찾는 자임을 보여주는 것이다. [15] 그들이 떠나온 고향(본향)을 생각했다면 돌아갈 기회가 있었을 것이다. 그러나 [16] 그들이 이제는 더 좋은 고향(본향)을 사모하니 그것은 하늘에 있는 것이다. 그래서 하나님께서는 "그런 자들의 하나님"이라고 호칭받는 것을 부끄러워하지 않으시고 그들을 위해 영원히 거할 한 성을 준비하셨다.

히 11:17 아브라함은 시험(temptation)을 받을 때에 믿음으로 이삭을 드렸다. 그는 이삭이 하나님의 약속을 통해 낳은 아들임에도 불구하고 그 외아들을 드렸다. [18] 하나님은 그에게(그에게 대하여) 이미 말씀하시기를 "네 자손(씨)이라고 부를 자는 이삭으로 말미암으리라(창 21:12)"고 하셨다. [19] 아브라함은 하나님께서 능히 이삭을 죽은 자 가운데서 다시 살리실 줄로 생각했다. 비유로 말하면 아브라함은 이삭을 죽은 자 가운데서 도로 받은 것이다. [20] 믿음으로 이삭은 장차 있을 일에 대해 야곱과 에서에게 축복했다(창 27:27-29, 39-40). [21] 또한 야곱은 죽을 때에 믿음으로 요셉의 두 아들 에브라임과 므낫세에게 축복하고 그 지팡이를 짚고 경배했다(창 48:15-20). [22] 믿음으로 요셉은 죽을 때 이스라엘 자손들이 애굽에서 떠날 것을 말하고, 또 자기 유골(뼈)를 약속의 땅으로 가져가도록 유언했다(창 50:24-25).

히 11:23 모세가 출생했을 때에 그 부모가 아름다운 아이임을 보고 믿음으로 3개월 동안 숨겼으나 남자아이를 죽이라는 왕의 명령을 무서워하지 않

가인과 아벨의 제사(히 11:4) 11세기, 살레르노 대성당 설교단 상아 부조, 파리, 루브르 박물관. 가인과 아벨의 손에는 각각 곡식과 양이 들려져 있고 위의 하나님의 손은 아벨을 향하고 있다.

아브라함이 약속의 땅에 첫발을 내딛고 제단을 쌓은 고대 세겜(히 11:8-9) 이스라엘 세겜(나브루스)의 텔 발라타. 뒤에는 현대식 건물이 들어서 있다.

아브라함이 이삭을 드린 오늘날 황금 돔 사원(히 11:17) 예루살렘 성전 산

야곱이 요셉의 두 아들에게 축복함(히 11:21) 1656년, 렘블란트 작, 독일, 카셀 주립 미술관

요셉의 무덤 외경(히 11:22) 이스라엘 세겜, 지금은 파괴되었다.

모세를 건지는 바로의 공주(히 11:24) 요르단, 느보 산 모자이크 박물관
모세를 물에서 건져 양아들로 삼은 바로의 공주는 불임 여성으로 후에 여왕이 된 핫셉슈트로 알려진다. 그러나 그가 죽은 후에 모세는 정쟁에 밀려 애굽인을 살해한 후 미디안 광야로 도망한다.

았다(출 2:2). [24] 믿음으로 모세는 성장하여 바로의 공주의 양아들로 자라
기를 거절하고 [25] 오히려 하나님의 백성과 함께 고난받는 것을 잠깐 동안
죄의 쾌락을 누리는 것보다 더 좋아했다. [26] 그는 장차 오실 메시아(그리스
도)를 위해 받는 고난을 애굽의 모든 보화보다 더 귀한 것(큰 재물)으로 여
겼다. 그 이유는 하나님이 자기에게 줄 상을 바라보았기 때문이다. [27] 그는
바로(애굽 왕)의 분노를 무서워하지 않고 믿음으로 애굽을 떠나 보이지 않
는 하나님을 보는 것같이 바라보며 인내했다. [28] 그는 믿음으로 유월절과
피 뿌리는 예식을 행했다. 이는 장자를 죽이는 자(천사)로 하여금 이스라
엘 백성의 장자들을 죽이지 않게 하려고 한 것이다(출 12장). [29] 믿음으로
이스라엘 백성들은 홍해를 육지같이 건넜지만 애굽 사람들은 자기들도 건
널 수 있다는 것을 시험하다가 빠져 죽었다(출 14:21-30). [30] 이스라엘 백성
들은 믿음으로 7일간 여리고 성을 돌자 성이 무너졌으며(수 6:6-21), [31] 믿
음으로 기생 라합은 정탐꾼을 평안히 영접했기 때문에 순종하지 않은 여
리고 백성들과 함께 멸망당하지 않았다(수 6:25).

히 11:32 내가 무슨 말을 더할 필요가 있겠느냐? 기드온, 바락, 삼손, 입다,
다윗, 사무엘과 선지자들의 일을 말하려면 시간이 부족할 정도이다. [33] 그
들은 모두 믿음으로 이방 나라들과 싸워 이겼고, 바른 일을 행했으며, 약속
을 받기도 하며, 사자들의 입을 막기도 하며(단 6:22), [34] 불 가운데 건짐을
받고(참조, 단 3:27), 칼날을 피하기도 하며, 연약하지만 강하게 되었으며,
전쟁에 나가 용감히 싸워 이방 사람들의 진영을 물리치기도 했다. 또 [35] 여
자들은 자기의 죽은 가족들을 다시 살아난 상태로 맞이했으며, 어떤 이들
은 영원한(더 좋은) 부활을 소망하여 견딜 수 없는 고문을 받았지만 형을
면하기 위해 구차한 모습을 보이지 않았다. [36] 또 어떤 이들은 조롱과 채찍
질뿐 아니라 결박당하고 감옥에 갇히는 시련도 받았으며, [37] 돌에 맞고 톱
으로 몸이 잘려 죽고, 시험을 당하며 칼로 죽임을 당하고, 양과 염소의 가
죽을 입고 방랑하며, 궁핍과 환난과 학대를 받았다. [38] 이런 사람들에게 세
상은 아무런 가치가 없었다. 그들은 광야와 산과 동굴과 토굴에서 살았다.
[39] 이 사람들은 모두 그 믿음을 인정(증거)은 받았지만 아직 약속된 것을
받지는 못했다. [40] 그 이유는 하나님이 우리를 위해 더 좋은 것을 예비하셨

기 때문이다. 즉 우리와 더불어 그들이 완전해지도록 하셨기 때문이다.

† 신앙의 경주과 주님의 징계 (히 12:1-29)

히 12:1 ● 이러므로 우리에게는 수많은 믿음의 증인들이 구름같이 둘러싸
여 있다. 그러므로 우리는 모든 무거운(거리끼는) 것과 얽매이기 쉬운 죄를
벗어버리고 인내를 가지고 우리 앞에 놓여진 믿음의 경주를 하자. 2 믿음의
시작이 되시며, 또 완전하게 하시는 예수를 바라보자. 그는 자기 앞에 있
는 기쁨을 위해 십자가의 고통을 참으셨다. 뿐만 아니라 그 부끄러움을 아
무것도 아닌 것처럼 여기셨더니 마침내 하나님 보좌 우편에 앉으셨다.

히 12:3 너희가 피곤함 때문에 낙심하지 않게 하기 위해 예수께서 죄인들이
자기에게 거역한 일을 참으신 것을 생각하라. 4 너희가 죄와 싸웠지만 아
직 피 흘리기까지 대항하여 싸우지는 않았다. 5 또 아들들에게 권면하는
것같이 너희에게 권면하신 말씀도 잊었다. 그래서 성경에서 이르기를 "내
아들아, 주님의 징계를 가볍게 여기지 말며, 그에게 책망을 받을 때에 낙
심하지 말라. 6 주님께서는 그 사랑하시는 자를 징계하시고, 아들로 받아
들이는 자를 채찍질하신다(잠 3:11-12)"라고 하였다.

히 12:7 하나님께서는 너희를 아들과 같이 대우하시니 어찌 아버지가 징
계하지 않는 아들이 있겠느냐? 따라서 너희가 받는 징계를 아버지의 훈계
로 알고 참으라. 8 징계는 다 받는 것이다. 만일 아버지의 징계가 없으면 너
희는 사생자요 친아들이 아니다. 9 또 우리 육신의 아버지가 우리를 징계
해도 공경했는데 하물며 모든 영의 아버지가 되시는 하나님께 더욱 복종
하며 살아야 되지 않겠느냐? 10 부모들은 자기의 뜻대로 생존해 있는 동안
우리를 잠시 징계했다. 그러나 하나님은 우리의 유익을 위해 그의 거룩하
심에 참여하게 하신다. 11 징계를 받을 그때에는 고통스럽고 슬픔이 있지
만 그 징계로 인해 단련받은 자들에게는 의와 평안의 열매가 맺게 된다. 12
그러므로 힘이 없는 손과 약한 무릎을 강하게 하여 일어나라. 13 너희 발이
바른 길로 가도록 평탄한 길을 만들어 저는 다리가 절둑거리지 않고 고침
을 받게 하라.

히 12:14 모든 사람과 더불어 화평하고 거룩하게 살라. 이런 생활이 없이

이스라엘이 홍해를 건넌 곳으로 주장되는 오늘날 빅터 호수(히 11:29) 이집트

기드온이 300명의 군사를 선택한 하롯 샘(히 11:32) 오늘날 이스라엘의 국립 공원 내에 있다.

불 가운데 건짐을 받는 다니엘의 세 친구(히 11:34) 런던, 대영 박물관

세례자 요한이 갇혔던 토굴로 된 감옥(히 11:36, 38) 요르단 마케루스

경건 생활을 위해 세속을 떠나 광야에 살았던 쿰란(히 12:38) 이스라엘 유대 광야

는 아무도 주님을 만나지 못할 것이다. 15 너희 중에는 하나님의 은혜를 받
지 못하는 자가 없도록 하라. 또 너희 가운데 쓴 뿌리와 같은 사람이 생기
지 않도록 하라. 그런 사람은 다른 사람을 괴롭게 할 뿐만 아니라 많은 사
람이 그로 인해 더럽게 된다. 16 음행하는 자, 또는 한 그릇 음식으로 장자
의 특권(명분)을 판 에서와 같이 망령된 자가 생기지 않도록 살피라. 17 너
희가 아는 것처럼 에서는 그 후에 축복을 받기 위해 눈물을 흘리며 간청했
지만 거절당해 축복받을(회개할) 기회를 얻지 못했다.

히 12:18 너희가 믿음으로 이른 곳은 만질 수 있고, 불이 붙는 산과 검은 구름
과 흑암과 폭풍과 19 나팔 소리와 말하는 소리가 있는 곳인 시내 산에 이른
것이 아니다. 그 소리를 듣는 자들은 하나님께서 더 이상 말씀하지 말아달
라고 간구했다. 20 이는 성경에 "짐승이라도 그 산에 들어가면 돌로 쳐 죽
이라(출 19:12)"고 한 명령을 그들이 견디지 못하기 때문이었다(출 20:19).
21 그 보이는 것이 이렇듯 무섭기 때문에 모세도 말하기를 "심히 두렵고 떨
린다(신 9:19)"라고 했다. 22 그러나 너희가 믿음으로 이른 곳은 시온 산과
살아 계신 하나님의 도성인 하늘의 예루살렘과 천만 천사와 23 하늘에 등
록된 장자(맏아들)들의 모임과 교회, 모든 백성의 심판자이신 하나님과 및
완전하게 된 의인의 영들과 24 새 언약의 중재자이신 예수와 및 아벨의 피
보다 더 나은 것을 말하는 그리스도께서 흘린 피에 가까이 나온 것이다.

히 12:25 너희는 말씀하신 분을 거역하지 말라. 땅에서 경고하신 이를 거역
한 그들이 멸망을 피하지 못했다면, 하물며 하늘로부터 경고하신 이를 배
반하는 우리가 어떻게 피하겠느냐? 26 그때에는 그분의 소리가 땅을 진동
시켰지만, 이제는 이런 약속을 하셨다. "내가 또 한 번 땅과 하늘을 진동시
킬 것이다(학 2:6)." 27 '한 번'이라고 한 것은 흔들리지 않는 것들을 영원히
존재하게 하기 위해 흔들릴 수 있는 것들, 곧 창조하신 만물을 없애버리겠
다는 뜻이기도 하다. 28 그러므로 우리는 요동하지 않는 영원한 하나님 나라
를 받았으니 감사하자(은혜를 받자). 이로 인해 경건함과 두려움으로 하나
님을 기쁘시게 섬겨야 할 것이다. 29 우리 하나님은 모든 것을 소멸시키는
불과 같은 분이시다.

역사

고대 경기와 신앙의 경주 (히 12:1-2)

고대 올림픽 경기는 이미 바울 이전부터 있었는데 이 경기를 위해 스타디움(stadium)이 있었다. 스타디움은 고전 9:24에도 언급되어 있는데 한글 개역 성경에는 '경주'라고 번역되어 있다. 당시의 스타디움에서 출발점은 입구의 끝에 있었고 사각 기둥에 의해 출발점의 표시가 되어 있었으며 골인점은 반대쪽에 있었다. 특히 골인점에는 심판이 우승을 한 사람에게 줄 상을 손에 들고 앉아 있었기 때문에 경기자들은 출발 때부터 골인점의 상을 바라보고 달렸다. 본 절의 "예수를 바라보자"란 말은 당시의 경기에서 경기자들이 골인 지점에 있는 심판관의 손에 들고 있는 상을 바라보는 것을 비유한 것이다. 참고로 골인점을 빌 3:14에는 푯대로 말하고 있다.

제1회 근대 올림픽이 열린 경기장(히 12:1-2)
그리스 아덴

QT

사생아에게는 징계가 없다 (히 12:7-12).

사생아는 정식 혼인 관계가 아닌 사이에서 난 자식을 가리킨다. 이는 성경에서 하나님의 진정한 영적 자녀의 자격이 없는 자를 가리킨다. 이런 사생아에게는 징계가 없다. 그러나 친아들에게는 부모가 사랑의 매로 키운다. 그러므로 우리가 하나님으로부터 징계를 받을 때 하나님의 자녀임을 확신하고 하나님의 사랑을 외면하지 말자(히 12:3).

에서와 야곱(히 12:16) 1640년, 마티아스 스토머(Matthias Stome)작, 러시아 상트페테르부르크, 에르미타주 미술관

이스라엘 백성들이 넘어오지 못하도록 경계선을 정한 시내 산 앞의 시내 광야(히 12:20) 이집트

† 경건한 생활의 권고와 마침 인사 (히 13:1-24)

히 13:1 ● 형제를 계속해서 사랑하고 2 나그네(손님) 대접하는 것을 잊지
말라. 그래서 알지 못하는 가운데 천사들을 대접한 이들이 있었다(창 18:3,
19:2, 삿 13:16). 3 너희도 감옥에 갇힌 자를 생각하되 내가 감옥에 갇힌 것
같이 그들을 생각하라. 너희도 육체(몸)를 가졌으니 학대받는 자를 생각
하라. 4 모든 사람은 결혼을 소중하게 여기고 그 잠자리를 더럽히지 않게
하라(사람에게 혼인은 귀하니 침소가 더러운 것이 아니니라). 하나님은 음행하
는 자들과 간음하는 자들을 심판하신다. 5 돈을 사랑하지 말고 있는 것으
로 만족하라. 주님이 친히 말씀하시기를 "내가 절대로 너희를 버리거나 떠
나지 않을 것이다(신 31:6)"라고 하셨다. 6 그러므로 우리가 성경에 기록된
대로 담대히 말하기를 "주님은 나를 돕는 분이시니 내가 사람을 무서워하
지 않겠노라(시 118:6)"고 한다.

히 13:7 하나님의 말씀을 너희에게 전해주고 너희를 인도하던 자들을 생
각하라. 그들의 마지막을 세심하게 살펴보고 그들의 믿음을 본받으라. 8
예수 그리스도는 어제나 오늘이나 영원토록 같은 분이시다. 9 여러 가지
잘못된 가르침(교훈)들에 미혹되지 말라. 마음은 은혜로 강하게 하는 것이
지, 음식의 규정을 지키는 것으로써 하는 것이 아니다. 음식으로 마음을 강
하게 하는 자는 유익을 얻지 못한다. 10 우리에게 제단이 있지만 성막(장
막)에서 섬기는 제사장들이 제단에 드린 것을 먹을 권한은 없다. 11 왜냐하
면 속죄를 위한 짐승의 피는 대제사장이 가지고 성소에 들어가고, 그 동물
의 죽은 육체는 성막(영문) 밖에서 불사르기 때문이다. 12 그러므로 예수께

성경 지리 **시온 산(히 12:22)**

시온(Zion) 산은 좁은 의미로는 오늘날 시온문 밖 예루살렘 서쪽 765m 정도 되는 산등성이이다. 이 산은 예루살렘 도성의 남쪽 끝부분이며, 오른쪽에는 힌놈 골짜기가 있고, 왼쪽으로는 기드론 골짜기가 이어져 시온 산 아래서 만나 앞으로 빠진다. 그러나 광의의 의미로는 시온 산을 예루살렘으로도 표현된다. 본 절에서는 하나님 나라를 가리킨다.

시온 산 지역(히 12:22)

천사를 대접하는 아브라함(히 13:2) 1656년, 게르반드 반 덴 엑크우트(Gerbrand van den Eeckhout) 작, 러시아 상트페테르부르크, 에르미타주 박물관

시편 사본의 일부(히 13:6) 이스라엘 고고학 박물관 내 성경 사본 연구소

서도 자기 피로써 백성을 거룩하게 하기 위해 예루살렘 성문 밖에서 고난
을 받으신 것이다. [13] 그러므로 우리도 예수께서 당하신 수치와 모욕을 짊
어지고 성문(영문) 밖에 있는 그에게 나아가자. [14] 우리가 사는 이 땅에는
영원한 도성이 없기 때문에 우리는 장차 올 것을 찾는다. [15] 그러므로 우리
는 예수로 인해 항상 찬송의 제사를 하나님께 드리자. 찬송의 제사란 그의
이름을 증거하는 입술의 열매를 말한다. [16] 너희는 오직 선을 행하고 서로
베푸는 것을 잊지 말라. 하나님은 그 같은 행동(제사)을 기뻐하신다. [17] 너
희를 인도하는 영적 지도자들에게 순종하고 복종하라. 그들은 너희 영혼
을 위해 영적으로 깨어 있기를 자신들이 하나님 앞에서 계산(청산)할 자인
것같이 한다. 그러므로 그들로 하여금 즐거움으로 깨어 기도하고 근심으
로 하게 하지 말라. 그렇게 해야 너희에게 유익이 있다.

히 13:18 우리를 위해 기도하라. 우리가 모든 일에 선하게 행하려는 것을
보면 우리에게 선한 양심이 있는 줄을 확신할 것이다. [19] 내가 하루 속히
너희에게 돌아가기 위해 너희가 우리를 위해 기도하기를 더욱 바란다.

선한 목자 되신 예수(히 13:20) 이요한 작

히 13:20 양들의 큰 목자가 되신 우리 주님 예수를 영원한 계약(언약)의 피
로 죽은 자 가운데서 다시 살리신 분은 평안의 하나님이시다. 그분은 [21] 모
든 선한 일에 너희를 완전하게 하사, 자기 뜻을 행하게 하시고, 그 앞에 놓
인 즐거운 것을 예수 그리스도로 인해 우리를 위해 이루시기를 원하신다.
그분께 영광을 영원무궁토록 돌려드립니다. 아멘.

히 13:22 형제들아, 내가 너희에게 권면하는 말을 잘 받아들이라. 내가 간
단히 너희에게 썼다. [23] 우리의 믿는 형제 디모데가 감옥에서 풀려나온 것
을 너희에게 알린다. 그가 속히 오면 내가 그와 함께 가서 너희를 만날 것
이다. [24] 너희의 영적 지도자들과 성도들에게 문안하라. 이달리야(이탈리
아)에서 온 자들도 너희에게 문안한다. [25] 하나님의 은혜가 너희 모든 자들
에게 있기를 기원한다(어떤 사본에는 끝에, 아멘).

요한일서는 AD 90-95년 사도 요한에 의해 요한복음이 기록된(AD 80-90년) 이후, 요한계시록이 기록되기(AD 95-96년) 전에 에베소에서 기록된 것으로 추정된다. 그리고 사상적 분위기가 유사한 점으로 보아 요한이서와 요한삼서 역시 비슷한 시기에 기록되었다고 본다. 본서는 복음의 진리 안에서 하나님과 참 교제를 나누는 의로운 삶을 살도록 하기 위해 기록되었다.

소아시아 교회에 보낸 요한의 세 번의 편지

† 생명의 말씀과 빛 되신 하나님과 대언자 예수 그리스도 (요일 1:1-2:6)

생명의 말씀(요일 1:1) 한국, 이요한 작

요일 1:1 ●세상에 시작되기 이전(태초)부터 있는 생명의 말씀(**로고스**)에
대해서는 우리가 듣고, 눈으로 본 바요, 우리의 손으로 만져본 것이 되었
다. 2 이 생명을 준 분이 우리에게 나타나셨다. 이 영원한 생명을 우리가 보
았고 증언하여 너희에게 전한다. 이는 아버지 하나님과 함께 계시다가 우
리에게 나타나신 분이시다. 3 우리가 보고 들은 것을 너희에게도 전하는
것은 너희와 우리가 서로 교제가 있게 하기 위함이다. 우리의 교제는 아버
지와 그의 아들 예수 그리스도와 함께 누리는 것이다. 4 우리가 이 편지를
쓰는 것은 우리의 기쁨이 넘치게 하려는 것이다.

요일 1:5 우리가 그리스도에게서 듣고 너희에게 전하는 소식은 이것이다.
곧 하나님은 빛이시며, 그에게는 어둠이 조금도 없으시다는 사실이다. 6
만일 우리가 하나님과 교제가 있다고 하면서 어두움 가운데 행하면 거짓
말을 하고 진리(참)를 행하지 않는 것이다. 7 그리스도께서 빛 가운데 계신
것같이 우리도 빛 가운데 살면 우리는 하나님과 교제를 갖게 된다. 그 아
들 예수의 피는 우리를 모든 죄에서 깨끗하게 하실 것이다. 8 만일 우리가
죄가 없다고 말한다면 그것은 우리가 스스로 속이고 진리가 우리 속에 없
는 것이다. 9 만일 우리가 우리 죄를 고백하면 하나님은 신실하시고 의로
우신 분이기 때문에 우리 죄를 용서하시고 우리를 모든 악(불의)에서 깨
끗하게 하실 것이다. 10 만일 우리가 죄를 짓지 않았다면 이는 하나님을 거
짓말하는 자로 만드는 것이다. 그렇게 되면 그의 말씀이 우리 속에 머물지
않을 것이다.

요일 2:1 나의 믿음의 자녀들아, 내가 이 편지를 너희에게 쓰는 것은 너희로
죄를 짓지 않게 하려는 것이다. 만일 누가 죄를 범했어도 하나님 아버지
앞에서 우리를 위해 대신 증언해줄 자(보혜사)가 있다. 바로 의로우신 예수
그리스도이시다. 2 그는 우리 죄를 속죄하기 위해 드려진 화목 제물이 되
신다. 그것은 우리만 위해서가 아니라 온 세상의 죄를 위한 것이다. 3 우리
가 그의 계명을 지키면 그것을 통해 우리가 그를 아는 줄로 알 것이다. 4 반

사도 요한이 요한일서, 요한이서, 요한삼서를 기록한 곳으로 알려진 아야스룩 요새(요일 1:1, 2:1, 12) 터키 에베소. 앞에는 사도 요한의 무덤 터 위에 세워진 요한 기념 교회가 있다.

면 그를 안다고 하면서 그의 계명을 지키지 않는 자는 거짓말하는 자요, 진
리가 그 속에 없는 자이다. 5 누구든지 그의 말씀을 지키는 자는 하나님의
사랑이 그 속에서 완전하게 된 것이다. 이로써 우리가 그의 안에 거한 줄
을 알게 된다. 6 하나님 안에 사는 자는 그가 행하시는 것을 자기도 행할 것
이다.

† 옛 계명과 새 계명 (요일 2:7-17)

요일 2:7 ● 사랑하는 자들아, 내가 새로운 계명을 너희에게 쓰는 것이 아니
다. 이는 너희가 처음부터 가지고 있던 것과 똑같은 옛 계명이니 이 옛 계
명은 너희가 이미 들은 말씀이다. 8 이제 다시 내가 너희에게 새 계명을 쓴
다. 이 진리는 예수와 너희 안에서도 진실된 것이다. 어둠이 지나가고 참
빛이 벌써 비치고 있다. 9 빛 가운데 산다고 하면서 그 형제를 미워하는 자
는 지금까지 어두움에 있는 자이다. 10 그의 형제를 사랑하는 자는 빛 가운
데 거하기 때문에 자기 속에 잘못되게 하는 일이 없다. 그러나 11 그의 형
제를 미워하는 자는 어두움에 있고 어둠에서 행하기 때문에 갈 곳을 알지
못한다. 왜냐하면 그 어두움이 그의 눈을 멀게 하기 때문이다.

요일 2:12 자녀들아, 내가 너희에게 이 편지를 쓰는 것은 너희 죄가 예수의
이름으로 인해 용서함을 받았기 때문이다. 13, 14b 아비들아, 내가 너희에게
쓰는 것은 너희가 세상에 있기 전(태초)부터 존재하신 자를 알았기 때문이

옛 계명인 십계명이 새겨진 돌판을 받은 모세 (요일 2:7) 요르단, 느보 산 모자이크 박물관

다. 청년들아, 내가 너희에게 쓰는 것은 너희가 강하고, 하나님의 말씀이
너희 안에 거하시며, 너희가 악한 자를 이겼기 때문이다. 14a 아이들아, 내
가 너희에게 쓰는 것은 너희가 아버지를 알았기 때문이다. 15 이 세상이나
세상에 속한 것들을 사랑하지 말라. 누구든지 세상을 사랑하면 아버지의
사랑이 그 안에 있지 않는 자이다. 16 세상에 있는 모든 것은 육신의 정욕
과 안목의 정욕과 육신의 삶(이생)의 자랑이다. 이것은 모두 하나님 아버
지께로부터 온 것이 아니라 세상으로부터 온 것이다. 17 이 세상이나 그 정
욕은 지나가지만 오직 하나님의 뜻을 행하는 자는 영원히 살 것이다.

† 그리스도를 대적하는 자와 그리스도의 재림 (요일 2:18-3:12)

요일 2:18 ● 아이들아, 지금은 마지막 때이다. 그리스도를 대적하는 자(적
그리스도)가 올 것이라는 말을 너희가 들은 것과 같이 지금도 그리스도를
대적하는 자가 많이 일어난 것을 보고 우리가 마지막 때인 줄 안다. 19 그
들이 우리에게서 나갔으니 우리에게 속하지 않은 것이다. 만일 그들이 우
리에게 속했다면 우리와 함께 거했을 것이다. 그러므로 그들이 우리에게
서 떠나간 것은 다 우리에게 속하지 않았음을 보여주고 있다. 20 너희는 거
룩하신 자에게서 성령(기름 부음)을 받았기 때문에 이 모든 것을 안다. 21
내가 너희에게 이 편지를 쓰는 것은 너희가 진리를 알기 때문이요, 또한 모
든 거짓은 진리에서 나오지 않기 때문이다. 22 거짓말하는 자는 예수께서
그리스도인 것을 부인하는 자이다. 하나님 아버지와 그 아들을 부인하는
자가 바로 그리스도를 대적하는 자이다. 23 하나님의 아들을 부인하는 자에
게는 아버지가 없듯이, 그 아들을 시인하는 자에게는 하나님 아버지도 있
다. 24 너희는 처음 믿기를 시작한 때부터 들은 것을 너희 안에 머무르게
하라. 처음부터 들은 것이 너희 안에 거하면 너희가 아들과 하나님 아버지
안에 거할 것이다.

요일 2:25 예수께서 우리에게 약속하신 것은 바로 영원한 생명이다. 26 너희
를 미혹하는 자들에 관하여 내가 이것을 너희에게 썼다. 27 너희는 주님께
로부터 받은 성령(기름 부음)이 너희 안에 있으니 아무도 너희를 가르칠 필
요가 없다. 오직 그의 성령(기름 부음)이 모든 것을 너희에게 가르칠 것이

다. 그 가르침은 진실되고 거짓이 없으니 그 가르침대로 주님 안에서 생
활하라. 28 자녀들아, 이제 예수 안에서 생활하라. 이는 주님께서 재림하실
때 우리로 하여금 부끄럽지 않는 모습으로 자신 있게 서게 하기 위함이다.
29 너희는 예수께서 의로우신 분이심을 알았다. 의를 행하는 자마다 그의
자녀인 줄을 알 것이다.

요일 3:1 보라, 하나님 아버지께서 우리에게 얼마나 큰 사랑을 베푸셨는
가? 우리는 그 사랑으로 하나님의 자녀라고 일컬음을 받게 되었다. 그러
므로 세상이 우리를 알지 못하는 것은 곧 하나님을 알지 못하는 것이다. 2
사랑하는 자들아, 우리가 지금은 하나님의 자녀이다. 장래의 일은 아직 나
타나지 않았다. 그러나 예수께서 재림하시게 되면 우리도 그와 같은 존재
가 되는 것이다. 왜냐하면 그의 참모습 그대로 볼 것이기 때문이다. 3 주님
을 향해 이 소망을 가진 자는 모두 그의 깨끗하심과 같이 자기를 깨끗하게
한다.

요일 3:4 죄를 짓는 자마다 불법을 행하는 것은 죄는 불법이기 때문이다. 5
예수께서 우리의 죄를 없애려고 나타나신 것을 너희가 알고 있으니 그에
게는 죄가 없다. 6 예수 안에 거하는 자마다 죄를 짓지 않는다. 죄를 짓는
자마다 그를 보지 못하고 알지도 못한다. 7 자녀들아, 아무도 너희를 미혹
하지 못하게 하라. 의를 행하는 자는 그의 의로우심과 같이 의롭고, 8 죄를
짓는 자는 마귀에게 속하게 되니 마귀는 처음부터 범죄한 자이다. 하나님
의 아들이 나타난 것은 마귀의 일을 멸하기 위해서이다.

요일 3:9 하나님께로부터 난 자는 죄를 짓지 않는다. 왜냐하면 하나님이 주
신 새로운 삶의 씨가 그의 속에 머물기 때문이요, 그도 죄를 짓지 못하는 것
은 하나님께로부터 났기 때문이다. 10 이러므로 하나님의 자녀들과 마귀
의 자녀들이 밖으로 드러나기 때문에 그들의 정체를 알게 된다. 무릇 의를
행하지 않는 자나 그 형제를 사랑하지 않는 자는 하나님께 속하지 않는다.
11 우리는 서로 사랑해야 한다. 이것은 너희가 처음 믿을 때부터 들은 말이
다. 12 가인같이 행하지 말라. 그는 악한 자에게 속하여 그 동생 아벨(형제)
을 죽였으니 왜 죽였느냐? 자기의 행위는 악하고 그 동생(형제)의 행위는
의로웠기 때문이었다.

언어

히브리어와 헬라어로 표현된 사랑의 종류
(요일 3-4장)

구약의 히브리어로 표현된 사랑

①아하바: 포괄적 의미의 모든 사랑(신 7:8)
②도드: 부부 간 또는 혈육 간 사랑(사 5:1)
③헨: 아랫사람에게 베푸는 사랑(삼상 20:29)
④마흐마드: 사랑스럽게 여기는 마음(아 5:16)
⑤아가브: 무절제하고 감각적인 사랑(겔 33:31)
⑦라으아: 동료애, 동반자에 대한 사랑(아 1:9)
⑧야디드: 남편의 아내에 대한 사랑(신 33:12)

헬라어로 표현된 사랑

①아가페: 이타적이고 희생적인 사랑(요 5:42)
②에로스: 남녀 간의 이성적인 사랑
③필리아: 친구 간의 우정, 동료애(요 21:17)
④스톨게: 부모와 자식 간의 혈연적인 사랑
⑤필란드로피아: 인류애, 박애(딛 3:4, 행 28:2)

† 행함과 진실함과 이단 경계에 대해 (요일 3:13-4:6)

동생 아벨을 죽이는 가인(요일 3:12, 15) 이탈리아, 밀라노 두오모 성당

요일 3:13 ● 형제들아, 세상이 너희를 미워한다고 이상하게 생각하지 말라.
14 우리는 형제를 사랑함으로 사망에서 생명의 자리로 옮겨진 줄을 알고
있다. 사랑하지 않는 자는 사망에 머물러 있다. 15 그 형제를 미워하는 자
는 살인하는 자니 살인하는 자는 영원한 생명이 없는 것을 너희가 알고 있
다. 16 예수께서 우리를 위해 목숨을 버리셨으니 그 같은 사실로 그의 사랑
이 어떤지를 알기 때문에 우리도 형제들을 위해 목숨을 버릴 수 있다.

요일 3:17 누가 세상의 많은 재물을 갖고 있으면서 가난한 형제를 도와주지
않는다면 하나님의 사랑이 그에게 있다고 할 수 있겠느냐? 18 자녀들아,
우리가 말과 혀로만 사랑하지 말고 행함과 진실함으로 하자. 19 그렇게 하
므로 우리가 예수(진리)께 속한 줄을 알고, 또 우리 마음을 주님 앞에서 강
하게 할 것이다. 20 이는 우리 마음도 우리를 책망할 경우가 있는데 하나님
은 우리 마음보다 크시고 모든 것을 아시기 때문이다. 21 사랑하는 자들아,
만일 우리 마음이 우리를 책망할 것이 없으면 하나님 앞에서 담대함을 얻
는다. 그래서 22 무엇이든지 구하는 것을 그에게서 받을 수 있다. 이는 우
리가 그의 계명을 지키고 그 앞에서 기뻐하시는 것을 행하기 때문이다. 23
그의 계명은 그 아들 예수 그리스도의 이름을 믿고 그가 우리에게 주신 계
명대로 서로 사랑하는 것이다. 24 그의 계명을 지키는 자는 주님 안에 거하
고, 주님은 그의 안에 거하신다. 우리는 이 같은 사실을 우리에게 주신 성
령을 통해서 안다.

요일 4:1 사랑하는 자들아, 영을 받았다는 사람들을 다 믿지 말고 그들이 말하
는 영들이 하나님께 속했는지 시험(test)해보라. 왜냐하면 세상에 많은 거
짓 선지자가 나타났기 때문이다. 2 예수 그리스도께서 육체로 오신 것을
시인하는 영마다 하나님께 속한 것이다. 그러므로 너희는 이것으로 하나
님의 영인지 분별하라. 3 예수를 시인하지 않는 영은 하나님께 속한 것이
아니며, 이것이 곧 그리스도를 대적하는 자의 영이다. "그리스도를 대적하
는 자가 올 것이다"라는 말을 너희가 들었을 것이다. 그러나 벌써 세상에
와 있다.

요일 4:4 자녀들아, 너희는 하나님께 속했고, 또 그리스도를 대적하는 자들

교리 초대 교회의 이단인 영지주의(요일 4장)

사도들이 활동했던 초대 교회의 이단 중 하나는 영지주의(그노스틱)였다. 사도 요한이 경계한 영지주의자들은 사도들의 선포와는 다른 구원의 교리를 가졌다. 곧, 예수 그리스도의 죽으심을 통해서가 아니라 자신의 본래적 본질에 대한 지식을 통하여 인간이 그리스도 안에서 구원을 받는다고 주장했다. 그리스도는 단지 가현적으로만 사람이 되셨으며 실제로는 십자가에서 죽지 않았다는 것이다. 그리스도가 한 일은 인간들에게 그들의 본래의 천성에 대한 지식을 가져다준 것이라고 한다. 인간은 근본적 본질에서는 하나님과 하나이므로 영지주의자들은 지식과 영적 관조를 통해 하나님과 합일할 수 있으며 그리하여 모든 지상적인 속박으로부터 자유롭게 된다고 주장했다.

을 이겼다. 이는 너희 안에 계신 이가 세상에 있는 자보다 크시기 때문이
다. 5 그들은 세상에 속했기 때문에 세상에 속한 말을 한다. 그래서 세상은
그들의 말을 듣는다. 6 우리는 하나님께 속했기 때문에 하나님을 아는 자
는 우리의 말을 듣고, 하나님께 속하지 않는 자는 우리의 말을 듣지 않는
다. 이로써 진리의 영과 미혹의 영을 구분할 수 있다.

† 사랑의 본체이신 하나님 (요일 4:7-21)

요일 4:7 사랑하는 자들아, 우리가 서로 사랑하자. 사랑은 하나님께로부
터 왔기 때문에 사랑하는 자는 하나님의 자녀이다. 그는 하나님을 알고 8
사랑하지 않는 자는 하나님을 알지 못한다. 하나님은 사랑이시다. 9 하나
님은 자기의 독생자를 세상에 보내심으로 자기의 사랑을 우리에게 보여
주셨다. 그것은 그를 통해 우리에게 생명을 주신 것이다. 10 사랑은 여기에
있다. 우리가 하나님을 사랑한 것이 아니라 하나님이 우리를 먼저 사랑하
여 우리 죄를 위해 그 아들을 화목 제물로 보내셨다. 11 사랑하는 자들아,
하나님이 이같이 우리를 사랑하셨으니 우리도 서로 사랑하자. 12 지금까
지 하나님을 본 사람이 없지만 만일 우리가 서로 사랑하면 하나님이 우리
안에 거하시고 그의 사랑이 우리 안에서 완성될 것이다.

요일 4:13 하나님께서 그의 성령을 우리에게 주시므로 우리가 하나님 안에
서 살고, 하나님이 우리 안에 머무시는 줄을 안다. 14 하나님 아버지가 그 아
들을 세상의 구세주로 보내신 것을 우리가 보았고, 또 그것을 증언한다. 15
누구든지 예수를 하나님의 아들이라고 고백하면 하나님이 그의 안에 거
하시고 그도 하나님 안에서 살게 된다. 16 우리를 향한 하나님의 사랑을 우
리가 알고 믿었으니 하나님은 사랑이시다. 하나님의 사랑 안에 거하는 자
는 그분 안에서 살고, 하나님도 그의 안에 거하신다. 17 이로써 사랑이 우
리에게서 완성되어 우리로 하여금 심판 날에 두려움 없이 서게 한다. 곧
우리가 이 세상에서 주님과 같이 두려움 없이 서게 되는 것이다. 18 사랑
안에는 두려움이 없기 때문에 완전한 사랑은 두려움을 내쫓는다. 두려움
에는 형벌이 있으니 두려워하는 자는 사랑을 완전히 이루지 못한다. 19 우
리가 하나님을 사랑하는 것은 그가 먼저 우리를 사랑하셨기 때문이다. 20

누구든지 하나님을 사랑한다고 하면서 그 형제를 미워하면 그는 거짓말
하는 자다. 보이는 형제를 사랑하지 않는 자는 보이지 않는 하나님을 사랑
할 수 없다. 21 우리가 이런 계명을 주님께 받았으니 하나님을 사랑하는 자
는 그 형제도 사랑해야 한다.

† 세상을 이기는 믿음과 영원한 생명을 알게 함 (요일 5:1-21)

요일 5:1 ● 예수께서 그리스도가 되심을 믿는 자는 하나님의 자녀이다. 또
한 아버지 되신 하나님을 사랑하는 자는 그의 자녀들을 사랑한다. 2 우리
가 하나님을 사랑하고 그의 계명들을 지키게 되면 비로소 우리가 하나님
의 자녀를 사랑하는 줄을 알게 된다. 3 우리가 하나님을 사랑한다는 것은
그의 계명들을 지키는 것이다. 그의 계명들은 지키기 어려운 것이 아니다.
4 무릇 하나님의 자녀는 세상을 이길 수 있다. 세상을 이기는 것은 우리가
가진 믿음이다. 5 예수께서 하나님의 아들임을 믿지 못하면 세상을 이길
수 없다. 6 예수 그리스도는 물과 피로 세상에 오신 분이시다. 그는 물로만
아니라 물과 피로 오셨으니 그것을 증거하는 이는 진리 되신 성령이시다.
요일 5:7 이상의 사실을 증거하는 이는 8 성령과 물과 피 셋이다. 또한 이 셋
은 합하여 하나이다. 9 만일 우리가 사람들의 증거를 믿는다면 하나님의
증거는 더욱 크고 중요하다. 하나님의 증거는 바로 그의 아들에 대해 증언
하신 것이다. 10 하나님의 아들을 믿는 자는 자기 안에 증거가 있고, 하나
님을 믿지 않는 자는 하나님을 거짓말하는 자로 만드는 것이다. 왜냐하면
그는 하나님께서 그 아들에 대해 증언하신 증거를 믿지 않는 것이기 때문
이다. 11 또 다른 증거는 하나님께서 우리에게 영원한 생명을 주신 것과 이
생명이 그의 아들 안에 있다는 사실이다. 12 하나님의 아들을 받아들인 자
에게는 생명이 있고, 하나님의 아들을 거부하는 자에게는 생명이 없다.
요일 5:13 내가 하나님의 아들의 이름을 믿는 너희에게 이 편지를 쓰는 것
은 너희에게 영원한 생명이 있다는 사실을 알게 하기 위함이다. 14 우리
가 하나님을 향해 아무런 의심 없이 나갈 수 있는 것은 그의 뜻대로 무엇
을 구하면 들어주시기 때문이다. 15 우리가 무엇이든지 구하는 것을 하나
님께서 들으시는 줄을 알기 때문에 우리가 그에게 구한 것을 또한 얻은 줄

난제

사망에 이르는 죄와 사망에 이르지 않는 죄는 (요일 5:16-17)?

요한은 사망에 이르는 죄가 있고(요일 5:16), 사망에 이르지 않는 죄도(요일 5:17) 있음을 말하고 있다. 여기서 영적 사망에 이르는 죄는 그리스도의 복음으로도 능히 구원을 얻을 수 없는 죄를 가리키는 것이 아니다. 그것은 완악한 마음으로 인해 복음을 거부하고 복음으로 나오지 않는 죄를 가리킨다. 이에 대해 마 12:22, 막 3:29에서는 '성령 훼방죄'로, 시 19:12, 히 10:26 등에서는 '고범죄'라고 말하고 있다.
한편 배교 행위는 성령 훼방죄나 고범죄를 범하는 자들이 처음에는 교회에 숨어 있다가 결국에는 정체를 드러내면서 교회를 떠나는 행위라고 할 수 있다. 성령 훼방죄는 복음의 진리를 증거하는 성령의 사역을 스스로 완강하게 거부하는 것을 가리키고, 고범죄는 복음을 통해 어떤 것이 죄인지를 알려줌에도 그것을 거부하고 고의적으로 동일한 죄를 반복해서 범하는 것을 가리킨다. 참고로 본문에서 말한 '구하지 말라'고 한(요일 5:16) 자들은 일시적으로 이단에 미혹된 자들이 아니라 완전히 빠져 있는 자들을 말한 것이다.

안다. 16 누구든지 형제가 사망에 이를 만한 죄를 짓는 것을 보면 그를 위해 기도하라. 그러면 사망에 이르지 않는 범죄자들을 위해 그에게 생명을 주실 것이다(그러면 그에게 생명을 주시리니, 곧 사망에 이르지 않는 범죄자에게다). 그러나 사망에 이르는 죄도 있는데 이에 대해서 나는 구하라고 하지 않겠다. 17 모든 불의가 죄이지만 사망에 이르지 않는 죄도 있다.

요일 5:18 하나님의 자녀는 다 죄를 짓지 않는 줄을 우리가 안다. 하나님께로부터 나신 그리스도께서 그를 지키시니(어떤 사본에는 난 자가 자기를 지키니) 악한 자가 그를 만지지도 못한다. 19 또 우리는 우리가 하나님 안에 살고, 온 세상은 악한 자가 지배하고 있다는 사실을 알고 있다. 20 또 한 가지는 하나님의 아들이 세상에 오사 우리에게 깨닫는 능력을 주심으로 우리로 하여금 진리이신 하나님(참된 자)을 알게 하신 것과 또한 우리가 그의 아들 예수 그리스도 안에 있다는 사실이다. 예수 그리스도는 참 하나님이시요, 영원한 생명이시다. 21 그러므로 자녀들아, 너희 자신을 지켜 우상에게서 지키라.

† 소아시아 교회에게 보낸 요한의 두 번째 편지 (요이 1:1-13)

요이 1:1 ● 장로인 나 요한은 하나님의 선택함을 받은 부녀와 그의 자녀들에게 편지한다. 내가 진실로 사랑하는 자요, 나뿐 아니라 진리를 아는 모든 사람들도 사랑한다. 이는 2 우리 안에 거하여 영원히 우리와 함께할 진리 때문이다. 3 은혜와 긍휼과 평안이 하나님 아버지와 그 아들 예수 그리스도께로부터 진리와 사랑 가운데서 우리와 함께 있기를 기원한다.

요이 1:4 너의 자녀들 중에 우리가 하나님 아버지께 받은 계명대로 진리 안에서 사는 자를 보니 내가 심히 기쁘다. 5 부인(부녀)이여, 내가 이제 네게 간구하니 서로 사랑하자. 이는 새로운 계명같이 너에게 쓰는 것이 아니라 처음부터 우리가 받은 말씀이다. 6 또 사랑은 우리가 그 계명을 따라 행하는 것이다. 그리고 그 계명은 너희가 처음 믿을 때부터 들은 것과 같이 그 사랑 가운데서 행하라고 하신 것이다.

요이 1:7 유혹하는 자가 세상에 많이 나왔다. 그들은 예수 그리스도께서 육체로 오신 것을 부인하는 자들이다. 이런 자가 미혹하는 자요, 그리스도를

대적하는 자이다. 8 너희는 스스로 조심하여 우리가 일한 것을 잃지 말고
오직 그에 따른 풍성한(온전한) 상을 받도록 하라. 9 그리스도께서 가르친
교훈을 따르지 않는 자는 모두 하나님을 모시지 못한다. 오직 그의 가르침
을 따르는 사람만이 하나님 아버지와 그 아들을 모신다. 10 누구든지 그리
스도의 가르침을 따르지 않고 너희에게 접근해오면 그를 집에 들이지 말
고 인사도 하지 말라. 11 그런 자에게 인사하는 자는 그 악한 일에 참여하
게 된다.

요이 1:12 내가 너희에게 쓸 것이 많지만 종이와 먹으로 쓰는 것보다 오히
려 너희를 방문하여 대면해 말하려고 한다. 이는 너희(어떤 사본에는 우리)
의 기쁨을 넘치게 하기 위해서이다. 13 하나님의 선택함을 받은 네 자매의
자녀들이 너에게 문안한다.

† 가이오에게 보낸 요한의 세 번째 편지 (요삼 1:1-15)

요삼 1:1 ● 장로인 나 요한은 내가 진심으로 사랑하는 가이오에게 편지한
다. 2 사랑하는 자여, 네 영혼이 건강한(잘된) 것같이 네가 모든 일에 잘되
고 몸도 강건하기를 내가 기도한다. 3 형제들이 나에게 와서 너희가 진리를
따라 살고 있다는 소식을 듣고 내가 심히 기뻐했다. 4 이런 소식을 듣는 것
보다 더 기쁜 일이 없다.

요삼 1:5 사랑하는 자여, 네(가이오)가 순회 전도자(나그네 된 형제)들을 잘
대접해주는 것은 신실한 일이다. 6 그들이 교회 앞에서 네가 베푼 호의(사
랑)를 칭찬했다. 네가 모르는 사람까지도 하나님께 합당하게 그들을 대접
(전송)한 일은 좋은 일이다. 7 그들은 주님의 이름을 위해 전도 여행을 할
때 믿지 않는 자(이방인)에게 어떤 도움이나 대가도 받지 않았다. 8 그러므
로 우리가 그 같은 자들을 영접하는 것은 당연히 할 일이다. 이는 우리로 하
여금 진리를 위해 함께 일하는 자가 되게 하려는 것이다.

요삼 1:9 내가 몇 글자를 교회에 썼으나 그들 중에 으뜸되기를 좋아하는 디
오드레베가 우리를 영접하지 않았다. 10 그러므로 내가 가면 그가 한 일을
드러낼(말할) 것이다. 그가 악한 말로 우리를 비방하고도 오히려 부족하
여 형제들을 영접하지 않고 영접하려는 자까지도 하지 못하도록 교회에

성경 인물

세 명의 가이오
(Gaius, 요삼1:1)

- **가이오1(행 19:29)**: 마게도냐 출신의 그리스도인으로 바울의 3차 전도 여행에 동참했는데 에베소의 전도 여행 중 폭도들에 의해 극장으로 잡혀 들어간 자이다(행 19:26-29).
- **가이오2(롬 16:23, 고전 1:14)**: 바울에게 세례를 받은 자로 롬 16:23에 나오는 가이오와 동일 인물로 추정된다. 그는 바울의 식주인('주인'이란 뜻으로 손님 접대를 좋아하는 사람이라는 표현)이기도 했다.
- **가이오3(요삼 1:1)**: 그리스도인들을 형제처럼 대접한 사람으로 요한삼서의 수신자이기도 하다. 이는 위 두 사람 중 한 사람인 듯하다. 이 외에 더베 출신으로 바울을 따라 예루살렘으로 마지막 여행을 한 자가 있다(행 20:4).

서 쫓아냈다. 11 사랑하는 자여, 악한 것을 멀리하고 선한 것을 본받으라.
선을 행하는 자는 하나님께 속하고, 악을 행하는 자는 하나님을 알지 못
한다. 12 반면 데메드리오는 진리를 따르는 데 있어 모든 사람들로부터 칭
찬을 받는 자이니 우리도 그러하다. 너(가이오) 역시 우리의 말이 진실되
다는 것을 안다. 13 나는 너에게 쓸 것이 많이 있지만 먹과 붓으로 쓰는 것
보다 14 빠른 시일 내에 너 보기를 바라니 그때는 우리가 얼굴을 마주 보며
말할 것이다. 15 평안이 네게 있기를 기원한다. 여러 친구가 네게 문안한
다. 너는 친구들의 이름을 들어 일일이 문안하라.

15 요한계시록

계시록을 기록한 밧모 섬의 호라 마을, 그리스

성경사	예수 탄생 (눅2:1-7)	바울 출생 (행22:3)	예수 승천 (행1:6-9)	바울 회심 (행9장)	바울 1차 전도여행 (행13-14장)	바울 2차 전도여행 (행16장-)	바울 3차 전도여행 (행18:23-)	바울 로마행 (행27장-)	바울 순교	계시록 기록 (계시록)	사도 요한 죽음
	BC4	AD5	29	33	46.3	50.3	53.6	59.8	67.6	81-96	100?

요한계시록은 사도 요한이 로마의 도미티안 황제의 통치 당시(81-96년) 밧모 섬에 유배되었을 때 장차 일어날 일에 대해 환상을 보고 기록한 것이다. 이는 사도 요한의 마지막 서신이요, 전 신약 서신 중에서도 가장 마지막에 기록된 것이다.

장래의 일에 대한 계시를 기록한 요한계시록

† 요한계시록 표제와 인사 그리고 그리스도의 명령 (계 1:1-20)

계 1:1 ●이것은 예수 그리스도께서 계시한 것을 기록한 것이다. 이는 하나님
이 그에게 주사 속히 일어날 일들을 그의 종들에게 보이시기 위해 그의 천
사를 그 종 사도 요한에게 보내 알게 하신 것이다. 2 사도 요한은 하나님의
말씀과 예수 그리스도에 대해 자기가 본 것을 모두 증거했다. 3 이 예언의
말씀을 읽는 자와 듣는 자와 그 가운데에 기록한 것을 지키는 자는 복이
있다. 왜냐하면 그 기록된 말씀이 이루어질 때가 가까이 왔기 때문이다.

계 1:4 사도 요한은 소아시아에 있는 일곱 개 교회에게 편지한다. 지금도
계시고, 전에도 계셨고, 장차 오실 이와 그의 보좌 앞에 있는 일곱 영과

계시를 받는 사도 요한과 계시를 대신 기록하는 브로고로 집사(계 1:1) 그리스 밧모 섬, 요한 계시 동굴 입구

사도 요한이 유배당해 계시록을 기록한 밧모 섬(계 1:9) 그리스

5 또 충성된 증인으로 죽은 자들 가운데에서 가장 먼저 부활하시고 세상
(땅) 왕들의 머리가 되신 예수 그리스도께서 너희에게 은혜와 평안이 임
하기를 기원한다. 우리를 사랑하사 자신의 피로 우리를 죄에서 해방시키
시고(어떤 사본에는 우리 죄를 씻으시고), 6 그의 아버지 하나님을 위해 우리
를 제사장의 나라로 삼으신 그분께 영광과 능력을 영원무궁토록 올려드
립니다. 아멘.

계 1:7 보라, 예수께서 구름을 타고 다시 오실 것이니 모든 사람의 눈이 그
를 보겠고 그를 찌른 자들도 볼 것이요(슥 12:10b), 땅에 있는 모든 족속이
그로 인해 애곡하리니 반드시 그렇게 될 것이다. 아멘 8 주 하나님이 말씀

밧모 섬의 요한 계시 동굴 내부(계 1:9) 그리스, 전승에 의하면 이 동굴에서 사도 요한이 기거하며 계시를 받은 곳이라고 전한다. 이 동굴 제일 안쪽 벽면 1m 높이에 사람 손만 한 크기의 홈이 파진 곳이 있는데 이는 요한이 엎드려 기도하고 일어날 때 손을 잡고 일어나면서 패인 것이라고 한다.

성경 지리

밧모 섬(Patmos, 계 1:9)

밧모 섬(계 1:9)은 에게해의 3,000여 개 섬 가운데 하나로 BC 5세기경 그리스 역사가 투키디데스에 의해 소개되었다. 터키 서해안 쿠사다시(Kusadasi, 에베소의 외항격인 항구)에서 약 60㎞, 그리스 아테네에서 약 250㎞ 떨어진 곳에 있지만 현재는 그리스에 속해 있다.

남북 길이 약 16㎞, 동서 길이 약 10㎞ 크기의 섬이다. 이 섬의 항구는 섬 동쪽에 위치한 스카라(Skala) 항인데 선착장의 물이 깊어 큰 외항선까지 정박이 가능하다. 이곳에서 가장 큰 마을은 섬 중앙의 높은 고지대에 있는 호라(Hora) 마을로 집들은 거의 흰색으로 되어 있고 섬 전체 인구의 절반이 이곳에 산다. 사도 요한은 이 밧모 섬에 유배 와서 요한계시록을 기록하였다.

요한이 보낸 일곱 곳의 교회(계 1:11)

하셨다. "나는 알파와 오메
가이다. 지금도 있고, 전에도
있었고, 장차 올 자요, 전능
한 자이다."

계 1:9 나 요한은 너희의 믿
는 형제요, 예수의 환난과 그
의 나라와 인내에 동참하는
자로 하나님의 말씀과 예수
에 대해 증거한 이유로 에게
해의 밧모 섬에 유배되어 있
었다. 10 나는 주님의 날에 성
령에 감동되어 내 뒤에서 나는 나팔 소리 같은 큰 음성을 들었다. 11 "네가
보는 것을 두루마리 책에 기록하여 에베소, 서머나, 버가모, 두아디라, 사
데, 빌라델비아, 라오디게아 등에 있는 일곱 교회로 보내라." 12 그 소리를
듣고 나에게 말한 음성을 알아보기 위해 몸을 돌이키려고 할 때에 일곱 개
의 금 촛대를 보았다. 13 촛대 사이에는 사람의 아들(인자) 같은 자가 발까
지 끌리는 긴 옷을 입고 가슴에는 금띠를 띠었다. 14 그의 머리와 털은 흰
양털같이 희고 눈 같았다. 그의 눈은 불꽃 같고, 15 그의 발은 풀무불에 단
련한 빛난 주석 같고, 그의 음성은 넘치는 물 소리와 같았다. 16 그의 오른
손에는 일곱 개의 별이 있고, 그의 입에서는 좌우로 날카로운 검이 나오
고, 그 얼굴은 해가 강렬하게 비치는 것 같았다.

계 1:17 내가 그 모습을 볼 때에 나는 그의 발 앞에 엎드러져 죽은 자같이
되었다. 그때 그가 오른손을 내게 얹고 말씀하셨다. "두려워하지 말라. 나
는 처음이요 마지막이니 18 곧 살아 있는 자다. 나는 전에 죽었었다. 그러나
보라, 이제 영원토록 살아 있어 사망과 지옥(음부)의 열쇠를 가지고 있다.
19 그러므로 너는 네가 본 것과 지금 일어나고 있는 일과 장차 일어날 일을
기록하라. 20 네가 지금 본 것은 내 오른손에 일곱 개 별의 비밀과 또 일곱
개 금 촛대이다. 일곱 개의 별은 일곱 교회의 사자요, 일곱 개 촛대는 일곱
교회니라."

에베소(계 2:1) 터키

† 에베소 교회에 보내는 말씀 (계 2:1-7)

계 2:1 ●에베소 교회의 지도자(사자)에게 편지하라. 오른손에 있는 일곱
개의 별을 잡고, 일곱 개의 금 촛대 사이를 걸어다시는 이가 말씀하신다.
2 내가 너의 행위와 수고와 네 인내를 알고 있다. 또 악한 자들을 용납하지
않고 스스로 사도라고 하지만 아닌 자들을 시험(test)하여 그들의 거짓을
밝혀낸 것과, 3 또 네가 내 이름을 위해 견디고 부지런한 것을 알고 있다. 4
그러나 너를 책망할 것이 있으니 너는 처음 받은 사랑을 버렸다. 5 그러므
로 네가 나를 어떻게 사랑했는지를 생각하고 돌이켜 처음에 행한 일을 하
라. 만일 그렇게 하지 않으면 내가 네 촛대 자리를 다른 곳으로 옮길 것이
다. 6 오직 너는 니골라 당의 행위를 미워하는데 나도 그것을 미워한다. 7
들을 수 있는 귀가 있는 자는 성령이 교회들에게 하시는 말씀을 들으라. 승
리자에게는 내가 하나님의 낙원에 있는 생명나무의 열매를 먹게 할 것이
다.

† 서머나 교회에 보내는 말씀 (계 2:8-11)

계 2:8 ●서머나 교회의 지도자(사자)에게 편지하라. 처음이며 마지막이
요, 죽었다가 다시 살아나신 이가 말씀하신다. 9 나는 네가 당한 환난과 가
난함을 알고 있다. 그러나 실상은 네가 부요한 자다. 스스로 유대인이라
고 하는 자들에게 당한 모욕도 알고 있다. 그러나 그들은 유대인이 아니라
실상은 사탄의 집단이다. 10 너는 앞으로 받을 고난을 두려워하지 말라. 보
라, 마귀가 장차 너희 중 몇 명을 감옥에 던져 시험을 받게 할 것이니 너희
가 10일 동안 환난을 받을 것이다. 그러나 너는 끝까지 믿음을 지키라(충
성하라). 그러면 내가 생명의 면류관(관)을 너에게 줄 것이다. 11 들을 수 있
는 귀가 있는 자는 성령이 교회들에게 하시는 말씀을 들으라. 승리자에게
는 두 번째 죽음(사망)을 당하지 않을 것이다.

서머나의 폴리갑 기념 교회(계 2:8) 터키
17세기 때 불에 타 소실된 것을 1690년에 재건한 것이다. 이 교회에는 프랑스 화가 레이몽 페래가 그린 폴리갑(Polycarp)의 순교 장면의 그림이 있다. 폴리갑은 사도 요한의 제자요, 서머나 교회의 제2대 감독으로 화형당해 순교하였다.

† 버가모 교회에 보내는 말씀 (계 2:12-17)

계 2:12 ●버가모 교회의 지도자(사자)에게 편지하라. 좌우에 날카로운 검
을 가지신 이가 말씀하신다. 13 네가 어디에 사는지를 내가 알고 있는데 그

곳은 사탄의 왕좌가 있는 곳이다. 너희는 내 이름을 굳게 잡고 나의 충성된 증인인 안디바가 사탄이 사는 곳에서 죽임을 당할 때에도 나를 향한 믿음을 굳게 지켰다. [14] 그러나 너에게 책망할 것이 있다. 너희들 중에는 발람의 가르침을 따르는 자들이 있다. 발람은 발락으로 하여금 이스라엘 자손 앞에 올무(걸림돌)를 놓아 우상의 제물을 먹게 했고, 음행하게 했다. [15] 이와 같이 너에게도 니골라 당의 가르침을 따르는 자들이 있다. [16] 그러므로 그것에서 돌이키라. 그렇지 않으면 내가 네게 속히 가서 내 입의 검으로 그들과 싸울 것이다. [17] 들을 수 있는 귀가 있는 자는 성령이 교회들에게 하시는 말씀을 들으라. 승리자에게는 내가 감추었던 만나와 흰 돌을 줄 것인데 그 돌 위에 새 이름을 기록한 것이 있으니 받는 자밖에는 그 이름을 알 사람이 없다.

† 두아디라 교회에 보내는 말씀 (계 2:18-29)

계 2:18 ●두아디라 교회의 지도자(사자)에게 편지하라. 그 눈이 불꽃 같고, 그 발이 빛나는 주석과 같은 하나님의 아들이 말씀하신다. [19] 나는 너의 사업과 사랑과 믿음과 섬김과 인내를 알고 있으니 네가 처음보다 지금 더 많은 일을 하고 있다. [20] 그러나 너에게 책망할 일이 있다. 스스로 선지자라고 하는 여자 이세벨을 네가 용납한 것이다. 그는 내 종들을 유혹하여 행음하게 하고 우상의 제물을 먹게 했다. [21] 또 내가 그에게 돌이킬 기회를 주었지만 자기의 음행에서 떠나려고 하지 않았다. [22] 보라, 내가 그를 침대에 던질 것이다. 또 그와 더불어 간음하는 자들도 돌이키지 않으면 내가 큰 환난 가운데에 던질 것이다. [23] 또 내가 영원한 사망으로 그의 자녀를 죽일 것이다. 이로 인해 모든 교회가 "나는 사람의 뜻과 마음까지도 살피는 자"인 줄 알 것이다. 나는 너희 각 사람이 행한 대로 갚아줄 것이다.

계 2:24 두아디라 교회 안에 이 가르침을 따르지 않고 소위 사탄의 깊은 비밀을 알지 못하는 자들에게는 내가 다른 짐으로 지우지 않을 것이다. [25] 단지 이세벨의 가르침을 따르지 않는 것(너희에게 있는 것)을 내가 올 때까지 지키라. [26] 승리자와 끝까지 내 일을 지키는 자에게는 천하를 다스리는 권세를 줄 것이다. [27] 그가 쇠창으로 그들을 다스려 질그릇을 깨뜨리는 것과

성경 지리 **버가모** (Pegamum, 계 2:12)

버가모는 서머나 북쪽 80㎞ 지점에 있는 작은 도시이나 그리스 통치 때(BC 3-1세기)에는 크게 번성했었다. 특히 고대 3대 도서관 중에 한 곳인 이곳은 학문도 매우 발달했으며 의술도 발달하여 오늘날까지도 고대 병원인 아스클레피온의 유적이 많이 남아 있다.

이곳도 사도 요한이 편지를 보낼 만큼 오래된 교회를 갖고 있었다. 초기 기독교는 로마 바실리카로부터 교회의 건축 모형을 따왔는데 이 건축 양식은 후에 로마네스크 교회 건축 양식을 낳았다. 지금 남아 있는 교회의 잔해는 2세기경에 붉은 벽돌로 지은 소위 "붉은 건물(The Red Hall, 세라피스 신전)"이 비잔틴 시대인 300년대에 교회로 전환된 것이다. 그래서 오랫동안 교회로 사용해오다가 13세기 이후에 예배는 멈추었고 지금은 이슬람교도들의 기도처만 구석에 있을 뿐이다.

버가모 교회(계 2:12) 터키, 본래 세라피스 신전이었던 것을 교회로 사용했다.

기둥만 남은 두아디라 교회(계 2:18) 터키

아데미 신전 터 옆에 있는 사데 교회(계 3:1) 터키. 교회의 규모로 보아 로마의 기독교 공인 이전에 세워진 것으로 여겨진다.

아데미 신전 터 옆에 있는 교회 외에 또 다른 곳의 사데 교회 터(계 3:1) 터키

성경 지리 **빌라델비아 (Philadelphia, 계 3:7)**

빌라델비아는 사데 동쪽 약 45㎞쯤 되는 곳에 위치한 오늘날 알라세힐(Alasehir)이라는 소도시가 있는 곳이다. 이곳은 '형제 사랑'이란 뜻을 가진 도시이다. 소아시아 일곱 교회 중 여섯 번째로 소개된 이곳 교회는 서머나 교회와 같이 성령으로부터 책망받는 일이 하나도 없고 칭찬만 받은 모범적 교회였다(계 3:7-13).

빌라델비아의 근처에 있는 고대 코가미스(Cogamis) 강은 헤르무스(Hermus, 오늘날 게디스) 강의 지류이며, 루디아의 고대 수도인 사데로부터 동쪽에 이르는 자연적인 교역의 통상로였다. 오늘날에도 철도가 이곳을 통과한다. 이 도시는 헬라 시대에 상당히 번영하여 화폐 주조는 이미 BC 2세기에 시작하였다.

빌라델비아 교회(계 3:7) 터키

같이 할 것이다. 나도 내 아버지께 받은 것이 그러한 것이다. 28 내가 또 그
에게 새벽 별을 줄 것이다. 29 들을 수 있는 귀가 있는 자는 성령이 교회들에
게 하시는 말씀을 들으라.

† 사데 교회에 보내는 말씀 (계 3:1-6)

계 3:1 ●사데 교회의 지도자(사자)에게 편지하라. 하나님의 일곱 영과 일
곱 개의 별을 가지신 이가 말씀하신다. 내가 네 행위를 알고 있다. 네가 겉
으로는 살았다고 하는 이름은 가졌지만 실상은 영적으로 죽은 자다. 그러므
로 2 너는 깨어나 아직 조금이라도 힘이 남아 있을 때 자신을 굳게 세워라
(아직 신앙이 남아 있는 자들마저 죽지 않게 보존하라). 네 행위가 하나님 앞에
완전하지 못하다. 3 그러므로 네가 어떻게 받고, 어떻게 들었는지를 기억
하고 그것을 지켜 돌이키라. 만일 그렇지 않으면 내가 도둑같이 올 것이니
어느 때에 네게 올는지 네가 알지 못할 것이다. 4 그러나 사데 교회에 그 행
실(옷)을 더럽히지 않은 자 몇 명이 있어 흰옷을 입고 나와 함께 다닐 것이
다. 그들은 그럴만한 자격이 있다. 5 승리자는 이와 같이 흰옷을 입을 것이
요, 내가 그 이름을 생명책에서 결코 지우지 않고 그 이름을 내 아버지와
그의 천사들 앞에서 시인할 것이다. 6 들을 수 있는 귀가 있는 자는 성령이
교회들에게 하시는 말씀을 들으라.

† 빌라델비아 교회에 보내는 말씀 (계 3:7-13)

계 3:7 ●빌라델비아 교회의 지도자(사자)에게 편지하라. 거룩하고 진실
하사 다윗의 열쇠를 가지고 열거나 닫으면 결코 열고 닫을 사람이 없는 이
가 말씀하신다. 8 보라, 내가 네 앞에 열린 문을 두었으니 능히 닫을 사람
이 없을 것이다. 나는 네가 작은 능력에도 불구하고 내 말을 지키며, 내 이
름을 배반하지 않은 것을 알고 있다. 9 보라, 사탄의 집단인, 스스로 유대인
이라고 하지만 그렇지 않고 거짓말을 하는 자들 중에서 몇 명을 네게 주어
그들로 와서 네 발 앞에 절하게 하므로 내가 너를 사랑하는 줄을 알게 할
것이다. 10 네가 인내하라는 나의 말씀을 지켰으니 내가 또한 너를 지켜 시
련(test)의 때를 당하지 않게 할 것이다. 그때는 장차 온 세상에 임하여 땅

에 거하는 자들을 시험할 때이다. 11 내가 속히 올 것이니 네가 가진 것을
굳게 잡아 아무도 너에게 주어진 면류관을 빼앗아가지 못하게 하라.
계 3:12 승리자에게는 내 하나님 성전의 기둥이 되게 할 것이니 그가 다시
는 성전을 떠나지 않게 될 것이다. 내가 하나님의 이름과 하늘에서 내 하
나님께로부터 내려오는 하나님의 성 새 예루살렘의 이름과 나의 새 이름
을 그에게 기록할 것이다. 13 들을 수 있는 귀가 있는 자는 성령이 교회들에
게 하시는 말씀을 들으라.

† 라오디게아 교회에 보내는 말씀 (계 3:14-22)

계 3:14 ● 라오디게아 교회의 지도자(사자)에게 편지하라. 아멘이시요, 충
성되고 진실된 증인이시요, 하나님의 창조의 시작이 되신(근본이신) 이가
말씀하신다. 15 나는 네가 차거나 뜨겁지도 않은 신앙 상태에 있음을 잘 알
고 있다. 네가 차든지 뜨겁든지 열정적인 신앙을 갖기를 원한다. 16 네가 이
같이 미지근하여 뜨겁지도 않고 차지도 않으니 내 입에서 너를 토해버릴
것이다. 17 너는 "나는 부자이기 때문에 부족한 것이 없다"라고 말한다. 그
러나 너는 자신의 영적 상태가 비참(곤고)하고, 가련하고, 가난하고, 눈멀고,
벌거벗은 것임을 깨닫지 못하고 있다. 18 그러므로 너는 나에게서 불로 연
단된 순금을 사서 부요하게 하고, 흰옷을 사서 입어 벌거벗은 수치를 보이
지 않게 하고, 안약을 사서 눈에 발라보게 하라. 19 나는 내가 사랑하는 자
를 책망하여 징계한다. 그러므로 너는 열심을 내고 미지근하고 수치스런 신
앙의 자리에서 돌이키라.

라오디게아에서 히에라볼리로 본 모습
(계 3:14-15) 라오디게아는 11㎞ 떨어진 히에라볼리로부터 따듯한 물을 공급받았으며 북쪽 산악 지대로부터는 찬물을 공급받았다. 이런 배경 속에서 미지근한 신앙을 책망받았다.

요한이 소아시아에 편지를 보낸 일곱 교회(계 2-3장)

교회명	칭찬 내용	책망 내용	승리 약속
에베소 2:1-7	선행과 인내가 확고	처음 사랑을 버림	생명나무 실과를 먹음
서머나 2:8-11	고난 중 인내, 영적 부요	부패된 교리와 이단자 용납	생명의 면류관을 줌
버가모 2:12-17	나쁜 환경 속에 믿음 지킴	니골라 당을 지키는 자가 있음	감추인 만나와 흰 돌을 줌
두아디라 2:18-29	사랑, 믿음, 섬김, 인내가 처음보다 나음	거짓 선지자를 용납하고, 우상 제물을 먹음	만국 치세권을 줌 새벽 별을 줌
사데 3:1-6	순결한 자가 소수 있음	형식주의와 영적 죽음 상태	흰 옷, 생명책에 이름 기록
빌라델비아 3:7-13	말씀을 배반치 않음	없 음	하나님 성전 기둥이 되게
라오디게아 3:14-22	없 음	미지근한 신앙, 영적 자만	하나님 보좌에 함께 앉게

계 3:20 보라, 내가 문 밖에 서서 문을 두드리고 있다. 누구든지 내 음성을
듣고 문을 열면 내가 그에게로 들어가 그와 함께 먹고, 그는 나와 함께 먹
을 것이다. 21 승리자에게는 내가 이기고, 아버지 보좌에 함께 앉은 것과
같이 내 보좌에 함께 앉게 해줄 것이다. 22 들을 수 있는 귀가 있는 자는 성
령이 교회들에게 하시는 말씀을 들으라.

† 하늘 보좌에 앉으신 주님께 예배함 (계 4:1-11)

계 4:1 ● 이후에 내가 보니 하늘에 열린 문이 있었다. 그리고 내가 처음에
들었던 나팔 소리 같은 그 음성이 들렸다. "이리로 올라오라. 이후에 마땅
히 일어날 일들을 내가 너에게 보일 것이다." 이에 2 내가 성령의 감동을 받
고 바라보니 하늘 보좌 위에 앉으신 이가 있었다. 3 앉으신 이의 모양은 벽
옥과 홍보석 같고, 또 보좌에 무지개가 둘렸는데 그 모양이 녹보석 같았
다. 4 또 보좌를 중심으로 24보좌들이 둘러져 있고 그 각 보좌들 위에는 스
물네 명의 흰옷을 입은 장로들이 머리에 금 면류관을 쓰고 앉아 있었다. 5
보좌로부터 번개와 큰 소리와 천둥(우렛)소리가 나고 보좌 앞에는 일곱 개
의 등불이 켜져 있었다. 그것은 하나님의 일곱 영이다.

복음서 기자와 네 짐승에게 둘러싸인 보좌에 앉은 그리스도(계 4:1-11) 10세기, 에히텔낫하의 복음서 삽화 초록, 독일, 뉘른베르크 국립 미술관

계 4:6 보좌 앞에는 수정과 같은 유리 바다가 있고, 보좌 중앙과 보좌 주위
에 네 종류의 생물이 있는데 앞뒤로 눈들이 가득했다. 7 그 첫째 생물은 사
자 같고, 그 둘째 생물은 송아지 같고, 그 셋째 생물은 얼굴이 사람 같고,
그 넷째 생물은 날아가는 독수리와 같았다. 8 네 생물은 각각 여섯 개의 날
개를 가졌고 날개 안과 주위에는 눈들이 가득했다. 그들이 밤낮으로 쉬지
않고 외치기를 "거룩하다. 거룩하다. 거룩하다. 주 전능하신 하나님이여,
전에도 계셨고 지금도 계시고 장차 오실 이시라" 하고 9 영광과 존귀와 감
사를 보좌에 앉아 영원토록 살아 계시는 이에게 돌렸다. 그때에 10 스물네
명의 장로들이 보좌에 앉으신 이 앞에 엎드려 영원토록 살아 계시는 이에
게 경배하고 자기의 금 면류관을 보좌 앞에 드리며 이렇게 외쳤다. 11 "우
리 주 하나님이여, 영광과 존귀와 권능을 받으시기에 당연한 것은 주님께
서 만물을 지으셨기 때문입니다. 만물이 주님의 뜻대로 있었고, 또 지으심
을 받았습니다."

† 두루마리 책과 어린 양 (계 5:1-14)

계 5:1 ● 나는 보좌에 앉으신 자의 오른손에 두루마리 책이 있는 것을 보았다. 그 책은 안팎으로 글이 써 있고 일곱 개의 도장(인)으로 찍혀져 봉해졌다. 2 내가 또 보니 힘 있는 천사가 큰 음성으로 외치기를 "누가 그 두루마리 책을 펴며 그 도장 찍힌 것을 뗄 수 있겠는가?"라고 하였다. 3 그러나 하늘 위에나 땅 위에나 땅 아래에 능히 그 두루마리 책을 펼쳐 볼 자가 없었다. 4 그 두루마리 책을 펼쳐 볼 자가 보이지 않기에 내가 크게 울었다. 그러자 5 장로 중의 한 사람이 내게 말했다. "울지 말라. 유대 지파의 지도자(사자)인 다윗의 자손(뿌리)이 이겼으니 그 두루마리 책과 도장 찍어 봉한 일곱 개의 인을 뗄 것이다."

계 5:6 나는 또 보좌와 네 종류의 생물과 장로들 사이에 한 어린 양이 서 있는 것을 보았다. 그 어린 양은 일찍이 죽임을 당한 것 같았다. 그에게 각각 일곱 개의 뿔과 눈이 있었다. 그 눈들은 온 땅에 보냄을 받은 하나님의 일곱 영이었다. 7 그 어린 양이 나오더니 보좌에 앉으신 이의 오른손에서 두루마리 책을 취했다. 8 그 두루마리 책을 취하자 네 종류의 생물과 24명의 장로들이 그 어린 양 앞에 엎드려 각각 거문고와 향이 가득한 금 대접을 가지고 어린 양 앞에 엎드렸다. 이 향은 성도의 기도들이다. 9 그들은 새 노래로 이렇게 불렀다. "두루마리 책을 가지시고 그 도장 찍어 봉한 것을 뗄 수 있도다. 일찍이 죽임을 당해 각 족속과 방언과 백성과 나라 가운데에서 자신의 피로 사람들을 사서 하나님께 드리셨다. 10 그들로 우리 하나님 앞에서 나라와 제사장들을 삼으셨으니 그들이 땅에서 왕 노릇 하리로다."

계 5:11 나는 또 보좌와 생물들과 장로들을 둘러 선 많은 천사의 음성을 들었는데 그 천사의 수가 헤아릴 수 없을 정도로 많았다. 12 그들이 큰 음성으로 이렇게 외쳤다. "죽임을 당하신 어린 양은 능력과 부와 지혜와 힘과 존귀와 영광과 찬송을 받으시기에 충분하도다." 13 나는 또 하늘 위에와 땅 위에와 땅 아래와 바다 위에와 또 그 속에 있는 모든 피조물이 이렇게 외치는 것을 들었다. "보좌에 앉으신 이와 어린 양에게 찬송과 존귀와 영광과 권능을 영원토록 돌릴지어다." 그때 14 네 종류의 생물이 이르기를 '아멘'하고 장로들은 엎드려 그 어린 양에게 경배했다.

✣ 계시록에 언급된 일곱이란 수

- 일곱 교회와 일곱 영(1:4)
- 일곱 금 촛대(1:12)
- 일곱 별과 일곱 사자(1:16, 20)
- 일곱 등불(4:5)
- 일곱 인(5:1)
- 어린 양의 일곱 뿔과 일곱 눈(5:6)
- 일곱 나팔(8:2)
- 일곱 우뢰(10:4)
- 붉은 용의 일곱 머리와 일곱 면류관(12:3)
- 일곱 재앙(15:1)
- 일곱 대접(16:1)
- 일곱 천사(17:1)
- 짐승의 일곱 머리(17:3)
- 일곱 산과 일곱 왕(17:9-10)

† 일곱 인의 재앙과 14만 4,000명 (계 6:1-8:5)

계 6:1 ● 나는 어린 양 되신 예수께서 일곱 개의 도장을 찍어 봉인한 것 중
첫 번째 봉인한 것(인)을 떼어내는 것을 보았다. 그때 나는 네 종류의 생물
중의 하나가 천둥(우렛)소리같이 "오라" 하는 말을 들었다.[2] 그때 나는 활
을 갖고 흰말을 탄 자를 보았다. 그는 면류관을 받고 나아가서 이기고 또
이기려고 했다.

붉은색 말을 탄 계시록의 기사의 모습(계 6:4) 13세기 사본 삽화, 캉브래 도서관, 파리. 보좌에 앉으신 이에 대한 경배와 찬양의 장면이 끝나자 어린 양이 인을 뗄 때마다 지상에서 나타나는 재앙에 대한 환상을 본다. 둘째 인을 뗄 때에는 붉은 말이 나오는 환상을 보게 된다.

계 6:3 두 번째 도장 찍어 봉한 것을 떼실 때에 나는 둘째 생물이 "오라" 하
는 말을 들었다. 그때 나는 [4] 다른 붉은 말이 나오는 것을 보았다. 그 말 탄
자는 땅에서 화평을 없애고 서로 죽이게 하는 권한을 받았다. 그리고 큰
칼도 받았다.

계 6:5 세 번째 도장 찍어 봉한 것을 뗄 때에 나는 셋째 생물이 ""오라" 하는
말을 들었다. 그때 나는 검은 말이 나오는데 그 말 탄 자가 손에 저울을 가
진 것을 보았다.[6] 내가 네 생물 사이로부터 나는 듯한 이런 음성을 들었다.
"은전 한 데나리온에 밀 한 되요, 은전 한 데나리온에 보리 세 되로다. 또
올리브(감람)유와 포도주는 해치지 말라"고 하였다.

계 6:7 네 번째 도장 찍어 봉한 것을 뗄 때에 나는 넷째 생물이 "오라" 하는
말을 들었다. [8] 그때 나는 청황색 말이 나오는데 그 말 탄 자의 이름은 '사
망'이니 음부가 그 뒤를 따르는 것을 보았다. 그들이 땅 4분의 1을 해할 권
한를 얻어 전쟁과 기근(검과 흉년)과 사망과 땅의 짐승 등을 가지고 세상 사
람들을 죽였다.

계 6:9 다섯 번째 도장 찍어 봉한 것을 뗄 때에 나는 하나님의 말씀과 저희
가 가진 증거로 인해 죽임을 당한 영혼들이 제단 아래에서 [10] 큰 소리로 이

일곱 인의 재앙(계 6장)

순서와 구절	말 탄 자가 가진 것	재앙 내용
첫째 인, 6:1-2	흰색 말, 활과 면류관	전쟁이 일어남(이기고 또 이기려함)
둘째 인, 3-4	붉은색 말, 큰 칼(화평을 제함)	서로 죽이는 살육이 일어남
셋째 인, 5-6	붉은색 말, 큰 칼(화평을 제함)	전쟁 후의 황폐와 가난과 기근이 찾아옴
넷째 인, 7-8	청황색 말, 땅의 4분 1을 해할 권한	땅의 4분의 1이 검과 흉년, 짐승으로 죽임 당함
다섯째 인, 9-11	순교자의 탄원과 그들이 받은 흰 두루마기, 이들의 탄원이 3년 반 후가지 연기됨	
여섯째 인, 12-17		땅과 하늘에서 천재 지변이 일어남
일곱째 인, 8:1-6	반 시간 동안 고요함	일곱 나팔 재앙이 준비됨

렇게 말하는 것을 들었다. "거룩하고 진실된 위대하신 주님, 땅에 거하는
자들을 심판하여 우리 피를 언제 갚아주시겠습니까?" 그러자 [11] 각각 그들
에게 흰 두루마기 책을 주시며 말씀하시기를 "아직 잠시 동안 쉬되 그들의
동료 종들과 형제들도 자기처럼 죽임을 당하여 그 수가 차기까지 하라"고
하셨다.

계 6:12 여섯 번째 도장 찍어 봉한 것을 뗄 때에 나는 큰 지진이 일어나며
해가 검은 털로 짠 상복같이 검어지고, 달은 온통 피같이 되며, [13] 하늘의
별들이 무화과나무가 큰 바람에 흔들려 덜 익은 열매가 떨어지는 것같이
땅에 떨어지며, [14] 하늘은 두루마리 책이 말리는 것같이 떠나가고, 각 산과
섬이 제자리에서 옮겨지는 것을 보았다. 그때 [15] 땅의 왕들과 왕족들, 장군
들, 부자들과 강한 자들, 모든 종과 자유인들이 굴과 산들의 바위 사이에
숨어 [16] 산들과 바위에게 말했다. "산들과 바위야, 우리 위에 무너져 보좌에
앉으신 이의 얼굴과 그 어린 양의 진노에서 우리를 가리라. [17] 그들에게 진
노의 큰 날이 이르렀으니 누가 능히 그 앞에 설 수 있겠는가?

계 7:1 이 일 후에 내가 네 명의 천사가 땅 네 모퉁이에 선 것을 보았다. 천
사들은 땅의 사방에 있는 바람을 붙잡아 땅과 바다와 각종 나무에 바람이
불지 못하게 했다. [2] 내가 또 보니 다른 천사가 살아 계신 하나님의 도장
(인)을 가지고 해 뜨는 데로부터 올라와서 땅과 바다를 해할 권한을 받은
네 명의 천사를 향해 큰 소리로 이렇게 외쳤다. [3] "우리가 우리 하나님의 종
들의 이마에 도장(인)을 찍기까지 땅과 바다와 나무들을 해치지 말라"고
하였다. [4] 내가 도장이 찍힌 자의 수를 들으니 이스라엘 자손의 각 지파 중
에서 모두 14만 4,000명이었다. [5] 곧 유다 지파, 르우벤 지파, 갓 지파, [6] 아
셀 지파, 납달리 지파, 므낫세 지파, [7] 시므온 지파, 레위 지파, 잇사갈 지파,
[8] 스불론 지파, 요셉 지파, 베냐민 지파 등 일곱 개 지파에서 중에 도장이
찍힌 자가 각각 12만 2,000명씩이었다.

계 7:9 이 일 후에 내가 보니 각 나라와 족속과 백성과 방언에서 그 누구도
셀 수 없는 수많은 무리가 나와 흰옷을 입고 손에 종려나무 가지를 들고 보
좌 앞과 어린 양 앞에 서서 [10] 큰 소리로 외쳤다. "구원이 보좌에 앉으신 우
리 하나님과 어린 양에게 있도다." [11] 모든 천사가 보좌와 장로들과 네 종류

진노의 바람을 붙잡고 있는 천사들(계 7:1) 12세기, 세베르의 계시록 삽화, 프랑스

Q 난제 14만 4,000명은 누구를 가리키는가(계 7:4, 14:3)?

이단자들 중에는 구원받는 14만 4,000명이 자신들뿐이라고 강조한다. 그렇다면 성경이 말하는 실제적인 의미는 무엇인가? 계 7:4에서는 인 침 받은 자의 총수가 14만 4,000명이라 했고, 14:3에서는 구속받은 자라고 했다. 두 곳의 말씀은 같은 것으로 단순히 유다 지파나 유대인 성도들만을 의미하는 것이 아니라 구속받는 모든 성도들을 총칭한 완성된 교회이다.

계 7장에서 14만 4,000명은 아직 대환난을 겪지 않았으나 계 14장에서는 대환난을 경험하고 천년왕국 시대에 들어서고 있다. 7장에서 그들은 단순히 인 치심을 받는 반면, 14장에서는 그들의 이마에 어린 양과 아버지의 이름이 새겨져 있다.

성경, 특히 계시록에 나타나는 숫자는 상징적인 의미가 있다. 곧, 3은 거룩한 완전수(질적), 4는 세상의 완전수(양적), 이 둘을 합한 3+4=7은 양적, 질적 완전수이며, 3×4=12는 더욱 완전한 수이다. 이 완전한 수인 12에 이스라엘 12지파(모든 선택받은 자를 말함)를 곱하면 144가 되고 여기에 많은 것을 나타내는 1,000을 곱하면 14만 4,000명이 된다. 곧 14만4,000명은 액면 그대로가 아닌 구원받는 자가 모든 백성에게 열려져 있고 그 수가 많음을 보여주는 것이라고 보는 것이 타당하다고 본다.

의 생물 주위에서 서 있다가 보좌 앞에 엎드려 얼굴을 대고 하나님께 경배
했다. 12 "아멘, 찬송과 영광과 지혜와 감사와 존귀와 권능과 능력이 우리
하나님께 영원토록 있을지어다. 아멘."

계 7:13 장로 중 한 명이 응답하여 나에게 물었다. "이 흰옷 입은 자들이 누
구이며, 또 어디서 왔느냐?" 14 내가 대답하기를 "내 주님, 당신이 아십니
다" 하니 그가 나에게 말했다. "이는 큰 환난에서 나온 자들인데 어린 양의
피에 그 옷을 씻어 희게 한 자들이다." 15 그래서 그들은 하나님의 보좌 앞
에 있고, 그의 성전에서 밤낮으로 하나님을 섬긴다. 그리고 보좌에 앉으신
이는 그들 위에 장막을 치실 것이다. 16 그들이 다시는 주리거나 목마르지
않을 것이며, 해함이나 어떤 뜨거운 기운에도 상함을 받지 않을 것이다. 17
왜냐하면 보좌 가운데에 계신 어린 양이 친히 그들의 목자가 되어 생명수
가 솟는 샘으로 인도하시기 때문이다. 또 하나님께서는 그들의 모든 눈물
을 씻어주실 것이기 때문이다.

계 8:1 일곱 번째 도장 찍어 봉한 것을 뗄 때에 하늘이 반 시간쯤 조용했다.
2 나는 하나님 앞에 일곱 명의 천사가 서서 일곱 개의 나팔을 받는 모습을
보았다. 3 또 다른 천사가 와서 제단 곁에 서서 금 향로를 가지고 많은 향을
받았다. 그것은 모든 성도의 기도들과 합하여 보좌 앞에 있는 금 제단에 드
리고자 한 것이다. 4 향의 연기가 성도의 기도와 함께 천사의 손에 들려져
하나님 앞으로 올라갔다. 5 이어 천사가 향로를 가지고 제단에 있는 불을
담아다가 땅에 쏟자 천둥(우레)과 음성과 번개와 지진이 일어났다.

† 일곱 나팔 재앙과 작은 책 (계 8:6-10:11)

말세에 나타난 번개와 지진(계 8:5) 한국, 이요한 작

계 8:6 ● 일곱 개 나팔을 가진 일곱 명의 천사가 나팔 불 준비를 마쳤다. 7
첫째 천사가 나팔을 불자 피 섞인 우박과 불이 땅에 쏟아졌다. 이로 인해
땅의 3분의 1이 타버리고 모든 나무와 푸른 풀의 3분의 1도 불타버렸다.

계 8:8 둘째 천사가 나팔을 불자 불이 붙는 큰 산과 같은 것이 바다에 던져
졌다. 이로 인해 바다의 3분의 1이 피가 되어 9 바다 가운데 생명을 가진
피조물들의 3분의 1이 죽고, 배들의 3분의 1도 파손되었다.

계 8:10 셋째 천사가 나팔을 불자 횃불같이 타는 큰 별이 하늘에서 강들의

3분의 1과 여러 물샘에 떨어졌다. 11 이 별 이름은 '쓴 쑥'으로 물의 3분의
1이 쓴 쑥이 되매 그 물이 쓴 물이 되므로 많은 사람이 죽었다.

계 8:12 넷째 천사가 나팔을 불자 해와 달과 별들의 3분의 1이 타격을 받
아 낮과 밤 3분의 1은 비추임이 없고 어두워졌다. 13 내가 또 공중에 날아
가는 독수리를 보았는데 그 독수리가 "땅에 사는 자들에게 큰 화가 있을
것이니 이는 세 명의 천사가 불어야 할 나팔 소리가 남아 있기 때문이다"
라고 하는 소리를 들었다.

계 9:1 나는 다섯째 천사가 나팔을 불 때 하늘에서 땅에 떨어진 별 하나가
있는데 그가 끝도 없는 깊은 곳인 무저갱의 열쇠를 받는 것을 보았다. 2 그가
열쇠로 무저갱을 열자 그 구멍에서 큰 화덕에서 나는 연기 같은 것이 올라
왔고 해와 공기가 그 구멍에서 나온 연기로 인해 어두워졌다. 3 또 황충(메
뚜기 떼)이 연기 속에서 나오자 그들이 땅에 있는 전갈과 같은 권세를 받았
다. 4 그들은 "땅에 있는 풀이나 푸른 것이나 각종 나무는 해치지 말고 오직
이마에 하나님의 도장이 찍히지 않은 사람들만 해치라"는 명령을 받았다.
5 그러나 그들을 죽이지는 못하게 하시고 5개월 동안 고통만 겪도록 했다.
그 고통은 전갈이 사람을 쏠 때의 고통과 같았다. 6 그날에는 사람들이 너
무 고통스러워 죽기를 구하지만 죽지 못하고, 죽고 싶으나 죽음이 그들을
피할 것이다.

계 9:7 황충들(메뚜기 떼)의 모양은 전쟁을 위해 준비한 말들 같고, 그 머리
에 금으로 만든 관과 비슷한 것을 썼으며, 그 얼굴은 사람의 얼굴 같고, 8 머
리에는 여자의 머리털 같은 머리털이 있고, 이빨은 사자의 이빨 같으며, 9

황충의 모습(계 9:7-11) 캉브래의 계시록 삽화, 하늘에서 떨어지는 별과 무저갱을 여는 열쇠(계 9:1)와 함께한 황충의 모습이다. 머리에는 금 면류관 비슷한 것을 쓰고, 얼굴은 사람 비슷하고, 여자 머리털 같은 머리털이 있다. 이는 사자의 이 같고 철흉갑 같은 흉갑이 있다. 말들은 전장으로 달려가는 모습이다.

일곱 나팔의 재앙(계 8:6-9:21)

나팔순서와 구절	재앙장소	재앙내용
첫째 나팔, 8:7	땅	땅의 3분의 1이 불타서 수목과 각종 풀도 3분의 1이 불에 탐
둘째 나팔, 8-9	바다	바다의 3분의 1이 피가되어 바다의 생물과 배의 3분의 1이 죽고 파손
셋째 나팔, 10-11	강과 샘	물의 3분의 1이 쓰게 되어 많은 사람들이 죽임을 당함
넷째 나팔, 12-13	하늘	해와 달과 별의 3분의 1이 어두워짐
다섯째 나팔, 9:1-12	사람	하나님의 인을 맞지 않은 자들이 5개월 동안 극심한 고통을 당함
여섯째 나팔, 13-21	사람	사람의 3분의 1이 죽임을 당함
일곱째 나팔, 11:15-19		언약궤가 보이고 번개, 음성, 뇌성, 지진, 큰 우박이 있음

가슴에는 철로 만든 방패막이(호심경) 같은 것이 있었다. 그리고 그 날개 소
리는 병거와 많은 말들이 전쟁터로 달려 들어가는 소리 같았다. 10 또 전갈
과 같은 꼬리와 쏘는 가시(살)가 있어 그 꼬리에는 5개월 동안 사람들을
해칠 권세가 있었다. 11 황충들에게는 끝도 없는 깊은 곳인 무저갱의 사자라
는 왕이 있었다. 히브리어로는 그 이름이 '아바돈'이요, 헬라어로는 그 이
름이 '아볼루온'이다. 12 첫째 화는 지나갔다. 그러나 아직도 이후에 두 개
의 화가 더 있을 것이다.

계 9:13 나는 여섯째 천사가 나팔을 불 때 하나님 앞 금 제단에 있는 네 개
의 뿔에서 나오는 14 나팔 가진 여섯째 천사에게 이렇게 말하는 것을 들었
다. "큰 강인 유프라테스에 결박한 네 명의 천사를 놓아주라." 이에 15 네 천
사가 풀려났는데 그들은 정해진 때(그 년, 월, 일, 시)에 3분의 1의 사람을
죽이기로 준비된 자들이었다. 16 마병대의 수는 헤아릴 수 없을 만큼 많으
니(이만 만, 이억) 나는 그들의 수가 얼마나 되는지를 들었다.

계 9:17 나는 환상 가운데 그 말들과 그 기마병들의 모습을 보았다. 그들에
게는 불빛과 자줏빛과 유황빛 방패막이(호심경)가 가슴에 있고, 또 말들의
머리는 사자 머리 같고 그 입에서는 불과 연기와 유황이 나왔다. 18 말들의
입에서 나오는 불과 연기와 유황의 세 가지 재앙으로 인해 3분의 1의 사
람이 죽임을 당했다. 19 이 말들은 입과 꼬리에 힘이 있었다. 그 꼬리는 뱀
같고, 또 꼬리에 머리가 있어 그것으로 사람들을 죽였다. 20 이 재앙에서 살
아남은 사람들은 자신들이(손으로) 행한 악한 일을 뉘우치지 않고 오히려
여러 귀신과 보거나 듣거나 다니거나 하지 못하는 금, 은, 동과 나무와 돌
로 만든 우상에게 절했다. 21 또 그 살인과 요술(복술)과 음행과 도둑질을
뉘우치지 않았다.

계 10:1 나는 힘 센 다른 천사가 구름을 입고 하늘에서 내려오는 것을 보았
다. 그 천사의 머리 위에는 무지개가 있고, 그 얼굴은 해와 같았고, 그 발은
불기둥 같았다. 2 그 손에는 펼쳐진 작은 두루마리 책을 들고, 그 오른 발
은 바다를 밟고 왼발은 땅을 밟고, 3 사자처럼 큰 소리로 외쳤다. 그가 외
칠 때에 일곱 천둥(우레)이 소리를 내어 말했다. 4 일곱 천둥(우레)이 발할
때에 내가 그것을 기록하려고 하는데 하늘에서 소리가 나서 말하기를 "일

전갈(계 9:10) 이라크 아르빌

성경 상식 **천사에 대하여(계 10:1, 12:7)**

성경에서 천사는 하나님의 사자, 영적인 존재 두 가지로 사용된다. 처음에는 하나님의 사자와 천사가 구분해서 사용되었으나 신약과 그 후기에서는 이러한 구분이 사라졌다. 천사는 사람 앞에 나타날 때 사람의 모습으로 나타난다. 그래서 아브라함은 부지중에 사람의 모습으로 온 천사를 대접했고(창 18장), 이삭을 제물로 바치려고 할 때는 마지막에 천사가 제지했다(창 22:11). 라반이 야곱의 품삯을 속이려는 의도를 미리 알려준 것도 천사였다(창 31:11). 엘리야는 천사가 가져다주는 음식을 먹었다. 천사에게도 직분이 있어 하나님의 직접적인 일을 사람에게 전달하고 돕는 일을 하며, 천사장은 사탄과 싸우기도 한다. 천상의 천사들은 하나님 보좌 주위에서 그를 찬송한다(계 4:9). 사탄은 타락한 천사이다. 마지막 전쟁에서 선한 천사들은 미가엘을 돕고 악한 천사들은 벨리알에 가담한다(계 12:7).

천사장(계 10:1) 이집트 시내 산, 성 캐서린 수도원

곱 천둥(우레)이 말한 것을 도장으로 찍어 봉하고 기록하지 말라"고 하였
다. [5] 내가 본 바다와 땅을 밟고 서 있던 천사가 하늘을 향해 오른손을 들고
[6] 영원토록 살아 계신 분, 곧 하늘과 땅과 바다와 그 가운데에 있는 것들을
창조하신 분을 가리켜 맹세하여 말했다. "지체하지 않을 것이니(시간이 다
시 없으리니) [7] 일곱째 천사가 그의 나팔을 불려고 할 때에 하나님의 비밀이
그의 종 선지자들에게 전한 복음과 같이 이루어질 것이다."

계 10:8 하늘에서 소리가 나서 나에게 들리던 음성이 또 나에게 말했다.
"너는 가서 바다와 땅을 밟고 서 있는 천사의 손에 펼쳐진 두루마리 책을
가지라." 이에 [9] 내가 천사에게 나아가 작은 두루마리 책을 달라고 하자 천
사가 이르기를 "갖다 먹으라. 네 배 속에서는 쓰지만 네 입에서는 꿀같이
달 것이다"라고 하였다. [10] 이에 내가 천사의 손에서 작은 두루마리 책을
갖다가 먹자 내 입에는 꿀같이 다나 먹은 후에 내 배 속에서 쓰게 되었다.
[11] 그가 나에게 말했다. "네가 많은 백성과 나라와 방언과 왕에게 다시 예
언해야 할 것이다."

† 두 증인과 일곱째 나팔 소리 (계 11:1-19)

계 11:1 ●또 내게 갈대로 만든 잣대(지팡이)를 주며 말했다. "너는 일어나
하나님의 성전과 제단과 그 안에서 경배하는 자들을 측량하되 [2] 성전 바깥
마당은 측량하지 말라. 그것은 이방인에게 주었으니 그들이 거룩한 성을
42개월 동안 짓밟을 것이다. [3] 내가 나의 두 증인에게 권세를 줄 것이니 그
들이 굵은 베로 짠 옷을 입고 1,260일을 예언할 것이다. [4] 그들은 이 땅에
서 주님 앞에 서 있는 두 올리브(감람) 나무와 두 촛대(등잔)이다. [5] 만일 누
구든지 그들을 죽이려고 하면 그들의 입에서 불이 나와서 그들의 원수를
삼켜버릴 것이요, 반드시 그와 같이 죽임을 당할 것이다.

계 11:6 그들은 받은 권세를 가지고 하늘을 닫아 그 예언을 하는 날 동안
비가 내리지 못하게 하고, 또 물을 피로 변하게 할 것이다. 아무 때든지 자
기가 하고자 하는 대로 여러 가지 재앙으로 땅을 칠 것이다. [7] 그들이 그 증
거하는 일을 마칠 때에 끝이 없는 깊은 곳인 무저갱으로부터 올라오는 짐승
이 그들과 더불어 전쟁을 일으켜 그들을 이기고 그들을 죽일 것인데 [8] 그

난제 두 증인은 누구를 가리키는가(계 11:3-5)?

두 증인은 두 선지자라고 불리어지고 있으며(계 11:10), 보다 더 비유적으로는 이 땅의 주님 앞에 섰는 두 감람 나무와 두 촛대로 일컬어지고 있다(11:4). 이는 교회가 세상의 빛으로 그 사명을 다하기 위해서는 교회의 기둥 역할을 하는 예수 그리스도의 신실한 증인들이 소멸되어서는 안 된다는 사실을 강조하기 위해서이다(계 1:20, 2:5, 슥 4:1-14).

그리고 두 증인의 신분에 대해서는 다음과 같이 역사적으로 여러 견해가 있으므로 어느 하나를 선택하는 것은 무리이다.

① 에녹과 엘리야이다(터툴리안).
② 다시 올 모세와 엘리야이다(유대교 대부분).
③ 교회이다(모리스). 교회의 왕과 제사장 기능 또는 순교자의 대표자를 가리킨다.
④ 베드로와 바울이다(문크). 이들은 교회 안의 유대인 신자와 이방인 신자들의 대표이다.

들의 시체가 큰 성의 길에 있을 것이다. 그 성은 영적 의미로는 소돔 혹은
애굽이라고도 한다. 그것은 바로 그들의 주님께서 십자가에 못 박히신 곳
이다. 9 백성들과 족속과 방언과 나라 중에서 사람들이 그 시체를 3일 반
동안 바라보며 무덤에 장사하지 못하게 할 것이다. 10 이 두 증인(선지자)이
땅에 사는 자들을 괴롭게 하므로 땅에 사는 자들이 그들의 죽음을 기뻐하
여 서로 예물을 보낼 것이다."

계 11:11 3일 반이 지난 후에 하나님께로부터 생명의 기운이 죽은 자들 속
에 들어가자 그들이 발로 일어서자 구경하는 자들이 크게 두려워했다. 12
그때 하늘로부터 "이리로 올라오라"고 하는 큰 음성을 그들이 듣고 구름을
타고 하늘로 올라가니 그들의 원수들도 그 모습을 구경했다. 13 그때에 큰
지진이 일어나 성의 10분의 1이 무너지고 지진으로 7,000명이나 죽었다.
그 살아남은 자들은 두려워하여 영광을 하늘의 하나님께 돌렸다. 14 두 번
째 화는 지나갔다. 그러나 보라, 세 번째 화가 속히 올 것이다.

계 11:15 일곱째 천사가 나팔을 불 때 하늘에 큰 음성이 나서 들렸다. "세상
나라가 우리 하나님과 그리스도의 나라가 되어 그가 영원토록 왕 노릇 하
실 것이다." 16 그러자 하나님 앞에서 자기 보좌에 앉아 있던 스물네 명의 장
로가 엎드려 얼굴을 땅에 대고 하나님께 경배하여 17 이르기를 "감사합니
다. 이전에도 계셨고, 지금도 계신 주 전능하신 하나님이여, 친히 큰 권능
을 잡으시고 왕 노릇 하십니다. 18 이방들이 분노하자 주님의 진노가 내려
죽은 자를 심판하십니다. 당신의 종인 선지자들과 성도들과 또 작은 자든
지 큰 자든지 주님의 이름을 경외하는 자들에게 상을 주십니다. 이때는 땅
을 망하게 하는 자들을 멸망시키실 때입니다"라고 하였다. 19 그러자 하늘
에 있는 하나님의 성전이 열리고 성전 안에 있는 하나님의 언약궤가 보이
며, 번개와 음성들과 천둥(우레)과 지진과 큰 우박이 내렸다.

언약궤(계 11:19) 이스라엘 팀나 공원 내

† 여자와 용과 두 짐승 (계 12:1-13:18)

계 12:1 ● 하늘에서 큰 신기한 광경(표적)이 보이니 해를 옷처럼 입은 한 여
자가 있는데 그 발 아래에는 달이 있고, 그 머리에는 열두 개의 별로 된 관
을 썼다. 2 이 여자가 임신하여 해산하게 되자 고통 가운데 애를 쓰며 부르

짖었다.[3] 하늘에 또 다른 신기한 광경(표적)이 보였다. 보라, 머리가 일곱 개요, 뿔이 열 개인 한 큰 붉은 용이 있었다. 그 여러 머리에 일곱 개의 왕관이 있는데 [4] 그 꼬리로 하늘의 별 3분의 1을 끌어다가 땅에 던졌다. 용이 여자가 해산하면 그 아이를 삼키기 위해 그 앞에 있었다.[5] 마침내 여자가 아들을 낳았으니 그는 장차 쇠로 된 창으로 세상 모든 나라를 다스릴 남자이다. 그 아이는 하나님 앞과 그 보좌 앞으로 올려갔다.[6] 그리고 여자는 하나님께서 예비한 광야로 도망하여 그곳에서 1,260일 동안 보호를 받으며 지냈다.

계 12:7 하늘에서 천사장 미가엘과 그의 천사(사자)들이 용과 그의 부하(사자)들과 전쟁이 있었다.[8] 그러나 용과 그 부하들이 패했다.[9] 결국 큰 용이 하늘에서 쫓겨났다. 용은 온 천하를 유혹하는 자로 '옛 뱀' 또는 '마귀'라고도 하고 '사탄'이라고도 한다. 그가 땅으로 쫓겨나자 그의 부하(사자)들도 그와 함께 내쫓겼다.

계 12:10 나는 하늘에서 나는 이런 큰 소리를 들었다. "이제 우리 하나님의 구원과 능력과 나라와 또 그의 그리스도의 권세가 나타났으니 우리 믿는 형제들을 우리 하나님 앞에서 밤낮으로 고소(참소)하던 자가 쫓겨났다.[11] 또 우리 형제들이 어린 양 되신 예수 그리스도의 피와 자기들이 증언하는 말씀으로써 그를 이겼으니 그들은 죽기까지 자기들의 생명을 아끼지(사랑하지) 않았다.[12] 그러므로 하늘과 그 가운데에 거하는 자들은 기뻐하라. 그러나 땅과 바다는 화가 있을 것이다. 이는 마귀가 자기의 마지막이 얼마 남지 않은 줄을 알기 때문에 크게 분노하며 너희에게로 내려갔기 때문이다."

계 12:13 용이 땅으로 쫓겨나자 남자를 낳은 여자를 핍박했다.[14] 이에 그 여자가 큰 독수리의 두 날개를 받아 자기가 출산한 후 피했던 광야로 날아가 그곳에서 그 용(뱀)의 낯을 피해 1년(한 때)과 2년(두 때)과 반 년(반 때) 동안 보호를 받았다.[15] 용(뱀)이 여자의 뒤에서 그 입으로 물을 강같이 토하여 여자를 물에 떠내려가게 하려고 했다.[16] 그러나 땅이 그 입을 벌려 용의 입에서 토한 강물을 흡수해버려 여자를 도왔다. 그러자[17] 용이 여자에게 분노하여 돌아가서 그 여자의 남은 자손, 곧 하나님의 계명을 지키며 예수를 믿는 증거를 가진 자들과 싸우려고 바닷가 모래 위에 서 있었다.

계 13:1 나는 바다에서 한 짐승이 나오는 것을 보았다. 그 짐승은 뿔이 열

천사장 미가엘과 그의 천사들이 용과 그 부하들을 죽임(계 12:7-8) 바티칸

일곱 머리 가진 짐승(계 13:1) 14세기 삽화

개요, 머리가 일곱 개이고 그 뿔에는 열 개의 왕관이 있는데 그 머리들에
는 신성을 모독하는 이름들이 쓰여 있었다. 2 내가 본 짐승은 표범과 비슷
했는데 그 발은 곰의 발 같고 그 입은 사자의 입 같았다. 용이 자기의 능력
과 보좌와 큰 권세를 그 짐승에게 주었다. 그런데 3 그의 머리 하나가 치명
적인 상처를 입어 거의 죽게 되었다. 그러나 그 죽게 되었던 상처가 낫자 온
땅이 놀랍게 여겨 그 짐승을 따랐다. 4 용이 그 짐승에게 능력(권세)을 주자
짐승이 용에게 경배하며 말했다. "누가 이 짐승과 같으냐? 누가 능히 이와
더불어 싸울 수 있겠느냐?" 5 또 용은 짐승으로 하여금 교만(과장)한 말과
하나님(신성)을 모독하는 말을 하도록 하고, 42개월 동안 일할 권세를 주
었다. 6 이에 짐승이 입을 벌려 하나님을 향해 그의 이름과 그의 장막과 하
늘에 사는 자들을 비방했다. 7 또 용에게 권세를 받아 성도들과 싸워 이기
고, 각 족속과 백성과 방언과 나라를 다스리는 권세를 받았다. 8 그러자 죽
임을 당한 어린 양의 생명책에 세상이 창조된 이후로 이름이 기록되지 못
하고 이 땅에 사는 자들은 모두 그 짐승에게 경배했다. 9 누구든지 귀가 있
는 자는 들으라. 10 사로잡힐 자는 사로잡혀갈 것이요, 칼에 죽을 자(어떤 사
본에는 칼로 죽이는 자)는 칼에 죽을 것이다. 그래서 성도들의 인내와 믿음
이 여기에 있다.

계 13:11 나는 또 다른 짐승이 땅에서 올라오는 것을 보았다. 그 짐승은 어
린 양같이 두 개의 뿔이 있고 용처럼 말을 했다. 12 그 짐승이 먼저 나온 짐
승의 모든 권세를 그 앞에서 행하고 땅에 사는 자들로 하여금 처음 짐승에
게 경배하게 했다. 그 짐승은 상처로 죽게 되었다가 나은 자이다. 13 그 두
번째 나온 짐승은 심지어 사람들 앞에서 불이 하늘로부터 땅으로 내려오게
하는 기적을 행했다. 14 짐승은 그런 큰 기적(이적)을 행함으로 땅에 거하
는 자들을 미혹하며 그들에게 말했다. "칼에 상처를 입었다가 살아난 짐승
을 위해 우상을 만들라."

계 13:15 그가 능력(권세)을 받아 두 번째 나온 짐승의 우상에게 생명의 기
운을 주어 그 짐승의 우상으로 말하게 하고, 또 짐승의 우상에게 경배하
지 않는 자는 몇 명이든지 모두 죽이도록 했다. 16 또 그 짐승은 작은 자나 큰
자나, 부자나 가난한 자나, 자유인이나 종들에게 그 오른손과 이마에 짐승

Q 난제 짐승의 수 666은 무슨 의미인가(계 13:16-18)**?**

우상숭배의 결과로 사람들은 짐승으로부터 이마나 오른손에 표를 받게 되는데 여기서 표는 짐승의 이름이나 그 이름의 수와 같은 것이다(계 13:17, 14:11, 15:2, 19:20, 20:4).
짐승의 수 666은 두 가지로 해석한다. 하나는 수에 대한 해석이고, 다른 하나는 숫자가 갖는 상징적인 의미에 대한 해석이다. 이 외에 기독교를 박해한 네로 황제를 지칭한다는 해석을 하기도 하나 현대에는 거부되고 있다. 사도 요한은 숫자 놀음을 적용시킨 적이 없으며 오히려 숫자의 상징적인 의미를 부여했다. 컴퓨터 바코드를 666으로 보는 견해도 있으나 이러한 암호로 보기보다는 부정한 악의 실체 또는 반역적인 모방을 의미하는 상징적인 숫자로 보는 해석이 현대 보수주의의 이해와 지지를 얻는다.

이 새긴 표를 받게 했다. 그리고 17 누구든지 이 표를 가진 자 외에는 매매를
못하게 했다. 이 표는 짐승의 이름 또는 그 이름을 뜻하는 숫자이다. 18 총
명한 자는 그 짐승의 숫자를 알 수 있다. 그것은 사람의 수로서 그의 수는
666이다.

† 나팔 재앙과 대접 재앙 사이의 사건 (계 14:1-15:8)

계 14:1 ● 또 나는 어린 양이 시온 산에 섰고 그와 함께한 14만4,000명이
서 있는 모습을 보았다. 그들의 이마에는 어린 양과 그 아버지의 이름을
쓴 것이 있었다. 2 나는 하늘에서 나는 소리를 들었다. 그 소리는 많은 물이
흐르는 소리와도 같고, 큰 천둥(우렛)소리와도 같았다. 또 그 소리는 거문
고 타는 자들이 그 거문고를 타는 것 같았다. 3 그들이 하나님의 보좌 앞과
네 종류의 생물과 장로들 앞에서 새 노래를 부르는데 땅에서 구원을 받은
14만 4,000명밖에는 능히 이 노래를 배울 자가 없었다. 4 이 사람들은 여
자로 인해 더럽히지 않은 순결을 지킨 자들이다. 그들은 어린 양 되신 예
수께서 어디로 인도하든지 따라가는 자며, 구원을 받아 하나님과 어린 양
에게 처음 익은 열매로 바쳐진 자들이며, 5 그 입에 거짓말이 없고, 흠이 없
는 자들이다.

계 14:6 나는 또 다른 천사가 공중에 날아가는 모습을 보았다. 그 천사는
땅에 거주하는 모든 민족과 종족과 방언과 세상 모든 백성에게 전할 영원
한 복음을 가졌다. 7 그가 큰 음성으로 외쳤다. "하나님을 두려워하며 그분
께 영광을 돌리라. 하나님의 심판의 때가 왔으니 하늘과 땅과 바다와 물들
의 근원을 만드신 분을 경배하라."

계시록에 나타난 일곱 가지 복(계 1:3, 14:13 등)

성경구절	복 내용과 그 이유
계 1:3	예언의 말씀을 읽고 듣고 그 가운데 기록한 것을 지키는 자(때가 가깝기 때문에)
계 14:13	주 안에서 죽은 자(수고를 그치고 쉬기 때문에)
계 16:15	깨어 있어 ~ 자기의 부끄러움을 보이지 아니한 자(주님이 도적같이 오기 때문에)
계 19:9	어린 양의 혼인 잔치에 청함을 받은 자(하나님의 참된 말씀이기 때문에)
계 20:6	첫째 부활에 참여하는 자(둘째 사망을 당하지 않고 1,000년 동안 왕 노릇 하기 때문에)
계 22:7	예언의 말씀을 지키는 자(주님이 속히 오시기 때문에)
계 22:14	두루마기를 빠는 자(생명나무에 나가며 문을 통해 들어갈 권세를 얻기 때문에)

바벨론의 느부갓네살 성(계 14:8) 이라크

성경 상식

유황(계 14:10)

유황(Brimstone)은 결정체로 얻어지는 노랑색의 비금속 원소이다. 유황은 부드럽고 섭씨 113도에서 녹으며 연소될 때는 푸른 불꽃을 내며 유독성의 아황산가스를 형성한다. 성경에 나오는 히에라볼리에는 유황 온천이 있다.
성경에는 유황으로 타는 못(계 21:8), 유황 개천(사 30:33), 유황으로 태우는 바람(시 11:6) 등과 같은 구절이 나온다. 마지막 최후의 형벌 때에는 유황으로 고난받을 것을 성경은 말하고 있다(계 14:10).

계 14:8 두 번째 천사가 그 뒤를 이어 말했다. "큰 성 바벨론이 무너졌도다.
모든 나라에게 그의 음란으로 인해 진노의 포도주를 먹이던 바벨론이 무
너졌도다." 9 세 번째 천사가 그 뒤를 이어 큰 음성으로 외쳤다. "만일 누구
든지 짐승과 그의 우상에게 경배하고 이마와 손에 짐승이 주는 표를 새기
면 10 그런 자도 하나님의 진노의 독주(포도주)를 마실 것이다. 그 진노의
잔에는 섞인 것이 없이 본래 독한 그대로의 술(포도주)이다. 그들은 또한 거
룩한 천사들과 어린 양 앞에서 불과 유황으로 고난을 받을 것이다. 11 불과
유황에 의해 피어오르는 그 고난의 연기가 영원토록 올라올 것이다. 짐승과
그의 우상에게 경배하고 그의 이름표를 받는 자는 밤낮으로 쉬지 못할 것
이다"라고 하였다. 12 그래서 하나님의 계명과 예수에 대한 믿음을 지키는
자들은 이럴 때 인내가 필요하다.

계 14:13 나는 이런 음성을 하늘로부터 들었다. "기록하라. 지금 이후로 주
님 안에서 죽는 자들은 복이 있다." 그러자 성령이 말씀하시기를 "그렇다.
그들이 수고를 그치고 쉬게 될 것이다. 이는 그들의 행한 일이 영원히 남
아 있기 때문이다"라고 하였다. 14 나는 또 흰 구름이 있고 구름 위에 사람
의 아들(인자) 같은 이가 앉아 있는 것을 보았다. 그의 머리에는 금 면류관
이 있고, 손에는 날카로운 낫을 가졌다. 15 또 다른 천사가 성전에서 나와
구름 위에 앉은 이를 향해 큰 음성으로 외쳤다. "당신의 낫을 휘둘러 곡식
을 거두소서. 땅의 곡식이 다 익어 거둘 때가 이르렀습니다." 그러자 16 구
름 위에 앉으신 이가 낫을 땅에 휘둘러 곡식을 거두었다.

계 14:17 또 다른 천사가 하늘에 있는 성전에서 나오는데 역시 날카로운 낫
을 가졌다. 18 또 불을 관리하는 다른 천사가 제단에서 나와 날카로운 낫을
가진 자를 향해 큰 음성으로 불러 이르시되 "포도가 익었으니 네 날카로운
낫을 휘둘러 땅의 포도(포도나무)를 거두라." 19 천사가 낫을 땅에 휘둘러
포도를 거두어 하나님의 심판(진노)의 큰 포도주 틀에 던졌다. 그러자 20 새
예루살렘 성 밖에서 그 틀이 밟히니 틀에서 피가 나와 말 굴레에까지 높이
닿았고 300km(1,600스타디온) 밖에까지 퍼졌다.

계 15:1 또 하늘에 크고 이상한 다른 기적(표적, 이적)을 보니 일곱 천사가
일곱 개의 재앙을 가진 것이다. 그것은 마지막 재앙이다. 하나님의 진노가

이것으로 마칠 것이다. 2 또 나는 불이 섞인 유리 바다 같은 것이 있고 짐승
과 그의 우상과 그의 이름을 상징하는 숫자와 싸워 이긴 자들을 보았다.
그들은 유리 바닷가에 서서 하나님의 거문고를 가지고 3 하나님의 종 모세
와 어린 양의 노래를 불렀다. "전능하신 주 하나님이시여, 하시는 일이 크
고 놀랍도다. 세상 모든 나라의(어떤 사본에는 만 대에) 왕이시여, 주님의 길
이 의롭고 진실되도다. 4 누가 주님의 이름을 두려워하지 않겠으며 영화
롭게 하지 않겠습니까? 오직 주님만이 거룩하십니다. 주님의 의로운 일이
나타났으니 세상 모든 나라들이 와서 주님께 경배할 것입니다(렘 10:7)."

계 15:5 또 이 일 후에 나는 하늘의 성전인 언약(증거)의 장막이 열리며 6 일
곱 개 재앙을 가진 일곱 명의 천사가 성전에서 나와 맑고 빛난 세마포(어
떤 사본에는 보석) 옷을 입고, 가슴에 금 띠를 띤 광경을 보았다. 그때 7 네 종
류의 생물 중의 하나가 영원토록 살아 계신 하나님의 진노를 가득 담은 금
대접 일곱 개를 그 일곱 명의 천사들에게 주었다. 8 하나님의 영광과 능력
으로 인해 성전에 연기가 가득 차자 일곱 명의 천사가 행하는 일곱 개의
재앙이 끝 날 때까지는 성전에 들어갈 자가 아무도 없었다.

† 일곱 대접 재앙 (계 16:1-21)

계 16:1 ● 나는 성전에서 큰 음성이 나서 일곱 명의 천사에게 말하는 것을
들었다. 그 음성은 이러했다. "너희는 가서 하나님의 진노가 담긴 일곱 개의
대접을 땅에 부으라."

계 16:2 첫 번째 천사가 가서 그 대접을 땅에 쏟자 짐승이 새긴 표를 받은 사
람들과 그 짐승의 우상에게 경배하는 자들에게 악하고 독한 종기가 났다.

계 16:3 두 번째 천사가 그 대접을 바다에 붓자 바다가 즉시 죽은 자의 피
같이 되니 바다 가운데 모든 생물이 죽었다.

계 16:4 세 번째 천사가 그 대접을 강과 물 근원에 붓자 물이 피가 되었다.
5 나는 물을 관리하는 천사가 "전에도 계셨고 지금도 계신 거룩하신 이여,
이렇게 심판하시니 의로우십니다. 6 그들이 성도들과 선지자들의 피를 흘
렸으니 그들에게 피를 마시게 하신 것은 당연합니다"라고 말하는 것을 들
었다. 7 또 나는 제단이 이렇게 말하는 것을 들었다. "그렇습니다. 전능하신

일곱 대접 재앙1(상단 부분, 계 16:1-17:8) 15세기, 리베르 플로리두스의 삽화, 샹티이, 콩데 미술관

주 하나님이시여, 심판하시는 것이 진실되고 의로우십니다."
계 16:8 네 번째 천사가 그 대접을 해에 붓자 해가 권세를 받아 불로 사람
들을 태우니 9 사람들은 불에 태워지면서도 이런 재앙들을 행하는 능력을
가진 하나님의 이름을 비방하며, 또 뉘우치지 않고 주님께 영광을 돌리지
않았다.
계 16:10 다섯 번째 천사가 그 대접을 짐승의 왕좌에 붓자 그 나라가 즉시
어두워지며, 사람들이 아픔을 이기지 못하여 자기 혀를 깨물고, 11 아픈
것과 종기로 인해 하늘의 하나님을 비방했고 자신의 행위를 뉘우치지 않
았다.
계 16:12 여섯 번째 천사가 그 대접을 큰 강인 유프라테스(유브라데)에 붓
자 강물이 말라 동방에서 오는 왕들의 길이 열렸다. 13 그때 나는 개구리 같
은 더러운 세 영이 용과 짐승과 거짓 선지자의 입에서 나오는 것을 보았
다. 14 그들은 귀신의 영이다. 그들은 기적(이적)을 행하여 온 천하 왕들에
게 가서 전능하신 하나님의 심판 날(큰 날)에 있을 전쟁을 위해 그들을 모
았다. 15 보라, 내가 도둑같이 올 것이다. 그러므로 누구든지 깨어 있어 자기
을 지켜 벌거벗고 다니지 않으며, 자기의 부끄러움을 드러내지 않는 자는
복이 있다. 16 세 영은 히브리어로 '아마겟돈'이라 하는 곳으로 왕들을 불
러 모았다.
계 16:17 일곱 번째 천사가 그 대접을 공중에 붓자 큰 음성이 성전에서 보

성경에서 큰 강으로 나온 유브라데 강 중류 지점(계 16:12) 이라크

아마겟돈으로 나오는 므깃도 전경(계 16:16) 이스라엘 이스르엘 평야 언저리에 있다. 아마겟돈은 '므깃도의 산'이란 뜻이다.

일곱 대접의 재앙(계 16장)

대접순서와 구절	재앙장소	재앙내용
첫째 대접, 16:1-2	땅	짐승의 표를 받은 자와 우상숭배자들에게 악하고 독한 종기가 남
둘째 대접, 3	바다	바다가 죽은 자의 피같이 되어 바다의 생물이 죽음
셋째 대접, 4-7	강과 물	물이 피가 됨
넷째 대접, 8-9	해	불로 사람들을 태움
다섯째 대접, 10-11	짐승 보좌	그 나라가 어두워지고 사람들은 아픔으로 혀를 깨물음
여섯째 대접, 13-21	유브라데	강물이 말라 동방에서 오는 왕들의 길이 생김
일곱째 대접, 12-16	공기	번개와 음성과 뇌성과 지진 등이 일어남

좌로부터 나서 이르기를 '이제 되었다' 하니 곧이어 [18] 번개와 음성들과 천둥(우렛)소리가 났다. 또 큰 지진이 일어났는데 사람이 땅에 살아온 이래로 이같이 큰 지진은 없었다. [19] 큰 성이 세 지역(갈래)으로 갈라지고 세상 모든 나라의 성들도 무너졌다. 하나님께서는 큰 성 바벨론의 죄악을 기억하시고 그의 맹렬한 진노의 포도주 잔을 마시게 했다. [20] 각 섬과 산악도 사라졌다. [21] 또 무게가 약 60*kg*(1달란트)나 되는 큰 우박이 하늘로부터 사람들에게 내리니 사람들이 그 우박의 재앙이 심히 커 하나님을 비방했다.

† 큰 음녀에게 내릴 심판과 바벨론의 패망 (계 17:1-18:24)

계 17:1 ● 일곱 개의 대접을 가진 일곱 명의 천사 중 하나가 와서 나에게 말했다. "이리로 오라. 온 세상과 거민들(많은 물) 위에 앉은 큰 음녀인 바벨론이 받을 심판을 너에게 보일 것이다. [2] 땅의 왕들도 그와 더불어 음란을 행했고, 땅에 사는 자들도 그가 주는 음행의 포도주에 취했다." [3] 이어 곧바로 성령에 사로잡힌 나를 광야로 데리고 갔다. 그곳에서 나는 한 여자가 붉은빛 짐승을 탄 것을 보았다. 그 짐승의 몸에는 하나님을 모독하는 이름들이 가득하고 일곱 개의 머리와 열 개의 뿔이 있었다. [4] 그 여자는 자줏빛과 붉은빛 옷을 입고, 금과 보석과 진주로 꾸미고, 손에는 가증한 물건과 그의 음행의 더러운 것들이 가득 찬 금 잔을 가졌다. [5] 그의 이마에는 "비밀이라", "큰 바벨론이라", "땅의 음녀들과 가증한 것들의 어미"라는 이름이 기록되었다.

계 17:6 나는 또 이 여자가 성도와 예수의 증인들의 피에 취한 것을 보았

난제 바벨론의 상징적 의미는(계 17:1-2)?

역사적으로 바벨론은 북이스라엘을 멸망시킨 앗수르를 정복하고 남유다를 멸망시킨 나라이다. 그런데 로마가 전 세계를 지배하고 있던 신약시대 때 유대인들과 기독교인들은 로마 제국 대신에 바벨론이란 은어를 사용했다(벧전 5:13). 본서에서는 사탄의 현혹이 있는 곳에서는 어느 시대, 어느 장소를 막론하고 바벨론이라는 상징적인 용어를 사용하고 있다. 곧 여기서 바벨론은 하나님을 대적하는 모든 풍조와 비윤리적인 사조를 조장하는 각 시대의 영향력 있는 도시들을 상징하는 것으로 이해되어야 한다. 궁극적으로는 종말에 나타나 세상을 미혹할 영향력 있는 악한 도시들을 중심으로 하는 악한 문명을 총칭한다. 한편 이런 바벨론은 하나님의 최후의 심판에 의해 최종적으로 무너질 것이다.

일곱 머리를 가진 짐승을 탄 음란한 여자
(계 17:1-18:24) 작가 미상

✣열 뿔 짐승의 상징적 의미(계 17:12)

열 뿔 또는 열 왕의 정체에 대해서는? ①로마 황제 밑에 있는 분봉 왕이나 총독일 것이라는 견해와 ②로마가 멸망한 후 일어나게 될 10개국의 동맹국이라는 견해가 있다. 그러나 여기서 열 왕은 문자적으로 열 왕이니 총독, 또는 열 나라를 의미하기보다는 '10'이 총족(충만)을 상징하는 숫자이고, 계시록이 묵시문학임을 감안해볼 때, 짐승의 권세를 따르는 모든 악한 세력을 총칭한 표현이라고 보는 것이 타당하다.

다. 내가 그 여자를 보고 놀랍게 여기자 7 천사가 말했다. "왜 놀랍게 여기
느냐? 내가 여자와 그가 탄 일곱 개의 머리와 열 개의 뿔을 가진 짐승의 비
밀을 너에게 알려주겠다. 8 네가 본 짐승은 전에 있었다가 지금은 없으나,
장차 끝이 없는 깊은 웅덩이인 무저갱으로부터 올라와 멸망으로 들어갈 자
다. 세상이 창조된 이후로 땅에 사는 자들로서 그 이름이 생명책에 기록되
지 못한 자들은 이 짐승을 보고 놀랍게 여길 것이다.

계 17:9 이제는 지혜가 필요하다. 그 일곱 개 머리는 여자가 앉은 일곱 개
의 산이요, 10 또 일곱 명의 왕이다. 다섯은 이미 망했고, 하나는 있고, 다른
하나는 아직 오지 않았지만 마지막 때가 되면 그가 나타나 잠시 세상을 다
스리게 될 것이다. 11 전에 있었다가 지금 없어진 짐승은 여덟 번째 왕이니
일곱 명의 왕들과 같은 무리 중에 속한 자이다. 그도 역시 멸망할 것이다. 12
네가 보던 열 개의 뿔은 열 명의 왕으로 아직 나라를 얻지 못했지만 짐승
과 함께 왕처럼 한동안 권세를 받을 것이다. 13 그들이 한뜻을 가지고 자기
의 능력과 권세를 짐승에게 주었다. 14 그들은 어린 양 되신 예수 그리스도
와 더불어 싸우지만 어린 양은 만물의 주인 중의 주인이시요, 모든 왕들의
왕이시기 때문에 그들을 이기실 것이다. 또 그와 함께 있는 하나님의 부르
심을 받고 선택하심을 받은 진실한 자들도 그들을 이길 것이다."

계 17:15 또 천사가 내게 말했다. "네가 본 음녀가 앉아 있는 물은 백성과 무
리와 세상 나라와 방언들이다. 16 그리고 이 열 개의 뿔과 짐승은 음녀를 미
워하여 그를 망하게 하고, 벌거벗게 하고, 그의 살을 먹고 불태워버릴 것
이다. 17 하나님은 그들에게 자기들의 나라를 그 짐승에게 주어 하나님의
뜻을 이룰 마음을 갖게 하셨다. 이는 하나님의 말씀이 이루어질 때까지 하
시는 것이다. 18 또 네가 본 그 여자는 땅의 왕들을 다스리는 큰 성이다."

계 18:1 이후에 나는 다른 천사가 하늘에서 내려오는 것을 보았다. 그는 큰
권세를 가졌는데 그의 영광으로 인해 땅이 밝아졌다. 2 그 천사가 우렁찬 음
성으로 외치기를 "큰 성 바벨론이여, 네가 무너졌다. 네가 있던 곳은 귀신들
과 각종 더러운 영이 모이는 곳(감옥)과 각종 더럽고 가증한 새들이 모이
는 곳(감옥)이 되었다. 3 그 음란한 진노의 독주(포도주)로 인해 세상 모든
나라들이 멸망했다. 또 땅의 왕들이 그와 더불어 음란한 관계를 가졌으며,

땅의 상인들도 그 사치의 세력으로 부자가 되었도다"라고 하였다.

계 18:4 또 나는 하늘로부터 다른 음성을 들었다. 그 소리는 이러했다. "내 백성아, 그곳에서 나와 음녀의 죄에 빠지지 말고 그가 받을 재앙들을 받지 말라. [5] 그의 죄는 하늘에까지 이르렀고 하나님은 그의 죄악을 기억하고 계신다. [6] 너희는 그녀가 준 만큼 그에게 되갚아주고, 그의 행위대로 갑절을 갚아 주고, 그가 섞은 잔에도 갑절이나 섞어 그에게 줄 것이다. [7] 그녀가 사치와 영화를 누린 그만큼 고통과 슬픔으로 갚아줄 것이다. 그가 마음에 말하기를 '나는 여왕이요, 과부가 아니니 결코 슬픔을 당하지 않을 것이다'라고 하였다. [8] 그러므로 하루 동안에 그녀에게 사망과 슬픔과 흉년의 재앙들이 임할 것이다. 그녀가 또한 불태워질 것이니 그를 심판하시는 주 하나님은 강하신 분이시다. [9] 그녀와 함께 음행하고 사치하던 땅의 왕들은 그녀가 불타는 연기를 보고 그녀를 생각하며 울고 가슴을 칠 것이다. [10] 그녀가 당하는 고통을 무서워하여 멀리 서서 이렇게 말할 것이다. '크고 견고한 성 바벨론이여, 화가 있도다. 한 시간만에 네 심판이 이르렀다.'"

계 18:11 땅의 상인들이 그녀를 위해 울고 슬퍼하는 것은 다시 그들의 상품을 사는 자가 없기 때문이다. [12] 그 상품은 금과 은과 보석과 진주와 세마포와 자주 옷감과 비단과 붉은 옷감이요, 각종 향목과 각종 상아 그릇이요, 값비싼 나무와 구리와 철과 대리석으로 만든 각종 그릇이요, [13] 계피와 향료와 향과 향유와 유향과 포도주와 올리브(감람)유와 고운 밀가루와 밀이요, 소와 양과 말과 수레와 종들과 사람의 영혼들이다.

계 18:14 바벨론아, 네 영혼이 탐내던 물질과 부요함(과일)이 너에게서 떠났으며, 호화스러운 것들이 다 없어졌으니 사람들이 다시는 이것들을 보지 못할 것이다. [15] 바벨론으로 인해 부자가 되게 한 이 상품의 상인들이 그

계피(계 18:13) 이스라엘 나사렛

유향 나무(계 18:13) 이스라엘 엔게디

옛 수레(계 18:13) 터키 갑바도기아

의 고통을 두려워하여 멀리 서서 울고 애통하여 [16] 이렇게 말했다. "큰 성
바벨론이여, 화가 있도다. 세마포 옷과 자주색 옷과 붉은색 옷을 입고 금과
보석과 진주로 꾸미더니 [17] 그러한 부가 한 시간 만에 망했도다." 모든 선
장과 여러 곳을 다니는 승객들과 선원들과 바다에서 일하는 자들이 멀리
서서 [18] 그가 불타는 연기를 보고 외치기를 "이 큰 성과 같은 성이 어디 있
느냐?"라고 했다. 또 [19] 티끌을 자기 머리에 뿌리고 울며 슬퍼하며 외치기
를 "큰 성 바벨론이여, 화가 있도다. 바다에서 배를 운항하는 모든 자들이
너의 보배로운 상품으로 부자가 되었더니 한 시간 만에 망했도다. [20] 하늘
과 성도들과 사도들과 선지자들아, 그로 인해 즐거워하라. 하나님이 너희
를 위해 그에게 심판을 행하셨다"라고 하였다.

계 18:21 그때 한 힘 센 천사 하나가 큰 맷돌 같은 돌을 들어 바다에 던지며
말했다. "큰 성 바벨론이 이처럼 비참하게 던져져 다시는 나타나지 않을
것이다. [22] 또 네 안에서 거문고 타는 자와 노래(풍류)하는 자와 퉁소와 나팔
부는 자들의 소리가 결코 다시 네 안에서 들리지 않을 것이고, 어떤 세공
업자든지 다시는 네 안에서 보이지 않을 것이다. 또 곡식을 빻는 맷돌 소리
가 다시는 네 안에서 들리지 않고, [23] 일상적인 생활이 없어 등불 빛이 다시는
네 안에서 비치지 않고, 신랑과 신부의 혼인 잔치 음성이 다시는 들리지 않
을 것이다. 땅의 왕족들인 너의 상인들은 네 술수로 인해 세상 모든 나라
가 미혹되었다. [24] 선지자들과 성도들과 땅 위에서 죽임을 당한 모든 자의
피가 그 바벨론 성 중에서 발견되었다."

곡식을 빻는 맷돌(계 18:22) 이스라엘 엔돌 키부츠 박물관

† 어린 양의 혼인 잔치와 백마를 탄 자 (계 19:1-21)

계 19:1 ● 이후에 나는 하늘에 허다한 무리의 큰 음성 같은 소리를 들었다.
그 소리는 이런 것이었다. "할렐루야, 구원과 영광과 능력이 우리 하나님
께 있도다. [2] 그의 심판은 진실되고 의롭다. 음란한 행위로 땅을 더럽게 한
큰 음녀를 심판하여 자기 종들의 피를 그 음녀의 손에 갚으셨도다." [3] 두 번
째로 "할렐루야" 하자 음녀가 받은 그 심판의 연기가 계속해서(영원토록) 올
라갔다. [4] 또 스물네 명의 장로와 네 종류의 생물이 엎드려 보좌에 앉으신
하나님께 경배하여 이르기를 "아멘. 할렐루야" 하자 [5] 보좌에서 음성이 났

다. "하나님을 경외하는 너희 종들아, 작은 자나 큰 자나 모두 우리 하나님
께 찬송하라." 6 또 나는 수많은 무리의 음성과도 같고, 많은 물이 흐르는 소
리와도 같고, 큰 천둥(우렛)소리와도 같은 소리로 이렇게 말하는 것을 들
었다. "할렐루야, 전능하신 주 우리 하나님이 통치하신다. 7 우리가 크게 기
뻐하며 그에게 영광을 돌리자. 어린 양의 혼인 날이 가까이 왔고 그의 신
부(아내)가 단장(준비)을 마쳤으니 8 그에게 빛나고 깨끗한 세마포 옷을 입
도록 허락하셨다. 이 세마포 옷은 성도들의 옳은 행실이다."

계 19:9 천사가 나에게 말하기를 "기록하라. 어린 양의 혼인 잔치에 초청을
받은 자들은 복이 있다"라고 했다. 또 내게 다시 말했다. "이것은 하나님의
진실된 말씀이다." 10 이에 내가 그 발 앞에 엎드려 경배하려고 하자 그가
나에게 말했다. "나는 너와 예수를 증거하는 네 형제들과 마찬가지로 된
종이다. 그러므로 나에게 경배하지 말고 오직 하나님께만 경배하라. 예수
를 증거하는 것은 그의 예언의 영을 받아서 하는 것이다."

계 19:11 또 나는 하늘이 열린 것을 보았다. 보라, 흰말과 그것을 탄 자가 있
으니 그 이름은 '충신'과 '진실'이다. 그가 공의로 심판하며 싸우고 있었다.
12 그 눈은 불꽃 같고, 그 머리에는 많은 면류관들이 있고, 또 자기만 아는
이름 하나가 쓰여 있었다. 13 또 그는 피가 뿌려진 옷을 입었는데 그 이름은
"하나님의 말씀(로고스)"이라고 불렸다. 14 하늘에 있는 군대들이 희고 깨
끗한 세마포 옷을 입고 흰말를 타고 그를 따랐다. 15 그의 입에서 날카로운
검이 나왔는데 그 검으로 세상 모든 나라를 공격할 것이며, 그들을 쇠로
만든 창으로 다스릴 것이다. 또 친히 전능하신 하나님의 맹렬한 진노의 포
도주 틀을 밟을 것이다. 16 그 옷과 그 다리에 "모든 왕들 중의 왕"이요, "만
물의 주인 중의 주인"이라고 이름을 쓴 것이 있었다.

계 19:17 또 나는 한 천사가 태양 안에 서서 공중에 나는 모든 새를 향해 큰
음성으로 외치는 것을 보았다. 그 외침은 이런 것이었다. "와서 하나님의
큰 잔치에 모여 18 왕과 장군들과 장사들의 살과 말들과 그것을 탄 자들의
살과 자유인들이나 종들이나, 작은 자나 큰 자나 모든 자의 살을 먹으라."
19 또 나는 그 짐승과 땅의 임금들과 그들의 군대들이 모여 그 말 탄 자와
그의 군대와 더불어 전쟁을 일으키다가 20 짐승이 잡히고 그 앞에서 기적

백마를 탄 자(계 19:11) 터키 갑바도기아

포도즙 틀(계 19:15) 이스라엘 기브온

(표적)을 행하던 거짓 선지자도 함께 잡히는 것을 보았다. 그들이 그렇게
된 것은 짐승이 새긴 표를 받고 그의 우상에게 경배하던 자들을 기적(표적)
을 일으켜 미혹했기 때문이었다. 이 짐승과 거짓 선지자들은(둘이) 산 채
로 유황불이 붙는 못에 던져지고 21 그 나머지는 말 탄 자의 입으로부터 나
오는 검에 죽임을 당했다. 그러자 모든 새가 그들의 살로 배불리 먹었다.

† 천년왕국과 흰 보좌 심판 (계 20:1-15)

계 20:1 ● 또 나는 천사가 끝없는 깊은 웅덩이인 무저갱의 열쇠와 큰 쇠사슬
을 그의 손에 잡고 하늘로부터 내려오는 것을 보았다. 2 용을 잡으니 그는
옛 뱀이요, 마귀요, 사탄이다. 그를 잡아 결박하여 1,000년 동안 3 끝이 없
는 깊은 웅덩이인 무저갱에 던져 넣고 잠근 후 그 위에 도장으로 찍어 봉하
여 1,000년이 차기까지 다시는 세상 모든 나라를 미혹하지 못하게 한 후
에는 잠깐 풀어 줄 것이다.

계 20:4 또 나는 보좌들을 보았는데 거기에 앉은 자들이 있어 심판하는
권세를 받았다. 그리고 예수를 증거하고 하나님의 말씀 때문에 목 베임
을 당한 자들의 영혼들과 또 짐승과 그의 우상에게 경배하지 않고 그들
의 이마와 손에 그의 표를 받지 않는 자들이 다시 살아나 그리스도와 더
불어 1,000년 동안 왕 노릇 하는 것을 보았다. 5 그 나머지 죽은 자들은 그
1,000년이 지나기까지 살지 못했다. 이때 살아난 것이 첫째 부활이다. 6 이
첫째 부활에 참여하는 자들은 복이 있고 거룩하다. 두 번째 죽음(사망)이
그들을 더 이상 지배하지 못하고 오히려 그들이 하나님과 그리스도의 제
사장이 되어 1,000년 동안 그리스도와 더불어 왕 노릇 할 것이다.

계 20:7 사탄이 깊은 웅덩이인 무저갱에 갇힌 지 1,000년이 지나자 그곳에서
풀려 8 나와 땅의 사방 백성인 곡과 마곡을 유혹(미혹)하여 그들을 모아 싸
우기 위해 모였는데 그 숫자가 바다의 모래같이 많았다. 9 그들이 사방으
로 퍼져 성도들의 진영과 하나님께서 사랑하시는 성을 포위하자 하늘에서
불이 내려와 그들을 태워버렸다. 10 또 그들을 유혹하는 마귀는 불과 유황
못에 던져졌다. 그곳은 그 짐승과 거짓 선지자도 있어 영원토록 밤낮으로
고통을 받을 것이다.

교리 천년왕국에 대한 세 가지 이론(계 20:1-32)

천년왕국에 대해서는 예수의 재림을 기준으로 다음의 세 가지 견해가 있다.

① 문자적인 해석으로 천년왕국 전에 예수의 재림이 있다고 하는 전천년설이다. 곧, 천년왕국 후에 곡과 마곡의 전쟁이 있고 이어서 최후의 심판이 있다고 하는 견해이다.

② 천년왕국 후에 예수의 재림이 있다고 하는 후천년설이다.

③ 상징적인 해석으로 천년은 초림과 재림 사이의 전 기간을 가리키는 것으로 보는 무천년설이다.

이중에 대체로 전천년설과 무천년설을 많이 지지하고 있으나 절대적인 것은 아니다.

모세와 미리암을 부활시키는 예수(계 20:4-6)
터키 이스탄불, 코라 교회

최후의 흰 보좌 심판(계 20:11-14) 터키 이스탄불, 코라 교회

계 20:11 또 나는 흰 보좌와 그 위에 앉으신 분을 보았다. 그때 땅과 하늘
은 그 앞에서 피하여 순식간에 사라졌다. 12 또 나는 큰 자나 작은 자나 죽
은 자들이 하나님의 보좌 앞에 서 있는 것을 보았다. 그 앞에는 책들이 펼
쳐 있고, 또 다른 책인 생명책이 있었다. 죽은 자들은 그 앞에서 자기의 행
위에 따라 책들에 기록된 대로 심판을 받았다. 13 바다와 사망과 무저갱(음
부)도 그 가운데에서 죽은 자들을 토해내서 각 사람이 자기가 행한 대로
심판을 받게 했다. 14 사망과 무저갱(음부)도 타는 불못에 던져지니 이것이
둘째 사망, 곧 타는 불못이다. 15 누구든지 생명책에 기록되지 못한 자는 타
는 불못에 던져졌다.

QT 심판은 행한 대로 받는다 (계 20:11-14).

마지막 최후의 심판 때 사람들은 생명책에 기록된 자기의 행위를 따라 심판을 받게 된다(계 20:12). 당신은 이 땅에서의 삶에 대하여 어떻게 기록되리라고 생각하는가? 소자에게 냉수 한 그릇 대접한 사소한 것까지 잊지 않고 기억하시는 하나님이시다. 반대로 하나님을 거역하고 섭섭하게 한 것 역시 심판 때까지는 모두 기록될 것이다. 이제 하나님으로부터 상급을 받을 만한 생의 판결을 위해 남은 생을 더욱 힘써 주님을 위해 살자.

† 새 하늘과 새 땅과 새 예루살렘 (계 21:1-27)

계 21:1 ● 또 나는 새 하늘과 새 땅을 보았다. 처음 하늘과 처음 땅이 없어
졌고 바다도 다시 있지 않았다. 2 또 나는 거룩한 새 예루살렘 성이 하나님
께로부터 하늘에서 내려오는 것을 보았다. 그 성은 준비한 것이 신부가 남
편을 위해 단장한 것과 같았다. 3 그때 나는 보좌에서 큰 음성이 나서 이렇
게 말하는 것을 들었다. "보라, 하나님의 장막이 사람들과 함께 있으니 하
나님이 그들과 함께 거하시고 그들은 하나님의 백성이 되고, 하나님은 친
히 그들과 함께 계셔(어떤 사본에는 계셔서 그들의 하나님이 되시고) 4 모든 눈
물을 닦아주셨다. 그러므로 다시는 죽음(사망)이 없고 애통과 곡하는 것이
나 아픈 것이 영원히 없을 것이다. 이는 처음 것들이 다 사라졌기 때문이
다."

알파와 오메가가 되신 하나님(계 21:6) 이집트 카이로, 동굴 교회 밖 돌부조

계 21:5 보좌에 앉으신 이가 말씀하시기를 "보라, 내가 만물을 새롭게 한다"라고 하시고, 또 말씀하셨다. "이 말은 신실하고 참되니 기록하라." 6 또 다시 내게 말씀하셨다. "다 이루었다. 나는 알파(Α)와 오메가(Ω)요, 처음과 마지막이다. 내가 생명수 샘물을 목마른 자에게 아무 대가 없이 줄 것이니 7 승리자는 이것들을 유산(상속)으로 받을 것이다. 나는 그들의 하나님이 되고, 그들은 내 아들이 될 것이다. 8 그러나 두려워하는 자들과 믿지 않는 자들과 가증스러운(흉악한) 자들과 살인자들과 음란을 행하는 자들과 점을 치는 자들과 우상숭배자들과 거짓 선지자(거짓말하는 자)들은 불과 유황으로 타는 못에 던져질 것이니 이것이 둘째 사망이다."

계 21:9 ● 마지막 일곱 개의 재앙을 담은 일곱 개의 대접을 가진 일곱 명의 천사 중 하나가 나아와서 내게 말했다. "이리 오라. 내가 어린 양의 신부(아내)를 너에게 보일 것이다." 그리고 10 성령에 사로잡힌 나를 크고 높은 산으로 데리고 올라가 하나님께로부터 하늘에서 내려오는 거룩한 예루살렘 성을 보여주었다. 11 그곳에는 하나님의 영광이 있어 그 성의 빛이 지극히 귀한 보석 같았고 수정같이 맑은 벽옥과 같았다. 12 크고 높은 성벽이 있고 열두 개의 문이 있었다. 문에는 열두 명의 천사가 있고 그 문들 위에는 이스라엘 자손 열두 지파의 이름들이 써 있었다. 13 동서남북에 각각 세 개의 문이 있었다. 14 그 성의 성벽에는 열두 개의 주춧돌(기초석)이 있고, 그 위에는 어린 양의 열두 명의 사도의 이름이 있었다.

계 21:15 나에게 말하는 자가 그 성과 성문들과 성벽(성곽)을 측량하려고 금으로 된 갈대 자를 가졌다. 16 그 성은 네모가 반듯하여 길이와 너비가 같았다. 그 갈대로 만든 자로 그 성을 측량하니 한 변의 길이가 2,220㎞나 되는 1만 2,000스타디온인데 길이와 너비와 높이가 같았다. 17 그 성벽의 폭을 측량하니 약 65.6m나 되는 140규빗이니 사람이 사용하는 측량에 따라 천사가 측량한 것이다. 18 그 성벽은 벽옥으로 쌓였고, 그 성은 맑은 유리와 같은 정금으로 되었다. 19 그 성벽의 주춧돌(기초석)은 여러 가지 색을 띤 보석으로 꾸몄다. 첫째 주춧돌은 벽옥이요, 둘째는 남보석이요, 셋째는 옥수요, 넷째는 녹보석이요, 20 다섯째는 홍마노요, 여섯째는 홍보석이요, 일곱째는 황옥이요, 여덟째는 녹옥이요, 아홉째는 담황옥이요, 열째는 녹옥

Q&A 성경에 나타난 숫자의 상징적 의미는(계 21:12-14)?

- **1**(창 1:5, 마 23:9, 요 8:41) 유일성, 통일, 시작
- **2**(창 2:24, 엡 5:31): 나눔, 조화
- **3**(사 6:3, 고후 13:13) 하늘의 수, 질적 완전수
- **4**(창 2:10, 계 7:1) 땅의 수, 양적 완전수, 만물
- **5**(창 45:22) 땅(피조물)에 하나 더한 수, 축복
- **6**(창 1:31, 수 6:3) 불완전, 반역, 불안, 완전수에서 하나 모자란 수, 사단의 수,
- **7**(창 2:2): 완성, 성취 양적 질적 완전수(3+4), 창조 완성 기간, 하늘과 땅의 수를 합한 것
- **10**(창 18:32, 눅 19:13) 완전, 전체, 편만, 기본수의 종결, 만수
- **12**(창 35:22~26, 계 21:12~14) 절대, 구약의 이스라엘 열두 지파, 신약의 예수의 열두 제자, 하늘과 땅의 두 완전수를 곱한 절대적 완전수
- **24**(대상 24:7-19, 계 4:4) 절대 전체. 신구약의 전체를 대표, 신구약 모든 성도
- **40**(민 14:34, 마 4:1) 훈련, 고난, 회개, 각성 40년 광야 방랑, 40일 금식, 노아 홍수 기간
- **666**(계 13:18) 반역, 사단, 적그리스도
- **1,000**(출 20:6) 무한, 충만, 많음 만수인 10을 세 번 곱한 수

수(비취옥)요, 열한째는 청옥(헬라어, 휘아킨도스)이요, 열두째는 자수정이
다. 21 그 열두 개의 문은 각 문마다 한 개의 진주로 되어 있고 성의 거리는
맑은 유리 같은 정금이었다.

계 21:22 나는 새 예루살렘 성 안에서 성전을 보지 못했다. 그 이유는 전능하
신 주 하나님과 어린 양이 그 성전이 되기 때문이다. 23 그 성은 해와 달의
빛이 필요 없었다. 왜냐하면 하나님의 영광이 비치고 어린 양이 그 등불이
되기 때문이다. 24 세상 모든 나라가 그 빛 가운데로 다닐 것이며 세상 왕
들이 영광스런 모습으로 그곳에 들어갈 것이다. 25 그곳에는 밤이 없기 때
문에 성문들은 항상 열어놓을 것이다. 26 사람들이 세상 모든 나라의 영광
과 존귀를 가지고 그 성 안으로 들어갈 것이다. 그러나 27 어떤 것이든지 더
럽고(속된 것), 가증하고, 거짓말하는 자는 결코 성 안으로 들어가지 못하
고 오직 어린 양의 생명책에 기록된 자들만 들어갈 것이다.

† 아멘, 주 예수여 오시옵소서 (계 22:1-21)

계 22:1 ● 또 그가 수정같이 맑은 생명수의 강을 나에게 보여주었다. 그 강
물은 하나님과 어린 양의 보좌로부터 나와서 2 길 가운데로 흘렀다. 강 좌
우에는 생명나무가 있어 열두 가지 종류의 열매를 달마다 맺고 그 나무 잎
사귀들은 세상 모든 나라를 치료하기 위해 있었다. 3 다시는 그 성에 저주
가 없을 것이다. 하나님과 그 어린 양의 보좌가 그 성 중앙에 있을 것이니
그의 종들이 그를 섬기며 4 그의 얼굴을 볼 터이요, 그의 이름도 그들의 이
마에 있을 것이다. 5 그 성에는 다시는 밤이 없겠고 등불과 햇빛이 필요 없
다. 왜냐하면 주 하나님이 그들을 친히 비추기 때문이다. 그들은 영원토록
왕 노릇 할 것이다.

계 22:6 또 그가 내게 말하기를 "이 말은 신실하고 진실되다. 선지자들의
영의 하나님이 그의 종들에게 속히 되어질 일을 보이기 위해 그의 천사를
보내셨다. 7 보라, 내가 속히 올 것이니 이 두루마리 책에 있는 예언의 말씀
을 지키는 자는 복이 있을 것이다"라고 하였다. 8 이것들을 보고 듣고 있던
나 요한이 이 일을 나에게 보이던 천사의 발 앞에 경배하려고 엎드렸다.
그러나 9 그가 나에게 말하기를 "나는 너와 네 형제 선지자들과 또 이 두루

생명수 강가(계 22:1) 베아투스 계시록 주석의 삽화

교리

재림의 약속을 믿고 살자

사도 요한은 밧모 섬에서 신비한 하나님의 나라와 미래에 대한 계시를 받고 계시록의 마지막에 "아멘, 주 예수여, 어서 오시옵소서(22:20)" 라고 고백했다. 초대 교회의 성도들은 로마 황제들의 극심한 핍박 때에 주님의 재림을 기다렸고 새 하늘과 새 땅을 바라보며 순교하였다. 기독교 신앙에서 재림을 빼면 우리가 무엇을 기다리겠는가! 그렇다고 이단자들처럼 현세를 무시하는 것은 성경적인 가르침이 아니다. 오늘 우리도 "아멘, 주 예수여, 어서 오시옵소서"라는 고백 속에서 우리에게 다가오는 믿음의 시련들을 이겨나가자.

마리 책에 기록된 말을 지키는 자들과 함께 된 종이니 그렇게 하지 말고 오
직 하나님께만 경배하라"라고 하였다.

계 22:10 그가 또 나에게 말했다. "이 두루마리 책에 있는 예언의 말씀을 도
장을 찍어 봉하지 말라. 왜냐하면 마지막 때가 가까이 왔기 때문이다. 11 불
의를 행하는 자는 계속해서 불의를 행하고, 더러운 자는 그대로 더럽고,
의로운 자는 계속해서 의를 행하고, 거룩한 자도 계속해서 거룩하게 하라.
12 보라, 내가 속히 올 것이니 내가 줄 상(賞)이 나에게 있어 각 사람에게 그
가 행한 대로 갚아줄 것이다. 13 나는 알파(Α)와 오메가(Ω)요, 처음과 마
지막이요, 시작과 마침이다. 14 자기 두루마기를 빠는 자들은 복이 있다. 왜
냐하면 그들은 생명나무에 나아가며 문들을 통해 새 예루살렘 성에 들어갈
자격(권세)을 받기 때문이다. 15 그러나 개 같은 자들과 점을 치는 자들과 음
란을 행하는 자들과 살인자들과 우상 숭배자들과 거짓말을 만들어내는
자들은 모두 새 예루살렘 성 밖에 있게 될 것이다. 16 나 예수는 내 사자를 교
회들을 위해 보내 이것들을 너희에게 증거하게 했다. 나는 다윗의 자손(뿌
리)이요, 빛나는 새벽 별이다."

계 22:17 성령과 신부가 말씀하셨다. "듣는 자와 목마른 자는 오라. 또 원하
는 자는 아무런 대가 없이 생명수를 마시라." 18 내가 이 두루마리 책에 있
는 예언의 말씀을 듣는 모든 사람에게 증거한다. 만일 누구든지 이 책에 기
록된 것들 외에 추가하면 하나님이 이 두루마리 책에 기록된 재앙들을 그
에게 추가할 것이다. 19 만일 누구든지 이 두루마리 책에 있는 예언의 말씀
에서 없애버리면 하나님이 이 두루마리 책에 기록된 생명나무와 거룩한
새 예루살렘 성에 참여하지 못할 것이다. 20 이 모든 것들을 증거하신 이가
말씀하시기를 "내가 반드시 속히 올 것이다" 하셨다. "아멘, 주 예수님, 어
서 오십시오." 21 주님 되신 예수의 은혜가 모든 믿는 자(어떤 사본에는 성도)
들에게 있기를 기원한다. 아멘.

개역 개정판 성경 찾아보기

• 마태복음

• 마가복음

• 누가복음

• 사도행전

• 로마서